KB179948

Program
Programing
Programmer

03

Structure and Interpretation of Computer Programs 2/E

STRUCTURE AND INTERPRETATION OF COMPUTER PROGRAMS, second edition
by Harold Abelson and Gerald Jay Sussman, with Julie Sussman

Korean-language edition copyright © 2016 Insight Press

This Korean edition was published by INSIGHT Press in 2007 by arrangement with The MIT Press, Cambridge, MA though KCC(Korea Copyright Center Inc.), Seoul.

컴퓨터 프로그램의 구조와 해석 Structure and Interpretation of Computer Programs 2/E

초판 1쇄 발행 2007년 10월 25일 신판 1쇄 발행 2016년 1월 30일 신판 4쇄 발행 2022년 8월 19일 지은이 해럴드 애빌슨, 제럴드 제이 서스먼, 줄리 서스먼 감수 이광근 옮긴이 김재우, 안윤호, 김수정, 김정민 펴낸이 한기성 펴낸곳 (주)도서출판인사이트 기획 송우일 제작·관리 이유현, 박미경 용지 월드페이퍼 출력·인쇄 에스제이피앤비 후가공 이레금박 제본 서정바인텍 등록번호 제2002-000049호 등록일자 2002년 2월 19일 주소 서울시 마포구 연남로5길 19-5 전화 02-322-5143 팩스 02-3143-5579 이메일 insight@insightbook.co.kr ISBN 978-89-6626-170-3 책값은 뒤표지에 있습니다. 잘못 만들어진 책은 바꾸어 드립니다. 이 책의 정오표는 http://blog.insightbook.co.kr에서 확인하실 수 있습니다.

Structure and Interpretation of Computer Programs 2/E

컴퓨터 프로그램의 구조와 해석

해럴드 애빌슨·제럴드 제이 서스먼·줄리 서스먼 지음

김재우·안윤호·김수정·김정민 옮김 | 이광근 감수

인사이트

차례

1. 프로시저를 써서 요약하는 방법 ·························· 1

3. 모듈, 물체, 상태

감수의 글

『Structure and Interpretation of Computer Programs』.

이 책을 처음 접한 것이 1987년 가을이었습니다. 제가 대학원 과정을 막 시작할 때였습니다. 재미있었고 놀라웠고 많은 것을 깨우쳐 주었습니다. 그리고 지금은 너무나 유명해진 책이 되었습니다. 전 세계 유수의 많은 대학교에서 이 책을 사용해서 강의하고 있습니다.

이 책을 통해서 우리들은 소프트웨어 제작의 기본 원리, 구성 요소, 프로그래밍 미학 등을 습득하게 됩니다. 그래서 소프트웨어 시스템의 복잡한 모습을 손쉽게 다룰 수 있는 능력과 자신감을 익히게 됩니다. 그리고 컴퓨터라는 도구가 소프트웨어를 자동으로 실행하는 원리를 익히게 됩니다.

특히 이 책은 위의 내용에 우리가 쉽게 집중할 수 있도록 꾸며져 있습니다. 실습언어로 Scheme이라는 매우 간단한 언어를 사용하기 때문입니다. Scheme은 비록 널리 사용되는 프로그래밍 언어는 아니지만, 실습언어를 익히느라 정작 배워야 할 것을 소홀히 하는 문제점이 없도록 하는 데 탁월한 효과를 냅니다. 독자들은 오직 어떻게 소프트웨어를 기획하고 구현하는지에 집중할 수 있게 됩니다.

원리를 단단히 익힌 사람은 방편에만 능한 손재주를 갖춘 사람을 쉽게 능가합니다. 글로벌 선두를 차지하는 인력 풀은 이제는 기술 흐름의 핵심을 맛본 사람들로 구성될 것인 바, 원리를 단단히 파악하지 못하는 교과 내용은 그런 인력의 저변을 두텁게 하는 데는 바람직하지 않습니다.

제가 1995년도에 귀국 후 대학에서 강의를 맡으면서, 기회만 되면 학부 학생들에게 이 책을 소개하고 교재로 채택해 왔습니다. 저는 '시스템 프로그래밍'이라는 기존 강의에서 '프로그래밍의 원리'라는 새로운 강좌를 만들면서 (서울대와 KAIST에서) 이 책을 교재로 쓰고 있습니다.

이제 비로소 번역본이 나왔습니다. 너무 늦었습니다. 하지만 쉽고 부드럽게 번역해 보려는 번역자들의 노력이 많이 깃들어있습니다. 전문 용어를 정확히 이해하고 그 의미가 쉽게 전달되는 말을 찾으려고 했고, 이때 지레 '겁먹게 하는' 용어(불필요한 한문)를 피하고, 될 수 있으면 쉬운 말을 찾았습니다. 우리말, 한자어, 외래어를 따지지 않고, 번역할 전문 용어의 내용을 가장 잘 전달하는 쉬운 말을 찾아 낸 모습이 곳곳에 있습니다.

아무쪼록 이 번역본이 쉽고 널리 읽혔으면 하는 바램입니다. 그래서 관심 있는 청소년들이나 이제 막 전공을 시작한 대학생들이 즐겁고 유익하게 만나는 책이 되기를 바랍니다.

이광근 배

옮긴이의 글

여러분은 운이 좋습니다. 정답으로 가는 길을 바로 찾았기 때문입니다. 세상에는 이런 책이 있는지 모르고 사는 사람도 많은데, 어쩌다가 여러분은 정말 좋은 스승을 만난 격입니다. 그나저나 어떻게 이 책을 알게 되신 거지요? 여태 제가 겪은 바로는 이 책으로 공부할 기회를 얻기가 그리 흔치는 않기에 드리는 말씀입니다. 이 책에 담긴 교육 과정은 한때 세계 300여 대학에서, 지금도 100개 넘는 이름 난 대학에서 가르치고 있을 만치, 세계 최고 수준의 프로그래밍 교육이라 일컫기에 조금도 모자람이 없습니다만, 아직도 우리나라에서는 이 책의 값어치가 생각만큼 그리 널리 알려지지는 않은 듯싶습니다. 어쩌면 이제야 우리말로 옮겨쓴 책이 나오는 것이, 그런 사실을 뒷받침하는 게 아닐까 합니다. 안타까운 일입니다.

다시 여쭙건대, 혹시 여러분의 스승이 이 책으로 가르치거나 이 책을 권했습니까? 그렇다면 여러분은 정말 좋은 스승을 만났습니다. 마땅히 고마워해야 할 일입니다. 그게 아니라, 스스로 더 좋은 가르침을 찾다가 이 책을 알게 되었다면 여러분은 보기 드물게 슬기로운 사람입니다. 놀랍습니다.

제 경우엔 오로지 운이 좋았을 뿐입니다. 그저 좋은 스승을 만난 덕분에 얻은 복입니다. 그런 까닭에서, 처음 이 편지를 적어 내릴 때에는 이 책에 얽힌 제 옛 이야기를 미주알고주알 들려드리고 싶었습니다. 소중한 추억을 누군가에게 도란도란 얘기한다는 것은 그 추억을 곱씹는 만큼이나 즐거운 일이기 때문이기도 하고, 제가 이 책으로 얻은 깨우침과 즐거움 속으로 천천히 여러분을 꼬드기기에 그보다 좋은 방법이 없을 거라 생각했기 때문이었습니다. 하지만, 그러다 보니 이 글이 너무 길어지는지라 모질게 욕심을 접어야 했습니다. 제가 처음 쓴 긴 글은 제 일기장 (http://kizoo.blogspot.com/2007/03/sicp.html)에 고스란히 남겨 두었으니, 정할 일이 없으실 때 내키시면 들러서 읽어 주세요. 혹시나 첫 발을 내딛는 분에게는 어수룩하던 시절의 제 얘기가 자그만 도움이 될는지도 모르겠습니다.

여러분이 얼마나 운 좋고 슬기로운 사람인지 아시고 싶다면, 먼저 이 책의 머리말을 한 편도 빼놓지 말고 모두 읽어 주십시오. 이 책에 대하여 제가 하고픈 말들은 머리말에 다 들어 있기 때문에 더 보탤 말이 없습니다. 덧붙여 이 책이 얼마나 좋은 책인지 따로 주절거릴 까닭조차 없지 싶습니다. 그런 이야기를 꺼낸다는 게 되레 어색할 만치, 이 책에 따른 교육 과정의 값어치는 수많은 곳에서 갖가지 방법으로 증명되고 있기 때문입니다. 이 책을 들추어 보시기 전에, 굳이 머리말부터 읽으라고 부추기는 또 한 가지 까닭은, 저나 다른 사람들이 그랬듯이, 치우친 경험에서 얻은 비뚤어진 잣대로 이 책의 값어치를 섣불리 재지 마시라고 당부 드리기 위해서입니다. 제 경험으로는, 이 책에 담긴 가르침이 보기 드물게 깊고도 넓은 만큼, 읽는 사람들의 오해도 컸습니다. 프로그램 짜기를 처음 배우는 이보다는, 흔히들 쓰는 언어로 프로그램을 한참 짜본 사람들 가운데서, 이 책의 가르침을 어긋나게 받아들이거나 우습게 넘겨 버리는 이가 훨씬 많았습니다. 저는, 적어도 이 책의 3장까지 차분히 읽어가면서 손수 코드도 쳐서 돌려보고 연습문제도 꾸준히 풀어보지 않으면, 이 책이 주는 값어치를 올바르게 가늠하기 어렵다고 생각합니다. 그러니, 그 전까지는 판단을 미루세요. 그러는 편이 슬기롭습니다.

그 값어치가 남다른 책이니만큼, 우리말로 이 책을 옮겨쓰기까지는 여러 가지 일들이 많았습니다. 이 분야의 많은 기술 서적이 그러하듯이, 그냥 흘러가는 프로그래밍 기술이나 지식을 다루는 책이었다면, 옮겨적는 데 이렇게 오랜 시간이 걸리지 않았을 것이라 봅니다. 더욱이, 내용은 견줄 데 없이 깊고도 넓습니다만, 이 분야에 첫 발을 들이는 사람들이 보라고 쓴 책이라 그런지, 글만큼은 되도록 누구나 쉽게 읽고 받아들일 수 있도록 적으려 애쓴 흔적이 또렷하였습니다. 그런 까닭에, 이런 글을 어려운 말로 옮겨쓰면 안 되겠구나, 내용이 아니라 말이 어려워서 값진 지식을 멀리하지 않도록 해야겠구나 싶어, 제가 맨 처음 공부하던 시절을 떠올리면서 조금이라도 더 받아들이기 쉬운 말과 말투를 찾아헤매느라 많은 시간을 보냈습니다. 그게 이 책이 겨냥하는 사람과 가르침에 맞는 일이라고 생각했기 때문입니다.

하지만, 잘 아시다시피, 이런 전문 서적을 옮겨쓰는 일에서는, 편하고 쉬운 말을 쓰기가 훨씬 어렵습니다. 옛날 우리 학자들은 수천 년 동안 오로지 한자말로 지식을 정리하였고, 한글을 많이 쓰는 지금에 이르러서도 말소리만 한글로 적을 뿐 거의 모든 학문과 기술을 딴 나라 말로 쌓아올리고 있기에 쉬운 우리말로 된 학술 낱말을 찾아보기가 무척 힘듭니다. 더구나, 애써 쉬운 말을 가려쓴다고 하여 모두 이를 반기는 것도 아닙니다. 도리어 학술어를 우리말로 써놓으면 웃음거리가 되기까지 합니다. 저부터도 그렇지만, 오래 전부터 우리 머릿속에는 틀을 갖추고 써야 할 글을 우리말로 쓰면 깊이가 얕아진다는 생각이 뿌리 깊게 박혀 있는 듯합니다. 이를 안타까워하면서, 여러 분야에서 뜻있는 분들이 모여 전문 학술어를 쉬운 말로 옮겨쓰려 애쓴 적이 벌써 여러 차례 있었습니다.

하지만, 딴 나라 말이 아니면 옮겨쓰기가 마땅치 않은 경우도 더러 있고, 운 좋게 쉽고 알맞은 말을 찾아냈다고 하더라도 입과 귀에 젖어든 외국 말버릇을 고쳐서 바로잡기에는 이미 늦어 버린 경우가 적지 않습니다. 한술 더 떠 어떤 이들은 중국말로 쓴 글이 우리말로 쓴 글보다 훨씬 뜻을 알아듣기 쉽다고 합니다. 놀랍게도 공부를 많이 한 사람일수록 그런 경우가 훨씬 많습니다. 이런 마당에 이 책을 쉬운 말로 옮겨 쓰겠다는 것은 또 다시 어리석은 일을 벌이는 것일지도 모를 일입니다만, 이 책만큼은 수많은 뜻있는 분들의 앞선 노력을 담아내고 싶어서 큰 용기를 내어 보았습니다. 그런 까닭에 이 책에서 쓰는 낱말 가운데에는 여러분의 입과 귀에 거슬리는 것이 더러 있을 것이라 생각합니다. 그럴 때에는 맨 처음 이 분야에 들어왔을 때를 돌이켜 보면서 넓고 열린 마음으로 이 책에 쏟아 부은 많은 사람의 노력을 아리땁게 받아주셨으면 합니다. 마땅히, 너무 지나치지 않도록 여러 사람의 도움을 받아 다듬고 또 다듬기는 했습니다만, 모자란 재주로 좋은 낱말과 글월을 지어내려니 수 년 세월도 짧게만 느껴졌습니다. 무엇보다 낱말을 다듬는 데 지나치게 마음을 쓰느라, 정작 중요한 읽기 쉬운 글월을 짜는 데 손이 덜 간 것이 아쉽습니다.

오랜 시간이 흐른 만큼, 이 책을 옮겨쓰는 데에는 정말 많은 분의 도움이 있었습니다. 그 가운데 저의 충실한 제자, 김수정 선생이 가장 애썼습니다. 지난 수년 간 갈겨쓰다시피 한 제 글을, 처음 배우는 사람의 눈높이에서 토씨 하나하나 다듬고 고쳐 주었으며, 마지막 낱말 찾기표를 만드는 번거로운 일까지 기꺼이 도맡아 주었습니다. 한편, 이 책의 교과 과정을 바탕 삼아 동명대학교 신입생들을 위한 새로운 교육 체계를 설계하는 동안, 임성신 교수를 비롯한 동료들이 갖가지 번거롭고 힘든 일들을 대신해 주고, 또한 가르치면서 얻은 경험을 들려준 덕택에, 글을 고쳐쓰는 데 시간과 지혜, 모든 면에서 큰 도움이 되었습니다. 아울러, 같은 연구실 후배, 곽종섭 군과 장학상 군은 이 책으로 프로그램 짜기를 다시 공부하면서 글을 옮겨쓰는 데 보탬이 될 만한 많은 의견을 주었습니다. 특히, 장학상 군은 제가 짜야 할 그 많은 프로그램을 대신 짜주어서, 이 일을 좀 더 여유롭게 할 수 있도록 도와주었습니다. 아차, 제 아내에게도 고맙다고 해야겠습니다. (안 그러면 큰일 납니다.) 이 일을 맡은 뒤, 제 첫 아들 녀석이 태어나 종일 애 보기에 시달리면서도, 제가 여러 가지 일을 한꺼번에 처리할 수 있도록 힘도 북돋워 주고 신경을 덜 쓰도록 세심히 배려해 주었습니다.

이 책의 감수를 맡아 주신 서울대학교 이광근 교수님께 큰 고마움을 드려야 합니다. 이 분야에서 비슷한 일을 하는 사람을 찾기는 쉽지만, 뜻이 같은 사람, 무엇보다 왜 쉽고 또렷한 우리말로 전문 용어를 만들어 써야 하는지에 대해 숨결이 같은 사람을 만나기는 어렵습니다. 이런 분이 계셔서, 이 책을 처음부터 끝까지 꼼꼼하게 따져 살펴주신 것은 저뿐 아니라 모든 프로그래머에게 큰 복입니다. 이와 더불어, 출판사 처지로 보면 무려 5년 넘는 세월이 흐르는데도 큰 손해를 보면서까지 참을성 있게 일이 끝나기를 기다려 주시고, 제 고집을 슬기롭게 받아주신,

인사이트 출판사의 한기성 사장님, 끝까지 어색한 말투를 토씨 하나까지 살펴서 저와 얘기를 나누어가며 글을 고쳐 주신 문형숙 씨에게도 깊이 고마움을 드리고 싶습니다. 솔직히 저 같으면 벌써 딴 사람에게 이 일을 넘겼을 겁니다.

마지막으로, 그 누구보다도 제 스승님께 고마움을 드리고 싶습니다. 제가 이 책을 만난 것, 뛰어난 가르침을 받을 수 있던 것, 그리고 지금 먹고사는 데 바탕이 된 그 모든 지식, 기술, 경험은 오로지 스승님 덕분입니다. 언제고 프로그램 짜는 즐거움과 아리따운 코드에 대하여 다시 도란도란 얘기 나눌 때가 오기를 진심으로 바랍니다.

그리고 이 책을 사서 읽어 주시는 여러분께도 고마움을 드립니다. 몇 년 더 잡고 있었다면 훨씬 좋은 책이 나왔을는지 모릅니다만, 제 모자란 글재주를 믿고 묵혀 두기에는 이 책의 값어치가 무척 큽니다. 그런 까닭에 지금 모습으로라도 이 책을 펴내기로 하였습니다. 어찌되었든, 이 책은 널리 퍼져야 합니다. 제가 옮겨쓴 글이 미우시다면, 웹에 공개된 원서라도 찾아서 꼭 읽어 주십시오. 여러분 스스로 좋은 스승이 되어 한 사람이라도 더 이 책으로 프로그램 짜기를 공부할 수 있도록 널리 알려주시고 이끌어 주세요. 그래야 우리 소프트웨어 기술 수준이 껑충 뛰어오를 수 있습니다.

여기까지 앞뒤 없는 글을 읽어주셔서 고맙습니다. 그럼, 다음에 또 뵙겠습니다.

2007년 1월이 끝나갈 무렵, 부산 대연동 연구실에서
김재우

추천사 ──────────────────────────

　교육자, 군 장성, 영양사, 정신분석 의사, 어버이들은 프로그램을 짠다. 군대나 학생들을 비롯한 여러 사회집단은 프로그램을 따른다. 큰 문제를 공략(攻略)하다 보면, 잇달아 여러 가지 프로그램이 필요하기 마련인데, 그런 프로그램들은 거의 문제를 푸는 과정에서 새롭게 생겨난다. 또한 그런 프로그램들은 부닥친 문제에만 관련된 것 같은 갖가지 논란거리로 뒤덮여 있다. 프로그래밍 자체가 정신노동 이라는 사실을 받아들이기 위해서는, 컴퓨터 프로그래밍을 해보는 수밖에 없다. 쉽게 말해서, 수많은 컴퓨터 프로그램을 읽기도 하고 짜보기도 해야 한다. 이때, 어떤 프로그램이 무엇에 대한 것인지 또는 무슨 문제를 풀려고 만든 것인지는 그리 중요하지 않다. 그보다는 그 프로그램이 맡은 일을 틀림없이 해내느냐, 더 큰 프로그램을 짤 때 다른 프로그램과 잘 어우러지느냐가 더 중요하다. 따라서 프로그램을 짜는 이는 흠 없이 돌아가는 프로그램, 엮어 쓰기에도 좋은 프로그램을 짜려고 애써야 한다. 이 책에서는, Lisp에서 뻗어 나온 언어를 써서, 디지털 컴퓨터에서 수행되는 프로그램을 만들고 돌려보고 공부하는 데 초점을 두고, '프로그램'이라는 말을 쓰고 있다. 또한 Lisp를 쓰는 까닭은, 프로그램을 나타내는 표기법을 정한 것이지, 결코 프로그래밍할 수 있는 것에 어떤 제약이나 한계를 두려는 것은 아니다.

　이 책에서는 주로 사람의 생각, 컴퓨터 프로그램, 컴퓨터라는 세 요소에 얽힌 주제를 다룬다. 모든 컴퓨터 프로그램은 실제 또는 정신적 프로세스를 본떠서 머릿속으로 다듬어낸 모형과도 같다. 그런 프로세스는 사람의 경험이나 생각에서 솟아나는데, 복잡하기가 이를 데 없고 수도 엄청나게 많으므로 그런 프로세스를 모두 빈틈없이 이해하기는 어렵다. 따라서 어떤 프로세스를 완벽히 본뜬 프로그램, 그래서 계속 고치지 않고 쓸 수 있는 프로그램은 있을 수 없다. 프로그램이란 게, 제아무리 조심스럽게 갈고 다듬은 수많은 글자의 묶음^{discrete collections of symbols} 들로 이루어져 있고, 서로 빈틈없이 맞물려 돌아가는 수많은 함수의 모자이크와 같다고 하더라도, 계속 진화할 수밖에 없는 까닭이 바로 그 때문이다. 다시 말해, 한 계산 방법이 여러 가지 다른 계산 방법을 만드는 과정에 쓰이면서 거의 안정된 제몫을 하게 될 때까지는, 그 계산 방법에 대한 이해가 조금씩 깊어지고 넓어지기 마련이며 쓰임새 또한 자꾸 늘기 때문에, 프로그램도 끝없이 다듬어지고 고쳐지게 된다. 컴퓨터로 프로그램을 짤 때 샘솟는 즐거움이라고 하면, 컴퓨터 프로그램으로 나타내려고 하는 메커니즘^{mechanism}에 대하여 끝없이 머릿속에서 펼쳐지는 생각, 터져 나오듯 넓어지는 깨달음에 있다고 하겠다. 예술이 우리가 꿈꾸던 것을 풀이해 준다면, 컴퓨터는 우리가 꿈꾸던 것을 실제로 돌려보게 해준다.

그만한 힘을 지닌 만큼, 컴퓨터는 일을 할 때 무척 까다롭게 군다. 프로그램에는 틀린 곳이 한 군데도 없어야 한다. 컴퓨터에 시킬 일이 있으면 그 뜻이 한 치도 어긋나지 않도록 하나하나 밝혀 적어야 한다. 글자를 다루는 다른 모든 일과 마찬가지로, 한 프로그램의 옳고 그름 또한 논증^{argument}을 거쳐 밝혀낼 수 있다. Lisp라는 언어 자체도 다른 뜻^{semantics}으로 (말하자면, 다른 계산 방식에 따라) 해석될 수 있는데, 보기를 들어 Lisp 함수가 뜻하는 바를 술어 계산법^{predicate calculus}으로 풀이한다고 하면 논리적 증명 방법에 따라 프로그램의 옳고 그름을 밝혀 낼 수도 있다. 하지만 프로그램이 자꾸 커지고 복잡해지면서, 언제나 그렇듯이 프로그램과 그 증명 사이에 어긋남은 없는지, 그런 방법이 알맞기는 한 것인지, 도리어 그런 주장이나 증명 자체에 잘못은 없는 것인지 의심이 일어나게 된다. 이 때문에 큰 프로그램의 옳고 그름을, 완벽히 틀을 갖춘 논증^{complete formal argument}을 거쳐서 밝혀내는 경우는 찾아보기 어렵다. 그러므로 그런 방법을 쓰기보다는, 작은 프로그램이 모여 큰 프로그램을 이룬다는 생각에서 믿고 쓸 수 있는 프로그램 구조물^{structure}들, 이른바 숙어^{idiom}들을 모아 표준을 마련하고, 프로그램의 뼈대를 구성하는 기술^{organizational techniques} 가운데 값어치 있는 것들을 가려서, 작은 구조물을 엮어 더 큰 구조물을 만들 때 그런 기술을 어떻게 잘 쓸지 익히는 편이 낫다. 이 책에서는 그런 기술을 많이 다루는데, 프로그래밍이라고 하는 프로메테우스의 과업Promethean enterprise에 뛰어들기 위해서는 그런 기술을 잘 이해하는 것이 아주 중요하다. 다른 무엇보다 프로그램의 뼈대를 구성하는 기술을 찾아 익히는 것이야말로, 크고 묵직한 프로그램을 짜는 힘을 기르는 데 가장 큰 보탬이 된다. 한편, 커다란 프로그램을 짜는 것은 아주 힘든 일이기에, 큰 프로그램을 이루는 수많은 함수와 자잘한 일거리를 줄일 수 있도록 새로운 기술을 만들어 내는 일도 게을리 해서는 안 된다.

프로그램과 달리, 컴퓨터는 물리 법칙을 따른다. 컴퓨터가 일을 더 빨리 하도록 만들려면, 몇 나노초 만에 상태가 바뀔 수 있게끔, (45㎝ 남짓 되는) 아주 짧은 거리로 전자를 전송해야 한다. 아울러, 엄청나게 복잡한 장치를 좁은 자리에 밀어 넣으면 열이 올라가기 마련인데, 이런 열을 다스릴 방법도 있어야 한다. 이를 위해서, 늘어나는 기능과 장치의 빽빽함 사이에서 균형을 잡아 주는 뛰어난 공학 기술들이 개발되어 왔다. 어찌 되었건, 하드웨어는 프로그램 밑에서 돌아간다. 따라서 Lisp 프로그램을 '기계machine' 프로그램으로 바꾸는 프로세스부터 프로그래밍해야 할 추상적 계산 과정abstract model이 된다. 이를 연구하고 만드는 과정에서 틀이 잘 잡힌 프로그램organizational program이 무엇인가에 대해 깊은 깨달음을 얻게 되는데, 이는 어떤 계산 방법(계산 모형)을 프로그래밍하더라도 적용될 수 있는 이치다. 아울러, 컴퓨터 자체도 어떤 계산 방식에 따라 설명될 수 있는 대상이 된다. 한번 생각해 보자. 가장 작은 물리 스위칭 소자의 움직임은 미분 방정식으로 나타낸 양자 역학quantum mechanics으로 그려낼 수 있고, 이어서 미분 방정식은 값을 어림잡는 방법numerical approximations에 따라 컴퓨터 프로그램으로 짜서 계산해 낼 수 있으며, 또 그런 프로그램이 돌아가는 컴퓨터가 무엇으로 만들어지는지를!

프로그래밍을 세 요소로 나누어 보는 까닭은, 그저 다루기 쉬워서만은 아니다. 사람들 말대로 그 모든 것이 오로지 머릿속에서 일어나는 일일 뿐이라도 해도, 그 이치에 따라 대상을 셋으로 구분지어 놓으면 그 사이에서 오고가는 수많은 생각을 훨씬 쉽게 이끌어낼 수 있다. 사실 각 요소가 지니는 풍성함, 생명력, 잠재력은 오로지 삶에서 얻어낸 사람의 경험만 가지고는 다스리지 못할 만치 넓고도 크다. 잘해봐야, 세 요소의 관계를 거의 안정에 이르게 할 수는 있을 정도다. 컴퓨터란 것은 결코 충분히 크고 빠르다고 할 수 없는 물건이다. 하드웨어 기술에서 눈에 뛰는 성과를 내놓자마자 돌려야 할 프로그램도 더 크고 무거워지기 마련인지라, 그에 맞춰 프로그램을 짜맞추는 새로운 방법이 나오게 되고, 아울러 수많은 추상적 계산 방법이 쏟아져 나온다. 따라서 이 책을 읽은 이는 모두 자신에게 때맞춰 거듭 물어보아야 한다. "도대체 그 끝은 어디일까? 끝내는 어디에 이르는 것일까?" 그렇다고 해서, 너무 자주 그런 문제로 고민하는 바람에 달콤씁쓸한 철학의 늪에 빠져 허우적대느라 프로그래밍의 즐거움까지 놓치지는 않도록 조심해야겠다.

우리가 짜는 프로그램 가운데에는 차례 맞추기, 수열에서 가장 큰 값 찾기, 소수인지 따져보기, 제곱근 찾기 등 수학 함수를 정확히 표현한 것들이 (충분히 많다고는 할 수 없지만) 더러 있다. 그런 프로그램을 알고리즘이라고 하는데 그 최적의 움직임을 나타내는 파라미터, 특히 일하는 데 드는 시간과 데이터 저장 공간이라는 두 가지 중요한 파라미터에 대해서는 아주 많은 사실이 밝혀져 있다. 프로그램을 짜는 사람은 좋은 알고리즘을 이해하고 숙어도 익혀야 한다. 비록 그 움직임을 정확히 밝혀내기 어려운 프로그램도 있지만, 어쨌든 프로그램의 움직임을 미리 그려 보고, 끊임없이 고치고 다듬어서 성능을 끌어올리는 일은 마땅히 프로그램 짜는 이가 맡아서 해야 할 일이다.

Lisp는 지난 반세기 동안 살아남은 언어다. 지금 쓰이는 프로그래밍 언어 가운데 이보다 오래된 것은 포트란Fortran밖에 없다. 포트란은 과학과 공학 계산 분야에서, Lisp는 인공지능 분야에서, 둘 다 중용한 응용 영역에서 프로그래밍 도구로제 몫을 해왔다. 두 분야는 앞으로도 중요할 테고, 그 분야에서 프로그램 짜는 이들도 이 언어들을 열심히 쓸 것이기 때문에, 두 언어는 다가올 반세기에도 계속 널리 쓰일 것이라 본다.

Lisp는 변하는 언어다. 이 책에서 쓰는 Scheme 또한 Lisp에서 진화한 언어다. 맨 처음 Lisp와 견주어 보면, 정의된 변수의 유효 범위를 한정^{static scoping}한다던가 함수를 함수 값으로 돌려주는 것 등 몇 가지 중요한 차이점이 있다. Scheme의 의미 구조^{semantic structure}는 Lisp만큼이나 Algol 60과도 닮았다. Algol 60은 나온 뒤로 다시 널리 쓰인 적이 없는 언어지만, Scheme과 파스칼^{Pascal}의 유전자 속에 살아남아 있다. Scheme과 파스칼, 이 둘만큼이나 서로 다른 문화를 일구어 내면서 그 문화의 상징이 된 언어를 찾아내기도 어렵다. 파스칼에서는, 마치 피라미드를 쌓아 올리듯 한 사단쯤 되는 군대가 몰려들어 크고 무거운 돌들을 한 곳에 밀어 넣는 방식으로 숨 막힐 듯 웅장하고 꿈쩍 않는 구조물^{static structure}을 만들어 낸다. 그와 달리 Lisp에서는, 여러 분대가 재빠르게 움직이면서 단순하고 물렁거리는 유기체^{organism}를 알맞은 자리에 끼워 맞추는 방식으로, 웅장하면서도 언제든지 변할 수 있는 구조물^{dynamic structure}, 곧 더 커다란 유기체를 만들어 낸다. 구조물의 뼈대를 짜 맞추는 원칙만 따져 보자면 서로 크게 다를 바가 없으나, 둘 사이에는 놀랄 만치 다른 점이 하나 있다. 프로그래머 한 사람 한 사람이 겉으로 드러나는 기능을 얼마나 마음대로 주무를 수 있느냐로 보자면, Lisp는 파스칼보다 수십 배 이상 더 자유롭다. Lisp 프로그램들은 함수 단위로 라이브러리를 늘려간다. 그러는 가운데 함수 하나하나의 쓰임새는 그 함수를 처음 만들어 낸 응용의 범위를 훌쩍 뛰어넘는다. 게다가, Lisp에서 기본이 되는 데이터 구조, 리스트는 함수의 쓰임새를 늘리는 데 큰 보탬이 된다. 리스트의 쉬운 구조와 자연스런 쓰임새 덕분에 여러 함수는 놀랄 만치 비슷한 틀을 갖추게 된다. 이와 달리, 파스칼에는 선언할 수 있는 데이터 구조가 넘쳐날 정도로 많다. 그런 까닭에 각 데이터 구조에 맞춰 정의한 함수들은 저마다 색다른 틀을 갖추게 되고, 이런 성질이 여러 함수를 쉽사리 엮어 쓰지 못하도록 만든다. 한 가지 데이터 구조에서 돌아가는 함수 100개가, 서로 다른 데이터 구조 10개에 맞추어 돌아가는 함수 10개보다 훨씬 낫다. 그 결과, 피라미드는 천 년 간 변하지 않고 그 자리에 그대로 서 있지만, 유기체는 진화와 소멸을 끝없이 거듭해 왔다.

이 책에서 다루는 자료와 연습문제를, 파스칼을 쓰는 입문 교과서의 것과 견주어 보면, 그런 차이점이 눈에 띄게 드러난다. 이 책이 MIT 사람들의 입맛에 맞춘 것이라서, 거기서만 소화해낼 수 있는 책이라는 그릇된 생각으로 입씨름할 생각은 말자. 이 책에는 진지한 Lisp 프로그래밍 책이라면 꼭 다뤄야 할 내용만이 담겨 있다. 배우는 사람이 누구인지, 어디서 쓰는지는 상관없다.

흔히 Lisp 프로그래밍 책은 인공 지능 연구에 초점을 두는데, 그와 달리 이 책은 프로그래밍을 가르치는 책이라는 데 주목하라. 결국 프로그래밍에 대한, 소프트웨어 공학 분야와 인공 지능 분야의 주된 관심거리는, 연구하고자 하는 시스템의 규모가 커져감에 따라 한 줄기로 합쳐지고 있다. 인공 지능이 아닌 다른 분야에서도 Lisp에 대한 관심이 커져가는 것이 바로 이런 까닭이라 하겠다.

인공 지능의 연구 목표에서 미루어볼 수 있다시피, 인공 지능을 연구하는 과정에서는 아주 중요한 문젯거리가 쏟아져 나온다. 다른 프로그래밍 문화에서라면, 이와 같이 넘쳐나는 문젯거리를 다루기 위해 새로운 언어를 여러 벌 만들어 냈을 것이다. 사실 새로운 언어를 만들어 쓰는 것은, 프로그램 짜는 일감이 아주 클 때 모듈 속의 복잡함을 감추고 다스리는 데 잘 들어맞는 조직 구성 원리^{organizational principle} 가운데 하나다. 이런 언어는, 사람이 흔히 마주 대하는 시스템의 경계에 가까워질수록 처음의 단순하던 모습을 점차 잃어버리게 된다. 그 결과, 그런 시스템 속에는 복잡한 언어 처리 기능이 그것도 여러 번 되풀이해서 들어갈 수밖에 없다. Lisp는 문법과 의미 구조가 너무 단순해서, 문법 분석^{parsing}도 간단한 일거리에 지나지 않는다. 다시 말해, Lisp 프로그램에서는 복잡한 문법 분석 기술을 별달리 쓸 데가 없기 때문에, 언어 처리기^{language processor}를 만드는 일마저 커다란 Lisp 시스템을 고치고 늘리는 데 거의 걸림돌이 되지 않는다. Lisp의 단순한 문법과 의미 구조가 모든 Lisp 프로그래머의 부담을 대신 짊어지고 자유를 마련해준

셈이다. Lisp 프로그램은 함수를 마음껏 만지작거리는 재미에 흠뻑 빠져들지 않고서는 몇 줄도 써내려 갈 수가 없다. 새로 만들어 끼워 넣고, 끼워 맞춘 것으로 또 새로 만들고! 겹쳐 쓴 괄호 속에 톡톡 튀는 생각을 채우는 Lisp 프로그래머들에게 축배를.

코네티컷주 뉴헤이븐에서
앨런 J. 퍼리스^{Alan J. Perlis}

두 번째 판 머리말

소프트웨어란 세상 그 어떤 것과도 달라서 무시될 수밖에 없다, 그 말인즉슨
소프트웨어는 언제나 비누 거품 같은 것이다? 그게 참말 말이 되는 소리인가?

앨런 J. 퍼리스

이 책은 1980년부터 MIT 컴퓨터 과학 입문 과정의 바탕이 된 내용을 다룬다.
그 뒤, 같은 주제로 4년을 더 가르친 다음에 이 책의 초판이 나왔고, 그로부터 다
시 열두 해가 지나고 나서, 이 두 번째 판이 모습을 드러내게 되었다. 이 책에서
다루는 내용이 다른 교과서에도 들어갈 만큼 그 동안 노력한 결과가 널리 인정받
아 무척 기쁘다. 아울러 우리가 가르친 학생들이 새로운 컴퓨터 시스템과 언어를
만들 때, 이 책에서 배운 아이디어와 프로그램을 중요한 부분에 가져다 쓰는 모
습도 지켜볼 수 있었다. 그 옛날 탈무드식 말장난이 말 그대로 실현되어서, 우리
가 가르친 학생들이 이제는 함께 일하는 일꾼들로 자라난 것이다. 그 정도로 뛰
어난 학생과 솜씨 좋은 일꾼을 얻게 되었으니, 우리는 참 운이 좋다.

이번 판을 준비하면서, 그동안 가르치면서 얻은 경험과 MIT 동료를 비롯한 여
러 사람의 도움을 받아, 수많은 곳을 갈고 다듬었다. 이 책에 나오는 일반화된 산
술 시스템generic-arithmetic system, 실행기interpreter, 레지스터 기계 시뮬레이터register
machine simulator, 번역기compiler 등 중요한 프로그래밍 시스템들은 거의 다시 설계
한 것이나 다름없고, 그에 아울러 IEEE Scheme 표준을 따르는 Scheme 환경에서
코드를 돌려볼 수 있게끔 프로그램 예제도 모두 다시 썼다.

이번 판에는 새로운 주제를 몇 가지 담았다. 그 가운데 가장 중요한 것은, 상태가 있는 물체objects with state, 병행 프로그래밍concurrent programming, 함수 프로그래밍functional programming, 제때 계산법lazy evaluation, 비결정적 프로그래밍non-deterministic programming과 같이 여러 계산법에서 저마다 다른 방식으로 시간 개념을 다루고 있는데, 그런 방식이 어떤 중요한 몫을 하느냐 살펴보는 데 있다. 이 때문에 병행성concurrency과 비결정성non-determinism을 다루기 위해서 새로운 절을 마련하였으며, 이 주제가 책 전체 내용과 잘 엮일 수 있도록 애썼다.

초판은 MIT에서 한 학기 동안 다루는 교과 과정을 거의 그대로 따른 것이다. 여기에다가 두 번째 판에 새로 실린 것까지 합치면 한 학기에 모두 다루기에는 내용이 너무 많기에, 알맞은 주제를 골라서 가르쳐야 할 것이다. 우리가 가르칠 적에는 논리 프로그래밍이 나오는 절을 건너뛰거나, 레지스터 기계 시뮬레이터를 쓰기는 하되 그 구현을 다루지 않기도 하고, 번역기가 나오는 부분은 대충 겉만 훑고 지나가기도 한다. 그 정도로만 해도, 이 과정은 여전히 힘에 부치는 과정이다. 가르치기에 따라서는 3장이나 4장까지만 다루고, 나머지는 아예 다음 과정으로 남겨 놓을 수도 있다.

웹사이트 http://mitpress.mit.edu/sicp는 이 책을 활용하는 이들을 돕기 위해 만든 곳이다. 그곳에는 이 책에 나오는 프로그램, 프로그래밍 숙제 본보기, 보충 자료를 비롯하여 Scheme 언어 구현까지 여러 가지 자료가 마련되어 있다.

초판 머리말

컴퓨터는 바이올린과 같다. 바이올린을 배운 적 없는 사람이 전축으로 음악을 들은 다음, 그 음악을 바이올린으로 켠다고 생각해 보라. 틀림없이 바이올린에서 끔찍한 소리가 날 거다. 바로 이게 그동안 휴머니스트와 수많은 컴퓨터 과학자들이 늘 해오던 얘기다. 말하자면, 컴퓨터 프로그램은 딱 정해진 몇 가지 일을 하는 것 말고는 달리 쓰임새를 찾기가 어렵다는 소리다. 허나, 바이올린이나 타자기도 어떻게 쓰는지 배우기 전까지는 마찬가지다.

마빈 민스키Marvin Minsky, 「왜 프로그래밍은 어설프게 이해되어 틀이 엉망진창으로 잡힌 아이디어를 나타내는 데 좋은 매체인가Why Programming Is a Good Medium for Expressing Poorly-Understood and Sloppily-Formulated Ideas」

『프로그램의 구조와 해석』은 매사추세츠 공과대학MIT의 입문 과정에서 다루는 교과다. MIT에서 전기 공학이나 컴퓨터 과학을 전공하는 학생은 누구나 회로, 선형 시스템, 디지털 시스템 설계와 더불어 '공통 핵심 과정'으로 꼭 이 과정을 밟게 되어 있다. 이 교과는 1978년에 개발하기 시작했고, 1980년 가을 학기 뒤로는 지금과 같이 틀을 갖춘 내용으로 해마다 육칠백 명에 이르는 학생들이 배운다. 학생 대부분이 컴퓨터를 조금 써보기는 했을 테고, 그 가운데 몇몇은 프로그래밍이나 하드웨어 설계에 폭넓은 경험을 갖추었을 테지만, 거의 모든 학생이 그 전에는 정식으로 컴퓨터 계산을 따로 훈련 받은 적이 없다.

이 컴퓨터 과학 입문 교과 과정의 설계에는 다음 두 가지 중요한 생각이 반영되어 있다. 첫째, 우리는 컴퓨터 언어란 그저 컴퓨터에 연산을 명령하는 수단에 그치는 게 아니라, 방법론^{methodology}에 대한 아이디어를 나타내는 데 쓸 수 있는 새로운 표현 수단이라는 생각을 확립하고자 한다. 따라서 프로그램은 사람이 읽어 보라고 쓰는 것이고, 어쩌다 보니 기계에서도 돌아가는 것이라 생각한다. 둘째, 이 단계의 교과 과정에서 중점을 두는 것은, 한 프로그래밍 언어의 문법을 익히는 것도 아니요, 어떤 함수를 가볍게 계산해 내는 슬기로운 알고리즘을 이해하는 것도 아니요, 알고리즘을 수학적으로 분석하는 일도 아니요, 컴퓨팅 이론을 맛보는 것도 아니다. 그보다는, 큰 소프트웨어 시스템의 복잡한 문제^{intellectual complexity}를 다루는 기법을 배우고 익히는 데 중점을 둔다.

이 교과의 목표는 이 과정을 마친 뒤, 프로그래밍의 모양새와 아름다움에 대하여 좋은 감각을 갖추도록 하는 데 있다. 아울러, 큰 시스템의 복잡함을 다스리는 데 중요한 기법을 마음대로 주무를 수도 있어야 한다. 또한, 본보기가 될 만한 모양새로 짜놓은 프로그램이 있다면, 그 50쪽 정도를 읽고 분석할 수 있는 힘도 갖추어야 한다. 그 가운데 읽지 말아야 할 게 무엇이고, 때로는 굳이 이해하지 않고 넘어가도 되는 게 무엇인지도 판단할 수 있어야 한다. 다른 사람이 쓴 프로그램을 고칠 적에는, 되도록 그 사람의 마음가짐과 모양새를 깨뜨리지 않으려 애쓰는 조심스러움 또한 갖출 수 있어야 한다.

이런 재주는 결코 컴퓨터 프로그램을 짤 때에만 중요한 게 아니다. 이 교과가 바탕 삼아 가르치고자 하는 기법들은 모든 공학 설계에 고루 적용되는 것이다. 어느 분야에서나, 알맞은 눈높이로 상세한 것들을 감추고 요약^{abstraction}을 하는 방식으로 복잡함을 다스린다. 쉽게 이해하여 쓸 수 있는 표준 부품을 마련하고, '끼워 맞추기^{mix-and-match}' 방식으로 시스템을 쌓아올릴 수 있도록 공통된 인터페이스^{conventional interface}들을 정하는 방식으로 복잡함을 다스린다. 또한, 설계를 표현하는 새로운 언어를 만들어서, 설계의 어떤 면은 강조하고 다른 면은 덜 강조하여 복잡함을 다스린다.

이 교과에서 이와 같은 방식을 따르는 바탕에는, '컴퓨터 과학'은 과학이 아니라는 것과 그 중요성이 컴퓨터와 거의 관련 없다는 믿음이 깔려 있다. 컴퓨터 혁명은, 생각하는 방식과 생각을 표현하는 방식에 대한 혁명이다. 그와 같은 변화는, 절차 인식론procedural epistemology이라는 이름이 가장 잘 어울릴 법한 어떤 것, 곧 명령을 내리는 관점에서 지식의 구조를 연구하는 데서 비롯된다. 이는 고전 수학이 따르는 선언적 관점과는 반대되는 것이다. 수학은 '그것이 무엇인가(What is)'의 개념을 정확하게 다루는 일에 바탕이 된다. 그와 달리, 컴퓨터 계산법은 '그것을 어떻게 하는가(How to)'라는 개념을 정확히 다루는 일에 토대가 된다.

이 책에서는 이러한 내용을 가르치는 과정에서, 프로그래밍 언어 Lisp에서 갈라져 나온 언어를 쓴다. 하지만 결코 정식으로 그 언어를 가르치지는 않는다. 굳이 그럴 필요가 없기 때문이다. 그 언어는 그냥 쓰면 된다. 배우는 이들은 며칠 만에 그 언어를 익힐 수 있다. 식을 엮어 쓰는 방법이 몇 개 없어서, 문법 구조라고 할 만한 게 따로 없다. 이는 Lisp 같은 언어가 갖춘 한 가지 큰 장점이다. 정식으로 언어의 특성을 모두 훑어보는 데 한 시간 정도면 충분하다. 마치 체스 두는 법을 배우듯이, 잠시만 지나면 언어 문법은 까맣게 잊어버리고, 진짜 문젯거리에 다가갈 수 있다. 계산하고자 하는 게 무엇인지 이해하고, 어떻게 하면 문제를 다루기 쉽게 여러 조각으로 나누어서 풀 수 있는지에만 집중할 수 있다. Lisp의 다른 이점은, 다른 어떤 언어보다도 프로그램을 모듈 방식으로 짜 맞추기 위한 여러 가지 방법을 (강요하지는 않으면서) 더 잘 뒷받침한다는 데 있다. 프로시저와 데이터로 요약할 수 있고, 차수 높은 프로시저higher-order procedure로 되풀이 쓰는 패턴을 뽑아낼 수 있으며, 덮어쓰기assignment와 변경 가능한 데이터data mutation로 갇힌 상태local state를 흉내낼 수 있고, 스트림stream과 셈미룸 계산법delayed evaluation으로 한 프로그램의 여러 부분을 이을 수 있으며, 임베디드 언어embedded languages를 쉽게 구현할 수 있다. 이 모든 것이 한 걸음씩 프로그램을 설계하고 짜맞추고 살펴보고 고쳐 쓰기에 딱 알맞도록, 대화형 환경interactive environment 속에 녹아 있다. 그리하여 우리는 존 매카시John McCarthy에서 시작되어, 둘도 없는 힘과 아름다움을 갖춘 뛰어난 도구를 일구어 내기까지 애써온, 모든 세대의 Lisp 마법사들에게 고마움을 전한다.

이 책에서 쓰는 Lisp 사투리 Scheme은 Lisp와 Algol에서 우러나온 힘과 아름다움을 한데 뭉쳐내고자 한 노력의 결과다. Lisp에서는 단순한 문법에서 이끌어낸 메타언어^{meta-linguistic}의 힘, 프로그램마저 데이터 물체로 나타낼 수 있는 한결같은 표현력, 힙^{heap} 데이터를 다시 쓸 수 있는 기능을 빌렸다. Algol에서는, Algol 위원회에 있던 프로그래밍 언어 설계의 선구자들이 준 선물, 곧 문법에 따른 유효 범위 한정^{lexical scoping}과 블록 구조를 받았다. 또한, 존 레이놀즈^{John Reynolds}와 피터 랜딘^{Peter Landin}을 빠뜨릴 수 없다. 앨런조 처치^{Alonzo Church}의 람다 계산법^{lambda calculus}과 프로그래밍 언어 구조 사이의 관계에 대한 그들의 깨달음에 빚졌기 때문이다. 아울러 컴퓨터가 세상에 나오기 몇 십 년 전에 이 분야를 발굴해 낸 수학자들에 큰 빚을 졌음도 잘 알고 있다. 앨런조 처치, 버클리 로저^{Barkley Rosser}, 스티븐 클린^{Stephen Kleene}, 해스켈 커리^{Haskell Curry} 같은 분들이 바로 그런 선구자다.

고마움의 글

이 책과 교육 과정을 만드는 데 도움을 준 많은 사람에게 고마움을 전한다. 이 교과는, 1960년대 후반 MIT에서 잭 워젠크래프트$^{Jack\ Wozencraft}$와 아서 에번스 주니어$^{Arthur\ Evans,\ Jr.}$가 가르친, 프로그래밍 언어학과 람다 계산법에 대한 훌륭한 교과 '6.231'의 정신을 그대로 이어받는 것이다. 우리는 로버트 파노$^{Robert\ Fano}$에게 큰 빚을 졌다. 그는 MIT의 전기 공학과 컴퓨터 과학의 입문 교과과정을 공학 설계에 비중을 두고 다시 짜맞추었다. 또한 이 큰 일을 시작할 수 있도록 이끌어 주었으며, 이 책은 그가 처음 썼던 노트 묶음에서 비롯되었다.

여기서 가르치고자 하는 프로그래밍의 모양새와 아름다움은 대부분 가이 스틸 주니어$^{Guy\ Steele\ Jr.}$와 함께 만들어 내었다. 가이는 Scheme 언어를 처음 설계할 때 제럴드 제이 서스먼$^{Gerald\ jay\ Sussman}$과 일했던 사람이다. 아울러, 데이비드 터너$^{David\ Turner}$, 피터 핸더슨$^{Peter\ Handerson}$, 댄 프리드먼$^{Dan\ Friedman}$, 데이비드 와이즈$^{David\ Wise}$, 윌 클링어$^{Will\ Clinger}$는 이 책에 실린 함수 프로그래밍 분야의 여러 기법을 가르쳐 주었다.

조엘 모시즈$^{Joel\ Moses}$는 큰 시스템의 틀을 잡는 것에 대하여 귀한 가르침을 주었다. 실세계의 구조를 반영하기 위해, 제어의 복잡함을 숨기고 데이터를 짜맞추는 데 집중해야 한다는 깨달음은, 그가 글자 계산$^{symbolic\ computation}$을 하기 위해 맥시마^{Macsyma} 시스템을 만들면서 얻은 경험에서 비롯된 것이다.

마빈 민스키와 시모어 페퍼트$^{Seymour\ Papert}$는 프로그래밍에 대한 마음가짐을 바로잡아서 우리의 지적인 삶 속에 자리 잡게 하는 데 큰 도움을 주었다. 그분들에게서 너무 어려워서 정확하게 다루기 힘든 아이디어를 탐구하는 데 컴퓨터 계산이 좋은 표현 수단이 된다는 깨달음을 얻었다. 그분들은, 학생들이 프로그램을 짜고 고치는 힘을 기르면, 그것이 뛰어난 매개체가 되어 탐구하는 버릇이 자연스레 몸에 밴다는 점을 강조한다.

한편, 우리는 프로그래밍이 아주 재미있는 일이라는 것, 그래서 프로그래밍의 즐거움을 알아가도록 이끌어 주는 게 낫다는 관점에서 앨런 퍼리스와 뜻을 같이 한다. 이런 즐거움은 위대한 대가들이 일하는 모습을 지켜보면서 얻을 수 있다. 그리 보면, 빌 고스퍼^{Bill Gosper}나 리차드 그린블럿^{Richard Greenblatt}의 지도를 받으며 견습 프로그래머로 일한 것은 우리에게 큰 행운이었다.

이 교육 과정을 만드는 데 도움을 준 모든 사람을 확인하기는 어려운 일이다. 지난 15년간 이 교과를 위해 따로 시간을 내어 우리와 일한 모든 강사, 지도 강사, 조교들, 그 가운데서도 특히 빌 시버트^{Bill Siebert}, 앨버트 마이어^{Albert Meyer}, 조 스토이^{Joe Stoy}, 랜디 데이비스^{Randy Davis}, 루이스 브래디아^{Louis Bradia}, 에릭 그림슨^{Eric Grimson}, 로드 브룩스^{Rod Brooks}, 린 스타인^{Lynn Stein}, 피터 슈로비츠^{Peter Szolovits}에게 고마움을 전한다. 지금 웰슬리 대학^{Wellesly college}에 일하는 프랭클린 터백^{Franklyn Turbak}에게는 가르치는 방법에 대한 뛰어난 공헌 때문에 특별히 더 고마움을 전하고 싶다. 그가 저학년 강의에서 쓰던 방법은 모든 사람이 바라 마지않던 표준이 되었다. 병행성 문제로 씨름할 때 도움을 베푼 제리 샐처^{Jerry Saltzer}와 짐 밀러^{Jim Miller}에게, 그리고 4장에서 비결정적 계산을 설명하는 데 도움을 베푼 피터 슈로비츠와 데이비드 맥앨레스터^{David McAllester}에게 고마움을 전한다.

많은 이들이 다른 대학에서 이 내용을 선보이고자 애를 썼다. 그 가운데 몇 사람은 우리와 아주 가깝게 지내며 다양한 일을 함께 했다. 그 가운데에는 이스라엘 기술연구소^{Technion}의 야곱 카체넬존^{Jacob Katzenelson}과 캘리포니아 대학^{University of California} 얼바인^{Irvine} 캠퍼스의 하디 마이어^{Hardy Mayer}, 옥스퍼드 대학의 조 스토이, 노르웨이 과학 기술대^{Norwegian University of Science and Technology}의 얀 코모롭스키

Jan Komorowski가 있다. 다른 대학에서 이 교과를 가르치면서 뛰어난 가르침으로 주요한 상을 받은 예일 대학의 케네스 이프^{Kenneth Yip}, 캘리포니아 대학 버클리 Berkeley 캠퍼스의 브라이언 하비^{Brian Harvey}, 코넬 대학의 댄 후텐로처^{Dan Huttenlocher} 같은 동료들이 아주 자랑스럽다.

알 모예^{Al Moyé}는 휴렛팩커드^{Hewlett-Packard}의 엔지니어들에게 이 과정을 가르칠 수 있도록 도와주었고, 강의를 비디오테이프로 찍어낼 수 있도록 배려해 주었다. 또한 여러 재능 있는 강사들에게 고마운 마음을 전한다. 특히 짐 밀러, 빌 시버트, 마이크 아이젠베르크^{Mike Eisenberg}는 이런 테이프들을 한데 모아 하나로 이어지는 교육 과정을 설계하였고, 전 세계 수많은 대학과 산업 현장에서 그 내용을 가르쳤다.

다른 나라의 많은 교육자도 초판을 옮겨쓰느라 많은 애를 썼다. 미셸 브리앙 Michel Briand, 피에르 샤마르^{Pierre Chamard}, 앙드레 픽^{André Pic}은 프랑스어 판을 냈다. 주자네 대니얼스-해럴드^{Susanne Daniels-Herold}는 독일어 판을 냈다. 모토요시 푸미오 Fumio Motoyoshi는 일본어 판을 냈다. 중국어 판을 낸 사람이 누구인지 모르지만, 이 교과서가 '허가 없는 번역에' 선택되었다는 사실을 영광으로 받아들이겠다.

강의에 쓸 Scheme 시스템 개발에 기술적으로 도움 준 이들을 모두 늘어놓기는 어렵다. 가이 스틸 주니어와 더불어, 주요한 전문가를 꼽자면 크리스 핸슨^{Chris Hanson}, 조 보비어^{Joe Bowbeer}, 짐 밀러, 기예르모 로사스^{Guillermo Rozas}, 스티븐 애덤스 Stephen Adams가 있다. 그 밖에 많은 시간을 내어 도와준 사람들로는 리처드 스톨만 Richard Stallman, 앨런 보덴^{Alan Bawden}, 켄트 피트먼^{Kent Pitman}, 존 태프트^{Jon Taft}, 닐 메일^{Neil Mayle}, 존 램핑^{John Lamping}, 귄 오스노스^{Gwyn Osnos}, 트레이시 래러비^{Tracy Larrabee}, 조지 캐러티^{George Carrette}, 소마 차우드후리^{Soma Chaudhuri}, 빌 치아치아로 ^{Bill Chiarchiaro}, 스티븐 키르쉬^{Steven Kirsch}, 리 클로츠^{Leigh Klotz}, 웨인 노스^{Wayne Noss}, 토드 캐스^{Todd Cass}, 패트릭 오도넬^{Patrick O'Donnell}, 케빈 시어벌드^{Kevin Theobald}, 대니얼

위스[Daniel Weise], 케네스 싱클레어[Kenneth Sinclair], 앤서니 꾸르드망쉬[Anthony Courtemanche], 헨리 M. 우[Henry M. Wu], 앤드류 벌린[Andrew Berlin], 루스 시유[Ruth Shyu] 같은 분들이 있다.

MIT 구현을 넘어서, IEEE Scheme 표준을 마련하느라 애쓴 많은 사람에게 고마움을 전한다. 윌리엄 클링어[William Clinger]와 조너선 리스[Jonathan Rees]는 R·4RS (Revised(4) Report on the Algorithmic Language Scheme)를 편집했고, 크리스 헤인즈[Chris Haynes]와 데이비드 바틀리[David Bartley], 크리스 핸슨[Chris Hanson] 그리고 짐 밀러는 IEEE 표준을 마련했다.

댄 프리드먼은 오랫동안 Scheme 공동체를 이끄는 사람이었다. 공동체가 이룬 드넓은 업적은 언어 설계 문제뿐 아니라, 의미심장한 교육 혁신에까지 이른다. Schemer' s Inc.의 EdScheme에 바탕을 둔 고등학교 커리큘럼과 마이크 아이젠베르크[Mike Eisenberg], 브라이언 하비, 매튜 라이트[Matthew Wright]가 쓴 훌륭한 책들이 그 좋은 보기다.

이 교육 내용을 책으로 펴내는 데 힘을 보탠 여러 사람의 노력에 고마움을 전하고 싶다. 특히, MIT Press의 테리 엘링[Terry Ehling], 래리 코헨[Larry Cohen], 폴 베트게[Paul Bethge], 훌륭한 표지 그림을 찾아준 엘라 마젤[Ella Mazel], 두 번째 판에서는 책 디자인을 도와준 버나드 마젤과 엘라 마젤, 신기에 가까운 TeX 마법을 부려준 데이비드 존스[David Jones]에게 고마움을 전한다. 또한, 이 책의 가판이 처음 나왔을 때 핵심을 찌르는 얘기를 들려준 독자들에게 적지 않은 빚을 졌다. 야곱 카첸넬존, 하디 마이어, 짐 밀러, 특히 브라이언 하비[Brian Harvey]는 그의 책 『Simply Scheme』에 줄리[Julie]가 베푼 도움을 이 책을 통해 되돌려 주었다.

마지막으로, 우리는 수 년 동안 이 작업을 끝마치도록 격려해준 여러 회사에 고마움을 전하고 싶다. 그 가운데 휴렛팩커드의 지원은 아이라 골드스타인[Ira

Goldstein과 조엘 번바움Joel Birnbaum 덕분이고, 미국 국방부 산하 고등연구기획국 Defense Advanced Research Projects Agency, DARPA의 도움은 밥 칸Bob Kahn 덕분이다.

1

프로시저를 써서
요약하는 방법

머릿속에서 일어나는 일, 곧 단순한 아이디어들을 가지고 쓸모 있는 아이디어를 만들어 내는 일은 주로 다음 세 가지로 나뉜다. 1. 첫째는 여러 단순한 아이디어를 한 아이디어로 묶어내는 것인데, 모든 복잡한 생각이 이렇게 나온다. 2. 둘째는 단순한 아이디어와 복잡한 아이디어를 함께 꺼내 놓되 하나로 묶지 않고 죽 훑어보도록 펼쳐 놓는 것인데, 이렇게 하여 관계에 대한 모든 아이디어를 이끌어 낸다. 3. 셋째는 실제 속에 복잡하게 얽혀 있는 다른 것들에서 아이디어를 분리하는 것인데, 이를 요약(간추리기, 추상화, abstraction*)이라고 한다. 모든 일반적인 아이디어들이 이렇게 만들어진다.

존 로크 John Locke

『인간 오성론An Essay Concerning Human Understanding』(1690)

---

* 역주 : abstraction을 꼭 '추상(화)'이라는 낱말로 옮기지 않아도 말이 되는 글월에서는 그냥 '요약'하여 설계한다거나 '간추려' 설계한다는 말을 쓰기로 하겠다.

계산 프로세스^{computational process}*가 무엇인지부터 공부하자. 계산 프로세스란 컴퓨터 속에 있는 것이며, 데이터^{data}라고 하는 것을 조작하면서 어떤 일을 한다. 프로세스^{process}는 사람이 만든 규칙에 따라 움직이고, 이 규칙을 가리켜 프로그램^{program}이라 한다. 프로그램을 통해 우리의 주문대로 컴퓨터의 혼을 만들어 내는 것이다.

계산 프로세스란, 마법사가 넋을 불러내려 할 때 머릿속에 떠올리는 생각과 엇비슷하여, 보거나 만지지는 못하지만 없다고 무시할 수 없는 그 무엇이다. 프로세스^{computational process}는 사람 대신 (모자라나마) 머리 쓰는 일을 하고 질문에 답하기도 하고 은행에서 돈을 찾거나 공장에서 로봇 팔을 움직여 물건을 만들어 내기도 하는데, 이런 식으로 우리 세상살이에 영향을 준다. 이런 까닭에 프로세스를 다스리는 프로그램은 마치 넋을 다스리는 마법사의 주문과 같다고 볼 수 있다. 프로그램은 조심스럽게 써내려간 여러 식^{symbolic expression}으로 이루어지는데, 이런 식을 적을 때 쓰는 말을 프로그래밍 언어^{programming language}라 한다. 프로그래밍 언어는 프로세스가 할 일을 적기 위해 만든, 신비롭고 비밀스런 마법과 같다.

컴퓨터가 고장나지 않았다면, 프로세스는 프로그램에서 정한 대로 일을 해내게 되어 있다. 그러므로 초보 프로그래머는 견습 마법사가 그리 하는 것처럼, 자기가 부린 마법이 어떤 결과를 일으킬지 미리 알아차리는 방법을 배워야 한다. 조금만 (보통 오류^{bug}나 흠^{glitch}이라고 하는) 실수^{error}를 저질러도 전혀 생각지도 못한 복잡한 결과가 튀어 나올 수 있기 때문이다.

그나마 다행인 것은, 프로그램 공부가 마법 공부만큼 위험하지 않다는 것이다. 프로그램을 짜서 불러 쓰려는 넋은 컴퓨터라는 기계 속에 안전하게 들어 있고 그 속에서만 움직이기 때문이다. 허나, 아무렇게나 프로그램을 짜도 괜찮다는 말은 아니다. 진짜로 일하는 데 쓸 프로그램은 깊은 지식과 경험을 갖춘 사람이 조심해서 짜야 한다. CAD프로그램^{Computer-Aided Design Program} 속에 있는 작은 오류 하

---

* 역주 : 앞으로 글 뜻이 흐려지지만 않는다면 '컴퓨터 계산 프로세스'라 하지 않고, 그냥 '계산 프로세스' 또는 '프로세스'라고 줄여 쓰겠다.

나가, 그 프로그램으로 설계한 비행기를 곤두박질치게 하거나 댐을 무너져 내리게 하고 산업 로봇을 망가뜨리는 엄청난 사고로 이어질 가능성이 얼마든지 있기 때문이다.

그러므로 소프트웨어 기술자라면 스스로 만든 프로세스가 맡은 일을 틀림없이 해낸다고 믿을 수 있도록 제대로 프로그램을 짤 줄 알아야 한다. 자기가 설계한 시스템이 앞으로 어떻게 움직일지 정확하게 그려낼 수 있어야 하고, 생각지도 못한 문제 때문에 끔찍한 사고가 터지지 않게끔 프로그램의 얼개^{구조, structure}를 제대로 잡을 줄 알아야 전문가라 할 수 있다. 또한 미처 알아차리지 못한 문제가 터질 때에도 프로그램 속에서 그 문제를 일으키는 오류가 어디에 숨어 있는지 찾아낼 줄 알고, 제대로 고칠 줄도 알아야 한다(이런 일을 오류잡기^{debug}라고 한다). 그래서 (잘 설계된 자동차나 핵 원자로 같이) 제대로 된 컴퓨터 시스템은 모듈 방식^{modular manner}에 따라 부품 단위로 만들고 고쳐 쓰고 갈아 끼울 수 있도록 설계되어 있다.

Lisp로 프로그램을 짠다는 것

프로세스를 나타내려면 그런 일에 알맞은 표현 수단이 있어야 하는데, 이 책에서는 그런 표현 수단으로 Lisp[*]라는 프로그래밍 언어를 골랐다. 우리가 보통, 생각을 글로 옮겨 적을 때 한글이나 영어 같은 자연어^{natural language}를 쓰고, 셈하는 방법을 적을 때 수식을 쓰는 것처럼, 컴퓨터 프로세스를 나타낼 때에는 Lisp 같은 프로그래밍 언어를 쓴다. Lisp는 수학에서 쓰는 논리식 가운데 재귀 방정식^{recursion equation}을 컴퓨터 계산^{computation} 모형으로 사용할 수 있는지 엄밀히 살펴보기 위해 1950년대에 존 매카시^{John McCarthy}가 만든 언어다. 그가 쓴 논문 「Recursive Functions of Symbolic Expressions and Their Computation by Machine^{기호로 나타낸 식을 처리하는 재귀 함수와 이를 기계로 계산하는 방법}, McCarthy 1960」^{**}에 그 설계 원리가

밝혀져 있다.

Lisp는 처음엔 수학 이론의 형식을 잡는 데 쓰려고 만든 언어이지만, 실제로는 프로그램을 짜는 데 쓴다. Lisp 실행기^{interpreter}는 Lisp로 표현한 프로세스를 처리하는 기계를 말하는 것이며, 첫 번째 Lisp 실행기는 MIT 전자공학 실험실의 인공지능 그룹과 계산 센터에 있던 여러 동료와 학생의 도움을 받아 존 매카시가 만들었다.[1] Lisp라는 이름은 LISt Processing$^{리스트\ 처리}$이라는 말에서 따온 것으로, 처음에는 대수식$^{algebraic\ expression}$의 미분식이나 적분식을 구하는 것처럼, 기호(이름)로 이루어진 데이터$^{symbolic\ data}$를 다루기에 알맞은 언어로 설계되었으며, 그런 목적에 맞추어 씨$^{알갱이,\ atom}$나 리스트^{list}라는 새로운 타입의 데이터가 들어갔다. 바로 이런 점에서 Lisp는 그때까지 나온 언어들과 크게 달랐다.

또한 Lisp는 여러 사람이 뜻을 모아 한번에 설계한 언어가 아니다. 이것은 쓰는 사람의 바람에 맞추어 새로운 기능을 넣기도 하고, 여러 가지 언어 기능을 쓸모 있게 만드는 방법을 연구하는 가운데 오랫동안 수많은 실험을 거치면서 자라난 언어다. 이런 특성 때문에 Lisp 공동체에는 '공식적으로' 언어를 정의하여 널리 퍼뜨리는 것을 꺼리는 전통까지 있다. Lisp는 처음부터 부드럽고 깔끔하게 설계된 언어일 뿐 아니라 진화하듯이 자라난 언어이기 때문에, (Fortran 다음으로) 오래된 언어인데도 아직까지 널리 쓰이고, 지금도 새로운 프로그램 설계 방식을 받아들이면서 꾸준히 적응해 가고 있다. 이런 까닭에 지금 Lisp라고 하면 Lisp에서 갈라져 나온 여러 언어^{dialect}를 한데 이르는 말이다. 모두 한 뿌리에서 나오기는 했으나, 서로 적지 않은 차이점이 있다. 이 책에서 쓰는 언어는 Scheme이

---

1) 『Lisp 1 Programmer's Manual』은 1960년에 처음 나왔고, 『Lisp 1.5 Programmer's Manual』(McCarthy 1965)이 1962년에 출판되었다. Lisp의 초기 역사는 McCarthy 1978에 잘 정리되어 있다.
(역주 : 매카시가 정리한 「Lisp - Notes On its Past and Future」(1980)를 봐도 좋다. 이 글은 2006년 현재 http://www-formal.stanford.edu/jmc/lisp20th.html에서 구할 수 있다. Lisp의 진화 과정을 더 꼼꼼히 훑어보고 싶으면 가이 L. 스틸 주니어(Guy L. Steel Jr.)와 리차드 P. 가브리엘(Richard P. Gabriel)이 정리한 『The Evolution of Lisp』를 권한다. 이 글은 2006년 현재 http://www.cs.umbc.edu/331/resources/papers/Evolution-of-Lisp.pdf에서 읽을 수 있다.)

라는 Lisp 사투리다.[2]

앞서 밝힌 바와 같이 Lisp는 기호로 나타낸 데이터 처리[symbol manipulation]에 무게를 두어 설계되었고 실험적인 성격을 띠고 있기 때문에, 처음에는 수 계산을 빠르고 가볍게 해내지 못했다. 적어도 포트란[Fortran]과 견주었을 때에는 그러하였다. 하지만 그 뒤 몇 년에 걸쳐 Lisp 프로그램을 기계 코드로 번역해 주는 Lisp 번역기[compiler]가 나오면서 산술 연산을 충분히 효율적으로 처리할 수 있게 되었다. 한편, 특별한 응용 분야에서는 Lisp가 제 몫을 톡톡히 해왔다.[3]

Lisp가 비록 효율이 크게 떨어지는 언어라는 말을 오랫동안 들어왔고 아직도 이런 문제가 모두 풀렸다고 말할 수는 없지만, 효율을 크게 문제 삼지 않는 응용 분야에서는 널리 쓰이고 있다. 운영체제 셸[shell] 언어라던가 글 편집기[editor]나 설계 시스템[CAD] 같은 소프트웨어의 기능을 늘리는 언어로 자리를 잡은 것이 좋은 보기다.[*]

그렇다고 해도 크게 인기 있는 언어가 아닌데, 왜 굳이 Lisp를 써서 프로그램

---

2) 1970년대에 가장 많이 쓰던 Lisp 사투리로, MIT의 프로젝트 MAC에서 만든 MacLisp(Moon 1978; Pitman 1983)와, 볼드 베라닉&뉴먼(Bolt Beranek & Newman) 사와 제록스 팔로 알토(Xerox Palo Alto) 연구 센터가 같이 만든 Interlisp(Teitelman 1974)를 들 수 있다. Portable Standard Lisp(Hearn 1969; Griss 1981)는 여러 기계로 쉽게 옮겨 심을 수 있게 설계한 Lisp 사투리였다. 그 뒤 MacLisp에서 여러 사투리가 나왔는데, 캘리포니아대학 버클리분교(UCB)에서 만든 Franz Lisp가 있고, MIT 인공지능 실험실에서 만든 Zetalisp(Moon 1981)가 있다. Zetalisp는 전용 프로세서를 따로 만들어서 Lisp를 아주 효율적으로 돌리려고 만든 것이다. 이 책에서 쓰는 Lisp 사투리 Scheme(Steele 1975)은 MIT 인공지능 실험실의 가이 루이스 스틸 주니어(Guy Lewis Steele Jr.), 제럴드 제이 서스먼(Gerald Jay Sussman)이 1975년에 처음 내놓은 것을, 나중에 MIT에서 프로그래밍 교육에 쓰려고 다듬은 것이다. 1990년에 IEEE Scheme 표준(IEEE 1990)이 정해졌다. Common Lisp(Steele 1982, Steele 1990)는 그때까지 여러 사투리에 있던 기능을 한데 묶어서 산업 표준 Lisp를 제정하려고 Lisp 공동체가 만든 것인데, 1994년에 ANSI 표준(ANSI 1994)이 정해졌다.

3) 실제로 Lisp가 태양계 행성의 궤도 계산에 쓰여 중요한 과학 업적을 남긴 사례가 있다. 태양계 행성 운동을 기존에 계산한 결과보다 거의 100배 정도 정밀하게 계산해 냄으로써, 태양계가 혼돈계(chaotic system)라는 사실을 증명한 것이다. 이 계산에는 Lisp로 짠 소프트웨어만으로 만든 새로운 적분 알고리즘과 전용 번역기, 전용 컴퓨터가 쓰였다(Abelson et al. 1992; Sussman and Wisdom 1992). (이 주석 번역은 서울대학교 천문학과 황나래 씨의 도움을 받았다.)

* 역주 : Lisp(Scheme)를 바탕으로 하는 셸 언어로 scsch가 있다. 또 소프트웨어의 기능을 늘리는 언어로는, Emacs 편집기의 Elisp, AutoCAD 시스템의 AutoLisp를 들 수 있다. 이 밖에도 Lisp 바탕의 언어들이 제 몫을 다하는 보기는 얼마든지 있다.

짜는 법을 가르치려 드는 것일까? 그 까닭은 Lisp 언어만이 갖춘 여러 특징에 있다. 다시 말해, 프로그램을 짜는 데 필요한 여러 원소와 갖가지 데이터 구조^{data} structure를 공부하고, 이를 뒷받침하는 데 어떤 언어 기능이 있어야 하는지를 관계 지어 설명하기에, Lisp는 여러 모로 알맞은 점이 많다. 그 가운데에서도 프로시저 procedure를 보통 데이터처럼 쓸 수 있다는 것이 가장 두드러진 점이다. 왜냐하면 '열심히 일하는^{active}' 프로세스가 '가만히 있는^{passive}' 데이터를 쓴다는 흔한 생각 과 달리, 데이터와 프로시저를 엄격하게 구분 짓지 않는 데 바탕을 두는 쓸모 있 는 프로그램 설계 기술이 여럿 있기 때문이다. 앞으로 이 책에서 그런 기술을 탐 구^{探究}하는 데 Lisp가 가장 편리한 수단이 될 텐데, 그 까닭은 프로시저를 데이터 처럼 다루는 Lisp의 유연성에서 찾을 수 있다. 또한 똑같은 까닭에서, Lisp는 컴퓨 터 언어를 처리하는 실행기나 번역기 같이 다른 프로그램을 데이터처럼 받아서 처리하는 프로그램을 짜는 일에 쓰기에도 아주 좋은 언어다. 하지만 이 모든 걸 접어두고, Lisp로 프로그램 짠다는 것은 정말 재미있는 일이다.

1.1 프로그램 짤 때 바탕이 되는 것

프로그램 짜기에 좋은 언어는 그저 컴퓨터에 할 일을 지시하는 수단만이 아니다. 프로그래밍 언어는 프로세스에 대한 사람의 생각을 짜임새 있게 담아내는 그릇 이기도 하다. 그러므로 언어를 설명할 때에는 다른 무엇보다 단순한 생각을 모아 복잡한 생각을 엮어내는 수단에 무게를 두어야 한다. 좋은 프로그래밍 언어라면 아래와 같은 일을 할 수 있는 세 가지 표현 방식을 갖추고 있다.

- 기본 식^{primitive expression} — 언어에서 가장 단순한 것을 나타낸다.
- 엮어내는 수단^{means of combination} — 간단한 것을 모아 복잡한 것^{compound element} 으로 만든다.
- 요약하는 수단^{means of abstraction} — 복잡한 것에 이름을 붙여 하나로 다룰 수 있 게끔 간추린다.

프로그램을 짤 때 우리는 프로시저와 데이터라는 두 가지를 쓴다(뒤에 가서 이 둘을 딱 자르지 않아도 된다는 것을 알게 된다.). 쉽게 말해서, 데이터란 프로시저에서 쓰려는 '물건^{stuff}'이고, 프로시저란 데이터를 처리하는 규칙을 적은 것이다. 그래서 좋은 프로그래밍 언어에는 기본 데이터^{primitive data}와 기본 프로시저^{primitive procedure}를 나타내고, 프로시저들과 데이터들을 엮어서 더 복잡한 것을 만들고, 이를 간단하게 요약하는^{간추리는} 수단이 반드시 있어야 한다.

이 장에서는 숫자 데이터^{numerical data}를 가볍게 다루면서 프로시저 짜는 방법에 초점을 둔다.[4] 뒤 장에 가서 합친 데이터^{compound data}를 쓸 때에도 여기서 공부한 것과 같은 방법으로 프로시저를 짠다는 것을 알게 될 것이다.

1.1.1 식

처음 프로그램 짜는 법을 공부할 때 이를 가장 쉽게 배울 수 있는 방법 가운데 하나는, 가볍게 Scheme 실행기를 가지고 놀면서 이것이 어떻게 돌아가는지 훑어보는 일이다. 지금 컴퓨터 앞에 앉아 실행기를 띄워 놓았다고 생각하자. 우리가 식^{expression}을 쳐 넣으면, 실행기는 그 식을 셈^{계산, evaluation}하여 값을 찍는다.

수를 나타내는 식은 실행기가 곧바로 셈할 수 있는 기본 식이다. (정확히 말하면, 십진수 숫자로 나타낸 식을 적는다고 해야 맞다.) Lisp에 다음 수를 던져주자.

---

4) 숫자를 '간단한 데이터'라고 하면 눈 가리고 아웅 하는 격이다. 사실을 말하자면, 거의 모든 프로그래밍 언어에서 정말 다루기 까다로운 데이터가 바로 숫자다. 이해를 돕기 위해 흔히 부닥치는 문제를 몇 개 들어 보자. 한 컴퓨터 시스템에서 정수(integer)와 실수(real number)를 달리 본다고 치자. 쉽게 말해서, 2와 2.71을 서로 성질이 다른 수로 본다는 말이다. 그런데 실수 2.00과 정수 2는 다르다고 해야 할까, 같다고 해야 할까? 덧붙여, 정수 연산과 실수 연산은 서로 같다고 봐야 할까, 다르다고 봐야 할까? 6을 2로 나누면 3이 나와야 하는가, 3.0이 나와야 하는가? 프로그래밍 언어로 얼마나 큰 수를 나타낼 수 있고, 유효숫자(有效數字) 범위는 얼마나 넓은가? (또는 유효숫자가 얼마나 많은가?) 정수와 실수의 범위는 같은가, 다른가? 이런 문제는 다 제쳐두고서 반올림이나 절단 오차(切斷誤差, truncation error)만 다루어도 갖가지 문제가 무더기로 쌓이는데, 이런 것만 따로 연구하는 분야가 수치해석(numerical analysis)이다. 하지만, 이 책에서는 수 데이터를 다루는 방법보다, 큰 프로그램을 짜는 데 무게를 두기 때문에, 수 데이터 문제는 건너뛰기로 한다. 그런 까닭에서 정수를 쓰지 않는 연산 결과로 유효숫자 범위를 넘어서는 값이 나오면, (흔히 그렇게 하듯이) 반올림한 값을 쓰기로 하자.

실행기가 아래처럼 답하는 것을 볼 수 있다.[5]

486

수를 나타낸 식과, 기본 프로시저를 나타내는 식, +나 * 같은 기호를 한데 엮어 좀 더 복잡한 식^{compound expression}을 적을 수 있다. 이렇게 엮은 식은, (+나 *와 같은) '프로시저에 수를 넘겨서 그 값을 계산하겠다(수에 그 프로시저를 적용^{application}한 다)'는 뜻을 담고 있다.

```
(+ 137 349)
```
486

```
(- 1000 334)
```
666

```
(* 5 99)
```
495

```
(/ 10 5)
```
2

```
(+ 2.7 10)
```
12.7

이렇게 여러 식을 괄호로 묶어 리스트를 만들고 프로시저 적용^{procedure application}을 뜻하도록 엮어 놓은 식은 엮은식^{combination}이라고 한다. 이 리스트에서 맨 왼쪽에 있는 식은 연산자^{operator}가 되고, 나머지 식은 피연산자^{operand}가 된다. 엮은식을 계산한 값은, (피연산자의 값이 되는) 인자^{argument}에 (연산자가 나타내는) 프로시저를 적용하여 얻는다.

---

5) 이 책에서는 실행기에 적어 넣은 식과 실행기가 찍은 식을 구분할 수 있게끔, 실행기가 찍은 식을 기울어진 글꼴로 나타낸다.

연산자를 피연산자 왼쪽에 두는 방식을 **앞가지 쓰기**^{prefix notation}라고 하는데, 지금까지 수학에서 식을 쓰던 버릇과 달라서 처음에는 조금 헛갈릴 수도 있다. 하지만, 앞가지 쓰기를 하면 좋은 점이 몇 개 있다. 첫째, 아래처럼 인자가 많아져도 따로 문법을 만들 필요 없이 쓰던 그대로 쓸 수 있다는 점이다.

```
(+ 21 35 12 7)
75

(* 25 4 12)
1200
```

여기에서도 연산자가 맨 왼쪽에 있는 것은 마찬가지고, 식^{combination}을 괄호로 묶어 놓았으니, 인자가 많아졌다고 해서 조금도 헛갈릴 게 없다.

둘째, 식 속에 다시 식을 넣어서 식을 여러 겹으로 엮어 늘리기가 쉽다는 점이다.

```
(+ (* 3 5) (- 10 6))
19
```

식을 얼마나 깊이 겹쳐 써도 되는지, 또 Lisp 실행기가 얼마나 복잡한 식을 받아들일 수 있는지 따로 정해 놓은 규칙은 없다. 어쨌거나 아래처럼 여러 식을 겹쳐 엮은 식이 있다고 하자. 사람은 이런 간단한 식을 마주하더라도 어떻게 겹쳐 쓴 것인지 알아보기 어려워서 실수로 계산을 틀리기 쉽다.

```
(+ (* 3 (+ (* 2 4) (+ 3 5))) (+ (- 10 7) 6))
```

물론, 언어 실행기^{interpreter}는 아무 문제 없이 식의 값을 구하여 57이라 답한다. 그러므로 같은 식을 쓰더라도 아래처럼 정리해서 적으면 사람도 알아보기 쉽다.

```
(+ (* 3
      (+ (* 2 4)
         (+ 3 5)))
   (+ (- 10 7)
      6))
```

이와 같이, 식을 깊이 겹쳐 써야 할 때 인자를 중심으로 줄을 맞추고 알맞게 들여 쓰는 방식을 가지런히 쓰기[예쁘게 쓰기, pretty-printing]라고 한다. 알맞게 들여쓰기를 하고 나니, 식의 얼개가 환히 드러난다.[6]

식이 제아무리 복잡해도, 실행기가 하는 일은 언제나 같다. 식을 읽어 들이고 값을 구한 다음에 그 값을 찍는다. 이를 가리켜 보통, 읽고 셈하고 찍는 일을 되풀이[read-eval-print loop]한다고 한다. 언어 실행기는 계산한 값을 보여 달라고 따로 청하지 않아도 알아서 셈한 값을 찍어 준다는 사실을 알아두자.[7]

1.1.2 이름과 환경

프로그래밍 언어에서 아주 중요한 기능 가운데 하나는 계산 물체[computational object]에 이름을 붙이는 수단이다. 이때 이름은 변수[variable]가 되고, 그 변수의 값[value]은 계산 물체가 된다.

Scheme에서는 이름을 지을 때 define을 쓴다.

```
(define size 2)
```

위 식을 실행기에 건네면, 실행기는 2라는 값에 size라는 이름을 붙인다.[8] 한번 size라는 이름의 값을 2로 정하고 나면, 그 다음부터는 size라는 이름만으로 2라는 값을 나타낼 수 있다.

```
size
```
2

---

6) 대개 Lisp 시스템은 식을 가지런히 적을 수 있도록 도와주는 기능을 갖추고 있다. 식을 가지런히 적고 싶을 때 크게 도움이 되는 두 기능은, 새 줄을 쓸 때마다 저절로 들여쓰기를 해주는 기능과 오른 괄호를 칠 때마다 짝이 되는 왼 괄호가 어떤 것인지 알려주는 기능이다.

7) Lisp는 '식을 계산하면 언제나 값이 나온다'는 규칙을 따른다. 이런 Lisp의 성질에다 느리고 무거운 언어라는 나쁜 소문까지 겹쳐서, 앨런 퍼리스(Alan Perlis)는 (오스카 와일드(Oscar Wilde)가 한 말을 빗대어) 'Lisp로 프로그램 짜는 사람들은 세상 모든 것(식)의 가치(값)를 알지 모르나, 그 대가가 어느 정도인지는 조금도 모른다'고 비꼬아 말하기도 했다.

8) 이 책에서는 define 식을 처리한 다음에 실행기가 아무런 반응을 보이지 않는데, 이는 실행기를 어떻게 만들었느냐에 달린 것이다.

```
(* 5 size)
```
10

아래는 define으로 여러 가지 값에 이름을 지어 본 것이다.

```
(define pi 3.14159)
```

```
(define radius 10)
```

```
(* pi (* radius radius))
```
314.159

```
(define circumference (* 2 pi radius))
```

```
circumference
```
62.8318

define은 Scheme에서 합친 연산^{compound operation}을 간추리는 (가장 단순한) 수단으로, 이 기능을 쓰면 앞에서 보기로 나온 circumference^{둘레}처럼, 복잡한 식을 계산한 값에 알기 쉬운 이름을 붙여 쓸 수도 있다. 흔히 컴퓨터 내에 계산되는 것은 그 구조가 얼마든지 복잡해질 수 있기 때문에, 그런 것을 쓸 때마다 어떻게 만드는지 외워서 하나하나 다시 적어야 한다는 것은 여간 번거로운 일이 아니다. 사실 아주 복잡한 프로그램을 짜 맞출 적에는 작고 단순한 물건에서 점점 더 복잡한 물건을 만들어 가는 방식을 따른다. 특히 한 걸음씩 더 복잡한 프로그램을 짜 맞추기에는 실행기가 편하다. 실행기를 쓰면 계속 계산을 주고받는 과정에서 때맞춰 필요한 물체에 하나씩 이름을 붙여 쓸 수 있기 때문이다. 이런 특징은 조금씩 프로그램을 짜면서 그때마다 잘 돌아가는지 살펴 고치는 방식에 잘 들어맞는데, Lisp 프로그램이 보통 수많은 작은 프로시저로 이루어지는 것도 이 때문이다.

어떤 값에 이름^{기호, symbol}을 붙여 두었다가 뒤에 그 이름으로 필요한 값을 찾아쓸 수 있다는 말은, 실행기 속 어딘가에 이름-물체^{name-object}의 쌍을 저장해 둔 메모리^{memory}가 있다는 뜻이다. 이런 기억 공간을 **환경**^{environment}이라고 한다. (나중에 계산 과정에서 쓰는 환경이 하나만 있는 게 아님을 알게 된다. 지금 여기서 '환경'이란 맨 바깥쪽에 있는 **바탕 환경**^{global environment}을 말한다.)⁹

1.1.3 엮은식^{combination}을 계산하는 방법

일에는 앞뒤가 있다. 그래서 어떤 일을 제대로 하려면, 큰 일을 작은 일로 알맞게 나눈 다음에 작은 일을 어떤 차례로 해나갈지 정해야 한다. 이렇게 절차대로^{procedurally} 일하는 방법으로 짤 때 짚어 볼 문젯거리가 몇 개 있는데, 그런 얘기만 따로 모아 다루는 것이 이 장의 목적 가운데 하나다.

이를 설명하기에 알맞은 보기로, 실행기가 엮은식^{combination}의 값을 계산하는 차례가 다음과 같다고 하자.

1. 엮은식에서 부분 식^{subexpression}의 값을 모두 구한다.
2. 엮은식에서 맨 왼쪽에 있는 식(연산자)의 값은 프로시저가 되고, 나머지 식 (피연산자)의 값은 인자가 된다. 프로시저를 인자에 적용하여 엮은식의 값을 구한다.

얼핏 보면 뻔한 규칙 같지만, 프로세스를 다룰 때 중요하게 다루어야 할 것이 잘 드러나 있다. 먼저, 이 규칙의 첫 단계를 살펴보자. 엮은식의 값을 셈하는 프로세스를 끝내려면 부분 식부터 계산해야 하는데, 부분 식의 값을 셈할 때에도 똑같은 프로세스를 따르도록 하고 있다. 한 마디로, 이 계산 규칙은 자연스레 처음으로 **되도는**^{recursive} 프로세스다. 다시 말해, 어떤 규칙의 한 단계에서 똑같은 규칙을 다시 밟도록 해놓았다는 말이다.¹⁰

---

9) 3장에서 실행기가 어떻게 돌아가는지 알고, (4장에서) 실행기를 어떻게 만드는지 배우고 나면, 환경이 컴퓨터 계산 과정에서 얼마나 중요한 몫을 하는지 절로 깨닫게 된다.

10) 지금까지 엮은식의 맨 왼쪽(연산자)에는 덧셈, 곱셈을 나타내는 +나 * 같은 기본 연산자만 썼기 때문에, 이 계산 규칙에서 맨 왼쪽에 있는 연산자를 엮은식으로 처리한다는 게, 이상하게 보일지도 모른다. 하지만, 연산자 자리에 엮은식이 올 수 있음은 물론이고, 그렇게 하는 것이 여러 모로 쓰임새가 많다는 것을 곧 알게 된다.

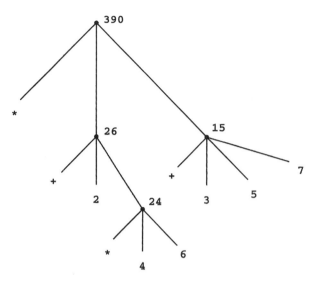

그림 1.1 엮은식의 값을 모두 펼쳐 보여주는 나무꼴 그림

    이렇게 한 프로세스를 되밟는 것이 (깊이 겹쳐 쓴 식을 계산하는 것 같이) 복잡한 프로세스를 쉽게 나타내는 데 얼마나 큰 도움이 되는지 살펴보자. 예컨대 아래 식을 계산하려면, 엮은식 네 개의 값을 같은 계산 규칙으로 구해야 한다.

```
(* (+ 2 (* 4 6))
   (+ 3 5 7))
```

이 식을 그림 1.1에서 보는 것처럼 나무꼴로 나타내 보면, 식을 계산하는 프로세스가 한눈에 드러난다. 나무 그림 속에서 연산자는 마디^{node}로, 연산할 것들은 가지^{branch}로 나타내며, 끝 마디$^{가지가 끝나는 마디, terminal node}$에는 연산자나 수가 달려 있다. 계산 프로세스를 나무에 빗대어 설명해 보면, 피연산자의 값들이 끝 마디부터 가지를 타고 하나씩 더 높은 단계로 올라가며 엮이는 셈이다. 보통 이렇게 같은 절차를 여러 번 되밟는 기법, 줄여서 되돌기$^{재귀, recursion}$는, 나무 같은 계층 구조 물체(데이터)를 다루기에 알맞은 기법이다.* 사실 이렇게 '값을 위로 올려

---

* 역주 : 1.2.1절과 1.2.2절에서 이 주제를 다룬다.

보내는' 규칙은 **나무꼴 어큐뮬레이션**^{tree accumulation}이라 하는 더 일반적인 계산 방법의 한 가지다.

다음으로, 앞의 규칙에서 첫 단계를 여러 번 되밟다 보면, 숫자나 붙박이 연산자^{built-in operator} 같은 기본 식을 계산해야 할 때가 온다. 기본 식을 다루는 규칙은 다음처럼 따로 정할 수 있다.

- 숫자 식의 값은 여러 숫자가 모여서 나타내는 값이다.[•]
- 붙박이 연산자의 값은 그 연산자가 뜻하는 연산을 하도록 미리 묶어 놓은 기계 명령들이다.
- 그밖에 다른 이름 값은 환경에서 그 이름으로 정의해 둔 물체다.

한데, +와 * 같은 이름(기호)이 바탕 환경 속에서 그런 연산을 하도록 묶어 둔 기계 명령들('값')로 정의되어 있다 하면, 둘째 규칙은 셋째 규칙의 한 가지로 볼 수 있다. 여기서 놓치지 말아야 할 점은, 식 속에서 쓰는 이름이 무슨 뜻인지 결정짓는 게 환경이라는 사실이다. Lisp 같은 실행기 언어에서는 x라는 이름이 (또는 + 라는 이름까지도) 무엇을 뜻하는지 알 수 있도록 환경 정보를 밝혀두지 않은 채, (+ x 1) 같은 식을 계산한다고 해봐야 아무 쓸모없는 짓임을 알아야 한다. 3장에서, 프로그램이 돌아가는 방식을 이해하는 데 문맥^{context}을 결정짓는 환경 개념이 참말 중요한 몫을 한다는 것을 배우게 된다.

앞서 정한 계산 규칙으로는 식에 이름을 붙이지 못한다는 점도 알아 놓자. 이를테면 (`define x 3`)은, `define`이라는 프로시저가 따로 있어서, 이를 x와 3이라는 인자에 맞추어 계산하라는 뜻이 아니다. `define`의 목적은 말 그대로 x라는 이름의 뜻(값)을 정하는 것이다. (곧 (`define x 3`)은 엮은식^{combination}이 아니다.)

이와 같이 보통 계산 규칙으로는 값을 구하지 못하기 때문에 계산 규칙이 따로 밝혀져 있어야 하는 문법을 **특별한 형태**^{special form}라 한다. 여태 나온 특별한 형태

• 역주 : 256은 숫자 식이고, 식의 값은 256이다.

는 define뿐이지만, 곧 다른 것도 볼 수 있다. 이렇게 여러 종류의 식이 (그리고 식의 종류마다 다른 값을 구하는 규칙이) 모여서 프로그래밍 언어의 문법^{syntax}을 이루게 된다. Lisp는 딴 프로그래밍 언어와 견주어 문법이 아주 쉬운 편이지만, 계산 규칙도 아주 간단하다. 식을 셈하는 규칙 하나에 몇 안 되는 특별한 형태를 계산하는 규칙만 있을 뿐이다.¹¹

1.1.4 묶음 프로시저^{compound procedure}

지금까지 Lisp에서 좋은 프로그래밍 언어가 꼭 갖추어야 할 것을 알아보았다.

- 수와 산술 연산이 기본 데이터고 기본 프로시저다.
- 엮은식을 겹쳐 쓰는 것이 여러 연산을 한데 묶는 수단이 된다.
- 이름과 값을 짝 지워 정의한 것이 모자라나마 요약하는^{간추리는} 수단이 된다.

이제는 프로시저를 어떻게 정의^{procedure definition}하는지 배울 차례가 되었다. 프로시저 정의란 복잡한 연산^{compound operation}에 이름을 붙여서 쓰는 방법으로, 큰 프로그램을 짤 적에 아주 쓸모가 많다.

'제곱'을 어떻게 나타내는지 살펴보면서 이 얘기를 풀어 보자. 먼저 제곱하는 방법은 '어떤 값을 제곱하려면, 같은 값을 두 번 곱한다'는 말로 풀 수 있다. 이런 생각을 다시 Lisp로 옮기면 아래와 같다.

```
(define (square x) (* x x))
```

---

11) 기본 문법만 가지고도 충분히 표현할 수 있지만, 더 간편한 문법을 쓰고 싶어서, 있던 문법을 간추려 정의한 특별한 형태가 있다. 이런 특별한 형태는 피터 랜딘(Peter Landin)이 일컫는 대로, '쓰기 쉬운 문법(달콤한 문법, syntactic sugar)'이라 한다. 한데, 다른 언어를 쓰는 사람에 비해, Lisp를 쓰는 사람들은 그다지 문법에 마음을 쓰지 않는 편이다. (파스칼(Pascal) 언어 설명서에서 문법을 설명하는 데 얼마나 많은 내용을 쏟아 붓는지 살펴보라.) Lisp에서 문법을 하찮게 여기는 까닭은, 첫째 겉으로 드러난 언어 문법을 쉽게 바꿔 쓸 수 있기 때문이고, 둘째 '편한' 문법이 지나쳐 언어의 일관성을 깨뜨릴 정도가 되면 크고 복잡한 프로그램을 짤 때 도움이 되기보다 오히려 거치적거린다고 생각하기 때문이다. 이런 뜻에서 앨런 퍼리스는 "쓰기 쉬운 문법(달콤한 문법)이 세미콜론 암을 일으키는 원인이다."라고 말하기도 하였다.

이 글월의 뜻은 이렇게 받아들일 수 있다.

```
(define   (square   x)        (*        x       x))
    ↑        ↑       ↑          ↑        ↑        ↑
   To     square  something, multiply   it by   itself.
```

이렇게 하면 이미 있던 다른 프로시저를 하나로 묶어서 만든 프로시저, 곧 **square**
라 이름 붙인 '묶음 프로시저^{compound procedure}' 하나가 새로 생긴다. 그리고 이 프
로시저는 정의에 따라 같은 값을 두 번 곱하는 연산을 나타낸다. 이 프로시저 정
의를 살펴보면, 곱할 값을 **x**라는 갇힌 이름^{local name}으로 받아 오는데, 이는 마치
자연어에서 대명사와 쓰임새가 비슷하다. 이 프로시저 정의를 계산한 결과로, 새
로운 묶음 프로시저가 하나 생기는데, 그 이름을 **square**라고 지은 것이다.[12]

프로시저를 정의하는 문법은 다음처럼 간추릴 수 있다.

```
(define  (⟨name⟩ ⟨formal parameters⟩)  ⟨body⟩)
```

⟨*name*⟩은 환경에서 프로시저를 가리키는 이름^{symbol}이다.[13] ⟨*formal parameters*⟩
는 프로시저가 받아오는 인자를 가리키기 위해서 프로시저의 몸 속에서 쓰는 이름
이다. 프로시저의 ⟨*body*⟩는 프로시저를 불러 쓸 때마다 계산할 식을 말하는 데,
프로시저에 인자를 건네면 몸 식 속에 있는 인자 이름을 인자 값으로 맞바꾼 다음에,
그 식의 값을 구하게 된다.[14] 또한 ⟨*name*⟩과 ⟨*formal parameters*⟩를 괄호로 묶어 놓
았는데, 이는 인자를 주고 프로시저를 불러 쓰는 문법과 생김새가 똑같다.*

---

12) 프로시저 정의는 두 연산이 한데 어울려 만들어 내는 결과라는 점을 알아두자. 말하자면, 프로시저를 새
　　로 만드는 연산이 그 하나요, 이어서 새 프로시저에 **square**라는 이름을 붙이는 연산이 다른 하나다. 다시
　　말해서, '이름 없는 프로시저를 만든다'는 개념과 '만들어 놓은 프로시저에 이름을 붙인다'는 개념을 반
　　드시 구분할 줄 알아야 한다. 1.3.2절에 가서 다시 꼼꼼히 살펴보기로 하자.
13) 이 책에서 ⟨*name*⟩처럼 각진 괄호로 묶어놓은 것은, 그 문법을 쓸 때 채워야 할 '빈 자리(slot)'를 나타낸다.
14) 프로시저 몸은 (묶은식 말고도) 여러 식을 한 줄로 이어 쓴 식(sequence of expression)일 수도 있다. 이런
　　식이 오면 실행기는 하나씩 차례대로 식을 계산하는데, 이때 맨 마지막 식의 값이 프로시저의 값이 된다.
＊　역주 : 흔히들 formal parameter를 '형식 매개변수'나 '형식 인자(formal argument)'라고 하며, actual
　　parameter를 '실 매개변수'나 '실 인자(actual argument)'라고 하는데, 쉽게 '인자 이름'과 '인자 값' 또는
　　그냥 '인자'라고 써도 뜻이 조금도 흐트러지지 않는다.

앞서 정의한 square는 다음과 같이 쓴다.

```
(square 21)
```
441

```
(square (+ 2 5))
```
49

```
(square (square 3))
```
81

(square를 만들 때 *라는 기본 프로시저를 썼듯이) square 또한 다른 프로시저를 정의할 때 쓸 수 있다. 예컨대, $x^2 + y^2$를 계산하는 식을 나타내면 다음과 같다.

```
(+ (square x) (square y))
```

이 식에 이름을 붙이면, 두 인자를 받아 제각기 제곱하여 더하는 프로시저 sum-of-squares를 쉽게 만들 수 있다.

```
(define (sum-of-squares x y)
  (+ (square x) (square y)))
```

```
(sum-of-squares 3 4)
```
25

마찬가지로, sum-of-squares 또한 다른 프로시저를 정의할 때 쓸 수 있다.

```
(define (f a)
  (sum-of-squares (+ a 1) (* a 2)))
```

```
(f 5)
```
136

이와 같이 묶음 프로시저든 기본 프로시저든 쓰는 방법은 같다. 다시 말해, 앞에서 sum-of-squares 프로시저의 정의만 놓고 보면, 그 몸 속에서 square라는 프로시저가 +나 *처럼 실행기에 처음부터 들어 있던 것인지, 아니면 새로 만든 것인지 구별하지 못한다.

1.1.5 맞바꿈 계산법^{substitution model}으로 프로시저를 실행하는 방법

프로그래밍한 프로시저를 실행하는 과정은 1.1.3절에서 보았듯이 기본 프로시저의 경우와 거의 같다. 모든 부분 식의 값을 구한 다음에, 연산자의 값으로 나온 프로시저를 연산할 값, 곧 인자에 맞추어 계산하면 된다.

(인자에 맞추어) 기본 프로시저를 계산하는 방법은 이미 실행기 속에 정해져 있다고 보고, 새로 만들어 쓰는 묶음 프로시저의 맞춤^{적용, application}은 다음 규칙에 따라 계산할 수 있다.

- 묶음 프로시저를 인자에 맞춘다는 것은, 프로시저의 몸 속에 있는 모든 인자 이름^{formal parameter}을 저마다 그에 대응하는 인자 값으로 맞바꾼 다음, 그렇게 얻어낸 식의 값을 구하는 것이다.

이 프로세스를 설명하는 보기로, 아래 식의 계산 과정을 낱낱이 살펴보자.

```
(f 5)
```

이 f는 1.1.4절에서 정의한 프로시저다. 그 정의에 따라 f의 몸을 펼쳐 보면 이렇게 된다.

```
(sum-of-squares (+ a 1) (* a 2))
```

그 다음, a라는 인자 이름을 인자 값 5와 맞바꾼다.

```
(sum-of-squares (+ 5 1) (* 5 2))
```

이리 하면 처음 식이 줄어들어서, sum-of-squares라는 연산자와 피연산자 두 개를 엮은 식^{combination}이 된다. 이어서 이 식의 값을 구하려면, 먼저 세 가지 문제를 풀어야 한다. 연산자의 값을 구하여 프로시저를 얻어야 하고; 나머지 두 식(피연산자)의 값을 구하여 인자 값으로 삼아야 한다. 그리하면 (+ 5 1)은 6, (* 5 2)는 10이 되니까, 다시 6과 10이라는 인자에 sum-of-squares를 맞추어야 한다. sum-of-squares의 몸에서 인자 이름 x와 y는 저마다 인자 값 6과 10에 대응하므로 이를 서로 맞바꾸고 나면 아래 식이 나온다.

```
(+ (square 6) (square 10))
```

다시 square의 정의에 따라 위 식을 정리하면 아래와 같다.

```
(+ (* 6 6) (* 10 10))
```

곱셈을 하고 나면 위 식은 아래 식으로 줄어든다.*

```
(+ 36 100)
```

마침내 다음과 같은 식이 나온다.

136

이런 프로세스^{과정, process}에 따라, 프로시저를 맞추는 방법^{procedure application}을 맞바꿈 계산법^{substitution model}이라 한다. 이 방법은, 적어도 이 장에서 정의하는 프로시저에 대해서는 프로시저를 인자에 맞춘다는 게 무슨 '뜻'인지 밝힌 것이라 볼 수 있다. 한데, 여기서 꼭 알고 넘어가야 할 게 두 가지 있다.

- 이 장에서 말하는 맞바꿈 계산법이란, 프로시저를 어떻게 인자에 맞추는지 이해하는 데 도움을 주려고 밝힌 것일 뿐, 실행기가 정말 그렇게 돌아간다는 뜻은 아니다. 대개 실행기가 인자 이름을 인자 값으로 맞바꿀 때에는 프로시저를

---

* 역주 : 겉보기에 (f 5)라는 식이 그 식의 값을 구하기 위해 펼쳐 놓은 식들보다 간결해 보인다. 하지만, 식의 값을 구하는 과정에서 '줄어든다(reduce)'는 말은 식의 길이를 두고 하는 말이 아니다. 계산할 식을 나무 꼴로 펼쳐 놓고 보면, 그 말뜻을 쉽게 알 수 있듯이, 끝 마디부터 계산할 식들이 가지를 타고 하나씩 줄어드는 것처럼 계산 프로세스가 줄어든다는 뜻이다.

글자 그대로 보고 낱말을 바꿔치는 방법을 쓰지 않는다. 실제로는 (프로시저에) 갇힌 환경^{local environment}에 인자 이름을 넣어놓고 계산하는 방법을 쓴다. 3장과 4장에서 실행기 만드는 방법을 살펴볼 때 '환경 계산법'이라는 이름으로, 이 문제를 더 깊이 살펴보기로 하자.

- 이 책에서는 점점 더 정교한 계산법, 곧 실행기가 어떻게 돌아가는지 차례로 보여주다가 5장에 이르러 완전한 실행기와 번역기를 내놓을 것이다. 맞바꿈 계산법은 그런 계산법^{계산 모형, model of computation} 가운데 하나이고, 식의 계산 과정^{evaluation process}에 대하여 제대로 형식을 갖추고 생각을 정리하려는 출발점일 뿐이다. 보통 과학이나 공학에서 실제 일어나는 현상의 모형을 뜨려고 할 적에도, 처음에는 단순하고 덜 만든 모형에서 시작한다. 하지만, 사물이나 현상을 점점 더 깊이 살펴보면서, 처음에 정리한 단순한 모형이 잘 들어맞지 않는다는 것을 알게 되고, 이를 조금씩 더 꼼꼼하고 잘 다듬은 모형으로 바꾸어 간다. 맞바꿈 계산법도 마찬가지다. 특히, 3장에서는 프로시저와 '변형 가능한 데이터^{mutable data}'의 쓰임새에 초점을 두는데, 그때에는 맞바꿈 계산법으로 프로시저 맞춤을 설명할 도리가 없어서, 훨씬 복잡한 계산방법을 쓰게 된다.[15]

인자 먼저 계산법^{applicative order}과 정의대로 계산법^{normal order}

1.1.3절에서 나온 계산 규칙에 따르면, 실행기는 연산자와 피연산자를 먼저 계산하고서, 연산자 프로시저를 연산할 인자에 맞춘다. 한데, 식의 값을 구하는 방법이 이것만은 아니다. 값이 필요할 때까지 피연산자들을 계산하지 않고 미루어 두는 방법도 있다. 다시 말해, 인자 값을 계산하지 않고 식 자체를 인자 이름^{parameter}

---

15) 맞바꿈 계산법이 겉으로는 아주 쉬워 보이나, 수학에서 그 과정을 정의하기가 엄청나게 복잡하다는 것은 오래전에 밝혀진 사실이다. 특히 어려운 문제는, 인자 값을 나타내는 식(the expression to which the procedure may be applied)에서 프로시저 몸 속에 있는 인자 이름과 같은 이름을 쓰는 경우, 이 두 이름을 다른 이름으로 보고 처리하는 것이 여간 헷갈리는 일이 아니라는 것이다. 실제로 이런 문제 때문에 논리와 프로그래밍 언어의 뜻을 다루는 글에서 맞바꾸는 과정(substitution)을 틀리게 밝혀 놓은 경우가 적지 않다. 맞바꿈 계산법을 더 깊이 알고 싶으면, Stoy 1977을 보라.

과 맞바꾸어 가다가 마지막에 기본 연산^{primitive operator}으로만 이루어진 식, 즉 더 펼치지 못하는 식을 얻을 때 그 식의 값을 구하는 방법이 있다. 이 방법에 따라 아래 식의 값을 구해보자.

```
(f 5)
```

위 식은 정의에 따라 다음처럼 펼쳐진다.

```
(sum-of-squares (+ 5 1) (* 5 2))

(+     (square (+ 5 1))     (square (* 5 2))     )

(+     (* (+ 5 1) (+ 5 1))  (* (* 5 2) (* 5 2)))
```

그리고 나서 아래처럼 줄어든다.

```
(+     (* 6 6)              (* 10 10))
(+          36                      100)
```

136

식을 계산한 값은 앞서 본 것과 다르지 않지만, 계산 프로세스가 다르다. 특히, 아래 식을 줄일 때 x를 (+ 5 1)과 (* 5 2)로 맞바꾸었기 때문에

```
(* x x)
```

이 계산 방법대로라면 (+ 5 1)과 (* 5 2)가 저마다 두 번씩 계산된다.

이와 같이 '끝까지 펼친 다음에 줄이는' 계산 방법을 정의한 대로 계산하는 법^{정의대로 계산법, normal-order evaluation}이라고 하고, '인자 값부터 먼저 구하는' 방법을 인자 값 먼저 계산하는 법^{인자 먼저 계산법, applicative-order evaluation}이라고 한다. 실제로 Lisp 실행기는 인자 먼저 계산법을 쓴다. 사실, 맞바꿈 계산법으로 풀어서 값이 제대로 나오는 프로시저는 (이 책의 처음 두 장에서 나온 프로시저까지 모두) 계산하는 차례, 곧 정의대로 하든지 인자 먼저 하든지 관계없이 같은 값이 나온

다. (연습문제 1.5에서는 '정의대로'냐 '인자 먼저'냐에 따라 서로 다른 값이 나오는, 말하자면 '바르지 않은' 값이 나오는 경우를 볼 수 있다.)

Lisp는 앞서 보기로 든 것과 달리 인자 먼저 계산하는 규칙을 따른다. 그 까닭은 첫째로 (+ 5 1)과 (* 5 2)처럼 같은 식을 여러 번 되풀이 계산하는 경우가 생기지 않아서 좀 더 빠르고 가볍게 계산할 수 있기 때문이고, 둘째로 맞바꿈 계산법이 통하지 않는 프로시저가 있을 때에는, 정의대로 계산하는 규칙이 더 복잡하기 때문이다. 한편, 정의대로 계산하는 규칙도 매우 쓸모 있는 방법이기 때문에 3장과 4장에서 그런 사례를 몇 가지 살펴보겠다.[16]

1.1.6 조건 식과 술어^{predicate}

지금까지는 조건에 따라서 연산하는 방법을 고르는 표현 수단이 없었기 때문에, 프로시저로 나타낼 수 있는 일이 그렇게 폭넓지 않았다. 그래서 아래처럼 양수인지 음수인지 0인지 따져보고 절대값을 달리 계산하는 규칙이 있을 때, 이런 생각을 프로시저로 표현할 방법이 없었다.

$$|x| = \begin{cases} x & x > 0 \text{ 일 경우} \\ 0 & x = 0 \text{ 일 경우} \\ -x & x < 0 \text{ 일 경우} \end{cases}$$

위와 같이 하는 것을 갈래 나누기$^{case\ analysis}$라 하는데, Lisp에는 이를 나타내는 문법(특별한 형태)이 따로 있다. 그 문법의 이름은 (conditional 이라는 낱말에서 따온) cond이고, 다음과 같이 쓴다.

```
(define (abs x)
  (cond ((> x 0) x)
        ((= x 0) 0)
        ((< x 0) (- x))))
```

---

16) 3장에서는 정의대로 계산하는 방법에 바탕을 두고 '끝이 없는' 데이터 구조를 만드는 방법, 곧 스트림 처리 기법(stream processing)을 선보인다. 한편 4.2절에서는 Scheme 실행기를 고쳐서, 정의대로 계산하는 Scheme 실행기를 만들어 볼 것이다.

조건 식의 문법을 간추리면 다음과 같다.

```
(cond (⟨p₁⟩ ⟨e₁⟩)
      (⟨p₂⟩ ⟨e₂⟩)
      ⋮
      (⟨pₙ⟩ ⟨eₙ⟩))
```

cond라는 이름 뒤에는 두 식을 괄호로 묶어 놓은 ($\langle p \rangle \langle e \rangle$), 곧 절^{clause}이 여러 개 온다. 절을 이루는 두 식 가운데 첫 식을 술어$^{述語,\ predicate}$라 하는데, 그 답은 언제나 참 또는 거짓 가운데 하나를 내놓는다.[17]

조건 식의 값을 구하는 방법은 이렇다. 먼저 술어 $\langle p_1 \rangle$의 답을 구한다. 그 답이 거짓이면 다음 술어 $\langle p_2 \rangle$의 답을 구한다. 이마저 거짓이면 $\langle p_3 \rangle$의 답을 구한다. 이런 과정을 이어가다가, 처음으로 참이라는 답을 내놓는 술어가 나오면, 그 술어와 짝을 이루는 결과 식$^{consequent\ expression}$ $\langle e \rangle$의 값을 구하고, 이 값을 전체 조건 식의 값으로 삼는다. 한데, 참이라는 답을 내놓는 $\langle p \rangle$가 하나도 없을 때에는 cond 식의 값을 알 수가 없다(바꿔 말하면, 정의할 수 없다).

술어는 참이나 거짓이라고 대답하는 프로시저 또는 식을 가리킬 때 널리 쓰는 말이다. 절대값 프로시저 abs의 몸 속에서는 기본 술어 프로시저$^{primitive\ predicate}$ >, <, =를 쓰고 있다.[18] 이 술어들은 두 수를 인자로 받아서 앞 수가 뒤 수보다 크거나 작거나 같은지 따져보고 참이나 거짓이라고 답을 내놓는 기본 프로시저다.

다음은 절대값 프로시저를 달리 만들어 본 것이다.

```
(define (abs x)
  (cond ((< x 0) (- x))
        (else x)))
```

---

17) '참이나 거짓이 된다'는 뜻은 이렇다. Scheme에는 참, 거짓 값을 나타내는 이름 #t와 #f가 따로 있다. 한데, 실행기가 술어의 답을 따질 때에는 #f가 나오면 거짓이라 답한 것으로 보고, 그 밖에 다른 값이 나오면 모두 참이라고 본다. (다시 말해, 논리만 따진다면 #t라는 상수가 없어도 되지만, 있으면 편하기에 따로 만들어 놓은 것이다.) 이 책에서는 #t와 #f 대신에 같은 값을 나타내는 true와 false라는 이름을 쓰기로 한다.

18) abs 정의를 보면 '마이너스(minus)' 연산자 -도 쓰는데, 이 연산자는 (- x)와 같이 인자 하나를 괄호로 묶어서 x의 마이너스 값을 나타낸다.

이를 말로 풀어보면 'x가 0보다 작으면 −x, 아니면 x를 그대로 돌려준다'는 뜻이다. 여기서 else는 cond의 마지막 절에서 ⟨p⟩ 자리에 올 수 있도록 따로 만든 이름(특별한 기호^{special symbol})인데, 앞서 나온 모든 절을 거쳐 else 절에 이르렀을 때, else와 짝이 되는 ⟨e⟩ 값을 cond의 값으로 삼으라는 뜻이다. 한데, else라는 이름이 따로 없어도, 마지막 절 ⟨p⟩ 자리에 언제나 true라고 대답하는 식을 쓰기만 하면 else를 쓴 것이나 마찬가지다.

또 절대값 프로시저를 다음처럼 고쳐 써도 된다.

```
(define (abs x)
  (if (< x 0)
      (- x)
      x))
```

이번에는 특별한 형태^{special form} if를 쓴다. if는 따져 볼 경우가 둘밖에 없을 때 쓰기 좋은 문법으로, 간추리면 다음과 같다.

(if ⟨*predicate*⟩ ⟨*consequent*⟩ ⟨*alternative*⟩)

if 식의 값을 구할 때 실행기는 ⟨*predicate*⟩을 먼저 계산한다. 그 답이 참이라면 ⟨*consequent*⟩, 아니면 ⟨*alternative*⟩의 값을 구하여 if 식의 값으로 내놓는다.[19]

<, =, >와 같은 기본 술어 말고도, 복잡한 논리나 판단을 나타낼 수 있게끔 논리 식을 묶는 연산도 있다. 흔히 쓰는 논리 연산 세 가지는 다음과 같다.

• (and ⟨e_1⟩ ⋯ ⟨e_n⟩)

식 ⟨e⟩를 왼쪽에서 오른쪽으로 계산한다. 그 가운데 거짓이라 대답하는 ⟨e⟩가 나오면 and 식의 값은 거짓이 되고, 나머지 ⟨e⟩의 값은 구하지 않는다. 모든 ⟨e⟩가 참일 때에는 마지막 식의 값을 and 식의 값으로 내놓는다.

---

19) if와 cond 사이에는 다른 점이 또 하나 있다. cond 식에서 각 절의 ⟨e⟩자리에는 잇단식(sequence of expression)이 올 수도 있다. 곧 ⟨p⟩가 참일 때 ⟨e⟩가 잇단식이면, 그 낱 식을 차례로 계산한 다음 마지막 식의 값을 cond 값으로 돌려준다. 하지만 if 식에서는 ⟨*consequent*⟩와 ⟨*alternative*⟩ 자리에 식 하나만 쓸 수 있다.

- (or $\langle e_1 \rangle \cdots \langle e_n \rangle$)

식 $\langle e \rangle$를 왼쪽에서 오른쪽으로 계산한다. 그 가운데 참이라 답하는 $\langle e \rangle$가 나오면 or 식의 값은 참이 되고, 나머지 $\langle e \rangle$의 값은 구하지 않는다. 모든 $\langle e \rangle$가 거짓일 때에는 마지막 식의 값을 or 식의 값으로 돌려준다.

- (not $\langle e_1 \rangle$)

$\langle e \rangle$가 참이면 not 식의 값으로 거짓을, 거짓이면 참을 내놓는다.

and와 or는 보통 프로시저와 달리 인자가 되는 모든 식의 값을 구하지 않기 때문에 특별한 형태로 정의해야 한다. 한편 not은 보통 프로시저다.

논리 연산을 어떻게 쓰는지 보기 위해 x가 $5 < x < 10$ 안에 있는지 알아보는 식을 적어 보자.

```
(and (> x 5) (< x 10))
```

또, 어떤 수가 다른 수보다 크거나 같은지 따지는 술어를 프로시저로 만들면 다음과 같다.

```
(define (>= x y)
  (or (> x y) (= x y)))
```

이를 다르게 고쳐 써보면 이렇게 된다.

```
(define (>= x y)
  (not (< x y)))
```

● **연습문제** 1.1

아래에 여러 식이 있다. 실행기가 찍어 내는 값은 무엇인가? 아래에 적힌 식의 값을 차례대로 구한다고 하자.

```
10

(+ 5 3 4)

(- 9 1)

(/ 6 2)

(+ (* 2 4) (- 4 6))

(define a 3)

(define b (+ a 1))

(+ a b (* a b))

(= a b)

(if (and (> b a) (< b (* a b)))
    b
    a)

(cond ((= a 4) 6)
      ((= b 4) (+ 6 7 a))
      (else 25))

(+ 2 (if (> b a) b a))

(* (cond ((> a b) a)
         ((< a b) b)
         (else -1))
   (+ a 1))
```

● 연습문제 1.2

아래 식을 '앞가지 쓰기' 꼴로 고쳐 써보자.

$$\frac{5+4+(2-(3-(6+\frac{4}{5})))}{3(6-2)(2-7)}$$

● **연습문제** 1.3

세 숫자를 인자로 받아 그 가운데 큰 숫자 두 개를 제곱한 다음, 그 두 값을 덧셈하여 내놓는 프로시저를 정의하라.

● **연습문제** 1.4

엮은식^{combination}의 연산자 자리에 복잡한 식^{compound expression}이 다시 와도 앞에서 밝힌 규칙에 따라 식의 값을 구할 수 있다. 다음 프로시저에 인자를 주고 어떻게 계산되는지 밝혀 보라.

```
(define (a-plus-abs-b a b)
  ((if (> b 0) + -) a b))
```

● **연습문제** 1.5

Ben Bitdiddle은 언어 실행기가 인자 먼저 계산법^{applicative order evaluation}을 따르는지 아니면 정의대로 계산법^{normal-order evaluation}을 따르는지 알아보고 싶어서 아래와 같이 두 프로시저를 정의하였다.

```
(define (p) (p))

(define (test x y)
  (if (= x 0)
      0
      y))
```

그런 다음에 아래 식의 값을 구해 보았다.

```
(test 0 (p))
```

인자 먼저 계산하는 실행기를 쓴다면 어떤 결과를 보게 될까? 정의한 대로 계산하는 실행기라면 어떤 결과가 나올까? 저마다 왜 그런 답이 나오는지 밝혀 보라. (if 식을 계산하는 규칙은 인자 먼저 하든지 정의대로 하든지 똑같다고 치

자. 다시 말해서, 술어의 답, 곧 참이냐 거짓이냐에 따라 두 식 가운데 하나만 골라서 값을 구한다.)

1.1.7   연습 : 뉴튼 법$^{\text{newton method}}$으로 제곱근 찾기

앞서 나온 프로시저들은 여러 매개변수^{인자}에 따라 달라지는 값을 정의한다는 점에서, 수학에서 말하는 함수와 매우 비슷하다. 하지만, 수학 함수와 컴퓨터 프로시저 사이에는 아주 큰 차이점이 있다. 함수와 달리 프로시저는 반드시 효율성을 갖추어야 한다는 것이다.

이를 설명하는 알맞은 보기로 제곱근 구하는 문제를 살펴보자. 제곱근 함수를 정의하면 이렇다.

$y \geq 0$이고 $y^2 = x$ 일 때 $\sqrt{x}$ 는 y다.

위 정의는 올바른 수학 함수다. 여기에서 한 수가 다른 수의 제곱근인지 따져볼 수도 있고, 제곱근 일반에 대한 여러 사실을 이끌어낼 수도 있다. 하지만 이 정의에는 프로시저$^{\text{절차, procedure}}$가 없다. 다시 말해, 이 정의만 보고 한 수의 제곱근을 어떻게 구할지 알아낼 도리가 없다. 그러므로 아래처럼 Lisp 문법만 흉내 내어 함수를 그대로 옮겨 써보아야 헛일이다.

```
(define (sqrt x)
  (the y (and (>= y 0)
              (= (square y) x))))
```

이는 그저 같은 질문을 되풀이할 뿐이다.

함수와 프로시저의 차이는, 무엇이 어떤 성질을 지니는지 밝히는 일과, 그 무엇을 어떻게 만들지 또는 구할지 나타내는 일의 차이점과 같다. 이를 흔히 문제가 무엇인지에 관한 지식$^{\text{declarative knowledge}}$과 문제 푸는 방법에 대한(명령하는) 지식$^{\text{imperative knowledge}}$의 다른 점이라고 한다. 수학은 (그것이 무엇인지) 선언하는 일에 무게를 두지만, 컴퓨터 과학에서는 (그것을 어떻게 만드는지 또는 구하는지)

명령하는 일에 초점을 둔다.[20]

그렇다면 사람은 제곱근을 어떻게 구할까? 가장 널리 쓰는 방법은 얻고자 하는 값에 가까운 값을 차례로 되풀이해서 구해 나가는 뉴튼 법$^{Newton\ method}$이다. 이는 x의 제곱근에 가까운 값 y가 있을 때 y와 $x\ /\ y$의 평균을 구하여 진짜 제곱근에 더 가까운 값을 구하는 방법이다.[21] 예컨대 2의 제곱근은 다음처럼 구한다. 처음에는 1을 가까운 값이라 놓자.

가까운 값	몫	평균
1	$\dfrac{2}{1} = 2$	$\dfrac{(2+1)}{2} = 1.5$
1.5	$\dfrac{2}{1.5} = 1.3333$	$\dfrac{(1.3333 + 1.5)}{2} = 1.4167$
1.4167	$\dfrac{2}{1.4167} = 1.4118$	$\dfrac{(1.4167 + 1.4118)}{2} = 1.4142$
1.4142	...	...

이런 프로세스^{과정}를 되풀이하다 보면 점점 2의 제곱근에 더 가까운 값^{approximation}을 구할 수 있다.

---

20) 어떤 것이 무엇을 뜻하는지 밝히는 것과 그 무엇을 하라고 명령(지시)하는 것 사이에 서로 깊은 관계가 있듯이, 수학과 컴퓨터 과학도 그렇다. 어떤 프로그램이 '올바른' 결과를 낸다는 말은 그 프로그램이 하는 일이 무엇인지 정확히 안다는 뜻이다. 이런 생각을 바탕으로, 어떤 프로그램이 제대로 돌아간다고 증명하는 방법을 만들기 위하여 수많은 연구가 이어지고 있다. 이 분야에서 풀기 어려운 기술 문제는 (프로그램을 짜는) 명령과 (프로그램이 하는 일을 정의하는) 선언 사이의 관계를 알맞게 조절하는 일이다. 이런 흐름에 따라 할 일을 (낱낱이 지시하는 게 아니라) 무엇인지 정의 내려서 프로그램을 짜는 언어를 연구하는 게, 프로그래밍 언어 설계에서 중요한 분야 중 하나다. 무슨 말인가 하면, 프로그램 짜는 사람이 '할 일이 무엇인지(what is)'에 관한 지식을 적을 때, 그로부터 '그 일을 어떻게 할지(how to)'를 저절로 만들어 낼 만큼 똑똑한 실행기를 만드는 것이다. 모든 문제를 이렇게 풀 수는 없겠지만(이것이 반드시 옳은 것도 아니지만), 이런 방식을 끌어들여 제법 성공을 거둔 분야가 있다. 4장에서 이 주제를 다시 살펴보자.

21) 사실 이 제곱근 알고리즘은 뉴튼 법을 이 문제에 맞도록 줄인 것이고, 뉴튼 방법의 진짜 쓰임새는 방정식의 근을 찾는 것이다. 제곱근을 구하는 알고리즘은 서기 1세기에 알렉산드리아의 헤론(Heron)이 처음 만들었다. 1.3.4절에서 뉴튼 법 자체를 Lisp 프로시저로 나타내 볼 것이다.

이 과정을 프로시저^{절차}로 다듬어 보자. 먼저, 제곱근을 얻으려는 수^{radicand} x와 제곱근에 가까운 값 guess를 가지고 계산을 시작한다. 계산하다가 어림잡아 구한 값이 그만하면 되었다 싶으면 계산을 끝내고, 그렇지 않으면 더 가까운 값을 찾기 위해 똑같은 과정을 되풀이해야 한다. 이런 생각을 프로시저로 정리하면 다음과 같다.

```
(define (sqrt-iter guess x)
  (if (good-enough? guess x)
      guess
      (sqrt-iter (improve guess x)
                 x)))
```

가까운 값과, x를 가까운 값으로 나눈 값(/ x guess)의 평균을 내어 참 제곱근에 더 가까운 값을 어림잡을 수 있다.

```
(define (improve guess x)
  (average guess (/ x guess)))
```

```
(define (average x y)
  (/ (+ x y) 2))
```

참 값에 얼마나 더 가까워야 '꽤 좋다(good-enough?)'고 할 수 있는지도 정하자. 아래에 그런 프로시저 하나를 보였는데, 그럭저럭 돌아가기는 하지만 진짜 좋은 방법이라고는 말할 수 없다(연습문제 1.7을 보자.). 어쨌거나, 이 프로시저를 쓰면 가까운 값을 제곱한 값에서 x를 뺀 차이가 미리 정한 폭^{predetermined tolerance}(지금은 0.001)을 넘지 않을 때까지 더 가까운 값을 계속 찾는다.²²

```
(define (good-enough? guess x)
  (< (abs (- (square guess) x)) 0.001))
```

---

22) 술어는 질문임을 쉽게 알아차릴 수 있도록 끝에 물음표(?)를 붙이기로 한다. 이는 그렇게 쓰자는 약속일 뿐 별다른 뜻이 있는 것은 아니다. 실행기에게는 물음표도 그냥 문자 가운데 하나일 뿐이다.

끝으로 이 계산을 시작하는 프로시저를 만든다. 여기서는 제곱근에 가까운 값으로 언제나 1을 쓰기로 한다.[23]

```
(define (sqrt x)
  (sqrt-iter 1.0 x))
```

앞서 정의한 모든 프로시저를 실행기에 집어넣으면 **sqrt** 프로시저를 붙박이 프로시저[built-in procedure]처럼 쓸 수 있다.

```
(sqrt 9)
3.00009155413138

(sqrt (+ 100 37))
11.704699917758145

(sqrt (+ (sqrt 2) (sqrt 3)))
1.7739279023207892

(square (sqrt 1000))
1000.000369924366
```

여기서 보기로 든 **sqrt** 프로그램은, 우리가 지금까지 계산 절차[프로시저]를 적기 위하여 배운 작고 쉬운 언어만으로도, (흔히 C나 파스칼 같은 언어로 만들던) 수 처리 프로그램을 짜는 데 조금도 모자람이 없다는 사실을 잘 보여준다. (그 누구보다 C나 파스칼 같은 언어만 쓰던 사람에게는) 이게 조금 놀랄 만한 일일지 모른다. 왜냐하면, 여태 어떤 일을 되풀이하라고 컴퓨터에게 지시하는 문법이 단

---

23) 여기서 처음에 잡은 가까운 값(initial guess)이 1이 아니라 1.0임을 눈여겨보자. 대개 Lisp 시스템에서 1과 1.0은 별 차이가 없다. 그런데 MIT판 Scheme에서는 정수와 실수를 따로 보기 때문에, 정수를 나누면 실수가 아니라 유리수가 나온다. 이를테면, 10을 6으로 나눈 값은 5/3이지만 10.0을 6.0으로 나눈 값은 1.6666666666666667이 된다. (유리수 연산을 만드는 방법은 2.1.1절에서 배운다.) 그러므로 제곱근 프로그램에서 첫 어림값을 1로 잡는다는 말은 x가 딱 떨어지는 정수라는 말이고, 이어서 제곱근 계산을 하면 실수가 안 나오고 유리수가 나온다. 하지만, 유리수와 실수를 섞어 쓰면 언제나 실수가 나오기 때문에, 첫 값으로 1.0을 잡으면 뒤이어 오는 모든 계산 결과에서 실수가 나온다.

한 번도 나오지 않았기 때문이다. 다시 말해서, `sqrt-iter`를 보면 잘 알 수 있듯이, 그냥 프로시저를 불러 쓰는 것만으로도 반복[iteration]할 일을 나타내는 데 조금도 모자람이 없다.[24]

● 연습문제 1.6

Alyssa P. Hacker는 `if`가 왜 특별한 형태여야 하는지 받아들이기 어려웠다. "그냥 `cond`를 써서 `if`를 보통 프로시저처럼 정의하면 안 될까?"라고 자신에게 되묻곤 했다. Alyssa의 친구 Eva Lu Ator는 그렇게 할 수 있을 거라고 하면서 `if` 대신 쓸 수 있는 `new-if`를 다음처럼 만들어 보았다.

```
(define (new-if predicate then-clause else-clause)
  (cond (predicate then-clause)
        (else else-clause)))
```

Eva는 Alyssa에게 이 프로그램이 `if`처럼 돌아간다는 걸 보여주려고 아래처럼 실험을 하였다.

```
(new-if (= 2 3) 0 5)
5

(new-if (= 1 1) 0 5)
0
```

Alyssa는 좋아하며 다음 제곱근 프로그램에서 `new-if`를 써보았다.

```
(define (sqrt-iter guess x)
  (new-if (good-enough? guess x)
          guess
          (sqrt-iter (improve guess x)
                     x)))
```

---

24) 프로시저를 불러서 반복하는 일을 나타낼 때 성능이 떨어질까 걱정스러운 사람은 1.2.1절에 나오는 '꼬리 되돌기(tail recursion)'가 무엇인지 살펴보라.

Alyssa가 새로 만든 프로시저로 제곱근을 구하려 할 때 어떤 일이 일어나는가? 설명해 보자.

● **연습문제** 1.7

앞서 만든 good-enough?로는 아주 작은 수의 제곱근을 구하지 못한다. 또 컴퓨터에서 수를 셈할 때에는 유효숫자가 딱 정해져 있다는 점 때문에 아주 큰 수의 제곱근을 구하는 데도 알맞지 않다. 아주 작은 수나 큰 수의 제곱근을 구할 때 good-enough?가 올바로 답을 내지 못하는 보기를 들어 이런 문제를 설명해 보라. good-enough?를 만드는 여러 방법 가운데 하나는, 참값에 더 가까운 값 guess를 구하기 위해 어림잡은 값을 조금씩 고쳐 나가면서 헌 값에 견주어 고친 값이 그다지 나아지지 않을 때까지 계산을 이어가는 것이다. 이 방법에 따라 위에서 만든 제곱근 프로시저를 고쳐 보자. 그렇게 고치고 나니, 아주 작은 수나 큰 수의 제곱근을 구할 때 전보다 잘 돌아가는가?

● **연습문제** 1.8

세제곱근^{cube root}을 구하는 뉴튼 법은, x의 세제곱근에 가까운 값을 y라고 할 때 다음 식에 따라 y보다 더 가까운 값을 계산하는 것이다.

$$\frac{x/y^2 + 2y}{3}$$

제곱근 프로시저처럼, 이 식을 써서 세제곱근 프로시저를 짜보자. (1.3.4절에서 제곱근과 세제곱근을 간추려, 더 쓰임새가 넓은 뉴튼 방법을 어떻게 표현할 수 있는지 보게 된다.)

1.1.8 블랙박스처럼 간추린 프로시저

이 책에서, 서로 맞물려 돌아가는 프로시저로 프로세스 하나를 나타내는 첫 보기는 sqrt다. 여기서 sqrt-iter가 되도는 프로시저^{재귀 프로시저, recursive procedure}임을

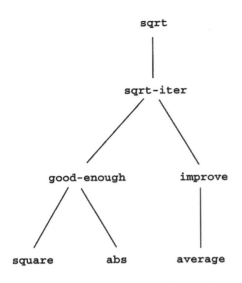

그림 1.2 sqrt 프로그램을 여러 프로시저로 조각낸 모습

눈여겨보자. 다시 말해, 프로시저를 정의하는 가운데 자신을 불러 쓰고 있다. 프로시저 정의에서 자기를 불러 쓴다는 게 처음에는 받아들이기 어려울 수도 있다. 왜냐하면, 프로시저를 '빙빙 돌아가도록^{circular}' 정의한다는 게 말이 되는 소리인지, 혹시 프로세스를 만들다 만 것은 아닌지, 한 눈에 모든 게 드러나지 않기 때문이다. 어쨌거나, 이 얘기는 1.2절에서 좀 더 꼼꼼히 살펴보기로 하고, 지금은 sqrt가 보여주는 몇 가지 중요한 점부터 살펴보자.

앞에서 푼 제곱근 문제를 가만히 살펴보면, 큰 문제가 작은 문제로 자연스럽게 나뉜다. 보기를 들어, 어림잡은 값이 쓸 만한지 따지는 문제, 더 좋은 값을 구하는 문제 따위가 그렇다. 또한 이렇게 나뉜 일(문제)마다 그 일을 맡은(그 문제를 푸는) 프로시저가 따로 있다. 그런 까닭에, sqrt 프로그램은 (그림 1.2에서 보듯) 큰 문제를 작은 문제로 나누어 푸는 방식대로, 프로시저 여러 개를 따로 만들어서 하나로 묶은 것이라 볼 수 있다.

이렇게 큰 프로그램을 여러 조각으로 나누어 짜는 방법에서 프로그램을 여러 마디로 잘랐다는 것은 그다지 중요한 게 아니다. 어떤 프로그램이라도 그냥 잘라 낸다는 것은 쉽다. 굳이 보기를 들어 설명하자면, 프로그램에서 처음 열 줄을 묶어 프로시저 하나를 만들고 다음 열 줄을 묶어 다른 프로시저 하나를 만드는 것처럼 그냥 아무 생각 없이 자르기만 하면 된다. 진짜 중요한 것은 프로시저 하나하나를 조립식 부품^{module}처럼 만들어서 다른 프로시저를 정의할 때 쓸 수 있도록 일 단위로 잘라내는 것이다. 이를테면, square를 써서 good-enough? 프로시저를 정의할 때, square 프로시저는 속을 들여다보지 못하는 '블랙박스^{black box}'와 같다. 다시 말해서, square 프로시저가 **어떻게**^{how} 값을 구하는지는 몰라도 제곱한 값을 내놓는다는 것은 알 수 있다. square를 쓰는 쪽에서, square가 제곱을 어떻게 계산하는지 속속들이 알아야 할 까닭은 없다. 사실 good-enough? 프로시저 쪽에서 보면, square는 프로시저^{절차}라기보다 프로시저를 묶어서 간추려 놓은 이름일 뿐이다. 대개 이것을 프로시저 **요약하기**^{계산 절차 간추리기, procedural abstraction}라고 한다. 프로시저를 불러 쓰는 쪽(눈높이)에서는 어떤 프로시저를 쓰더라도 제곱한 값을 얻기만 하면 된다.

그러므로 계산 결과만 놓고 보면 다음 두 프로시저를 구분해야 할 까닭이 없다. 둘 다 수를 인자로 받아서 제곱한 값을 내놓기는 마찬가지다. ²⁵

```
(define (square x) (* x x))

(define (square x)
  (exp (double (log x))))

(define (double x) (+ x x))
```

이처럼 프로그램을 여러 프로시저로 나누어 짤 때에는 실제 어떻게 계산되는지 드러나지 않도록 프로시저 속에 감추는 게 중요하다. 그래야 프로시저를 쓰는 사람이 필요한 프로시저를 하나하나 만들어 쓰지 않고, 다른 사람이 만든 것을 블랙박스처럼 불러 쓸 수 있다. 프로시저를 쓰는 사람은 그것이 무슨 일을 하는지만 알면 되지, 굳이 그것을 어떻게 만들었는지는 몰라도 된다.

---

25) 이 가운데 어떤 것이 더 빠르고 가벼운지는, 어떤 기계(컴퓨터)를 쓰느냐에 달려 있기 때문에 뭐라 딱 잘라 말하기 어렵다. 기계에 따라서는, '뻔하게' 만든 게 더 느리고 무겁게 돌아갈 수도 있다. 보기를 들어, 로그와 역로그 값을 큰 표로 만들어 놓고 아주 빨리 계산을 해내는 기계가 있다고 생각해 보라.

갇힌 이름^{local name}

프로시저를 만드는 쪽에서는 그것을 쓰는 쪽에 어떤 영향도 줘서는 안 되는데, 그 가운데 하나가 프로시저를 정의할 때 쓰는 인자 이름이다. 다음 두 프로시저는 (인자 이름만 다를 뿐) 똑같은 정의다.

```
(define (square x) (* x x))

(define (square y) (* y y))
```

다시 말해서, 이는 프로시저의 매개변수^{인자, parameter} 이름이 프로시저가 뜻하는 바에 아무런 영향을 주지 않아야 한다는 원칙을 일컫는 것인데, 이게 듣기에는 뻔한 소리 같지만, 그 결과가 미치는 힘은 크다. 어쨌거나 프로시저 정의에서 쓰는 매개변수^{인자} 이름은 프로시저에 갇힌^{local}, 곧 몸 속에서만 쓰는 이름이어야 한다. 이를테면 앞에서 제곱근 프로시저를 만들 때, good-enough? 속에서 square를 다음처럼 쓴 적이 있다.

```
(define (good-enough? guess x)
  (< (abs (- (square guess) x)) 0.001))
```

good-enough?가 뜻하는 바는 제곱한 값(첫째 인자)이 (둘째 인자가 허락하는) 오차 넓이^{tolerance} 속에 드는지 따져보는 것이다. 여기서 첫째 인자 이름은 guess이고, 둘째 인자 이름은 x다. 이때 square는 guess 값을 인자로 받는다. 한데, square에서 인자 이름 x를 썼다고 할 때, good-enough?에서 쓰는 x와 square에서 쓰는 x는 (마땅히) 서로 다른 x라고 봐야 한다. 다시 말해, square 때문에 good-enough?에서 x라는 이름을 쓰는 데 문제가 생겨서는 안 된다. square 계산이 끝난 다음에, 다시 good-enough?에서 x를 쓸 수도 있기 때문이다.

이런 까닭에 프로시저 (몸) 밖에서 인자 이름^{parameter}을 써도 된다고 하면, square의 인자 이름 x가 good-enough?의 x와 뒤섞여서 good-enough?와 square를 따로 떼어내지 못한다. 곧 square는 더는 블랙박스가 아니다.

인자^{매개변수} 이름을 아무렇게나 지어도 괜찮다는 말이, 프로시저 정의에서 인자 이름의 쓰임새를 또렷하게 일러준다. 프로시저에 인자 이름이 **매인다**bind는 뜻에서 이런 변수를 **매인 변수**bound variable라 한다. 프로시저에서 매인 변수의 이름 하나를 바꾸더라도 모두 똑같이 바꾸기만 하면, 프로시저 뜻은 달라지지 않는다.[26] 이와 달리, 프로시저 정의에 매이지 않은 변수를 **자유 변수**free variable라 한다. 또, 매인 이름을 쓸 수 있는 식을 한데 일컬어, 그 이름의 유효 범위scope라고 한다. 프로시저 정의에서는 바로 그 프로시저의 몸이 인자 이름을 볼 수 있는 넓이다.

위에서 guess와 x는 good-enough?에 매인 변수지만 <, -, abs, square는 자유 변수다. 그러므로 <, -, abs, square라는 이름을 바꾸어 써서는 안 되지만, guess와 x 대신 다른 이름을 쓰더라도 good-enough?의 뜻이 달라지지는 않는다. (그런데 여기서 guess를 abs로 바꿔 쓰면, 매인 변수 abs가 자유 변수 abs를 잡아먹는capturing 문제가 생긴다.) 그렇다고 해서 good-enough?의 정의가 (<, -, abs, square 같은) 자유 변수에서 벗어나지는 못한다. 왜냐하면, good-enough? 프로시저의 정의는 그 바깥쪽에서 정의된 이름 abs를 쓰고 있으며, abs가 어떤 수의 절대값을 계산하는 프로시저 이름이라는 사실에 바탕을 두기 때문이다. 그러므로 good-enough?의 정의에서 abs를 cos로 바꾸어 놓으면 (당연스레) 그 결과가 달라지게 마련이다.

안쪽 정의internal definition와 블록 구조block structure

지금까지는 인자 이름이 프로시저에 매인 것을 보기로 들어 '이름 가둬놓기name isolation'를 설명하였다. 이번에는 제곱근 프로그램에서 이름 가둬놓기의 다른 쓰임새를 찾아보자. 앞서 짰던 프로그램에서는 프로시저를 다음처럼 따로따로 정의하였다.

```
(define (sqrt x)
  (sqrt-iter 1.0 x))
```

---

26) 이름을 똑같이 바꾼다는 규칙도 제대로 정의하려면 매우 어려운 문제다. 이름난 논리학자들도 어처구니 없는 실수를 저지른 적이 많다.

```
(define (sqrt-iter guess x)
  (if (good-enough? guess x)
      guess
      (sqrt-iter (improve guess x) x)))

(define (good-enough? guess x)
  (< (abs (- (square guess) x)) 0.001))

(define (improve guess x)
  (average guess (/ x guess)))
```

그런데 이 프로시저를 쓰는 쪽에서는 sqrt만 있으면 된다. 다른 프로시저(sqrt-iter, good-enough?, improve)는 sqrt의 쓰임새를 헷갈리게 만들 뿐이다. 게다가, 이런 프로시저들은 제곱근 프로그램과 맞물려 돌아가도록 만들었기 때문에, 다른 프로그램에서 good-enough?라는 프로시저를 만들어 쓰고 싶을 때 그렇게 못한다. sqrt에서 이미 그 이름을 쓰기 때문이다. 이 문제는 큰 시스템을 여러 사람이 함께 만들 때 걸림돌이 된다. 보기를 들어, 수많은 프로시저로 이루어진 커다란 라이브러리^{library}를 만들 때, 여러 프로시저에서 어림값을 계산하려고 good-enough?와 improve 같은 이름을 쓰려 들 게 뻔하므로 good-enough? 같은 프로시저를 다른 프로그램과 얽히지 않게 하려면 이런 프로시저를 sqrt 속에 숨길 수 있어야 한다. Lisp에서는 한 프로시저에 달린 여러 프로시저를 가두어 놓을 수 있고, 이에 따라 제곱근 프로그램을 고쳐 쓰면 다음과 같다.

```
(define (sqrt x)
  (define (good-enough? guess x)
    (< (abs (- (square guess) x)) 0.001))
  (define (improve guess x)
    (average guess (/ x guess)))
  (define (sqrt-iter guess x)
    (if (good-enough? guess x)
        guess
        (sqrt-iter (improve guess x) x)))
  (sqrt-iter 1.0 x))
```

이렇게 프로시저 정의를 겹쳐 쓰는 모양을 블록 구조^{block structure}라 하는데, 이는 이름-꾸러미^{name-packaging} 문제를 푸는 좋은 방법이다. 이 방법에는 좋은 점이 하나 더 있다. 프로시저를 안쪽에 감춰 쓰는 덕분에 프로시저 정의를 짧게 줄여 쓸 수도 있다. 앞에서와 달리 위 정의에서는 x가 sqrt에 매이기 때문에, 이제는 프로시저마다 따로따로 x를 인자로 건네줄 필요가 없다. 다시 말해, x를 프로시저마다 매어 놓지 않고 자유 변수로 만들어도 된다. 이때 x는 sqrt가 받아 온 인자다. 이를 두고, 문법에 따라 (변수가 보이는) 넓이가 정해지는^{lexical scoping} 규칙을 따른다고 한다.²⁷

```
(define (sqrt x)
  (define (good-enough? guess)
    (< (abs (- (square guess) x)) 0.001))
  (define (improve guess)
    (average guess (/ x guess)))
  (define (sqrt-iter guess)
    (if (good-enough? guess)
        guess
        (sqrt-iter (improve guess))))
  (sqrt-iter 1.0))
```

앞으로는 큰 프로그램을 여러 조각으로 나누어 짜기 쉽게끔 블록 구조를 즐겨 쓰기로 하겠다.²⁸ 블록 구조는 Algol 60이라는 프로그래밍 언어에서 물려받은 특징인데, 큰 프로그램을 짤 때 틀을 잘 잡으려면 꼭 있어야 할 기능이기 때문에, 앞서 가는 언어에는 보통 이런 기능이 들어 있다.

---

27) 문법으로 넓이를 정한다(lexical scoping)는 규칙을 달리 풀어 보면, 어떤 프로시저 속에서 자유 변수를 쓸 때, 그 변수는 그 프로시저를 둘러싼 다른 정의에 매인 변수다, 곧 그 프로시저를 정의하는 환경에서 그 변수가 정의된다는 뜻이다. 3장에서 환경과 실행기가 어떻게 맞물려 돌아가는지 공부할 때, 이 규칙을 더 깊이 이해하게 된다.

28) 프로시저 속에 여러 프로시저를 정의할 때에는 정의하는 차례가 틀리지 않도록 조심해야 한다. 실수로 정의하는 차례와 쓰는 차례가 뒤엉킬 때, 어떤 결과가 나올지는 오로지 프로그램 짜는 사람이 책임질 문제다.

1.2 프로시저와 프로세스

지금까지 프로그램을 짜는 데 필요한 것을 살펴보았다. 기본 연산$^{\text{primitive arithmetic}}$으로 수를 셈하기도 하였고, 여러 연산을 묶어 써보기도 하였으며, 그렇게 해서 복잡해진 프로시저$^{\text{compound procedure}}$에 알맞은 이름을 붙여서 간추려 보기도 하였다. 하지만, 이것만으로는 프로그램을 짤 줄 안다고 하기는 어렵다. 장기 놀이에 빗대어 설명하자면, 이제 겨우 말 움직이는 법만 알았을 뿐이다. 첫 수를 어떻게 두는 게 좋은지, 어떤 전술이나 전략을 펼쳐야 하는지 따위를 아직도 모른다. 다시 말해서, 처음 장기를 배우는 사람처럼 어떤 문제를 푸는 데 어떤 식으로 프로그래밍 언어를 써야 할지 모른다. 더욱이 어떤 말을 어떻게 움직이는 게 더 가치가 있는지 (어떤 프로시저를 정의해야 하는지) 가늠하는 지식과, 말을 움직일 때(프로시저를 돌릴 때) 어떤 결과가 나올지 미리 그려낼 줄 아는 경험도 모자란다.

스스로 새로운 무언가를 만들어 내는 일을 할 때에는 언제나 그러하듯이, 프로그램 짜는 일을 하는 사람이라면 어떤 일을 하고 나서 어떤 결과가 나올지 머릿속에 그려낼 줄 알아야 한다. 전문 사진작가가 되려면, 담고 싶은 장면을 잡아내는 눈이 있어야 하고, 노출^{露出}이나 현상^{現像} 조건에 따라 어떤 곳이 얼마나 어둡게 나올지 미리 헤아릴 줄 알아야 한다. 그런 다음에야, 사진의 틀을 잡고 모자란 빛을 더하고 조리개를 맞추고 사진을 떠내는 따위 일을 어떻게 할지 계획을 세워, 바라던 효과를 얻어낼 수 있다. 프로그램 짜는 일도 이와 똑같다. 어떤 일^{계산}을 하기 위해 어떤 프로세스를 밟아야 할지 미리 정해 놓으려고 짜는 게 프로그램이다. 그러므로 전문가가 되려면, 여러 가지 프로시저^{절차}가 만들어 내는 프로세스^{과}^{정}를 미리 그려낼 수 있도록 공부해야 한다. 이런 기술을 깨닫고 익힌 다음에야, 생각한 대로 돌아가는 프로그램을 어떻게 짜는지 배울 수 있다.

프로시저란, 한 컴퓨터 프로세스가 어떻게 나아가는지$^{\text{local evolution of a computer}}$ ^{process}, 곧 지난 일을 발판 삼아 다음으로 해야 할 일을 밝힌 것이다. 한데, 한 프로세스가 어떻게 나아가는지 프로시저로 나타냈다 하더라도, 여러 프로세스가 움직이는 모습을 간추려 봤으면 할 때가 있다. 서로 다른 프로세스가 펼쳐지는 모습을 간추리는 것이 결코 쉬운 일은 아니지만, 흔히 볼 수 있는 몇 가지는 그럭저

력 간추려 설명할 수 있다.

이 절에서는 단순한 프로시저가 만들어 내는 프로세스 가운데 자주 나타나는 몇 가지 '꼴^{shape}'을 보기로 들어서 살펴보려고 한다. 아울러 그런 프로세스가 쓰는 계산 자원, 곧 시간과 공간 자원이 어떤 비율로 늘어나는지도 따져볼 참이다. 여기서 보기로 드는 프로시저는 단순하기 그지없는데, 사진을 찍을 때 쓰는 조정 화면처럼, 실제 쓰임새를 따지기보다는 실험에 쓰려고 일부러 만든 재료라 보는 게 맞다.

1.2.1 되돌거나^{recursion} 반복하는^{iteration} 프로세스

먼저 다음처럼 사다리곱^{factorial} 함수가 있다고 하자.

$$n! = n \cdot (n-1) \cdot (n-2) \cdots 3 \cdot 2 \cdot 1$$

사다리곱을 계산하는 여러 방법 가운데 하나는, 0보다 큰 수 n이 있을 때 $n!$의 값이 n과 $(n-1)!$의 곱과 같다는 데서 비롯한 것이다.

$$n! = n \cdot [(n-1) \cdot (n-2) \cdots 3 \cdot 2 \cdot 1] = n \cdot (n-1)!$$

그러므로 $(n-1)!$을 계산한 값에 n을 곱하면 $n!$ 값을 얻을 수 있다. 여기에 1!이 1이라는 사실만 보태서 계산 방법을 그대로 프로시저로 옮겨 쓰면, 다음과 같다.

```
(define (factorial n)
  (if (= n 1)
      1
      (* n (factorial (- n 1)))))
```

이 프로시저로 6! 값을 구해 보면, 1.1.5절에 나온 맞바꿈 계산법^{substitution}에 따라 그림 1.3과 같은 프로세스를 그려낼 수 있다.

사다리곱을 달리 계산하는 방법이 없는지 살펴보자. $n!$은 1에 2를 곱한 값에 다시 3, 4를 차례로 곱하면서 n에 이를 때까지 같은 일을 되풀이하는 것이다. 다시 말해서, 지금까지 곱한 값을 product라 놓고 1부터 n까지 헤아리는 변수를

```
(factorial 6)
(* 6 (factorial 5))
(* 6 (* 5 (factorial 4)))
(* 6 (* 5 (* 4 (factorial 3))))
(* 6 (* 5 (* 4 (* 3 (factorial 2)))))
(* 6 (* 5 (* 4 (* 3 (* 2 (factorial 1))))))
(* 6 (* 5 (* 4 (* 3 (* 2 1 )))))
(* 6 (* 5 (* 4 (* 3 2))))
(* 6 (* 5 (* 4 6)))
(* 6 (* 5 24))
(* 6 120
720
```

그림 1.3   6! 값을 구하는 선형 재귀 프로세스^{linear recursive process}

counter라 할 때, 한 단계를 거칠 때마다 counter와 product를 아래 규칙에 따라 바꾸는 것으로 볼 수 있다.

product ← counter · product

counter ← counter + 1

이리 하면 counter 값이 n에 이르렀을 때 product 값은 $n!$이 된다.

　이런 방법으로 사다리곱을 구하는 프로시저를 만들면 아래와 같다.[29]

```
(define (factorial n)
  (fact-iter 1 1 n))
```

---

29) 앞서 배운 블록 구조를 써서 다음처럼 fact-iter를 factorial 속에 숨기는 게 낫다.

```
(define (factorial n)
  (define (iter product counter)
    (if (> counter n)
        product
        (iter (* counter product)
              (+ counter 1))))
  (iter 1 1))
```

하지만 한꺼번에 생각할 거리를 줄이려고 일부러 블록 구조로 짜지 않았다.

```
(factorial 6)
(fact-iter   1 1 6)
(fact-iter   1 2 6)
(fact-iter   2 3 6)
(fact-iter   6 4 6)
(fact-iter  24 5 6)
(fact-iter 120 6 6)
(fact-iter 720 7 6)
720
```

그림 1.4 6! 값을 구하는 선형 반복 프로세스^{linear iterative process}

```
(define (fact-iter product counter max-count)
  (if (> counter max-count)
      product
      (fact-iter (* counter product)
                 (+ counter 1)
                 max-count)))
```

앞에서 했던 대로, 이 프로시저로 6! 값을 구한다고 할 때, 맞바꿈 계산법에 따라 그림 1.4처럼 펼쳐지는 프로세스를 그릴 수 있다.

같은 일을 하는 두 프로세스를 견주어 보자. 둘 다 같은 수학 함수를 나타낸 프로시저고, n!을 계산하는 단계가 n에 비례하여 많아진다는 점에서 두 프로세스는 크게 다르지 않다. 두 프로세스에서 곱셈을 하는 차례마저 같다. 하지만, 두 프로세스의 '꼴^{shape}'을 놓고 보면 펼쳐지는 방식이 서로 매우 다르다.

첫 번째 프로세스부터 살펴보자. 그림 1.3에서는 맞바꿈 계산법에 따라 식이 옆으로 펼쳐진 다음에 다시 줄어드는 꼴을 볼 수 있다. 프로세스가 곧바로 연산을 하지 않고 자꾸 미루어 놓은^{deferred operation} 탓에 식이 옆으로 늘어나다가, 곱셈 연산을 하면서 줄어들기 시작한다(그림 1.3에서 미루어 놓은 연산은 곱셈 연산이다.). 이처럼 곧바로 셈하지 못하고 미루어 놓은 연산이 끈처럼 이어지는 게 되도는 프로세스^{recursive process}의 특징이다. 이런 프로세스를 돌릴 때, 실행기는 미뤄둔 연산을 모두 쥐고 있다가 다시 되밟을 수 있도록 해야 한다. n! 값을 구하면서 미루어 둔 곱셈 끈의 길이, 곧 실행기가 쥐어야 할 정보의 크기는, 셈하는 데 거치는 단계 수와 마찬가지로 n에 비례하여 나란히^{선형(線形)}으로 자라난다. 그래서 이런 프로세스를 두고 **선형 재귀 프로세스**^{linear recursive process}라 한다.

이와 달리 둘째 프로세스는 늘거나 줄지 않는다. n의 크기와 관계없이 `prod-uct`, `counter`, `max-count` 변수에 단계마다 구한 값만 넣어주면 그만이다. 이것을 **반복하는 프로세스**^{iterative process}라 하는데, 보통 반복하는 프로세스에는 정해진 **상태변수**^{state variable}가 있어서 반복할 때마다 바뀌는 계산 상태를 간추려서 기록해둘 수 있고, 계산 단계가 넘어갈 때마다 상태변수 값을 고쳐 쓰는 규칙이 있으며, (때에 따라) 계산을 끝낼 조건을 따지는 마무리 검사 과정도 있다. 이 보기에서 보듯이, $n!$값을 구하는 데 거치는 단계 수가 n에 비례하여 나란히 자라날 때, 이런 프로세스를 **선형 반복 프로세스**^{linear iterative process}라 한다.

두 프로세스를 달리 견주어 보자. 반복하는 프로세스에서는 프로그램 변수가 프로세스 단계마다 어떤 상태에 있는지 정확하게 나타내기 때문에, 계산을 잠시 멈추더라도 세 변수 값을 알기만 하면, 실행기가 곧바로 계산을 이어갈 수 있다. 하지만, 되도는 프로세스는 그렇지 않다. 프로세스 안에 상태변수도 없을뿐더러, 뒤로 미뤄 둔 연산의 끈을 이어가면서 '어디까지 계산했는지' 알아내려면, 실행기 속에 '숨은' 정보가 더 들어 있어야 한다. 끈이 길수록 그런 정보가 더 많아지는 것은 더 말할 나위가 없다.³⁰

반복과 되돌기를 견줄 때, 되도는 프로세스와 되도는 프로시저를 헷갈리지 않도록 조심하자. 프로시저가 되돌아간다는 말은 프로시저를 정의하는 글(식) 속에서 자신을 (곧바로든 에두르든) 불러 쓴다는 뜻이다. 하지만, 프로세스가 줄지어 되돌며 돌아간다는 말은 프로시저를 정의한 글(식)이 그렇다는 게 아니라, 진짜 계산이 그런 꼴로 펼쳐진다는 뜻이다. 앞 보기에서 `fact-iter` 프로시저는 되도는 프로시저지만 그 프로세스는 계산을 반복하고 있다. 되도는 프로시저가 반복하는 프로세스를 만들어 낸다는 게 헷갈릴지 모르나, 사실이 그렇다. `fact-iter` 프로시저가 만드는 프로세스는 계산 상태를 상태변수 세 개로 잡아낼 수 있기 때

---

30) 5장에서 레지스터 기계를 써서 프로시저를 어떻게 만들지 설명할 때, 정해진 레지스터 몇 개만 있으면 기억 공간을 따로 보태 쓰지 않아도, '하드웨어로(in hardware)' 프로시저를 실현(實現)할 수 있음을 알게 된다. 이와 달리 되도는 프로세스는 스택(stack)이라는 데이터 구조를 쓰는 기계가 따로 있어야 한다.

문에, 실행기는 변수 세 개만 들고 있어도 계산을 이어나가는 데 모자람이 없다.

프로세스와 프로시저를 헷갈리는 까닭 중 하나는 (에이다^{Ada}, 파스칼, C, 자바^{Java} 같이) 보통 널리 쓰는 언어 번역기(번역기^{compiler} 또는 실행기) 내부에서 되도는 프로시저를 해석할 때, 그 프로세스가 반복하는 것인지 따져보지 않고 프로시저를 불러 쓰는 횟수에 비례하는 만큼 기억 공간을 쓰도록, 곧 되도는 프로세스만 내놓게끔 처리하기 때문이다. 그러므로 그런 언어에서는 do, repeat, until, for, while 따위 '반복하는 특별한 형태$^{special form}$'를 써야만 반복 프로세스를 나타낼 수 있다. 5장에서 만드는 Scheme 처리 기계에는 이런 흠이 없다. 반복하는 프로세스를 (그 프로세스의 프로시저가 되도는 것이라 해도) 정해진 기억 공간만 써서 돌아가게 할 수 있다. 이를 두고, 꼬리에서 되돌아가도록$^{tail-recursive}$ 실행기를 만들었다고 한다. 꼬리 되돌기$^{tail-recursive}$라는 기법을 쓰면, 프로시저를 불러 쓰는 문법만으로도 반복할 일을 얼마든지 나타낼 수 있기 때문에, 특별한 형태가 군이 필요 없고 따로 있다 하더라도 그저 달콤한 문법$^{syntactic sugar}$으로 쓰일 뿐이다.[31]

● 연습문제 1.9

다음 두 프로시저는 모두 0보다 큰 정수 두 개를 더하는 일을 하는데, 인자에 1을 더하는 inc 프로시저와 인자에서 1을 빼는 dec 프로시저를 가져다 쓴다.

```
(define (+ a b)
  (if (= a 0)
      b
      (inc (+ (dec a) b))))
```

---

31) 꼬리 되돌기(tail recursion)는 오랫동안 번역기 성능을 끌어올리는 기술로 알려져 왔다. 꼬리 되돌기의 뜻을 밝히는 일에 바탕을 마련한 사람은 칼 휴잇(Carl Hewitt)(1977)인데, 그는 3장에 나오는 '메시지 패싱(말 건네기, message passing)' 기법을 써서 꼬리 되돌기가 뜻하는 바를 밝혔다. 이 영향을 받아 제럴드 제이 서스먼(Gerald Jay Sussman)과 가이 루이스 스틸 주니어(Guy Lewis Steele Jr.)가 Scheme용 꼬리 되돌기 실행기를 만들었다(Steele 1975 참조). 나중에, 스틸이 프로시저 불러 쓰기(procedure call)를 번역기로 자연스럽게 번역하면 꼬리 되돌기라는 사실을 밝혔다(Steele 1977). Scheme의 IEEE 표준에는 프로시저 불러 쓰기를 실현할 때 반드시 꼬리 되돌기 기법을 써야 한다고 밝혀 두었다.

```
(define (+ a b)
  (if (= a 0)
      b
      (+ (dec a) (inc b))))
```

맞바꿈 계산법에 따라 두 프로시저가 (+ 4 5)를 계산하는 프로세스^{과정}를 밝혀
라. 이 프로세스는 반복하는가? 아니면 되도는가?[*]

● **연습문제** 1.10

다음은 애커만 함수^{Ackermann function}를 나타낸 프로시저다.

```
(define (A x y)
  (cond ((= y 0) 0)
        ((= x 0) (* 2 y))
        ((= y 1) 2)
        (else (A (- x 1)
                 (A x (- y 1))))))
```

아래 식의 값은 무엇인가?

```
(A 1 10)
```

```
(A 2 4)
```

```
(A 3 3)
```

다음 프로시저가 정의되어 있다고 하자.

```
(define (f n) (A 0 n))
```

```
(define (g n) (A 1 n))
```

---

* 역주 : 이 부분을 실제 실행해보면 무한루프가 발생한다. + 연산이 정의되지 않았다는 가정 하에 이해를 돕
기 위해 저자가 일부러 그렇게 했기 때문이다.

```
(define (h n) (A 2 n))
```

```
(define (k n) (* 5 n n))
```

0보다 큰 정수 n이 있을 때 f, g, h 프로시저의 기능을 수학으로 정의해 보라. 보기를 들어, (k n)은 $5n^2$을 나타낸다.

1.2.2 여러 갈래로 되도는 프로세스

흔히 볼 수 있는 다른 계산^{computation} 방식 가운데 하나로, 여러 갈래로 되돌기^{tree} ^{recursion}를 들 수 있다. 여러 갈래로 되도는 프로세스를 설명하기 위해서 피보나치^{Fibonacci} 수열을 구해 보자. 이것은 앞에 나온 두 수를 더하여 그 다음 수를 정하는 수열이다.

0, 1, 1, 2, 3, 5, 8, 13, 21, …

흔히 피보나치 수열은 다음과 같이 정의한다.

$$\text{Fib}(n) = \begin{cases} 0 & n\text{이 0일 때} \\ 1 & n\text{이 1일 때} \\ \text{Fib}(n-1) + \text{Fib}(n-2) & \text{그 밖의 경우} \end{cases}$$

위 정의에 따라 프로시저를 만들면 아래처럼 되도는 프로시저$^{recursive\ procedure}$가 만들어진다.

```
(define (fib n)
  (cond ((= n 0) 0)
        ((= n 1) 1)
        (else (+ (fib (- n 1))
                 (fib (- n 2))))))
```

이 프로시저가 어떤 식으로 계산을 펼치는지 살펴보자. fib 프로시저 정의대로, (fib 5)를 구하려면 먼저 (fib 4)와 (fib 3)을 구해야 하고, (fib 4)를 구하려

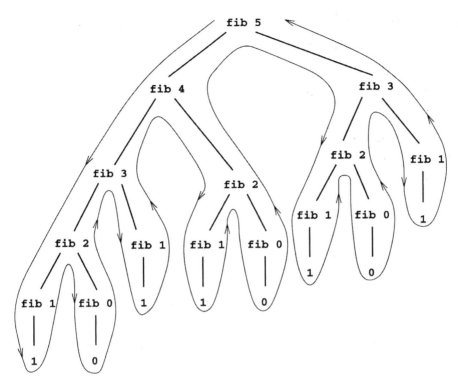

그림 1.5 (fib 5)를 구하려고 여러 갈래로 되도는 프로세스

면 (fib 3)과 (fib 2)부터 구해야 한다. 보통 이런 프로세스는 그림 1.5처럼 나무꼴tree로 펼쳐지고, (맨 끝마디를 빼면) 단계마다 가지가 둘씩 갈라져 나온다. 다시 말해, fib 프로시저는 한 번 불릴 때마다 자기를 두 번 부른다.

fib 프로시저는 여러 갈래로 되도는 프로세스를 보여주려고 일부러 만든 프로시저일 뿐이지만, 같은 계산을 쓸데없이 반복하기 때문에 피보나치 수열을 구하기에는 별로 좋지 않은 방법이다. 그림 1.5를 보면 (fib 3)을 계산하느라 펼친 가지수가 프로세스 나무에서 거의 반이나 차지한다는 것을 알 수 있다. 사실 이런 식으로 계산하면 (fib 1)이나 (fib 0)(즉, 맨 끝마디에 달린 수)이 Fib(n + 1)번만큼 되풀이 계산됨을 밝히는 것은 그리 어렵지 않다. 이 방법이 얼마나 안 좋은지 따져보기 위해서, 정해진 n을 두고 Fib(n)이 지수 비례로exponentially 자란다는 것을 보여줄 수 있다. 좀 더 정확하게 설명하자면 Fib(n)은 $\phi^n / \sqrt{5}$에 가장 가까운 정수다

(연습문제 1.13을 보자). 여기서 ϕ 의 값은 다음과 같다.

$$\phi = (1 + \sqrt{5})/2 \approx 1.6180$$

ϕ는 황금비$^{\text{golden ratio}}$라고도 하는데, 아래 등식$^{等式,\ \text{equation}}$을 만족한다.

$$\phi^2 = \phi + 1$$

그리하여 이 프로세스가 펼쳐내는 단계$^{\text{가지, step}}$ 수는 입력한 크기에 지수 비례로 많아진다. 한편, 기억 공간^{space}은 입력 크기에 선형 비례로 커지는데, 그 까닭은 프로세스가 단계마다 바로 위에 있던 마디^{node}만 알면 되기 때문이다. 대개 여러 갈래로 되도는 프로세스가 거치는 단계 수는 나무 마디 수에 비례하고, 기억 공간의 크기는 가장 큰 나무 키$^{\text{maximum depth of the tree}}$에 비례한다.

다음처럼 피보나치 수열을 반복 프로세스로 구할 수도 있다. 정수 a, b가 있다고 할 때, 첫 값은 차례로 Fib(1) = 1과 Fib(0) = 0으로 놓고, 한 번 되풀이할 때마다 아래 규칙에 따라 값을 맞바꾼다.

$$a \leftarrow a + b$$
$$b \leftarrow a$$

이를 n번 되풀이하면 a와 b가 Fib(n+1), Fib(n) 값이 되는데, 이 식이 옳음을 밝히는 것은 그리 어렵지 않다. 이 계산 규칙에 따라 프로시저를 정의하면 다음과 같다.

```
(define (fib n)
  (fib-iter 1 0 n))

(define (fib-iter a b count)
  (if (= count 0)
      b
      (fib-iter (+ a b) a (- count 1)))))
```

이 방법은 선형 반복으로 Fib(n) 값을 구한다. 둘 다 같은 일(피보나치 수열을 구하는 일)을 하지만, 계산 단계 수가 n에 선형 비례로 자라나는 방법과 Fib(n)에 비례하여 자라나는 방법은, 입력의 크기가 작다 해도 그 결과(계산 단계 수)가 엄청나게 다르다.

그러나 여기서 보기로 든 프로세스만 가지고 여러 갈래로 되도는 프로세스가 아무 짝에도 쓸모없는 것이라고 말해서는 안 된다. 수가 아니라, 계층 구조 데이터$^{\text{hierarchically structured data}}$를 다루는 프로세스에서는 여러 갈래로 되도는 규칙이 아주 쓸모 있고 잘 들어맞을 때가 있다.[32] 또, 수를 셈하는 문제라 하더라도, 문제를 이해하고 프로그램을 설계할 때에는 여러 갈래로 되도는 프로세스가 크게 도움이 된다. 피보나치 수열을 구하는 문제에서도 처음 만든 `fib` 프로시저가 다음에 만든 것보다 훨씬 성능이 떨어지기는 하지만, 처음 짠 프로시저는 피보나치 수열의 수학 정의를 그대로 Lisp로 옮겼다고 봐도 될 만큼 그 정의가 쉽게 와 닿는다. 다만, 반복하는 알고리즘으로 `fib` 프로시저를 짤 때에는 상태변수 세 개를 왜 따로 만들어 써야 하는지 반드시 짚고 넘어가야 했다.

연습 : 돈 바꾸는 방법

피보나치 수열 문제에서는 그리 어렵지 않게 반복 알고리즘을 짤 수 있었다. 이번에는 다른 문제를 풀어보자. 1달러를 50센트, 25센트, 10센트, 5센트, 1센트 동전으로 바꾸는 방법은 모두 몇 가지나 될까? 다시 말해서, 받은 돈을 동전으로 바꾸는 방법이 몇 가지나 되는지 프로시저로 나타낼 수 있을까?

이런 문제는 되도는 프로시저$^{\text{recursive procedure}}$로 나타내면 쉽게 풀린다. 바꿀 수 있는 동전이 정해진 차례대로 놓여 있다고 할 때, 다음 관계가 성립된다. a만큼 돈이 있을 때 n가지 동전으로 바꾸는 가짓수는, 다음 두 가짓수를 더한 값과 같다.

- 맨 처음 나오는 한 가지 동전을 빼고, 남은 가지 동전으로 바꾸는 가짓수
- 처음 나오는 동전이 d짜리일 때 $a-d$한 돈을 n가지 동전으로 바꾸는 가짓수

---

32) 1.1.3절에서 이를 설명하는 보기가 나온 적 있다. 실행기가 식의 값을 구할 때 이미 여러 갈래로 되도는 프로세스를 따르고 있었다.

이 규칙이 돈 바꾸는 방법에 잘 들어맞는 까닭을 알려면, 처음 나오는 한 가지 동전을 아예 쓰지 않는 방법과 다 쓰는 방법, 이 둘로 문제가 나뉜다는 점을 눈여겨 보아야 한다. 다시 말해, 돈을 동전으로 바꾸는 가짓수는, 처음 나오는 한 가지 동전을 쓰지 않고 바꾸는 가짓수와, 처음 나오는 동전까지 모두 써서 바꾸는 가짓수를 따로 구해서 이를 더한 것과 같다. 여기서 두 번째 가짓수는 처음 나온 동전 한 개를 쓰고 남은 돈을 바꾸는 가짓수다.

그러므로 이 문제는 돈이 줄고 동전의 가짓수가 줄 때마다 그 돈을 남은 동전으로 맞바꾸는 문제가 된다. 이렇게 문제가 작아지는 규칙을 가만히 살펴보면, 이 규칙을 그대로 알고리즘으로 쓸 수 있음을 알게 된다. 다만 이 알고리즘을 쓰려면 아래처럼 작아지는 규칙을 끝내는 경우를 모두 정리해야 한다.[33]

- a가 0으로 딱 떨어지면, 동전으로 바꾸는 방법(가짓수)은 1가지밖에 없다.
- a가 0보다 적으면, 동전으로 바꾸는 방법은 0가지다. (곧, 바꿀 방법이 없다.)
- n이 0이면, 동전으로 바꾸는 방법은 0가지다. (곧, 바꿀 방법이 없다.)

이런 규칙을 아래처럼 되도는 프로시저로 옮겨 쓰는 일은 참말 쉽다.

```
(define (count-change amount)
  (cc amount 5))

(define (cc amount kinds-of-coins)
  (cond ((= amount 0) 1)
        ((or (< amount 0) (= kinds-of-coins 0)) 0)
        (else (+ (cc amount
                     (- kinds-of-coins 1))
                 (cc (- amount
                        (first-denomination kinds-of-coins))
                     kinds-of-coins)))))
```

---

33) 이 규칙에 따라, 10센트를 어떻게 5센트와 1센트 동전으로 바꾸는지 하나하나 따져 보라.

```
(define (first-denomination kinds-of-coins)
  (cond ((= kinds-of-coins 1) 1)
        ((= kinds-of-coins 2) 5)
        ((= kinds-of-coins 3) 10)
        ((= kinds-of-coins 4) 25)
        ((= kinds-of-coins 5) 50))))
```

(first-denomination 프로시저는 바꿀 수 있는 동전의 가짓수를 인자로 받아서, 그 동전이 얼마짜리인지 알려준다. 이 프로시저는 동전 값이 점점 적어지는 차례를 가정하지만, 어떤 차례를 따르더라도 결과가 달라지지는 않는다.) 이제 1달러를 동전으로 바꾸는 모든 가짓수를 구할 수 있다.

```
(count-change 100)
```
292

count-change는 맨 처음 만든 fib처럼 같은 계산을 쓸데없이 반복하는, 여러 갈래로 되도는 프로세스$^{tree-recursive\ process}$를 만들어 낸다. (앞에서 292라는 값을 얻는 데 제법 시간이 걸릴 것이다.) 한데, fib 때와 달리 이번 문제는 더 나은 알고리즘을 만들기가 그리 쉽지 않다. 그런 알고리즘을 만들어 내는 일은 여러분의 손에 맡기겠다. 이 보기에서도 알 수 있듯이, 여러 갈래로 되도는 프로세스는 계산 프로시저^{절차}를 만들고 이해하는 데 도움이 되지만, 성능이 크게 떨어질 수 있다는 나쁜 점이 있다. 이 가운데 좋은 점만 받아들여서, 여러 갈래로 되도는 프로시저를 더 가벼운 프로시저로 바꾸어 주는 '똑똑한 번역기'를 만들어 보자고 제안한 사람들도 있다.[34]

---

34) 쓸데없이 같은 계산을 하는 일이 많을 때, 이런 단점을 피하는 방법으로, 구한 값을 표에 기록해 두었다가 쓰는 기법이 있다. 즉, 프로시저를 부를 때마다 표를 뒤져 보고 벌써 같은 계산을 했는지 살핀 다음, 이미 구한 값이 표에 들어 있다면 그 값을 그대로 쓰도록 하여, 같은 계산을 하지 않도록 막을 수 있다. 이를 흔히 표로 정리하기(tabulation) 또는 메모하기(memoization)라 하는데, 쓸데없는 계산을 줄이고 싶을 때 손쉽게 쓰는 기법이다. 이 기법은 (count-change처럼) 지수 비례로 자라나는 프로세스를, (기억 공간과 계산 시간으로 따져서) 입력에 선형 비례로 자라나는 프로세스로 바꾸는 데 쓰기도 한다. 연습문제 3.27을 보자.

● 연습문제 1.11

$n < 3$일 때 $f(n)=n$이고, $n \geq 3$일 때 $f(n)=f(n-1)+2f(n-2)+3f(n-3)$으로 정의한 함수 f가 있다. f의 프로시저를 되도는 프로세스^{recursive process}가 나오도록 짜라. 아울러, 반복 프로세스를 만들어 내는 프로시저도 만들어 보라.

● 연습문제 1.12

다음 같은 꼴로 수를 모아놓는 것을 파스칼의 세모꼴^{Pascal's triangle}라 한다.

세모에서 왼쪽과 오른쪽 끝에는 모두 1이 있고, 세모 속에 있는 수는 바로 위에 있는 두 수를 더한 값이다.[35] 파스칼의 세모꼴 수를 만드는 프로시저를 짜되, 되도는 프로세스가 나오도록 하라.

● 연습문제 1.13

$\phi = (1+\sqrt{5})/2$일 때 $\mathrm{Fib}(n)$이 $\phi^n / \sqrt{5}$에 가장 가까운 정수임을 밝혀라. (귀띔 : $\psi = (1-\sqrt{5})/2$라고 해두자.) 귀납법과 1.2.2절의 피보나치 수열 정의를 바탕으로 $\mathrm{Fib}(n) = (\phi^n - \psi^n)/\sqrt{5}$임을 밝혀라.

---

35) 파스칼의 세모꼴에 나오는 수를 이항 계수(二項 係數, 두 마디 곁수, binomial coefficient)라고도 하는데, 그 까닭은 n번째 줄에 있는 수가 $(x + y)^n$ 식을 펼칠 때 그 식 마디(항, term)에 붙어 있는 계수(곁수)이기 때문이다. 이렇게 계수를 구하는 방법은 1653년 블레즈 파스칼(Blaise Pascal)의 확률 이론 세미나 「Traité du triangle arithmétique」에서 처음 나왔다. Knuth 1973에 따르면, 1303년에 중국 수학자 주세걸(朱世傑, Chu Shih-chieh)이 출판한 「Szu-yuen Yü-chien(사원옥감)」("The Precious Mirror of Four Elements"), 12세기 페르시아의 시인 겸 수학자 오마르 하이얌(Omar Khayyam)의 연구, 또 12세기의 힌두 수학자 바스카라차리아(Bhácara Áchárya)의 연구에서도 같은 방법을 썼다고 한다.

1.2.3 프로세스가 자라나는 정도

앞에서 나온 여러 문제를 보면, 어떤 프로세스냐에 따라 계산 자원을 쓰는 크기가 달라진다. 그 차이를 서로 견주고 싶을 때, 프로세스가 **자라나는 정도**^{자람 차수, order}라는 개념을 쓰면 되는데, 이는 입력의 크기에 따라 프로세스가 쓰는 자원 양이 자라나는 정도를 말한다.

문제의 크기를 매개변수 n이라 할 때, n만큼 큰 문제를 푸는 데 드는 자원 양을 $R(n)$이라고 하자. 앞에서 보기로 든 문제에서는 함수 인자를 n으로 보았지만, 그렇지 않은 경우도 있다. 이를테면 제곱근 값을 찾는 계산에서는 그 값을 나타내는 숫자 중에 정확한 숫자의 개수를 n으로 볼 수도 있고, 행렬을 곱하는 문제에서는 행^{가로줄} 개수를 n으로 볼 수도 있다. 보통 어떤 문제를 푸는 프로세스에는 문제에 따라 살펴보아야 할 성질이 여러 개 있는데, 계산 자원 양을 나타내는 $R(n)$도 마찬가지다. 이를테면, 연산에 레지스터를 몇 개나 쓰는지 또는 기계 연산을 몇 개나 돌리는지 따위를 $R(n)$으로 나타낼 수 있다. 컴퓨터에서는 한 번에 처리할 수 있는 연산 수가 정해져 있기 때문에, 계산하는 데 드는 시간은 그 계산에서 쓰는 기계 연산 수에 비례할 것이다.

n이 알맞게 큰 값을 가리키는 변수이고, n에 매이지 않은 상수 k_1과 k_2가 다음 조건을 만족한다면, $R(n)$은 $\Theta(f(n))$ 차수로 자라난다고 하고, $R(n) = \Theta(f(n))$이라고 쓰며 'theta of $f(n)$'라 읽는다.

$$k_1 f(n) \leq R(n) \leq k_2 f(n)$$

(달리 말해서, 알맞게 큰 변수 n이 있다고 할 때, $R(n)$은 $k_1 f(n)$과 $k_2 f(n)$ 사이에 있다.)

1.2.1절에서 사다리곱^{factorial}을 계산할 때 썼던 되도는 프로세스에서는, 그 계산 단계가 n에 비례하여 늘어났다. 그러므로 이 프로세스가 거쳐야 할 단계는 $\Theta(n)$만큼 늘어나고, 계산에 필요한 기억 공간도 $\Theta(n)$으로 자라났다. 한데, 반복하는 프로세스로 사다리곱을 구하는 경우, 단계가 $\Theta(n)$으로 늘어난다는 점은 되도는 프로세스와 같지만, 기억 공간이 $\Theta(1)$, 곧 늘거나 줄지 않는다는 점은 다

르다.[36] 이어서, 여러 갈래로 되도는 프로세스[tree-recursive process]로 피보나치 수를 구하는 데 드는 계산 단계는 $\Theta(\phi^n)$이고, 기억 공간은 $\Theta(n)$으로 커진다. 여기에서 ϕ는 1.2.2절에서 설명한 대로 황금비를 말한다.

자람 차수는 프로세스가 쓰는 자원 양을 어림잡아 나타내는 것일 뿐이다. 예컨대, n^2 단계를 거치는 프로세스, $1000n^2$ 단계를 거치는 프로세스, $3n^2 + 10n + 17$ 단계를 거치는 프로세스가 모두 $\Theta(n^2)$로 자라는 것이라 간추려 말할 수 있다. 하지만, 자람 차수는 문제 크기가 달라짐에 따라 프로세스가 어떻게 펼쳐질지 나타내는 데에는 쓸모가 많다. 이를테면, $\Theta(n)$(선형)으로 자라나는 프로세스에서는 입력이 두 배로 커질 때 써야 할 자원 양도 거의 두 배가 되고, 또 지수 비례로 자라나는 프로세스에서는 문제를 조금씩 같은 크기로 늘릴 때, 그 값을 곱한 만큼 자원을 쓸 것이라고 어림잡을 수 있다. 이제부터 이 장에서는 문제 크기가 두 배로 늘어도 딱 정한 만큼만 자원을 쓰는, 곧 로그[logarithmic] 자람 차수를 보이는 알고리즘 둘을 살펴보기로 하겠다.

● **연습문제 1.14**

11센트를 동전으로 바꿀 때, 1.2.2절의 count-change 프로시저가 만들어 내는 프로세스를 나무꼴로 그려 보아라. 바꿀 돈이 늘어남에 따라 프로세스가 거치는 단계 수와 기억 공간의 크기는 어떤 자람 차수를 보이는가? (즉, 어느 정도로 자라나는가?)

● **연습문제 1.15**

라디안[radian]으로 나타낸 각 x가 있을 때, $\sin x$를 구한다고 하자. x가 충분히 작

---

36) 사실 이는 문제를 크게 간추려 설명한 것이다. 예컨대, 단계마다 정해 둔 기계 연산이 돌아간다고 볼 때, 곱하는 두 수가 아무리 커도 두 수의 크기에 관계없이 곱할 때 쓰는 기계 연산 수는 언제나 같다고 가정한 것이다. 하지만, 곱할 수가 아주 크면 이런 가정이 들어맞지 않는다. 이는 기억 공간의 크기를 잴 때도 마찬가지다. 그러므로 프로세스를 설계하고 설명할 때처럼, 프로세스를 분석하는 일에서도 문제를 간추리는 눈높이가 얼마든지 달라질 수 있다는 점을 알아두자.

으면 $\sin x \approx x$이고, 그렇지 않을 때에는 아래 등식으로 $\sin x$ 값을 얻을 수 있다.

$$\sin x = 3\sin\frac{x}{3} - 4\sin^3\frac{x}{3}$$

(여기서 '충분히 작은' 각이란, 0.1 rad보다 크지 않은 각을 말한다.) 이 생각을 프로시저로 옮겨 쓰면 아래와 같다.

```
(define (cube x) (* x x x))

(define (p x) (- (* 3 x) (* 4 (cube x))))

(define (sine angle)
   (if (not (> (abs angle) 0.1))
       angle
       (p (sine (/ angle 3.0)))))
```

a. (sine 12.15)의 값을 구할 때 p 프로시저를 몇 번이나 불러 쓰는가?

b. (sine a) 값을 계산한다 치고, sine 프로시저가 만들어 내는 프로세스에서 기억 공간과 계산 단계의 자람 차수를 a의 함수로 나타내면?

1.2.4 거듭제곱

같은 수를 여러 번 곱하는 문제를 생각해 보자. 밑수 b, 0보다 큰 정수 n을 인자로 받아서, b^n을 구하는 프로시저만 만들면 쉽게 풀릴 문제다. 이 프로시저를 만드는 방법 가운데 하나로, 아래와 같은 재귀 규칙을 쓸 수 있다.

$$b^n = b \cdot b^{n-1}$$
$$b^0 = 1$$

이 규칙에 따라 프로시저를 만들면 다음과 같다.

```
(define (expt b n)
  (if (= n 0)
      1
      (* b (expt b (- n 1)))))
```

이 프로시저는, $\Theta(n)$ 계산 단계를 거치면서 $\Theta(n)$만큼 기억 공간을 쓰는 선형 재귀 프로세스linear recursive process로 펼쳐진다. 그런데 앞에서 사다리꼴 문제를 풀 때와 마찬가지로 선형 반복 프로세스도 아래처럼 쉽게 만들 수 있다.

```
(define (expt b n)
  (expt-iter b n 1))

(define (expt-iter b counter product)
  (if (= counter 0)
      product
      (expt-iter b
                 (- counter 1)
                 (* b product)))))
```

이 프로세스도 $\Theta(n)$ 계산 단계를 거치지만, 선형 재귀 프로세스와 달리 기억 공간은 $\Theta(1)$만큼만 쓴다.

계산 단계를 더 줄이기 위해서 계속 제곱하는 방법을 쓸 수 있다. 이를테면 앞에서 b^8 값을 구한 방법은 다음과 같았다.

$$b \cdot (b \cdot (b \cdot (b \cdot (b \cdot (b \cdot (b \cdot b))))))$$

같은 계산을 하더라도 아래처럼 하면 세 번만 곱하면 된다.

$$b^2 = b \cdot b$$
$$b^4 = b^2 \cdot b^2$$
$$b^8 = b^4 \cdot b^4$$

한데, 이 방법은 지수 n이 2의 거듭제곱일 때만 맞아떨어지기 때문에, 모든 거듭제곱에서 같은 효과를 보려면 다음처럼 규칙을 다듬어야 한다.

$$b^n = (b^{n/2})^2 \qquad n이 \ 짝수일 \ 때$$
$$b^n = b \cdot b^{n-1} \qquad n이 \ 홀수일 \ 때$$

이를 프로시저로 나타내면 다음과 같다.

```
(define (fast-expt b n)
  (cond ((= n 0) 1)
        ((even? n) (square (fast-expt b (/ n 2))))
        (else (* b (fast-expt b (- n 1))))))
```

여기서, 짝수인지 알아보는 프로시저(술어[predicate])는 기본 프로시저 `remainder`를 써서 다음처럼 짤 수 있다.

```
(define (even? n)
  (= (remainder n 2) 0))
```

`fast-expt` 프로시저가 펼쳐내는 프로세스의 계산 단계(시간)와 필요한 공간은 n의 로그로 자라난다. 예를 들어 설명하면, b^{2n} 값을 얻는 데 쓴 곱셈 수는 b^n에서 쓴 곱셈 수보다 하나 많을 뿐이다. 다시 말해, 곱셈할 때마다 계산할 수 있는 지수의 크기는 (어림잡아) 두 배로 는다. 그리하여 지수가 n일 때 곱셈한 횟수는 밑수를 2로 하는 n의 로그로 자라난다. 곧, 이 프로세스의 자람 차수는 $\Theta(log\ n)$이다.[37]

n이 커질수록 자람 차수 $\Theta(log\ n)$과 $\Theta(n)$의 차이는 엄청나게 벌어진다. 예컨대 n이 1,000일 때 `fast-expt`는 14번만 곱셈한다.[38] `fast-expt`처럼 반복 계산하는 알고리즘을 짤 수도 있으나(연습문제 1.16을 보라), 흔히 그러하듯이 이 문제 또한 되도는 알고리즘보다 반복하는 알고리즘을 짜는 게 더 어렵다.[39]

● **연습문제** 1.16

`fast-expt`처럼 계산 시간[단계]이 로그 비례로 늘어나게끔 계속 제곱하는 방법을 쓰되, 반복 프로세스를 펼쳐내는 거듭제곱 프로시저를 짜보자.

---

37) 더 자세히 밝히자면, 밑수가 2인 n의 로그 값에서 1을 빼고 n을 이진수로 나타냈을 때, 그렇게 나타낸 이 진수에서 1의 개수를 모두 더한 만큼 곱셈을 해야 한다. 그러므로 그 값은 언제나 2를 밑수로 하는 n의 로그를 두 배한 값보다 적다. 앞서 나온 자람 차수 정의에서, 상수 k_1과 k_2는 로그에서 밑수를 따지지 않겠다는 뜻이므로, 이런 프로세스는 모두 자람 차수 $\Theta(log\ n)$을 보인다고 간추려 나타낼 수 있다.

38) 왜 수를 1,000번이나 거듭제곱하는 일까지 고민해야 하는지 모르겠다면, 1.2.6절을 보라.

39) 이 반복 알고리즘은 기원전 200년 즈음에, 아차르야 핑갈라(Áchárya Pingala)가 써낸 『Chandah-sutra』에 나온다. Knuth 1982의 4.6.3절에서는 여기에 나온 방법을 비롯하여, 거듭제곱하는 여러 방법을 내놓고 꼼 꼼히 살펴보고 있다.

(귀띔 : $(b^{n/2})^2 = (b^2)^{n/2}$이라는 점을 생각하여 지수 n, 밑수 b, 새 변수 a를 변수로 삼아 상태 바꾸는 규칙을 정의하되, ab^n 값이 언제나 같도록 하라. 프로세스가 막 돌아갈 때 a는 1이고, 프로세스가 끝났을 때 a에 결과 값이 들어 있다. 대체로 상태가 바뀌어도 변하지 않는 값, 곧 **변하지 않는 양**invariant quantity을 찾아 정하는 것이, 반복 알고리즘을 설계할 때 아주 도움이 되는 방법이다.)

● 연습문제 1.17

이 절에서 나오는 거듭제곱 알고리즘은 여러 번 곱셈을 거듭하여 값을 구한다는 단순한 생각에 뿌리를 둔다. 이와 비슷하게 곱셈도 덧셈을 거듭하는 것으로 나타낼 수 있다. 다음은 expt 프로시저처럼 (언어에서 덧셈만 있고 곱셈은 없다 치고) 덧셈으로 곱셈 프로시저를 짜본 것이다.

```
(define (* a b)
  (if (= b 0)
      0
      (+ a (* a (- b 1)))))
```

이 알고리즘의 계산 단계는 b와 나란히 (즉, 선형 비례로) 자란다. 이때 덧셈 말고도, 정수 값을 두 배로 하거나 (짝수를) 반으로 나누는 프로시저 double과 halve가 이미 있었다고 치자. 이 프로시저를 써서, fast-expt처럼 계산 단계가 로그 비례로 자라나는 곱셈 프로시저를 짜보라.

● 연습문제 1.18

연습문제 1.16과 1.17에서 얻은 결과를 바탕으로 덧셈, 두 배 값, 반값을 구하는 프로시저를 써서, 계산 단계가 로그 비례로 자라나는 반복 프로세스를 펼치도록, 곱셈 프로시저를 짜보자.[40]

---

40) 이것은 '러시아 농사꾼 방식(Russian peasant method)'이라고도 하는 곱셈 알고리즘인데, 아주 오래 전부터 내려오던 것이다. 이 방법으로 문제를 푸는 보기가, 「린드 파피루스(Rhind Papyrus)」에서 나온다. 린드 파피루스는 지금까지 가장 오래된 것으로 알려진 두 수학 문서 가운데 하나로, 이집트의 서기 아모제(A'h-mose)가 기원전 1,700년쯤에 (더 오래된 글을 베껴서) 쓴 것이다.

● 연습문제 1.19

피보나치 수열을 구하는 계산 단계가 로그 차수로 자라나도록 만든 똑똑한 알고리즘이 있다. 1.2.2절에서 나온 `fib-iter` 프로세스에서 상태변수 a와 b를 바꾸는 규칙 $a \leftarrow a + b$와 $b \leftarrow a$가 생각나는가? 이 규칙을 T라고 할 때, 1과 0을 첫 값으로 놓고 T를 n번 하고 나면 $\text{Fib}(n + 1)$와 $\text{Fib}(n)$을 얻을 수 있다. 다시 말해, T^n 곧 $(1, 0)$에서 T를 n번 거듭 곱하면 피보나치 수열이 나온다. T_{pq}가 (a, b)를 두고 $a \leftarrow bq + aq + ap$와 $b \leftarrow bp + aq$라는 규칙을 가리킨다고 하면, 이제는 T가 T_{pq}에서 $p = 0$, $q = 1$인 경우를 나타낸다고 볼 수 있다. T_{pq}를 두 번 거듭 계산할 때 나온 값이, $T_{p'q'}$을 한 번 한 것과 같다는 것을 밝히고, p와 q로 p'과 q'를 계산하는 식도 밝혀 보아라. 이렇게 해야, T_{pq}를 제곱하는 방법을 얻을 수 있고 `fast-expt` 프로시저에서 그랬던 것처럼 T^n을 계산하는 데 계속 제곱하는 방법을 쓸 수 있다. 이 모든 것을 한데 모아서, 계산 단계가 로그 차수를 보이게끔 다음 프로시저 정의에서 빈 곳을 채워 보자.[41]

```
(define (fib n)
  (fib-iter 1 0 0 1 n))

(define (fib-iter a b p q count)
  (cond ((= count 0) b)
        ((even? count)
         (fib-iter a
                   b
                   ⟨??⟩       ; p' 값을 계산
                   ⟨??⟩       ; q' 값을 계산
                   (/ count 2)))
        (else (fib-iter (+ (* b q) (* a q) (* a p))
                        (+ (* b p) (* a q))
                        p
                        q
                        (- count 1)))))
```

---

41) 이 연습문제는 Kaldewaij 1990에 바탕을 두고 조 스토이(Joe Stoy)가 제안한 것이다.

1.2.5 최대 공약수

정수 a와 b의 최대 공약수(GCD)란, 두 수를 나머지 없이 잘라 나눌 수 있는 가장 큰 정수를 말한다. 예컨대 16과 28의 GCD는 4다. 2장에서 유리수 연산을 만들 때에도 유리수의 분자와 분모를 약분하려고 GCD를 쓴다. (이를테면 유리수 16/28을 약분하면 4/7이 된다.) 두 정수의 GCD는 인수 분해로도 구할 수 있으나, 그보다 훨씬 좋다고 알려진 알고리즘으로도 구할 수 있다.

이 알고리즘은, a를 b로 나눈 나머지가 r일 때 a와 b의 최대 공약수가 b와 r의 최대 공약수와 같다는 사실에 바탕을 둔다. 이를 식으로 정리하면 다음과 같다.

$$GCD(a, b) = GCD(b, r)$$

이 계산법에 따르면 a와 b의 GCD를 구하는 문제는 그보다 적은 두 수 b와 r의 GCD를 구하는 문제로 줄어드는 과정을 밟아간다. 그 보기로, 206과 40의 GCD를 구해 보자.

$$
\begin{aligned}
GCD(206, 40) &= GCD(40, 6) \\
&= GCD(6, 4) \\
&= GCD(4, 2) \\
&= GCD(2, 0) \\
&= 2
\end{aligned}
$$

GCD(206, 40)은 GCD(2, 0)으로 줄어들어, 끝내 2가 나온다. 0보다 큰 정수 둘을 받아서 이런 과정을 되풀이하면 언제나 둘째 수가 0이 된다. 이때 첫 수가 GCD다. 이렇게 GCD를 구하는 방법을 유클리드 알고리즘^{Euclid's Algorithm}이라 한다.[42]

---

42) 유클리드 알고리즘이라 하는 까닭은, 이 알고리즘이 유클리드(Euclid)의 『Elements(원론)』(Book 7, 기원 전 300년 경)에 나오기 때문이다. Knuth 1973에 따르면, 이것은 증명된(nontrivial) 알고리즘 가운데 가장 오래된 것이라고 한다. 연습문제 1.18에 나오는 옛날 이집트의 곱셈 방법이 훨씬 오래된 것이기는 하나, Knuth에 따르면 보기를 들어서 이 알고리즘을 설명하지 않고 증명하여 밝힌 것으로는 유클리드 알고리즘이 가장 오래되었다고 한다.

유클리드 알고리즘은 다음처럼 쉽게 프로시저로 꾸밀 수 있다.

```
(define (gcd a b)
  (if (= b 0)
      a
      (gcd b (remainder a b))))
```

이 프로시저는 반복하는 프로세스로 펼쳐지면, 밟아야 할 단계 수가 로그 비례로 자라난다.

유클리드 알고리즘의 계산 단계가 로그 자람 차수를 가진다는 사실에는 피보나치 수열과의 재미있는 관계가 들어 있다.

라메의 정리$^{\text{Lamé's Theorem}}$: 유클리드의 알고리즘으로 GCD를 구하는 데 k단계를 거치는 경우, 두 수 가운데 작은 수는 k번째 피보나치 수보다 크거나 같아야 한다.[43]

이 정리를 바탕으로, 유클리드 알고리즘의 자람 차수를 얻을 수 있다. gcd 프로시저의 두 인자 가운데 작은 값을 n이라 하자. 계산이 k 단계를 거쳐 끝난다고 하면, $n \geq \text{Fib}(k) \approx \phi^K / \sqrt{5}$ 이라는 관계가 맞아떨어진다. 그러므로 단계 수 k는 ϕ를 밑수로 잡은 n의 로그로 자라난다. 그러므로 자람 차수는 $\Theta(log\ n)$이다.

---

43) 수리 물리학에 큰 몫을 한 것으로 이름난, 프랑스의 수학자이자 공학자 가브리엘 라메(Gabriel Lamé)가 1845년에 이 정리를 증명하였다. 유클리드 알고리즘이 k단계로 끝나는 두 수 (a_k, b_k)가 있고, 여기서 $a_k \geq b_k$를 만족한다. 이 증명은, 알고리즘에 따라 $(a_{k+1}, b_{k+1}) \to (a_k, b_k) \to (a_{k-1}, b_{k-1})$로 세 단계를 거쳐 줄어 들 때, $b_{k+1} \geq b_k + b_{k-1}$라는 주장을 바탕으로 한다. 이 주장이 옳은지 따져보기 위해 계산 단계마다 $a_{k-1} = b_k$, $b_{k-1} = (a_k$를 b_k로 나눈 나머지)라는 규칙을 따른다는 사실(정의)을 끌어들이자. 두 번째 식은 0보다 큰 정수 q가 있을 때 $a_k = qb_k + b_{k-1}$가 맞다는 뜻이다. q는 적어도 1보다 크기 때문에 $a_k = qb_k + b_{k-1} \geq b_k + b_{k-1}$가 된다. 그 앞 단계에서 $b_{k+1} = a_k$이고, 이에 따라 $b_{k+1} = a_k \geq b_k + b_{k-1}$이므로 그 주장은 옳다. 이제 알고리즘이 끝날 때까지 거쳐야 할 단계 수 k로 귀납법을 써서, 이 정리가 옳음을 밝히기로 한다. $k = 1$이면, b가 적어도 Fib(1) = 1보다 크면 되므로 앞의 정리는 옳다. 이제 k보다 같거나 작은 모든 정수에서 정리가 옳다고 치고, $k + 1$을 보자. $(a_{k+1}, b_{k+1}) \to (a_k, b_k) \to (a_{k-1}, b_{k-1})$로 줄어든다고 하자. 귀납 가정에 따라 $b_{k-1} \geq \text{Fib}(k-1)$이고 $b_k \geq \text{Fib}(k)$이다. 앞서 밝힌 주장과 피보나치 수열의 정의에 따라 $b_{k+1} \geq b_k + b_{k-1} \geq \text{Fib}(k) + \text{Fib}(k-1) = \text{Fib}(k+1)$이므로, 이 정리는 옳다.

● **연습문제 1.20**

프로시저가 만들어 내는 프로세스는 마땅히 실행기의 계산 규칙에서 영향을 받는다. 앞서 나온 gcd 프로시저를 보기 삼아서, 이런 문제를 살펴보자. 먼저 이번에는 (1.1.5절에서 선보인) 정의대로 계산하는 방법$^{\text{normal-order evaluation}}$을 따른다고 하자. (if를 정의대로 계산하는 방법은 연습문제 1.5에 있다.) 맞바꿈 계산법^{substitution}으로 (gcd 206 40)를 (정의한 대로) 구하는 프로세스를 보이고, remainder 연산을 어디에서 쓰는지 표시하자. 프로세스가 끝날 때까지 remainder 연산을 얼마나 쓰는가? 인자 먼저 계산$^{\text{applicative-order evaluation}}$하는 경우라면 또 어떠한가?

1.2.6 연습 : 소수 찾기

이 절에서는 정수 n이 소수$^{\text{素數, 씨수, prime number}}$인지 알아보는 방법을 설명한다. 그런 방법 가운데 하나는 자람 차수가 $\Theta\sqrt{n}$이고, 다른 한 방법은 자람 차수가 $\Theta(log\ n)$인 '확률' 알고리즘이다. 그리고 마지막에는 이런 알고리즘을 바탕으로 프로그램 짤 거리를 내놓는다.

약수 찾기

옛날 옛적부터 수학 공부하는 사람들은 소수 문제에 빠져들어서, 어떤 수가 소수인지 알아보는 방법을 찾는 데 매달렸다. 그런 방법 가운데 하나는 약수를 찾아내는 것이다. 아래는 수 n의 약수 가운데 (1보다 큰) 가장 작은 약수를 구하는 프로그램으로, 2부터 이어지는 정수를 차례로 살펴서 n의 약수가 되는지 따져보는 간단한 방법을 쓴다.

```
(define (smallest-divisor n)
  (find-divisor n 2))

(define (find-divisor n test-divisor)
  (cond ((> (square test-divisor) n) n)
        ((divides? test-divisor n) test-divisor)
        (else (find-divisor n (+ test-divisor 1)))))
```

```
(define (divides? a b)
  (= (remainder b a) 0))
```

수 n의 가장 작은 약수가 n뿐일 때, 이 n을 소수라 할 수 있기 때문에, 이런 생각에 따라 프로시저를 정의하면 다음과 같다.

```
(define (prime? n)
  (= n (smallest-divisor n)))
```

find-divisor를 끝내는 조건은, n이 소수가 아니라면 $\sqrt{n}$보다 작거나 같은 약수가 꼭 있다는 사실에 바탕을 둔다.[44] 곧, 이 알고리즘은 1부터 $\sqrt{n}$ 사이 값만 따져 보면 된다. 그러므로 n이 소수인지 알아보는 데 거치는 계산 단계는 $\Theta\sqrt{n}$ 이다.

페르마 검사

$\Theta(log\ n)$ 차수로 소수를 찾는 방법은 '페르마의 작은 정리^{Fermat's Little Theorem}'라고 하는 이론에서 이끌어 낸 알고리즘이다.[45]

> 페르마의 작은 정리: n이 소수고, a가 n보다는 작고 0보다는 큰 정수라면, a^n은 a modulo n으로 맞아떨어진다.

(두 수를 n으로 나눈 나머지가 같을 때, 그 두 숫자는 modulo n으로 맞아떨어진다^{congruent modulo n}고 한다. 또 수 a를 n으로 나눈 나머지를 a modulo n의 나머지라 하거나, 짧게 a modulo n이라 한다.)

---

44) d가 n의 약수이면 n/d도 약수가 된다. 하지만 d와 n/d 모두 $\sqrt{n}$보다 크지 못한다.

45) 피에르 드 페르마(Pierre de Fermat)(1601-1665)를 현대 수 이론의 어버이라 한다. 그는 수많은 수-이론을 남겼지만, 거의 증명을 보태지 않고 결과만 내놓았다. 페르마의 작은 정리는 1640년에 쓴 편지에 나와 있다. 처음 증명이 출판된 것은 1736년 오일러(Euler)가 발표한 것이나, 그보다 앞서 (출판되지는 않았으나) 라이프니츠(Leibniz) 원고에서도 같은 증명이 나왔다. 페르마가 연구한 것 가운데 가장 이름난 페르마의 마지막 정리는 1637년에 (3세기 그리스 수학자 디오판투스(Diophantus)의 저술인) 『Arithmetic(산술)』의 복사본에 나온 것으로, "난 참말 놀라운 증명을 찾았으나, 증명을 적어두려니 빈 곳이 모자란다." 는 말만 짧게 적혀 있었다. 그 뒤로 페르마의 마지막 정리를 증명하는 일이 수 이론에서 가장 큰 도전이 되었다. 마침내 1995년 프린스턴 대학교의 앤드류 와일즈(Andrew Wiles)가 완전한 풀이를 찾아냈다.

그러므로 n이 소수가 아닐 때 n보다 작은 수 a는 거의 위에 나온 조건에 맞지 않는데, 이런 사실에서 다음처럼 소수 찾는 알고리즘을 이끌어낼 수 있다. 수 n이 있을 때 $a<n$인 수 a를 제멋대로 골라, a^n modulo n의 나머지를 얻는다. 그 값이 a가 아니라면 n은 소수가 아니고, a가 맞으면 n은 소수일 확률이 높다. 다시 다른 수 a를 골라서 같은 방법으로 따져본다. 이번에도 조건에 맞으면 n이 소수일 확률은 훨씬 높아진다. 이런 식으로 계속 수많은 a값을 고르고 따져보면서, n이 소수일 확률을 끌어올린다. 이런 알고리즘을 '페르마 검사$^{\text{Fermat test}}$'라고 한다.

페르마 검사를 하려면, 어떤 수를 거듭제곱하여 구한 값을 다시 다른 수로 modulo하는 프로시저가 필요하다.

```
(define (expmod base exp m)
  (cond ((= exp 0) 1)
        ((even? exp)
         (remainder (square (expmod base (/ exp 2) m))
                    m))
        (else
         (remainder (* base (expmod base (- exp 1) m))
                    m))))
```

이 프로시저는 1.2.4절의 fast-expt 프로시저와 아주 비슷하다. 연거푸 제곱하는 방법을 써서, 계산 단계 수가 지수(exp)에 로그 비례로 자라난다.[46]

페르마 검사는 1부터 $n-1$ 사이에서 수 a를 제멋대로 고른 다음에 a^n modulo n한 나머지가 a와 같은지 알아보는 방법으로 나타낸다. 마구잡이 수$^{\text{난수, random}}$ ^{number}를 골라내는 random 프로시저를 Scheme의 기본 프로시저라고 하자. random은 건넨 정수보다 작고 0보다 큰 정수를 내놓기 때문에 1부터 $n-1$ 사이에 있는 수를 골라내려면, random에 $n-1$을 건네고 받아온 수에다 1을 더하면 된다.

---

46) 지수 e가 1보다 클 때 계산하는 방법은 다음 사실에 바탕을 둔다. x, y, m이 어떤 정수라 할 때, $x \times y$ modulo m은 x modulo m과 y modulo m의 나머지를 구한 다음에, 이를 곱한 값을 modulo m한 나머지와 같다. 보기로, e가 짝수면 $b^{e/2}$ modulo m의 나머지를 구하여 이를 제곱한 다음 다시 modulo m의 나머지를 얻으면 된다. m보다 훨씬 큰 수를 다루지 않아도 값을 얻을 수 있어서 이 방법은 아주 쓸모가 많다.(연습문제 1.25와 견주어 보라.)

```
(define (fermat-test n)
  (define (try-it a)
    (= (expmod a n n) a))
  (try-it (+ 1 (random (- n 1)))))
```

다음은 정해진 횟수만큼 페르마 검사를 하는 프로시저다. 모든 검사를 거치면 참, 한 번이라도 떨어지면 거짓이 나온다.

```
(define (fast-prime? n times)
  (cond ((= times 0) true)
        ((fermat-test n) (fast-prime? n (- times 1)))
        (else false)))
```

확률을 바탕으로 하는 알고리즘

알고리즘이라고 하면 보통은 틀림없는 답을 낸다. 하지만, 이번에 살펴본 페르마 검사는 그렇지 않다. 정확한 답이 나오지 않고 어림잡은 답만 나온다. 다시 말해, 어떤 수 n이 페르마 검사를 모두 거쳤다고 해도 n이 소수라고 잘라 말하지 못한다. 그저 그럴 확률이 높을 뿐이다. 그 반대로, n이 페르마 검사를 끝내지 못했다면 틀림없이 소수가 아니다. 한데, n이 충분한 페르마 검사를 모두 거쳤다면, n을 소수로 잘못 알 확률이 그만큼 낮아진다고 해도 될까?

꼭 그렇다고 하지는 못한다. 왜냐하면, 페르마 검사를 쓸모없게 만드는 수, 곧 소수가 아닌데도 $a<n$인 정수 a에서 a^n이 a와 modulo n으로 맞아떨어지는 n이 있기 때문이다. 운 좋게도 그런 정수가 얼마 없기 때문에, 실제 쓰임새로 보아 페르마 검사가 꽤 믿을 만한 방법이라 해도 좋을 뿐이다.[47] 그래서 틀린 답을 내지

---

47) 페르마 검사를 쓸모없게 만드는 수를 카마이클 수(Carmichael number)라 한다. 그런데 이 수는 아주 드물다는 점밖에 알려진 성질이 없다. 100,000,000 아래에는 255개가 있고, 가장 작은 것을 몇 개 보기로 들면 561, 1105, 1729, 2465, 2821, 6601다. 사실 아주 큰 값을 마구잡이로 골라 그 수가 소수인지 알아볼 때, 페르마 검사가 틀릴 확률은 우주선(우주에서 온 방사선, cosmic radiation)이 '올바른' 알고리즘을 돌리는 컴퓨터를 고장나게 만들어 틀린 답을 내놓게 하는 확률보다 작다. 처음에는 틀렸기 때문에 알맞지 않은 알고리즘이라 했다가, 나중에는 쓸 만하다고 하였는데, 바로 이런 판단 기준의 차이가 수학(과학)과 공학(기술)의 차이를 말해주는 좋은 보기다.

않도록 페르마 검사를 조금 고쳐 만든 알고리즘도 있다. 이 알고리즘에서도 페르마 검사처럼 $a<n$인 수를 골라 n과 a에 얽힌 어떤 조건을 따져보고 n이 소수인지 알아보는 방법을 쓴다(그 보기가 연습문제 1.28에 있다.). 한편, 페르마 검사와 반대로 n이 소수가 아닐 때에는 $a<n$인 정수 가운데 조건을 만족하는 경우가 거의 없다는 사실을 밝힐 수 있다. 그러므로 마구잡이로 고른 수 a에 대하여 어떤 수 n이 페르마 검사를 거쳐 간다면, n이 소수일 확률은 반이 넘는다. 마찬가지로 같은 검사를 두 번 거쳐 간다면, n이 소수일 확률은 4분의 3보다 크다. 이런 검사를 충분히 되풀이하여, 잘못될 확률을 바라는 만큼 낮출 수 있다.

이렇게 틀릴 확률이 줄어든다고 증명할 수 있는 여러 검사 방법이 있는데, 이로부터 이른바 **확률 알고리즘**probabilistic algorithm에 대한 관심이 높아지게 되었다. 수많은 연구가 이 분야에서 진행되고 있으며 지금까지 확률 알고리즘을 끌어들인 여러 분야에서 알찬 연구 결과를 내놓고 있다.[48]

● 연습문제 1.21

`smallest-divisor` 프로시저로 199, 1999, 19999의 가장 작은 약수를 찾아라.

● 연습문제 1.22

대개 Lisp 시스템에는 `runtime`이라는 기본 프로시저가 있어서, 이것으로 시스템이 실제 돌아간 시간을 (이를테면, 마이크로 초 단위로 잰) 정수 값으로 얻을 수 있다. 아래 `timed-prime-test`는 정수 n을 받아서 찍은 다음 그 값이 소수인지 따져보는 프로시저로, n이 소수면 별표 세 개와 함께 검사하는 데 걸린 시간을 찍는다.

---

48) 확률을 바탕으로 소수 검사하는 방법을 가장 잘 쓰는 사례가 암호 분야다. 컴퓨터로 200자리 수를 소인수 분해하는 것은 쓸모없는 것이겠지만, 페르마 검사로는 소수인지 아닌지 몇 초 만에 알아볼 수 있다. Rivest, Shamir, Adleman 1977에서 제안한 '깨지 못하는 코드(unbreakable codes)'를 만드는 기술이 이를 바탕으로 이루어졌다. 그 결과 가운데 하나인 RSA 알고리즘은 전자 통신 보안에 널리 쓰는 기술이다. 이를 비롯한 여러 연구 결과로, 한때 '순수' 수학자가 즐기는 연구 주제로만 보던 소수 연구가 지금에 이르러 암호, 전자 금융, 정보 검색 따위에서 실제 쓸모 있음이 드러났다.

```
(define (timed-prime-test n)
  (newline)
  (display n)
  (start-prime-test n (runtime)))

(define (start-prime-test n start-time)
  (if (prime? n)
      (report-prime (- (runtime) start-time))))

(define (report-prime elapsed-time)
  (display " *** ")
  (display elapsed-time))
```

이 프로시저를 써서, 정해진 넓이에 속하는 홀수를 차례로 찾아 소수인지 알아볼 수 있도록 search-for-primes 프로시저를 짜라. 이 프로시저로 1,000과 10,000과 100,000과 1,000,000보다 큰 소수 가운데 처음 나오는 3개를 찾아보아라. 또, 소수인지 따져 보는 데 시간이 얼마나 걸리는지 눈여겨보자. 검사하는 알고리즘의 자람 차수가 $\Theta\sqrt{n}$이므로 10,000 언저리에 있는 소수를 찾을 때 드는 시간이 1,000 언저리에 있는 소수를 찾을 때보다 $\sqrt{10}$배 정도 많을 것이라 짐작할 수 있다. 실제 시간을 재어 보니 참말 그러한가? 100,000과 1,000,000 언저리를 뒤져보고 계산 시간을 쟀을 때에도 $\sqrt{n}$이라는 짐작을 뒷받침하는가? 프로그램을 돌리는 데 드는 시간이, 자라나는 계산 단계 수에 비례하여 늘어난다는 생각이 이 실험 결과와 잘 맞아떨어지는가?

● **연습문제** 1.23

이 절 처음에 만든 smallest-divisor 프로시저는 쓸모없는 검사를 너무 많이 한다. 다시 말해서, 어떤 수가 2로 나뉜다면 다시 그 수가 더 큰 짝수로 나뉘는지 알아볼 까닭이 없기 때문이다. 이 말은 test-divisor에서 2, 3, 4, 5, 6, …이 아니라 2, 3, 5, 7, 9, …를 써야 한다는 뜻이다. 이 생각에 따라 2가 들어오면 3을, 그 밖의 값이 들어오면 2를 더한 값을 내놓은 프로시저 next를 만들어라. 그리고 (+ test-divisor 1) 대신 (next test-divisor)를 쓰도록 smallest-divisor 프로시저를 고쳐라. 그런 다음 timed-prime-test로 연습문제 1.22 에서 찾은 소수 12개를 다시 검사해 보라. 검사 횟수가 반으로 줄었으니 계산도 두 배는 빨라지리라 예상할 것이다. 참말 바람대로 그런 결과가 나오는가? 그렇지 않다면, 두 알고리즘의 빠르기를 견줄 때 그 진짜 비율은 어림잡아 얼마인가? 왜 그 비율이 2가 되지 않는지 설명할 수 있는가?

● **연습문제** 1.24

연습문제 1.22의 timed-prime-test를 fast-prime?(페르마 검사)를 쓰도록 고친 다음에, 연습문제에서 찾아낸 소수 12개를 다시 검사해 보자. 페르마 검사는 $\Theta(log\ n)$ 정도로 자라나므로 1,000,000 언저리 소수를 찾을 때와 1,000 언저리 소수를 찾을 때 걸리는 시간이 얼마나 차이난다고 볼 수 있는가? 그 생각이 실험 결과와 맞아떨어지는가? 잘 맞아떨어지지 않는다면, 그 까닭을 설명할 수 있겠는가?

● **연습문제** 1.25

Alyssa P. Hacker는 expmod를 만들면서 쉽게 할 수 있는 일을 너무 복잡하게 한다고 투덜거렸다. 거듭제곱 값을 어떻게 구하는지 자신이 잘 알고 있으며, 아래처럼 하면 된다고 말한다.

```
(define (expmod base exp m)
  (remainder (fast-expt base exp) m))
```

참말 이렇게 해도 되는가? 이 프로시저를 소수 찾는 일에 그대로 써도 되는지 설명하라.

● **연습문제** 1.26

Louis Reasoner는 연습문제 1.24를 푸느라 애를 많이 썼다. 그런데 fast-prime?이 prime?보다 훨씬 느린 듯 보였다. Louis는 친구인 Eva Lu Ator보고 도

와 달라고 하였다. 그래서 Eva가 Louis의 프로그램을 살펴보았더니, `expmod`가
`square`를 부르지 않고 그냥 곱셈을 쓰고 있었다.

```
(define (expmod base exp m)
  (cond ((= exp 0) 1)
        ((even? exp)
         (remainder (* (expmod base (/ exp 2) m)
                       (expmod base (/ exp 2) m))
                    m))
        (else
         (remainder (* base (expmod base (- exp 1) m))
                    m))))
```

"이렇게 하면 뭐가 달라?" 하면서 Louis가 되묻자 Eva는 "난 알겠는데?" 하면서
그 까닭을 이렇게 설명하였다. "이거 봐. 프로시저를 이렇게 쓰면 $\Theta(log\ n)$ 프
로세스가 $\Theta(n)$ 프로세스가 되어 버린단 말이야." Eva의 말이 무슨 뜻일까?

● 연습문제 1.27
원주 47에 나온 카마이클 수^{Carmichael number}가 참말 페르마 검사를 쓸모없게 만드
는지 알아보자. 정수 n을 받아서 $a<n$인 모든 정수 a를 두고 a^n이 a와 modulo n
으로 맞아떨어지는지 알아보는 프로시저를 만든 다음, 이 프로시저로 카마이클
수를 검사해 보라.

● 연습문제 1.28
페르마 검사가 틀린 답을 내놓지 않게 바꾼 것 가운데 밀러–라빈 검사^{Miller-Rabin}
^{test}라는 게 있다(Miller 1976; Rabin 1980). 이 검사는 페르마의 작은 정리와 달리,
n이 소수고 a가 n보다 적고 0보다 큰 정수면 a^{n-1}은 1과 modulo n으로 맞아떨
어진다는 사실을 바탕으로 한다. 밀러–라빈 검사에서 어떤 수 n이 소수인지 알
려면 $a<n$인 수를 제멋대로 골라, `expmod` 프로시저를 써서 a^{n-1} modulo n을 얻
는다. `expmod`에서 제곱을 할 때마다 '1 modulo n의 뻔하지 않은 제곱근', 곧 1

이나 $n-1$은 아니면서 제곱한 값이 1 modulo n인 수인지 알아보고 그런 1의 제곱근이 있다면, n이 소수가 아님을 밝힐 수 있다. 또 n이 소수 아닌 홀수라면 $a<n$인 수 a 가운데 적어도 반은, 이런 방법으로 a^{n-1}을 계산할 때 1 modulo n의 뻔한 제곱근이 아님이 드러난다. (이런 까닭에 밀러–라빈 검사는 틀린 판단을 하지 않게 된다.) 뻔하지 않은 1의 제곱근을 찾아냈음을 알 수 있도록 expmod를 고친 다음에 fermat-test를 흉내 내어 밀러–라빈 검사 프로시저를 짜 보라. 여러 소수나 소수 아닌 수를 보기 삼아 만든 프로시저가 잘 돌아가는지 시험해 보자.

(귀띔 : expmod에서 뻔하지 않은 제곱근을 찾을 때에는 0이 나오도록 한다.)

1.3 차수 높은 프로시저^{higher-order procedure} 로 요약하는 방법

앞에서 본 프로시저 가운데, 연산에서 쓰는 수가 어떤 수인지는 가리지 않고, 연산만 간추린 것이 있었다. 다음과 같은 프로시저가 그렇다.

```
(define (cube x) (* x x x))
```

이 프로시저는 정수인지 실수인지 가리지 않고 곱할 수만 있다면 그 수를 세제곱 하도록 식을 간추려 놓은 것이다. 그런데 cube라는 프로시저를 만들어 쓰지 않더라도, 이 연산이 필요할 때마다 아래처럼 식을 만들어서 문제를 풀 수도 있다.

```
(* 3 3 3)
(* x x x)
(* y y y)
```

하지만, 이렇게 하는 것은, 문제를 푸는 눈높이에 맞는 연산을 쓰지 못하고 언어에 기본으로 붙박여 있는 연산(여기서는 곱셈)만 가지고 풀이법을 나타내야 하기 때문에, 결코 좋은 방법이 아니다. 말하자면, 세제곱을 하더라도 언어에 세제곱이라는 연산을 곧바로 나타낼 수 있는 낱말이 아예 없는 셈이다. 그러므로 좋은 프로그래밍 언어에는, 계산에서 되풀이되는 방법을 간추려서 이름을 붙이는 힘, 곧 문제를 푸는 눈높이에 맞는 표현 수단을 곧바로 만들어 쓰는 기능이 있어야 한다. 그런 기능 가운데 하나가 바로 프로시저다. 이런 까닭에 아주 수준 낮은 프로그래밍 언어 몇 개 말고는 거의 모든 언어에 프로시저 만드는 기능이 들어 있다.

그런데 산수 문제만 따져 보더라도 프로시저가 매개변수로 수만 받을 수 있다면 되풀이하는 말 뜻^식을 간추려 새로운 낱말(표현 수단)을 만들어 내는 능력이 크게 떨어진다. 여러 프로시저에서 똑같은 방법으로 프로그램을 짜는 경우가 적지 않기 때문이다. 이렇게 되풀이되는 계산 방법을 간추리려면 (수는 물론이고) 프로시저를 인자로 받는다거나 결과 값으로 되돌려 주는 프로시저를 만들 필요가 있다. 이와 같이 프로시저를 보통의 데이터처럼 사용하는 프로시저를 차수 높은 프로시저^{higher-order procedure}라 한다. 이 절에서는 되풀이되는 계산 방법을 요약하는^{간추리는, abstraction} 데 차수 높은 프로시저가 얼마나 쓸모 있는지, 다시 말해 언어의 표현 능력을 얼마만큼 끌어올리는지 살펴보자.

1.3.1 프로시저를 인자로 받는 프로시저

아래 세 프로시저를 살펴보자. 처음 것은 a부터 b까지 정수의 합을 계산하는 프로시저다.

```
(define (sum-integers a b)
  (if (> a b)
      0
      (+ a (sum-integers (+ a 1) b))))
```

두 번째는 정해진 넓이 속 정수를 모두 세제곱하여 더하는 프로시저다.

```
(define (sum-cubes a b)
  (if (> a b)
      0
      (+ (cube a) (sum-cubes (+ a 1) b))))
```

세 번째는 다음 수열에서 모든 마디^항를 더하는 프로시저다.

$$\frac{1}{1.3} + \frac{1}{5.7} + \frac{1}{9.11} + \ldots$$

그 값은 π / 8에 (아주 느리게) 다가간다^{수렴한다}.[49]

```
(define (pi-sum a b)
  (if (> a b)
      0
      (+ (/ 1.0 (* a (+ a 2))) (pi-sum (+ a 4) b))))
```

세 프로시저가 같은 계산 방법을 씀을 쉽게 알아차릴 수 있다. 프로시저의 이름, 마디 값 a를 받아서 계산하는 함수, a 다음 값을 얻어내는 함수만 다를 뿐, 나머지는 거의 같다. 그러므로 다음 프로시저 틀에서 '빈 곳'을 채우면 앞서 나온 세 프로시저를 찍어낼 수 있다.

```
(define (⟨name⟩ a b)
  (if (> a b)
      0
      (+ (⟨term⟩ a)
         (⟨name⟩ (⟨next⟩ a) b))))
```

이렇게 여러 프로시저에 같은 계산 방법을 쓰고 있다는 것은, 이를 간추릴 때 쓸모 있는 프로시저(표현 수단)가 나올 수 있음을 뒷받침한다. 실제로 수학자들은 오래 전부터 수열을 덧셈^{summation of a series}하는 일에 같은 계산 방법을 쓸 수 있음을 알았고, 이를 나타내고자 '시그마 표현^{sigma notation}'을 만들어 냈다.

$$\sum_{n=a}^{b} f(n) = f(a) + \cdots + f(b)$$

---

49) 이 수열은 $\frac{\pi}{4} = 1 - \frac{1}{3} + \frac{1}{5} - \frac{1}{7} + \cdots$ 이라 적기도 하는데 라이프니츠(Leibniz)가 만든 것이다. 3.5.3절에서 몇 가지 재미있는 수 놀이를 하는 데 밑거름이 된다.

시그마 표현은 한 수열의 덧셈 값을 나타내는 게 아니라 아무 수열이라도 그 수열의 덧셈이라는 개념을 곧바로 식으로 나타낼 수 있기 때문에 쓸모가 많다.

이와 마찬가지로 프로그램을 짤 때에도 덧셈한다는 개념을 바로 나타낼 만큼 프로그래밍 언어가 충분한 표현 능력을 갖추었다면 더할 나위 없이 좋다. 지금 쓰는 프로시저 언어에서는 '빈 곳'을 인자 이름으로 바꿔서, 아래처럼 틀이 되는 프로시저를 만들 수 있다.

```
(define (sum term a next b)
  (if (> a b)
      0
      (+ (term a)
         (sum term (next a) next b))))
```

sum이 수의 넓이를 나타내는 a, b뿐 아니라 프로시저 인자 term과 next를 받고 있음을 눈여겨보자. sum을 쓰는 방법은 보통 프로시저와 같다. 이를테면 (인자에 1을 더하는 프로시저 inc와 아울러) sum-cubes를 다음처럼 정의할 수 있다.

```
(define (inc n) (+ n 1))
```

```
(define (sum-cubes a b)
  (sum cube a inc b))
```

이 프로시저 sum-cubes를 쓰면 1부터 10까지 정수를 모두 세제곱하고 더한 값을 얻을 수 있다.

```
(sum-cubes 1 10)
3025
```

받은 대로 돌려주는 함수로 identity가 정의되어 있을 때, 프로시저 sum으로 sum-integers를 만들면 아래와 같다.

```
(define (identity x) x)
```

```
(define (sum-integers a b)
  (sum identity a inc b))
```

이제 1부터 10까지의 수를 아래와 같이 더할 수 있다.

```
(sum-integers 1 10)
55
```

pi-sum을 만드는 방법도 비슷하다.[50]

```
(define (pi-sum a b)
  (define (pi-term x)
    (/ 1.0 (* x (+ x 2)))))
  (define (pi-next x)
    (+ x 4))
  (sum pi-term a pi-next b))
```

이 프로시저로 π에 가까운 값을 얻는다고 하면 아래와 같다.

```
(* 8 (pi-sum 1 1000))
3.139592655589783
```

이제 sum을 바탕으로 더 복잡한 생각을 나타낼 수 있다. 예컨대, 아주 작은 값 dx가 있을 때 함수 f를 a부터 b 사이에서 적분한 값은 다음 식으로 어림잡을 수 있다.

$$\int_a^b f = \left[f\left(a + \frac{dx}{2}\right) + f\left(a + dx + \frac{dx}{2}\right) + f\left(a + 2dx + \frac{dx}{2}\right) + \cdots \right] dx$$

이런 계산 방법대로 프로시저를 만들면 다음과 같다.

```
(define (integral f a b dx)
  (define (add-dx x) (+ x dx))
  (* (sum f (+ a (/ dx 2.0)) add-dx b)
     dx))
```

---

50) 이 프로시저는 pi-next와 pi-term을 (달리 쓸데가 없어 보이므로) pi-sum 속에 감추려고 1.1.8절에서처럼 블록 구조(block structure)로 꾸몄다. 1.3.2절에서는 어떻게 이런 프로시저를 없애는지 공부한다.

```
(integral cube 0 1 0.01)
.24998750000000042

(integral cube 0 1 0.001)
.249999875000001
```

(0과 1 사이에서 cube를 정적분한 값은 1/4이다.)

● **연습문제** 1.29

심프슨의 규칙^{Simpson's Rule}은 위 방법보다 더 정확하게 적분 값을 구할 수 있는
방법이다. 이 규칙에 따라 a에서 b사이에서 함수 f를 정적분한 값에 가까운 값
은 다음처럼 어림잡는다.

$$\frac{h}{3}\left[y_0 + 4y_1 + 2y_2 + 4y_3 + 2y_4 + \cdots + 2y_{n-2} + 4y_{n-1} + y_n\right]$$

위 식에서 n이 짝수일 때 $h = (b - a)/n$이고, $y_k = f(a + kh)$이다(n이 커질수록
조금씩 정답에 다가간다.). f, a, b를 인자로 받아서 심프슨의 규칙으로 정적분
값을 얻는 프로시저를 짜 보라. 그런 다음, 그 프로시저로 ($n = 100, n = 1000$인
경우) 0부터 1 사이에서 cube를 정적분한 값을 얻고, 그 값을 앞서 integral
프로시저로 얻은 것과 견주어 보라.

● **연습문제** 1.30

위에서 짠 sum 프로시저는 선형 재귀 프로세스^{linear recursion}를 만들어 낸다. 이를
다음처럼 선형으로 반복하게끔 고칠 수 있다. 빈 곳을 채워 보라.

```
(define (sum term a next b)
  (define (iter a result)
    (if ⟨??⟩
        ⟨??⟩
        (iter ⟨??⟩⟨??⟩)))
  (iter ⟨??⟩⟨??⟩))
```

● **연습문제** 1.31

a. sum 프로시저는 차수 높은 프로시저로 간추릴 수 있는 보기 가운데 아주 단순한 것이다.[51] sum과 비슷하게, 어떤 구간 속에 있는 점숫자마다 정해진 함수의 값을 구하고 그 값을 모두 곱하는 프로시저 product를 짜보라. 그런 다음 아래 식을 바탕으로 π에 가까운 값을 얻어 보라.[52]

$$\frac{\pi}{4} = \frac{2 \cdot 4 \cdot 4 \cdot 6 \cdot 6 \cdot 8 \cdots}{3 \cdot 3 \cdot 5 \cdot 5 \cdot 7 \cdot 7 \cdots}$$

b. product의 프로세스가 되돈다면 반복하도록 고쳐 쓰고, 그 반대로 반복한다면 되돌게끔 고쳐 보라.

● **연습문제** 1.32

a. 아래처럼 a에서 b 사이에 있는 어떤 수열을 묶어 가는 개념, 곧 accumulate가 있다고 할 때, sum과 연습문제 1.31에서 만든 product가 이 개념을 응용한 보기 가운데 하나임을 밝혀라.

```
(accumulate combiner null-value term a next b)
```

accumulate는 이어지는 두 값을 묶는 프로시저 combiner와, 계산할 값이 없을 때 쓰는 null-value 인자를 받는다. 나머지 인자는 sum이나 product에서 쓰는 인자(term, a, next, b)와 같다. accumulate를 만든 다음에 sum과 product를 accumulate를 불러 쓰는 프로시저로 짜 보라.

---

51) 연습문제 1.31부터 1.33까지는 겉으로 보기에 비슷하지 않은 계산이라 하더라도, 이를 간추려 썼을 때 얼마만큼 표현력이 늘어나는지 보여주려는 보기다. 값을 묶는다거나 걸러낸다는 것이 멋진 생각이기는 하지만, 아직 이 둘을 더 잘 간추려 묶을 수 있는 데이터 구조를 공부하지 못했기 때문에 쓰임새가 그리 넓지 않다. 2.2.3절에 가서 같은 프로시저를 더 쓸모 있도록 간추릴 때 왜 차례열(순열, sequence)이 좋은 인터페이스가 되는지 설명한다. 그때 다시 이 주제를 살펴보는데, 이렇게 프로그램을 짜는 게 왜 쓸모 있는 방법인지 알게 된다.

52) 이 식을 찾아낸 사람은 17세기 영국 수학자 존 월리스(John Wallis)다.

b. accumulate의 프로세스가 되돈다면 반복하도록 고쳐 쓰고, 그 반대로 반복
한다면 되돌도록 고쳐 보라.

● 연습문제 1.33

거르개^{filter}라는 개념을 끌어들여, 연습문제 1.32에 나온 accumulate의 쓰임새
를 더 넓혀 보자. 다시 말해, 정해진 넓이에 속하는 값 가운데 어떤 조건을 만족
하는 값만 묶고 나머지는 걸러내는 accumulate를 만든다는 얘기다. 이 프로시
저를 filtered-accumulate라 한다. filtered-accumulate는 accumulate와
같은 인자를 받으며, 아울러 거르개로 쓸 술어 프로시저^{predicate}까지 받아야 한
다. filtered-accumulate로 다음 문제의 답이 되는 식을 써 보라.

a. (prime? 프로시저가 벌써 있다 치고) a에서 b 사이에 있는 모든 소수^{씨수}를
제곱하여 더하는 식
b. n과 서로 소^{素, 씨}인 수, 즉 $i < n$이고 0보다 큰 정수 i가 GCD$(i, n) = 1$이 되
는, n보다 작고 0보다 큰 모든 정수를 곱하는 식

1.3.2 lambda로 나타내는 프로시저

1.3.1절에서 sum을 만들 때처럼, 오로지 인자로 건넬 경우에만 쓰려고 pi-term
이나 pi-next 같은 프로시저를 하나하나 만드는 것은 아주 귀찮은 일이다. 그런
프로시저를 따로 정의하는 대신에, '인자에 4를 더해 돌려주는 프로시저' 또는
'인자와 인자에 2를 더한 값을 곱하여 역수를 내는 프로시저'를 곧바로 나타낼
수 있다면 훨씬 편하다. 이 절에서 배울 lambda라는 특별한 형태^{special form}가 바
로 이런 문제를 푸는 데 도움이 된다. 앞에서 만든 조그만 프로시저를 lambda로
나타내 보면, 다음과 같다.

```
(lambda (x) (+ x 4))
```

```
(lambda (x) (/ 1.0 (* x (+ x 2))))
```

아래에서 보는 것처럼, lambda를 쓰면 작은 프로시저를 따로 만들지 않아도 pi-sum 프로시저를 만들 수 있다.

```
(define (pi-sum a b)
  (sum  (lambda (x) (/ 1.0 (* x (+ x 2))))
        a
        (lambda (x) (+ x 4))
        b))
```

마찬가지로 integral 프로시저도 add-dx를 정의하지 않고 다음처럼 고쳐 쓸 수 있다.

```
(define (integral f a b dx)
  (* (sum f
          (+ a (/ dx 2.0))
          (lambda (x) (+ x dx))
          b)
     dx))
```

lambda는 define으로 프로시저를 정의내린 것과 크게 다를 바가 없으나, 프로시저에 이름을 붙이지는 않는다.

```
(lambda (⟨formal-parameters⟩) ⟨body⟩)
```

lambda 식을 계산하여 얻어낸 프로시저는 define으로 정의한 프로시저와 같다. 다만, 환경 속에서 이름을 붙여 놓지 않았다는 것만 다르다. 보기를 들어, 다음처럼 define으로 정의 내린 프로시저가 있다고 하자.

```
(define (plus4 x) (+ x 4))
```

위 프로시저는 아래 프로시저(lambda 식에 define으로 이름을 붙인 프로시저)와 하나도 다를 게 없다.

```
(define plus4 (lambda (x) (+ x 4)))
```

lambda 식을 말로 풀면 다음처럼 읽힌다.

```
  (lambda           (x)              (+    x    4))
     ↑               ↑               ↑    ↑    ↑
the procedure  of an argument x  that adds  x and 4
```

프로시저를 값처럼 쓰는 여느 식에서처럼, 연산자 자리에 lambda 식을 써서 다음과 같은 식을 엮을 수도 있다.

```
((lambda (x y z) (+ x y (square z))) 1 2 3)
```
12

더 넓게 말하자면, 프로시저 이름이 들어갈 수 있는 모든 자리에는 lambda 식을 써도 좋다.[53]

let으로 갇힌 변수 만들기

프로시저를 짤 때, 인자로 받는 변수뿐 아니라 프로시저 안에서만 쓸 변수를 만들어야 할 때가 적지 않다. 이렇게 프로시저에 갇힌 변수$^{local\ variable}$를 만들어 쓰고 싶을 때 lambda를 쓸 수도 있다. 예를 들어 다음 함수를 프로시저로 나타낸다고 하자.

$$f(x,y) = x(1+xy)^2 + y(1-y) + (1+xy)(1-y)$$

위 식에서 되풀이하는 식을 간추리면 다음과 같다.

$$a = 1 + xy$$
$$b = 1 - y$$
$$f(x,y) = xa^2 + yb + ab$$

---

53) lambda 대신 make-procedure 같은 이름을 썼더라면 Lisp를 배우는 사람들이 알아보기도 쉬웠을 테고 이름만 보고 지레 겁먹지 않았을지 모른다. 하지만, 지금까지 이렇게 써온 데는 까닭이 있다. lambda 식은 논리 수학자 앨런조 처치(Alonzo Church)(1941)가 처음 만든 수학 형식 이론 λ-calculus에 바탕을 둔다. 처치는 함수와 함수 계산 개념을 연구하는 데 튼튼한 밑거름을 마련하고자 λ-calculus를 만들었는데, 이것은 그 뒤에 수학을 바탕으로 프로그래밍 언어의 뜻을 연구하는 일에 바탕이 되었다.

f를 프로시저로 나타낼 때, x와 y뿐 아니라 a와 b 같은 이름을 갇힌 변수로 정의해서 쓰면 깔끔한 식을 얻을 수 있다. 그 한 가지 방법은 작은 프로시저를 하나 만들어서 그 인자를 갇힌 변수(a, b)처럼 쓰는 방법이다. 다시 말해, $1+xy$와 $1-y$ 같이 되풀이하는 식이 들어갈 자리에 a와 b라는 이름을 붙이는 셈이다.

```
(define (f x y)
  (define (f-helper a b)
    (+ (* x (square a))
       (* y b)
       (* a b)))
  (f-helper (+ 1 (* x y))
            (- 1 y)))
```

f-helper라는 프로시저를 만드는 대신에 다음처럼 lambda 식을 써서 나타내도 된다. 이때 f는 lambda 프로시저에 인자를 건네주고 계산하는 식으로 정의된다.

```
(define (f x y)
  ((lambda (a b)
     (+ (* x (square a))
        (* y b)
        (* a b)))
   (+ 1 (* x y))
   (- 1 y)))
```

프로시저를 짤 때 이런 표현이 아주 많이 나오기 때문에, 좀 더 편하게 쓰라고 일부러 만든 특별한 형태가 let이다. 이 let을 써서 f를 고치면 다음과 같다.

```
(define (f x y)
  (let ((a (+ 1 (* x y)))
        (b (- 1 y)))
    (+ (* x (square a))
       (* y b)
       (* a b))))
```

let 문법을 간추리면 이렇다.

```
(let   (((⟨var₁⟩ ⟨exp₁⟩)
         (⟨var₂⟩ ⟨exp₂⟩)
           ⋮
         (⟨varₙ⟩ ⟨expₙ⟩)))
   ⟨body⟩)
```

let 식은 다음을 뜻한다고 할 수 있다.

> ⟨var_1⟩이 ⟨exp_1⟩의 값을,
>
> ⟨var_2⟩가 ⟨exp_2⟩의 값을,
>
> ⋮
>
> ⟨var_n⟩이 ⟨exp_n⟩의 값을 각각 가질 때
>
> ⟨body⟩의 값

let 문법에서 처음 나오는 것은 이름과 식을 짝 지어 놓은 리스트다. 그래서 let 식이 읽히면, 리스트에 있는 모든 이름이 그에 대응하는 식을 계산한 값으로 정의된다. 이런 환경에서 let의 몸^{body}을 읽는다. 다시 말해서 let 식은 아래 식처럼 옮겨 적은 것이나 마찬가지다.

```
((lambda  (⟨var₁⟩...⟨varₙ⟩)
    ⟨body⟩)
  ⟨exp₁⟩
   ⋮
  ⟨expₙ⟩)
```

그러므로 갇힌 변수를 만들어 쓰기 위해서 실행기에 더 보태야 할 기능은 없다. 말하자면, let 식은 lambda 식을 더 편하게 쓰려고 만든 달콤한 문법^{syntactic sugar}일 뿐이다.

이에 따라 let 식에서 정의한 변수를 쓸 수 있는 넓이가 let의 몸 속이라는 것을 알아차릴 수 있는데, 이는 다음 말을 뒷받침한다.

- let을 쓰면 어떤 변수를 쓰는 식에서 가장 가까운 자리(환경)에 그 변수를 정의할 수 있다. 예컨대, x가 5일 때 다음 식의 값은 38이다.

```
(+ (let ((x 3))
     (+ x (* x 10)))
   x)
```

그 이유는 이렇다. let의 몸 속에서 x는 3이므로, let 식의 값은 33이다. 한편, 그 바깥에서 +의 두 번째 인자 x는 그대로 5다.

- let 식으로 간힌 변수를 만들 때, 그 변수 값을 나타내는 식은 let의 바깥 환경 (속)에서 계산한다. 이런 성질 때문에 간힌 변수 값을 나타내는 식 속에서 다른 간힌 변수와 이름이 같은 변수를 쓸 때 헛갈리기 쉽다. 예컨대, x가 2일 때 다음 식의 값은 12다.

```
(let ((x 3)
      (y (+ x 2)))
  (* x y))
```

왜냐하면, let의 몸 속에서 x는 3이지만, y 값을 나타내는 식 속에서 x는 바깥 환경에서 정의한 x, 곧 2가 되고 끝내 y의 값은 4이기 때문이다.

define으로 안쪽에서 이름을 정의하여 let처럼 쓸 수 있다. 위에서 정의한 프로시저 f를 고치면 다음과 같다.

```
(define (f x y)
  (define a (+ 1 (* x y)))
  (define b (- 1 y))
  (+ (* x (square a))
     (* y b)
     (* a b)))
```

하지만, 이 책에서는 이런 일을 할 때 let을 더 많이 쓰고, define은 안쪽에서 프로시저를 정의할 때에만 쓰기로 한다.[54]

---

54) 프로그램을 제대로 짰다고 믿을 수 있을 만큼 '안쪽 정의(internal definition)'가 무엇인지 제대로 이해하려면, 이 장에서 쓰는 것보다 훨씬 정교한 계산 방법이 있어야 한다. 하지만, 여기 나온 까다로운 문젯거리들이 안쪽 정의 때문에 생겨난 것은 아니다. 식의 계산 방법을 더 공부한 다음에 4.1.6절에서 이 문제를 다시 다루기로 하자.

● **연습문제** 1.34

다음 프로시저를 정의하였다.

```
(define (f g)
   (g 2))
```

그런 다음 아래와 같이 실험해 보았다.

```
(f square)
```
4

```
(f (lambda (z) (* z (+ z 1))))
```
6

실행기에 `(f f)`를 계산하라고 하면 어떤 일이 벌어지는가? 왜 그렇게 될까?

1.3.3 일반적인 방법을 표현하는 프로시저

1.1.4절에서는 어떤 수를 써서 계산하는지는 따지지 않고 계산하는 방법만 따져서, 이를 프로시저로 요약하는^{간추리는, abstraction} 방법을 다루었다. 1.3.1절에서 만든 integral처럼 차수 높은 프로시저를 만들어 쓰면, 간추려 만든 프로시저의 쓰임새를 훨씬 늘릴 수 있다. 다시 말해, 수뿐 아니라 함수까지 인자로 받을 수 있기 때문에, 계산하는 방법만 도려내어 프로시저로 간추릴 수 있다. 그 좋은 보기로, 방정식의 근을 찾고 함수의 고정점^{fixed point}을 찾는 과정에서 계산 방법을 그대로 어떻게 프로시저로 나타내는지 살펴볼 참이다.

이분법으로 방정식의 근 찾기

이분법^{half-interval method}, 즉 어떤 너비를 반으로 나누는 방법이란, f가 연속 함수^끊^{이지 않는 함수}일 때 $f(x) = 0$의 근을 찾아내는 방법인데, 아주 쉽고 쓸모가 많다. 이 방법은 $f(a) < 0 < f(b)$인 두 점 a와 b가 있을 때 a와 b 사이에 f의 근이 적어도 하나 있다는 사실에 바탕을 둔다. 근이 어디에 있는지 알아내기 위해서 먼저 a와 b의 평균값 x로 $f(x)$ 값을 얻는다. $f(x) > 0$이면 f의 근은 a와 x 사이에 있고,

$f(x) < 0$이면 x와 b 사이에 있다. 이를 되풀이하다 보면 f의 근을 찾아야 할 넓이가 조금씩 줄어든다. 그 넓이가 알맞게 줄어들면 계산을 끝낸다. 계산 단계마다 값을 찾아야 할 넓이가 반으로 줄기 때문에, L이 처음 넓이이고, T가 (받아들일 만한 차이, 곧 허용 오차$^{error\ tolerance}$라고도 하는) 알맞게 줄어든 넓이를 나타낸다고 할 때, 계산 단계는 $\Theta(log\ (L\ /\ T))$ 정도로 자라난다. 다음은 이 방법을 나타낸 프로시저다.

```
(define (search f neg-point pos-point)
  (let ((midpoint (average neg-point pos-point)))
    (if (close-enough? neg-point pos-point)
        midpoint
        (let ((test-value (f midpoint)))
          (cond ((positive? test-value)
                 (search f neg-point midpoint))
                ((negative? test-value)
                 (search f midpoint pos-point))
                (else midpoint))))))
```

이 프로시저는 함수 f와, 함수 값을 0보다 크게 하는 값(pos-point)과, 0보다 작게 하는 값(neg-point)을 인자로 받는다. 먼저 이 두 점의 가운데 점(midpoint)을 구한다. 그 넓이가 알맞게 작으면(close-enough?), 가운데 점을 값으로 돌려준다. 그게 아니면, 가운데 점으로 f 값을 얻는다. 이 값이 0보다 크면 0보다 작은 점(neg-point)과 가운데 점(midpoint) 사이에서 같은 계산을 되풀이한다. 그 반대로 값이 0보다 적으면 가운데 점과 0보다 큰 점 사이에서 같은 계산을 되풀이한다. 끝으로 값이 0이면 가운데 점을 f의 근으로 본다.

넓이가 '알맞게 줄어들었는지', 다시 말해 두 끝점이 '알맞게 가까운지' 알아보기 위해, 1.1.7절에서 제곱근을 찾을 때 쓴 것과 비슷한 방법을 쓸 수 있다.[55]

---

55) 결과 값이 얼마나 틀려도 되는지 나타내려고, 0.001을 '작은' 수라 하였다. 그런데 그 차이 값을 얼마로 정할지는 문제의 성질, 컴퓨터 계산 능력, 알고리즘 따위에 따라 다 다르다. 이 문제는 풀기가 까다로워서, 수치 해석 전문가나 다른 전문가의 도움이 필요할지 모른다.

```
(define (close-enough? x y)
  (< (abs (- x y)) 0.001))
```

search에 잘못된 값을 건네면 *f* 값이 정해놓은 조건을 어길 수 있기 때문에, 이를 곧바로 쓰기에는 문제가 많다. 그 대신에 두 끝점의 함수 값을 먼저 얻은 다음, 어느 점(값)이 0보다 큰지 따져보고 그에 따라 search 프로시저를 쓰는 게 낫다. 두 점의 함수 값이 서로 같은 부호라면, 정한 넓이를 반으로 나누지 못하므로 프로시저에 문제가 생겼음을 알려주어야 한다.[56]

```
(define (half-interval-method f a b)
  (let ((a-value (f a))
        (b-value (f b)))
    (cond ((and (negative? a-value) (positive? b-value))
           (search f a b))
          ((and (negative? b-value) (positive? a-value))
           (search f b a))
          (else
           (error "Values are not of opposite sign" a b)))))
```

다음은 [2, 4] 넓이에서 $sin\ x = 0$의 근을 이분법으로 구하여, π에 가까운 값을 얻어내는 보기다.

```
(half-interval-method sin 2.0 4.0)
3.14111328125
```

같은 방법으로, [1, 2] 넓이에서 방정식 $x^3 - 2x - 3 = 0$의 실근實根을 얻으려면 다음처럼 한다.

```
(half-interval-method (lambda (x) (- (* x x x) (* 2 x) 3))
                      1.0
                      2.0)
1.89306640625
```

---

56) error 프로시저를 쓰면 된다. 이 프로시저는 여러 인자를 받아서 잘못되었다는 글귀를 찍어 준다.

함수의 고정점 찾기

수 x에서 방정식 $f(x) = x$가 참이면 그 x를 f의 고정점[fixed point]이라 한다. 다시 말해 함수 f에 첫 어림값을 주고 다음처럼 f를 되풀이 계산하다가 그 값이 크게 바뀌지 않는 때가 되면 f의 정점을 찾을 수 있다.

$$f(x), \ f(f(x)), \ f(f(f(x))), \ \ldots$$

이 생각대로 함수와 첫 어림값을 인자로 주고 그 함수의 정점에 가까운 값을 찾아내는 프로시저 fixed-point를 만들어 보면 아래와 같다. 이때 이어지는 두 값의 차이가 정해 둔 차이보다 작아질 때까지 연거푸 함수를 계산한다.

```
(define tolerance 0.00001)

(define (fixed-point f first-guess)
  (define (close-enough? v1 v2)
    (< (abs (- v1 v2)) tolerance))
  (define (try guess)
    (let ((next (f guess)))
      (if (close-enough? guess next)
          next
          (try next))))
  (try first-guess))
```

이 프로시저를 써서 코사인 함수의 고정점에 가까운 값을 찾을 수 있다. 첫 어림값은 1로 두었다.[57]

```
(fixed-point cos 1.0)
7390822985224023
```

같은 방법으로 방정식 $y = sin \ y + cos \ y$의 고정점도 찾을 수 있다.

---

57) 강의가 지루할 때 한번 계산해 보라. 계산기를 라디안으로 맞춰 놓고, 고정점이 나올 때까지 cos 버튼을 계속 눌러보라.

```
(fixed-point (lambda (y) (+ (sin y) (cos y)))
             1.0)
```
1.2587315962971173

이 계산 과정을 가만히 보고 있노라면 1.1.7절에서 제곱근을 찾을 때 쓰던 방법이 떠오른다. 둘 다 어림값을 받아서 어떤 조건에 맞을 때까지 같은 계산을 되풀이한다. 사실, 제곱근 찾기는 고정점 찾는 방법으로 쉽게 나타낼 수 있다. 수 x의 제곱근이란, $y^2 = x$라는 조건에 맞는 y를 찾는 문제다. 이를 달리 나타내면, $y = x/y$가 되고, $y \mapsto x/y$ 함수[58]의 고정점을 찾는 문제와 같음을 알 수 있다. 그러므로 다음처럼 함수의 고정점을 찾는 프로시저로 제곱근 프로시저를 나타낼 수 있다.

```
(define (sqrt x)
  (fixed-point (lambda (y) (/ x y))
               1.0))
```

그런데 이렇게 하면 고정점, 곧 제곱근에 가까워지지 않는다. 왜 그럴까? 첫 어림값을 y_1이라고 하자. 다음 어림값은 $y_2 = x/y_1$고, 그 다음은 $y_3 = x/y_2 = x/(x/y_1) = y_1$이 된다. 끝내 이 계산을 되풀이해 보아야 고정점 언저리를 오르락내리락할 뿐이다. 다시 말해, y_1과 y_2 사이를 끝없이 왔다갔다하느라 고정점을 찾아내지 못한다.

이렇게 들썩거리는 함수 값을 가라앉히고자, 어림잡은 값이 너무 크게 바뀌지 않도록 하는 방법이 있다. 언제나 답은 y와 x/y 사이에 있기 때문에 y 다음 값이 x/y 대신 $\frac{1}{2}(y + x/y)$가 되게끔 y와 x/y의 평균값을 써서, 새로 구한 어림값이 y에서 x/y 만큼 벌어지지 않게 하는 것이다. 이런 방법을 쓰더라도 어림값을 구하는 방법은 $y \mapsto \frac{1}{2}(y + x/y)$의 정점을 찾는 것과 마찬가지다.

```
(define (sqrt x)
  (fixed-point (lambda (y) (average y (/ x y)))
               1.0))
```

---

58) 'maps to'라고 읽는 $\mapsto$는 수학자들이 lambda를 나타내는 표시다. $y \mapsto x/y$는 (lambda (y) (/ x y)), 즉 y에서 함수 값이 x/y이라는 뜻이다.

$(y = \frac{1}{2}(y + x/y)$는 $y = x/y$ 방정식의 두 변에 y를 더하고 2로 나누어 쉽게 얻을 수 있다.)

이렇게 바꾸고 나면 제곱근 함수가 제대로 돌아간다. 이 프로시저를 꼼꼼히 풀어보면 이 방법으로 만들어 낸 어림값이 1.1.7절에서 제곱근 프로시저로 계산한 값과 똑같은 차례로 이어진다는 사실을 알아차릴 수 있다. 이렇게 이어지는 어림값의 평균을 내어, 함수 값을 들썩거리지 않게 만드는 방법을 **평균 내어 잠재우기**^{평균 찾아들기, average damping}라 하는데, 함수 고정점 찾기에서 함수 값이 고정점에 다가들게 하는 데 도움이 될 때가 적지 않다.

● **연습문제** 1.35

1.2.2절에 나온 황금비 ϕ가 $x \mapsto 1 + 1/x$함수의 고정점이라는 것을 밝히고, 이런 사실을 바탕으로 fixed-point 프로시저로 ϕ를 찾아보라.

● **연습문제** 1.36

연습문제 1.22에서 나온 기본 프로시저 newline과 display를 써서 이어지는 어림값을 찍어내도록 fixed-point를 고쳐보라. 그리고 $x \mapsto \log(1000)/\log(x)$의 고정점을 찾아서 $x^x = 1000$에 맞는 x 값을 얻어라. (귀띔 : Scheme의 기본 프로시저 log를 쓰면 자연 로그 값을 얻을 수 있다.) 함수 값의 평균을 내어 잦아들 때와 그냥 놔둘 때 계산 단계를 얼마나 거치는지 알아보라. (귀띔 : 이 문제에서 첫 어림값이 1이면 $log(1) = 0$을 분모로 하는 나눗셈이 필요하므로 1은 첫 어림값이 되지 못한다.)

● **연습문제** 1.37

a. 다음 꼴로 쓴 수식을 끝없는 연속 분수^{continued fraction}라 한다.

$$f = \cfrac{N_1}{D_1 + \cfrac{N_2}{D_2 + \cfrac{N_3}{D_3 + \cdots}}}$$

이를테면 N_i와 D_i가 1일 때 위 분수를 펼치면 $1/\phi$에 다가간다(ϕ는 1.2.2절에서 나온 황금비다.). 계속 나눈 수 값을 어림잡을 때 다음처럼 정해 둔 마디 항 몇 개만 펼치고 나머지 마디는 잘라내는 방법을 쓸 수 있다. 이를 두고 k-마디로 끝나는 연속 분수^{k-항 유한 연속 분수, k-term finite continued fraction}라 한다.

$$\cfrac{N_1}{D_1 + \cfrac{N_2}{\ddots + \cfrac{N_K}{D_K}}}$$

분수에서 (마디 번호 i를 인자로 받아) N_i와 D_i 값을 계산하는 프로시저를 n과 d라 하자. k-마디로 끝나는 연속 분수 값을 (cont-frac n d k)로 계산할 수 있도록 프로시저 cont-frac을 정의하라. 프로시저가 올바로 움직이는지 살펴보기 위해서, k값을 조금씩 늘려가며 아래 식으로 $1/\phi$에 가까운 값을 얻어내는 실험을 하자.

```
(cont-frac (lambda (i) 1.0)
           (lambda (i) 1.0)
           k)
```

k 값이 얼마나 커야 소수점 아래 4자리까지 맞아떨어지는 값을 어림잡을 수 있는가?

b. cont-frac 프로시저의 프로세스가 되돈다면 반복하게끔 고쳐 쓰고, 그 반대로 반복한다면 되돌게끔 고쳐라.

● **연습문제** 1.38

1737년에 스위스의 수학자 레온하르트 오일러^{Leonhard Euler}가 『De Fractionibus Continuis』라는 논문을 출판하였는데, 그 논문에서 $e - 2$로 펼쳐지는 연속 분수가 나왔다. 여기서 e는 자연로그의 밑수다. 이 분수에서 모든 N_i는 1이고, D_i는 차례로 $1, 2, 1, 1, 4, 1, 1, 6, 1, 1, 8, \cdots$가 된다. 이 방법에 바탕을 두고, 연습문제 1.37에서
작성한 cont-frac 프로시저를 사용하여 e를 추정하는 프로그램을 짜라.

● 연습문제 1.39

탄젠트 함수를 연속 분수로 나타내면 다음과 같다. 이 정의는 독일의 수학자 요
한 하인리히 람베르트[J. H. Lambert]가 1770년에 발표한 것이다.

$$\tan x = \cfrac{x}{1 - \cfrac{x^2}{3 - \cfrac{x^2}{5 - \ddots}}}$$

여기에서 x는 라디안 값이다. 람베르트 식으로 탄젠트 함수 값에 가까운 값을
구하는 프로시저 (tan-cf x k)를 정의하라. 여기서 k는 연습문제 1.37에서와
마찬가지로 계산에 쓸 마디 수를 나타낸다.

1.3.4 프로시저를 만드는 프로시저

지금까지 여러 문제를 풀어 보면서 프로시저를 인자로 받아 쓸 수 있을 때 언어
의 표현력이 크게 늘어난다는 사실을 알았다. 마찬가지로 프로시저를 프로시저
의 결과 값으로 돌려줄 수 있으면 언어의 표현력을 한층 더 끌어 올릴 수 있다.

어떻게 그리 되는지 알아보기 위하여 1.3.3절에서 푼 함수의 고정점 찾는 문제
를 다시 살펴보자. 앞에서 x가 $y \mapsto x/y$ 함수의 고정점이라는 사실을 바탕으로,
제곱근 찾는 문제를 함수의 고정점 찾는 문제로 다시 풀어본 적이 있다. 또한 그
계산 결과가 고정점에 다가갈 수 있도록, 이어지는 어림값의 평균을 내어 잦아드
는 방법을 쓰기도 하였다. 한데, 평균 잦아들기 방법 자체가 함수 f에 대하여 x
와 $f(x)$의 평균값을 구하는 어떤 함수를 나타내는 것이다.

다음 프로시저를 쓰면 그 방법을 그대로 나타낼 수 있다.

```
(define (average-damp f)
  (lambda (x) (average x (f x))))
```

average-damp 프로시저는 함수 f를 인자로 받아서 그 결과 값으로, x를 받아 x와 (f x)의 평균값을 돌려주는 (lambda로 만든) 프로시저를 내놓는다. 이를테면 average-damp에 square를 건네면 수 x를 받아 x와 x^2의 평균값을 내는 프로시저가 나온다. 이 프로시저에 다시 10을 건네면 10과 100의 평균, 곧 55가 나온다.[59]

```
((average-damp square) 10)
55
```

average-damp를 써서 제곱근 프로시저를 다시 짜면 다음과 같다.

```
(define (sqrt x)
  (fixed-point (average-damp (lambda (y) (/ x y)))
               1.0))
```

이 정의에서 고정점 찾기, 평균 잦아들기, $y \mapsto x/y$라는 세 가지 다른 생각이 어떻게 그대로 드러나는지 눈여겨보자. 이 프로시저를 1.1.7절에서 만든 제곱근 프로시저와 비교하면 배울 점이 많다. 두 프로시저가 같은 계산 과정을 나타내나, 간추릴수록 계산 방법이 더 환하게 드러난다는 사실을 깨달을 수 있어야 한다. 흔히 계산 방법은 하나라도 이를 프로시저로 나타내는 방법은 여러 가지다. 경험이 많은 프로그래머일수록 계산 방법이 또렷이 드러나도록 프로시저를 꾸밀 줄 알고, 한 계산 방법에서 쓸모 있는 것을 도려내어 다른 문제를 풀 때 다시 쓸 수 있게끔 따로 간추릴 줄 안다. 그 쉬운 보기로, x의 세제곱근은 함수 $y \mapsto x/y^2$의 고정점이라는 사실을 바탕으로, 위 제곱근 프로시저를 넓혀서 곧바로 세제곱근 프로시저로 펼칠 수 있다.[60]

---

59) 엮은식(combination) 속에서 연산자 자리에, 엮은식이 다시 나온다. 연습문제 1.4에서, 여러 식을 엮을 때 이렇게도 겹쳐 쓸 수 있다고 설명한 적이 있으나, 그때는 작은 보기를 들었을 뿐이다. 이 절에 이르러, 차수 높은 프로시저(higher-order procedure)가 되돌려준 프로시저에 다시 인자를 주어 값을 구해야 할 때, 참말 왜 그렇게 엮은식을 만들어 쓸 필요가 있는지 알게 되었다.

60) 이보다 더 넓은 쓰임새를 나타내는 문제가 연습문제 1.45에 나온다.

```
(define (cube-root x)
  (fixed-point (average-damp (lambda (y) (/ x (square y))))
               1.0))
```

뉴튼 방법

1.1.7절에서 제곱근 프로시저가 처음 나왔을 때, **뉴튼 방법**^{Newton's method}에 바탕을 둔 것이라 밝힌 바 있다. $x \mapsto g(x)$가 미분되는 함수라면, 방정식 $g(x) = 0$의 근은 다음처럼 정의된 함수 $x \mapsto f(x)$의 정점과 같다.

$$f(x) = x - \frac{g(x)}{Dg(x)}$$

여기서 $Dg(x)$는 x에서 g의 미분을 뜻한다. 뉴튼 방법은 함수 f의 고정점을 찾아서 방정식의 해를 어림잡는 방법으로, 이를 함수 고정점 찾기의 한 가지 응용으로 볼 수 있다.[61] 함수 g가 있고 첫 어림값 x를 잘 고를 때, 뉴튼 방법은 $g(x) = 0$의 근에 매우 빠르게 다가간다.[62]

뉴튼 방법을 프로시저로 나타내려면 먼저 미분^{微分, derivative}을 표현해야 한다. '미분'은 평균 잦아들기와 마찬가지로 어떤 함수를 다른 함수로 바꾸는 것이다. 예를 들어, 함수 $x \mapsto x^3$의 미분은 함수 $x \mapsto 3x^2$이다. g가 함수이고 dx가 아주 작은 값이면, x에서 g를 미분한 Dg는 (dx의 극한에 의해) 다음과 같다.

$$Dg(x) = \frac{g(x + dx) - g(x)}{dx}$$

그러므로 (dx를 0.00001로 할 때) 함수를 미분한다는 생각을 다음 프로시저로

---

61) 미적분(계산법) 입문서에서는 뉴튼 방법을 대개 $x_{n+1} = x_n - g(x_n)/Dg(x_n)$ 같이, 가까운 값이 죽 이어지는 것으로 나타낸다. 여기서는 계산 과정을 곧바로 나타낼 수 있는 언어가 있고 함수의 고정점을 찾아내는 방법을 쓰기 때문에, 뉴튼 방법을 더 쉽게 그려낼 수 있다.

62) 뉴튼 방법이 언제나 답에 다가가는 것은 아니지만, 이 방법이 잘 맞아떨어지기만 하면 계산을 되풀이할 때마다 가까운 값의 유효숫자가 두 배씩 정밀해진다는 사실을 보일 수 있다. 이럴 때에는 뉴튼 방법이, 너비를 둘로 나누어 계산하는 방법(이분법)보다 훨씬 빠르게 정답에 다가간다.

나타낼 수 있다.

```
(define (deriv g)
  (lambda (x)
    (/ (- (g (+ x dx)) (g x))
       dx)))
```

```
(define dx 0.00001)
```

average-damp와 마찬가지로 deriv도 프로시저를 인자로 받아 프로시저를 돌려주는 프로시저다. 이를테면 $x \mapsto x^3$을 5에서 미분한 값은 다음처럼 계산할 수 있다. (이것의 정확한 값은 75다.)

```
(define (cube x) (* x x x))
```

```
((deriv cube) 5)
75.00014999664018
```

이제 deriv를 써서 뉴튼 방법을 고정점 찾는 방법으로 나타낼 수 있다.

```
(define (newton-transform g)
  (lambda (x)
    (- x (/ (g x) ((deriv g) x)))))
```

```
(define (newtons-method g guess)
  (fixed-point (newton-transform g) guess))
```

newton-transform 프로시저는 이 절 맨 처음에 나온 식을 나타낸 것인데, 이 프로시저와 fixed-point 프로시저를 쓰면 newtons-method를 쉽게 만들 수 있다. newton-method 프로시저는 근을 구하려는 함수를 나타내는 프로시저(g)와 첫 어림값(guess)을 인자로 받는다. 예컨대 x의 제곱근을 구하려면 $y \mapsto y^2 - x$ 함수와 첫 어림값 1을 인자로 건네면 된다.[63] 이에 따라 다음처럼 제곱근 프로시저를

---

63) 뉴튼 방법으로 제곱근을 구하면, 처음에 어림값을 어떻게 잡든지 아주 빠르게 정답에 다가간다.

만들 수도 있다.

```
(define (sqrt x)
  (newtons-method (lambda (y) (- (square y) x))
                  1.0))
```

요약^{간추리기, abstraction}과 일등급^{first-class} 프로시저

지금까지 고정점 찾기나 뉴튼 방법 같이 일반적인 방법을, 제곱근 찾기 같은 작은 문제를 풀 때 어떻게 쓰는지 살펴보았다. 한데, 뉴튼 방법은 다시 함수의 고정점 찾는 방법으로 풀리기 때문에, 따지고 보면 고정점 찾기로 제곱근을 구하는 방법 두 가지만 공부한 셈이다. 이때 두 방법 모두 어떤 함수를 받아 알맞은 함수 꼴로 바꾼 다음에, 그 함수의 고정점을 구한다는 점은 같다. 이런 생각을 간추려서 프로시저로 나타내면 다음과 같다.

```
(define (fixed-point-of-transform g transform guess)
  (fixed-point (transform g) guess))
```

이 프로시저는 프로시저 g와, g를 알맞은 함수 꼴을 만들어내는 프로시저, 첫 어림값을 인자로 받아서 함수의 고정점을 돌려준다.

이렇게 간추려 놓고 보면, 이 절 처음에 나온 제곱근 프로시저, 즉 $y \mapsto x/y$ 함수를 다시 평균 잦아들기 함수로 바꾼 다음 그 함수의 고정점을 찾아 제곱근을 구하는 프로시저도 fixed-point-of-transform의 한 가지 응용으로 볼 수 있다.

```
(define (sqrt x)
  (fixed-point-of-transform (lambda (y) (/ x y))
                            average-damp
                            1.0))
```

이와 마찬가지로, 이 절에서 두 번째로 나온 프로시저 즉, $y \mapsto y^2 - x$를 뉴튼 방법에 맞는 함수로 바꾼 다음 그 함수의 고정점을 찾아 제곱근을 구하는 프로시저도 다음처럼 나타낼 수 있다.

```
(define (sqrt x)
  (fixed-point-of-transform (lambda (y) (- (square y) x))
                            newton-transform
                            1.0))
```

1.3절을 시작하면서 복잡한 계산을 요약하는^{간추리는, abstraction} 데에서 묶음 프로시저^{compound procedure}가 얼마나 중요한 수단이 되는지 얘기하였다. 왜냐하면 묶음 프로시저가 있어야 프로그래밍 언어에서 일반적인 계산 방법을 곧바로 나타낼 수 있기 때문이다. 그리고 지금까지 언어의 표현력을 한층 끌어올리는 데 프로시저를 데이터처럼 받아쓰는 프로시저(차수 높은 프로시저^{higher-order procedure})가 어떤 몫을 하는지도 살펴보았다.

프로그래머는 언제나 스스로 짠 프로그램을 놓고 그 속에서 간추릴 게 무엇인지 찾아내어, 이로부터 더 수준 높은 표현 수단을 만들어 내려고 애써야 한다. 하지만, 더 요약하지 못할 때까지 모든 프로그램을 요약하라는 말이 아니다. 제대로 된 프로그래머라면 어느 정도까지 요약해야 하는지를 제 하는 일에 맞게끔 다스릴 줄도 알아야 한다. 하지만, 몇 가지 문제 풀이 방법을 간추려서 다른 문제 풀이에도 다시 쓸 수 있도록 일반적인 표현 수단을 만들려고 애쓰는 버릇은 참말 중요하다. 차수 높은 프로시저, 곧 프로시저를 값^{데이터}으로 쓰는 프로시저가 중요한 까닭도 여기에 있다. 차수 높은 프로시저를 일반적인 계산 방법을 그대로 표현할 수 있을 뿐 아니라, 그렇게 만든 기능을 다른 계산 기능과 다를 바 없이 다룰 수 있기 때문이다.

대개 프로그래밍 언어에서는 계산 과정에서 어떤 기능을 어떻게 다루어야 하는지 여러 가지 제약을 걸어 둔다. 가장 제약이 적은 것을 흔히 일등급^{first-class}에 속한다고 하는데, 일등급이 누리는 '권리와 특권'은 다음과 같다.[64]

---

64) 프로그래밍 언어에서 일등급 개념을 처음 밝힌 사람은 영국의 컴퓨터 과학자인 크리스토퍼 스트레이치(Christopher Strachey)(1916~1975)다.

- 변수의 값이 될 수 있다. 다시 말해, 이름이 붙을 수 있다.
- 프로시저 인자로 쓸 수 있다.
- 프로시저의 결과로 만들어질 수 있다.
- 데이터 구조 속에 집어넣을 수 있다.[65]

흔히 쓰는 프로그래밍 언어와 달리 Lisp는 프로시저를 기본 데이터처럼 쓸 수 있다. 이 때문에 언어를 효율적으로 쓰기 어렵다는 문제가 있으나, 그 대신 엄청나게 뛰어난 표현력을 지닌다.[66]

● **연습문제** 1.40

삼차 방정식 $x^3 + ax^2 + bx + c$의 해^解에 가까운 값을 구하기 위하여 newtons-method로 다음 식을 계산한다고 할 때, 이 식에서 쓰는 프로시저 cubic을 짜보라.

```
(newtons- method (cubic a b c) 1)
```

● **연습문제** 1.41

인자 하나 받는 프로시저를 인자로 받아, 그 프로시저를 두 번 연거푸 계산하는 프로시저를 내놓도록, 프로시저 double을 짜 보자. 예컨대 inc가 인자에 1을 더하는 프로시저라면 (double inc)는 2를 더하는 프로시저가 된다. 다음 식의 값은 얼마인가?

```
(((double (double double)) inc) 5)
```

---

65) 제2장에 가서 데이터 구조가 무엇인지 설명한 다음에, 알맞은 보기를 살펴볼 참이다.
66) 프로그래밍 언어에서 일등급 프로시저(값 프로시저)를 실현(實現)하려면, 그만한 대가를 치러야 한다. 가장 큰 대가는, 값으로 프로시저를 돌려주는 프로시저에서 (그 프로시저가 끝난 뒤에도) 그 프로시저에 자유 변수를 저장하기 위해서 기억 장소를 계속 잡아 놓아야 하는 것이다. 4.1절에 나오는 Scheme 실행기에서는 프로시저의 환경 속에 이런 변수를 위한 기억 장소를 마련하고 있다.

● **연습문제** 1.42

f와 g가 모두 인자 하나를 받는 프로시저라 하자. g와 f의 **합성**^{合成, composition} 함수는 $x \mapsto f(g(x))$로 정의한다. 두 프로시저를 합성하는 프로시저 compose를 정의하라. 예를 들어 inc가 인자에 1을 더하는 함수라면 다음 결과가 나온다.

```
((compose square inc) 6)
49
```

● **연습문제** 1.43

f가 수를 계산하는 함수고 n이 0보다 큰 정수일 때, n번 f하는 함수는 x를 받아 $f(f(\cdots(f(x))\cdots))$하는 함수다. 이를테면 f가 $x \mapsto x + 1$일 때, n번 f한 함수는 $x \mapsto x + n$이다. f가 제곱 함수면, n번 f한 함수는 인자의 2^n 값을 구한다. f 프로시저와 0보다 큰 정수 n을 인자로 받아 f를 n번 하는 함수를 내놓는 프로시저를 짜라. 이 프로시저를 쓰는 방법은 다음과 같다.

```
((repeated square 2) 5)
625
```

(귀띔: 연습문제 1.42에서 만든 compose를 쓰면 문제가 쉽게 풀린다.)

● **연습문제** 1.44

함수를 **다듬는**^{smoothing} 생각은 신호 처리에서 중요한 개념이다. f가 함수이고 dx가 작은 수일 때, f를 다듬은 함수는 x에서 $f(x - dx)$, $f(x)$, $f(x + dx)$의 평균값을 내놓는 함수다. f를 인자로 받아서, 다듬은 함수를 내놓는 프로시저 smooth를 짜라. 또 n−번 다듬은 **함수**^{n-fold smoothed function}를 구하는 게 쓸모 있을 때가 있다. smooth와 연습문제 1.43의 repeated로 어떤 함수를 n−번 다듬은 함수를 어떻게 만드는지 밝혀라.

● 연습문제 1.45

1.3.3절에서 곧바로 $y \mapsto x/y$ 함수의 고정점을 얻으려고 할 때 함수 값이 고정점에 다가가지 못하고 들쑥날쑥해서, 이 값을 평균내어 잠재워서 풀었다. 이와 비슷하게, $y \mapsto x/y^2$ 함수의 고정점을 구하여 세제곱근을 계산할 때에도 평균내어 잦아들게 할 수 있다. 하지만, 네제곱근은 이렇게 되지 않는다. 다시 말해서, $y \mapsto x/y^3$ 함수는 평균 잠재우기를 한 번 써봤자 고정점으로 다가가지 않는다. 그런데 두 번 하면, 다시 말해서 평균내어 잦아들게 한 것을 다시 한번 더 평균내어 잦아들게 하면 고정점에 다가간다. $y \mapsto x/y^{n-1}$을 평균내어 여러 번 잦아들게 하여 고정점 찾기로 n번째 제곱근을 구한다고 할 때, 몇 번 잦아들게 하는지 실험으로 알아보라. 이를 바탕으로 `fixed-point`, `average-damp`, 연습문제 1.43의 `repeated`를 써서 n번째 제곱근을 얻는 프로시저를 만들어 보자. 이 프로시저를 만드는 과정에서 꼭 필요한 수 연산은 모두 기본^{primitive} 연산이라고 해두자.

● 연습문제 1.46

이 장에서 설명한 여러 수 계산법은 **반복하여 고치기**^{iterative improvement}라 하는 더 일반적인 방법에 바탕을 둔다. 무엇을 반복해서 고친다는 말은 이런 뜻이다. 어떤 값을 얻고자 할 때, 처음에 그 값을 어림잡은 어떤 값에서 시작하되 어떤 계산 과정을 거쳐서 더 나은 어림값을 만든다. 꽤 쓸 만한 어림값이 나올 때까지 그 계산 과정을 되풀이한다. 이런 일반적인 방법을 곧바로 나타내는 `iterative-improve` 프로시저를 짜보자. 이 프로시저는 어림값이 충분히 괜찮은지 알아보는 방법과 더 좋은 어림값을 계산하는 방법을 프로시저 인자로 받아서, 무언가를 반복하여 고치는 프로시저를 결과 값으로 내놓는다. 1.1.7절의 `sqrt` 프로시저와 1.3.3절의 `fixed-point` 프로시저가 `iterative-improve`를 쓰도록 고쳐 보라.

2

데이터를 요약해서
표현력을 끌어올리는 방법

우리는 이제 수학적 사고로 다다를 수 있는 마지막 단계, 곧 글자(기호, symbol)가 무엇을 뜻하는지 생각하지 않아도 되는 단계에 이르렀다. …… 그렇다고 (수학자들이) 일손을 놓아야 할 까닭은 없다. 글자가 무엇을 뜻하는지 굳이 살펴보지 않아도, 그냥 글자만 가지고 처리할 일이 얼마든지 있기 때문이다.

헤르만 바일Hermann Weyl
『The Mathematical Way of Thinking』

제1장에서는 프로그램 설계에서 계산 프로세스^{computational process}와 프로시저가 어떤 몫을 하는지 주로 살펴보았다. 그러는 가운데, 기본 데이터(수)와 연산(산술 연산)을 어떻게 쓰는지, 프로시저와 조건 식과 매개변수를 가지고 복잡한 프로시저^{compound procedure}를 어떻게 엮어내는지, **define**으로 프로시저를 어떻게 정의하는지 알게 되었다. 또 프로시저^{컴퓨터 계산 절차}란, 한 프로세스^{컴퓨터 계산 과정}가 자라나는 방법 또는 규칙을 밝혀 놓은 것임을 알게 되었고, 프로시저가 만들어 내는 프로세스 가운데 움직이는 모습이 비슷한 것끼리 묶어서 간단한 알고리즘 분석을 해보기도 하였다. 아울러, 폭넓은 계산 방법으로 문제 푸는 방법을 생각해 내고, 그런 방법을 차수 높은 프로시저^{higher-order procedure}로 나타낼 수 있을 때, 프로그래밍 언어의 표현력이 얼마나 높아지는지도 알게 되었다. 프로그램을 짠다는 게 바로 이런 것이다.

이 장에서는 복잡한 데이터를 어떻게 요약하는지 공부한다. 1장에서는 간단한 수 데이터를 쓰는 데 머물렀지만, 앞으로는 단순한 데이터만 가지고 풀기 어려운 문제를 살펴볼 참이다. 프로그램은 실제로 일어나는 복잡한 현상을 본떠서 만드는 경우가 많은데, 그런 현상은 여러 가지 성질을 고루 나타내기 때문에, 이를 컴퓨터로 흉내내려면 여러 부품으로 이루어진 계산 물체^{computational object}(곧, 실제 일어나는 현상을 컴퓨터 계산으로 흉내내어 만든 물체)를 만들 수 있어야 한다. 그러므로 1장에서 여러 프로시저를 묶어서 복잡한 프로시저를 요약하는^{간추리는} 방법을 공부하였듯이, 이 장에서는 프로그래밍 언어가 꼭 갖추어야 할 또 한 가지 기능, 여러 데이터 물체를 묶어서 묶음 데이터^{compound data}로 요약하는 방법을 살펴본다.

왜 프로그래밍 언어로 묶은 데이터를 나타내고 싶어할까? 묶음 프로시저^{compound procedure}가 필요했던 까닭과 같다. 다시 말해, 더 높은 수준에서 프로그램 설계를 생각할 수 있고, 조립식^{모듈 방식}으로 프로그램을 설계하는 데 큰 도움이 될 뿐 아니라, 언어의 표현력도 끌어올릴 수 있기 때문이다. 기본 연산만 쓸 때보다 프로시저를 만들어 쓸 수 있을 때, 풀어야 할 문제에 더 가까운 눈높이로 프로세스를 다룰 수 있었듯이, 복잡한 데이터를 만들어 쓰면 기본 데이터만 쓸 때보다 문제

풀이에 훨씬 가까운 표현 수준으로 데이터를 다룰 수 있다.

그 보기로, 유리수 계산 시스템을 어떻게 설계할지 생각해 보자. 유리수를 더하는 연산 add-rat을 만들려고 할 때, 기본 데이터만으로는 분모와 분자를 나타내는 정수 두 개로 유리수를 나타낼 수밖에 없다. 그에 따라, 유리수를 쓰는 프로그램에서도 (유리수를 한 덩어리로 보지 못하고) 분자와 분모를 나타내는 정수 둘로 나누어 봐야 한다. 다시 말해, add-rat 역시 (분자와 분모를 따로 계산해서 돌려주는) 프로시저 두 개로 만들 수밖에 없다. 하지만, 이렇게 하면 어느 분자가 어느 분모에 대응하는지 하나하나 기억해야 하기 때문에 크게 불편할 뿐 아니라 실수하기도 쉽다. 더욱이, 많은 유리수로 갖가지 연산을 처리해야 할 적에 그런 자잘한 것까지 모두 기억해야 한다면, 그런 시스템을 쓰는 사람의 마음이 어지러울 것은 더 말할 까닭도 없고, 그런 시스템을 써서 만든 프로그램마저 아주 지저분해진다. 그러므로 유리수가 수 하나를 나타내는 것처럼 프로그램을 짤 때에도 그렇게 쓸 수 있게끔 분모와 분자를 '한 쌍으로 묶어서' **묶음 데이터**^{compound data object}를 만들어 쓰는 게 훨씬 낫다.

묶음 데이터를 쓰면 조립식으로 프로그램을 설계하기가 훨씬 쉽다. 프로그램에서 유리수라는 개념을 그대로 나타낼 수 있기 때문에, 유리수를 쓰는 부품과, 정수 쌍으로 묶어 유리수를 만드는 부품을 따로 떼어낼 수 있다. 이와 같이 프로그램을 설계할 때 데이터를 만드는 부품과 데이터를 쓰는 부품을 따로 나누어 생각하는 방법이 있는데, 이를 보통 **데이터 요약**^{데이터 간추리기, data abstraction}이라고 한다. 이제부터 데이터 요약이 프로그램을 설계하고 다듬고 손보는 데 얼마나 도움이 되는지 차차 보게 될 것이다.

묶음 데이터를 쓰면 프로그래밍 언어의 표현력도 크게 늘어난다. 보기를 들어, $ax + by$ 꼴로 '일차 결합^{linear combination}' 식을 만든다고 하자. 이름 a, b, x, y가 모두 수를 나타낸다고 하면, 아무런 어려움 없이 a, b, x, y를 인자로 받아 $ax + by$를 돌려주는 프로시저를 만들 수 있다.

```
(define (linear-combination a b x y)
  (+ (* a x) (* b y)))
```

그런데 수뿐 아니라, 무엇이라도 좋으니 (유리수, 복소수, 다항식 따위로) 덧셈과 곱셈을 할 수만 있다면 일차 결합 식을 쓸 수 있도록 프로시저의 쓰임새를 넓히기로 했다고 하자. 그러려면, 기본 프로시저 +와 * 대신에 a, b, x, y에 어떤 데이터가 들어오든지 알맞게 덧셈하거나 곱셈하는 더 똑똑한 프로시저가 필요하다. 이것들을 각각 add와 mul이라 한다면, 일차 결합은 다음과 같은 프로시저로 나타낼 수 있다.

```
(define (linear-combination a b x y)
  (add (mul a x) (mul b y)))
```

여기서, 'linear-combination은 a, b, x, y에 어떤 데이터가 들어오는지 몰라도 된다'는 사실이 중요하다. 그저 add와 mul이 (아주 똑똑해서) 알아서 데이터를 처리할 능력이 있다는 것만 알면 된다. 다시 말해서, linear-combination 프로시저를 짜는 사람은, a, b, x, y라는 데이터가 무엇이고 어떻게 만든 것인지 전혀 몰라도 된다는 말이다. 프로그래밍 언어에서 묶음 데이터를 나타낼 수 있어야 하는 까닭이 여기에 있다. 그런 수단이 없다면 linear-combination 같은 프로시저에서, 인자로 받은 데이터가 어떤 것인지 알지 못한 채, 곧바로 add와 mul에 그런 데이터를 건네줄 방법은 없다.[1]

　이 장에서는, 앞에서 설명한 유리수 계산 시스템을 실제로 만들어 보면서, 묶음 데이터와 데이터 요약에 대해 설명한다. 또한 합친 프로시저^{compound procedure}를 설명했을 때처럼, 복잡한 문제를 푸는 방법으로써 요약된 데이터^{간추린 데이터}가 어떤 몫을 하게 될지 주로 살펴본다. 아울러, 데이터 요약을 통해 프로그램을 이루는 여러 부품 사이에 알맞은 **요약의 경계**^{간추림 경계, abstraction barrier}를 그을 수 있다

---

1) 이와 마찬가지로 프로시저를 직접 다룰 수 있는 기능도 언어 표현력을 끌어올린다. 예를 들어 1.3.1절의 sum 프로시저는 term을 인자로 받아 정해 놓은 구간에 있는 모든 term 값의 합을 계산한다. sum을 정의하려면, 어떻게 프로시저 term을 기본 연산으로 나타냈는지는 따지지 않고, term 자체를 물체로 볼 수 있어야 한다. 사실 '프로시저'라는 개념이 없었더라면, sum 같은 연산은 정의하지도 못했을 것이다. 아울러, 기본 연산으로 term을 어떻게 만들었는지는 덧셈 계산과 아무런 관계가 없다.

는 것도 알게 된다.

묶음 데이터를 만들어 쓰는 데 가장 중요한 것은, 프로그래밍 언어에서 여러 데이터를 한데 '묶는' 기능이다. 여러 데이터를 하나로 묶는 방법은 여러 가지가 있는데, 사실 우리 언어에서는 묶음 데이터를 만들기 위해 따로 연산을 만들지 않더라도 프로시저만 있으면 복잡한 '데이터'를 얼마든지 나타낼 수 있다. 이런 까닭에, 벌써 1장 후반부부터 '프로시저'와 '데이터'의 경계가 허물어지기 시작했는데, 이 장에서 그 경계가 더욱 흐릿해진다. 이어서, 묶음 데이터 가운데 널리 쓰는 것으로 차례열^{sequence}과 나무^{tree} 구조의 데이터 만드는 방법도 살펴볼 것이다. 묶음 데이터를 다룰 때 빠뜨릴 수 없는 개념 가운데 닫힘 성질이 있다. 닫힘 성질 $_{closure\ property}$이란, 묶음 데이터들을 묶으면 다시 묶음 데이터가 된다는 것이다 (정수를 더하면 다시 정수가 되듯이). 즉, 묶음 데이터는 기본 데이터를 묶어서 만들어질 뿐 아니라, 만들어진 묶음 데이터를 여럿 묶어서 새로 만들어질 수 있다. 또한 공통 인터페이스$^{conventional\ interface}$라는 개념도 있다. 여러 프로그램 부품 모듈을 조립하다 보면, 서로 아귀가 맞지 않는 부품이 있게 마련인데, 묶음 데이터가 여러 부품 사이에서 아귀를 맞춰 쓸 수 있게끔 두루 쓸 수 있는 인터페이스 구실을 하게 된다. 이를 설명하기 위하여 닫힘 성질을 만족하는 그래픽^{그림} 그리는 언어를 만든다.

또 이 장에서는 수 말고도 글자^{기호} 데이터로 만든 글자 식$^{symbolic\ expression}$을 선보여 언어의 표현력을 끌어올린다. 또한 집합을 나타내는 여러 방법도 알아본다. 그러는 과정에서, 수를 다루는 함수 하나도 여러 계산 프로세스로 계산할 수 있었듯이, 단순한 데이터를 모아 복잡한 데이터를 만들어 내는 데도 여러 방법이 있으며 이때 어떤 방법을 골라 쓰느냐에 따라 계산 프로세스가 잡아먹는 시간과 공간이 크게 달라진다는 사실을 깨닫게 된다. 글자로 이루어진 식을 미분하고, 집합을 만들고, 정보를 부호로 나타내는 문제를 풀어보면서 그런 생각을 아울러 짚어 보기로 한다.

그 다음으로 한 프로그램에서 한 가지 데이터를 여러 방법으로 나타낼 수 있어야 할 때 프로그램을 어떻게 설계해야 하는지 공부한다. 이 문제를 풀려면, 어떻게 해서든 서로 다른 타입 데이터를 다룰 수 있도록 **일반화된 연산**^{generic operation}을 만들어야 한다. 일반화된 연산을 받아들이면서도 조립식 설계의 좋은 점을 잃지 않으려면, 단순히 데이터를 요약하는^{간추리는} 것만으로는 이 목적을 이루기 어렵다. 이보다 훨씬 또렷하게 요약의 경계^{간추림 경계}를 긋는 방법이 필요한데, 그런 방법 가운데 하나로 데이터 중심으로 프로그램 짜는 법^{data-directed programming}을 선보인다. 이 기법은 프로그램에서 데이터만 따로 놓고 이를 서로 다르게 표현한 다음, 이런 데이터 표현을 프로그램에 **덧대어**^{additively} (즉, 고치지 않고) 묶는 것이다. 시스템을 설계할 때 이 기법이 미치는 영향을 설명하기 위해서, 이 장의 마지막 부분에서는 배운 내용을 모두 담아 (정수, 유리수, 복소수, 심지어 다른 다항식을 계수로 받아들일 수 있는) 다항식의 산술 연산 꾸러미를 만들어 볼 참인데, 여기서 산술 연산은 기호를 써서 만든다.

2.1 데이터 요약^{데이터 간추리기, 데이터 내용 감추기}

1.1.8절에서 한 프로시저가 더 복잡한 프로시저의 일부일 때, 그 프로시저는 여러 연산을 묶어 놓은 것뿐 아니라, 일하는 절차^{프로시저}를 요약해서 속 내용을 감추는 것^{procedural abstraction}으로 볼 수도 있다고 하였다. 그 말은 곧, 프로시저를 어떻게 짰는지 모르더라도 같은 일을 하기만 한다면, 서로 달리 만든 프로시저를 맞바꿔 쓸 수도 있다는 말이다. 다시 말해서, 요약된 프로시저^{간추린 프로시저}를 쓰는 덕분에, (기본 연산으로) 프로시저를 만드는 쪽과 쓰는 쪽을 둘로 나누어 생각할 수 있도록 둘 사이에 '요약의 경계'를 그을 수 있다. 묶음 데이터에서, 이에 대응하는 생각이 바로 데이터 요약^{데이터의 내용 감추기, data abstraction}이다. 데이터 요약^{데이터 간추리기}이란, 프로시저 요약과 마찬가지로, (기본 데이터로) 묶음 데이터를 만드는 쪽과 쓰는 쪽을 떼어낼 수 있도록 하는 방법이다.

데이터 요약에서 바탕이 되는 생각은, 어떤 프로그램에서 복잡한 데이터를 써야 할 때 '요약된 데이터'로 연산을 할 수 있게끔 프로그램을 짜야 한다는 것이다. 이는 곧, 프로그램이 제대로 돌아가는 데 필요한 게 아니라면 그 프로그램이 쓰는 데이터에 어떤 쓸모없는 조건도 달지 않아야 한다는 소리고, 데이터를 실제로 어떻게 나타냈느냐가 그 데이터를 쓰는 프로그램에 드러나지 않도록 프로그램을 짜야 한다는 말이기도 하다. 시스템 속에서 데이터를 만드는 쪽과 쓰는 쪽을 서로 이어주는 인터페이스, 곧 그런 프로시저를 여러 개 만들게 되는데, 이것들을 보통 고르개^{선택자, selector}와 **짜맞추개**^{구성자, constructor}라고 한다.[*] 이 절에서는 유리수 다루는 프로시저를 설계하면서 이 기법을 설명해 보겠다.

2.1.1 연습 : 유리수를 위한 산술 연산

정수나 실수 말고도, 유리수를 연산해야 한다고 하자. 마땅히 유리수에 대한 덧셈, 뺄셈, 곱셈, 나눗셈은 물론이고 두 유리수가 같은지 알아보는 연산 따위가 있어야 한다.

　먼저, 분자와 분모로 유리수를 짜맞추는 방법(연산)과 어떤 유리수에서 분자와 분모를 골라내는 방법(연산)이 있다고 하자. 아울러, 짜맞추는 연산^{constructor}과 골라내는 연산^{selector}이 다음 프로시저로 정의되어 있다고 하자.

- (make-rat $\langle n \rangle \langle d \rangle$)　　분자가 $\langle n \rangle$이고 분모가 $\langle d \rangle$인 유리수를 내놓는다.
- (numer $\langle x \rangle$)　　　　유리수 $\langle x \rangle$의 분자를 내놓는다.
- (denom $\langle x \rangle$)　　　　유리수 $\langle x \rangle$의 분모를 내놓는다.

여기에서는 잘 될 거라 믿고^{wishfull thinking}, 뛰어난 조립 방법을 쓰기로 한다. 다시 말해, 지금까지 유리수를 어떻게 나타내는지 numer, denom, make-rat을 어떻게 만들어야 하는지 따져본 적이 없다. 한데, 세 프로시저만 있으면, 아래와 같은 관계로 유리수의 덧셈, 뺄셈, 곱셈, 나눗셈, 두 유리수가 같은지 알아보는 연산을 만들 수 있다.

---

* 역주 : 우리말에서는 어떤 일을 도맡아 하는 물건이나 물체를 일컬어 '–개'라 한다.

$$\frac{n_1}{d_1} + \frac{n_2}{d_2} = \frac{n_1 d_2 + n_2 d_1}{d_1 d_2}$$

$$\frac{n_1}{d_1} - \frac{n_2}{d_2} = \frac{n_1 d_2 - n_2 d_1}{d_1 d_2}$$

$$\frac{n_1}{d_1} \cdot \frac{n_2}{d_2} = \frac{n_1 n_2}{d_1 d_2}$$

$$\frac{n_1 / d_1}{n_2 / d_2} = \frac{n_1 d_2}{d_1 n_2}$$

$$\frac{n_1}{d_1} = \frac{n_2}{d_2} \text{라면}, \quad n_1 d_2 = n_2 d_1 \text{다}.$$

이 규칙을 프로시저로 옮겨 쓰면 다음과 같다.

```
(define (add-rat x y)
  (make-rat (+ (* (numer x) (denom y))
               (* (numer y) (denom x)))
            (* (denom x) (denom y))))

(define (sub-rat x y)
  (make-rat (- (* (numer x) (denom y))
               (* (numer y) (denom x)))
            (* (denom x) (denom y))))

(define (mul-rat x y)
  (make-rat (* (numer x) (numer y))
            (* (denom x) (denom y))))

(define (div-rat x y)
  (make-rat (* (numer x) (denom y))
            (* (denom x) (numer y))))

(define (equal-rat? x y)
  (= (* (numer x) (denom y))
     (* (numer y) (denom x))))
```

이제, 이 프로시저들만 있으면 유리수 연산을 할 수 있다. 하지만, 이런 연산을 만

들 때 쓴 `numer`, `denom`, `make-rat` 같이 골라내거나 짜맞추는 연산은 아직 정의
하지도 않았다. 이런 프로시저를 짜려면, 분자와 분모를 하나로 엮어서 유리수를
만드는 표현 수단을 갖춰야 한다.

쌍^{pair}

데이터를 잘 요약하여^{간추려} 그에 딱 맞는 낱말을 만들어 내기 위해서 Scheme에
서는 쌍^{pair}이라는 데이터 구조를 쓴다. 쌍을 짜 맞출 때에는 `cons`를 쓰는데, 이
프로시저는 두 개의 인자를 받아서 묶음 데이터 하나를 만든다. 또한, 쌍 속의 부
품을 골라낼 때에는 `car`와 `cdr`²를 쓴다. `cons`, `car`, `cdr`는 다음과 같은 방법으로
쓴다.

```
(define x (cons 1 2))

(car x)
1

(cdr x)
2
```

쌍은 기본 데이터처럼 이름을 붙일 수도 있고, 연산을 하는 데 쓸 수도 있다. 아울
러, 다른 쌍을 `cons`로 묶을 수도 있다.

```
(define x (cons 1 2))

(define y (cons 3 4))

(define z (cons x y))
```

---

2) `cons`는 'construct'를 뜻한다. 이와 달리, `car`와 `cdr`는 IBM 704에서 최초로 Lisp를 구현하는 가운데 생
  겨난 말이다. 그 기계에서는 한 기억 장소(memory location)에서 'address'와 'decrement' 부분의 주소를
  따로따로 가리킬 수 있었다. 원래 `car`는 Content of Address part of Register를, `cdr`는 Content of
  Decrement part of Register를 뜻한다.

```
(car (car z))
```
1

```
(car (cdr z))
```
3

2.2절에서, 하나로 묶을 수 있는 표현력이 있다는 말은 여러 복잡한 자료 구조를 짜맞출 때 쌍이라는 데이터를 만능 빌딩 블록^{building block}으로 쓸 수 있다는 뜻임을 알게 된다. 다시 말해 cons, car, cdr 같은 기본 프로시저로 만드는 쌍만 있으면 어떤 데이터도 묶음 데이터로 엮어낼 수 있다. 쌍을 가지고 짜맞춘 데이터 물체를 리스트 구조를 갖춘^{list-structured} 데이터라고 한다.

유리수 만들기

쌍을 쓰면, 유리수 시스템을 자연스럽게 완성할 수 있다. 유리수는 분자와 분모를 나타내는 두 정수의 쌍으로 쉽게 나타낼 수 있다. 이에 따라 make-rat, numer, denom를 만들면 다음과 같다.[3]

```
(define (make-rat n d) (cons n d))

(define (numer x) (car x))

(define (denom x) (cdr x))
```

---

3) 골라내는 연산과 짜맞추는 연산을 다음과 같이 정의할 수도 있다.

```
(define make-rat cons)
(define numer car)
(define denom cdr)
```

첫 번째 정의에서는 cons 식의 값, 즉 쌍을 만드는 기본 프로시저에 make-rat이라는 이름을 붙였다. 그리하여, make-rat과 cons는 같은 기본 짜맞추개를 가리키는 다른 이름일 뿐이다.

이런 식으로, 짜맞추고 골라내는 연산을 정의하면 처리 속도가 빠르다. make-rat이 바로 cons이기 때문에, make-rat으로 어떤 유리수를 만들 때 make-rat이 cons를 불러 쓰는(calling) 것이 아니라, cons를 한 번 불러 쓰는 셈이다. 한데, 이 방법을 쓰면 오류를 잡기 어렵다. 왜냐하면, 프로시저를 어디서 불러 쓰는지 따라가 보거나, 프로그램을 돌리다가 어디서 멈춰야 할지 정하기가 곤란하기 때문이다. 다시 말해, 살펴보고 싶은 프로시저가 make-rat이지만, make-rat과 cons는 같은 프로시저이기 때문에, cons를 불러 쓰는 경우와 구별하기 어렵다. 이 책에서는 이런 정의 방법을 쓰지 않기로 한다.

또한, 계산 결과를 나타낼 때, 다음과 같이 '분자 / 분모' 차례로 유리수를 찍어내는 프로시저를 만들 수 있다.[4]

```
(define (print-rat x)
  (newline)
  (display (numer x))
  (display "/")
  (display (denom x)))
```

지금까지 만든 게 제대로 돌아가는지 살펴보자.

```
(define one-half (make-rat 1 2))

(print-rat one-half)
```
1/2

```
(define one-third (make-rat 1 3))

(print-rat (add-rat one-half one-third))
```
5/6

```
(print-rat (mul-rat one-half one-third))
```
1/6

```
(print-rat (add-rat one-third one-third))
```
6/9

한데, 마지막 보기를 보면, 계산 결과로 나온 유리수가 기약 분수^{既約分數}가 아니다. 이 문제를 풀려면, make-rat을 뜯어 고쳐야 한다. 1.2.5절에 나온 (두 정수의 최대 공약수를 구하는) gcd 프로시저를 써서, 분자와 분모를 최대공약수로 나누

---

4) display는 데이터를 찍는 데 쓰는 기본 프로시저고, newline은 줄을 바꿔서 데이터를 찍고 싶을 때 줄바꿈을 해주는 기본 프로시저다. 한데, print-rat처럼 두 프로시저 모두 의미 있는 값을 돌려주지는 않는다. 아래에서는 print-rat이 찍는 것만 보여주고, 실행기(interpreter)에서 print-rat이 돌려준 값은 일부러 나타내지 않았다.

어 기약분수를 만든 다음에 쌍으로 만든다.

```
(define (make-rat n d)
  (let ((g (gcd n d)))
    (cons (/ n g) (/ d g))))
```

위와 같이 새로 고쳐 쓴 make-rat으로 마지막 계산을 다시 하면, 바라는 대로 기약 분수가 나온다.

```
(print-rat (add-rat one-third one-third))
2/3
```

이때 유리수 연산 프로시저에는 조금도 손대지 않고, 유리수를 짜맞추는 연산 make-rat만 고쳤다는 것을 기억해 두자.

● **연습문제** 2.1

양수뿐 아니라 음수까지 다룰 수 있는 make-rat을 정의하라. 새 make-rat 은, 유리수가 양수라면 분자와 분모 모두 양수이고, 유리수가 음수라면 분자만 음수가 되도록 처리해야 한다.

2.1.2 **요약의 경계**^{abstraction barrier}

합친 데이터를 묶어서 요약하는 예제를 더 살펴보기 전에, 유리수 만드는 예제에서 나오는 몇 가지 문젯거리를 짚어보자. 앞에서, make-rat으로 데이터를 짜맞추고 numer, denom으로 데이터를 골라내어 여러 유리수 연산을 정의했다. 흔히 데이터를 요약하는^{간추리는} 데 바탕이 되는 생각은, 데이터 물체가 어떤 타입인지 결정지을 수 있는 기본 연산이 무엇인지 알아보는 것인데, 여기서 기본 연산은 그 타입에 속하는 모든 물체를 나타낼 수 있고, 데이터를 다룰 때 딱 그 연산만 가지고 할 수 있는 연산을 말한다.

유리수 시스템은 그림 2.1처럼 생각할 수 있다. 이 그림에서, 가로 선은 요약의 **경계**^{abstraction barrier}라 하는데, 시스템을 이루는 여러 부품들이 저마다 다른

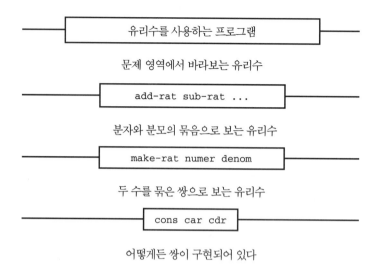

그림 2.1 유리수 연산을 실현할 때 데이터-요약 경계

'수준level'에 있음을 나타낸다. 모든 수준에서, 경계는 요약된 데이터를 쓰는 프로그램(위쪽)과, 요약된 데이터를 구현하는 프로그램(아래쪽)으로 나눈다. 유리수 연산을 할 때에는 유리수 연산 꾸러미에서 '쓰라고 내놓은for public use' add-rat, sub-rat, mul-rat, div-rat, equal-rat? 같은 프로시저로, 이런 산술 연산을 만들 때에는 짜맞추개 make-rat과 고르개 numer, denom으로, 다시 이런 유리수 꾸러미를 만들 때에는 쌍으로 구현했다. 여기서, 쌍 데이터를 만들어 쓸 때에는 기본 프로시저 cons, car, cdr만 쓰기 때문에, 유리수 꾸러미에서는 쌍을 어떻게 만들었는지 알 필요가 없다. 사실 경계마다 놓인 프로시저들은 바로 그 요약의 경계를 연결해 주는 인터페이스다.

이와 같이 생각은 단순하지만, 이로 인해 많은 이점을 얻을 수 있다. 그 가운데 하나는 프로그램을 관리하고 고치기가 쉽다는 것이다. 복잡한 데이터는 데이터 요약을 안 해도, 언어에서 쓸 수 있는 기본 연산만 가지고 얼마든지 연산을 만들어낼 수 있다. 물론, 데이터를 어떻게 나타냈는가는 그런 데이터를 쓰는 프로그램에 영향을 미치기 마련이다. 따라서 나중에 데이터를 다른 방식으로 나타내고 싶을 때에는 그 데이터를 쓰는 프로그램도 같이 고쳐줘야 한다. 한데, 이렇게 데이터 표현에 영향을 받는 것을 프로그램 부품 몇몇으로만 제한되도록 설계해 두지 않으면, 큰 프로그램을 짤 때 아주 많은 시간을 들이고 대가를 치러야 한다.

예를 들어 설명해 보자. 유리수를 짜맞출 때부터 분자와 분모를 약분하지 않고, 만들어 놓은 유리수에서 분자와 분모를 꺼낼 때 약분하도록 프로그램을 짤 수도 있다. 이런 방식에 따라 짜맞추고 골라내는 연산을 만들면 다음과 같다.

```
(define (make-rat n d)
  (cons n d))

(define (numer x)
  (let ((g (gcd (car x) (cdr x))))
    (/ (car x) g)))

(define (denom x)
  (let ((g (gcd (car x) (cdr x))))
    (/ (cdr x) g)))
```

위와 같이 (유리수를 짜맞추거나 골라내도록) 만든 연산과 앞 절에서 만든 연산은 gcd를 불러 쓰는 곳이 서로 다르다. 유리수의 분자와 분모를 가져오는 일이 많은 프로그램이라면 처음 짜맞출 때 gcd를 계산하는 것이 좋고, 그렇지 않다면 gcd 계산을 할 때까지 기다렸다가 하는 것이 더 좋다. 데이터를 어떤 방식으로 나타내든지, add-rat, sub-rat 같은 프로시저는 조금도 고칠 까닭이 없다.

인터페이스 몇 개만 데이터 표현에 영향을 받도록 제한해 두면, 구현 방법을 갈아 끼울 수 있는 여유^{자리}가 생기기 때문에 프로그램을 고칠 때는 물론이고 설계할 때에도 도움이 된다. 그 보기로, 유리수 연산 꾸러미를 다시 설계해 보자. 처음에는 gcd 계산을 짜맞추는 연산에서 하는 게 나을지, 골라내는 연산에서 하는 게 나을지 정하기 어렵다. 한데, 데이터를 요약하는^{간추리는} 기법을 쓰면 이런 결정을 바로 내리지 않아도 시스템의 나머지 부분을 계속 만들어 나갈 수 있다.

● **연습문제** 2.2

평면에 선분을 긋는 문제를 생각해 보자. 모든 선분은 시작 점과 끝 점의 쌍으로 나타낼 수 있다. 두 점을 짜맞춰 선분을 만들어 내는 make-segment와 선분에서 두 끝점을 골라내는 start-segment, end-segment를 정의하라. 또한, 점도 x 좌표를 나타내는 수와 y 좌표를 나타내는 수를 한 쌍으로 해서 나타낼 수 있다. 그에 따라 make-point와 x-point, y-point를 만들어서 이런 표현 방법을 정의하라. 끝으로 지금까지 만든 짜맞추개와 고르개를 써서, 선분을 인자로 받아 가운데 점(선분의 두 끝점을 평균하여 얻어낸 좌표점)을 내놓는 프로시저 midpoint-segment를 정의하라. 그 다음에 아래와 같이 점의 좌표를 찍어내는 프로시저를 써서 결과가 제대로 나오는지 확인해 보라.

```
(define (print-point p)
  (newline)
  (display "(")
  (display (x-point p))
  (display ",")
  (display (y-point p))
(display ")"))
```

● **연습문제** 2.3

연습문제 2.2에서 만든 프로시저를 써서 평면에 네모꼴을 나타내는 데이터를 표현해 보자. 짜맞추개와 고르개를 써서 네모꼴의 둘레와 넓이를 구하는 프로시저를 정의하라. 이번에는 네모꼴의 표현 방법을 바꾸자. 표현 방법을 바꾸어도 둘레와 넓이 구하는 프로시저는 그대로 알맞은 요약의 경계를 갖춘 시스템을 설계할 수 있는가?

2.1.3 데이터란 무엇인가

2.1.1절에서는 유리수 연산을 구현할 때 만들지도 않은 연산 make-rat, numer, denom을 써 가지고 add-rat, sub-rat 따위의 유리수 연산을 정의했다. 유리수의 기본 연산은 놓아두고 산술 연산부터 정의할 수 있었기 때문에 분자, 분모, 유리수 같은 데이터로 얼마든지 산술 연산을 구현할 수 있었고, 데이터 물체가 어떻게 작동하는지는 뒤에 정의했다.

한데, 데이터^{data}란 무엇을 뜻하는가? '짜맞추거나 골라내는 연산으로 만들어 낼 수 있는 것'이라는 설명으로는 충분치 않다. 아무렇게나 고른 세 프로시저가 유리수를 실현하는 바탕 연산이라고 말할 수는 없다. 정수 n과 d의 쌍으로 유리수 x를 만들었다면, x의 numer를 denom으로 나눈 값이 n을 d로 나눈 값과 같다는 조건을 만족해야 한다. 달리 말해서, 어떤 정수 n과, 0이 아닌 정수 d를 가지고 (make-rat n d)를 계산한 결과가 x이면 make-rat, numer, denom은 아래 조건을 만족해야 한다.

$$\frac{(numer\ x)}{(demon\ x)} = \frac{n}{d}$$

유리수라는 데이터를 만드는 데 바탕이 되는 연산, 곧 make-rat, numer, denom이 만족해야 할 조건은 이것뿐이다. 흔히 데이터란, 짜맞추개나 고르개, 이런 프로시저가 알맞은 데이터 표현을 만들어 내는지 따져볼 수 있는 조건까지 함께 정의해 놓은 것을 말한다.[5]

이런 눈으로 데이터를 바라본다면, 유리수 같이 '높은 수준'의 물체뿐 아니라 그보다 낮은 수준의 물체도 정의할 수 있다. 유리수를 만들 때 쓴 쌍의 개념을 살

---

5) 이 생각을 철저하게 정형화(定型化)하는 일은 아주 힘들다. 이를 정형화하는 데는 두 가지 접근 방법이 있는데, 하나는 C. A. R. 호어(C. A. R. Hoare)가 1972년에 쓴 논문에서 처음 제안한 방법으로, 요약된 모형(abstract model)법이라고 한다. 위의 유리수에서 간추려 설명한 것처럼, 이 방법은 '프로시저마다 만족해야 할 조건을 밝히는 방식(procedures plus conditions)'으로 정형성을 갖춘다. 이때, 이미 알려진 정수의 성질을 (여기서는, 두 정수의 같기와 나누기 성질을) 바탕으로 하여, 모든 유리수 표현법이 따라야 할 조건을 밝히고 있음에 주목하라. 크게 보면, 요약된 모형법에서는 이미 정의된 데이터 타입을 빌려서 새로운 데이터 타입을 정의한다. 그러므로 데이터에 대한 어떤 성질을 딱 잘라 말하고자 할 때(assertions about data), 그 옳고 그름은 이미 정의된 데이터에 관하여 밝혀진 사실(assertions about previously defined data objects)을 바탕으로 검증될 수 있다.

다른 하나는 대수로 밝히기(대수 명세법, algebraic specification)라 일컫는 방법으로, MIT의 Zilles, IBM의 Goguen, Thatcher, Wagner, Wright(Thatcher, Wagner and Wright 1978을 보라.), 토론토의 Guttag(Guttag 1977을 보라.)가 선보인 방법이다. 이 접근 방법에서는, '프로시저'를 요약된 대수 체계의 (한 가지) 원소로 보고, 그 성질을 공리(axiom)로 밝힌다. 이때 공리가 바로 요약된 모형법에서의 '조건'에 해당하는 것이다. 따라서 이 방법에서는 데이터에 관한 어떤 사실을 딱 잘라 밝히고자 할 때 그 옳고 그름은 대수 기법을 써서 검증한다. Liskov and Zilles 1975에서 두 방법을 폭넓게 다루고 있다.

펴보자. 이때, cons, car, cdr 같은 프로시저만 써서 쌍을 다룰 수 있다고만 했지, 사실 쌍이 무엇인지 말한 적이 없다. 하지만, cons로 두 물체를 하나로 엮을 수 있다면, car와 cdr로 물체를 골라낼 수도 있다는 점은 반드시 기억해 두어야 한다. 다시 말해, 어떤 물체 x와 y가 있고 z가 (cons x y)의 결과라면, (car z)의 결과는 x, (cdr z)의 결과는 y라는 조건을 만족해야 한다. 앞에서 세 프로시저는 Scheme에서 쓰는 기본 프로시저라고 말하였다. 한데, 위 조건을 만족하는 세 프로시저는 쌍을 만드는 데 쓸 수도 있다. 보기를 들어, 어떤 데이터 구조도 쓰지 않고 cons, car, cdr를 프로시저로 정의할 수 있는데, 이 정의는 다음과 같이 나타낼 수 있다.

```
(define (cons x y)
  (define (dispatch m)
    (cond ((= m 0) x)
          ((= m 1) y)
          (else (error "Argument not 0 or 1 -- CONS" m))))
  dispatch)

(define (car z) (z 0))

(define (cdr z) (z 1))
```

이렇게 데이터를 프로시저로 나타내면 이를 곧바로 데이터라고 생각하기 어렵다. 그럼에도, 이 프로시저 셋이 위에서 밝힌 데이터의 조건을 만족하는지 증명하기만 하면 아무런 문제가 없다.

여기서, (cons x y)가 내놓는 값이 프로시저라는 것을 눈여겨보자. 다시 말해, dispatch라는 안쪽 프로시저를 값으로 내놓는데, 이 프로시저는 인자 하나를 받아서 그 값이 0이면 x, 1이면 y를 내놓는다. 또 (car z)는 (z 0)이라 정의했다. 그래서 z가 (cons x y)면, ((cons x y) 0)를 셈한 값은 x다. 곧, (car (cons x y))의 결과가 x이므로 조건을 만족한다. 마찬가지로, (cdr (cons x y))의 결과는 ((cons x y) 1)한 값, 곧 y를 결과로 내놓는다. 쌍을 이렇게 프로시저로 구현하는 것도 흠잡을 데 없는 방법이다. 그래서 쌍이라는 데이터를 쓸 때 cons, car, cdr

같은 인터페이스로만 쓴다면, '진짜' 데이터 구조를 써서 만든 쌍하고 이렇게 프로시저로 표현한 쌍하고 구분하지 못한다.

앞에서 쌍을 프로시저로 표현한 방법을 이렇게 내보이는 까닭은, 여기서 쓰는 언어가 실제로 이렇게 돌아가는 것을 보여주려는 게 아니고 (보통, Scheme과 Lisp 시스템에서는 효율성 때문에 쌍을 곧바로 만든다.), 이런 식으로 표현해도 쌍을 얻을 수 있음을 보여주려는 것이다. 쌍을 프로시저로 표현한다는 것이 언뜻 보면 괴상해 보이지만, 쌍이 꼭 갖춰야 할 조건을 완전히 만족하기 때문에 쌍을 표현하는 일에 흠잡을 데 없는 방법이다. 또한, 이 방법은, 프로시저를 물체처럼 다루는 힘을 갖추면, 그로부터 합친 데이터^{compound data}를 나타내는 표현력이 절로 생겨난다는 사실을 잘 보여준다. 지금은 이런 방법이 어떻게 맞아들어 가는지 궁금하겠지만, 데이터를 프로시저로 표현하는 기법이 여기서 제시하는 프로그램 짜는 기법에서 중요한 구실을 한다는 것을 곧 알게 된다. 이렇게 프로그램 짜는 기법을 흔히 메시지 패싱^{말 건네기, message passing}이라 하는데, 3장에서는 이 기법을 모형 만들기^{본뜨기, modeling}와 시뮬레이션을 살펴볼 때 가장 바탕이 되는 기법으로 쓸 것이다.

● **연습문제** 2.4

아래는 프로시저로 쌍을 표현하는 다른 방법이다. 이런 표현 방법으로, 어떤 물체 x와 y가 있을 때 (car (cons x y))한 값이 x임을 밝혀 보라.

```
(define (cons x y)
  (lambda (m) (m x y)))

(define (car z)
  (z (lambda (p q) p)))
```

여기서 cdr를 어떻게 정의할 수 있는가? (귀띔 : 이렇게 정의한 쌍이 올바로 돌아간 다는 것을 따져보기 위해서, 1.1.5절의 맞바꿈 계산법을 써 보라.)

● 연습문제 2.5

오로지 수와 산술 연산만으로 양의 정수 쌍도 표현해 보자. 정수 a, b 쌍을 $2^a 3^b$로 나타낼 때, 이에 알맞은 cons, car, cdr 프로시저를 정의해 보라.

● 연습문제 2.6

프로시저로 쌍을 나타낼 수 있다는 것이 황당하지 않았다면, 프로시저를 다룰 수 있는 언어에서 (양의 정수만 가지고 이야기한다면) 수의 표현을 빌지 않고, 0과 더하기 1을 다음과 같은 프로시저 연산으로 나타낼 수 있다.

```
(define zero (lambda (f) (lambda (x) x)))

(define (add-1 n)
  (lambda (f) (lambda (x) (f ((n f) x)))))
```

이런 표현 방법을 처치의 수$^{\text{Church numeral}}$라 하는데, 이는 λ계산법을 처음 만들어 낸 논리학자 앨런조 처치$^{\text{Alonzo Church}}$의 이름을 딴 것으로 알려져 있다.

one과 two를 zero와 add-1을 쓰지 않고 곧바로 정의해 보라. (귀띔 : 맞바꿈 계산법^{substitution}으로 (add-1 zero)를 풀어 보라.) 덧셈 프로시저 +를 (add-1을 여러 번 되풀이하지 말고) 곧바로 정의하라.

2.1.4 집중 과제 : 구간 산술 연산 만들기

Alyssa P. Hacker는 공학 문제를 푸는 데 쓸 시스템을 하나 설계하려 한다. 이 시스템은 정밀도^{precision}로 나타내는 (실험 기기의 측정 값 같은) 부정확한 양을 계산할 수 있다는 점에서 눈에 띈다. 그러므로 이렇게 어림잡은 양을 컴퓨터로 계산하면 그 결과도 정밀도를 나타내는 수가 된다.

Alyssa의 시스템을 가지고 전기 기사가 전기량을 계산한다고 하자. 저항 R_1과 R_2를 병렬로 연결하여 저항 R_p의 값을 구한다면, 다음과 같은 식을 쓴다.

$$R_p = \frac{1}{1/R_1 + 1/R_2}$$

이 공식에서, 저항 값은 레지스터를 만든 회사가 밝혀놓은 허용 오차를 따른다. 보기를 들어, '6.8Ω에 허용 오차 10%'라고 나타낸 저항을 샀다면, 그 저항의 실제 값을 6.8 - 0.68 = 6.12에서 6.8 + 0.68 =7.48 사이에 들어 있는 값으로 본다. 그러므로 6.8Ω 10%의 저항과 4.7Ω 5% 저항을 병렬로 연결할 때, 합성 저항은 2.58Ω(두 저항이 가장 작은 값을 가질 때 계산한 값)과 2.97Ω(두 저항이 가장 큰 값을 가질 때 계산한 값) 사이에 있다.

Alyssa는 '구간^{interval}'(부정확한 양을 나타낼 수 있는 값의 범위로 표현한 물체) 값으로 곧바로 셈할 수 있는 '구간 산술 연산 시스템'을 만들 생각이다. 구간 값을 더하고, 빼고, 곱하고, 나눈 결과는 모두 구간 값이 된다. 이 구간 값은 결과 값의 범위를 나타낸다.

Alyssa는 몇 가지 가정을 세웠다. 첫 번째로, '구간'이라는 요약된^{간추린} 물체가 벌써 있다고 보았다. 구간 값은 하한$^{lower\ bound}$과 상한$^{upper\ bound}$이라는 두 끝점으로 나타낸다. 두 번째로, 구간을 이루는 양 끝점을 받아서 구간 데이터를 짜맞추는 make-interval이 있다고 보았다. Alyssa는 먼저 구간 값을 더하는 프로시저를 만들어 보려 한다. 이 프로시저는 두 구간 값에서 하한끼리 더하고 상한끼리 더한 값을 새로운 하한과 상한으로 하는 구간을 만들어 낸다.

```
(define (add-interval x y)
  (make-interval (+ (lower-bound x) (lower-bound y))
                 (+ (upper-bound x) (upper-bound y))))
```

또, 구간 값을 곱하는 프로시저도 만들어 보았다. 이 프로시저는 다음과 같이 두 구간의 상한과 하한을 가지고 곱할 수 있는 모든 경우를 따져서, 그 가운데 가장 작은 값은 하한으로, 가장 큰 값은 상한으로 하는 구간을 결과로 내놓는다. (min과 max는 여러 인자 가운데 가장 작은 값과 가장 큰 값을 구하는 기본 프로시저다.)

```
(define (mul-interval x y)
  (let ((p1 (* (lower-bound x) (lower-bound y)))
        (p2 (* (lower-bound x) (upper-bound y)))
        (p3 (* (upper-bound x) (lower-bound y)))
        (p4 (* (upper-bound x) (upper-bound y))))
    (make-interval (min p1 p2 p3 p4)
                   (max p1 p2 p3 p4))))
```

이번에는 구간 값을 나누는 프로시저를 만들어 보려고 한다. 이 프로시저를 만들기 위해서는, 먼저 두 번째 인자로 받은 구간의 역수^{逆數}를 구한 다음에, 첫 번째 인자로 받은 구간과 곱해야 한다. 두 번째 인자로 받은 구간의 역은, 1을 상한으로 나눈 값과 1을 하한으로 나눈 값을 상한과 하한으로 하는 구간이다.

```
(define (div-interval x y)
  (mul-interval x
                (make-interval (/ 1.0 (upper-bound y))
                               (/ 1.0 (lower-bound y)))))
```

● 연습문제 2.7

Alyssa가 짠 프로그램에서는, 구간 값을 나타내는 요약된 데이터^{abstraction}가 있다고 보고 구간 산술 연산을 만들었다. 그러므로 Alyssa의 프로그램을 돌아가게 만들려면, 실제로 구간 데이터를 만들어야 한다. 구간을 짜맞추는 연산이 아래와 같다고 하자.

```
(define (make-interval a b) (cons a b))
```

이를 바탕으로, 구간의 상한과 하한을 골라내는 upper-bound와 lower-bound를 정의하여 Alyssa의 프로그램을 돌아가게 만들어라.

● 연습문제 2.8

Alyssa가 했던 것처럼, 구간 값의 뺄셈을 구하는 방법을 설명하고, 이를 sub-interval 프로시저로 정의하라.

● **연습문제 2.9**

구간 값의 폭^{width}이란, 구간의 상한에서 하한을 빼고서 반으로 나눈 값을 말한다. 폭은 구간 값이 정확하지 않은 정도를 나타낸다. 구간 값의 산술 연산에서는 인자가 되는 두 구간 값의 폭만 가지고, 결과 값의 폭을 구할 수 있는 연산도 있으나, 그렇지 않은 연산도 있다. 두 구간 값을 더해서(또는 빼서) 나온 구간 값의 폭은, 더하고 있는(또는 빼고 있는) 구간 값의 폭으로도 구할 수 있다는 것을 밝혀라. 그리고 두 구간 값을 곱하거나 나눠서 나온 구간 값의 폭은 그렇게 구하지 못한다는 것을 뒷받침하는 보기를 찾아보아라.

● **연습문제 2.10**

전문 시스템 프로그래머 Ben Bitdiddle는 Alyssa가 한 일을 어깨 너머로 보다가, 0이 들어 있는 구간 값으로 나누어야 할 때 무슨 일을 하는지 깨끗하게 드러나지 않는다고 했다. 구간에 0이 들어 있는지 따져서 문제가 생겼을 때 잘못되었다고 알려줄 수 있도록, Alyssa의 코드를 고쳐 보아라.

● **연습문제 2.11**

또, Ben은 지나가다가 살짝 귀띔하기를 '구간 양 끝점의 부호가 어떻게 되는지 검사하면, mul-interval 프로시저는 계산하는 방법을 아홉 가지 경우로 나타낼 수 있는데, 그 중에 두 번 이상 곱셈 할 일은 한 번밖에 없다'고 한다. Ben이 제안한 대로 mul-interval 프로시저를 다시 짜보라.

프로시저를 고친 다음, Alyssa는 이 프로그램이 필요한 사람에게 그 프로그램을 보여주었더니, 그 사람은 엉뚱한 문제를 풀었다고 투덜거렸다. 그 사람은 구간의 가운데 값과 허용 오차로 나타낸 수를 다루는 프로그램이 필요하다고 말한다. 이를테면, 구간을 [3.35, 3.65]로 나타내는 게 아니라, 3.5±0.15처럼 나타내야 한다. Alyssa는 제 자리로 돌아와서, 그 문제에 맞게끔 다음과 같이 짜맞추개와 고르개를 다시 만들어 보았다.

```
(define (make-center-width c w)
  (make-interval (- c w) (+ c w)))

(define (center i)
  (/ (+ (lower-bound i) (upper-bound i)) 2))

(define (width i)
  (/ (- (upper-bound i) (lower-bound i)) 2))
```

하지만, Alyssa의 프로그램을 쓸 사람들은 대부분 공학 기술자다. 실제로 기술자들은 측정불확도$^{measurement\ uncertainty}$가 매우 적은 값을 다루기 때문에, 흔히 구간의 중점과 구간 값의 비율로 측정치를 나타내는 경우가 많다. 그리고 앞에서 나온 저항의 특성처럼, 대개는 소자마다 지니는 특성에 따라서 퍼센트로 허용 오차를 밝힌다.

● 연습문제 2.12

구간의 가운데 값과 허용 오차를 인자로 받되, 허용 오차는 퍼센트 단위로 넘겨받아서 구간 값을 만드는 make-center-percent를 정의하라. 또, 구간 값에서 허용 오차가 몇 퍼센트인지 알아보는 percent 프로시저도 정의하라. 구간의 가운데 값을 골라내는 center 프로시저는 바로 앞에 나온 것과 같다.

● 연습문제 2.13

허용 오차를 아주 작은 퍼센트 값으로 나타냈다 치고, 허용 오차를 퍼센트로 나타낸 두 구간 값을 받아서 곱셈을 했을 때, 두 구간 값을 곱해서 나온 구간 값의 퍼센트 오차를 어림잡아 구할 수 있는 간단한 공식이 있음을 밝혀라. 이 문제를 풀 때 모든 수가 양수라고 가정하면, 문제가 쉬워진다.

오랜 고생 끝에 Alyssa P. Hacker는 시스템을 다 만들어 쓸 사람에게 건네주었다. 몇 년이 지나 모든 일을 잊어 버렸을 때쯤, Lem E. Tweakit이라는 사람이 길길이 성을 내며 Alyssa에게 전화를 했다. 아마도 Lem은 병렬 저항을 구할 때 대수적으로 같은 결과를 나타내는 두 가지 공식이 다음과 같다는 것을 아는 듯했다.

$$\frac{R_1 R_2}{R_1 + R_2}$$

$$\frac{1}{1/R_1 + 1/R_2}$$

두 공식대로 병렬 저항을 구해보려고 Alyssa 프로그램을 써 가지고 아래와 같이 프로그램을 짰다고 한다.

```
(define (par1 r1 r2)
  (div-interval (mul-interval r1 r2)
                (add-interval r1 r2)))

(define (par2 r1 r2)
  (let ((one (make-interval 1 1)))
    (div-interval one
                  (add-interval (div-interval one r1)
                                (div-interval one r2)))))
```

그랬더니, 계산 방식이 달라서 계산 결과도 서로 다르다고 투덜거렸다. 듣고 보니, 이 문제는 아주 심각한 것이었다.

● **연습문제** 2.14

Lem의 말이 옳다는 것을 실험으로 알아보자. 그러려면, 여러 가지 계산식을 가지고 Alyssa가 만든 시스템이 어떻게 돌아가는지 살펴봐야 알 수 있다. 구간 값 A, B가 있고 A/A와 A/B를 구할 때, Alyssa가 만든 시스템을 써보라. 이 문제에 대한 문제점을 제대로 알아보려면, 가운데 값의 폭이 아주 작은 퍼센트 값을 가진다고 해놓고 문제를 풀어야 한다. (연습문제 2.12의) 중간값—퍼센트 꼴로 실현해 보라.

● **연습문제** 2.15

Alyssa의 시스템을 써본 또 다른 사용자 Eva Lu Ator는 대수적으로 같은 식이지만 다른 식이 있을 때 계산된 구간 값이 다르게 나오는 문제점을 또 알아차렸다. Alyssa의 시스템으로 구간 계산을 할 때 부정확한 수를 나타내는 변수가 있는데, 그 변수를 되풀이해서 쓰지 않는 어떤 공식을 쓸 수 있으면, 그 공식이 오차 범위를 더 줄인다고 했다. 그렇게 보면, 병렬 저항을 구할 때 같은 병렬 저항을 구하는 공식이라 하더라도 par2가 par1보다 나은 프로그램이라고 말했다. 이 말이 옳은가? 그렇다면 그 까닭은 무엇인가?

● **연습문제** 2.16

흔히 대수적으로 같은 식들이 왜 다른 결과를 내놓는지 설명하라. 이런 흠이 없도록, 구간−산술 연산 꾸러미를 만들 수 있는가? 아니면 이런 일은 불가능한 일인가? (경고 : 이 문제는 아주 어렵다.)

2.2 계층 구조 데이터와 닫힘 성질

지금까지 살펴보았듯이, 복잡한 물체^{compound data object}를 만들기 위하여 여러 물체를 붙일 때, 쌍을 '아교풀^{glue}'처럼 쓸 수 있다. 그림 2.2는 쌍의 구조를 눈으로 볼 수 있게끔 어떻게 표현하는지 보여주는데, 이 그림에서는 (cons 1 2)로 만들어 낸 쌍의 구조를 나타내고 있다. 이런 표현을 **상자와 화살표로 나타내기**^{box-and-pointer notation}라 하는데, 모든 물체를 상자와 그 상자를 가리키는 **화살표**^{pointer}로 나타낸다. 기본 물체를 나타내는 상자는 그 물체 표현 방법을 그대로 적는다. 보기를 들어, 수를 나타내는 상자는 숫자를 담는다. 쌍을 나타내는 상자는 두 상자를 붙여 만드는데, 왼쪽 상자는 쌍의 car를, 오른쪽 상자는 cdr를 가리킨다.

이미 수는 물론이고 쌍을 엮을 때에도 cons를 쓸 수 있음을 보았다. (이런 사실에 바탕을 두고 연습문제 2.2와 2.3을 풀었다. 그렇게 하지 않으면 풀지 못하는 문제였다.) 그러므로 쌍은 모든 종류의 데이터 구조를 짜맞추는 데 두루 쓸 수 있는 빌딩 블록이다. 그림 2.3은 수 1, 2, 3, 4를 쌍으로 엮는 두 가지 방법을 보여주고 있다.

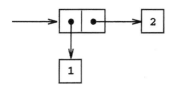

그림 2.2 상자와 화살표로 나타낸 (cons 1 2) 의 구조

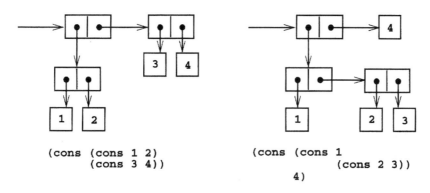

(cons (cons 1 2)
      (cons 3 4))

(cons (cons 1
            (cons 2 3))
      4)

그림 2.3 1, 2, 3, 4를 쌍으로 엮어 내는 두 가지 방법

쌍이 다시 쌍의 원소가 될 수 있다는 것은, 리스트 구조가 데이터를 나타내는 표현 도구로써 얼마나 중요한지 보여주는 성질이다. 이것을 가리켜 cons 연산의 닫힘 성질closure property라고 한다. 흔히 데이터 물체를 엮는 연산이 닫힘 성질을 가진다고 하면, 그 연산으로 만든 물체가 다시 그 연산의 대상이 될 수 있음을 말한다.[6] 닫힘 성질은 계층hierarchical 구조(여러 부품으로 이루어진 구조에서, 그 부품이 또 여러 부품으로 이루어지는 구조)를 만들 수 있도록 해주기 때문에, 데이터를 합치는 모든 표현 수단에서 표현력을 끌어올리는 열쇠가 된다.

---

6) '닫힘(closure)'은 대수학에서 쓰는 말로, 어떤 집합에 속하는 원소를 가지고 연산한 결과가 그 집합에 속하면, 그 집합은 주어진 연산에 닫혀 있다는 뜻이다. 한데, 안타깝게도 Lisp를 쓰는 사람들은 (역주 : 프로그래밍 언어를 다루는 분야에서는) closure라는 말을, 완전히 다른 뜻을 나타내는 데에도 쓴다. 곧, closure라고 하면 자유 변수를 가진 프로시저를 나타내는 기법을 말한다. 이 책에서는 'closure'를 그런 뜻으로는 쓰지 않는다.

1장을 시작할 때부터, 프로시저를 다룰 때 닫힘 성질을 쓰지 않을 수 없었다. 왜냐하면, 정말 단순한 프로그램이 아니라면 모든 프로그램은 엮은식의 원소가 다시 엮은식이 될 수 있다는 사실에 바탕을 두기 때문이다. 이 절에서는 닫힘 성질에 바탕을 두고 합친 데이터를 만들어 보기로 한다. 차례열^{sequence}과 나무^{tree}를 쌍으로 나타내는 데 흔히(주로) 쓰는 기법을 설명하면서, 닫힘 성질을 생생하게 보여주는 그림^{graphic} 언어도 살펴보기로 한다.[7]

2.2.1 차례열의 표현 방법

쌍으로 만들 수 있는 쓸 만한 구조 중 하나로 **차례열**^{sequence}(어떤 차례에 따라 한 줄로 묶어놓은 구조)이 있다. 쌍으로 차례열을 나타내는 방법은 여러 가지인데, 그 중에서 차례열을 쉽게 나타낼 수 있는 한 가지 방법은 그림 2.4와 같다. 그림 2.4에서는 쌍을 사슬^{chain}처럼 엮어서 차례열 1, 2, 3, 4를 나타냈다. 그림에 나타낸 것처럼, 모든 쌍의 car는 원소^{item}를 가리키고, cdr는 연결된 다음 쌍을 가리킨다. 이렇게 쌍을 따라가다가 마지막 쌍에 이르렀을 때, 마지막 쌍의 cdr는 쌍이 아닌 다른 값(곧, 상자와 화살표 그림에서는 대각선으로, 프로그램에서는 변수 nil 값)을 가리켜 차례열의 끝을 나타낸다. 위 그림처럼 차례열을 만들려면, 다음과 같이 cons 연산을 겹쳐 만들면 된다.

---

7) 물체를 엮는 수단이 닫힘 성질을 만족해야 한다는 개념은 쉽게 받아들일 수 있는 생각이다. 한데, 여러 인기 있는 프로그래밍 언어에서 데이터를 엮는 연산은 닫힘 성질을 만족하지 않거나, 그런 닫힘 성질을 갖춰 쓰기가 까다롭다. 포트란이나 베이직(Basic)에서는 흔히 배열에 여러 데이터를 집어넣어서 묶으므로, 배열을 배열의 원소로 쓰지 못한다. 파스칼이나 C에서는 구조체가 다시 구조체의 원소가 될 수 있다. 하지만 그렇게 하려면 포인터를 곧바로 쓸 수밖에 없고, 게다가 미리 정의된 구조체만 다른 구조체의 필드로 쓸 수 있다는 제약을 따라야 한다. 쌍을 가지고 있는 Lisp와는 달리, 이런 언어는 똑같은 방법으로 합친 데이터를 쉽게 만들 수 있도록 하는 결합 수단을 갖추지 않았다. 이 책 머리말에서, 앨런 퍼리스(Alan Perlis)도 다음과 같은 말을 한 적이 있다. "파스칼에서는 선언할 수 있는 데이터 구조가 너무 많고, 또 그런 데이터 구조가 한 가지 방법으로 만들어지는 것이 아니라서, 함수 안에서 한 경우에만 쓸 수 있는 데이터 구조가 나온다. 그래서 그런 데이터를 서로 연동하여 쓰지 못하거나 연동하기 어렵다. 10가지 데이터 구조를 위한 10개의 함수보다는 1가지 데이터 구조를 위한 100개의 함수가 더 쓸 만하다."

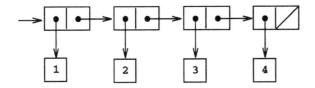

그림 2.4 쌍을 연결해 표현한 차례열 1, 2, 3, 4

```
(cons 1
     (cons 2
          (cons 3
               (cons 4 nil))))
```

이와 같이, cons를 겹쳐 만든 쌍의 차례열을 리스트[list]라 한다. 이런 리스트를 짜 맞출 때 Scheme에서는 list라는 기본 프로시저를 쓴다.[8] 아래 두 식은 같은 표현을 나타낸다.

(list $\langle a_1 \rangle$ $\langle a_2 \rangle$ ... $\langle a_n \rangle$)

(cons $\langle a_1 \rangle$ (cons $\langle a_2 \rangle$ (cons ... (cons $\langle a_n \rangle$ nil) ...)))

Lisp 시스템에서는 흔히 리스트의 원소들을 괄호로 묶어 찍어낸다. 따라서 그림 2.4의 데이터 물체는 (1 2 3 4)로 찍힌다.

(define one-through-four (list 1 2 3 4))

one-through-four
(1 2 3 4)

식 (list 1 2 3 4)와, 이 식의 결과로 나온 리스트 (1 2 3 4)를 같다고 생각하면 안 된다. 식 (1 2 3 4)를 계산한다고 하면, 실행기는 프로시저 1을 인자 2, 3, 4에 적

---

8) 이 책에서 리스트(list)라고 하면, 쌍을 한 줄로 이어 붙인 것 가운데, 맨 마지막에 '리스트 끝'을 나타내는 표시가 있는 경우를 말한다. 이와 달리, 리스트 구조(list structure)라고 하면, 리스트는 물론이고 쌍으로 만들어 낸 모든 데이터 구조를 뜻한다.

용하는 것으로 받아들여, 잘못된 식이라고 말할 것이다.

리스트에서 car는 첫 번째 원소를, cdr는 처음 원소를 뺀 나머지를 골라내는 연산으로 볼 수 있다. 그러므로 리스트의 두 번째, 세 번째, … 원소들을 골라내려면, car와 cdr를 겹쳐 쓰면 된다.[9] 그리고 cons는 원래 리스트의 맨 앞에 새 원소를 보태어 리스트로 만들어 내는 연산이다.

```
(car one-through-four)
1

(cdr one-through-four)
(2 3 4)

(car (cdr one-through-four))
2

(cons 10 one-through-four)
(10 1 2 3 4)

(cons 5 one-through-four)
(5 1 2 3 4)
```

쌍을 사슬처럼 엮어 만든 차례열에서 그 끝을 가리키는 nil은 원소를 가지지 않은 차례열, 곧 빈 리스트^empty list^를 나타낸다. nil이라는 말은 'nothing'을 뜻하는 라틴어의 nihil을 줄인 것이다.[10]

---

9) car와 cdr를 여러 번 겹쳐 쓰기가 불편하기 때문에, Lisp 사투리에서는 다음과 같은 줄임말을 쓰기도 한다.

(cadr ⟨arg⟩) = (car (cdr ⟨arg⟩))

이런 프로시저의 이름은, 모두 c로 시작해서 r로 끝나고, 이것들 사이의 a와 d는 차례대로 car 연산과 cdr 연산을 한다는 뜻이다. car과 cdr 같은 이름을 지금까지 그대로 쓰는 까닭은, cadr 같이 엮은 식에 이름을 붙였을 때 소리 내어 읽기가 쉽기 때문이다.

10) 여러 Lisp 사투리를 표준화하는 과정에서 말 그대로 '아무 것도 아닌 일'로 열띤 토론을 하느라 얼마나 많이 애를 썼는지는 한번 들어볼 만하다. nil이 그냥 이름이어야 하는가? 아니면, nil 값이 어떤 기호여야 하는가, 리스트나 쌍이어야 하는가? Scheme에서는 (true가 #t를 나타내는 보통 (쓰는) 변수인 것처럼) nil은 보통 (쓰는) 이름이고, 이 절에서는 그 값을 리스트의 끝을 나타내는 변수처럼 쓴다. Common Lisp를 비롯한 다른 사투리에서는 nil을 특별한 글자로 본다. 우리는, 너무 오랫동안 수많은 언어를 표준화하는 일을 겪어오다 보니, 여기서는 이런 일을 피하고 싶었다. 2.3절에서 따옴표 연산(quotation)이 나오면 빈 리스트를 '()로 나타낼 수 있기 때문에, nil이라는 낱말을 없애도 된다.

리스트 연산

차례열 원소를 쌍으로 묶어서 리스트처럼 만들어 낸 데이터가 있다면, 계속 리스트를 'cdr 연산을 가지고 훑어 내려가는' 프로그램 기법으로 리스트 연산을 만들수 있다. 그 보기로, 리스트와 수 n을 인자로 받아서, 그 리스트의 n번째 원소를 내놓는 list-ref 프로시저를 만들기로 하자. 여기서, 리스트의 첫 원소는 0번째 원소라 가정하면, list-ref 규칙은 다음과 같이 정의할 수 있다.

- $n = 0$이면, list-ref의 값은 리스트의 car다.
- 그렇지 않으면, list-ref는 리스트의 cdr에서 $n-1$번째 원소다.

```
(define (list-ref items n)
  (if (= n 0)
      (car items)
      (list-ref (cdr items) (- n 1))))

(define squares (list 1 4 9 16 25))

(list-ref squares 3)
16
```

cdr로 리스트 전체를 훑어 내려가는 경우도 있다. cdr로 훑어 내려가다가 어디서 끝나는지 알아보려면, 인자가 빈 리스트인지 아닌지 알아보면 되는데, Scheme에서는 null?이라는 기본 술어 프로시저를 쓴다. 여기에 딱 맞는 보기로, 리스트를 인자로 받아 리스트의 원소가 몇 개인지 알아보는 length 프로시저가 있다.

```
(define (length items)
  (if (null? items)
      0
      (+ 1 (length (cdr items)))))

(define odds (list 1 3 5 7))

(length odds)
4
```

length 프로시저는 되도는^{recursive} 규칙으로 정의되어서, 다음과 같은 과정으로 계산 단계가 줄어든다.

- 리스트의 length^{길이}는 그 리스트의 cdr의 length에 1을 더한 값이다.

다음 조건을 만족하면, 계산이 끝난다.

- 빈 리스트의 length는 0이다.

length는 다음처럼 반복하도록 고쳐 쓸 수 있다.

```
(define (length items)
  (define (length-iter a count)
    (if (null? a)
        count
        (length-iter (cdr a) (+ 1 count))))
  (length-iter items 0))
```

리스트 연산을 만들 때 널리 쓰는 프로그램 기법 가운데, 리스트 구조를 cdr로 풀어 헤치면서^{cdring down}, 이를 'cons로 되묶어서^{cons up}' 새로운 리스트를 만들어 내는 방법도 있다. 그 보기로, append 프로시저를 만들어 보자. append 프로시저는 두 리스트를 인자로 받아 모든 원소를 한데 엮어 새 리스트 하나를 내놓는다. 두 리스트를 append했을 때 나오는 결과는 아래와 같다.

```
(append squares odds)
(1 4 9 16 25 1 3 5 7)

(append odds squares)
(1 3 5 7 1 4 9 16 25)
```

append를 되도는 규칙으로 정의하여, 다음과 같이 list1과 list2를 append한다.

- list1이 빈 리스트면, 결과는 list2다.
- 그렇지 않으면, list1의 cdr와 list2를 append한 다음, 그 결과에 list1
  의 car를 cons한 리스트를 내놓는다.

```
(define (append list1 list2)
  (if (null? list1)
      list2
      (cons (car list1) (append (cdr list1) list2))))
```

● **연습문제** 2.17

(빈 리스트가 아닌) 리스트를 인자로 받아, 그 리스트의 마지막 원소만으로 이
루어진 리스트를 내놓는 last-pair 프로시저를 정의하라.

```
(last-pair (list 23 72 149 34))
```
(34)

● **연습문제** 2.18

리스트를 인자로 받아 그 원소들의 차례를 거꾸로 뒤집는 reverse 프로시저를
정의하라.

```
(reverse (list 1 4 9 16 25))
```
(25 16 9 4 1)

● **연습문제** 2.19

1.2.2절의 동전 바꾸기 프로그램을 살펴보자. 정해진 돈을 동전으로 바꾸는 방
법이 몇 가지나 되는지 알아봤는데, 이때 어떤 화폐로 쓸지 바꿔 끼울 수 있도
록 프로그램을 짜두면 좋다. 앞서 만든 프로그램에서는, 어떤 화폐를 쓰느냐는
first-denomination에서 결정하고, 동전 바꾸는 방법은 count-change 프
로시저로 나누어 짰다(미국 동전은 다섯 가지라서 이 프로시저에는 5라는 값
이 들어가 있다.). 여기에 화폐를 바꿔 끼울 수 있으려면 동전 리스트를 인자
값으로 건넬 수 있어야 한다.

아울러, 두 번째 인자에 어떤 동전을 쓸지 나타내는 정수값 말고, 동전 값어치의 리스트를 받을 수 있게끔, cc 프로시저를 다시 정의하려 한다. 이때, 어느 나라 화폐인지에 따라 동전 리스트를 정의하면 다음과 같다.

```
(define us-coins (list 50 25 10 5 1))

(define uk-coins (list 100 50 20 10 5 2 1 0.5))
```

이렇게 고쳤을 때, cc 프로시저의 결과는 다음과 같다.

```
(cc 100 us-coins)
292
```

이런 결과가 나오도록 cc 프로시저를 좀 고쳐 써야 한다. 앞에서 만들어 본 cc 프로시저의 구조는 가만히 두고, 두 번째 인자를 고쳐 써 보면 다음과 같다.

```
(define (cc amount coin-values)
  (cond ((= amount 0) 1)
        ((or (< amount 0) (no-more? coin-values)) 0)
        (else
          (+ (cc amount
                 (except-first-denomination coin-values))
             (cc (- amount
                    (first-denomination coin-values))
                 coin-values)))))
```

리스트 구조를 다루는 기본 연산으로 first-denomination, except-first-denomination, no-more? 프로시저를 정의하라. coin-values 리스트 원소들의 차례가 cc 프로시저의 결과에 영향을 주는가? 그렇다면 그 까닭은 무엇인가? 또는 그렇지 않다면 그 까닭은 무엇인가?

● **연습문제** 2.20

+, *, list 같은 프로시저에서는 인자의 수가 정해지지 않는다. 그런 프로시저를 정의하는 방법 가운데 하나는, **꼬리점 문법**^{dotted-tail notation}을 쓰는 것이다.

이 문법으로 프로시저를 정의할 때에는, 마지막 인자 이름 앞에 '.'이 찍힌 인자 리스트를 받는다. 이때 이 문법이 뜻하는 바는, 이렇게 정의된 프로시저를 불러 썼을 때, 첫 번째 인자^{parameter}는 다른 프로시저와 다를 바 없이 첫 번째 인자 값^{argument}으로 맞바꾼다는 것이다. 그러나 마지막 인자는 남아 있는 인자들의 리스트가 된다. 그 보기로, 다음과 같은 프로시저 정의가 있다고 하자.

```
(define (f x y . z) ⟨body⟩)
```

프로시저 f는 인자를 두 개 이상 받을 수 있다.

```
(f 1 2 3 4 5 6)
```

이 경우에, f의 몸에서 x는 1로, y는 2로, z는 리스트 (3 4 5 6)의 값으로 맞바꾼다. 또, 다음과 같은 정의가 있다고 하자.

```
(define (g . w) ⟨body⟩)
```

이때, 프로시저 g는 인자를 0개 이상으로 받을 수 있다.

```
(g 1 2 3 4 5 6)
```

g의 몸에서 w는 리스트 (1 2 3 4 5 6)의 값을 받는다.[11]

이 문법을 써서, 하나 이상의 정수를 인자로 받아, 첫 번째 인자가 짝수라면 짝수 원소만, 홀수라면 홀수 원소만 들어 있는 리스트를 결과로 내놓는 프로시저 **same-parity**를 짜보라. 이 프로시저에 다음 인자 값을 건네어 계산하면, 그 아래에 있는 결과가 나온다.

```
(same-parity 1 2 3 4 5 6 7)
(1 3 5 7)
```

---

11) lambda로 f와 g 프로시저를 정의하면 다음과 같다.

```
(define f (lambda (x y . z) ⟨body⟩))
(define g (lambda w ⟨body⟩))
```

```
(same-parity 2 3 4 5 6 7)
```
(2 4 6)

리스트 매핑^{mapping}

리스트 연산에서 리스트의 모든 원소를 똑같은 방법으로 바꾸고 그 결과를 리스트로 만들어 내는 것은 쓸모 있을 때가 많다. 그 보기로 아래 프로시저를 보자. 이것은 수 리스트 원소마다 같은 값을 곱한 다음에 그 결과를 리스트로 내놓는 프로시저다.

```
(define (scale-list items factor)
  (if (null? items)
      nil
      (cons (* (car items) factor)
            (scale-list (cdr items) factor))))

(scale-list (list 1 2 3 4 5) 10)
```
(10 20 30 40 50)

위 프로시저에서 폭넓게 쓸 수 있는 계산 방법을 요약한 다음에, 1.3절에서 본 차수 높은 프로시저^{higher-order procedure}처럼 표현해 보자. 그렇게 만든 차수 높은 프로시저를 map이라 한다. map은 프로시저 하나와 리스트를 인자로 받아, 리스트 원소마다 똑같은 프로시저를 적용한 결과를 묶은 리스트를 내놓는다.[12]

---

12) Scheme 표준에서 정의한 map 프로시저는 여기서 정의한 것보다 쓰임새가 훨씬 넓다. map은 (인자를 n개 받는) 프로시저와 리스트 n개를 인자로 받아, 모든 리스트의 첫 번째 원소에 프로시저를 적용하고, 두 번째 원소에도 프로시저를 적용하는 방식으로 차례차례 모든 리스트 인자의 원소에 프로시저 적용을 되풀이한다. 그런 다음에, 그 결과를 리스트로 묶어낸다. 잘 이해되지 않으면, 아래 보기를 꼼꼼히 살펴보라.

```
(map + (list 1 2 3) (list 40 50 60) (list 700 800 900))
```
(741 852 963)
```
(map (lambda (x y) (+ x (* 2 y)))
     (list 1 2 3)
     (list 4 5 6))
```
(9 12 15)

```
(define (map proc items)
  (if (null? items)
      nil
      (cons (proc (car items))
            (map proc (cdr items)))))

(map abs (list -10 2.5 -11.6 17))
(10 2.5 11.6 17)

(map (lambda (x) (* x x))
     (list 1 2 3 4))
(1 4 9 16)
```

map을 쓰게끔 scale-list 프로시저를 고쳐 정의하면 다음과 같다.

```
(define (scale-list items factor)
  (map (lambda (x) (* x factor))
       items))
```

map 프로시저는 공통된 계산 방법을 추려 낼 뿐 아니라, 리스트를 다룰 때 더 높은 수준의 표현 수단을 제공하므로 아주 중요한 부품이다. 처음 정의한 scale-list 프로시저에서는 그 프로그램의 재귀 구조^{되는 구조} 속에서 리스트 원소 하나하나에 연산을 어떻게 처리하는지 초점을 둔다. 하지만, map을 쓰도록 다시 정의한 scale-list 프로시저에서는 이런 계산 과정이 드러나지 않고, 모든 리스트 원소에 같은 인자 값을 곱한다는 사실만 또렷이 드러난다. 두 정의의 차이점은, 계산 과정이 서로 다르다는 것이 아니라 계산 방법에 대한 생각이 서로 다르다는 데 있다. 실제로 map은 리스트 원소를 바꾸는 프로시저의 구현 방법에서 리스트 원소를 어떻게 뽑아내고 어떻게 묶어내야 하는지 따로 나누어 생각할 수 있도록 요약의 경계^{간추림 경계}를 그을 수 있게 한다. 그림 2.1에서 본 것과 마찬가지로, 이렇게 계산 과정을 간추려 쓰면 차례열의 변환 방법만 요약해낼 수 있기 때문에, 변환 연산이 맞물려 돌아가는 방식은 그대로 둔 채, 차례열의 여러 구현 방식을 적용할 수 있는 여유가 생긴다. 2.2.3절에서는 큰 프로그램의 뼈대를 잡을 때 이와 같은 차례열의 쓰임새가 어떻게 도움이 되는지 살펴본다.

● 연습문제 2.21

square-list 프로시저는 다음과 같이 수 리스트를 인자로 받아서 모든 원소를 제곱한 다음 그 결과로 묶어서 리스트를 내놓는다.

```
(square-list (list 1 2 3 4))
(1 4 9 16)
```

square-list 프로시저를 정의하는 방법은 다음 두 가지다. 빈 곳을 채워 프로시저를 완성하라.

```
(define (square-list items)
  (if (null? items)
      nil
      (cons ⟨??⟩ ⟨??⟩)))

(define (square-list items)
  (map ⟨??⟩ ⟨??⟩))
```

● 연습문제 2.22

Louis Reasoner는 연습문제 2.21에서 만든 square-list 프로시저가 반복 프로세스를 펼쳐낼 수 있도록 고쳐 쓰려고 한다.

```
(define (square-list items)
  (define (iter things answer)
    (if (null? things)
        answer
        (iter (cdr things)
              (cons (square (car things))
                    answer))))
  (iter items nil))
```

한데, 위에 나온 대로 square-list 프로시저를 정의해 보면, 원소 차례가 거꾸로 나온다. 왜 차례가 뒤집히는지 설명하라.

Louis는 cons에서 두 인자의 순서를 맞바꾸는 방법으로 이 오류를 풀어보려고 하였다.

```
(define (square-list items)
  (define (iter things answer)
    (if (null? things)
        answer
        (iter (cdr things)
              (cons answer
                    (square (car things))))))
  (iter items nil))
```

허나, 이리 해보아도 제대로 된 결과가 나오지 않는다. 왜 그런가?

● **연습문제** 2.23

for-each 프로시저는, map처럼 프로시저와 리스트를 하나씩 인자로 받지만,
결과 값으로 리스트를 내놓는 게 아니라, 리스트의 원소마다 (왼쪽에서 오른쪽
으로) 프로시저를 적용한 결과만 내놓는다. 원소마다 프로시저를 적용했을 때
얻은 값은 아예 쓰지 않는다. 그러므로 리스트의 원소를 차례대로 화면에 찍는
등 똑같은 명령을 처리해야 하는 프로시저를 짜는 데 쓴다. 아래는 그 보기다.

```
(for-each (lambda (x) (newline) (display x))
          (list 57 321 88))
57
321
88
```

(위에 나타내진 않았지만) for-each 프로시저의 결과 값은 (참처럼) 뭐가 되어
도 상관없다. 그러니, for-each 프로시저를 정의해 보라.

2.2.2 계층 구조

차례열을 리스트로 표현하는 방법을 자연스럽게 일반화하여, 차례열을 원소로
하는 차례열을 나타낼 수 있다. 예를 들어, 다음 식으로 짜맞춘 물체 ((1 2) 3 4)
는 원소가 세 개인 리스트로 볼 수 있다. 이 리스트의 첫 번째 원소는 (1 2)라는
리스트다.

```
(cons (list 1 2) (list 3 4))
```

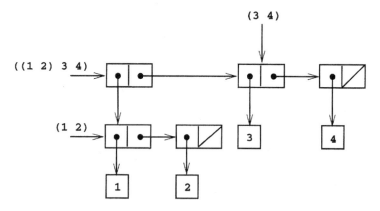

그림 2.5 (cons (list 1 2) (list 3 4))로 만든 구조

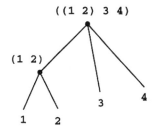

그림 2.6 그림 2.5의 리스트 구조를 나타낸 나무꼴

이런 사실은 실행기가 찍어낸 결과를 봐도 쉽게 알 수 있다. 이를 다시 그림으로 나타내면, 그림 2.5와 같이 된다.

차례열을 원소로 가지는 차례열을 나무^{tree} 꼴로 펼쳐 볼 수도 있다. 차례열 원소는 나무의 가지로 나타내고, 원소 자체가 또다시 차례열이면 부분 나무^{subtree}로 나타낸다. 그림 2.6은 그림 2.5의 구조를 나무꼴로 나타낸 것이다.

나무에 적용할 연산이 가지에 적용할 연산으로 줄어들고, 이어서 가지에 붙어 있는 다른 가지로 줄어드는 과정에서 나뭇잎에 이를 때까지 같은 규칙이 되풀이되기 때문에, 재귀^{recursion} 처리는 나무 구조를 다룰 때 자연스러운 방법이다. 2.2.1절의 length 프로시저와, 나뭇잎 개수를 구하는 count-leaves 프로시저를 견주어 보자.

```
(define x (cons (list 1 2) (list 3 4)))

(length x)
3

(count-leaves x)
4

(list x x)
(((1 2) 3 4) ((1 2) 3 4))

(length (list x x))
2

(count-leaves (list x x))
8
```

위와 같은 결과가 나오도록 count-leaves 프로시저를 짜기 위하여, length의
재귀^{되돌기} 처리 방식을 돌이켜 보자.

- 리스트 x의 length^{길이}는 x의 cdr의 length에 1을 더한 값이다.
- 빈 리스트의 length는 0이다.

count-leaves의 정의도 length와 비슷하다. 빈 리스트의 결과는 서로 같다.

- 빈 리스트의 count-leaves는 0이다.

하지만, 연산이 줄어드는 과정에서 리스트의 car를 골라냈을 때, car에 따로 세
어야 할 잎이 들어 있을 수 있다는 점도 고려해야 한다. 이를 바탕으로 연산이 줄
어드는 규칙은 다음과 같다.

- 나무 x의 count-leaves는 x의 car의 count-leaves와, x의 cdr의 count-leaves를 합한 것과 같다.

끝으로, car가 나뭇잎일 때에는 다음과 같다.

- 나뭇잎의 count-leaves는 1이다.

여러 갈래로 되도는^{tree recursive} 프로시저를 정의하는 데 도움이 되게끔, Scheme에서는 기본 술어 프로시저 pair?가 있다. 이 프로시저는 인자로 받은 값이 쌍인지 아닌지 묻는다. count-leaves 프로시저의 완전한 정의는 아래와 같다.[13]

```
(define (count-leaves x)
  (cond ((null? x) 0)
        ((not (pair? x)) 1)
        (else (+ (count-leaves (car x))
                 (count-leaves (cdr x))))))
```

● 연습문제 2.24

식 (list 1 (list 2 (list 3 4)))를 계산한다고 할 때, 실행기가 계산한 값을 어떻게 찍어내는지, 그 값은 상자와 화살표 구조로 나타내면 어떠한지, 또 (그림 2.6처럼) 나무꼴로 그려 보면 어떠한지 나타내어라.

● 연습문제 2.25

다음 리스트에서 7을 끄집어내려면 car와 cdr 연산을 어떻게 엮어 써야 하는지 밝혀라.

---

13) cond 식에서 처음 두 절의 차례는 아주 중요하다. 왜냐하면 빈 리스트는 null?을 만족하지만 쌍은 아니기 때문이다.

```
(1 3 (5 7) 9)

((7))

(1 (2 (3 (4 (5 (6 7))))))
```

● 연습문제 2.26

x와 y의 정의가 다음과 같다고 하자.

```
(define x (list 1 2 3))

(define y (list 4 5 6))
```

다음 식의 값을 구했을 때 실행기에서는 그 값을 어떻게 찍어내는가?

```
(append x y)

(cons x y)

(list x y)
```

● 연습문제 2.27

연습문제 2.18에서 만든 reverse 프로시저를 고쳐서, 리스트를 인자로 받는 deep-reverse 프로시저를 짜보라. deep-reverse 프로시저는 리스트의 원소 차례를 뒤집을 뿐 아니라, 모든 부분 리스트를 따라 내려가서 그 원소들의 차례도 다 뒤집는다. 두 프로시저를 만들어 돌려보면, 아래와 같은 결과가 나와야 한다.

```
(define x (list (list 1 2) (list 3 4)))

x
((1 2) (3 4))

(reverse x)
((3 4) (1 2))
```

```
(deep-reverse x)
```
((4 3) (2 1))

● **연습문제** 2.28

(리스트로 나타낸) 나무를 인자로 받아서, 모든 나뭇잎을 왼쪽에서 오른쪽으로 늘어놓은 리스트를 결과로 내놓는 fringe 프로시저를 정의하라. fringe 프로시저를 만들어 돌려보았을 때 그 결과는 아래와 같다.

```
(define x (list (list 1 2) (list 3 4)))
```

```
(fringe x)
```
(1 2 3 4)

```
(fringe (list x x))
```
(1 2 3 4 1 2 3 4)

● **연습문제** 2.29

왼쪽과 오른쪽에 팔이 하나씩 달린 모빌^{binary mobile}이 있다고 하자. 두 팔 모빌은 다음과 같이 가지^{막대기} 두 개를 (여기서는, list를 써서) 합친 데이터로 나타낼 수 있다.

```
(define (make-mobile left right)
   (list left right))
```

또, 가지는 length(반드시 수여야 한다)와 structure로 짜맞출 수 있다. 여기서 structure는 (추의 무게를 나타내는) 수나 다른 모빌일 수 있다.

```
(define (make-branch length structure)
   (list length structure))
```

a. 모빌에서 가지를 골라내는 left-branch와 right-branch를 만들어라.

또, 가지의 구성 요소를 골라내는 `branch-length`와 `branch-structure`도 만들어라.

b. 앞에서 만든 고르개^{selector}를 써서, 모빌의 전체 무게를 구하는 프로시저 `total-weight`를 정의해 보라.

c. 모빌이 **균형 잡힌**^{balanced} 상태가 되려면 왼쪽 맨 윗가지의 **돌림힘**^{토크, torque}과, 오른쪽 맨 윗가지의 돌림힘이 같아야 하고(다시 말해, 왼쪽 막대 길이와 그 막대에 매달린 전체 추를 곱한 값이 오른쪽 막대에서 구한 값과 같아야 하고), 가지마다 매달린 모든 부분 모빌도 마찬가지로 균형 잡힌 상태여야 한다. 두 팔 모빌이 균형 잡혔는지 알아보는 술어 프로시저를 짜라.

d. 짜맞추개^{constructor}를 다음처럼 다시 정의하여 모빌 표현을 바꿨다고 하자.

```
(define (make-mobile left right)
  (cons left right))
```

```
(define (make-branch length structure)
  (cons length structure))
```

위와 같이 짜맞추개를 고쳤다면, 지금까지 짠 프로그램은 또 얼마나 손봐야 하는가?

나무 매핑

`map`이 차례열을 다루는 데 아주 쓸모 있게 요약된^{간추린} 표현 수단이듯이, `map`과 재귀^{되돌기} 처리 방식을 한데 엮어 쓰면 나무꼴 데이터를 다룰 적에도 아주 뛰어난 표현 수단이 된다. 예를 들어 2.2.1절의 `scale-list`와 마찬가지로, `scale-tree`는 곱할 수와 나무를 인자로 받아, 그 생김새는 같으나 모든 나뭇잎에 곱수가 곱해진 나무를 내놓는다. `scale-tree` 프로시저가 되도는 방식은 `count-`

leaves 프로시저와 같다.

```
(define (scale-tree tree factor)
  (cond ((null? tree) nil)
        ((not (pair? tree)) (* tree factor))
        (else (cons (scale-tree (car tree) factor)
                    (scale-tree (cdr tree) factor)))))

(scale-tree (list 1 (list 2 (list 3 4) 5) (list 6 7))
            10)
(10 (20 (30 40) 50) (60 70))
```

scale-tree 프로시저를 구현하는 다른 방법은 나무를 부분 나무의 차례열로 보고, map을 쓰는 것이다. 이 프로시저는 모든 부분 나무에 차례대로 인자를 곱하면서 그 결과 리스트를 내놓는다. 이때 재귀하던 프로시저가 멈추었을 때, 곧 나무가 잎일 때 그저 인자를 곱하기만 하면 된다.

```
(define (scale-tree tree factor)
  (map (lambda (sub-tree)
         (if (pair? sub-tree)
             (scale-tree sub-tree factor)
             (* sub-tree factor)))
       tree))
```

수많은 나무꼴 연산은 이와 비슷하게 차례열 연산과 재귀 처리 방법을 엮은 식으로 나타낼 수 있다.

● **연습문제** 2.30

연습문제 2.21의 square-list 프로시저처럼 square-tree 프로시저를 정의해 보자. 다시 말해, square-tree 프로시저는 다음과 같이 돌아가야 한다.

```
(square-tree
  (list 1
        (list 2 (list 3 4) 5)
        (list 6 7)))
(1 (4 (9 16) 25) (36 49))
```

square-tree 프로시저를 (차수 높은 프로시저를 쓰지 않고) 곧바로 정의해 보기도 하고, 또 map과 재귀를 써서 정의해 보아라.

● **연습문제** 2.31

연습문제 2.30에서 만든 square-tree 프로시저를 요약하여^{간추려서} 다음과 같이 정의할 수 있도록 차수 높은 프로시저 tree-map을 정의하여라.

```
(define (square-tree tree) (tree-map square tree))
```

● **연습문제** 2.32

같은 원소가 되풀이되지 않는 리스트로 집합을 나타낼 수 있다. 또한, 한 집합의 모든 부분 집합의 집합은 리스트의 리스트로 나타낼 수 있다. 리스트 (1 2 3)을 집합으로 보면, 모든 부분 집합의 집합은 (() (3) (2) (2 3) (1) (1 3) (1 2) (1 2 3))이 된다. 한 집합의 모든 부분 집합의 집합을 구하는 프로시저를 아래와 같이 정의할 수 있다. 빈 곳을 채워 이 프로시저를 완성하고, 이 프로시저가 어떻게 돌아가는지 설명하라.

```
(define (subsets s)
  (if (null? s)
      (list nil)
      (let ((rest (subsets (cdr s))))
        (append rest (map ⟨??⟩ rest)))))
```

2.2.3 공통 인터페이스로써 차례열의 쓰임새

지금까지 복잡한 데이터를 가지고 여러 가지 일을 하는 가운데, 데이터를 요약해서^{간추려서} 쓰면 그 데이터를 어떻게 만들었는지에 얽매이지 않게 프로그램을 설계할 수 있기 때문에, 갖가지 데이터 표현 방식^{representation}을 실험해볼 수 있는 유연성이 생겨난다는 점을 여러 번 강조하였다. 이 절에서는 데이터 구조를 써서 프로그램을 짤 때 매우 쓸모가 있는 또 다른 설계 원칙, 이른바 **공통 인터페이스**^{conventional interface}의 쓰임새를 살펴보기로 한다.

1.3절에서는 수 데이터를 다루는 여러 프로그램에서 공통된 패턴을 찾아내어 이를 어떻게 차수 높은 프로시저로 요약해낼 수 있는지 살펴보았다. 그와 마찬가지로, 여러 가지 복잡한 데이터를 써서 프로그램을 짜는 경우에도 서로 엇비슷한 연산을 요약해낼 수 있는데, 그 여부는 오로지 데이터 구조를 다루는 방식에 달려 있다. 보기를 들어, 아래와 같이 2.2.2절의 count-leaves 프로시저와 비슷하게 돌아가는 프로시저를 살펴보자. 이 프로시저는 나무꼴 데이터를 인자로 받아서 그 나무에 달려 있는 잎사귀 가운데 홀수인 것만 제곱한 다음에 이것을 모두 더한 값을 내놓는다.

```
(define (sum-odd-squares tree)
  (cond ((null? tree) 0)
        ((not (pair? tree))
         (if (odd? tree) (square tree) 0))
        (else (+ (sum-odd-squares (car tree))
                 (sum-odd-squares (cdr tree))))))
```

언뜻 살펴보면, 위 프로시저는 아래 프로시저와 크게 달라 보인다. 아래 프로시저는 n보다 작거나 n과 같은 정수 k에 대하여 피보나치 수열 Fib(k) 값을 구한다고 할 때, 그 가운데 짝수만 모아서 리스트로 묶어내는 프로시저다.

```
(define (even-fibs n)
  (define (next k)
    (if (> k n)
        nil
        (let ((f (fib k)))
          (if (even? f)
              (cons f (next (+ k 1)))
              (next (+ k 1))))))
  (next 0))
```

두 프로시저의 얼개가 크게 다른데도, 두 계산 과정을 아래와 같이 요약해 보면 그 처리 방식이 서로 아주 닮아 있다. 첫 번째 프로그램의 계산 과정부터 차례대로 정리해 보면 다음과 같다.

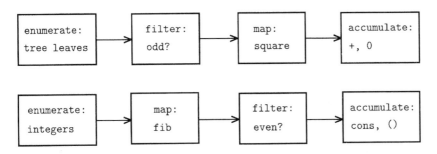

그림 2.7 신호를 처리하듯이 sum-odd-squares(위쪽)와 even-fibs(아래쪽)를 바라보면, 두 프로그램이 아주 비슷하다는 것을 알 수 있다.

- 나뭇잎을 모두 차례대로 늘어놓고 　　　　　　　 — enumerate
- 그 가운데 홀수만 골라내 　　　　　　　　　　 — filter
- 그 값을 하나하나 제곱한 다음에 　　　　　　　 — map
- 0부터 모든 값을 차례대로 + 한다. 　　　　　 — accumulate

이어서, 두 번째 프로그램의 계산 방법을 차례대로 정리하면 다음과 같다.

- 0부터 n까지 정수들을 늘어놓고 　　　　　　　 — enumerate
- 수마다 피보나치 수를 계산한 다음에 　　　　　 — map
- 그 가운데 짝수만 골라서 　　　　　　　　　　 — filter
- 빈 리스트에서 시작하여, 이 값들을 차례대로 cons한다.　 — accumulate

위 처리 과정을 그림 2.7과 같이 프로그램의 각 단계를 거치며 신호가 흘러가는 것처럼 생각해 보면, 그런 생각이 아주 자연스럽게 맞아떨어진다. sum-odd-squares 프로시저를 보면, 맨 처음에 나무꼴 데이터가 이뉴머레이터^{enumerator}를 거치면서 나뭇잎으로 이루어진 '신호'를 뽑아내는 것에서 시작된다. 이렇게 만들어진 신호는 다시 홀수 원소만 뽑아내는 거르개^{filter}를 거친 다음, 모든 원소의 square 값을 구하는 '트랜스듀서^{transducer}' map으로 넘어간다. map에서 나온 신호는 다시 **어큐뮬레이터**^{accumulator}로 넘어가는데, 어큐뮬레이터는 0부터 차례대로 모든 원소를 +한다. `even-fibs`가 돌아가는 방식도 이와 비슷하다.

그런데 앞서 나온 두 프로시저는 신호가 흘러가는 구조를 갖추지 못하였다. 그 보기로 `sum-odd-squares`를 살펴보면, 나무에서 원소를 늘어놓는 일을, 일부는 `null?`과 `pair?`를 검사하는 곳에서, 또 일부는 프로시저가 여러 갈래로 되도는 ^{tree-recursive process} 곳에서 다룬다. 이와 비슷하게, 원소를 모두 더하는 일도 나무 구조를 검사하는 곳과 나뭇가지를 따라 되돌며 덧셈하는 곳에서 따로 처리한다. 한마디로 말해, 두 프로시저 정의에서는 신호 흐름 방식의 단계별 처리 과정에 확실히 대응하는 부분을 찾아보기 어렵다. 말하자면, 계산 과정을 나누는 방식이 아예 다르다. 이뉴머레이션^{원소 늘어놓기, enumeration}이 프로그램 여기저기에 널브러진 데다가 맵^{map}, 거르개, 어큐뮬레이션^{accumulation}까지 한데 뒤엉키니 어떤 곳에서 무엇을 하는지 알아보기 힘들다. 따라서 이와 달리, 신호 흐름 방식에 딱 들어맞도록 프로그램을 짤 수 있다면, 계산 과정이 훨씬 또렷이 드러나는 코드를 적을 수 있다.

차례열 연산

신호 흐름 구조가 더 깔끔하게 드러나도록 프로그램을 짜기 위해서는, 한 계산 단계에서 다음 계산 단계로 흘러가는 '신호'를 눈여겨보아야 한다. 또한 이런 신호를 리스트로 나타내면, 모든 단계별 처리 과정을 리스트 연산으로 실현할 수 있다. 보기를 들어, 신호−흐름도에서 매핑 단계^{mapping stage}를 나타낼 적에는 2.2.1절에 나온 `map` 프로시저를 쓰면 된다.

```
(map square (list 1 2 3 4 5))
(1 4 9 16 25)
```

차례열에서 어떤 조건을 만족하는 원소만 골라내는 연산은 다음과 같이 정의할 수 있다.

```
(define (filter predicate sequence)
  (cond ((null? sequence) nil)
        ((predicate (car sequence))
         (cons (car sequence)
               (filter predicate (cdr sequence))))
        (else (filter predicate (cdr sequence)))))
```

이 filter를 쓰는 방법은 이렇다.

```
(filter odd? (list 1 2 3 4 5))
```
(1 3 5)

어큐뮬레이션은 다음처럼 만들 수 있다.

```
(define (accumulate op initial sequence)
  (if (null? sequence)
      initial
      (op (car sequence)
          (accumulate op initial (cdr sequence)))))
```

```
(accumulate + 0 (list 1 2 3 4 5))
```
15

```
(accumulate * 1 (list 1 2 3 4 5))
```
120

```
(accumulate cons nil (list 1 2 3 4 5))
```
(1 2 3 4 5)

이제 맨 첫 단계, 원소를 뽑아내는 과정만 만들면, 신호-흐름도를 완전히 실현할 수 있다. even-fibs를 구현하려면 어떤 범위에 있는 모든 정수를 뽑아내는 연산이 필요한데, 이는 다음과 같이 정의하면 된다.

```
(define (enumerate-interval low high)
  (if (> low high)
      nil
      (cons low (enumerate-interval (+ low 1) high))))
```

```
(enumerate-interval 2 7)
(2 3 4 5 6 7)
```

나무에서 잎사귀를 떼어낼 때에는, 아래 프로시저를 쓸 수 있다.[14]

```
(define (enumerate-tree tree)
  (cond ((null? tree) nil)
        ((not (pair? tree)) (list tree))
        (else (append (enumerate-tree (car tree))
                      (enumerate-tree (cdr tree))))))
```

```
(enumerate-tree (list 1 (list 2 (list 3 4)) 5))
(1 2 3 4 5)
```

이제는 sum-odd-squares 프로시저와 even-fibs 프로시저를 신호-흐름도에 따라 새로 짜맞출 수 있다. sum-odd-squares는 나무에서 잎사귀를 따서 차례열로 묶어낸 다음, 그 가운데 홀수만 골라내어 이를 모두 제곱하여 더하는 과정이다.

```
(define (sum-odd-squares tree)
  (accumulate +
              0
              (map square
                   (filter odd?
                           (enumerate-tree tree)))))
```

even-fibs는 0부터 n까지 정수를 차례열로 묶어낸 다음, 모든 원소의 피보나치 수를 구하고, 거기에서 다시 짝수만 골라내어 리스트로 묶어낸다.

```
(define (even-fibs n)
  (accumulate cons
              nil
              (filter even?
                      (map fib
                           (enumerate-interval 0 n)))))
```

---

14) 사실 이 프로시저는 연습문제 2.28에서 만든 fringe 프로시저와 똑같다. 여기서는 이 연산이 차례열 연산임을 드러내 보이려고, 이름만 바꿔 썼을 따름이다.

차례열 연산$^{sequence\ operation}$으로 프로그램을 표현하는 방법은 모듈 방식^{modular}, 곧 독립된 부품을 짜 맞추듯이 프로그램을 설계할 수 있다는 점에서 가치가 있다. 따라서 표준 부품$^{standard\ component}$ 라이브러리와 함께, 표준 부품을 여러 가지 방법으로 엮어 쓸 수 있도록 공통 인터페이스를 제공하면, 모듈 방식으로 프로그램을 짜 맞추는 데 큰 보탬이 된다.

모듈 방식은 여러 공학 분야에서 복잡한 설계 문제를 다루는 데 잘 들어맞는 기법이다. 예컨대, 실제로 신호처리 응용 분야에서는 여러 가지 표준 거르개와 트랜스듀서에서 알맞은 부품을 골라 이것들을 단계별로 연결하는 방식으로 신호 처리 시스템을 만든다. 그와 비슷하게, 프로그램을 설계할 적에도 차례열 연산을 인터페이스로 하여 서로 끼워 맞춰 쓸 수 있는 표준 프로그램 부품들의 라이브러리를 마련할 수 있다. 보기를 들어, 아래와 같이 피보나치 수 $n+1$개를 뽑아서 이를 제곱한 리스트를 엮어내는 프로그램 list-fib-squares를 짠다고 할 때, 앞서 sum-odd-squares와 even-fibs에서 쓴 부품을 그대로 가져다 쓸 수 있다.

```
(define (list-fib-squares n)
  (accumulate cons
          nil
          (map square
               (map fib
                    (enumerate-interval 0 n)))))

(list-fib-squares 10)
(0 1 1 4 9 25 64 169 441 1156 3025)
```

위에서 쓴 부품을 다른 식으로 끼워 맞추면, 이번에는 차례열 속의 모든 홀수를 제곱하는 프로시저를 꾸밀 수 있다.

```
(define (product-of-squares-of-odd-elements sequence)
  (accumulate *
          1
          (map square
               (filter odd? sequence))))
```

```
(product-of-squares-of-odd-elements (list 1 2 3 4 5))
```
225

또한, 차례열 연산으로 흔히 볼 수 있는 데이터 처리^{data-processing} 과정을 표현할 수도 있다. 이를테면, 인사 기록으로 이루어진 차례열에서, 돈을 가장 많이 받는 프로그래머가 지금 얼마를 받는지 알아본다고 하자. 어떤 인사 기록이 프로그래머를 위한 것인지 알아보는 술어 **programmer?**가 있고, 인사 기록에서 봉급을 알아내는 고르개 프로시저 **salary**가 있다 치면, 다음과 같이 프로그램을 짜면 된다.

```
(define (salary-of-highest-paid-programmer records)
  (accumulate max
              0
              (map salary
                   (filter programmer? records))))
```

여기서 보기로 든 문제는, 차례열 연산을 바탕으로 만들어낼 수 있는 수많은 연산 가운데 그저 작은 맛보기에 지나지 않는다.¹⁵

지금까지 본 바와 같이 (여기서 리스트로 구현한) 차례열은 여러 모듈을 한데 엮는 인터페이스 구실을 할 수 있다. 게다가, 모든 데이터 구조를 하나같이 차례열로 나타내었다고 하면 몇 안 되는 차례열 연산으로 전체 프로그램의 데이터 구조를 다루는 셈이 되므로, 프로그램의 설계에는 조금도 손대지 않고 차례열의 또 다른 표현 방법을 실험해볼 수 있다. 3.5절에서는 이런 장점을 바탕으로 (차례열의 표현 방식을 이리저리 바꾸어서) 끝없는 차례열을 나타낼 수 있게끔 신호 처리 패러다임의 표현력을 늘려 보기로 하자.

---

15) 리차드 워터스(Richard Waters)는 1979년에 포트란 프로그램을 자동 분석하여 맵, 거르개, 어큐뮬레이션으로 풀어내는 프로그램을 개발하였다. 또한 이 연구를 통해, 포트란 과학 계산 패키지(Fortran Scientific Subroutine Package)에 들어 있는 코드 중에 90%가 이런 패러다임에 깨끗하게 들어맞는 사실도 밝혀냈다. Lisp가 프로그래밍 언어로 성공을 거두게 된 까닭 중 하나는, 차례 매긴 컬렉션(ordered collection)을 표현하는 표준 수단으로 리스트를 씀으로써 그 리스트를 차수 높은 연산(high-ordered operation)으로 처리할 수 있다는 데 있다. 프로그래밍 언어 APL도 그에 견줄 만한 표현 능력을 갖추었으며, Lisp와 비슷한 방식을 따른다. APL에서는 모든 데이터를 배열로 나타내는데, 모든 종류의 배열 연산을 표현할 수 있을 만치 폭넓고 편리한 일반화된 연산(generic operation)들을 고루 갖추고 있다.

● 연습문제 2.33

아래는 accumulate를 이용해서 리스트 기본 연산을 몇 개 정의하려는 것이다.
그 중 빈 곳을 채워 보아라.

```
(define (map p sequence)
  (accumulate (lambda (x y) ⟨??⟩) nil sequence))

(define (append seq1 seq2)
  (accumulate cons ⟨??⟩ ⟨??⟩))

(define (length sequence)
  (accumulate ⟨??⟩ 0 sequence))
```

● 연습문제 2.34

아래와 같이 정의된 x의 다항식 값 계산 과정을 accumulate로 나타내 보자.

$$a_n x^n + a_{n-1} x^{n-1} + \cdots + a_1 x + a_0$$

위 다항식은 호너의 규칙$^{Horner's\ rule}$이라는 알고리즘을 써서 다음 방식으로 계
산할 수 있다.

$$(\cdots(a_n x + a_{n-1})x + \cdots + a_1)x + a_0$$

다시 말하면, a_n에 x를 곱한 다음 a_{n-1}을 더하고, 그 값에 다시 x를 곱하는 방식
으로 a_0에 이를 때까지 계산을 이어간다.[16] 아래에서 빈 곳을 매워, 호너의 규칙
에 따라 다항식을 구하는 프로시저의 정의를 마무리하라. 이때, 다항식의 계수

---

16) Knuth 1981에 따르면, 이 규칙은 19세기 초에 W. G. 호너(W. G. Horner)가 정리한 것이나, 실제로는 몇
세기 앞서서 뉴턴이 이런 방법을 처음 썼다. 호너의 규칙으로 다항식 값을 구하면, 차례대로 $a_n x^n$을 구한
다음에 $a_{n-1}x^{n-1}$을 구하는 방법을 썼을 때보다 덧셈과 곱셈을 하는 횟수가 줄어든다. 실제로 다항식 값을 계
산하는 데 드는 덧셈과 곱셈의 수가, 호너의 규칙을 따를 때보다 적어지지 못함을 증명할 수 있다. 따라서
호너의 규칙은 다항식 값을 구하는 데 최적 알고리즘(optimal algorithm)인 셈이다. 이는 알렉산더 마르코
비치 오스트로스키(A. M. Ostrowski)가 1954년에 발표한 논문에서 (덧셈 횟수만) 밝힌 것인데, 이 논문은
최적 알고리즘에 관한 현 연구의 바탕을 마련하였다. 이와 비슷하게, 곱셈 횟수에 대한 사실은 1966년에
V. Y. 판(V. Y. Pan)이 밝혀냈다. Borodin and Munro 1975에서는 위의 연구 결과뿐 아니라, 최적 알고리
즘에 대한 여러 가지 연구 결과를 간추려 놓았다.

들은 a_0에서 a_n까지 차례열 속에 들어 있다고 하자.

```
(define (horner-eval x coefficient-sequence)
  (accumulate (lambda (this-coeff higher-terms) ⟨??⟩)
              0
              coefficient-sequence))
```

보기를 들어, $x = 2$일 때 $1 + 3x + 5x^3 + x^5$의 값을 계산하는 식은 다음과 같다.

```
(horner-eval 2 (list 1 3 0 5 0 1))
```

● **연습문제** 2.35

accumulate를 써서 2.2.2절에 나온 count-leaves 프로시저를 다시 정의해 보아라.

```
(define (count-leaves t)
  (accumulate ⟨??⟩ ⟨??⟩ (map ⟨??⟩ ⟨??⟩)))
```

● **연습문제** 2.36

accumulate-n 프로시저는 accumulate와 비슷하지만 '차례열들의 차례열'을 세 번째 인자로 받는다는 게 다르다. 이때, 모든 차례열의 원소 수는 같다고 친다. 이 프로시저는 인자로 받은 어큐뮬레이션 프로시저를 가지고 모든 차례열의 첫 번째 원소를 한데 엮고, 이어서 두 번째 원소를 모두 엮는 방식으로 차례열들의 모든 원소를 묶어서 그 결과로 차례열 하나를 내놓는다. 예컨대, s가 차례열 네 개로 이루어진 차례열 ((1 2 3) (4 5 6) (7 8 9) (10 11 12))이라고 할 때, (accumulate-n + 0 s)를 계산한 값은 (22 26 30)이라는 차례열이 된다. 아래 빈 곳을 채워 accumulate-n 프로시저의 정의를 마무리하라.

```
(define (accumulate-n op init seqs)
  (if (null? (car seqs))
      nil
      (cons (accumulate op init ⟨??⟩)
            (accumulate-n op init ⟨??⟩))))
```

● **연습문제** 2.37

벡터 $v = (v_i)$는 수열^{sequence of numbers}로 나타내고, 행렬 $m = (m_{ij})$은 다시 벡터 (행렬의 행)들의 차례열로 나타내기로 하자. 이를테면, 아래 행렬은 차례열 $((1\ 2\ 3\ 4)\ (4\ 5\ 6\ 6)\ (6\ 7\ 8\ 9))$로 나타낸다.

$$\begin{bmatrix} 1 & 2 & 3 & 4 \\ 4 & 5 & 6 & 6 \\ 6 & 7 & 8 & 9 \end{bmatrix}$$

이런 표현 방식을 바탕으로 하면, 다음과 같은 (행렬 대수 책에 흔히 나오는) 행렬과 벡터 연산들을 차례열 연산으로 간결하게 나타낼 수 있다.

(dot-product $v\ w$)　　　　　$\sum_i v_i \omega_i$를 계산한 값이 나온다.

(matrix-*-vector $m\ v$)　　$t_i = \sum_j m_{ij} v_j$일 때, 벡터 t가 나온다.

(matrix-*-matrix $m\ n$)　　$P_{ij} = \sum_k m_{ik} n_{kj}$일 때, 행렬 p가 나온다.

(transpose m)　　　　　　$n_{ij} = m_{ji}$인 행렬 n이 나온다.

행렬을 내적^{dot product}하는 연산은 다음처럼 정의할 수 있다.[17]

```
(define (dot-product v w)
  (accumulate + 0 (map * v w)))
```

아래 식에서 빈 곳을 채워 행렬 연산 프로시저의 정의를 모두 마무리하라. (accumulate-n은 연습문제 2.36에서 정의했다.)

```
(define (matrix-*-vector m v)
    (map ⟨??⟩ m))
```

---

17) 이 정의에서는 원주 12에서 설명한 map의 확장판을 쓴다.

```
(define (transpose mat)
  (accumulate-n ⟨??⟩ ⟨??⟩ mat))

(define (matrix-*-matrix m n)
  (let ((cols (transpose n)))
    (map ⟨??⟩ m)))
```

● 연습문제 2.38

accumulate 프로시저는 첫 번째 원소와 나머지 원소의 계산 결과를 오른쪽으로 엮어가면서 계산하기 때문에 fold-right라고도 한다. 이와 비슷한 연산으로 fold-left가 있는데, 이것은 원소를 엮어가며 계산하는 방향이 fold-right의 반대다.

```
(define (fold-left op initial sequence)
  (define (iter result rest)
    (if (null? rest)
        result
        (iter (op result (car rest))
              (cdr rest))))
  (iter initial sequence))
```

다음 식을 계산하면 어떤 결과가 나오는가?

```
(fold-right / 1 (list 1 2 3))

(fold-left / 1 (list 1 2 3))

(fold-right list nil (list 1 2 3))

(fold-left list nil (list 1 2 3))
```

한 차례열을 fold-right한 결과와 fold-left한 결과가 같으려면, op가 어떤 성질을 갖추어야 하는가?

● **연습문제 2.39**

연습문제 2.38에 나온 `fold-right`와 `fold-left`로 (연습문제 2.18에 나오는) reverse 프로시저의 정의를 마무리하라.

```
(define (reverse sequence)
    (fold-right (lambda (x y) ⟨??⟩) nil sequence))

(define (reverse sequence)
    (fold-left (lambda (x y) ⟨??⟩) nil sequence))
```

겹친 매핑

이번에는 차례열 패러다임의 쓰임새를 넓혀서, 흔히 (다른 언어에서) 겹친 루프 nested loop를 써서 나타낼 수 있는 수많은 계산 문제를 표현해 보기로 한다.[18] 양의 정수 n, i, j가 있을 때, $1 \leq j < i \leq n$을 만족하고 $i + j$의 값이 소수가 되는, i와 j의 모든 순서쌍을 구하는 문제를 생각해 보자. n이 6이면 결과는 다음과 같다.

i	2	3	4	4	5	6	6
j	1	2	1	3	2	1	5
$i + j$	3	5	5	7	7	7	11

이런 계산 과정을 자연스럽게 나타내는 한 가지 방법은, n보다 작거나 같은 양의 정수로 이루어진 모든 순서쌍을 차례열을 묶어낸 다음, 그 가운데 그 합이 소수인 쌍들만 거르개로 골라내고, 골라낸 쌍 (i, j)에 대해 트리플triple $(i, j, i + j)$를 만드는 것이다.

쌍의 차례열을 만드는 방법은 이러하다. $i \leq n$인 i에 대하여, $j < i$인 j를 늘어 놓은 뒤 i와 j의 순서쌍 (i, j)를 만든다. 이 과정을 차례열 연산으로 표현해 보

---

18) 매핑을 겹쳐 쓰는 기법은 데이비드 터너(David Tuner)가 선보인 것으로, 그가 만든 언어 KRC와 미란다(Miranda)에는 그와 같은 구성 요소를 깔끔하게 정돈한 표현 수단(elegant formalism)이 들어 있다. 이 절에서 보기로 드는 문제들은 Turner 1981에서 빌려 온 것이다(연습문제 2.41도 보자). 3.5.3절에서는 이 기법을 끝없는 차례열(infinite sequence)에 적용해 본다.

면, (enumerate-interval 1 n)로 뽑아낸 차례열에서 그 원소 *i*마다 (enu-merate-interval 1 (- i 1))으로 적용하여 다시 차례열을 만들어 낸다. 그 차례열의 원소 *j*에 대하여 (list i j)를 만든다. 이렇게 하면 각 *i*에 대한 쌍의 차례열이 나온다. *i*에 대한 차례열을 (append로 어큐뮬레이션하여) 모두 엮어서, 원하던 쌍들의 차례열을 뽑아내면 된다.[19]

```
(accumulate append
            nil
            (map (lambda (i)
                    (map (lambda (j) (list i j))
                         (enumerate-interval 1 (- i 1))))
                 (enumerate-interval 1 n)))
```

차례열에 맵^{map}을 적용하여 append로 엮어내는 방식은 이런 프로그램을 짤 때 흔히 쓰는 패턴이기 때문에, 이것을 아예 따로 떼어내 프로시저로 간추려 놓으면 편하다.

```
(define (flatmap proc seq)
  (accumulate append nil (map proc seq)))
```

이제 쌍의 차례열에서 그 합이 소수인 것을 골라내자. 거르개의 술어^{predicate} 프로시저는 차례열 원소 하나하나에 적용된다. 이 경우에는, 쌍을 인자로 받아서 그 쌍에서 두 정수를 골라내야 한다. 따라서 차례열의 각 원소에 적용할 술어는 다음과 같다.

```
(define (prime-sum? pair)
  (prime? (+ (car pair) (cadr pair))))
```

마지막으로, 맵^{map} 프로시저를 써서, 앞서 걸러낸 쌍의 차례열에다 아래에 나온 프로시저를 적용하여 트리플의 차례열을 뽑아낸다.

---

19) 여기서 쌍을 표현할 때, 그냥 Lisp의 쌍을 쓰지 않고, 원소가 두 개 있는 리스트를 썼다. 따라서 '쌍' (i, j)는 (cons i j)가 아니라 (list i j)로 나타낸다.

```
(define (make-pair-sum pair)
  (list (car pair) (cadr pair) (+ (car pair) (cadr pair))))
```

지금까지 살펴본 모든 과정을 한데 엮으면 아래 프로시저가 된다.

```
(define (prime-sum-pairs n)
  (map make-pair-sum
       (filter prime-sum?
               (flatmap
                 (lambda (i)
                   (map (lambda (j) (list i j))
                        (enumerate-interval 1 (- i 1))))
                 (enumerate-interval 1 n)))))
```

이렇게 매핑을 겹쳐 쓰는 방법^{nested mapping}은, 어떤 구간에 속하는 원소를 늘어놓는 일 말고도 쓸 데가 많다. 이번에는 집합 S의 모든 순열^{permutation}, 즉 한 집합의 원소들을 차례대로 늘어놓는 모든 방법을 구해 보자. 보기를 들어, {1, 2, 3}의 순열은 {1, 2, 3}, {1, 3, 2}, {2, 1, 3}, {2, 3, 1}, {3, 1, 2}, {3, 2, 1}이다. S의 순열을 뽑아내는 방법은 이러하다. S의 각 원소 x에 대하여, $S - x$의 순열을 모두 구해 차례열로 묶어낸다.[20] 차례열 속에 있는 각 순열의 맨 앞에 x를 덧붙인다. 그리면, S의 각 원소 x에 대하여 x로 시작되는 모든 순열을 얻을 수 있다. 그와 같이, 각 x에 대한 순열을 모두 구해서 묶어내면, 집합 S에서 얻을 수 있는 순열이 된다.[21]

```
(define (permutations s)
  (if (null? s)                     ; 텅빈 set?
      (list nil)                    ; 텅빈 set를 담은 차례열
      (flatmap (lambda (x)
                 (map (lambda (p) (cons x p))
                      (permutations (remove x s))))
               s)))
```

---

20) 집합 $S - x$는 S에서 x를 뺀 나머지 원소들의 집합이다.

21) Scheme에서 세미콜론은 코멘트(주석, 뜻풀이, comment)를 달 때 쓴다. 실행기는 세미콜론을 친 부분부터 그 줄 끝에 이르기까지 모든 글을 무시한다. 이 책에서는 뜻풀이를 많이 달지 않는 대신에, 프로그램 자체가 글처럼 읽힐 수 있도록 뜻이 잘 와 닿는 낱말이나 이름을 골라 쓰려고 애썼다.

이때, S의 순열을 구하는 문제가 S보다 원소가 적은 집합에서 순열을 구하는 문제로 작아지고 있음을 눈여겨보자. 맨 마지막에는, 공집합을 나타내는 빈 리스트를 만나게 되고, 공집합을 원소로 하는 집합 (list nil)이 나온다. permutations 프로시저에서 쓰는 remove 프로시저는 원소 하나와 차례열 하나를 인자로 받아, 그 차례열에서 그 원소를 뺀 나머지를 답으로 내놓는다. remove 프로시저는 거르개를 써서 간단히 표현할 수 있다.

```
(define (remove item sequence)
  (filter (lambda (x) (not (= x item)))
          sequence))
```

● 연습문제 2.40

정수 n을 인자로 받아서 $1 \leq j < i \leq n$을 만족하는 (i, j) 쌍의 차례열을 뽑아낼 수 있도록 unique-pairs 프로시저를 정의하라. 이 프로시저를 써서 prime-sum-pairs의 정의를 더 줄여 보아라.

● 연습문제 2.41

어떤 정수 n보다 작거나 n과 같은, 서로 다른 양의 정수 i, j, k가 있다고 할 때, 그 합이 어떤 정수 s가 된다고 하자. 그와 같은 세 정수의 트리플을 차례대로 뽑아내는 프로시저를 짜라.

● 연습문제 2.42

'에잇—퀸 퍼즐$^{eight-queens\ puzzle}$'은, 체스판에 퀸 여덟을 놓되 서로 공격^{check}할 수 있는 자리에 오지 못하게 두는 방법이 무엇인지 찾아내는 수수께끼다. (다시 말해서, 두 퀸이 마주보지 않도록 한 가로줄, 세로줄, 대각선 위에 퀸 두 개가 오면 안 된다.) 이 수수께끼를 푸는 한 가지 방법은, 그림 2.8에서 보여주듯이 체스판을 가로지르면서 세로줄마다 하나씩 퀸을 놓는 것이다. 따라서 퀸 $k-1$개를 제대로 두었다고 치면, k번째 퀸은 다른 퀸을 공격하지 못하는 자리에 와야 한다.

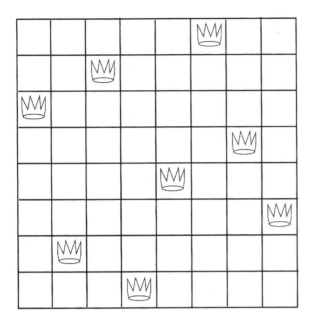

그림 2.8 에잇-퀸 퍼즐을 푸는 한 가지 방법

이런 방식을 되돌이^{재귀}로 정리해 보면 이러하다. 퀸 $k-1$개를 세로줄 $k-1$개에 두는 방법을 모두 찾아냈다고 치자. 그렇게 찾아낸 방법 하나하나에 대하여 k번째 세로줄의 가로줄마다 k번째 퀸을 놓는다고 치고, 그 자리 값을 보탠다. 이로부터 k번째 세로줄에 있는 퀸이 공격 받지 않는 자리 값만 골라낸다. 이리하면 k개 세로줄에 퀸 k개를 안전하게 놓을 수 있는 방법을 몽땅 얻을 수 있다. 이런 과정을 계속 밟아 가면, 답 하나가 아니라 이 수수께끼를 푸는 모든 답을 얻어낼 수 있다.

이 풀이법을 queens 프로시저로 실현해 보자. queens는 퀸 n개를 $n×n$ 체스판에 놓는다고 할 때, 얻을 수 있는 모든 답을 차례열로 묶어 낸다. queens에 갇힌 프로시저 queen-cols는 세로줄 k개에 퀸을 놓을 수 있는 모든 방법을 차례열로 묶어낸다.

```
(define (queens board-size)
  (define (queen-cols k)
    (if (= k 0)
        (list empty-board)
        (filter
         (lambda (positions) (safe? k positions))
          (flatmap
           (lambda (rest-of-queens)
            (map (lambda (new-row)
                   (adjoin-position new-row k rest-of-queens))
                 (enumerate-interval 1 board-size)))
           (queen-cols (- k 1)))))))
  (queen-cols board-size))
```

이 프로시저에서 rest-of-queens는 세로줄 $k-1$개에 퀸 $k-1$개를 놓는 방법 하나를 나타내고, new-row는 k번째 세로줄에 k번째 퀸을 놓을 수 있는 가로줄을 나타낸다. 이 프로그램을 마무리 짓기 위하여, 체스판의 자리 값을 원소로 하는 집합의 표현 방식을 정하라. 그 다음, 그 집합에 새로운 가로-세로 자리 값을 집어넣는 프로시저 adjoin-position, 또 공집합을 나타내는 프로시저 empty-board를 구현하라. 이에 아울러, k번째 퀸이 나머지 다른 퀸에서 안전한지 알아볼 수 있도록 safe?라는 술어 프로시저도 만들어라. (이때, 나머지 퀸들은 벌써 안전한 자리를 잡고 있다 치고, 새로 놓을 퀸이 안전한지만 따져보면 된다.)

● **연습문제** 2.43

Louis Reasoner는 연습문제 2.42를 푸는 데 애를 먹고 있다. queens가 돌아가기는 하는 것 같은데, 너무 느려서 참기 힘들다. 또 6×6 문제를 푸는 데 걸리는 시간도 너무 길다고 느낀다. Louis가 Eva Lu Ator에게 도움을 청하니, Eva는 flatmap 안에서 매핑을 겹쳐 쓸 때 그 차례가 뒤바뀐 게 문제라고 한다.

```
(flatmap
 (lambda (new-row)
   (map (lambda (rest-of-queens)
          (adjoin-position new-row k rest-of-queens))
        (queen-cols (- k 1))))
 (enumerate-interval 1 board-size))
```

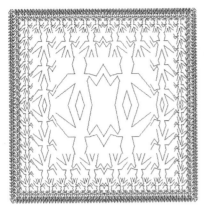

그림 2.9 그림 언어로 만들어 낸 무늬

이렇게 매핑하는 차례가 뒤바뀌었다고 해서 프로그램이 그렇게 느려지는 까닭은 무엇인가? 연습문제 2.42에서 만든 프로그램으로 에잇─퀸 문제를 풀 때 T 시간이 걸린다고 하면, Loius가 짠 프로그램으로는 같은 문제를 푸는 데 얼마나 걸리는지 어림잡아 보라.

2.2.4 연습 : 그림 언어

이 절에서는, 데이터 요약과 닫힘 성질, 아울러 차수 높은 프로시저$^{higher-order\ procedure}$가 프로그램 설계에 미치는 힘이 얼마나 큰지 제대로 살펴보기 위하여 그림을 그리는 데 쓰는 간단한 언어를 하나 만들자. 이 언어는 그림 2.9에서 볼 수 있듯이, 같은 그림을 옮겨 붙이거나 줄이고 늘이기를 되풀이하면서 복잡한 무늬를 쉽게 표현할 수 있도록 설계된다.[22] 아울러, 이 언어에서는 데이터 물체들의 묶음을 나타낼 때 리스트 구조 대신 프로시저를 쓴다. 앞서 **cons** 연산의 닫힘 성질 덕

---

22) 이 그림 언어는, 모우리츠 코르넬리스 에셔(M. C. Escher)의 'Square Limit' 목판화 같은 그림을 그려 보려고 피터 헨더슨(Peter Henderson)이 만든 언어에 바탕을 두고 있다(Henderson 1982). 그 목판화에는, 이 절에서 square-limit로 그려낸 그림과 비슷하게, 그림의 크기를 바꾸면서 같은 그림을 되풀이해서 그려내는 패턴이 들어 있다.

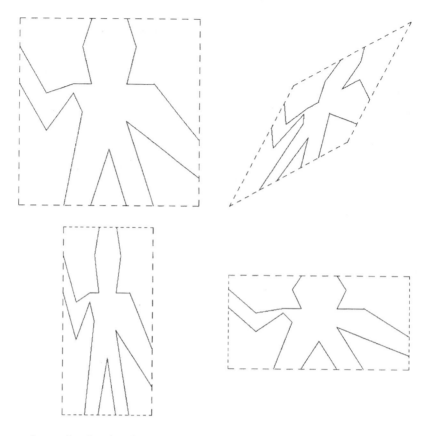

그림 2.10 서로 다른 네 그림틀에 맞추어 wave 페인터로 그린 그림들이다. 점선은 그림틀을 나타내는 것으로, 페인터가 그린 게 아니다.

분에 얼마든지 복잡한 리스트 구조를 짜 맞출 수 있었듯이, 이 언어에서도 닫힘 성질을 갖춘 연산을 쓰기 때문에 복잡한 무늬를 얼마든지 쉽게 그려낼 수 있다.

그림 언어

1.1절에서 프로그래밍 공부를 시작하면서, 한 언어를 설명할 때, 그 기본 원소, (식 또는 물체를) 엮어내는 수단, (복잡한 식 또는 물체를) 요약하는^{간추리는} 수단에 중점을 두는 방식이 얼마나 중요한지 강조한 바 있다. 여기서도 그와 같은 틀에 따라 설명하기로 한다.

그림 2.11 그림 2.10과 똑같은 네 틀에 MIT 설립자 겸 초대 학장 윌리엄 바턴 로저스를 박아 넣은 그림들. 원본 그림은 MIT 박물관의 허락을 받아서 찍었다.

이 절에서 선보이는 그림 언어는 페인터^{painter}라는 딱 한 가지 요소^{element}만 갖추는데, 이 언어의 아름다움은 바로 이런 단순함에서 우러나온다. 페인터는 정해진 평행사변형$^{나란히꼴, parallelogram-shaped}$ 틀에 맞추어 어떤 그림을 옮겨 붙이기도 하고 크기를 바꾸어 그리기도 한다. 보기를 들어, 그림 2.10은 **wave**라는 기본 페인터를 써서 선으로 대충 그린 그림이다. 페인터는 그림틀에 따라 다른 생김새로 그림을 그린다. 그림 2.10에 있는 네 그림은 모두 똑같은 **wave** 페인터로 그린 것이지만, 그림틀이 모두 다르기 때문에 생김새가 다 다르다. 더 정교하게 그리는 페인터도 있다. 그림 2.11은 **rogers**라는 기본 페인터를 써서 MIT 창립자 윌리엄 바턴 로저스^{William Barton Rogers}의 사진을 박아 넣은 그림인데,[23] 그림 2.10에서
wave가 쓴 것과 같은 그림틀에 맞춘 것이다.

여러 그림을 한 그림으로 엮어내기 위하여 여러 페인터를 묶어서 새 페인터를
짜 맞추는 여러 가지 연산이 있다. 예컨대, beside 연산은 페인터 두 개를 인자로
받아서 첫 번째 페인터는 틀의 왼편에 그림을 그리도록 하고 두 번째 페인터는
틀의 오른편에 그림을 그리게끔, 새로운 페인터를 만들어 낸다. 마찬가지로,
below 연산은, 첫 번째 페인터가 두 번째 페인터 그림 아래에다 그림을 그리도록,

---

23) 윌리엄 바턴 로저스(1804-1882)는 MIT 대학의 창립자이자 초대 학장이다. 동시에, 그는 지질학자이자 뛰
어난 스승으로, 윌리엄 앤드 메리 대학(William and Mary College)과 버지니아 대학(University of
Virginia)에서 가르침을 베풀었다. 1859년에 보스턴으로 거처를 옮기면서 연구에 더 많은 시간을 보낼 수
있게 되었고, '전문학교(polytechnic institute)'를 설립할 계획을 세웠으며, 매사추세츠 주에서는 맨 처음
으로 가스 계량기 검침원으로 일하기도 했다.

　1861년에 MIT 대학이 세워지고, 로저스는 초대 학장으로 뽑혔다. 로저스는 고전만 지나치게 강조하던
당시 대학 교육과는 달리, 그런 교육은 '자연 과학과 사회과학 분야를 더 넓게, 더 높게, 실제에 더 가깝게
교육하고 훈련하는 데 방해가 될 뿐'이라며, '쓸모 있는 것을 배우자'는 생각에 뜻을 같이하였다. 따라서
교육 방식은 폭이 좁은 실업학교 교육과 달랐다. 로저스는 다음과 같이 말했다. "세상에서는 실무자와 과
학자를 억지로 구분하려 들지만 아무짝에 쓸모없는 짓이다. 이 시대의 모든 경험이 그게 얼마나 가치 없
는 것인지 증명한다."

　로저스는 1870년까지 MIT의 학장으로 일하고, 건강이 나빠져서 그만두었다. 1873년에 터진 공황 사태
로 학교 재정이 크게 나빠져서 하버드 대학이 MIT를 인수하려 할 때, 두 번째 학장 존 렁클(John Runkle)
이 이에 거세게 반대하다가 학장직을 내놓게 되자, 다시 로저스가 자리를 이어 받아 1881년까지 일하게
된다.

　로저스는 1882년 MIT 졸업식 행사에서 연설하다가 쓰러져 죽었다. 같은 해 렁클은 추모 연설에서 로저
스가 했던 마지막 얘기를 따와 다음과 같은 말을 하였다. "'저는 오늘 여기에 서서 MIT의 지금을 바라보
고 있습니다, …… 저는 과학이 어떻게 시작되었는지 돌이켜 보고자 합니다. 제가 알기로는, 지금부터
150년 전, 스티븐 헤일스(Stephen Hales)가 「팽창하는 기체」라는 소책자를 출판했는데, 거기서 그의 연구
가 보여준 것은 128개 낱알로 이루어진 아스팔트질 연료를 …….' '아스팔트질 연료', 바로 이 말이 그 분
이 세상에 남긴 마지막 말이었습니다. 이 말을 던지고서, 그 분은 마치 앞 탁자에 놓인 노트를 보려는 듯
몸을 앞으로 숙였다가, 다시 느리게 몸을 펴면서 양 손을 위로 던져 올렸습니다. 그러고는 이 세상에서
그 노고와 업적을 뒤로 하고, 삶의 수수께끼가 풀리는 곳이자, 아직까지 새롭고 알 수 없는 무한한 앞날의
수수께끼를 생각하는 가운데 몸을 떠난 정신이 영원한 만족을 구하는 곳, '죽음의 내일'을 향해 떠나셨습
니다."

　(MIT의 세 번째 학장) 프랜시스 A. 워커(Francis A. Walker)는 로저스를 두고 이렇게 말했다. "그 분은
평생 성실하고 늠름한 삶의 자세를 잃지 않았으며, 뛰어난 기사가 전장에서 갑옷을 입은 채 스러지기를
바라는 것처럼, 마지막에도 자기 자리에서 맡은 바 책임을 다하시다가 세상을 떠났다."

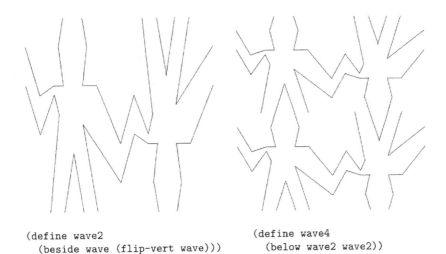

```
(define wave2                    (define wave4
  (beside wave (flip-vert wave)))   (below wave2 wave2))
```

그림 2.12 그림 2.10의 wave 페인터를 바탕으로 그려낸 복잡한 그림

두 페인터를 묶어 새로운 페인터를 짜 맞춘다. 또, 한 페인터를 바꾸어서 새 페인
터를 만들어 내는 연산도 있다. 보기를 들어, flip-vert는 페인터 하나를 인자로
받아 그 페인터가 위아래로 뒤집힌 그림을 그리도록 하고, flip-horiz는 옆으로
뒤집힌 그림을 그리도록 만든다.

  그림 2.12는 wave를 두 단계로 짜 맞춰 만든 wave4 페인터로 그린 그림이다.

```
(define wave2 (beside wave (flip-vert wave)))
(define wave4 (below wave2 wave2))
```

이와 같이 복잡한 그림을 짜맞출 수 있는 까닭은, 페인터가 이 언어의 엮는 수단
에 대해 닫힘 성질을 갖추기 때문이다. 다시 말해서, 두 페인터를 beside나
below로 엮은 것도 페인터가 되므로, 다시 이 페인터를 엮어서 더 복잡한 페인터
를 만들 수 있다. 이는, 앞에서 리스트를 다룰 적에 cons 연산 하나로 얼마든지
복잡한 리스트 구조를 쌓아올릴 수 있던 것과 마찬가지다. 이와 같이, 엮는 수단
에 대한 데이터의 닫힘 성질은, 몇 안 되는 연산만으로 복잡한 구조를 만들 수 있
는 힘을 마련하는 데 아주 중요한 기초가 된다.

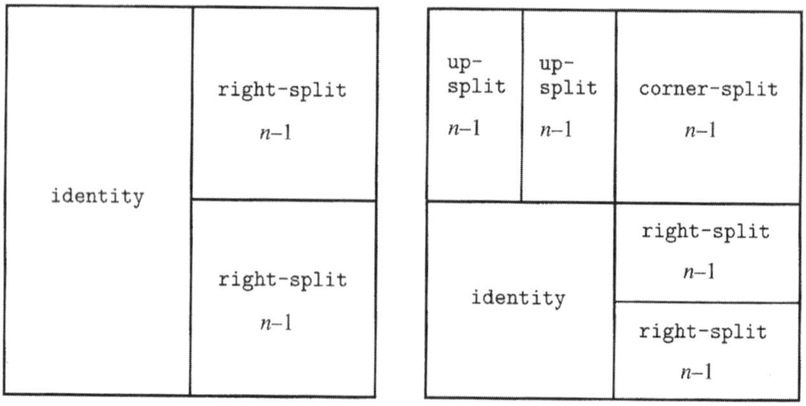

	right-split $n-1$
identity	
	right-split $n-1$

right-split n

up-split $n-1$	up-split $n-1$	corner-split $n-1$
		right-split $n-1$
identity		right-split $n-1$

corner-split n

그림 2.13 되도는 방식으로 설계한 right-split과 corner-split

여러 페인터를 엮어 쓸 수 있는 방법이 마련되었으므로, 자주 쓰는 패턴을 요약하여^{간추려서} 또 다른 페인터 연산을 정의하는 방법도 필요하다. 이 언어에서는 별도로 요약하는 수단을 마련하지 않고, 그냥 Scheme 프로시저를 써서 페인터 연산을 구현하기로 한다. 따라서 보통 프로시저로 할 수 있는 일은 마땅히 페인터 연산으로도 할 수 있다. 이를테면, 아래는 **wave4**에서 쓴 패턴을 프로시저로 요약한 것이다.

```
(define (flipped-pairs painter)
  (let ((painter2 (beside painter (flip-vert painter))))
    (below painter2 painter2)))
```

이제 **wave4**를 위 패턴의 인스턴스^{instance}로 정의할 수 있다.

```
(define wave4 (flipped-pairs wave))
```

아울러, 되도는^{재귀} 연산을 정의할 수도 있다. 아래는 그림 2.13, 그림 2.14에서 보여주는 것처럼, 페인터가 그림틀 하나를 여러 조각으로 나누어 오른쪽으로 뻗어나가며 그림을 그리도록 만든 연산이다.

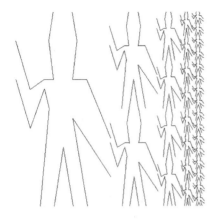

(right-split wave 4)

(right-split rogers 4)

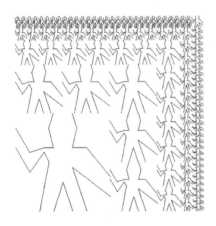

(corner-split wave 4)

(corner-split rogers 4)

그림 2.14 되도는 연산 right-split과 corner-split을 페인터 wave와 rogers에 적용하였
다. corner-split 네 개를 가지고, 그림 2.9와 같이 대칭을 이루는 무늬를 찍어내도록
square-limit이라는 프로시저를 설계할 수 있다.

```
(define (right-split painter n)
  (if (= n 0)
      painter
      (let ((smaller (right-split painter (- n 1))))
        (beside painter (below smaller smaller)))))
```

오른쪽뿐 아니라 위쪽으로도 뻗어 나가게 만들면, 균형 잡힌 무늬를 찍어낼 수 있다. (연습문제 2.44, 그림 2.13과 그림 2.14를 보자.)

```
(define (corner-split painter n)
  (if (= n 0)
      painter
      (let ((up (up-split painter (- n 1)))
            (right (right-split painter (- n 1))))
        (let ((top-left (beside up up))
              (bottom-right (below right right))
              (corner (corner-split painter (- n 1))))
          (beside (below painter top-left)
                  (below bottom-right corner)))))))
```

corner-split 네 개를 알맞게 배치하도록 square-limit이라는 패턴을 프로시저로 정의한 다음에 wave와 rogers에 적용하면 그림 2.9와 같은 무늬가 나온다.

```
(define (square-limit painter n)
  (let ((quarter (corner-split painter n)))
    (let ((half (beside (flip-horiz quarter) quarter)))
      (below (flip-vert half) half))))
```

● 연습문제 2.44

corner-split 프로시저에서 쓰는 up-split 프로시저를 정의하라. 이 프로시저는 right-split과 비슷하지만, below와 beside가 하던 일을 서로 뒤바꾼다는 게 다르다.

차수 높은 연산

앞에서는 페인터를 엮어 쓸 때 자주 나올 만한 패턴을 간추려서 프로시저로 정의하였다. 이번에는 한층 뛰어난 표현력을 끌어내기 위하여, '페인터 연산'을 엮어쓸 때 되풀이되는 패턴을 간추려 보겠다. 다시 말해, (그냥 페인터가 아니라) 페인터 연산 자체를 원소로 보고 이를 엮어내는 수단, 곧 페인터 연산을 인자로 받아 새로운 페인터 연산을 만들어 내는 프로시저를 짜보기로 한다.

예컨대, flipped-pairs와 square-limit는 둘 다 페인터 그림 넉 장을 복사해서 네모 무늬 속에 붙여 넣는 프로시저인데, 그림을 그리는 방향이 서로 다를 뿐이다. 이런 패턴을 요약하는 방법은, (인자가 하나인) 페인터 연산 네 개를 받아서 제각기 페인터에 적용한 다음, 그 결과를 네모 안에 알맞게 박아 넣도록 프로시저를 정의하는 것이다. 여기서 왼쪽 위, 오른쪽 위, 왼쪽 아래, 오른쪽 아래 그림에 적용할 페인터 연산을 차례대로 tl, tr, bl, br라고 하자.

```
(define (square-of-four tl tr bl br)
  (lambda (painter)
    (let ((top (beside (tl painter) (tr painter)))
          (bottom (beside (bl painter) (br painter))))
      (below bottom top))))
```

그리하면 square-of-four를 써서 flipped-pairs를 정의할 수 있다.[24]

```
(define (flipped-pairs painter)
  (let ((combine4 (square-of-four identity flip-vert
                                  identity flip-vert)))
    (combine4 painter)))
```

이어서, square-limit의 정의는 아래와 같다.[25]

```
(define (square-limit painter n)
  (let ((combine4 (square-of-four flip-horiz identity
                                  rotate180 flip-vert)))
    (combine4 (corner-split painter n))))
```

● 연습문제 2.45

right-split과 up-split을 이보다 더 쓰임새가 넓은 split 연산의 인스턴스

---

24) 다음과 같이 정의해도 마찬가지다.

```
(define flipped-pairs
  (square-of-four identity flip-vert identity flip-vert))
```

25) rotate180은 페인터를 180도 돌린다(연습문제 2.50을 보자.). rotate180 대신 연습문제 1.42에서 만든 compose를 써서, (compose flip-vert flip-horiz)로 표현해도 된다.

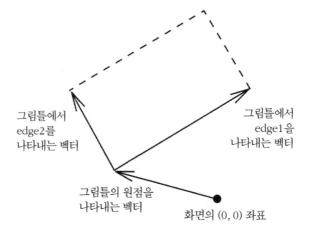

그림틀에서
edge2를
나타내는 벡터

그림틀에서
edge1을
나타내는 벡터

그림틀의 원점을
나타내는 벡터

화면의 (0, 0) 좌표

그림 2.15 틀 하나는 세 벡터, 곧 원점 벡터 한 개와 모서리 벡터 두 개로 나타낸다.

로 정의할 수 있다. 두 프로시저를 다음과 같이 정의할 수 있도록 split 프로시저를 짜라.

```
(define right-split (split beside below))
(define up-split (split below beside))
```

그림틀

페인터와 페인터의 엮음 수단을 어떻게 구현하는지 살펴보기 전에, 먼저 그림틀이 무엇인지 생각해 보자. 그림틀 하나는 벡터 세 개, 곧 원점^{origin} 벡터와 두 모서리^{edge} 벡터로 나타낼 수 있다. 원점 벡터는 한 평면의 원점에서 그림틀의 원점에 이르는 오프셋^{offset}이고, 두 모서리 벡터는 그 틀의 원점에서 양 꼭짓점에 이르는 오프셋이다. 한 그림틀의 두 모서리 벡터가 서로 직각$^{바른모, perpendicular}$을 이루면 그 틀은 직사각형$^{긴네모꼴, rectangular}$이 되고, 그렇지 않으면 평행사변형$^{나란히꼴, parallelogram}$이 된다.

그림 2.15는 그림틀과 세 벡터의 관계를 나타낸다. 요약된 데이터의 설계 원칙 (data abstraction)에 따라 실제 표현 방식은 나중에 생각하기로 하고, 먼저 벡터

세 개를 인자로 받아서 새 그림틀을 짜맞추는 연산^{constructor} make-frame, 그림틀에서 세 벡터를 골라내는 연산^{selector} origin-frame, edge1-frame, edge2-frame이 정의되었다고 치자(연습문제 2.47).

그림을 정의하기 위하여 단위 네모^{단위 사각, unit square} $(0 \leq x, y \leq 1)$ 속의 좌표를 쓰기로 하자. 그림을 그림틀에 맞추어 옮겨 붙이거나 그 크기를 바꿀 수 있도록, 각 그림틀에는 **틀 좌표 함수**^{frame coordinate map}가 하나씩 붙어 있다. 이 함수는 단위 네모 속의 좌표를 그림틀 속의 좌표로 바꾸기 위해 벡터 $v = (x, y)$를 다음과 같은 벡터 합에 대응시킨다.

$$\text{Origin(Frame)} + x \cdot \text{Edge}_1\text{(Frame)} + y \cdot \text{Edge}_2\text{(Frame)}$$

이를테면, $(0, 0)$은 틀의 원점에 해당하고 $(1, 1)$은 틀의 원점에서 마주보는 꼭짓점에 해당하며, $(0.5, 0.5)$는 틀의 가운데에 맞아떨어진다. 그림틀의 좌표 함수는 다음 프로시저로 만들 수 있다.[26]

```
(define (frame-coord-map frame)
  (lambda (v)
    (add-vect
     (origin-frame frame)
     (add-vect (scale-vect (xcor-vect v)
                           (edge1-frame frame))
               (scale-vect (ycor-vect v)
                           (edge2-frame frame))))))
```

frame-coord-map을 그림틀에 적용하면, 벡터를 받아서 벡터를 내놓는 프로시저가 나온다. 이 프로시저는, 인자로 받은 벡터가 단위 네모 속에 있을 때, 그에 해당하는 그림틀 속의 벡터를 돌려준다. 따라서 다음 두 식을 계산해서 나오는 벡터는 같다.

---

26) frame-coord-map에서는 연습문제 2.46에서 설명하는 벡터 연산을 쓰는데, 여기서는 이 연산들이 어떤 벡터 표현을 바탕으로 구현되었다고 가정한다. 데이터 요약하기(데이터 간추리기, data abstraction) 덕분에 벡터 연산이 제대로 돌아가기만 한다면, 벡터가 어떻게 표현되었는지는 중요하지 않다.

```
((frame-coord-map a-frame) (make-vect 0 0))
```

```
(origin-frame a-frame)
```

● 연습문제 2.46

원점에서 한 점에 이르는 이차원 벡터 v는 x, y좌표의 쌍으로 나타낸다. 벡터를 짜맞추는 연산 make-vect와 벡터에서 좌표를 골라내는 연산 xcor-vect, ycor-vect를 정의하여, 요약된 벡터를 구현하라. 이 짜맞추개와 고르개를 써서 벡터의 덧셈, 뺄셈, 스칼라 곱셈 연산을 다음과 같이 처리하는 add-vect, sub-vect, scale-vect 프로시저를 구현하라.

$$(x_1, \ y_1) + (x_2, \ y_2) = \left(x_1 + x_2, \ y_1 + y_2\right)$$
$$(x_1, \ y_1) - (x_2, \ y_2) = \left(x_1 - x_2, \ y_1 - y_2\right)$$
$$s \cdot (x, \ y) \qquad\qquad = \left(sx, \ sy\right)$$

● 연습문제 2.47

그림틀 짜맞추개^{constructor} make-frame은 아래 두 가지 방법으로 구현할 수 있다.

```
(define (make-frame origin edge1 edge2)
  (list origin edge1 edge2))
```

```
(define (make-frame origin edge1 edge2)
  (cons origin (cons edge1 edge2)))
```

이 구현을 마무리 짓기 위하여 두 방법에 알맞은 고르개^{selector} 연산들을 정의해 보라.

페인터

페인터는 프로시저로 나타낸다. 이 프로시저는 그림틀을 인자로 받아서, 그 틀에 맞춘 그림을 그린다. 말하자면, p가 페인터이고 f가 틀이라고 할 때, p의 인자로 f를 건네주면 f에 맞춘 p의 그림이 나온다.

기본 페인터를 구현하는 방식은, 그래픽 시스템의 특성과 그리고자 하는 그림의 종류에 따라 다르다. 예컨대, 화면의 두 점 사이에 선을 긋는 draw-line 프로시저가 있다고 하자. 그렇다면, 그림 2.10에서 본 wave 페인터와 같이, 이 프로시저를 써서 선분들의 리스트를 인자로 받아 선을 그리는 페인터를 다음과 같이 만들 수 있다.[27]

```
(define (segments->painter segment-list)
  (lambda (frame)
    (for-each
     (lambda (segment)
       (draw-line
        ((frame-coord-map frame) (start-segment segment))
        ((frame-coord-map frame) (end-segment segment)))))
     segment-list)))
```

한 선분은 단위 네모 속에 있는 좌표 값으로 정의된다. 리스트 속 선분 하나하나에 대하여, 선분의 두 끝점이 가리키는 좌표 값을 그림틀 속의 좌표 값으로 바꾼 다음에, 그 좌표 값 사이에 선을 긋는다.

페인터를 프로시저로 나타낸 덕분에, 이 그림 언어 속에 탄탄한 요약의 경계^간추림 경계, abstraction barrier를 세울 수 있고, 시스템의 그래픽 처리 기능을 바탕으로 온갖 기본 페인터를 만들어 마음껏 섞어 쓸 수 있다. 여기서 페인터의 실제 구현 방식은 큰 문제가 아니다. 인자로 받은 그림틀에 맞춰 그림을 그려낼 수만 있다면, 어떤 프로시저라도 페인터가 될 수 있다는 사실이 중요하다.[28]

---

27) segments->painter에서는 연습문제 2.48에서 설명하는 선분 표현을 쓴다. 또한, 연습문제 2.23에 나온 for-each도 쓴다.

28) 보기를 들어, 그림 2.11의 rogers 페인터는 회색조(gray-level) 그림 하나를 가지고 짜 맞춘 것이다. rogers 페인터는, 그림틀의 좌표 함수를 바탕으로, 이미지 속의 각 점을 그림틀 속의 각 점에 대응시켜서 그 점에 알맞은 검은색의 농도를 정한다. 이와 같이, 타입이 서로 다른 페인터를 마음껏 엮어서 쓸 수 있게 함으로써, 2.1.3절에서 설명한 요약된 데이터(간추린 데이터, abstract data)라는 아이디어를 제대로 응용하고 있다. 2.1.3절에서 알맞은 조건만 만족한다면, 유리수의 표현 방식이 무엇이든 상관없다고 주장한 바 있다. 여기서도 그와 마찬가지로, 그림틀에 맞게 무언가를 그려내기만 한다면, 페인터는 어떤 방식으로든 구현할 수 있다는 사실에 바탕을 둔다. 아울러, 2.1.3절에서 쌍을 프로시저로 구현하는 방법도 보여준 바 있다. 페인터는 그와 같이 데이터를 프로시저로 표현하는 두 번째 보기가 된다.

● 연습문제 2.48

한 평면 위의 방향 잡힌 선분^{유향선분, directed line segment}은 벡터 쌍으로 나타낼 수 있다. 하나는 원점에서 선분의 시작점에 이르는 벡터이고, 다른 하나는 원점에서 선분의 끝점에 이르는 벡터다. 연습문제 2.46에 나온 벡터 표현을 써서 선분을 표현하라. 선분 짜맞추개는 `make-segment`고, 그 고르개는 `start-segment`, `end-segment`다.

● 연습문제 2.49

`segments->painter`를 써서, 다음과 같은 기본 페인터를 정의하라.

a. 그림틀의 테두리를 그려주는 페인터

b. 그림틀에서 마주보는 꼭짓점을 서로 연결하여 'X'를 그리는 페인터

c. 그림틀의 모서리 가운데 점 네 개를 연결하여 다이아몬드 꼴을 그리는 페인터

d. `wave` 페인터

페인터를 변환해서 엮어 쓰는 방법

(`flip-vert`나 `beside` 같은) 페인터 연산이 만들어 내는 페인터는, 처음에 받아온 페인터를 그대로 쓰되, 그 뒤에 인자로 받은 틀에서 새로운 틀을 이끌어 내어 그에 맞추어 그림을 그리는 방식을 따른다. 따라서 `flip-vert` 같은 연산에서는 틀의 위아래를 뒤집는 방법만 알면 되고, 페인터가 어떻게 돌아가는지까지는 알 필요가 없다. 다시 말해, 뒤집힌 페인터는 처음 받은 페인터를 그대로 두고, 틀만 뒤집어 놓은 것이다.

페인터 연산들은 `transform-painter` 프로시저에 바탕을 둔다. 이 프로시저는 페인터 하나와 틀을 변환하는 데 필요한 정보를 인자로 받아서 새로운 페인터를 만들어 낸다. 변환된 페인터는 틀을 인자로 받아서 그 틀을 변환한 다음에 원래 있던 페인터를 변환된 틀에 적용한다. `transform-painter`가 받는 나머지 세 인자는 새 틀의 꼭짓점을 나타내는 벡터들이다. 다시 말해, 첫 번째 점은 새 틀의 원

점에 대응하고, 나머지 두 점은 새 틀의 모서리 끝을 나타낸다. 따라서 인자로 건네준 벡터들의 좌표 값이 단위 정사각형 속에 있다면, 이 인자들은 원래 틀 속에 있던 틀을 가리킨다.

```
(define (transform-painter painter origin corner1 corner2)
  (lambda (frame)
    (let ((m (frame-coord-map frame)))
      (let ((new-origin (m origin)))
        (painter
         (make-frame new-origin
                     (sub-vect (m corner1) new-origin)
                     (sub-vect (m corner2) new-origin)))))))
```

페인터 그림을 수직으로 뒤집는 방법은 다음과 같다.

```
(define (flip-vert painter)
  (transform-painter painter
                     (make-vect 0.0 1.0)    ; 새 origin
                     (make-vect 1.0 1.0)    ; edge1의 새 끝점
                     (make-vect 0.0 0.0)))  ; edge2의 새 끝점
```

transform-painter를 쓰면 새로운 변환도 쉽게 정의할 수 있다. 예컨대, 정해진 틀 속에서 어떤 그림을 오른쪽 위에 있는 사분면에 맞추어 줄이는 페인터를 만들기 위해서는, 아래와 같이 하면 된다.

```
(define (shrink-to-upper-right painter)
  (transform-painter painter
                     (make-vect 0.5 0.5)
                     (make-vect 1.0 0.5)
                     (make-vect 0.5 1.0)))
```

그림을 시계 반대 방향으로 90도 돌리는 연산을 정의해 보면 아래와 같다.[29]

---

29) rotate90은 회전된 틀에 맞추어 그림을 늘리거나 줄이기도 하기 때문에, 정사각형(바른네모꼴) 틀에만 쓸 수 있는 회전 연산이다.

```
(define (rotate90 painter)
  (transform-painter painter
                     (make-vect 1.0 0.0)
                     (make-vect 1.0 1.0)
                     (make-vect 0.0 0.0)))
```

다음과 같이 정해진 틀 가운데로 그림을 찌그러뜨리는 연산을 만들 수도 있다.[30]

```
(define (squash-inwards painter)
  (transform-painter painter
                     (make-vect 0.0 0.0)
                     (make-vect 0.65 0.35)
                     (make-vect 0.35 0.65)))
```

이뿐 아니라, 틀 변환은 여러 페인터를 엮어내는 수단을 정의하는 데 중요한 열쇠가 된다. 예컨대, beside 프로시저는 인자로 받은 두 페인터를 변환하여 정해진 틀의 왼쪽과 오른쪽에 그림을 그리도록 새로운 페인터를 엮어내는데, 이렇게 합쳐진 페인터에 틀을 인자로 건네주면, 그 틀의 왼쪽 절반에 맞추어 첫 번째 페인터를 변환하여 그림을 그리고, 그 틀의 오른쪽 절반에는 두 번째 페인터를 변환하여 그림을 그린다.

```
(define (beside painter1 painter2)
  (let ((split-point (make-vect 0.5 0.0)))
    (let ((paint-left
           (transform-painter painter1
                              (make-vect 0.0 0.0)
                              split-point
                              (make-vect 0.0 1.0)))
          (paint-right
           (transform-painter painter2
                              split-point
                              (make-vect 1.0 0.0)
                              (make-vect 0.5 1.0))))
      (lambda (frame)
        (paint-left frame)
        (paint-right frame)))))
```

여기서, 페인터 데이터를 요약하여^{간추려} 쓰는 방식, 무엇보다도 페인터를 프로시저로 표현한 방식이 beside 프로시저를 얼마나 구현하기 쉽게 만드는지 눈여겨보자. beside 프로시저를 살펴보면, 각 페인터가 그저 정해진 틀에 무언가를 그린다는 사실만을 바탕으로 정의되며, 그 페인터 하나하나가 어떻게 만들어졌는지는 알아야 할 까닭이 없다.

● 연습문제 2.50

페인터를 수평으로 뒤집어 변환하는 flip-horiz 프로시저를 정의하라. 페인터를 시계 반대 방향으로 180도, 270도 돌리는 프로시저도 정의해 보라.

● 연습문제 2.51

페인터 연산 below를 정의하라. below는 페인터 두 개를 인자로 받아서, 첫 번째 페인터는 틀 아래쪽에, 두 번째 페인터는 틀 위쪽에 그림을 그리도록 합쳐진 페인터를 내놓는다. below 프로시저를 두 가지 방법으로 정의해 보라. 하나는 위에서 정의한 beside 프로시저와 비슷하게, 다른 하나는 beside와 (연습문제 2.50에서 정의한) 돌리는 연산을 써서 정의해 보라.

단단하게 설계할 때 쓰는 언어 계층

이 절에 나온 그림 언어에서는, 지금까지 프로시저와 데이터의 요약^{간추리기, abstraction}을 공부하면서 얘기한 바 있던 중요한 개념 몇 가지를 실천해서 보여준다. 먼저 이 언어의 가장 바탕이 되는 데이터, 곧 페인터가 프로시저로 구현되었는데, 그 덕분에 이 언어에서는 기본이 되는 갖가지 그리기 기능을 한결같은 방법으로 표현할 수 있었다. 그 다음으로, (페인터를) 엮어내는 수단이 닫힘 성질^{closure property}을 따르므로 복잡한 그림을 쉽게 설계할 수 있었으며, 마지막으로 프

---

30) 그림 2.10과 그림 2.11에 나오는 다이아몬드 꼴 그림은 squash-inwards를 wave와 rogers에 적용하여 만들었다.

로시저를 요약하는 데 쓸 수 있는 모든 도구를, 페인터를 엮어내는 수단을 요약하는 데 쓸 수 있었다.

이 과정에서 언어와 프로그램 설계에 도움이 되는 또 다른 중요한 아이디어를 맛볼 수 있었다. 이는 **다층 설계**^{stratified design} 방식이라 일컫는 것으로, 단계별로 여러 언어를 쌓아올려서 복잡한 시스템을 층층이 짜맞추어 가는 방법이다. 각 층은 그 단계에서 쓸 수 있는 기본 부품으로 구성되는데, 한 층에서 만들어 낸 부품들은 차례로 그 다음 층에서 쓸 기본 부품들이 된다. 이에 따라, 다층 설계 방식에서는 층마다 그 표현 수준에 알맞은 기본 원소, 엮는 수단, 요약하는 수단이 갖추어져 있다.

다층 설계는 여러 공학 분야에서 복잡한 시스템을 만드는 데 널리 쓰는 방식이다. 컴퓨터 공학을 보기로 들어보면, 맨 먼저 (아날로그 회로 언어를 써서 설계한) 레지스터와 트랜지스터를 엮어서 AND-게이트와 OR-게이트 같은 부품을 만들고, 이것들이 디지털 회로^{논리 회로}를 설계하는 언어의 기본 원소가 된다.[31] 다시 이런 부품들을 엮어서 프로세서^{processor}, 버스 구조^{bus structure}, 메모리 시스템^{memory system}을 짜맞추고, 이를 조립해서 컴퓨터를 만들어낼 수 있도록 컴퓨터 아키텍처에 알맞은 언어를 쓴다. 이어서, 네트워크 연결을 표현하기에 알맞은 언어를 가지고 여러 컴퓨터를 엮어서 분산 시스템^{distributed system}을 구성한다.

이 절의 그림 언어는 다층 설계 방식을 실천하는 작은 보기라 할 수 있다. 맨 먼저, 이 언어에서는 `segments->painter`를 위해 선분들의 리스트를 만든다거나 `rogers` 같은 페인터를 위해 음영을 표현할 수 있도록, 점이나 선을 나타내는 언어를 써서 기본 원소(기본 페인터)들을 만들었다. 그 다음으로는, 기본 페인터를 기하학적으로 엮어낼 수 있도록 `beside`나 `below` 같은 페인터 연산을 간추리는 데 초점을 두었다. 또한 그보다 높은 수준에서, `beside`나 `below` 같은 연산을 기본 원소로 하는 언어, 즉 페인터 연산들을 엮어 쓸 때 흔히 볼 수 있는 패턴을 간추려서 `square-of-four` 같은 연산을 만들어 쓰기도 하였다.

이런 다층 설계 방식은 프로그램을 '튼튼하게' 짜는 데 큰 도움이 된다. 여기서

---

31) 3.3.4절에서 그런 언어를 하나 설명한다.

한 프로그램이 '튼튼하다'는 말은, 프로그램의 설계가 조금 달라졌을 때 그에 따라 그 프로그램에서 손볼 곳이 그리 넓지 않게끔 그 프로그램이 짜임새 있는 얼개를 갖추었다는 뜻이다. 예컨대, 그림 2.9에서 wave를 바탕으로 만든 그림을 고치려 한다고 치자. 이때, wave의 겉모습을 손보고 싶다면 맨 아래 층에서 일하면 되고, corner-split 연산에서 wave를 복사하는 방식을 바꾸고 싶다면 가운데 층만 건드리면 된다. 마찬가지로, square-limit에서 그림 넉 장을 모서리에 놓는 방식을 손보고 싶을 때에는 맨 윗 층에서 일하면 된다. 이와 같이, 대체로 다층 설계 방식을 따르면, 층별로 제각기 시스템의 특성을 표현하는 데 쓰는 낱말이나 시스템을 고쳐 쓰는 방식을 갖추게 된다.

● **연습문제** 2.52

위에서 설명한 대로 층마다 따로 무언가를 고쳐서, 그림 2.9에서 나오는 wave의 square-limit를 바꾸어 보자.

a. 연습문제 2.49에서 만든 기본 wave 페인터에서 (예컨대, 웃는 모습을 그린다던가 하기 위해서) 선분을 몇 개 더 그리도록 고쳐라.

b. (예컨대, up-split과 right-split 그림을 두 번 복사하지 않고 한 번만 복사해서 쓴다던가 하여) corner-split이 짜맞추는 패턴을 바꿔 보라.

c. square-of-four를 쓰는 square-limit 프로시저를 바꿔서 모서리를 다른 패턴으로 그릴 수 있게 만들어 보라. (보기를 들어, 로저스 학장 그림이 사각형의 모서리에서 바깥을 바라보도록 할 수도 있겠다.)

2.3 글자^{기호} 데이터

지금까지 쓴 모든 데이터 물체는 어쨌든 수를 엮어서 만든 것이다. 이 절에서는 언어의 표현력을 한층 끌어올려서 (수 말고도) 글자^{기호}를 데이터로 다룰 수 있도록 하겠다.

2.3.1 따옴표 연산

복잡한 데이터를 글자로 짜 맞출 수 있다면, 아래와 같은 리스트를 만들어 쓸 수 있다.

```
(a b c d)
(23 45 17)
((Norah 12) (Molly 9) (Anna 7) (Lauren 6) (Charlotte 4))
```

글자가 들어 있는 리스트는 겉보기에 꼭 식^{expression}처럼 생겼다.

```
(* (+ 23 45) (+ x 9))

(define (fact n) (if (= n 1) 1 (* n (fact (- n 1)))))
```

글자를 데이터처럼 다루고자 하면, 글자 자체를 데이터로 '따옴$^{인용할, quote}$' 수 있는 새로운 표현 수단을 언어에 끌어들여야 한다. 이를테면, 그냥 (list a b)라는 식으로는 (a b) 같은 리스트를 만들어 내지 못한다. (list a b)를 계산하면 a, b라는 글자가 아니라, a와 b라는 변수의 **값**이 리스트 속에 들어가기 때문이다. 이는 자연어에서는 널리 알려진 문제다. 한 낱말이나 문장을, 뜻을 나타내는 것 $^{semantic\ entity}$이라 볼 수도 있고, 그냥 글줄$^{문자열, character\ string}$을 그대로 나타내는 것 $^{syntactic\ entity}$으로 받아들일 수도 있다. 대개 자연어에서는 낱말이나 문장을 글자 그대로 받아들인다는 사실을 나타내기 위해서 따옴표를 친다. 보기를 들어, 'John'의 첫 글자는 'J'다. 또한, 우리가 누군가에게 "이름을 큰 소리로 말해 보세요."라고 하면 듣는 사람은 마땅히 자기 이름을 말하겠지만, "'이름'을 큰 소리로 말해 보세요." 한다면, "이름."이라고 소리치게 된다. 여기서는, 듣는 이가 따라 말해야 할 것을 가리키기 위하여 따옴표를 쓴다.^{32}

　이 방법에 따라 리스트와 기호를, 계산할 식이 아니라 글자 데이터처럼 다룰 수 있다. 한데, 따옴표를 치는 모양은 자연어와 달리, 글자 데이터로 다루고자 하는 데이터의 맨 앞에 (`기호로 나타낸) 작은따옴표를 하나만 찍는다. 자연어에서처럼 따옴표로 데이터를 둘러싸지 않아도 되는 까닭은, Scheme에서 물체를 구분할 때 빈칸과 괄호를 쓰기 때문이다. 따라서 작은따옴표 글자를 치면 그 뒤에 따라오는 데이터를 (글자 그대로) 따온다는 뜻이다.[33]

따옴표가 있으니, 이제는 다음과 같이 글자와 그 글자가 가리키는 값을 따로 볼 수 있다.

```
(define a 1)

(define b 2)

(list a b)
```
(1 2)

```
(list 'a 'b)
```
(a b)

```
(list 'a b)
```
(a 2)

복잡한 물체를 따올 적에도 따옴표를 쓸 수 있다. 다음과 같이, 리스트 출력 표현

---

32) 한 언어에 따옴표 연산이 들어오면, 같은 것을 같은 것으로 맞바꿀 수 있다는 깔끔한 개념이 무너지기 때문에, 그 언어를 바탕으로 하는 단순한 추론 방식(reasoning ability)에 큰 걸림돌이 생긴다. 보기를 들어, 셋은 하나 더하기 둘이지만, 그렇다고 하여 '셋'을 '하나 더하기 둘'로 맞바꾸지는 못한다. 따옴표 연산은 (4장에 가서 실행기를 만들 때 깨닫게 되는데) 다른 식을 데이터처럼 다루는 식을 만들어 쓸 수 있다는 점에서 아주 쓸모가 많다. 허나, 한 언어로 적은 글월 속에서 같은 언어로 적은 글월을 다룰 수 있게 되면, '같은 것을 같은 것으로 맞바꿀 수 있다'는 원칙을 한결같이 지켜내기 어렵다. 예컨대, 저녁에 뜨는 어떤 별이 곧 새벽에도 뜨는 별과 같다는 사실을 알 때, '그 저녁별은 금성이다.'라는 문장에서 '그 새벽 별은 금성이다.'라는 사실을 이끌어낼 수 있다. 하지만 "John은 그 저녁별이 금성이라고 알고 있다'에서 'John은 그 새벽별이 금성이라고 알고 있다.'를 이끌어 내지 못한다.

33) 작은따옴표는, 앞서 화면에 찍어낼 글줄을 에두를 때 쓴 큰따옴표와 다르다. 작은따옴표는 리스트나 글자(symbol)를 가리키는 데 쓰지만, 큰따옴표는 글줄(character string)을 나타낼 때만 쓴다. 이 책에서는 글자를 화면에 찍을 때만 글줄을 쓴다.

printed representation 앞머리에 따옴표를 치기만 하면 된다.[34]

```
(car '(a b c))
a

(cdr '(a b c))
(b c)
```

이 방식에 따르면, '()을 계산한 값으로 빈 리스트를 얻을 수 있기 때문에, 변수 nil은 없어도 상관없다.

글자를 다룰 때 쓰는 기본 연산으로 eq?가 있는데, 이 연산은 글자 두개를 인자로 받아서 같은 글자인지 아닌지 가늠한다.[35] eq?를 써서 memq라는 쓸 만한 프로시저를 만들 수 있는데, 이 프로시저는 글자와 리스트를 인자로 받아서, 그 글자가 리스트의 원소가 아니라면 (다시 말해, 리스트에 있는 원소 가운데 eq?한 게 없으면) 거짓을 내놓고, 그렇지 않은 경우에는 리스트에서 그 글자로 시작되는 곳부터 잘라낸 부분 리스트를 답으로 돌려준다.

```
(define (memq item x)
  (cond ((null? x) false)
        ((eq? item (car x)) x)
        (else (memq item (cdr x)))))
```

---

34) 간간하게 말하면, 이 언어에서 따옴표 연산을 쓴다는 것은, 모든 식이 괄호로 구분되어 리스트처럼 생겨야 한다는 규칙을 어기는 셈이다. 허나, 따옴표와 같은 일을 하는 특별한 형태(special form) quote를 끌어들이면 어긋난 규칙을 바로잡을 수 있다. 즉, 'a는 (quote a)과, '(a b c)는 (quote (a b c))와 같다. 사실 실행기가 따옴표 연산을 처리할 때 바로 이런 방식을 따른다. 말하자면, 따옴표란 quote로 식을 둘러싸고자 할 때 (quote ⟨*expression*⟩)란 식 대신에 간편하게 쓸 수 있는 문법일 뿐이다. 이런 방식을 따르면 실행기가 모든 식을 데이터 물체로 다룰 수 있다는 원칙이 지켜진다는 점에서 따옴표는 아주 중요하다. 보기를 들어, (car '(a b c))는 (car (quote (a b c)))와 같고, 이는 다시 (list car (list 'quote '(a b c)))라는 식의 값을 구하여 얻어낼 수 있다.

35) 어떤 두 글자(symbol) 속에 같은 글자(character)들이 같은 차례로 늘어서 있다면 두 글자는 '같다(be the same)'고 할 수 있다. 이 정의에서는, 프로그래밍 언어에서 '같음'이 뜻하는 바가 무엇인가 하는 심각한 문젯거리를 살짝 비켜가는 것이다. 허나, 아직은 이 문제를 살펴볼 준비가 되지 않았다. 3.1.3절에서 다시 이 문제를 다루기로 하자.

보기를 들어 설명하면, 다음 식의 값은 거짓이다.

```
(memq 'apple '(pear banana prune))
```

그와 달리 아래 식의 값은 (apple pear)다.

```
(memq 'apple '(x (apple sauce) y apple pear))
```

● **연습문제** 2.53
실행기에서 다음 식의 값을 구하면 어떤 답이 나오는가?

```
(list 'a 'b 'c)
```

```
(list (list 'george))
```

```
(cdr '((x1 x2) (y1 y2)))
```

```
(cadr '((x1 x2) (y1 y2)))
```

```
(pair? (car '(a short list)))
```

```
(memq 'red '((red shoes) (blue socks)))
```

```
(memq 'red '(red shoes blue socks))
```

● **연습문제** 2.54
두 리스트의 원소들이 차례대로 모두 같다면, 두 리스트가 equal?하다고 정의
한다. 보기를 들어, 아래 식의 값은 참이다.

```
(equal? '(this is a list) '(this is a list))
```

하지만, 다음 식은 거짓이다.

```
(equal? '(this is a list) '(this (is a) list))
```

더 정확히 설명하면, equal?은 eq?를 써서 되돌기^{recursion} 프로시저로 정의내릴 수 있다. 즉, 인자로 받은 a와 b가 서로 eq?한 글자거나, 두 인자가 (car a)와 (car b)가 equal?하고 (cdr a)와 (cdr b)도 equal?한 리스트라면, a와 b는 equal?하다고 볼 수 있다. 이런 생각을 바탕으로 equal? 프로시저를 구현하라.[36]

● 연습문제 2.55

Eva Lu Ator는 실행기에서 다음 식을 쳐보았다.

```
(car ''abracadabra)
```

한데 quote라는 글이 답으로 나와서 깜짝 놀랐다. 어째서 이런 답이 나올까?

2.3.2 연습 : 글자 식의 미분^{symbolic differentiation}

글자 데이터를 처리하는 방법과 데이터 요약^{데이터 간추리기, data abstraction}을 더 깊이 살펴보기 위해서, 글자로 이루어진 대수식^{algebraic expression}의 미분 프로시저^{symbolic differentiation procedure}를 설계해 보자. 이 프로시저는 대수식과 변수를 인자로 받아서, 그 변수로 미분한 대수식을 내놓는다. 보기를 들어, 이 프로시저에 $ax^2 + bx + c$와 x를 인자로 건네주면 $2ax + b$라는 식이 나온다. 이렇게 글자로 이루어진 식을 미분하는 문제는 Lisp의 역사를 놓고 볼 적에도 특별한 의미가 있다. 글자 미분 문제는 글자 데이터를 다루기에 알맞은 컴퓨터 언어의 개발 동기 가운데 하나였으며, 이를 시작으로 기호 식을 다루는 수학에 쓰기 좋은 시스템을 개발하려는 노력이 줄을 잇게 되었다. 요사이에는 점점 더 많은 응용 수학자나 물리학자들이 그와 같은 시스템을 쓴다.

---

36) 실제로 프로그래머들은 글자뿐 아니라 수가 들어 있는 리스트를 비교할 때에도 equal?을 쓴다. 수를 글자(Symbol)로 보지는 않기 때문에 (=로 따져볼 때) 값이 같은 두 수가 eq?한지 아닌지는 구현에 따라 크게 다르다. 따라서 (Scheme에 기본으로 들어 있는 것과 같이) 이보다 나은 equal?을 정의하려면 a와 b가 수일 때 그 값이 같으면 equal?하다는 사실도 함께 밝혀 두어야 한다.

글자 식 미분 프로그램을 개발하는 과정에서도 2.2.1절에서 유리수 시스템을 개발할 때와 똑같은 방식에 따라 요약된 데이터^{간추린 데이터}를 쓰기로 한다. 다시 말해, 한동안은 어떻게 데이터를 표현할지에 마음 쓰지 않고 '덧셈', '곱셈', '변수' 같이 알맞게 간추려 놓은 물체^{abstract object}가 벌써 있다고 보고, 미분 알고리즘을 정의하는 일에 초점을 둔다. 그런 다음, 데이터 표현 문제는 뒤에 가서 따로 다루기로 하겠다.

요약된 데이터로 미분하는 프로그램 짜기

얘기를 깔끔하게 풀어갈 수 있도록, 모든 식이 오로지 덧셈식과 곱셈식만으로 이루어져 있다고 보고, 이런 기호 식을 미분하는 아주 간단한 프로그램을 짜보기로 하자. 식을 미분하는 규칙은 다음과 같다.

$$\frac{dc}{dx} = 0 \quad c\text{가 상수이거나 }x\text{와 다른 변수일 때}$$

$$\frac{dx}{dx} = 1$$

$$\frac{d(u+v)}{dx} = \frac{du}{dx} + \frac{dv}{dx}$$

$$\frac{d(uv)}{dx} = u\left(\frac{dv}{dx}\right) + v\left(\frac{du}{dx}\right)$$

위에서 마지막에 있는 두 규칙은 되도는 정의^{재귀 정의, recursive definition}다. 다시 말해서, 덧셈 식의 미분 결과를 얻으려면 먼저 마디^{항, term}를 하나씩 미분한 다음에 그 결과를 서로 더하면 된다. 이때 마디 자리에는 다시 여러 식을 엮어 만든 복잡한 식이 올 수 있다. 위 미분 규칙에 따라 마디 식을 조각조각 파헤치다 보면 끝내 상수나 변수를 만나게 되고, 그 미분 결과로 0이나 1이 나오게 된다.

이런 규칙을 프로시저로 표현하기 위해서는, 유리수 시스템을 설계할 때와 같이 모든 일이 바람대로 잘 풀릴 것이라는 믿음을 가지고 (즉, 잘 간추린 표현 수단이 이미 마련되어 있다는 믿음을 가지고) 식을 미분하는 문제에 집중할 필요가 있다. 대수식을 표현하는 수단이 벌써 마련되어 있다면, 그 식이 더하는 식인지 곱하는 식인지 상수인지 변수인지 알아볼 수 있어야 하고, 아울러 한 식에서 그 식을 이루는 부분 식을 골라낼 수도 있어야 한다. 예컨대, 덧셈 식이라면 더하임수^{augend}(첫째 마디)나 덧수^{addend}(둘째 마디)를 뽑아낼 수 있어야 한다. 따라서 대수식을 다루는 데 필요한 짜맞추개, 고르개, 술어 연산들이 다음 프로시저로 구현되어 있다고 하자.

`(variable? e)`	e가 변수인지 알아본다.
`(same-variable? v1 v2)`	v1과 v2가 같은 변수인지 따져본다.
`(sum? e)`	e가 덧셈 식인지 알아본다.
`(addend e)`	덧셈 식 e에서 덧수를 골라낸다.
`(augend e)`	덧셈 식 e에서 더하임수를 골라낸다.
`(make-sum a1 a2)`	a1과 a2로 이루어진 덧셈 식을 짜맞춘다.
`(product? e)`	e가 곱셈 식인지 알아본다.
`(multiplier e)`	곱셈 식 e에서 곱수를 골라낸다.
`(multiplicand e)`	곱셈 식 e에서 곱하임수를 골라낸다.
`(make-product m1 m2)`	m1과 m2로 이루어진 곱셈 식을 짜맞춘다.

위 프로시저와 기본 프로시저 number?를 써서, 다음과 같은 프로시저로 미분 규칙을 나타낼 수 있다.

```
(define (deriv exp var)
  (cond ((number? exp) 0)
        ((variable? exp)
         (if (same-variable? exp var) 1 0))
        ((sum? exp)
         (make-sum (deriv (addend exp) var)
                   (deriv (augend exp) var)))
        ((product? exp)
         (make-sum
           (make-product (multiplier exp)
                         (deriv (multiplicand exp) var))
           (make-product (deriv (multiplier exp) var)
                         (multiplicand exp)))) 
        (else
         (error "unknown expression type -- DERIV" exp))))
```

deriv 프로시저에는 앞서 밝힌 미분 알고리즘이 빠짐없이 들어가 있다. 또한, 요약 된^{간추린} 데이터를 써서 프로시저를 정의했기 때문에, 대수식의 표현 방식이 무엇이 든 잘 돌아가야 한다. 이는 마땅히 대수식의 짜맞추개, 고르개 연산들이 제대로 설 계되었다는 가정을 바탕으로 한다. 지금부터는 대수식의 표현 문제를 다루어 보자.

대수식 표현하기

리스트 구조를 써서 대수식을 표현하는 방법에는 여러 가지가 있을 수 있다. 보통 대 수식을 쓸 때처럼 $ax + b$를 리스트 (a * x + b)로 나타내는 것도 한 가지 방법이다. 허나 이보다는 Lisp에서 식을 엮어 쓰는 방법처럼, 괄호 친 앞가지^{prefix} 쓰기를 하는 게 특히 더 자연스런 선택이다. 그리하자면, $ax + b$는 리스트 (+ (* a x) b)로 표현 된다. 이에 따라, 미분 문제를 푸는 데 필요한 데이터는 다음과 같이 표현될 수 있다.

- 미분식의 변수는 기호^{글자}로 나타낸다. 어떤 값이 기호인지 아닌지 알아보는 기본 프로시저는 symbol?이다.

  ```
  (define (variable? x) (symbol? x))
  ```

- 변수를 나타내는 두 기호가 eq?하다면, 두 변수는 서로 같다.

  ```
  (define (same-variable? v1 v2)
    (and (variable? v1) (variable? v2) (eq? v1 v2)))
  ```

- 덧셈 식과 곱셈 식은 리스트를 써서 짜맞춘다.

  ```
  (define (make-sum a1 a2) (list '+ a1 a2))

  (define (make-product m1 m2) (list '* m1 m2))
  ```

- 덧셈 식은 첫 번째 원소가 + 기호로 시작되는 리스트다.

  ```
  (define (sum? x)
    (and (pair? x) (eq? (car x) '+)))
  ```

- 더하임수는 덧셈 리스트의 두 번째 원소다.

```
(define (augend s) (cadr s))
```

- 덧수는 덧셈 리스트에서 세 번째 원소다.

```
(define (addend s) (caddr s))
```

- 곱셈 식은 첫 번째 원소가 * 기호로 시작되는 리스트다.

```
(define (product? x)
  (and (pair? x) (eq? (car x) '*)))
```

- 곱하임수는 곱셈 리스트의 두 번째 원소다.

```
(define (multiplicand p) (cadr p))
```

- 곱수는 곱셈 식 리스트에서 세 번째 원소다.

```
(define (multiplier p) (caddr p))
```

이제 이 프로시저들이 deriv 속에 있는 알고리즘과 엮이기만 하면 글자 미분 프로그램이 돌아가게 된다. 보기를 몇 개 들어서 살펴보자.

```
(deriv '(+ x 3) 'x)
(+ 1 0)

(deriv '(* x y) 'x)
(+ (* x 0) (* 1 y))

(deriv '(* (* x y) (+ x 3)) 'x)
(+ (* (* x y) (+ 1 0))
   (* (+ (* x 0) (* 1 y))
      (+ x 3)))
```

모두 답은 맞지만, 깔끔하게 줄어든 식이 나오지는 않는다. 다시 아래 식을 보자.

$$\frac{d(xy)}{dx} = x \cdot 0 + 1 \cdot y$$

이 식을 위 규칙대로 미분하면, 답은 맞지만 지나치게 복잡한 식이 나온다. 따라서 $x \cdot 0 = 0$, $1 \cdot y = y$, $0 + y = y$라는 사실을 바탕으로, 둘째 식을 미분한 결과가 y가 되게끔 프로그램을 고쳐 쓰는 게 바람직하다. 세 번째 미분 결과에서 미루어 짐작할 수 있듯이, 복잡한 식을 다룰 적에는 이게 아주 중요한 문제가 된다.

여기서도, 유리수를 만들 때 겪은 것과 거의 비슷한 문제에 부닥친다. 앞서 유리수 셈을 구현할 적에, 한껏 줄인 유리수 꼴을 얻으려고, 셈하여 얻어낸 값을 줄이려 들지는 않았으며, 그 대신에 짜맞추개와 고르개 연산을 고쳐 썼다. 여기서도 그와 비슷한 방법을 따를 수 있다. 한 마디로, deriv는 그대로 두고 make-sum을 고친다. make-sum의 두 인자가 모두 수라면 둘을 더한 값을 내놓고, 둘 가운데한 인자가 0이라면 0이 아닌 인자를 답으로 내놓는다.

```
(define (make-sum a1 a2)
  (cond ((=number? a1 0) a2)
        ((=number? a2 0) a1)
        ((and (number? a1) (number? a2)) (+ a1 a2))
        (else (list '+ a1 a2))))
```

여기서 쓰는 =number?는, 한 식이 어떤 수와 같은지 알아보는 프로시저다.

```
(define (=number? exp num)
  (and (number? exp) (= exp num)))
```

마찬가지로 make-product도 어떤 것에 0을 곱하면 0, 어떤 것에 1을 곱하면 원래 것이 그대로 나오는 규칙을 받아들이게끔 고쳐쓸 수 있다.

```
(define (make-product m1 m2)
  (cond ((or (=number? m1 0) (=number? m2 0)) 0)
        ((=number? m1 1) m2)
        ((=number? m2 1) m1)
        ((and (number? m1) (number? m2)) (* m1 m2))
        (else (list '* m1 m2))))
```

이렇게 고치고 나면, 앞서 보기로 든 세 식을 미분한 결과가 다음처럼 나온다.

```
(deriv '(+ x 3) 'x)
1

(deriv '(* x y) 'x)
y

(deriv '(* (* x y) (+ x 3)) 'x)
(+ (* x y) (* y (+ x 3)))
```

훨씬 깔끔한 답이 나오기는 하지만, 세 번째 결과를 보면 알 수 있듯이 '한껏 줄어든' 타입이 나온다고 하기에는 아직도 갈 길이 멀어 보인다. 실제로 대수식을 줄이는 것은 여기서 살짝 맛본 것과 같이 그리 쉬운 문제가 아니다. (여러 이유가 있으나 그 가운데 하나를 들자면) 어떤 목적으로 볼 때에는 한껏 줄였다고 볼 수 있는 식이라도 다른 목적으로 보면 그렇다고 하지 못하는 경우도 더러 있기 때문이다.

● **연습문제** 2.56

앞서 본 것들이 타입이 다른 식을 처리할 수 있게끔, 미분 프로그램의 쓰임새를 어떻게 늘리는지 밝혀라. 보기를 들어, 다음 규칙을 실현할 수 있도록 deriv 프로그램에 새로운 마디^{절, clause}를 하나 더하고 그에 알맞은 exponentiation?, base, exponent, make-exponentiation을 정의하라.

$$\frac{d(u^n)}{dx} = nu^{n-1}\left(\frac{du}{dx}\right)$$

(지수 연산을 나타내는 데는 ** 같은 글자를 쓸 수 있겠다.) 아울러 '무엇의 0승은 1', '무엇의 1승은 바로 그 무엇'이라는 규칙에 따라, 줄어든 식이 나올 수 있게끔 하라.

● **연습문제** 2.57

미분 프로그램의 쓰임새를 늘려서 (둘보다 많은) 여러 마디로 이루어진 덧셈 식과 곱셈 식을 처리할 수 있도록 하자. 그리 되면, 위에서 맨 끝에 든 보기를 다음과 같이 표현할 수 있다.

```
(deriv '(* x y (+ x 3)) 'x)
```

이 문제를 풀 때, `deriv` 프로그램은 손대지 말고 덧셈 식과 곱셈 식을 표현하는 방법만 바꾸도록 하라. 예컨대, 덧셈 식에서 `augend`는 첫 번째 마디를 가리키고, `addend`는 나머지 모든 마디의 덧셈 식을 가리키게 된다.

● **연습문제** 2.58

+와 *같은 연산자를 인자 앞에 두지 않고 수학에서 흔히 쓰던 대로 속가지^{infix} 쓰기를 할 수 있도록 미분 프로그램을 고치려 한다. 미분 프로그램을 정의할 때 대수식 데이터를 간추려 썼기 때문에 대수식의 표현을 정의하는 연산, 곧 짜맞추개, 고르개, 술어 연산만 손보아도 표현 방식이 다른 대수식을 받아들이도록 만들 수 있다.

a. (x + (3 * (x + (y + 2))))같이 '속가지 형태$^{\text{infix form}}$'로 대수식을 표현했을 때, 이를 어떻게 미분할지 밝혀라. 일을 쉽게 만들기 위해서, +와 *가 받는 인자는 두 개뿐이며 (연산자 우선순위가 헷갈리지 않도록) 모든 식에서 괄호를 빠뜨리지 않는다고 하자.

b. (x + 3 * (x + y + 2))처럼 표준 대수식 쓰기법, 다시 말해서 쓸데없는 괄호를 빼고 덧셈보다 곱셈을 먼저 계산한다는 규칙을 따르기로 하면, 문제가 훨씬 어려워진다. 이런 쓰기법을 따르더라도 미분 프로그램이 제대로 돌아가도록 그에 알맞은 술어, 고르개, 짜맞추개 연산을 설계할 수 있겠는가?

2.3.3 연습 : 집합을 나타내는 방법

앞에서는 유리수와 대수식을 보기로 들어, 합친 데이터의 두 가지 표현 방식을 살펴보았다. 이 가운데 하나에서는 식을 줄여 쓸 시점, 곧 식을 만들 때냐 아니면 그 부분 식을 골라낼 때냐를 택하는 문제가 있기도 하였으나, 리스트로 데이터 구조를 나타낼 때 그 표현 방식을 정하는 일은 그리 큰 고민거리가 아니었다. 허나, 그와 다르게 집합 표현에서는 어떤 표현 방식을 따를지 정하기가 그리 쉽지 않다. 실제로 집합을 표현하는 데는 수많은 방식이 있고, 그 방식들은 저마다 여러 가지로 크게 차이가 있다.

대충 말하자면, 집합이란 그저 서로 다른 물체의 묶음에 지나지 않는다. 허나, 데이터 요약 방식^{데이터 간추림 방식}으로 집합을 그보다 더 정확하게 정의할 수 있다. 말하자면, 집합을 다룰 때 꼭 필요한 연산들을 틀림없이 밝힘으로써 '집합^{set}' 이라는 데이터가 무엇인지 정의한다는 얘기다. 그런 집합 연산으로는 union-set, intersection-set, element-of-set?, adjoin-set가 있다. element-of-set? 는 어떤 데이터가 집합의 원소인지 알아보는 술어 연산이다. adjoin-set는 물체 하나와 집합 하나를 인자로 받아서 그 물체와 집합을 한데 엮은 새 집합을 내놓는다. union-set는 두 집합의 합집합, 곧 인자로 받은 두 집합의 모든 원소를 들고 있는 새 집합을 만들어 낸다. intersection-set는 두 집합에 모두 들어 있는 원소만 추려서 새 집합, 곧 두 집합의 교집합을 구한다. 데이터 요약 관점에서는, 모든 연산이 위에서 밝힌 대로 돌아가기만 한다면 어떤 표현 방식으로 연산을 구현하든지 관계가 없다.[37]

---

37) '위에서 밝힌 대로'라는 말뜻을 좀 더 형식을 갖추어 풀이하자면, 집합 연산들이 아래 규칙을 따른다는 뜻이다.
   · 어떤 집합 S와 물체 x가 있다고 할 때, (element-of-set? x (adjoin-set x S))는 참이다. ('한 집합에 어떤 물체를 보태면 그 물체가 들어 있는 집합이 나온다'는 뜻이다).
   · 어떤 집합 S T와 물체 x가 있다고 할 때, (element-of-set? x (union-set S T))는 (or (element-of-set? x S) (element-of-set? x T))과 같다. ('(union S T)의 원소는 S나 T의 원소다'라는 뜻이다.)
   · 어떤 물체 x가 있다고 할 때, (element-of-set? x '())는 거짓이다. ('빈 집합에는 어떤 물체도 들어 있지 않다'는 뜻이다.)

차례 없는 리스트^{unordered list}로 표현한 집합

차례 없는 리스트^{unordered list}로 표현한 집합이 부분을 $표현하는$ 한 가지 방법은, 원소들의 리스트로 집합을 표현하되 그 리스트 속에 똑같은 원소가 하나도 없도록 만드는 것이다. 이때 공집합은 빈 리스트로 나타낸다. 이런 표현 방식을 따르면 element-of-set?가 2.3.1절의 memq 프로시저와 비슷하다. 다만, 집합 원소가 반드시 글자^{기호}일 까닭은 없기 때문에, eq? 대신 equal?를 쓴다는 게 다르다.

```
(define (element-of-set? x set)
  (cond ((null? set) false)
        ((equal? x (car set)) true)
        (else (element-of-set? x (cdr set)))))
```

이 프로시저를 써서 adjoin-set를 짤 수 있다. 집어넣고자 하는 원소가 이미 집합에 들어 있을 경우 그 집합을 그대로 내놓으면 되고, 그렇지 않을 경우 집합을 나타내는 리스트와 새 물체를 cons로 묶어 내면 된다.

```
(define (adjoin-set x set)
  (if (element-of-set? x set)
      set
      (cons x set)))
```

intersection-set는 되돌기 방식^{recursive strategy}으로 정의내릴 수 있다. set1의 cdr와 set2의 교집합을 어떻게 구하는지 안다 치고, 그 결과에 set1의 car를 넣을지 말지만 정한다. 헌데, 이는 (car set1)이 set2에 들어 있는지 없는지에 따라 다르다. 이런 생각을 프로시저로 적어 보면 다음과 같다.

```
(define (intersection-set set1 set2)
  (cond ((or (null? set1) (null? set2)) '())
        ((element-of-set? (car set1) set2)
         (cons (car set1)
               (intersection-set (cdr set1) set2)))
        (else (intersection-set (cdr set1) set2))))
```

한 데이터의 표현 방식을 설계할 때, 반드시 마음 써야 할 문젯거리 가운데 하나는 효율efficiency이다. 위처럼 정의한 집합 연산이 돌아가는 데 얼마나 많은 계산 단계를 거치는지 따져보자. 모든 집합 연산에서 `element-of-set?`를 쓰므로, 이 연산의 빠르기가 집합 구현의 효율에 두루 큰 힘을 미친다. 때로는 어떤 물체가 집합의 원소인지 알아보느라 `element-of-set?`에서 리스트를 모조리 훑어보아야 할 수도 있다. (찾으려는 원소가 집합에 없는 경우가 가장 안 좋다.) 따라서 집합이 원소 n개로 이루어져 있다면 `element-of-set?`를 처리하는 데 n만큼 계산 단계를 거치게 된다. 다시 말해서, `element-of-set?` 프로시저가 거쳐야 할 계산 단계는 어림잡아 $\Theta(n)$이다. 그에 따라 마땅히 이 연산을 쓰는 `adjoin-set`에서도 $\Theta(n)$만큼 계산 단계를 밟아야 한다. `intersection-set`는 `set1`의 모든 원소에 대하여 `element-of-set?`를 해야 하기 때문에, 모든 계산을 끝내는 데 두 집합의 원소 수를 곱한 값, 다시 말해서 두 집합의 크기가 n일 때 $\Theta(n^2)$으로 자라나는 계산 단계를 거쳐야 한다. `union-set` 프로시저도 이와 마찬가지다.

● **연습문제** 2.59

차례 없는 리스트를 써서 집합을 표현한다고 할 때, `union-set` 연산을 구현하라.

● **연습문제** 2.60

앞에서는 똑같은 원소가 없는 리스트를 써서 집합을 표현한다고 하였다. 이번에는 리스트에 똑같은 원소가 나와도 된다고 치자. 그렇다면 집합 {1, 2, 3}을 리스트 `(2 3 2 1 3 2 2)`로 표현할 수도 있다는 말이다. 이런 표현 방식을 따르게끔 `element-of-set?`, `adjoin-set`, `union-set`, `intersection-set` 프로시저를 설계해 보자. 집합 속에 똑같은 원소가 있을 때와 없을 때, 서로 해당하는 연산들의 효율을 견주면 어떠한가? 똑같은 원소가 없는 경우보다, 이런 표현 방식에 더 잘 맞아떨어지는 문제가 있는가?

차례 매긴 리스트ordered list로 표현된 집합

집합 연산의 속도를 끌어올리는 한 가지 방법은, 집합의 표현 방식을 바꾸어서 리스트 속 모든 원소가 오름차순으로 늘어서게끔 만드는 것이다. 그리하려면 마땅히 두 원소를 견주어 어느 것이 큰지 따져볼 방법이 필요하다. 예컨대, 글자가 원소일 때에는 사전 차례$^{lexicographical\ order}$를 따르고, 그 밖에는 물체마다 구별되는 수를 매겨놓고 그 수로 원소 크기를 정하는 방법을 쓸 수도 있다. 여기서는 쉽게 얘기를 풀어가기 위해 수를 원소로 하는 경우만 살펴보자. 수의 크기를 견줄 때에는 >와 < 연산만 있으면 되므로, 별다른 고민 없이 수 집합을 오름차순에 맞춘 리스트로 표현할 수 있다. 따라서 집합 {1, 3, 6, 10}을 나타낼 때 앞서 나온 표현 방식에서는 리스트 속 원소들을 아무렇게나 늘어놓을 수 있었지만, 새로운 표현 방식에서는 오로지 리스트 (1 3 6 10)만 써야 한다.

원소에 차례를 매겨서 좋은 점은 element-of-set?에서 곧바로 드러난다. 이제는 한 집합에 어떤 원소가 들어 있는지 알아보고자 집합의 모든 원소를 훑어보지 않아도 된다. 집합의 원소를 차례로 훑어가다가 찾고자 하는 것보다 더 큰 원소를 만나면, 그 원소가 집합에 없다는 사실을 바로 알아차릴 수 있다.

```
(define (element-of-set? x set)
  (cond ((null? set) false)
        ((= x (car set)) true)
        ((< x (car set)) false)
        (else (element-of-set? x (cdr set)))))
```

이렇게 하면 계산 단계를 얼마나 줄일 수 있을까? 가장 나쁜 경우, 한 집합에서 가장 큰 원소를 찾는다고 하면, 그 계산이 거쳐야 할 단계 수는 차례를 매기지 않을 때와 다를 바 없다. 이와 달리, 집합에서 크기가 서로 다른 값을 수없이 찾는다고 하면, 어쩔 때에는 리스트 앞 쪽을 훑어보다 끝날 수도 있고, 더러는 리스트를 거의 다 훑어보아야 할 수도 있다. 이를 평균하여 보면, 집합 원소들을 반쯤 훑어본다고 어림잡을 수 있다. 따라서 그 계산 단계 수는 평균 $n\,/\,2$쯤 된다. 이 또한 $\Theta(n)$임에는 다를 바 없으나, 평균으로는 앞서 구현한 것에 견주어 절반 정도로 계산 단계 수가 줄어든다고 볼 수 있다.

intersection-set는 이보다 훨씬 눈에 띄게 빨라진다. 차례 없는 표현 방식을 따를 때에는, set1의 원소 하나마다 set2를 훑어보아야 했기 때문에, 이 연산을 하는 데 어림잡아 $\Theta(n^2)$ 단계를 거쳐야 했다. 하지만, 차례 매긴 리스트로 집합을 표현하면, 이보다 똑똑한 방법을 쓸 수 있다. 먼저 두 집합의 첫 번째 원소 x1과 x2부터 비교한다. x1과 x2가 같은 값이면, 이 값을 교집합의 한 원소로 하고, 그 나머지는 두 집합의 cdr를 교집합한 것이다. 그런데 x1이 x2보다 작다면, x2가 set2의 가장 작은 원소이기 때문에, x1이 set2의 원소가 아니어서 교집합 원소가 되지 못함을 곧바로 알아차릴 수 있다. 따라서 그 교집합은 set1의 cdr와 set2의 교집합을 구하는 것과 같다. 이와 마찬가지로, x2가 x1보다 작으면 그 교집합은 set2의 cdr와 set1을 교집합한 것이 된다. 이를 프로시저로 간추려 보면 아래와 같다.

```
(define (intersection-set set1 set2)
  (if (or (null? set1) (null? set2))
      '()
      (let ((x1 (car set1)) (x2 (car set2)))
        (cond ((= x1 x2)
               (cons x1
                     (intersection-set (cdr set1)
                                       (cdr set2))))
              ((< x1 x2)
               (intersection-set (cdr set1) set2))
              ((< x2 x1)
               (intersection-set set1 (cdr set2)))))))
```

이 프로세스가 펼쳐내는 계산 단계 수를 어림잡으려면, 한 단계를 거칠 때마다 두 집합의 교집합을 구하는 문제가 (set1이나 set2 중 하나 또는 두 집합 모두에서 첫 번째 원소를 빼거나 하여) 더 작은 집합의 교집합을 구하는 문제로 줄어든다는 점을 눈여겨봐야 한다. 따라서 이때 거쳐야 할 단계 수는 많아도 set1과 set2 크기를 더한 값에 지나지 않는다. 이는 차례 없는 표현 방식에서 집합 크기를 곱한 값만큼 계산 단계가 늘어나던 것과는 크게 다르다. 다시 말해, 이제는 계산 단계가 $\Theta(n^2)$이 아니라 $\Theta(n)$으로 자라난다는 말인데, 이는 곧 집합의 크기가 그리 크지 않은 경우라 해도 연산 속도가 무시하지 못할 만치 빨라졌다는 뜻이다.

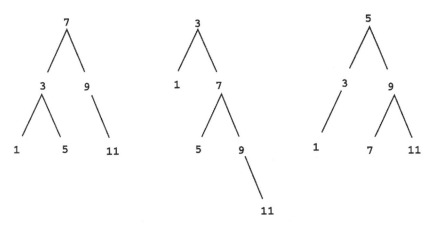

그림 2.16 집합 {1, 3, 5, 7, 9, 11}을 나타내는 두 갈래 나무들

● 연습문제 2.61

차례 매긴 리스트 표현에 따라 `adjoin-set`를 구현하라. `element-of-set?`와 비슷하게, 차례 없는 표현 방식과 견주어 그 계산 단계가 평균하여 반으로 줄어들도록 프로시저를 짜는데, 차례 매김 표현 방식의 좋은 점이 어떻게 도움이 되는지 보여라.

● 연습문제 2.62

차례 매긴 리스트로 집합을 표현하여, 그 계산 단계가 $\Theta(n)$으로 자라나도록 `union-set` 프로시저를 구현하라.

두 갈래 나무$^{\text{binary tree}}$로 표현한 집합

나무꼴로 집합의 원소를 정돈하면, 차례 매긴 리스트로 집합을 표현하는 방식보다 효율을 더 끌어올릴 수 있다. 이 나무의 각 마디$^{\text{노드, node}}$에는 집합 원소가 하나씩 들어 있는데 이를 '열매$^{\text{엔트리, entry}}$'라 하고, 아울러 각 마디에는 다른 두 마디로 이어지는 고리가 걸려 있는데 그 두 마디는 비어 있을 수도 있다. 한 마디에서 '왼쪽' 고리는 그 마디에 있는 원소보다 작은 원소들을, '오른쪽' 고리는 그보다 큰 원소들을 가리킨다. 그림 2.16은 집합 {1, 3, 5, 7, 9, 11}을 나타내는 나무 몇 개를 보여준다. 이 그림에서 알 수 있듯이, 한 집합을 나타내는 나무도 여러 가지가 있다. 허나, 어떤 나무로 나타내든 어떤 마디의 열매를 기준으로 왼쪽 새끼 나무^{subtree}에 달려 있는 모든 원소가 그보다 작고, 오른쪽 나무의 모든 원소가 그보다 크다는 조건만 지켜진다면, 그 표현 방식은 옳다고 할 수 있다.

집합을 나무꼴로 나타내어 좋은 점은 이러하다. 어떤 수 x가 집합의 원소인지 아닌지 따져보고자 할 때, 먼저 x와 맨 꼭대기 마디의 열매를 견준다. x가 열매보다 작으면 왼쪽 나무만 살펴보면 되고, 반대로 그보다 크면 오른쪽 나무만 살펴보면 된다. 이때, 그 나무가 '균형 잡혀 있다'고 보면, 모든 새끼 나무의 크기는 그 어버이 나무의 절반쯤 된다. 따라서 크기가 n인 나무에서 원소를 찾는 문제는, 한 단계를 거칠 때마다 크기가 $n/2$인 나무를 뒤져보는 문제로 줄어들게 된다. 따라서 이 표현 방식에서는 크기가 n인 나무에서 원소를 찾는 데 드는 계산 단계 수가 $\Theta(\log n)$으로 자라난다고 할 수 있다.³⁸ 이는 앞에서 쓴 표현 방식에 견주어 속도가 엄청나게 빨라진 것으로, 집합이 클 때 그 효과가 더욱 두드러진다.

나무는 리스트를 써서 나타낼 수 있다. 한 마디를 나타내는 리스트 속에는 그 마디의 열매, 왼쪽에 붙일 나무, 오른쪽에 붙일 나무까지 하여 모두 세 원소가 들어 있다. 한 마디에서 왼쪽이나 오른쪽 나무가 빈 리스트라면, 이는 그 마디에 나무가 달리지 않았음을 나타낸다. 이런 표현 방식을 프로시저로 적어 보면 다음과 같다.³⁹

```
(define (entry tree) (car tree))

(define (left-branch tree) (cadr tree))

(define (right-branch tree) (caddr tree))
```

---

38) 1.2.4절에 나온 fast-exponentiation 알고리즘이나 1.3.3절에 나온 이분법(half-interval method)에서 보았 듯이, 단계별로 문제 크기가 반씩 줄어드는 것은 로그 자람 차수(logarithmic order of growth)가 보여주는 두드러진 성질이다.

39) 여기서 집합은 나무를 써서 표현하고, 다시 그 나무는 리스트를 써서 나타낸다. 즉, 어떤 데이터를 요약한 다음 그 위에서 다른 데이터를 간추려 쓴다. 다시 말해서, 나무 구조를 요약하는 연산들, 곧 entry, left-branch, right-branch, make-tree들이 '두 갈래 나무(binary tree)'라는 데이터에서 그 나무가 리스트로 표현될 수도 있다는 어떤 사실을 분리해 내는 구실을 하는 셈이다.

```
(define (make-tree entry left right)
  (list entry left right))
```

이제 위에서 설명한 방법에 따라 element-of-set? 프로시저를 짤 수 있다.

```
(define (element-of-set? x set)
  (cond ((null? set) false)
        ((= x (entry set)) true)
        ((< x (entry set))
         (element-of-set? x (left-branch set)))
        ((> x (entry set))
         (element-of-set? x (right-branch set)))))
```

집합에 원소 하나를 집어넣은 연산도 이와 비슷하게 구현할 수 있는데, 이 연산 또한 $\Theta(log\ n)$으로 자라나는 계산 단계를 거친다. 원소 x를 집합에 보태기 위해서는, 먼저 x와 마디의 열매를 견주어 그 마디의 왼쪽이나 오른쪽 가지 가운데 어느 쪽으로 넣어야 할지 정한 다음, 알맞은 가지를 골라 집어넣는다. 이어서 원래 마디의 열매, 새로 원소를 집어넣은 가지, 나머지 한쪽 가지를 엮어서 새로운 나무를 짜 맞춘다. 이와 달리, x가 마디의 열매와 같은 경우에는, 그냥 그 마디 자체를 내놓는다. 또, 텅 빈 나무에 원소 x를 보태는 경우라면, 왼쪽과 오른쪽 가지가 비어 있고 x를 열매로 하는 새 나무를 만들어 낸다. 이런 것을 프로시저로 옮겨 적으면 아래와 같다.

```
(define (adjoin-set x set)
  (cond ((null? set) (make-tree x '() '()))
        ((= x (entry set)) set)
        ((< x (entry set))
         (make-tree (entry set)
                    (adjoin-set x (left-branch set))
                    (right-branch set)))
        ((> x (entry set))
         (make-tree (entry set)
                    (left-branch set)
                    (adjoin-set x (right-branch set))))))
```

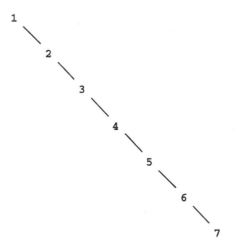

그림 2.17 1부터 7까지 수를 차례로 집어넣는 과정에서 균형이 깨진 나무

앞서 나무를 살펴보는 데 거쳐야 할 계산 단계가 로그^{log}로 자라난다고 말한 바 있는데, 이는 그 나무의 생김새가 '균형을 이루고 있다'는 가정에 바탕을 둔다. 여기서 '균형 잡힌 나무$^{balanced\ tree}$'란, 모든 나무의 왼쪽과 오른쪽 나무에 들어 있는 원소 수가 거의 같아서, 한 새끼 나무에 들어 있는 원소 수가 어버이 나무가 가진 원소 수 절반쯤에 이른다는 말이다. 그러나 어떤 계산 과정에서 만들어 낸 나무가 한쪽으로 치우치지 않을 것임을 어떻게 뒷받침할 수 있을까? 처음부터 균형이 잡힌 나무를 가지고 일을 해나간다고 하더라도, adjoin-set으로 원소를 보태다 보면 얼마든지 한쪽으로 기울어진 나무가 나올 수 있다. 새 원소가 들어갈 자리는 그 원소를 집합 속의 원소와 어떻게 비교하느냐에 따라 달라지는 것이므로, 원소를 '제멋대로^{randomly}' 집어넣는다 치면, 평균으로 볼 때 균형 잡힌 나무가 나올 가능성이 높다고 할 수 있다. 하지만, 언제나 그리된다고 믿을 수는 없는 노릇이다. 예컨대, 빈 집합에다 1에서 7까지 차례로 집어넣으면, 그림 2.17과 같이 아예 한 쪽으로 쏠려 크게 균형이 깨진 나무 모양이 된다. 이 나무에는 왼쪽에 붙은 나무가 하나도 없기 때문에, 그냥 차례 매긴 리스트$^{ordered\ list}$를 쓰는 것과 다를 바 없다. 이런 문제점을 푸는 방법 가운데 하나는, 원소는 같으나 균형을 갖추도록

나무의 생김새를 바꾸어 주는 연산을 정의해 쓰는 것이다. 그리하면 `adjoin-set` 연산을 몇 번 돌린 다음에 매번 이런 변환 과정을 거쳐, 집합 표현이 균형을 잃지 않도록 할 수 있다. 이밖에도 여러 방법이 있는데, 그 대부분은 원소를 찾아내거나 집어넣을 때 모두 $\Theta(\log n)$ 단계로 연산이 이루어질 수 있도록, 새로운 데이터 구조의 설계 방식을 마련하는 일과 관계가 있다.[40]

● **연습문제** 2.63

아래 두 프로시저는 두 갈래 나무를 리스트로 바꾼다.

```
(define (tree->list-1 tree)
  (if (null? tree)
      '()
      (append (tree->list-1 (left-branch tree))
              (cons (entry tree)
                    (tree->list-1 (right-branch tree)))))))

(define (tree->list-2 tree)
  (define (copy-to-list tree result-list)
    (if (null? tree)
        result-list
        (copy-to-list (left-branch tree)
                      (cons (entry tree)
                            (copy-to-list (right-branch tree)
                                          result-list)))))
  (copy-to-list tree '()))
```

a. 두 프로시저는 어떤 나무를 집어넣어도 같은 결과를 내는가? 아니라면, 그 결과가 어떻게 다른가? 그림 2.16의 나무를 집어넣을 때, 두 프로시저는 어떤 리스트를 내놓는가?

---

40) 예컨대 B-tree, red-black tree 따위 데이터 구조가 있다. 데이터 구조를 다루는 서적 가운데, 이 문제만 집중해서 다루는 게 많다. Cormen, Leiserson, and Rivest 1990을 보자.

b. 원소 수가 n인 균형 잡힌 나무를 리스트로 바꾼다고 할 때, 위 프로시저들이 밟아야 할 계산 단계는 똑같은 자람 차수^{order of growth}를 보이는가? 그게 아니라면, 계산 단계가 더 느리게 자라나는 쪽은 어느 쪽인가?

● **연습문제** 2.64

다음에 나오는 프로시저 list->tree는 차례 매긴 리스트를 균형 잡힌 두 갈래 나무로 바꾼다. 도우미 프로시저^{helper procedure} partial-tree는 정수 n과, 원소 수가 적어도 n개인 리스트를 인자로 받아서, 그 리스트의 처음 n개 원소로 균형 잡힌 나무를 만든다. partial-tree는 (cons로 만든) 쌍을 결과로 내놓는데, 이 쌍의 car는 새로 만든 나무를 가리키고 그 cdr는 그 나무에서 빠진 원소들의 리스트를 가리킨다.

```
(define (list->tree elements)
  (car (partial-tree elements (length elements))))

(define (partial-tree elts n)
  (if (= n 0)
      (cons '() elts)
      (let ((left-size (quotient (- n 1) 2)))
        (let ((left-result (partial-tree elts left-size)))
          (let ((left-tree (car left-result))
                (non-left-elts (cdr left-result))
                (right-size (- n (+ left-size 1))))
            (let ((this-entry (car non-left-elts))
                  (right-result (partial-tree (cdr non-left-elts)
                                              right-size)))
              (let ((right-tree (car right-result))
                    (remaining-elts (cdr right-result)))
                (cons (make-tree this-entry left-tree right-tree)
                      remaining-elts)))))))))
```

a. partial-tree 프로시저가 어떻게 돌아가는지 되도록 깔끔하고 짧은 문장으로 설명해 보라. 리스트 (1 3 5 7 9 11)를 list->tree에 인자로 넘길

때, 어떤 나무가 나오는지 그려 보라.

b. `list->tree`로 원소 수가 n인 리스트를 바꾸는 데 드는 계산 단계는 어떤 자람 차수를 보이는가?

● **연습문제** 2.65

연습문제 2.63과 2.64에서 얻은 결과를 빌려서, (균형 잡힌) 두 갈래 나무로 집합을 표현하였을 때, 집합 연산 `union-set`과 `intersection-set`의 자람 차수가 $\Theta(n)$이 되도록 구현하라.[41]

집합에서 정보 찾아내기^{information retrieval}

지금까지 리스트를 써서 집합을 나타내는 방법 가운데 몇 가지를 살펴보면서, 데이터를 어떤 방식으로 표현하느냐에 따라 그 데이터를 쓰는 프로그램 성능이 크게 달라질 수 있음을 알게 되었다. 이 절에서 집합에 초점을 맞추는 데는 또 다른 까닭이 있다. 지금 여기서 다룬 기법들이 정보를 찾아내는 일과 관련된 갖가지 응용에서 되풀이하여 나오기 때문이다.

예컨대 회사에서 쓰는 인사 파일이나 회계 시스템의 트랜잭션^{transaction} 같이, 수많은 개인별 레코드^{record}를 들고 있는 데이터베이스가 있다고 하자. 보통 데이터-관리 시스템^{data-management system}에서는 레코드에 들어 있는 데이터를 고치거나 읽어 들이는 일을 하는 데 많은 시간을 들이기 때문에, 찾고자 하는 레코드에 더 빨리 다가갈 수 있도록 그런 연산의 효율을 끌어올리는 방법이 필요하다. 이를 위해서, 각 레코드에는 그 레코드를 알아볼 수 있도록 '열쇠^{키, key}'가 달려 있다. 이때, 한 레코드를 다른 레코드와 정확히 구분 지을 수만 있다면 그 무엇이라도 열쇠로 쓸 수 있다. 보기를 들어, 인사 파일에서는 직원 ID 번호를 열쇠로

---

41) 연습문제 2.63부터 2.65는 폴 힐피거(Paul Hilfinger)가 만든 것이다.

쓸 수 있고, 회계 시스템이라면 트랜잭션 번호가 열쇠가 될.수 있다. 따라서 그 열쇠가 무엇이든 레코드를 정의하는 데이터 구조를 마련할 때에는 한 레코드에서 열쇠를 뽑아내는 프로시저를 꼭 갖추고 있어야 한다.

이제 데이터베이스를 레코드들의 집합으로 표현한다고 하자. 그리고 어떤 열쇠로 잠겨 있는 레코드를 찾아낼 때 lookup이라는 프로시저를 쓴다고 하자. 이 프로시저는 열쇠와 데이터베이스를 인자로 받아서 그 열쇠를 들고 있는 레코드를 찾아내거나, 그런 레코드가 없을 때에는 거짓을 결과로 내놓는다. lookup을 구현하는 방식은 element-of-set?와 거의 같다. 예컨대, 레코드들의 집합을 차례 없는 리스트로 구현한다면, 아래와 같은 lookup 프로시저를 쓸 수 있다.

```
(define (lookup given-key set-of-records)
  (cond ((null? set-of-records) false)
        ((equal? given-key (key (car set-of-records)))
         (car set-of-records))
        (else (lookup given-key (cdr set-of-records)))))
```

큰 집합을 나타낼 때에는 마땅히 차례 없는 리스트보다 나은 방법이 얼마든지 있을 수 있다. 정보를 뽑아내는 시스템^{information retrieval system}에서는 어떤 레코드를 '제멋대로 뽑아쓸 수^{randomly accessed}' 있어야 하기 때문에, 대개 앞에서 본 두 갈래 나무 같이 나무꼴 표현 방식을 바탕으로 구현한다. 그런 시스템을 설계하고자 할 적에, 데이터를 요약해 쓰는 방법론^{methodology of data abstraction}이 큰 도움이 된다. 처음 구현할 때에는 차례 없는 리스트와 같이 단순하고 뻔한 표현 방식을 따른다. 그런 표현 방식이 목표하는 시스템에 쓸 것은 아니겠지만, 엉성한 데이터베이스라도 '대충 빨리^{quick and dirty}' 만들어 낸 다음에 그와 맞물려 돌아갈 시스템의 나머지를 살펴보는 일에는 아주 쓸모가 많다. 더 정교한 데이터 표현 방식을 쓰도록 손보는 일은 그 다음에 조금씩 해나가면 된다. 다시 말해서, 요약된 짜맞추개나 고르개 연산^{abstract constructor and selector}을 거쳐 데이터베이스를 쓸 수 있도록 전체 시스템을 잘 설계하였다면, 데이터베이스의 표현 방식을 바꾼다고 하더라도 나머지 시스템을 손볼 필요가 없다.

● 연습문제 2.66

레코드 집합을 두 갈래 나무로 짜 맞춘다고 할 때, 그에 알맞은 lookup 프로시저를 구현해 보라.

2.3.4 연습 : 허프만 인코딩 나무

이 절에서는 집합과 나무를 다룰 때 리스트 구조와 데이터 요약^{데이터 간추리기}을 실제로 어떻게 쓰는지 보기 위하여, 데이터를 0과 1(비트)의 차례열로 나타내는 문제를 풀어 본다. 예컨대, ASCII 표준 코드^{부호, code} 체계에서는 컴퓨터에서 글을 표현할 때 글자 하나를 7비트로 나타낸다.* 7비트를 쓰면 모두 2^7개, 곧 128개 글자

---

* 역주 : 영어 낱자를 나타낼 때만 7비트로 나타낸다. 이 때문에 오래전 8비트를 1바이트로 쓰는 컴퓨터에서는 나머지 128에서 255사이의 코드를 가지고 수많은 글자 집합을 나타낼 수밖에 없었다. 또한 여러 프로그래밍 시스템에서 글자를 다루는 프로시저들은 7비트 ASCII로 표현된 글자만 받아들이도록 설계된 경우가 많았기 때문에, ASCII를 벗어난 글자 데이터를 처리하도록 프로그램을 고쳐 쓰는 일은 거의 모험에 가까웠으며, 속임수에 가까운 갖가지 트릭을 써서 억지로 돌아가게 만들어야 하는 경우가 많았다. 이 때문에 (주로 IBM 또는 마이크로소프트 DOS 운영체제에서) 128~255의 공간에 여러 글자 집합을 나타내는 ANSI 표준이 정해져 한동안 널리 쓰이기도 하였는데, 이를 코드 페이지(code page)라고 한다.

　허나, 코드 페이지와 같이 인코딩 체계가 다른 글자 집합이 서로 섞여 쓰이지 못하도록 나누어 정하는 방식만으로 풀지 못하는 문제가 많이 있다. 예컨대 한국, 중국, 일본을 비롯한 아시아 글자 체계들은 1바이트만으로 표현하기 어려웠기 때문에 DBCS(Double Byte Character Set)라는 복잡한 시스템의 힘을 빌 수밖에 없는 경우가 있고, 한 글 속에서 글자 체계가 서로 완전히 다른 글자를 자연스럽게 섞어 쓸 방법도 없었다. 이 때문에 글자 집합이 서로 다르더라도 같은 글자를 다른 코드로 나타내지 않고, 다른 글자를 같은 코드로 나타내는 경우가 없도록 하여, 한 글 속에 서로 다른 글자 집합과 인코딩 방식을 자유롭게 섞어 쓸 수 있는 새로운 글자 표현 체계가 필요하였다. 바로 이런 바람을 이루고자 유니코드(Unicode) 표준이 나오게 되었다.

　유니코드는 글자 집합(Character set)과 글자 입력 방식(Character Input Method)이 서로 다른 인코딩 체계를 한데 아울러, 컴퓨터에서 통합된 글자 표현 체계를 마련하려는 목적에서 생겨난 표준이다. 나라마다 또 쓰임새마다 서로 다른 인코딩 체계들이 맞부딪치는 일이 없도록 여러 글자 집합을 섞어 쓰려면, ASCII 따위와 같이 어떤 한 글자 코드를 수 하나로 나타내지 못한다. 따라서 유니코드에서는 글자마다 그에 해당하는 개념 코드, 이른바 코드 포인터를 정해두고 각 글자를 실제로 메모리에 저장할 적에는 제각기 다른 방식을 쓸 수 있도록 하였다. 보기를 들어, 영어의 A를 나타내는 코드 포인터는 U+0041이다. 여기서 'U+'는 '유니코드'를 뜻하고, 0041은 16진법으로 나타낸 수다. 이런 코드 포인터를 저장하는 방식은 여러 가지이나, 그 가운데에서도 오래되고 뿌리 깊은 ASCII 체계나 그 동안의 수많은 인코딩 체계와 쉽게 뒤섞일 수 있으며 글자 집합마다 그에 맞게 비트수를 달리할 수 있는 UTF-8 저장 방식이 점점 널리 받아들여지고 있다.

를 나타낼 수 있다. 따라서 글자 n개를 나타내는 데는 대체로 $log_2 n$ 비트가 필요하다. 예컨대, 모든 글이 글자 A, B, C, D, E, F, G, H로 이루어진다고 하면, 한 글자마다 다음과 같은 3비트 코드를 달아줄 수 있다.

A 000	C 010	E 100	G 110
B 001	D 011	F 101	H 111

이 코드 표에 따라 아래 글귀를 인코딩하면^{부호로 뽑아내면} 54비트짜리 데이터가 나온다.

BACADAEAFABBAAAGAH

001000010000011000100000101000001001000000000110000111

ASCII 코드나, 앞에서 보기로 든 A~H 코드를 '길이가 정해진^{fixed length}' 코드라 하는데, 이는 한 글 속에 나오는 모든 글자를 똑같은 비트 수로 나타내기 때문이다. 그와 달리 글자마다 비트 수가 달라질 수 있도록 '길이가 변하는^{variable length}' 코드도 있는데 이런 코드를 쓰는 게 더 좋을 때가 있다. 그 한 가지 보기로 모스 코드^{모스 부호, Morse code}에서는 낱자를 나타내는 점^{dot}과 선^{dash}의 수가 모두 똑같지 않다. 특히, 가장 많이 쓰는 E 글자는 점 하나로 나타낸다. 글에서 어떤 글자가 아주 자주 나오거나 아주 드물게 나올 때, 많이 쓰는 글자를 더 짧은 코드로 나타내면 (글을 나타내는 데 드는 비트 수를 줄일 수 있기 때문에) 보통 더 효율적으로 데이터를 코드로 바꿀 수 있다. 이런 생각에 맞추어, 이번에는 A부터 H까지 글자에 다음 코드를 붙여주었다고 하자.

A 0	C 1010	E 1100	G 1110
B 100	D 1011	F 1101	H 1111

새 코드 표에 따라 같은 글귀를 코드로 바꾸면 아래 비트열^{string of bits}이 나온다.

100010100101101100011010100100000111001111

이 열은 모두 42비트이며, 앞서 길이가 정해진 코드를 썼을 때보다 전체 코드 양을 20% 남짓 줄일 수 있다.

한데, 길이가 변하는 코드를 쓰면 0과 1로 이루어진 차례열을 훑어내려 가다가 한 글자를 나타내는 곳을 잘라내기 어렵다는 문제가 있다. 이 때문에 모스 코드에서는 한 글자를 나타내는 점과 선 들 바로 다음에 (이 경우엔, 멈춤^{pause}을 나타내는) **나눔 코드**^{separator code}를 붙여서 이런 문제를 피해 간다. 이와 달리 한 글자를 오롯이 나타내는 코드가 다른 글자를 나타내는 코드의 '앞가지^{prefix}'와 겹치지 않도록 코드를 설계하는 방법도 있는데, 이런 코드 체계를 **앞가지 코드**^{prefix code}라 한다. 위에서 든 보기에서는 A에 0이, B에 100이라는 코드가 달려 있는데, 그 밖에 다른 글자를 보면 0이나 100으로 시작하는 코드가 없다.

한 글 속에 어떤 글자가 얼마나 자주 나오느냐에 따라 길이가 달라지는 코드 체계를 쓰면 대체로 전체 코드 길이를 크게 줄일 수 있다. 이런 방식을 따르는 코드 체계^{scheme} 가운데 데이비드 허프만^{David Huffman}이 만든 허프만 인코딩^{Huffman encoding}이라는 기법이 있다. 허프만 코드는 두 갈래 나무꼴로 나타낼 수 있는데, 그 나뭇잎마다 (즉, 끝마디에) 인코딩할 글자들이 달려 있다. 이 나무에서 잎이 아닌 마디들은 글자 집합을 나타내는데, 그 마디부터 아래 가지에 달려 있는 모든 잎을 집합의 원소로 삼는다. 아울러, 잎^{끝마디}에 달린 글자에는 저마다 (한 글 속에서 그 글자가 나오는 횟수에 따라 정해지는) 무게가 있으며, 잎이 아닌 마디의 무게는 그 마디에서 아래 가지에 달린 모든 잎의 무게를 보탠 값이다. 마디의 무게는, 인코딩^{부호 뽑기, encoding}이나 디코딩^{글자 뽑기, decoding}하는 과정에서 쓰는 것이 아니라 두 갈래 나무를 만드는 과정에서 쓴다.

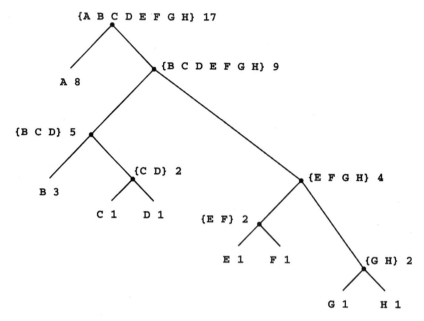

그림 2.18 허프만 인코딩 나무

그림 2.18은 앞서 살펴본 A부터 H까지의 코드를 허프만 나무로 나타낸 것이다. 이 나무에서 각 잎의 무게를 보면 한 글자가 어떤 글 속에서 얼마나 자주 나오는지 알 수 있는데, 이 경우에 A는 8번, B는 3번, 그 밖에 다른 글자들은 1번씩이다.

이렇게 허프만 나무가 정해지고 나면, 그 뿌리^{root}부터 한 글자가 달려 있는 잎사귀에 이르기까지 나뭇가지를 따라 내려가는 과정을 거쳐 각 글자의 코드를 찾아낼 수 있다. 왼 가지를 따라갈 때에는 코드에 0이 들어가고, 오른 가지를 따라갈 때에는 코드에 1이 들어간다. (이때 어떤 가지를 따라가느냐는 한 글자가 그 가지에 달린 글자 집합 속에 들어 있는지 또는 그 글자가 잎사귀에 달린 글자와 같은지 보고 정한다.) 그림 2.18을 보기로 살펴보면, 나무뿌리에서 D가 달린 잎에 이를 때까지 오른쪽, 왼쪽, 오른쪽, 오른쪽 가지를 차례대로 따라 내려가는데, 이 과정에서 얻어낸 D의 코드는 1011이 된다.

이와 반대로, 허프만 나무로 비트들을 디코딩할 때에는 차례대로 각 비트를 살펴보면서 왼쪽 또는 오른쪽 가지를 따라 내려간다. 잎에 이르렀을 때에는 그에 대응하는 글자를 만들어 내고, 다음 글자를 찾아내기 위하여 다시 나무뿌리로 되돌아간다. 예컨대, 위에 나온 나무에서 비트열 10001010에 대응하는 글자들을 찾는다고 하자. 뿌리에서 (첫 번째 비트가 1이므로) 오른쪽 가지를 따라 내려간다. 그 다음 (두 번째 비트가 0이므로) 왼쪽 가지를 따라가고, (세 번째 비트도 0이므로) 또 왼쪽 가지로 내려간다. 이런 단계를 거치면 B가 달린 잎사귀에 다다르게 되어, 글자 B를 찾아낼 수 있다. 이제 다시 뿌리로 되돌아가서 다음 비트가 0이므로 왼쪽 가지를 따라 곧바로 A가 달린 잎사귀에 이르게 된다. 남아 있는 1010을 가지고 다시 뿌리에서 오른쪽, 왼쪽, 오른쪽, 왼쪽 가지를 차례로 따라 내려가면 C가 나온다. 따라서 이 코드가 나타내는 글은 BAC다.

허프만 나무 만들기

한 글 속에 나오는 낱자와 그 글자들이 얼마나 자주 나오는지^{상대 빈도, relative frequency}를 알고 있을 때, 어떻게 하면 '가장 좋은' 코드를 만들어낼 수 있을까? (다시 말해, 한 글을 나타내는 비트 수를 가장 적게 하려면 어떤 나무를 써야 하는가?) 허프만은 바로 이런 문제를 푸는 알고리즘을 내놓았으며, 이 알고리즘으로 만들어 낸 코드가 '길이가 변하는 코드' 가운데 가장 좋은 것임을 밝혔다. 단, 코드를 만들 때 쓴 각 글자의 빈도^{frequency}와 이 코드로 인코딩할 글 속에서 나오는 각 글자의 상대 빈도가 서로 같아야 한다. 여기서는 허프만 코드가 최적이라는 사실을 따로 증명할 까닭은 없으니, 허프만 나무를 어떻게 만드는지만 살펴보자.[42]

허프만 나무를 만드는 알고리즘은 아주 쉽다. 가장 적게 나오는 글자가 나무뿌리에서 가장 떨어져 있게끔 나무를 짜맞추면 된다. 처음에는 나뭇잎 집합을 가지고 일을 시작하는데, 나뭇잎에는 글자 하나와 그 글자의 빈도가 들어 있다. 이때, 글자와 빈도는 인코딩할 데이터를 보고 정한다. 이 나뭇잎들 가운데 가장 가벼운 잎 둘을 찾아낸다. 이 두 잎을 오른쪽 가지와 왼쪽 가지로 삼아 마디^{node} 하나로

---

42) Hamming 1980에서 허프만 코드의 수학적 성질을 다루고 있다.

묶어낸다. 새 마디의 무게는 두 잎의 무게를 더한 것이다. 이 두 잎을 나뭇잎 집합에서 빼고, 그 자리에 새로 만든 마디를 집어넣는다. 이런 일을 되풀이하면서, 한 단계를 거칠 때마다 가장 가벼운 마디 둘을 골라내어 하나로 묶은 다음에, 그 두 마디를 집합에서 없애고, 그 둘을 오른쪽 가지와 왼쪽 가지로 묶은 새 마디를 만들어서 집어넣는다. 집합 속에 마디가 딱 하나 남으면 일을 멈춘다. 이때 맨 마지막에 남은 마디가 바로 나무의 뿌리다. 아래는 그림 2.18의 허프만 나무가 어떻게 나오는지 보여준다.

나뭇잎 집합	{(A 8) (B 3) (C 1) (D 1) (E 1) (F 1) (G 1) (H 1)}
묶어내기	{(A 8) (B 3) ({C D} 2) (E 1) (F 1) (G 1) (H 1)}
묶어내기	{(A 8) (B 3) ({C D} 2) ({E F} 2) (G 1) (H 1)}
묶어내기	{(A 8) (B 3) ({C D} 2) ({E F} 2) ({G H} 2)}
묶어내기	{(A 8) (B 3) ({C D} 2) ({E F G H} 4)}
묶어내기	{(A 8) ({B C D} 5) ({E F G H} 4)}
묶어내기	{(A 8) ({B C D E F G H} 9)}
마지막으로 묶어내기	{(({A B C D E F G H} 17)}

이 알고리즘에 따라 나무를 만들면 딱 한 모양만 나오지는 않는다. 한 단계에서 가장 가벼운 마디가 여러 개 있을 경우에 두 마디를 어떤 차례로 묶을지 (즉, 두 마디 가운데 어떤 것을 왼쪽 가지나 오른쪽 가지로 삼을지) 따로 정해 놓지 않았기 때문이다.

허프만 나무를 표현하는 방법

위에서 설명한 알고리즘에 따라 허프만 나무를 만들어서, 이를 가지고 어떤 글을 인코딩·디코딩하는 시스템은, 연습문제에서 따로 다루어 보기로 하겠다. 지금부터는 허프만 나무를 어떻게 표현할지 살펴보자.

나뭇잎은 리스트로 나타낸다. 이 리스트는 leaf라는 글과 글자^{symbol}, 그 글자의 무게로 이루어진다.

```
(define (make-leaf symbol weight)
  (list 'leaf symbol weight))

(define (leaf? object)
  (eq? (car object) 'leaf))

(define (symbol-leaf x) (cadr x))

(define (weight-leaf x) (caddr x))
```

나무는 왼 가지, 오른 가지, 글자 집합, 무게를 리스트로 묶어서 나타낸다. 글자 집합은 그냥 글자들의 리스트로 나타내고, 이보다 정교한 집합 표현을 쓰지 않기로 한다. 두 마디^{가지}를 묶어서 한 나무를 만들 때, 나무 무게는 두 마디의 무게를 더한 값이 되고, 나무의 글자 집합은 두 마디의 글자 집합을 합한 것이다. 글자 집합을 그냥 리스트로 표현했기 때문에, 두 집합을 합할 때에는 2.2.1절에서 정의한 append 프로시저를 쓴다.

```
(define (make-code-tree left right)
  (list left
        right
        (append (symbols left) (symbols right))
        (+ (weight left) (weight right))))
```

이런 방법으로 나무를 만들었다면, 그 고르개^{selector} 연산을 다음과 같이 정의할 수 있다.

```
(define (left-branch tree) (car tree))

(define (right-branch tree) (cadr tree))

(define (symbols tree)
  (if (leaf? tree)
      (list (symbol-leaf tree))
      (caddr tree)))
```

```
(define (weight tree)
  (if (leaf? tree)
      (weight-leaf tree)
      (cadddr tree)))
```

symbols와 weight 프로시저는 잎이냐 나무냐에 따라 조금씩 다른 일을 해야 한다. 이 둘은 간단한 **일반화된 프로시저**^{generic procedure}(즉, 타입이 다른 여러 데이터를 다룰 수 있는 프로시저)라고 할 수 있는데, 2.4절과 2.5절에서 이 주제를 더 깊이 다루기로 하자.

디코딩 프로시저

다음 프로시저는 디코딩 알고리즘을 구현한다. 이 프로시저는 0과 1로 이루어진 리스트와 허프만 나무를 인자로 받는다.

```
(define (decode bits tree)
  (define (decode-1 bits current-branch)
    (if (null? bits)
        '()
        (let ((next-branch
                (choose-branch (car bits) current-branch)))
          (if (leaf? next-branch)
              (cons (symbol-leaf next-branch)
                    (decode-1 (cdr bits) tree))
              (decode-1 (cdr bits) next-branch)))))
  (decode-1 bits tree))

(define (choose-branch bit branch)
  (cond ((= bit 0) (left-branch branch))
        ((= bit 1) (right-branch branch))
        (else (error "bad bit -- CHOOSE-BRANCH" bit))))
```

decode-1 프로시저는 인자를 두 개 받는다. 하나는 남아 있는 비트 리스트고, 다른 하나는 나무 속의 지금 위치다. 이 프로시저는 리스트에서 다음 비트가 0인지 1인지에 따라 왼쪽 또는 오른쪽 가지를 고르고, 계속해서 나무를 따라 '내려' 간다. (가지를 고르는 일은 choose-branch 프로시저에서 한다.) 잎에 다다르면, 그 잎에 달린 글자를 뽑아낸다. 이 글자와, 다시 뿌리로 돌아가서 나머지 글을 디코딩한 결과를 cons로 묶어 낸다. choose-branch 프로시저의 마지막 절에서는 입력 데이터 속에서 0이나 1이 아닌 값을 찾아내어 잘못된 데이터가 들어 왔음을 알려준다.

무게가 있는 원소들의 집합

앞서 선택한 나무 표현 방식에서는 잎이 아닌 마디에 글자 집합이 들어 있는데, 이 집합을 그냥 리스트로 나타냈다. 하지만, 위에서 얘기한 알고리즘대로 나무를 만들려면, 가장 작은 원소를 잇달아 묶어내는 과정에서 나뭇잎과 나무들로 이루어진 집합을 쓸 수 있어야 한다. 가장 작은 원소를 찾는 일이 되풀이되므로, 이런 경우에는 차례 매긴 집합 표현을 쓰는 것이 편리하다.

잎과 나무들의 집합을 리스트로 표현하되, 그 원소를 무게에 따라 오름차순으로 맞추자. 집합을 만들 때에는 아래에 정의된 adjoin-set 프로시저를 쓰는데, 이것은 연습문제 2.61에서 설명한 것과 비슷하다. 하지만, 집합에 넣을 원소가 벌써 그 집합에 들어 있는 경우가 생기지 못하며, 원소를 그 무게에 따라 견준다는 점이 다르다.

```
(define (adjoin-set x set)
  (cond ((null? set) (list x))
        ((< (weight x) (weight (car set))) (cons x set))
        (else (cons (car set)
                    (adjoin-set x (cdr set))))))
```

다음 프로시저는, ((A 4) (B 2) (C 1) (D 1))과 같이 글자와 빈도 쌍으로 이루어진 리스트를 인자로 받아서, 빈도^{무게}에 따라 차례를 매긴 나뭇잎 집합을 만들어 낸다. 허프만 알고리즘에 따라 마디를 묶어낼 때, 맨 처음 쓰는 집합이 바로 이 집합이다.

```
(define (make-leaf-set pairs)
  (if (null? pairs)
      '()
      (let ((pair (car pairs)))
        (adjoin-set (make-leaf (car pair)      ; 글자
                               (cadr pair))    ; 빈도
                    (make-leaf-set (cdr pairs))))))
```

● 연습문제 2.67

인코딩 나무와 보기 글을 다음과 같이 정의하라.

```
(define sample-tree
  (make-code-tree (make-leaf 'A 4)
                  (make-code-tree
                   (make-leaf 'B 2)
                   (make-code-tree (make-leaf 'D 1)
                                   (make-leaf 'C 1)))))

(define sample-message '(0 1 1 0 0 1 0 1 0 1 1 1 0))
```

decode 프로시저로 이 글을 디코딩한 결과를 보여라.

● 연습문제 2.68

encode 프로시저는 글과 나무를 인자로 받아서, 그 글을 인코딩한 비트 리스트를 내놓는다.

```
(define (encode message tree)
  (if (null? message)
      '()
      (append (encode-symbol (car message) tree)
              (encode (cdr message) tree))))
```

인코딩 나무를 보고, 한 글자를 인코딩하여 비트 리스트를 내놓도록 encode-symbol 프로시저를 짜라. 그 글자가 나무에 없을 때에는 잘못되었음을 알려주도록 프로시저를 설계해야 한다. 이 프로시저가 올바로 돌아가는지 알아보기 위하여, 연습문제 2.67에서 sample-tree로 얻어낸 결과를 인코딩하여, 그 결과가 처음 글과 같은지 살펴보라.

● 연습문제 2.69

다음 프로시저는 (서로 다른 두 쌍 속에 같은 글자가 들어 있지 않도록) 글자—

빈도 쌍으로 이루어진 리스트를 인자로 받아서 허프만 알고리즘에 따라 인코딩 나무를 만들어 낸다.

```
(define (generate-huffman-tree pairs)
  (successive-merge (make-leaf-set pairs)))
```

make-leaf-set는 쌍 리스트를 인자로 받아서, 차례 매긴 나뭇잎 집합으로 바꿔주는 프로시저인데, 이것은 본문에서 정의한 것과 같다. make-code-tree 프로시저를 써서, 집합에 원소 하나만 남을 때까지, 곧 허프만 나무를 만들 때까지 가장 가벼운 두 원소를 잇달아 묶어내는 successive-merge 프로시저를 짜라. (이 프로시저를 짜려면 조금 잔재주를 부려야 하지만, 복잡한 것은 아니다. 따라서 복잡한 프로시저를 설계한다면, 뭔가 잘못하고 있다고 보면 틀림없다. 이때, 차례 매긴 집합 표현 방식을 쓴다는 사실에서 큰 도움을 얻을 수 있다.)

● **연습문제** 2.70
다음은 낱말 8개로 이루어진 글 집합과 그 빈도를 정리한 것인데, 1950년대에 나온 록Rock 노래 가사를 효율적으로 인코딩하려고 설계된 것이다. (여기서 '낱말'이 되는 '글자'가 꼭 낱자가 아니어도 된다는 사실을 알아차리자.)

A	2	NA	16
BOOM	1	SHA	3
GET	2	YIP	9
JOB	2	WAH	1

generate-huffman-tree 프로시저(연습문제 2.69)를 써서 알맞은 허프만 나무를 만든 다음에 encode 프로시저(연습문제 2.68)로 아래와 같은 글을 인코딩해 보라.

Get a job

Sha na na na na na na na na

Get a job

Sha na na na na na na na na

Wah yip yip yip yip yip yip yip yip yip

Sha boom

인코딩하는 데 얼마나 많은 비트가 필요한가? 이와 달리, 8낱말로 이루어진 글 집합을 길이가 정해진 코드로 인코딩한다고 하면, 이 노래를 인코딩하는 데 드는 가장 적은 비트 수는 얼마인가?

● 연습문제 2.71

글자 n개를 위한 허프만 나무가 있고, 글자마다 빈도가 1, 2, 4, $\cdots$, 2^{n-1}이라고 하자. $n = 5$일 때와 $n = 10$일 때 나무를 스케치해 보라. 그런 나무에서 (글자 수가 n이라고 할 때) 가장 많이 나오는 글자와 가장 덜 나오는 글자를 인코딩하는 데 얼마나 많은 비트가 필요한가?

● 연습문제 2.72

연습문제 2.68에서 설계한 인코딩 프로시저를 생각해 보자. 한 글자를 인코딩하는 데 필요한 계산 단계는 어떤 자람 차수^{order of growth}를 보이는가? 마디 하나를 거쳐 갈 때마다, 글자 리스트를 훑어보는 데 들어가는 계산 단계까지 모두 아울러야 함을 잊지 마라. 이 문제의 일반해^{general solution}를 구하기는 어렵다. 글자 n개의 빈도가 연습문제 2.71과 같은 경우만 따져서, 가장 많이 쓰는 글자와 가장 적게 쓰는 글자를 인코딩하는 데 얼마나 많은 계산 단계를 밟아야 하는지 (n의 함수로 정의한) 자람 차수로 나타내라.

2.4 요약된 데이터의 표현 방식이 여러 가지일 때

데이터 요약^{데이터 간추리기}이란, 한 프로그램을 설계할 때 그 프로그램에서 다루고자 하는 데이터를 어떻게 구현했는지가 외부에 드러나지 않도록 프로그램의 체계를 잡아나가는 방법이라고 밝힌 바 있다. 예컨대 2.1.1절에서는 컴퓨터 언어에서 복잡한 데이터를 짜맞추는 기본 메커니즘^{mechanism}을 바탕으로, 유리수를 구현하는 일에서 그 유리수를 쓰는 프로그램의 설계를 어떻게 따로 다룰 수 있는지 살펴보았다. 여기서 알짜배기가 되는 생각은, 리스트 구조로 유리수를 표현하는 방식과 그런 유리수를 쓰는 방식을 서로 갈라놓을 수 있도록, 둘 사이에 요약의 경계^{간추림 경계, abstraction barrier}를 세운다는 것이다. 이 경우에는 유리수를 위한 짜맞추개와 고르개 연산들, 곧 make-rat, numer, denom이 그런 구실을 하였다. 마찬가지로 유리수 연산 프로시저(add-rat, sub-rat, mul-rat, div-rat)의 구현과 그보다 '더 높은 수준'에서 유리수를 쓰는 프로시저 사이에도 요약의 경계가 잡혀 있다. 그렇게 설계된 프로그램은 그림 2.1 같은 얼개를 갖춘다.

이와 같이 데이터 요약을 통해 요약의 경계를 긋는다는 생각은 복잡한 설계를 다루는 데 더할 나위 없이 뛰어난 수단이 된다. 데이터의 표현 방식이 드러나지 않도록 함으로써, 큰 프로그램의 설계를 작은 일로 나누어 다룰 수 있기 때문이다. 허나, 이 정도로는 데이터 요약이 그렇게 충분히 뛰어난 수단이라고 하기 어렵다. 왜냐하면, 한 데이터의 '표현 방식^{underlying representation}'이 딱 잘라 무엇이라고 말하기 어려울 때가 있기 때문이다.

예컨대, 한 데이터를 표현하는 방식에도 여러 가지가 있을 수 있으며, 갖가지 표현 방식을 모두 다룰 수 있도록 시스템을 설계하는 게 옳을 때가 많다. 보기를 들어, 복소수^{complex number}를 나타내는 데는 두 가지 방식이 있다. 하나는 직각 좌표계^{rectangular coordinate system}를 따르는 것이고 다른 하나는 극 좌표계^{polar coordinate system}를 따르는 것이다. 한데, 어떤 때에는 직각 좌표가 좋고, 어떤 때에는 극좌표가 좋다. 따라서 이런 경우라면 두 표현을 모두 쓸 수 있을 뿐 아니라, 어떤 표현을 쓰더라도 프로시저가 이를 다루는 데 문제가 없도록 시스템을 설계하는 편이 바람직하다.

이보다 중요한 사실은, 프로그래밍 시스템을 설계한다는 것이 (정해둔 시간 안에 끝나는 경우는 드물고) 여러 사람이 오랜 시간에 걸쳐 함께 해야 하는 일이라는 데 있다. 게다가 시간이 흘러가면서 요구사항도 자꾸 달라지기 때문에, 그만큼 일하는 기간도 늘어지게 마련이다. 그런 처지에서는, 모든 사람이 뜻을 모아 데이터 표현 방식을 몇 가지로 정해놓고 일하기가 어렵다. 따라서 이런 경우에는, 데이터 요약을 통해 데이터의 표현법과 쓰임새를 떼어놓을 수 있도록 데이터 사이에 요약의 경계를 세워야 함은 기본이고, 서로 다른 설계 방식 사이에도 요약의 경계를 잡아서 한 프로그램 속에 서로 다른 설계 방식이 함께 자리잡을 수 있도록 해야 한다. 아울러, 큰 프로그램을 짤 적에는 만들어 놓은 모듈을 조립하여 짜 맞추는 경우가 많고, 이런 모듈들은 보통 따로 설계되기 때문에, 프로그래머가 모듈 설계나 구현을 손보지 않고 있는 그대로 큰 시스템 속에 '덧붙여' 넣을 수 있는^{additive incorporation} 방식이 필요하다.

이 절에서는, 한 프로그램 속에서 여러 방식으로 표현된 데이터를 어떻게 다루는지 배우기도 한다. 이러려면 이른바 '일반화된 프로시저^{generic procedure}'를 만들어 쓸 수 있어야 하는데, 일반화된 프로시저란 한 데이터를 표현하는 방식이 하나가 아닐 때 이런 데이터들을 받아들여 정해진 연산을 해낼 수 있도록 정의된 프로시저를 말한다. 이 절에서 일반화된 프로시저를 정의할 때 주로 쓰는 기법은, 데이터 속에 그 표현 방식을 알려주는 글귀로 '타입 표시^{type tag}'를 붙여서, 프로시저가 그 표시를 읽고 그에 맞추어 데이터를 처리하도록 하는 것이다. 이와 더불어, '데이터 중심 프로그래밍^{data-directed programming}'도 다루어 보기로 한다. 이는 일반화된 연산을 바탕으로, 여러 시스템을 있는 그대로 손쉽게 짜맞춰 쓰게 해주는 아주 뛰어난 기법이다.

처음에는 단순한 복소수를 보기로 든다. 그런 다음에, 직각 좌표와 극좌표 표현을 따로따로 설계하더라도 '복소수' 데이터 개념을 잃지 않도록, 타입 표시와 데이터 중심 방식에 따라 여러 표현 방식을 어떻게 한 데이터로 간추릴 수 있는지 살펴본다. 이를 위하여, 복소수의 표현 방식을 가리지 않고 복소수의 일부를 골라낼 수 있게 일반화된 고르개^{generic selector}를 정의한 다음, 이를 바탕으로 복소수를 셈하는 연산(add-complex, sub-complex, mul-complex, div-complex)을 정의한다. 이처럼 설계된 복소수 시스템에는, 그림 2.19에서 보듯이, 두 가지

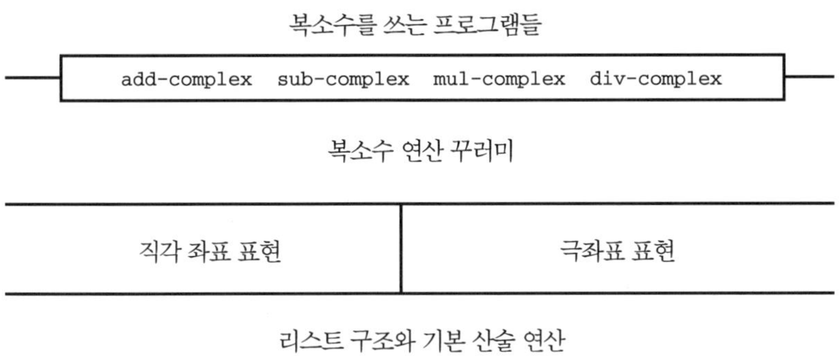

복소수를 쓰는 프로그램들

add-complex   sub-complex   mul-complex   div-complex

복소수 연산 꾸러미

직각 좌표 표현	극좌표 표현

리스트 구조와 기본 산술 연산

그림 2.19 복소수 시스템에서 요약한(간추린) 데이터 사이에 세워진 경계

요약의 경계가 선다. 여기서 '가로로 그은' 요약의 경계는 그림 2.1에 나온 것과 같이, '위 층'에 있는 연산이 '아래 층'에 있는 표현과 나뉘어 있음을 보여준다. 이와 달리, '세로로 그은' 요약의 경계는 한 데이터를 표현하는 데 여러 방식이 있을 수 있고 이를 따로 설계하거나 구현하여 덧붙여 넣을 수 있음을 일러준다.

2.5절에서는 타입 표시와 데이터 중심 방식에 따라 일반화된 산술 연산 꾸러미를 어떻게 만들 수 있는지 살펴본다. 이 꾸러미에는 모든 종류의 '수'를 다룰 수 있는 (add, mul 따위) 프로시저가 들어 있으며, 새로운 종류의 수가 필요할 때에도 그 쓰임새를 쉽게 늘릴 수 있다. 2.5.3절에서는 기호 식 대수 시스템에서 일반화된 산술 연산을 어떻게 쓰는지 살펴본다.

2.4.1 복소수 표현

프로그램에서 일반화된 연산을 어떻게 쓰는지 알아보기 위하여, 단순하고 현실성이 없어 뵈는 복소수 산술 연산 시스템을 하나 만들어 보자. 처음에는 (실수[real]와 허수[imaginary]로 이루어진) 직각 좌표 방식과 (길이와 각으로 이루어진) 극좌표 방식에 따라 순서쌍으로 복소수를 그럴 듯하게 표현한다.[43] 2.4.2절에서는, 타입

---

43) 실제 컴퓨터 계산 시스템에서는, 직각 좌표와 극좌표 사이의 변환 과정에서 생기는 반올림 오차(round-off error) 때문에, 직각 좌표 방식보다 극좌표 방식을 더 쓴다. 이 복소수 예제가 현실과 동떨어졌다고 얘기한 것도 바로 이 때문이다. 그렇지만 이 예제는 일반화된 연산 시스템을 어떻게 설계하는 데 깔끔한 보기가 될 뿐 아니라, 이를 시작으로 이 장 뒤에서 더 큰 시스템을 만들기까지 얘기를 풀어 나가기에도 좋다.

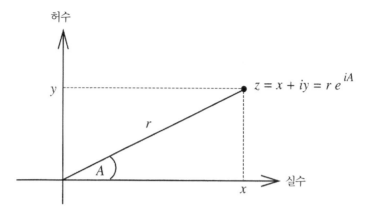

그림 2.20 평면 위 점으로 나타낸 복소수

표시와 일반화된 연산을 써서 두 가지 표현 방식이 한 시스템 안에서 서로 어우러지도록 하는 방법을 알아본다.

유리수와 마찬가지로, 복소수를 나타낼 때에도 자연스럽게 순서쌍을 쓸 수 있다. 가로지르는 두 축, '실수' 축과 '허수' 축으로 이루어진 이차원 공간이 있다고 할 때, 복소수 집합은 그 평면 위에 놓인 점의 집합이다(그림 2.20). 이렇게 보면 ($i^2 = -1$일 때) 복소수 $z = x + iy$는 실수 좌표가 x이고 허수 좌표가 y인 점이 된다. 이런 표현 방식에서 복소수 덧셈은 좌표 값 덧셈과 같다.

$$\text{Real-part}(z_1 + z_2) = \text{Real-part}(z_1) + \text{Real-part}(z_2)$$

$$\text{Imaginary-part}(z_1 + z_2) = \text{Imaginary-part}(z_1) + \text{Imaginary-part}(z_2)$$

이와 달리, 복소수를 곱할 때에는, (그림 2.20에서 r과 A로 나타낸) 크기^{magnitude}와 각^{angle}으로 이루어진 극좌표 방식을 따르는 게 더 자연스럽다. 그리하면 두 복소수의 곱은, 한 복소수를 다른 복소수의 길이만큼 늘인 다음에 그 복소수의 각만큼 돌릴 때 얻을 수 있는 벡터다.

$$\text{Magnitude}(z_1 \cdot z_2) = \text{Magnitude}(z_1) \cdot \text{Magnitude}(z_2)$$

$$\text{Angle}(z_1 \cdot z_2) = \text{Angle}(z_1) + \text{Angle}(z_2)$$

따라서 복소수에는 연산에 따라 그에 알맞은 두 가지 표현 방식이 있는 셈이다. 하지만, 복소수로 프로그램을 짜는 사람 처지에서는, 데이터 요약 원칙에 따라서 컴퓨터에서 어떤 데이터 표현을 쓰든지 복소수를 다루는 모든 연산을 쓸 수 있어야 좋다. 예컨대, 직각 좌표로 나타낸 복소수에서 크기를 알아본다거나, 반대로 극좌표로 나타낸 복소수에서 실수부를 뽑아내야 할 수 있기 때문이다.

그와 같이 시스템을 설계하기 위하여, 2.1.1절에서 유리수 산술 연산 꾸러미를 설계하면서 쓴 데이터 요약 방식을 따르기로 한다. 먼저 복소수 연산이 `real-part`, `imag-part`, `magnitude`, `angle`이라는 고르개 연산 네 개를 써서 구현된다고 하자. 또한 복소수를 짜맞추는 프로시저가 두 개 있는데, 하나는 실수부와 허수부로 이루어진 복소수를 내놓는 `make-from-real-imag`이고, 다른 하나는 크기와 각도를 받아서 복소수를 만들어 내는 `make-from-mag-ang`라고 하자. 이 프로시저들은 어떤 복소수 z에 대하여 다음 성질을 따른다. 즉, 아래 두 식이 만들어 내는 복소수는 모두 z와 같다.

```
(make-from-real-imag (real-part z) (imag-part z))
```

```
(make-from-mag-ang (magnitude z) (angle z))
```

2.2.1절의 유리수에서처럼, 짜맞추개^{constructor}와 고르개^{selector}로 정의한 '요약된 데이터^{간추린 데이터, abstract data}'를 써서 복소수 산술 연산을 구현할 수 있다. 아래는 앞서 밝힌 공식에 따라, 복소수를 더하거나 뺄 때에는 실수부와 허수부를 쓰고, 곱하거나 나눌 때에는 크기와 각을 쓰도록 정의한 프로시저다.

```
(define (add-complex z1 z2)
  (make-from-real-imag (+ (real-part z1) (real-part z2))
                       (+ (imag-part z1) (imag-part z2))))
```

```
(define (sub-complex z1 z2)
  (make-from-real-imag (- (real-part z1) (real-part z2))
                       (- (imag-part z1) (imag-part z2))))

(define (mul-complex z1 z2)
  (make-from-mag-ang (* (magnitude z1) (magnitude z2))
                     (+ (angle z1) (angle z2))))

(define (div-complex z1 z2)
  (make-from-mag-ang (/ (magnitude z1) (magnitude z2))
                     (- (angle z1) (angle z2))))
```

이 복소수 꾸러미를 마무리 지으려면, 두 표현 방식 가운데 하나만 쓰기로 하고, 기본 수와 기본 리스트 구조로 그에 알맞은 짜맞추개와 고르개 연산을 구현해야 한다. 여기에는 두 가지 명백한 방식이 있다. 하나는 '직각 좌표'에 따라 (실수부, 허수부의) 쌍으로 복소수를 표현하는 방식이고, 다른 하나는 '극좌표'에 따라 (크기, 각도의) 쌍으로 복소수를 표현하는 방식이다. 두 방법 가운데 어느 쪽을 따르는 게 좋을까?

두 방식의 차이를 좀 더 자세히 설명하기 위해서, Ben Bitdiddle과 Alyssa P. Hacker가 복소수 시스템에서 쓸 두 표현 방식을 각자 설계한다고 생각해 보자. Ben은 직각 좌표 표현을 따르기로 한다. 이 방식에서는 당연히 실수부와 허수부를 묶어서 복소수를 만드는 일이나, 그 복소수에서 실수부와 허수부를 골라내는 일이 아주 쉽다. 허나, 이렇게 표현된 복소수에서 크기와 각을 구한다거나, 또 크기와 각을 받아서 복소수를 만들고자 하면, 다음과 같은 삼각 함수[trigonometric relations] 공식에 따라 알맞은 값을 계산해야 한다.

$$x = r \cos A \qquad r = \sqrt{x^2 + y^2}$$
$$y = r \sin A \qquad A = \arctan(y, x)$$

위 식은 한 복소수의 실수부와 허수부 (x, y), 그리고 그 크기와 각 (r, A) 사이에 어떤 계산 관계가 있는지 나타낸다.[44] 따라서 Ben의 표현 방식을 정의하는 짜맞추개와 고르개는 다음처럼 정의된다.

```
(define (real-part z) (car z))

(define (imag-part z) (cdr z))

(define (magnitude z)
  (sqrt (+ (square (real-part z)) (square (imag-part z)))))

(define (angle z)
  (atan (imag-part z) (real-part z)))

(define (make-from-real-imag x y) (cons x y))

(define (make-from-mag-ang r a)
  (cons (* r (cos a)) (* r (sin a))))
```

이와 달리, Alyssa는 극좌표 방식을 쓰기로 한다. 이럴 경우, 크기와 각을 뽑아내
는 것은 아주 뻔한 일이지만, 실수부와 허수부를 구할 때에는 마찬가지로 위에서
밝힌 삼각 함수 공식을 써야 한다. Alyssa의 짜맞추개와 고르개는 다음과 같다.

```
(define (real-part z)
  (* (magnitude z) (cos (angle z))))

(define (imag-part z)
  (* (magnitude z) (sin (angle z))))

(define (magnitude z) (car z))

(define (angle z) (cdr z))

(define (make-from-real-imag x y)
  (cons (sqrt (+ (square x) (square y)))
        (atan y x)))

(define (make-from-mag-ang r a) (cons r a))
```

---

44) 여기서 아크탄젠트(arctangent) 함수는 y와 x를 인자로 받아, 그 탄젠트 값이 y / x가 되는 각을 내놓는다.
   이때 어느 사분면의 각인지는 인자 부호에 따라 정해진다. Scheme에서는 atan 프로시저로 이 함수 값을
   구할 수 있다.

데이터 요약^{데이터 간추리기} 원칙에 따르면, Ben의 표현 방식을 쓰든 Alyssa의 표현 방식을 쓰든 복소수 연산 `add-complex`, `sub-complex`, `mul-complex`, `div-complex`를 똑같은 방법으로 구현할 수 있어야 하며, 이 연산들은 두 표현 방식 모두와 잘 맞물려 돌아가야 한다.

2.4.2 타입을 표시한 데이터

데이터 요약이란 '판단을 한껏 미루자는 원칙^{principle of least commitment}'에 따라 프로그램을 설계하는 것이라 볼 수 있다. 2.4.1절에서처럼 복소수 시스템을 구현하면 Ben의 직각 좌표 표현이나 Alyssa의 극좌표 표현 가운데 하나를 골라 쓸 수 있다. 그처럼 고르개와 짜맞추개 연산으로 요약한^{간추린} 데이터 사이에 요약의 경계를 잡아 놓으면, 데이터를 어떤 방식으로 표현할까 하는 판단을 뒤로 미룰 수 있으므로, 시스템을 설계하는 일에서 선택의 폭이 그만큼 넓어진다.

이런 원칙을 더 철저하게 지키도록 프로그램을 설계할 수도 있다. 예컨대, 고르개와 짜맞추개 연산의 설계를 끝낸 다음^{after}에도 표현 방식을 하나로 정하지 않고, Ben과 Alyssa의 표현 방식을 '모두^{and}' 받아들이도록 시스템을 설계하는 것이 가능하다. 어쨌든 두 표현 방식이 한 시스템에 자리잡을 경우에는, 이 둘을 구별할 방법이 있어야 한다. 그러지 않으면, 순서쌍 (3, 4)에서 `magnitude`를 뽑아내고자 할 때 직각 좌표 방식에 따라 5라는 답을 내는 게 맞는지, 아니면 극좌표 방식에 따라 그냥 3이라 답하는 게 맞는지 알 길이 없다. 이 문제를 손쉽게 푸는 방법으로, 그 표현 방식이 무엇인지 나타내도록 복소수 데이터에 `rectangular`나 `polar`라는 글자, 곧 '타입을 표시'하는 기법을 쓸 수 있다. 그리하면, 복소수마다 붙은 타입 표시를 보고 그 복소수에 어떤 고르개 연산을 적용하는 게 맞는지 쉽게 판단할 수 있다.

타입 표시가 붙은 데이터를 다룰 수 있도록 한 데이터 물체에서 그 표시와 실제 데이터^{내용물}(복소수에서는 극좌표나 직각 좌표 값)를 뽑아내는 프로시저 `type-tag`와 `contents`가 있다고 하자. 또한, 타입 표시와 실제 데이터를 인자로 받아서 꼴을 표시한 데이터 물체를 만들어 내는 프로시저 `attach-tag`도 있다고 하자. 이런 프로시저들은 다음과 같이 리스트 구조로 손쉽게 구현할 수 있다.

```
(define (attach-tag type-tag contents)
  (cons type-tag contents))

(define (type-tag datum)
  (if (pair? datum)
      (car datum)
      (error "Bad tagged datum -- TYPE-TAG" datum)))

(define (contents datum)
  (if (pair? datum)
      (cdr datum)
      (error "Bad tagged datum -- CONTENTS" datum)))
```

위 프로시저를 쓰면, 복소수가 직각 좌표인지 극좌표인지 알아보는 술어 프로시저 rectangular?와 polar?를 정의할 수 있다.

```
(define (rectangular? z)
  (eq? (type-tag z) 'rectangular))

(define (polar? z)
  (eq? (type-tag z) 'polar))
```

이제 모든 복소수 물체에는 타입 표시가 붙어 있기 때문에, Ben과 Alyssa는 각자가 쓴 코드를 고쳐서 두 표현 방식이 한 시스템에 자리잡게 만들 수 있다. Ben은 복소수를 만들 때마다 그 물체에 rectangular라는 표시를 붙여 주고, Alyssa는 polar라는 표시를 붙이도록 한다. 아울러, 두 사람이 만든 프로시저 이름이 겹치지 않도록 고쳐야 한다. 여기서는, Ben의 표현 방식을 따르는 프로시저에는 모두 rectangular라는 뒷가지^{접미사, suffix}를, Alyssa의 표현 방식을 따르는 프로시저에는 모두 polar라는 뒷가지를 붙이기로 한다. 이에 따라, 2.4.1절에서 Ben이 짠 코드를 고쳐 보면 아래와 같다.

```
(define (real-part-rectangular z) (car z))

(define (imag-part-rectangular z) (cdr z))
```

```
(define (magnitude-rectangular z)
  (sqrt (+ (square (real-part-rectangular z))
           (square (imag-part-rectangular z)))))

(define (angle-rectangular z)
  (atan (imag-part-rectangular z)
        (real-part-rectangular z)))

(define (make-from-real-imag-rectangular x y)
  (attach-tag 'rectangular (cons x y)))

(define (make-from-mag-ang-rectangular r a)
  (attach-tag 'rectangular
              (cons (* r (cos a)) (* r (sin a)))))
```

다음은 Alyssa가 만든 표현을 고친 것이다.

```
(define (real-part-polar z)
  (* (magnitude-polar z) (cos (angle-polar z))))

(define (imag-part-polar z)
  (* (magnitude-polar z) (sin (angle-polar z))))

(define (magnitude-polar z) (car z))

(define (angle-polar z) (cdr z))

(define (make-from-real-imag-polar x y)
  (attach-tag 'polar
              (cons (sqrt (+ (square x) (square y)))
                    (atan y x))))

(define (make-from-mag-ang-polar r a)
  (attach-tag 'polar (cons r a)))
```

일반화된 고르개 연산을 구현할 때에는, 물체에 붙은 표시를 살펴보고, 알맞은
프로시저를 불러 쓰면 된다. 이를테면, 한 복소수의 실수부를 꺼내는 real-part
프로시저에서는 타입 표시를 보고 Ben이 정의한 real-part-rectangular 프로

시저를 쓸지 Alyssa의 `real-part-polar` 프로시저를 쓸지 정한다. 그런 다음, `contents` 프로시저로 (표시를 뗀) 순수한 데이터를 꺼내어, 이를 알맞은 직각 좌표나 극좌표 프로시저에 건네준다.

```
(define (real-part z)
  (cond ((rectangular? z)
         (real-part-rectangular (contents z)))
        ((polar? z)
         (real-part-polar (contents z)))
        (else (error "Unknown type -- REAL-PART" z))))

(define (imag-part z)
  (cond ((rectangular? z)
         (imag-part-rectangular (contents z)))
        ((polar? z)
         (imag-part-polar (contents z)))
        (else (error "Unknown type -- IMAG-PART" z))))

(define (magnitude z)
  (cond ((rectangular? z)
         (magnitude-rectangular (contents z)))
        ((polar? z)
         (magnitude-polar (contents z)))
        (else (error "Unknown type -- MAGNITUDE" z))))

(define (angle z)
  (cond ((rectangular? z)
         (angle-rectangular (contents z)))
        ((polar? z)
         (angle-polar (contents z)))
        (else (error "Unknown type -- ANGLE" z))))
```

복소수의 산술 연산에서는 2.4.1절에서 정의한 `add-complex`, `sub-complex`, `mul-complex`, `div-complex`를 그대로 가져다 쓸 수 있다. 앞서 산술 연산 프로시저에서 쓴 고르개 연산들이, 여기서는 일반화된 연산으로 정의되기 때문에 달리 손보지 않더라도 두 표현 방식과 잘 맞물려 돌아간다. 그 보기로 `add-complex` 프로시저를 보면, 정의가 전과 다를 바 없다.

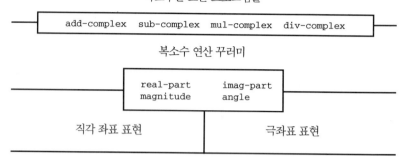

복소수를 쓰는 프로그램들

| add-complex   sub-complex   mul-complex   div-complex |

복소수 연산 꾸러미

| real-part   imag-part |
| magnitude   angle |

직각 좌표 표현   극좌표 표현

리스트 구조와 기본 산술 연산

그림 2.21 일반화된 복소수 산술 연산 시스템의 얼개

```
(define (add-complex z1 z2)
  (make-from-real-imag (+ (real-part z1) (real-part z2))
                       (+ (imag-part z1) (imag-part z2)))))
```

마지막으로, 복소수를 만들 때 Ben의 표현을 쓸지 Alyssa의 표현을 쓸지 정해야 한다. 실수부와 허수부를 알 때에는 직각 좌표를, 크기와 각을 알 때에는 극좌표를 쓰도록 하는 것이 이치에 맞는 한 가지 방법이다.

```
(define (make-from-real-imag x y)
  (make-from-real-imag-rectangular x y))
```

```
(define (make-from-mag-ang r a)
  (make-from-mag-ang-polar r a))
```

위처럼 설계한 복소수 시스템은 그림 2.21에서 보이는 얼개를 갖춘다. 이 시스템은 독립된 세 부분으로 나뉘는데, 복소수 산술 연산들이 그 하나요, Alyssa의 극좌표 구현이 그 둘이며, Ben의 직각 좌표 구현이 그 셋이다. 여기서 극좌표와 직각 좌표의 구현은 Ben과 Alyssa가 각자 만든 것이라 한다면, 나머지 부분은 또 다른 프로그래머가 일반화된 짜맞추개/고르개 인터페이스로 두 사람의 표현 방식을 한데 엮어 복소수 산술 프로시저를 구현한 것이라 볼 수 있다.

앞서 밝힌 대로, 고르개 연산이 데이터 타입을 가리지 않고 돌아가는 까닭은, 데이터 물체마다 타입을 나타내는 표시가 붙어 있기 때문이다. 다시 말해, 고르개 연산은 저마다 인자로 받은 데이터 타입에 따라 알맞은 방식으로 돌아가게끔 정의되어 있다. 이때, 서로 다른 표현을 이어 붙이기 위하여 어떤 방식을 쓰는지 눈여겨보자. 한 가지 표현 방식만 놓고 보면 (보기를 들어, Alyssa가 만든 극좌표 꾸러미만 볼 적에) 모든 복소수는 (크기, 각으로 이루어진) 순서쌍일 뿐이고 이 순서쌍에는 정해진 타입이 없다. 일반화된 고르개는 극좌표 데이터를 받아서, 타입 표시를 떼고 내용물만 챙겨서 Alyssa의 코드에 건네준다. 이와 반대로, 극좌표 복소수를 아무데서나 쓸 수 있도록 만들 때에는, 그보다 위 층에 있는 프로시저에서 데이터 타입을 알아볼 수 있어야 하므로, 데이터에 타입 표시를 도로 붙여준다. 이렇듯 층과 층 사이에서 데이터를 주고받으며 표시를 붙였다 뗐다 하는 기법은, 2.5절에서 알 수 있듯이 큰 프로그램을 짜맞출 때 쓸 수 있는 중요한 방법이다.

2.4.3 데이터 중심 프로그래밍과 덧붙임 성질

데이터 타입$^{\text{data type}}$을 따져보고 그에 알맞은 프로시저를 불러 쓰는 방법을 한데 일컬어 **(데이터) 타입에 따라 나누어 맡기기**$^{\text{dispatching on type}}$라 하며, 이는 시스템을 모듈 방식으로 설계하는 데 아주 뛰어난 기법이다. 하지만, 2.4.2절과 같은 구현 방식에는 심각한 약점이 두 개 있다. 첫째, 일반화된 인터페이스 프로시저 (`real-part`, `imag-part`, `magnitude`, `angle`)를 만들고자 할 때 모든 표현 방식을 미리 알아야 한다. 예컨대, 복소수 시스템에 복소수 표현을 하나 보태려 한다고 하면, 새 표현을 한 가지 타입으로 구분하도록 하여, 그 표현 방식에 맞는 고르개 연산을 불러 쓸 수 있도록, 일반화된 인터페이스 프로시저에 새로운 마디$^{\text{절,}}$ ^{clause}를 하나 보태야 한다.

둘째, 따로 설계된 여러 데이터 표현을 뭉쳐 한 시스템으로 엮어 내는데, 서로 다른 표현 속에서 똑같이 이름 지은 프로시저가 없다는 사실이 뒷받침되어야 문제가 생기지 않는다. 2.4.1절에서 Ben과 Alyssa가 만든 프로시저 이름을 고친 까닭이 바로 이 때문이다.

| | 타입 | |
	극좌표	직각 좌표
real-part	real-part-polar	real-part-rectangular
imag-part	imag-part-polar	imag-part-rectangular
magnitude	magnitude-polar	magnitude-rectangular
angle	angle-polar	angle-rectangular

그림 2.22 복소수 시스템에서 쓰는 연산 표

이 약점들을 하나같이 '덧붙임 성질^{additivity}'을 뒷받침하지 못하는 기법으로 일반화된 인터페이스를 구현한 데서 비롯된 것이다. 그러므로 새로운 표현을 받아들일 때마다 일반화된 고르개 연산을 그에 맞게 고쳐야 할 뿐 아니라, 따로 만든 여러 표현을 이어 붙일 적에도 같은 이름을 쓰는 일이 없도록 모든 코드를 하나하나 손볼 수밖에 없었다. 그렇게 코드를 고쳐 쓴다는 게 그리 어려운 일은 아니겠지만, 어차피 해야 하는 일이니 크게 번거로울뿐더러 고장 원인이 되는 경우도 많다. 사실 지금 만드는 복소수 시스템에서는 표현 방식이 고작 둘뿐이라서 이게 큰 문제가 되지는 않는다. 하지만 그와 달리 복소수 표현이 수백 가지라서 요약된 데이터$^{간추린 데이터}$ 인터페이스 속에서 수많은 일반화된 고르개를 다루어야 한다고 치자. 게다가, 프로그래머가 그 많은 인터페이스 프로시저나 표현을 모두 알지 못한다고 하자. 그렇다면 데이터베이스 관리 시스템$^{data-base management system}$처럼 커다란 프로그램에서는 이게 꼭 짚고 넘어가야 할 만치 아주 심각한 문제가 된다.

그러므로 이런 약점을 걷어내고자 하면 앞서 쓴 방법보다 훨씬 더 모듈 방식에 맞게 시스템을 설계하는 방법이 필요하다. 이른바 '데이터 중심 프로그래밍$^{data-directed programming}$'이 이런 문제를 푸는 데 쓸 수 있는 기법 가운데 하나다. 이 기법이 어떻게 돌아가는지 이해하려면 일반화된 연산, 곧 서로 다른 여러 데이터 타입 사이에 공통된 연산을 다룬다는 것이, 연산과 타입을 두 축으로 하는 이차원 표를 다루는 것과 같다는 사실부터 깨우쳐야 한다. 이때, 이차원 표 속에서 타입과 연산이 만나는 자리에는 그 타입에 알맞은 연산을 구현하는 프로시저가 들어 있다.

앞 절에서 만든 복소수 시스템을 보면, 연산 이름과 데이터 타입, 그에 해당하는 실제 프로시저 사이의 관계가 일반화된 인터페이스 속 여러 조건 마디에 여기저기 흩어져 있다. 이런 정보를 표로 만들어 보면 그림 2.22처럼 간추릴 수 있다.

데이터 중심 프로그래밍이란 프로그램을 짤 때 이런 표를 곧바로 쓸 수 있도록 하여, 이를 바탕으로 일반화된 연산을 구현하는 기법이다. 앞에서는, 표현 방식이 다른 두 복소수 꾸러미가 있을 때 서로 다른 복소수 산술 연산 코드가 맞물려 돌아갈 수 있도록 두 꾸러미의 인터페이스 구실을 하는 프로시저, 다시 말해 데이터 타입에 따라 할 일을 나눠 맡기는^{dispatch on type} 프로시저를 따로 마련하였다. 데이터 중심 프로그래밍에서는 프로시저 한 개로 그런 인터페이스를 구현할 수 있는데, 이 프로시저는 연산 이름과 인자 타입에 따라 표에서 알맞은 프로시저를 찾아낸 다음에 그 프로시저를 인자의 내용물에 적용하는 일을 한다. 이렇게 하면 시스템에 새로운 표현을 보태더라도 만들어 놓은 프로시저에는 손댈 필요 없이 그저 표에 새 원소를 집어넣는 것으로 모든 일이 끝난다.

이런 방식을 실현할 수 있도록 put과 get이라는 프로시저를 써서 연산-타입 표^{operation-and-type table}를 다룰 수 있다고 하자.

- (put ⟨op⟩ ⟨type⟩ ⟨item⟩)

  ⟨op⟩와 ⟨type⟩으로 ⟨item⟩을 꺼내 쓸 수 있도록 ⟨item⟩을 표에 집어넣는다.

- (get ⟨op⟩ ⟨type⟩)

  표에서 ⟨op⟩, ⟨type⟩ 자리에 있는 원소를 꺼내온다. 그런 원소가 표에 없으면 거짓이라고 답한다.

지금은 이런 put과 get 연산이 Scheme 언어에 벌써 들어 있다고 치자. 표를 다루는 데 쓰는 이런 연산을 실제로 어떻게 구현하는지는 3장(연습문제 3.24)에 가서 알아보기로 한다.

이제부터 복소수 시스템을 만드는 데 데이터 중심 프로그래밍 기법을 어떻게 쓰는지 살펴보자. 앞에서 직각 좌표 표현을 만든 Ben은, 그때 짠 것과 똑같이 코드를 구현하여 직각 좌표 복소수 프로시저를 묶어 놓은 '꾸러미^{package}'를 하나 정의한다. 그런 다음에, 직각 좌표 꾸러미와 시스템이 서로 맞물리도록 알맞은 프로시저를 표에 집어넣어서 직각 좌표 수를 다룰 때 어떤 연산을 써야 하는지 시스템에 알려준다. 이 모든 일은 다음 프로시저를 불러서 처리한다.

```
(define (install-rectangular-package)
  ;; 갇힌 프로시저
  (define (real-part z) (car z))
  (define (imag-part z) (cdr z))
  (define (make-from-real-imag x y) (cons x y))
  (define (magnitude z)
    (sqrt (+ (square (real-part z))
             (square (imag-part z)))))
  (define (angle z)
    (atan (imag-part z) (real-part z)))
  (define (make-from-mag-ang r a)
    (cons (* r (cos a)) (* r (sin a))))

  ;; 이 꾸러미의 인터페이스
  (define (tag x) (attach-tag 'rectangular x))
  (put 'real-part '(rectangular) real-part)
  (put 'imag-part '(rectangular) imag-part)
  (put 'magnitude '(rectangular) magnitude)
  (put 'angle '(rectangular) angle)
  (put 'make-from-real-imag 'rectangular
       (lambda (x y) (tag (make-from-real-imag x y))))
  (put 'make-from-mag-ang 'rectangular
       (lambda (r a) (tag (make-from-mag-ang r a))))
  'done)
```

여기서, 꾸러미에 갇힌 프로시저들은 2.4.1절에서 Ben이 혼자서 짠 프로시저와 똑같다. 다시 말해, Ben의 프로시저를 시스템에 끼워 맞추기 위하여, 프로시저 정의에 손댈 필요가 조금도 없다. 더욱이 모든 프로시저를 설치 프로시저^{installation} ^{procedure} 속에서 정의하기 때문에, 그 바깥에 있는 다른 프로시저와 이름이 겹쳐질 걱정은 아예 접어도 된다. 프로시저 정의가 끝난 다음에는, 그 프로시저들을 연산-타입 표에 집어넣어서 시스템에 맞물리도록 만든다. 예컨대, real-part 프로시저는 연산 이름 real-part와 (rectangular라는) 타입 이름이 만나는 자리에 들어간다. 그 밖의 고르개 연산도 비슷하게 처리하면 된다.[45] 아울러, 꾸러미 바깥쪽 시스템에서 복소수를 만들 때 써야 할 짜맞추개 연산도 정의한다.[46] 타입 표시가 붙어 있다는 점만 빼면, 이 또한 꾸러미 안에서 정의한 것과 다를 바 없다.

Alyssa의 극좌표 꾸러미도 같은 방식으로 만들 수 있다.

```
(define (install-polar-package)
  ;; 갇힌 프로시저
  (define (magnitude z) (car z))
  (define (angle z) (cdr z))
  (define (make-from-mag-ang r a) (cons r a))
  (define (real-part z)
    (* (magnitude z) (cos (angle z))))
  (define (imag-part z)
    (* (magnitude z) (sin (angle z))))
  (define (make-from-real-imag x y)
    (cons (sqrt (+ (square x) (square y)))
          (atan y x)))

  ;; 이 꾸러미의 인터페이스
  (define (tag x) (attach-tag 'polar x))
  (put 'real-part '(polar) real-part)
  (put 'imag-part '(polar) imag-part)
  (put 'magnitude '(polar) magnitude)
  (put 'angle '(polar) angle)
  (put 'make-from-real-imag 'polar
       (lambda (x y) (tag (make-from-real-imag x y))))
  (put 'make-from-mag-ang 'polar
       (lambda (r a) (tag (make-from-mag-ang r a))))
  'done)
```

---

45) 여기서 그냥 rectangular라는 글자를 쓰지 않고 (rectangular)라는 리스트를 쓴 까닭은, 인자가 여러 개인 연산에서 인자마다 타입이 다른 경우가 있기 때문이다.

46) 짜맞추개 연산은 한 가지 데이터 타입 물체를 만드는 데만 쓰기 때문에, 굳이 데이터 타입을 리스트로 표시할 필요가 없다.

Ben과 Alyssa는 처음 짠 대로, 이름이 같은 (예컨대, `real-part` 같은) 프로시저를 그대로 쓰고 있지만, 이 프로시저들은 각기 다른 프로시저에 갇힌 채로 정의되었기 때문에 이름이 겹칠 일은 없다.

이 방식으로 일반화된 고르개 연산을 정의하기 위해서는 표에서 알맞은 프로시저를 꺼내 써야 하는데, `apply-generic`이라는 '연산'이 그 일을 도맡아 한다. 이 프로시저는 이름 그대로 일반화된 연산을 인자에 적용하는 일을 한다. `apply-generic`은 표를 뒤져서 연산 이름과 인자 타입에 맞는 프로시저를 찾아낸 다음에 그 프로시저를 인자에 적용한다.[47]

```
(define (apply-generic op . args)
  (let ((type-tags (map type-tag args)))
    (let ((proc (get op type-tags)))
      (if proc
          (apply proc (map contents args))
          (error
            "No method for these types -- APPLY-GENERIC"
            (list op type-tags))))))
```

`apply-generic`으로 일반화된 고르개 연산을 정의하면 다음과 같다.

```
(define (real-part z) (apply-generic 'real-part z))
(define (imag-part z) (apply-generic 'imag-part z))
(define (magnitude z) (apply-generic 'magnitude z))
(define (angle z) (apply-generic 'angle z))
```

시스템에 새로운 표현을 더하더라도 이 프로시저에는 손댈 필요 없다.

꾸러미 바깥쪽 프로그램에서 실수부와 허수부, 크기와 각으로 복소수를 만들 때 쓸 수 있도록, 표에서 알맞은 짜맞추개 연산을 뽑아낼 수 있다. 2.4.2절에서처

---

47) `apply-generic`은 연습문제 2.20에 나온 꼬리점 문법(dotted-tail notation)을 써서 정의되는데, 그 까닭은 일반화된 연산마다 인자 수가 다를 수 있기 때문이다. 이 프로시저에서 `op`는 첫 번째 인자 값을, `args`는 나머지 인자 값의 리스트를 나타낸다.

또한, `apply-generic`에서는 기본 프로시저 `apply`를 쓰는데, 이 프로시저는 프로시저 하나와 리스트를 인자로 받아서, 그 리스트의 원소에 프로시저를 적용한다. 보기를 들어, 다음 식의 값은 10이다.

`(apply + (list 1 2 3 4))`

럼, 실수부와 허수부를 알 때에는 직각 좌표를 따르고 크기와 각을 알 때에는 극
좌표를 따르게끔 다음처럼 프로시저를 정의하면 된다.

```
(define (make-from-real-imag x y)
  ((get 'make-from-real-imag 'rectangular) x y))

(define (make-from-mag-ang r a)
  ((get 'make-from-mag-ang 'polar) r a))
```

● 연습문제 2.73

2.3.2절에서는 글자로 이루어진 식을 다음 프로그램으로 미분하였다.

```
(define (deriv exp var)
  (cond ((number? exp) 0)
        ((variable? exp) (if (same-variable? exp var) 1 0))
        ((sum? exp)
         (make-sum (deriv (addend exp) var)
                   (deriv (augend exp) var)))
        ((product? exp)
         (make-sum
           (make-product (multiplier exp)
                         (deriv (multiplicand exp) var))
           (make-product (deriv (multiplier exp) var)
                         (multiplicand exp))))
        〈추가된 규칙들은 여기에 덧붙여진다.〉
        (else (error "unknown expression type -- DERIV" exp))))
```

이 또한 식이 어떤 타입이냐에 따라 할 일을 나누어 맡기는 프로그램이라 볼
수 있다. 이 경우에는 (+ 같은) 대수식의 연산 기호가 데이터의 '타입 이름표'
가 되고, deriv는 그 데이터를 적용할 연산이 된다. 이 프로그램을 데이터 중
심 방식으로 바꾸려면 위 미분 프로시저를 다음과 같이 고쳐 쓰면 된다.

```
(define (deriv exp var)
  (cond ((number? exp) 0)
        ((variable? exp) (if (same-variable? exp var) 1 0))
        (else ((get 'deriv (operator exp)) (operands exp)
                                           var))))
```

```
(define (operator exp) (car exp))

(define (operands exp) (cdr exp))
```

a. 위에서 한 일이 무엇인지 설명해 보라. number?나 variable? 같은 술어 프
로시저를 모조리 데이터 중심 방식으로 다루지 못하는 까닭은 무엇인가?

b. 덧셈과 곱셈 식을 미분하는 프로시저들을 짜라. 그런 다음, 그 프로시저들을
위 프로그램에서 쓰는 표에 집어넣는 데 필요한 코드를 덧붙여라.

c. (연습문제 2.56에서 나온 것처럼) 지수 식을 미분하는 것과 같이, 새로 보태
고 싶은 규칙을 하나 골라 여기서 만든 데이터 중심 시스템에 집어넣어라.

d. 이런 단순한 대수 처리 방식에서는, 식에 붙은 연산자가 그 식의 타입을 나
타낸다. 이때 '연산자와 타입'이 아니라 '타입과 연산자'로 프로시저 인덱스
가 붙어 있다면, deriv 속에서 알맞은 프로시저를 꺼내 쓰는 코드[dispatching code]가 다음과 같이 바뀐다.

```
((get (operator exp) 'deriv) (operands exp) var)
```

이 경우, 미분 시스템에는 어떤 변화가 필요한가?

● **연습문제** 2.74

인세이셔블 엔터프라이지스 사(Insatiable Enterprises Inc.)는 전 세계에 수많
은 독립된 부서를 둔, 아주 분산된 거대기업이다. 이 회사의 컴퓨터 설비들은
교묘한 네트워크-인터페이스 방식에 따라 서로 묶여 있어서 전체 네트워크
가 마치 한 컴퓨터처럼 돌아간다. 인세이셔블 사의 회장은 처음으로 회사의
네트워크 능력을 끌어내어 모든 부서의 파일에서 경영 정보를 뽑아내려 하였
는데, 부서별 파일이 모두 Scheme 데이터 구조로 구현되어 있기는 하지만,

저마다 다른 데이터 구조를 쓰고 있음을 알아차리고는 적잖이 실망한다. 그래서 지금까지 하던 대로 부서마다 알아서 일을 하면서도 본사 요구에 맞추어 흐트러진 파일들을 합치는 방법을 찾아내고자, 급히 부서장 회의를 열기로 하였다.

데이터 중심 프로그래밍으로 그런 계획을 어떻게 실현할 수 있을까? 예컨대, 부서마다 인사 기록이 한 파일에 들어 있고, 그 파일에는 다시 여러 레코드가 들어가 있으며, 모든 레코드는 직원 이름으로 찾아 쓸 수 있다고 하자. 단, 레코드 집합의 구조는 부서마다 다를 수 있다. 아울러, 직원의 레코드는 하나 하나가 제 각기 (부서마다 구조가 다른) 정보들의 집합인데, address와 salary 같은 식별자(identifier)를 열쇠로 하는 정보를 포함하고 있다.

a. 본사에서 한 인사 파일에서 지정된 직원 레코드를 뽑아낼 수 있도록 get-record 프로시저를 구현하라. 이 프로시저는 (저마다 구조가 다른) 모든 부서 파일에 적용할 수 있어야 한다. 이를 위하여, 각 부서 파일이 어떤 구조를 갖추어야 하는지 설명하라. 특히, 이 문제를 푸는 데 반드시 알아야 할 정보는 어떤 것인가?

b. 본사에서 어떤 부서 인사 파일 속에 있는 직원 기록에서 봉급 정보를 찾아볼 수 있도록 get-salary 프로시저를 구현하라. 이 연산을 잘 돌아가게 하려면, 레코드가 어떤 구조를 갖추어야 하는가?

c. 본사에서 모든 부서의 파일을 뒤져 보고 어떤 직원의 기록을 찾을 수 있도록 find-employee-record 프로시저를 구현하라. 이 프로시저는 직원 이름과 모든 부서 파일의 리스트를 인자로 받는다.

d. 인세이셔블 사가 회사를 새로 하나 인수할 때, 그 인사 기록을 중앙 시스템에 집어넣으려면 어디가 어떻게 달라져야 하는가?

메시지 패싱message passing

데이터 중심 프로그래밍에서 알짜배기가 되는 생각은, 그림 2.22와 같이 프로그램 속에서 연산과 타입이 만나는 표를 곧바로 다룰 수 있도록 하여 일반화된 연산의 구현 문제를 풀어낸다는 데 있다. 한편, 2.4.2절에서 쓴 프로그래밍 기법에서는 데이터 타입에 따라 일을 나누어 맡길 필요가 있을 때 (표처럼 공통된 데이터 구조를 따로 만들어 쓴다거나 하지 않고) 각 연산에서 알아서 일을 하는 방식을 따른다. 이런 방식은 연산과 타입이 만나는 표를 (연산에 따라) 가로줄로 나눌 때, 각 연산이 가로줄을 하나씩 나타내는 것이라 볼 수 있다.

이와 달리 '똑똑한 연산'이 데이터 타입에 따라 일을 나누어 맡긴다고 보지 않고, '똑똑한 데이터 물체'가 연산 이름에 따라 일을 나누어 처리한다고 보는 방식도 있다. 이는 표를 (타입에 따라) 세로줄로 쪼갤 때 세로줄 하나에 데이터 물체 하나가 대응하는 것이라 하겠다. 이 방식을 따르면, 직각 좌표 복소수와 같은 데이터 물체를 프로시저로 나타내고, 그 프로시저가 연산 이름을 인자로 받아서 그 이름이 가리키는 연산을 처리하도록 만들어야 한다. 예컨대, `make-from-real-imag` 프로시저는 다음과 같이 정의된다.

```
(define (make-from-real-imag x y)
  (define (dispatch op)
    (cond ((eq? op 'real-part) x)
          ((eq? op 'imag-part) y)
          ((eq? op 'magnitude)
           (sqrt (+ (square x) (square y))))
          ((eq? op 'angle) (atan y x))
          (else
           (error "Unknown op -- MAKE-FROM-REAL-IMAG" op))))
  dispatch)
```

이 방식에서는 `apply-generic` 프로시저 정의가 아주 간단하다. 그저 연산 이름을 데이터 물체에 건네주고 그 물체가 알아서 일을 하도록 만들면 끝이다.[48]

---

48) 일반화된 프로시저에서 인자를 오로지 하나밖에 받지 못한다는 것이 이 방식의 약점이다.

```
(define (apply-generic op arg) (arg op))
```

위의 make-from-real-imag 정의를 보면 맨 마지막 줄에서 dispatch 프로시저를 값으로 내놓는데, apply-generic에서 연산을 부탁할 때 쓰는 arg가 바로 이 프로시저다.

이런 프로그래밍 방식을 메시지 패싱^{말 건네기, message passing}'이라 일컫는다. 이는 데이터 물체가 연산 이름을 '메시지^{말, message}'처럼 받는다는 생각에서 비롯된 이름이다. 사실 메시지 패싱 방식으로 프로그램을 짜는 보기는 2.1.3절에서 이미 나왔다. 그때, 다른 데이터 구조를 쓰지 않고 프로시저만 가지고 cons, car, cdr 같은 연산을 어떻게 정의할 수 있는지 보았다. 이 절에서는 일반화된 연산을 갖춘 시스템을 짜맞추고자 할 때 (수학에 바탕을 둔 기교^{mathematical trick}는 아니지만) 메시지 패싱 방식이 아주 쓸모 있는 기법이 될 수 있음을 알게 되었다. 이 장 나머지에서는 메시지 패싱 방식을 쓰지 않고, 계속 데이터 중심 프로그래밍만으로 일반화된 산술 연산을 다루기로 한다. 3장에 가면 메시지 패싱 기법이 다시 나오는데, 그때 이런 프로그래밍 방식이 시뮬레이션 프로그램을 설계하는 데 아주 뛰어난 수단이 된다는 사실을 알게 될 것이다.

● **연습문제** 2.75

극좌표 복소수의 짜맞추개 연산 make-from-mag-ang를 메시지 패싱 방식으로 구현하라. 이 프로시저는 위에서 정의한 make-from-real-imag와 생김새가 비슷해야 한다.

● **연습문제** 2.76

일반화된 연산을 갖춘 커다란 시스템이 오랜 시간에 걸쳐 진화를 거듭하면, 그에 따라 새로운 데이터 타입이나 연산이 필요할 수 있다. 지금까지 살펴본 세 방식, 즉 일을 직접 나눠 맡기는 방식^{explicit dispatch}, 데이터 중심 방식, 메시지 패싱 방식에 따라 새로운 연산을 집어넣거나 새로운 타입을 보탠다고 하면, 시스템에 어떤 변화가 일어나는가? 새로운 데이터 타입을 집어넣어야 할 일이 많다면, 어떤 방식으로 시스템을 짜 맞추는 게 가장 좋은가? 새로운 연산을 덧붙이는 경우가 많을 때에는 어떤 방식이 가장 적당한가?

2.5 일반화된 연산 시스템

앞 절에서는 한 데이터를 여러 가지로 표현할 수 있을 때, 그런 시스템을 어떻게 설계하는지 살펴보았다. 그리고 그 알짜배기가 되는 생각이, 여러 표현 방식과 그에 따른 데이터 연산 코드를 서로 연결하기 위해 일반화된 연산을 정의해 쓰는 것임을 알게 되었다. 이제부터는 그런 생각을 바탕으로, 한 데이터의 표현이 서로 다를 때는 물론이고, 아예 인자마다 종류가 다른 경우라도, 이를 모두 받아들일 수 있게끔 연산을 정의하려면 어떻게 해야 하는지 살펴보겠다. 여태 우리는 여러 산술 연산 꾸러미를 살펴보았다. 언어에 처음부터 들어 있는 기본 산술 연산(+, -, *, /), 2.1.1절에 나온 유리수 산술 연산 (`add-rat`, `sub-rat`, `mul-rat`, `div-rat`), 2.4.3절에서 본 복소수 산술 연산이 그러하다. 이제는 데이터 중심 기법을 바탕으로 지금까지 만든 산술 연산 꾸러미를 모두 합쳐서, 한 덩어리 산술 연산 꾸러미로 짜 맞춰 보자.

그림 2.23에 앞으로 만들고자 하는 시스템의 얼개가 나와 있다. 이 그림에 나타나 있는 요약의 경계들을 눈여겨보자. '수^{number}'를 쓰는 사람의 눈으로 보면, 어떤 수를 쓰든지 덧셈하는 프로시저는 `add` 하나밖에 없다. 여기서 `add` 프로시저는 따로따로 나뉜 기본 산술 연산, 유리수-산술 연산, 복소수-산술 연산 꾸러미들을 똑같은 방식으로 쓸 수 있도록 한데 엮어주는 일반화된 인터페이스의 일부다. 또한 (복소수 꾸러미를 보면 알 수 있듯이) 한 산술 연산 꾸러미 속에서도 (`add-complex` 같은) 일반화된 프로시저를 통해 (직각 좌표, 극좌표 같이) 다른 표현 방식으로 설계된 꾸러미가 서로 맞물려 돌아간다. 더욱이, 이 시스템의 얼개는 덧붙임 성질^{additivity}을 갖추었으므로, 산술 연산 꾸러미를 따로따로 설계하더라도 이를 엮어서 일반화된 산술 시스템 하나로 짜맞추어 내는 데 아무런 걸림돌이 없다.

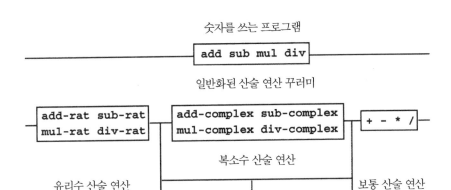

그림 2.23 일반화된 산술 연산 시스템

2.5.1 일반화된 산술 연산

일반화된 산술 연산을 설계하는 일은 일반화된 복소수 연산을 설계하는 것과 비슷하다. 이를테면, 기본 수가 들어오면 기본 + 연산처럼, 유리수가 들어오면 `add-rat`처럼, 복소수가 들어오면 `add-complex`처럼 돌아가는 일반화된 덧셈 연산을 만들고 싶은 것이다. 2.4.3절에서 복소수를 위한 일반화된 고르개 연산을 구현한 방법대로, `add`를 비롯한 여러 일반화된 산술 연산을 구현할 수 있다. 다시 말해, 수마다 종류를 나타내는 타입 표시를 달아서, 일반화된 프로시저가 인자의 타입에 따라 알맞은 꾸러미로 일을 넘기게 만들면 된다.

일반화된 산술 프로시저는 다음과 같이 정의된다.

```
(define (add x y) (apply-generic 'add x y))
(define (sub x y) (apply-generic 'sub x y))
(define (mul x y) (apply-generic 'mul x y))
(define (div x y) (apply-generic 'div x y))
```

먼저 시스템에 **보통**^{ordinary} 수, 곧 기본 수를 다루는 꾸러미부터 집어넣기로 한다. 이 꾸러미에는 scheme-number라는 표시를 붙이자. 이 꾸러미가 쓰는 산술 연산은 기본 산술 연산 프로시저다. (따라서 데이터에서 타입 표시를 떼어내는 프로시저를 정의할 까닭이 없다.) 이 연산들은 저마다 인자를 두 개씩 받기 때문에, 리스트 (scheme-number scheme-number)라는 인덱스를 붙여서 표에 집어넣는다.

```
(define (install-scheme-number-package)
  (define (tag x)
    (attach-tag 'scheme-number x))
  (put 'add '(scheme-number scheme-number)
       (lambda (x y) (tag (+ x y))))
  (put 'sub '(scheme-number scheme-number)
       (lambda (x y) (tag (- x y))))
  (put 'mul '(scheme-number scheme-number)
       (lambda (x y) (tag (* x y))))
  (put 'div '(scheme-number scheme-number)
       (lambda (x y) (tag (/ x y))))
  (put 'make 'scheme-number
       (lambda (x) (tag x)))
  'done)
```

(표시를 붙인) 보통 수를 만들어 쓰고 싶을 때에는 아래 프로시저를 쓴다.

```
(define (make-scheme-number n)
  ((get 'make 'scheme-number) n))
```

일반화된 산술 연산 시스템의 틀이 이미 갖추어져 있기 때문에, 종류가 다른 수를 쉽게 보탤 수 있다. 아래는 유리수 산술 연산 꾸러미다. 한 가지 알아두어야 할 것은, 이 시스템의 덧붙임 성질 덕분에 2.1절에서 짠 유리수 코드를 조금도 손대지 않고 꾸러미 안쪽에 가져다 쓸 수 있다는 사실이다.

```
(define (install-rational-package)
  ;; 감춘 프로시저
  (define (numer x) (car x))
  (define (denom x) (cdr x))
  (define (make-rat n d)
    (let ((g (gcd n d)))
      (cons (/ n g) (/ d g))))
  (define (add-rat x y)
    (make-rat (+ (* (numer x) (denom y))
                 (* (numer y) (denom x)))
              (* (denom x) (denom y))))
  (define (sub-rat x y)
    (make-rat (- (* (numer x) (denom y))
                 (* (numer y) (denom x)))
              (* (denom x) (denom y))))
  (define (mul-rat x y)
    (make-rat (* (numer x) (numer y))
              (* (denom x) (denom y))))
  (define (div-rat x y)
    (make-rat (* (numer x) (denom y))
              (* (denom x) (numer y))))

  ;; 이 꾸러미의 인터페이스
  (define (tag x) (attach-tag 'rational x))
  (put 'add '(rational rational)
       (lambda (x y) (tag (add-rat x y))))
  (put 'sub '(rational rational)
       (lambda (x y) (tag (sub-rat x y))))
  (put 'mul '(rational rational)
       (lambda (x y) (tag (mul-rat x y))))
  (put 'div '(rational rational)
       (lambda (x y) (tag (div-rat x y))))
  (put 'make 'rational
       (lambda (n d) (tag (make-rat n d))))
  'done)

(define (make-rational n d)
  ((get 'make 'rational) n d))
```

이와 마찬가지로, complex라는 이름표를 붙여서 복소수 꾸러미도 만들어 넣을
수 있다. 이 꾸러미를 만들 때에는, 직각 좌표와 극좌표 꾸러미에서 정의해 놓은

make-from-real-imag와 make-from-mag-ang 연산을 표에서 뽑아낸다. 이 또한, 시스템의 덧붙임 성질 덕분에 2.4.1절의 add-complex, sub-complex, mul-complex, div-complex 자체를 꾸러미 안쪽에 가져다 놓을 수 있다.

```
(define (install-complex-package)
  ;; 직각 좌표와 극좌표 꾸러미에서 가져온 프로시저
  (define (make-from-real-imag x y)
    ((get 'make-from-real-imag 'rectangular) x y))
  (define (make-from-mag-ang r a)
    ((get 'make-from-mag-ang 'polar) r a))

  ;; 갇힌 프로시저
  (define (add-complex z1 z2)
    (make-from-real-imag (+ (real-part z1) (real-part z2))
                         (+ (imag-part z1) (imag-part z2))))
  (define (sub-complex z1 z2)
    (make-from-real-imag (- (real-part z1) (real-part z2))
                         (- (imag-part z1) (imag-part z2))))
  (define (mul-complex z1 z2)
    (make-from-mag-ang (* (magnitude z1) (magnitude z2))
                       (+ (angle z1) (angle z2))))
  (define (div-complex z1 z2)
    (make-from-mag-ang (/ (magnitude z1) (magnitude z2))
                       (- (angle z1) (angle z2))))

  ;; 이 꾸러미의 인터페이스
  (define (tag z) (attach-tag 'complex z))
  (put 'add '(complex complex)
       (lambda (z1 z2) (tag (add-complex z1 z2))))
  (put 'sub '(complex complex)
       (lambda (z1 z2) (tag (sub-complex z1 z2))))
  (put 'mul '(complex complex)
       (lambda (z1 z2) (tag (mul-complex z1 z2))))
  (put 'div '(complex complex)
       (lambda (z1 z2) (tag (div-complex z1 z2))))
  (put 'make-from-real-imag 'complex
       (lambda (x y) (tag (make-from-real-imag x y))))
  (put 'make-from-mag-ang 'complex
       (lambda (r a) (tag (make-from-mag-ang r a))))
  'done)
```

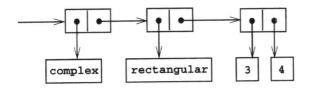

그림 2.24 직각 좌표 방식으로 나타낸 3 + 4*i*

복소수 꾸러미 바깥에서는, 실수부와 허수부로 복소수를 만들거나 크기와 각으로 복소수를 만들 수 있다. 여기서, 직각 좌표와 극좌표 꾸러미 속에 정의된 프로시저를 어떻게 복소수 꾸러미로 보내고, 또 그 바깥으로는 어떻게 내보내는지 눈여겨보자.

```
(define (make-complex-from-real-imag x y)
  ((get 'make-from-real-imag 'complex) x y))

(define (make-complex-from-mag-ang r a)
  ((get 'make-from-mag-ang 'complex) r a))
```

이 시스템은 표시를 두 겹으로 붙여 쓴다. 3 + 4*i*라는 직각 좌표 복소수는 그림 2.24처럼 나타낼 수 있다. 여기서 맨 바깥쪽에 붙어 있는 표시(**complex**)는, 이 수를 복소수 꾸러미로 떠넘기는 데 쓰인다. 일단 그 수가 복소수 꾸러미로 들어오면, 그 다음에 표시(**rectangular**)를 보고 다시 그 수를 직각 좌표 꾸러미로 보낸다. 이보다 크고 복잡한 시스템은 훨씬 많은 단계로 나뉠 수 있고, 각 단계가 일반화된 연산을 통해 서로 맞물려 있을 수 있다. 그런 시스템에서 한 데이터 물체가 '아래로^{downward}' 내려갈 때에는, 그 맨 바깥쪽 표시를 보고 알맞은 꾸러미에 그 물체를 건네준다. 그 물체에서 (**contents** 연산을 적용하여) 바깥쪽 표시를 벗겨 내면, 바로 아래에 있는 표시를 볼 수 있다. 따라서 실제 돌아갈 연산을 만날 때까지 계속 이런 방식으로 떠넘기기^{dispatching}를 이어가게 된다.

위 꾸러미를 보면, **add-rat**, **add-complex**, 그 밖의 산술 연산 프로시저를 처음 만든 그대로 쓴다. 하지만, 이런 프로시저들은 서로 다른 설치 프로시저 속에 정의되었기 때문에, 사실 이것들을 구별하기 위해 다른 이름을 붙일 까닭이 없다. 다시 말해, 두 꾸러미 속에서 그냥 add, sub, mul, div라는 이름을 쓰더라도 아무런 문제가 없다.

● 연습문제 2.77

Louis Reasoner는 (magnitude z) 값을 구하려고 한다. 여기서 z는 그림 2.24에 나오는 물체다. 한데, 5라는 답이 나오지 않고, apply-generic에서 '(complex) 타입에는 magnitude 연산을 적용할 방법이 없다'는 오류 메시지error message가 나오는 바람에 깜짝 놀랐다. 이를 Alyssa P. Hacker에게 보여주자, "극좌표나 직각 좌표 수와 마찬가지로 복소수에 쓰일 고르개 연산도 정의해야 하는데, 그러지 않아서 생긴 문제야. 아래 정의를 complex 꾸러미에 집어넣기만 하면, 잘 돌아갈 거야."라고 답했다.

```
(put 'real-part '(complex) real-part)
(put 'imag-part '(complex) imag-part)
(put 'magnitude '(complex) magnitude)
(put 'angle '(complex) angle)
```

이렇게 하면 문제가 풀리는 까닭을 꼼꼼하게 설명해 보라. 보기를 들어, z가 그림 2.24에 나오는 물체라 할 때, (magnitude z) 값을 구할 때까지 어떤 프로시저를 어떻게 불러 쓰는지 하나하나 따라가 보라. 특히, apply-generic을 몇 번이나 불러 쓰는가? 그때마다 어떤 프로시저로 넘어가는가?

● 연습문제 2.78

scheme-number 꾸러미에서, 그 안쪽에 정의된 프로시저는 그저 +, - 같은 기본 프로시저를 불러 쓰는 것에 지나지 않는다. 하지만, 여기서 만든 타입-표시표 시스템에서는 물체마다 타입 표시를 반드시 붙여줄 수 있어야 하기 때문에, 언어의 기본 요소를 그대로 쓰지 못했다. 하지만, 사실 모든 Lisp 구현에는 타입 시스템type system이 들어 있다. symbol?이나 number? 같은 기본 술어predicate

로 데이터 물체가 어떤 타입인지 알아볼 수 있다는 게 그 증거다. 2.4.2절에 나온 type-tag, contents, attach-tag 프로시저 정의를 고쳐서, 일반화된 시스템이 Scheme 속에 있는 타입 시스템의 힘을 빌려 쓸 수 있도록 해보라. 다시 말해서, 시스템은 전과 똑같이 돌아가되, 보통 수를 나타내기 위하여 car에 scheme-number라는 글이 들어 있는 쌍을 만들어 쓰지 말고, 그냥 Scheme 수 자체를 쓸 수 있게 만들어 보라.

● **연습문제** 2.79

두 수가 같은지 따져보는 일반화된 술어 프로시저 equ?를 정의하고, 이를 일반화된 산술 연산 꾸러미에 집어넣어라. 이 연산은 그냥 수, 유리수, 복소수, 다시 말해서 어떤 수를 받아들이더라도 잘 돌아가야 한다.

● **연습문제** 2.80

인자 값이 0인지 알아보는 일반화된 술어 프로시저 =zero?를 정의하고, 이를 일반화된 산술 연산 꾸러미에 집어넣어라. 이 연산은 그냥 수, 유리수, 복소수 등 어떤 수를 받는다 해도 잘 돌아가야 한다.

2.5.2 타입이 다른 데이터를 엮어 쓰는 방법

지금까지 기본 수, 복소수, 유리수뿐 아니라 그 밖에 어떤 수를 만들어 쓰든지 다 받아들일 수 있도록, 통합된 산술 시스템을 어떻게 정의하는지 살펴보았다. 그런데 그 가운데 중요한 문젯거리를 한 가지 빠뜨린 채 넘어왔다. 여태껏 정의한 연산들을 살펴보면, 꼴이 다른 데이터를 서로 완전히 독립된 데이터로 받아들이고 있다. 그런 까닭에, 기본 수를 더하는 데 쓰는 꾸러미가 따로 있고 복소수를 더하는 데 쓰는 꾸러미가 따로 있다. 다시 말하자면, 지금까지는 데이터 타입의 경계를 가로지르는 연산, 예컨대 복소수와 기본 수를 더하는 연산을 정의한다는 것에 어떤 뜻이 있는지 깊이 생각해 보지 않았다. 주로, 프로그램을 부품별로 나누어 이해하고 개발할 수 있도록 하기 위해서 부품 사이에 경계를 짓는 일에 많은 노력을 기울였다. 이제부터는 모듈 사이의 경계를 심하게 허물어뜨리지 않는 선에서, 잘 정돈된 방식에 따라 조심스럽게 섞붙이기交配, cross-type 연산을 받아들이도록 하겠다.

섞붙이기 연산을 다루는 한 가지 방법은 서로 다른 타입 사이에서 일어날 수 있는 연산마다 그에 해당하는 프로시저를 하나씩 설계하는 것이다. 이를테면, 복소수 꾸러미 속에 복소수와 기본 수를 더하는 프로시저를 정의하고, 여기에다 (complex scheme-number)라는 인덱스를 붙여 표에 집어넣는다.[49]

```
;; 복소수 꾸러미에 포함시키기 위해서
(define (add-complex-to-schemenum z x)
  (make-from-real-imag (+ (real-part z) x)
                          (imag-part z)))


(put 'add '(complex scheme-number)
     (lambda (z x) (tag (add-complex-to-schemenum z x))))
```

사실 이런 기법을 써도 잘 돌아가지만, 여간 번거롭지 않다는 게 문제다. 이렇게 만든 시스템에 새 데이터 타입을 하나 보탤라 치면, 그 타입용 프로시저 꾸러미를 만들어 붙이는 정도로 일이 끝나지 않는다. 마땅히 수많은 섞붙이기 연산을 구현하는 프로시저도 함께 만들어 넣어야 한다. 그러다 보면 데이터 타입을 다루는 연산을 정의하는 코드보다 섞붙이기 연산을 정의하는 데 필요한 코드가 훨씬 늘어나기 쉽다. 게다가 이 방법은 꾸러미를 따로 만들어서 덧붙이듯이additively 엮어 쓰는 데 적잖이 방해가 된다. 적어도 한 꾸러미를 구현할 때 다른 꾸러미를 고려하지 않을 수 없는 만큼, 시스템을 설계하기가 이전보다 훨씬 덜 자유스럽다. 예컨대, 위에 나온 보기에서는, 복소수와 기본 수 사이의 산술 연산을 복소수 꾸러미에서 맡아 처리하는 게 그럭저럭 이치에 맞을 법하다. 하지만, 유리수와 복

---

49) (scheme-number complex)를 다루는 경우에도 거의 같은 프로시저를 또 만들어야 한다.

소수를 엮는다고 하면 이를 복소수 꾸러미에 맡기는 게 맞는지 유리수 꾸러미에 맡기는 게 옳은지, 그도 아니라면 두 꾸러미에서 뽑아낸 연산으로 또 다른 꾸러미를 만들어서 여기에 맡기는 게 나을지 쉽게 판단하기 어렵다. 이와 같이, 여러 꾸러미 사이에서 이치에 맞게 책임을 나눠줄 수 있도록 한 가지 원칙을 정하는 일은, 수많은 꾸러미와 섞붙이기 연산으로 이루어진 시스템을 설계하는 데 엄청난 부담이 된다.

타입 바꾸기^{coercion}

서로 아무런 관계가 없는 데이터 타입 사이에서 아무 관계가 없는 연산을 다루는 경우라면, 성가시기는 매한가지겠으나 섞붙이기 연산을 하나하나 구현하는 방법이 그나마 가장 낫다. 허나 운 좋게, 데이터 타입 시스템 속에 숨어 있는 타입 사이의 또 다른 관계를 찾아낸다면, 그보다 나은 방법으로 문제를 풀어낼 수 있다. 때때로 데이터 타입이 서로 완전히 독립되지 않아서, 한 데이터 타입 물체를 다른 데이터 타입 물체로 바꿀 수 있는 방법이 있다. 이런 프로세스를 **타입 바꾸기**^{coercion}라고 한다. 보기를 들어, 기본 수와 복소수를 산술 관계로 엮어 써야 할 때, 기본 수를 허수부가 0인 복소수로 보면, 두 복소수를 엮어 쓰는 문제나 마찬가지이므로, 그냥 복소수 꾸러미에 있는 산술 연산을 쓰면 된다.

　보통 위와 같은 생각은, 한 데이터 타입 물체를 다른 데이터 타입 물체로 바꾸어 주는 타입 변환 프로시저를 설계함으로써 실현될 수 있다. 아래는 타입 바꾸기 프로시저의 좋은 보기다. 이 프로시저는 기본 수를 인자로 받아서, 그 수를 실수부로 하고 0을 허수부로 하는 복소수를 내놓는다.

```
(define (scheme-number->complex n)
  (make-complex-from-real-imag (contents n) 0))
```

타입 바꾸기 프로시저는 따로 만든 타입 바꿈 표 속에서 다음과 같이 두 타입의 이름이 만나는 자리에 집어넣게 된다.

```
(put-coercion 'scheme-number 'complex scheme-number->complex)
```

(이 표를 다루는 데 필요한 put-coercion과 get-coercion 프로시저가 이미 정의되었다고 하자.) 타입 바꿈 표 속에는 빈 자리가 있을 수 있는데, 그 까닭은 한 데이터 타입에 속하는 어떤 물체를 다른 타입으로 (억지로) 바꾸지 못하는 경우가 있기 때문이다. 예컨대, 모든 복소수를 기본 수로 바꾸어 주는 방법이란 있을 수 없기 때문에, complex->scheme-number 같은 프로시저는 타입 바꿈 표에 정의해 넣지 못한다.

타입 바꿈 표를 만들고 나면, 그에 맞게 2.4.3절에 나온 apply-generic 프로시저의 정의를 고쳐서, 언제나 같은 방법으로 타입 바꾸기를 다룰 수 있다. 한 연산을 적용하는 경우, 전과 마찬가지로 그런 연산이 인자의 타입에 맞게 정의되어 있는지부터 알아본다. 연산-타입 표에 그런 연산이 들어 있다면, 그 연산에 모든 일을 떠넘긴다. 그런 연산이 없을 때에는, 억지로 타입을 바꾸어 본다. 여기서는 인자가 둘인 경우만 따져보자.[50] 먼저 두 인자 가운데 첫 번째 물체를 두 번째 타입으로 바꿀 수 있는지 알아보기 위해서 타입 바꿈 표를 살펴본다. 그럴 수 있다면, 첫 번째 인자의 타입을 바꾼 다음에 연산을 다시 적용해 본다. 이와 달리, 첫 번째 물체를 두 번째 타입으로 바꾸는 공통된 방법이 없는 경우라면, 그 반대로 두 번째 인자를 첫 번째 인자 타입으로 바꿀 수 있는지 알아본다. 끝으로, 두 타입을 어느 쪽으로도 바꿀 방법이 없다면, 연산을 포기한다. 이 과정을 프로시저로 정의하면 다음과 같다.

---

50) 연습문제 2.82에서 이 프로시저의 쓰임새를 넓히는 문제를 다룬다.

51) 조금 더 슬기롭게 생각해 보면, 타입 바꾸기 프로시저를 n^2개나 만들지 않아도 된다. 예컨대, 타입 1을 타입 2로, 다시 타입 2를 타입 3으로 바꾸는 방법을 안다면, 이 지식에서 타입 1을 타입 3으로 어떻게 바꾸는지 알아낼 수 있기 때문에, 시스템에 새로운 타입을 보태고자 할 때 꼭 만들어야 할 타입 바꾸기 프로시저 수를 크게 줄일 수 있다. 따라서 시스템에 복잡한 방법을 끌어들이는 데 거리낌이 없다면, 데이터 타입 사이의 관계 '그래프(graph)'를 바탕으로, 이미 정의된 타입 바꾸기 프로시저에서 새로운 타입 바꾸기 프로시저를 저절로 이끌어낼 수 있도록 시스템을 꾸밀 수 있다.

```
(define (apply-generic op . args)
  (let ((type-tags (map type-tag args)))
    (let ((proc (get op type-tags)))
      (if proc
          (apply proc (map contents args))
          (if (= (length args) 2)
              (let ((type1 (car type-tags))
                    (type2 (cadr type-tags))
                    (a1 (car args))
                    (a2 (cadr args)))
                (let ((t1->t2 (get-coercion type1 type2))
                      (t2->t1 (get-coercion type2 type1)))
                  (cond (t1->t2
                         (apply-generic op (t1->t2 a1) a2))
                        (t2->t1
                         (apply-generic op a1 (t2->t1 a2)))
                        (else
                         (error "No method for these types"
                                (list op type-tags))))))
              (error "No method for these types"
                     (list op type-tags)))))))
```

이런 타입 바꾸기 체계$^{coercion\ scheme}$를 따르면, 섞붙이기 연산을 하나하나 정의하는 방법보다, 많은 장점이 있다. 타입과 타입을 연관 짓기 위해 (데이터 타입이 n개 있는 시스템에서는 어쩌면 n^2개나 되는) 타입 바꾸기 프로시저를 짜는 것은 어쩔 수 없는 일이지만, 데이터 타입 뭉치와 일반화된 연산마다 따로따로 프로시저를 정의할 필요 없이 타입 한 쌍에 프로시저 하나씩만 정의하면 된다.[51] 이 방법은, 데이터 타입 사이의 관계만 알아내면 데이터 타입을 바꾸는 데 알맞은 방법을 이끌어낼 수 있으며, 이때 여기에 적용하려는 연산은 아무런 관계가 없다는 사실을 바탕으로 한 것이다.

한편, 이런 타입 바꾸기 체계만 가지고는 (데이터 타입의 모든 관계를 이끌어내지 못하므로) 다루지 못하는 문제가 있다. 말하자면, 엮어 쓰려고 하는 두 물체 사이에서 서로 어느 쪽 타입으로도 바꿀 방법이 없을 때, 두 물체를 아예 다른 타입으로 바꾸고 나면 바라던 연산을 적용할 수 있는 경우가 있기 때문이다. 프로그램의 모듈 방식을 망가뜨리지 않고 이와 같이 복잡한 문제를 다루기 위해서는, 데이터 타입 사이에 숨어 있는 또 다른 관계를 이끌어내 쓸 수 있도록 시스템을 짜맞추어야 한다. 지금부터는 그 방법을 알아보자.

타입의 계층 관계

앞서 살펴본 타입 바꾸기 체계는 한 쌍의 데이터 타입 사이에 자연스런 관계가 있다는 데 바탕을 둔 것이다. 허나, 서로 다른 데이터 타입을 연관 짓는 방법에서 더 '폭넓은^{global}' 체계를 이끌어낼 수 있는 경우가 더러 있다. 예컨대 정수, 유리수, 실수, 복소수를 모두 다루는 일반화된 산술 연산 시스템을 만든다고 할 때, 이런 시스템에서는 정수를 유리수의 한 가지 타입으로 본다고 해도 이상할 게 없다. 마찬가지로 유리수는 실수의 한 가지라 할 수 있고, 다시 실수는 복소수의 한 가지로 볼 수 있다. 여기서, 정수는 유리수 바로 '아래 타입^{subtype}'이 되고 (즉, 유리수에 적용할 수 있는 연산은 저절로 정수에도 적용할 수 있고) 그 반대로 유리수들이 모여서 정수 바로 '위 타입^{supertype}'을 이루는데, 이리 되면 마침내는 데이터 '타입이 서로 계층 관계$^{hierarchy\ of\ types}$'를 이루는 셈이다. 여기서 보기로 든 계층 관계는 아주 단순한 것이라서, 데이터 타입마다 그 위 타입이나 아래 타입이 많아 봐야 하나밖에 없다. 그래서 이런 계층 관계를 '탑^{tower}'이라고 따로 일컫는다. 그림 2.25는 타입 사이의 탑 구조를 보여준다.

데이터 타입 관계가 탑을 쌓으면, 타입마다 그 위 타입과 아래 타입이 무엇인지만 밝히면 되기 때문에, 타입의 계층 관계 속에 새로운 데이터 타입을 집어넣는 일이 아주 쉽다. 예컨대 정수를 복소수에 더하고자 할 때, integer->complex 같은 타입 바꾸기 프로시저를 따로따로 만들 필요 없이 정수를 유리수로, 유리수를 실수로, 실수를 복소수로 바꾸는 방법만 정의한다. 그런 다음에는 시스템이 알아서, 그런 단계를 거쳐 정수를 복소수로 바꾸고 두 복소수를 더하는 일을 하도록 만들면 된다.

이런 생각에 따라, 다음 방식으로 apply-generic 프로시저를 다시 설계할 수 있다. 먼저 데이터 타입마다 'raise' 프로시저를 마련한다. raise 프로시저는,

복소수

실수

유리수

정수

그림 2.25 탑 모양의 계층 관계

탑 구조에서 한 데이터 타입 물체를 바로 위에 있는 타입으로 '끌어올리는^{raise}' 일을 한다. 이렇게 하면, 타입이 다른 여러 물체를 가지고 어떤 연산을 할 적에, 모든 물체가 같은 층에 속하도록 만들기 위해, 탑 구조에서 더 아래쪽에 있는 타입을 계속 끌어올릴 수 있다. (연습문제 2.83과 연습문제 2.84에서 이런 방식을 어떻게 구현하는지 자세히 살펴보기로 한다.)

이뿐 아니라, 탑 구조에는 아래 타입이 그 위 타입에서 정의한 연산을 모두 '물려받는다$^{상속\ 받는다,\ inherit}$'는 개념을 쉽게 구현할 수 있다는 이점이 있다. 예컨대 정수의 실수부를 구하기 위해 프로시저를 따로 마련하지 않더라도, 정수가 복소수 아래 타입이라는 사실에서 자연스럽게 정수에도 real-part 연산을 적용할 수 있을 거라는 바람을 품을 수 있다. 탑 구조에서는, 이런 개념이 언제나 같은 방식으로 실현되게끔 apply-generic을 고쳐 쓸 수 있다. 한 데이터에 어떤 연산을 적용하고자 할 때, 그 연산이 그 데이터 타입에 곧바로 쓰도록 정의되지 않았다면, 그 데이터를 그 위 타입으로 끌어올린 다음에 다시 그 연산을 적용할 수 있는지 본다. 이와 같이, 인자로 받은 데이터를 계속 끌어올리면서 그 연산이 정의된 층에 이를 때까지 계속 탑을 타고 올라가는 방법을 쓸 수 있다. 그러다가 탑 꼭대기에 다다르면 연산을 포기한다.

탑 구조가 지닌 또 다른 장점은, 좀더 복잡한 계층 관계로 살펴볼 적에, 데이터 물

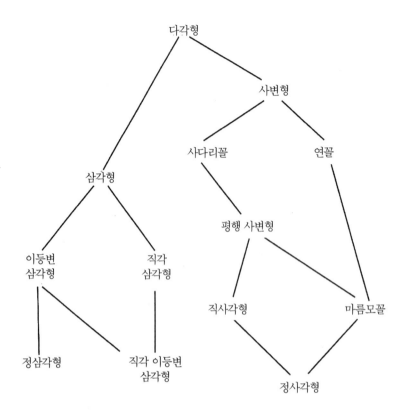

그림 2.26 기하학적 도형 사이의 데이터 타입 관계

체를 가장 단순한 표현으로 '끌어내리기^{lower}' 쉽다는 데 있다. 보기를 들어, $2+3i$와 $4-3i$를 더한 값으로 $6+0i$라는 복소수를 내놓기보다는 마땅히 6이라는 정수로 답하는 게 낫다. 연습문제 2.85에서는 이와 같이 끌어내리는 연산을 어떻게 구현하는지 살펴보기로 한다. ($6+0i$처럼 끌어내릴 수 있는 물체인지, $6+2i$처럼 그러지 못하는 물체인지 알아볼 방법을 마련하는 게 이 문제를 푸는 열쇠다.)

계층 구조가 지닌 문제점

앞서 보았듯이, 시스템 속의 데이터 타입들이 자연스럽게 탑 구조를 이루도록 정돈할 수만 있다면, 일반화된 연산 문제를 다루기가 훨씬 쉬워진다. 안타깝게도 대개는 그리 하지 못한다. 그림 2.26을 보면 여러 타입이 뒤섞여서 아주 복잡한 구조를 이루는데, 꼴이 서로 다른 기하학 도형 사이에 어떤 관계가 있는지 나타낸다. 여기서도 볼 수 있듯이, 한 데이터 타입에는 흔히 아래 타입이 여럿 있다. 보기를 들어, 세모꼴^{삼각형, triangle}과 네모꼴^{사변형, quadrilateral}은 둘 다 여러모꼴^{다각형,} ^{polygon}의 아래 타입이다. 그 반대로 한 데이터 타입에 위 타입이 여럿일 때도 있다. 보기를 들어, 두등변^{이등변, isosceles} 바른모^{직각, right} 세모꼴은 두등변 세모꼴이기도 하고 바른모 세모꼴이기도 하다. 이와 같이, 위 타입이 여럿인 경우에는 한 데이터 타입을 위로 '끌어올리는' 데 딱 한 방법만 있는 게 아니기 때문에, 일반화된 연산을 다루는 게 여간 까다롭지 않다. 한 데이터에 어떤 연산을 적용하기 위하여 '올바른' 위 타입을 무엇인지 찾아내려고 하면, **apply-generic** 같은 프로시저 속에서 그물처럼 얽힌 데이터 타입 사이를 한참 동안 헤집고 다녀야 할지 모른다. 또한, 한 데이터 타입 아래에도 흔히 타입이 여럿 있기 때문에, 어떤 값을 계층 관계 아래에 있는 타입으로 바꾸어 '끌어내리는' 일에서도 비슷한 문제가 생긴다. 큰 시스템 설계에서 모듈 방식의 장점을 잃지 않도록 하면서 서로 얽히고설킨 수많은 데이터 타입을 다루는 것은 아주 어려운 문제이며, 이는 지금도 많이 연구되는 분야다.⁵²

---

52) 이 책 초판에도 이 글월이 나온다. 다시 말해, 12년 전 이 글을 쓸 때와 사정이 그리 바뀌지 않았단 얘기다. 그러고 보면, 타입이 다른 개체 사이의 관계를 나타내기 위하여 폭넓고 쓸모 있는 틀을 마련하는 일은 (즉, 철학자들이 '온톨로지(本體論, ontology)'라고 하는 것은) 다루기가 아주 까다로운 문제인 듯하다. 10년 전에 겪은 혼란과 요즘 겪는 혼란에 차이점이 있다면, 요즘에는 갖가지 엉성한 프로그래밍 언어가 쏟아져 나오면서 그 속에 갖가지 엉성한 온톨로지 이론이 녹아 있다는 것이다. 보기를 들어, 물체 중심 프로그래밍 언어(object-oriented programming)의 여러 복잡한 문제는 대부분 서로 얽히고설킨 데이터 타입 사이에서 일반화된 연산을 어떻게 다룰 것인가 하는 문제와 관계가 있다. (요즘에 나온 물체 중심 언어들 사이에 있는 야릇하고 혼란스러운 차이점도 이와 마찬가지다.)

이 때문에, 이 책에서는 3장에서 계산 물체(computational objects)를 다룰 적에, 이런 문젯거리를 깡그리 피해간다. 물체 중심 프로그램에 익숙한 사람이라면 틀림없이 3장을 읽으면서 갇힌 상태(local state)에는 그렇게 많은 얘기를 하면서도 '클래스(class)'니 '물려받기(inheritance)' 따위에는 한 마디도 하지 않는다는 사실을 알아차릴 것이다. 사실, 지식 표현(knowledge representation)이나 자동 추론 분야(automatic reasoning)의 연구 성과를 끌어들이지 않고, 오로지 컴퓨터 언어 설계만 가지고 그런 문제를 제대로 다루기는 어려울 것이라 본다.

● **연습문제** 2.81

Louis Reasoner는 `apply-generic` 프로시저가 인자 타입이 서로 같은 경우에도, 한 인자 값을 다른 인자 타입으로 바꾸려 든다는 사실을 알게 되었다. 그런 까닭에, 한 데이터 타입을 같은 타입으로 바꾸는 프로시저도 타입 바꿈 표 속에 넣어주는 게 옳다고 본다. 이에 따르면, 앞에서 `scheme-number->complex` 타입 바꾸기 프로시저를 마련할 때, 아래 일도 같이 해야 한다.

```
(define (scheme-number->scheme-number n) n)
(define (complex->complex z) z)
(put-coercion 'scheme-number 'scheme-number
              scheme-number->scheme-number)
(put-coercion 'complex 'complex complex->complex)
```

a. Louis의 타입 바꾸기 프로시저를 집어넣은 다음, `scheme-number` 타입인 인자 두 개 또는 `complex` 타입을 가진 인자 두 개로 `apply-generic`을 불러 쓰려 할 때, 그런 타입에 맞는 연산을 표에서 찾지 못하면 어떤 일이 벌어지는가? 보기를 들어서, 아래와 같이 일반화된 거듭제곱 연산을 정의했다고 하자.

```
(define (exp x y) (apply-generic 'exp x y))
```

그런 다음, Scheme-number 꾸러미에만 거듭제곱 프로시저가 들어 있고, 다른 꾸러미에는 없다고 하자.

```
;;Scheme-number 꾸러미에 덧붙일 코드
(put 'exp '(scheme-number scheme-number)
     (lambda (x y) (tag (expt x y))))  ; 기본 프로시저 expt를 써서
```

두 복소수를 인자로 삼아 `exp`를 불러 쓰면 어떤 일이 벌어지는가?

b. Louis 생각대로, 타입이 같은 인자를 타입 바꾸는 경우, 이에 대해 무언가를 하는 게 옳은가, 아니면 `apply-generic`을 그대로 놔두는 게 맞는가?

c. 두 인자가 같은 타입일 때 타입 바꾸기가 일어나지 않도록 `apply-generic`
을 고쳐라.

● **연습문제** 2.82

인자가 여럿인 경우에도 타입 바꾸기를 다룰 수 있도록 `apply-generic`의 쓰임
새를 어떻게 늘리는지 밝혀라. 이때, 모든 인자를 첫 번째 인자 타입으로 바꾸려
해보고, 이어서 두 번째 인자 타입으로 바꾸려 해보고, 계속 차례대로 타입 바꾸
기 시도를 이어가는 방식을 따를 수 있다. (위에서 인자를 두 개 받을 때도 마찬
가지로) 이런 방식으로 다루지 못하는 경우를 보기로 들어 보라. (귀띔 : 표 속에
알맞은 섞붙이기 연산이 들어 있으나 쓰게 되지 않는 경우를 생각해 보라.)

● **연습문제** 2.83

그림 2.25와 같이 정수, 유리수, 실수, 복소수 타입이 탑 구조를 이룰 때, 이를
다루는 일반화된 산술 연산 시스템을 설계한다고 하자. 탑 구조에서 (마땅히 복
소수 꼴은 빼고) 각 데이터 타입을 한 층 끌어올리는 프로시저^{raise procedure}를 설
계하라. 또한, 시스템 속에 일반화된 `raise` 연산을 어떻게 집어넣는지 밝혀라.

● **연습문제** 2.84

연습문제 2.83의 `raise` 연산을 써서 이 절에서 설명한 대로 모든 인자가 같은
타입이 될 때까지 계속 인자 값을 바꿔주면서 끌어올리는 방법을 쓸 수 있도록,
`apply-generic` 프로시저를 고쳐라. 그리 하려면 먼저 탑 구조에서 두 타입 가
운데 어느 쪽이 위에 있는지 알아보는 방법부터 마련해야 한다. 이때, 탑 구조
속에 새로운 층을 보태더라도 문제를 일으키지 않도록 시스템의 다른 부분과
'잘 섞이는^{compatible}' 방식을 따르도록 하라.

● **연습문제** 2.85

이 절에서 데이터 물체를 단순하게 만들기 위해 되도록 탑 구조 아래로 데이터

타입을 끌어내리는 방법을 설명한 바 있다. 연습문제 2.83에 나오는 탑 구조에서 이런 방법을 쓸 수 있게끔 drop 프로시저를 설계하라. 이 문제를 푸는 열쇠는, 한 데이터 물체를 끌어내릴 수 있는지 없는지 판단하기 위해 어떤 공통된 방법을 마련하는 데 있다. 보기를 들어, 복소수 $1.5+0i$는 real이 될 때까지 복소수 $1+0i$는 integer가 될 때까지 끌어내릴 수 있지만, 복소수 $2+3i$는 더 끌어내릴 방법이 없다. 어떤 물체를 끌어내릴 수 있는지 없는지 판단하는 방법은 다음과 같다. 먼저 어떤 데이터 물체를 탑 아래로 '밀어붙이는[push]' 일반화된 연산 project부터 정의한다. 보기를 들어, 복소수에 project 연산을 적용하면 허수부가 없어진다. 따라서 어떤 수에 project 연산을 적용한 다음, 그 결과를 다시 처음 꼴로 끌어올릴 때 (또는 raise 연산을 적용하였을 때), 그 값이 처음 값과 같다면 그 수에는 drop 연산을 적용할 수 있다. 어떤 데이터 물체를 한껏 끌어내릴 수 있는 drop 프로시저를 정의하여, 이런 생각을 어떻게 구현하는지 밝혀라. 이 일을 하려면, 여러 가지 프로젝션[projection] 연산을 설계하고 이를 일반화된 project 연산으로 간추려서 시스템에 집어넣어야 한다.[53] 아울러, 연습문제 2.79에서 설명한 대로 일반화된 같기[equality] 연산도 필요하다. 끝으로, 여기서 정의한 drop 연산을 적용하여 단순해진 답을 만들어낼 수 있도록 연습문제 2.84에 나오는 apply-generic을 고쳐 써라.

● **연습문제** 2.86

복소수에서 실수부, 허수부, 크기, 각을 나타내는 자리에다 기본 수, 유리수뿐 아니라 앞으로 시스템에 보태고자 하는 모든 수를 쓸 수 있도록 하려고 한다. 이런 목적을 이루려면, 시스템을 어떻게 뜯어 고쳐야 할지 설명하고 시스템을 구현하라. 기본 수와 유리수를 위한 일반화된 sine, cosine 같은 연산을 정의해야 할 것이다.

---

53) 실수에 프로젝션(projection) 연산을 적용하여 정수를 뽑아낼 때에는 기본 연산 round를 쓰면 된다. round는 인자 값에 가장 가까운 정수를 내놓는 연산이다.

2.5.3 연습 : 기호 식 대수

기호 대수식$^{symbolic\ algebraic\ expression}$ 처리는, 규모가 큰 시스템 설계에서 맞닥뜨릴 수 있는 가장 어려운 문젯거리를 고루고루 맛보여줄 만치 복잡한 프로세스다. 대개 대수식은 연산자와 피연산자가 나무꼴 같은 계층 구조를 이룬다. 대수식을 짜 맞출 때에는, 상수나 변수 같은 기본 물체를 시작으로 하여 이를 덧셈이나 곱셈 같은 산술 연산자로 엮어내는 방식을 쓸 수 있다. 또한 다른 언어와 마찬가지로, 요약된$^{간추린,\ abstraction}$ 표현 수단을 마련하여 복잡한 물체를 단순하게 일컫게 할 수 있다. 기호 대수식에서 흔히 간추려 쓰는 표현으로는 일차 결합, 다항식^{polynomial}, 유리 함수$^{rational\ function}$, 삼각 함수$^{trigonometric\ function}$ 같은 개념이 있다. 이런 표현 수단은 타입이 다른 여러 식이 하나로 합쳐진 것이라 볼 수 있는데, 식의 타입, 말하자면 식의 생김새가 복잡한 대수식의 처리 과정을 다스리는 데 더러 쓸모가 있다. 보기를 들어, 다음 식은 여러 식이 x의 다항식$^{여러\ 마디\ 식}$ 꼴로 묶여 있는 것이라 설명할 수 있다. 이 다항식에서 x의 계수^{곁수}는 y 다항식의 삼각 함수고, y의 계수는 정수다.

$$x^2 \sin(y^2 + 1) + x \cos 2y + \cos(y^3 - 2y^2)$$

여기서 완전한 대수 처리 시스템을 만들지는 않는다. 그런 시스템은 깊은 대수 지식과 뛰어난 알고리즘을 아우르는 엄청나게 복잡한 프로그램이다. 앞으로 할 일은 대수 처리에서 단순하지만 중요한 부분, 다항식의 산술 연산을 살펴보는 것이다. 그에 따라, 그런 시스템을 설계하는 과정에서 부닥치는 판단거리로는 어떤 것이 있으며, 그런 문제를 체계적으로 풀어내는 데 요약된 데이터$^{간추린\ 데이터,\ abstract\ data}$와 일반화된 연산$^{generic\ operation}$ 같은 개념을 어떻게 적용할 수 있는지 보이기로 한다.

다항식 산술 연산

다항식 산술 연산 시스템을 설계하는 과정에서 맨 먼저 할 일은 바로 다항식이 무엇인지 정하는 것이다. 다항식은 어떤 변수, 이른바 다항식의 '부정원^{不定元,} ^{indeterminate}'를 두고 정의된다. 얘기를 쉽게 풀기 위해 변수가 딱 하나밖에 없는 다항식, 곧 '한 변수 다항식^{univariate polynomials}'만 따져보자.[54] 다항식은 여러 마디^항의 덧셈 식으로 정의될 터인데, 각 마디는 계수, 변수의 거듭제곱, 변수의 거듭제곱과 계수의 곱셈이 될 수 있다. 이때, 계수는 다항식의 변수와 관계없는 대수식이어야 한다. 보기를 들어, 아래는 단순한 x의 다항식이다.

$$5x^2 + 3x + 7$$

아래는 x의 다항식이고, 그 계수는 y의 다항식이다.

$$(y^2 + 1)x^3 + (2y)x + 1$$

사실 여기서는 이미 까다로운 문젯거리를 비켜가고 있다. 예컨대 위의 첫 번째 다항식은 $5y^2 + 3y + 7$과 같은 식인가, 다른 식인가? 다항식을 순수하게 수학 함수로만 본다면 '그렇다'로 답해야 하고, 다항식을 그저 문법이라고 본다면 '아니다'로 답해야 한다. 또한, 두 번째 다항식과, x의 다항식을 계수로 하는 y의 다항식은 대수적으로 같다. 그렇다면 시스템이 이를 알아차리도록 해야 하는가, 그러지 않아도 되는가? 더 나아가서, 다항식을 표현하는 데도 여러 방법이 있다. 보기를 들면, 한 다항식을 그 인수^{factor}들을 곱한 식, (한 변수 다항식인 경우에는) 근의 집합, 어떤 점에서 다항식의 값을 늘어놓는 것 따위로 표현할 수 있다.[55] 어쨌거나, 대수 처리 시스템에서 '다항식'에 어떤 수학적 뜻이 있는지 따지지 않고, 그저 다항식이 문법 형식을 나타내는 것이라고 판단하면, 이런 문젯거리를 살짝 에

---

54) 하지만, 그 대신에 다항식의 계수가 다른 변수의 다항식인 경우는 받아들이도록 하겠다. 이렇게 하면 아래에서 설명하듯이, 타입 바꾸기(coercion) 문제를 일으킨다는 점이 좋지 않지만, 본질적으로 완전한 여러 변수 시스템과 같은 표현력을 갖추는 셈이다.

55) 특히 한 변수 다항식에서, 어떤 점 집합의 다항식의 값을 구하여 그 값으로 다항식을 나타내는 표현 방식이 좋다. 무엇보다 다항식 산술 연산을 하기가 무척 쉬워서 좋다. 보기를 들어, 두 다항식을 더한다고 하면, 서로 해당하는 점에서 두 다항식의 값을 더하기만 하면 된다. 이런 방식으로 표현된 다항식을 그보다 더 익숙한 표현 방식으로 되바꾸고 싶을 때에는, 라그랑주 보간 공식(라그랑주 사이넣기 공식, Lagrange interpolation formula)을 쓸 수 있다. 이 공식은 점 $n+1$개에 대한 다항식의 값을 알 때 그로부터 차수가 n인 다항식의 계수를 어떻게 되찾는지 일러준다.

둘러 갈 수 있다.

이제 어떻게 다항식으로 산술 연산을 할지 생각해 볼 때가 되었다. 여기서는 덧셈과 곱셈만 다루는 단순한 시스템을 다루어 보자. 아울러 두 다항식을 엮어 쓰고자 할 때, 두 다항식의 변수가 반드시 같아야 한다는 규칙을 따르기로 한다.

이미 익숙해진 데이터 요약^{데이터 간추리기} 방식에 따라 시스템을 설계해 보자. 다항식은 폴리^{poly}라는 데이터 구조로 표현할 터인데, 폴리는 변수 하나와 여러 마디로 이루어진다. 다항식에서 부품을 뽑아낼 때에는 variable과 term-list라는 고르개를 쓰고, 변수 하나와 마디 리스트^{list of terms} 하나를 묶어서 다항식을 만들 때에는 make-poly를 쓴다고 하자. 변수는 그냥 글자로 나타낼 것이기 때문에, 2.3.2절에 나온 same-variable? 프로시저를 써서 두 변수가 같은지 알아볼 수 있다. 다음 프로시저는 다항식의 덧셈과 곱셈을 정의한다.

```
(define (add-poly p1 p2)
  (if (same-variable? (variable p1) (variable p2))
      (make-poly (variable p1)
                 (add-terms (term-list p1)
                            (term-list p2)))
      (error "Polys not in same var -- ADD-POLY"
             (list p1 p2))))

(define (mul-poly p1 p2)
  (if (same-variable? (variable p1) (variable p2))
      (make-poly (variable p1)
                 (mul-terms (term-list p1)
                            (term-list p2)))
      (error "Polys not in same var -- MUL-POLY"
             (list p1 p2))))
```

다항식을 일반화된 연산 시스템 속으로 끌어들이려면, 다항식에 타입 표시를 붙여야 한다. 다항식의 타입은 polynomial으로 표시하고, 그에 따라 다항식 연산도 연산표에 집어넣자. 2.5.1절과 마찬가지로, 모든 다항식 코드는 다항식 꾸러미를 설치하는 프로시저 속에 묶어 놓는다.

```
(define (install-polynomial-package)
  ;; 꾸러미에 갇힌 프로시저
  ;; poly를 표현하는 프로시저
  (define (make-poly variable term-list)
    (cons variable term-list))
  (define (variable p) (car p))
  (define (term-list p) (cdr p))
  <2.3.2절에 정의된 same-variable? 프로시저>

  ;; 마디와 마디 리스트의 표현 방식
  <adjoin-term ... coeff 프로시저>

  (define (add-poly p1 p2) ...)
  <add-poly가 쓰는 프로시저>
  (define (mul-poly p1 p2) ...)
  <mul-poly가 쓰는 프로시저>

  ;; 이 꾸러미를 시스템에 맞물리도록 하는 코드
  (define (tag p) (attach-tag 'polynomial p))
  (put 'add '(polynomial polynomial)
       (lambda (p1 p2) (tag (add-poly p1 p2))))
  (put 'mul '(polynomial polynomial)
       (lambda (p1 p2) (tag (mul-poly p1 p2))))
  (put 'make 'polynomial
       (lambda (var terms) (tag (make-poly var terms))))
  'done)
```

다항식 덧셈은 마디 단위로 처리된다. 이때, 차수가 같은 마디끼리 (즉, 지수가 같은 변수끼리) 묶어서, 똑같은 차수를 가지는 새 마디를 만든다. 새 마디의 계수는 두 마디의 계수를 더한 것이다. 두 다항식 가운데 한쪽 다항식에만 있는 마디, 다시 말해, 다른 쪽 다항식에 차수가 같은 마디가 없을 때, 그런 마디들은 별다른 연산 없이 그냥 새 다항식에 집어넣는다.

또한 마디 리스트를 만들어낼 수 있도록 짜맞추개 연산을 구현하는 the-empty-termlist와 adjoin-term 프로시저가 이미 정의되었다고 하자. the-empty-termlist는 텅 비어 있는 마디 리스트를 만들어 내고, adjoin-term은 마디 리스트에 새 마디를 가져다 붙인다. 아울러, 술어 프로시저 empty-termlist?

와 고르개^{selector} 프로시저 first-term, rest-term도 정의되었다고 치자. empty-term-list?는 마디 리스트가 비어 있는지 알아내고, first-term은 마디 리스트에서 차수가 가장 높은 마디를 골라내며, rest-terms는 차수가 가장 높은 마디만 빼고 나머지 마디 리스트를 모두 뽑아낸다. 아울러, 마디 하나를 다루는 데 쓰도록 make-term이라는 짜맞추개와 order, coeff라는 고르개가 정의되어 있다고 하자. make-term은 차수와 계수를 인자로 받아 마디를 만들어 내고, order와 coeff는 저마다 마디의 차수와 계수를 골라낸다. 이런 연산들이 정의되어 있으므로, 마디와 마디 리스트를 요약된 데이터 표현 수단^{data abstraction}으로 볼 수 있고, 그에 따라 이런 데이터를 어떻게 구현하느냐 하는 고민거리를 다항식 산술 연산 문제에서 떼어낼 수 있다.

아래는 두 다항식을 더하는 과정에서 두 다항식의 마디 리스트를 더하는 프로시저다.[56]

```
(define (add-terms L1 L2)
  (cond ((empty-termlist? L1) L2)
        ((empty-termlist? L2) L1)
        (else
         (let ((t1 (first-term L1)) (t2 (first-term L2)))
           (cond ((> (order t1) (order t2))
                  (adjoin-term
                   t1 (add-terms (rest-terms L1) L2)))
                 ((< (order t1) (order t2))
                  (adjoin-term
                   t2 (add-terms L1 (rest-terms L2))))
                 (else
                  (adjoin-term
                   (make-term (order t1)
                              (add (coeff t1) (coeff t2)))
                   (add-terms (rest-terms L1)
                              (rest-terms L2)))))))))
```

---

56) 이 연산은 연습문제 2.62에 나온, 차례 매긴 집합(ordered set)의 union-set 연산과 아주 비슷하다. 사실 다항식의 마디 집합이 그 변수들의 거듭제곱 수에 따라 차례를 매긴 집합이라고 보면, 다항식 덧셈에서 마디 리스트를 만들어 내는 프로그램은 union-set과 거의 같다.

여기서 꼭 짚고 넘어가야 할 것은 마디와 마디의 계수를 더할 때, 일반화된 덧셈 프로시저인 add를 쓴다는 점이다. 이런 선택이 얼마나 쓸모 있는 결과로 이어지는지 지금부터 살펴보자.

마디 리스트 두 개를 곱하려면, mul-term-by-all-terms를 되풀이해서 쓰면서, 첫 번째 리스트의 마디 하나하나를 다른 리스트의 모든 마디에 곱해야 한다. mul-term-by-all-terms는 마디 하나와 마디 리스트를 인자로 받아서 그 마디를 마디 리스트의 모든 마디에 하나하나 곱하는 프로시저다. 그렇게 (첫 번째 리스트의 마디마다 하나씩) 나온 마디 리스트들을 덧셈으로 묶어 낸다. 두 마디를 곱하여 새 마디를 만들 때, 새 마디의 차수는 인자들의 차수를 더한 값이고, 그 계수는 인자들의 계수를 곱한 값이다.

```
(define (mul-terms L1 L2)
  (if (empty-termlist? L1)
      (the-empty-termlist)
      (add-terms (mul-term-by-all-terms (first-term L1) L2)
                 (mul-terms (rest-terms L1) L2))))

(define (mul-term-by-all-terms t1 L)
  (if (empty-termlist? L)
      (the-empty-termlist)
      (let ((t2 (first-term L)))
        (adjoin-term
          (make-term (+ (order t1) (order t2))
                     (mul (coeff t1) (coeff t2)))
          (mul-term-by-all-terms t1 (rest-terms L))))))
```

참말로 다항식 덧셈과 곱셈에 필요한 것은 이게 전부다. 여기서, 마디를 곱하거나 더할 때 일반화된 프로시저를 쓰므로, 일반화된 산술 꾸러미에 들어 있는 데이터 타입 가운데, 어떤 타입의 계수를 쓰더라도 다항식 꾸러미가 이를 저절로 처리할 수 있다는 사실을 알아두자. 여기에다 2.5.2절에서 설명한 것과 같은 타입 바꾸기^{coercion} 방식까지 보탠다면, 다음처럼 계수 타입이 다른 다항식 연산도 저절로 처리하게 만들 수 있다.

$$\left[3x^2 + (2+3i)x + 7\right] \cdot \left[x^4 + \frac{2}{3}x^2 + (5+3i)\right]$$

일반화된 산술 시스템에서 polynomial 타입을 다룰 수 있도록 add-poly와 mul-poly를 넣어두었기 때문에, 시스템은 다음 다항식 연산도 알아서 처리할 수 있다.

$$\left[(y+1)x^2 + (y^2+1)x + (y-1)\right] \cdot \left[(y-2)x + (y^3+7)\right]$$

이리 되는 까닭은, 시스템에서 계수를 묶어낼 때 add와 mul에서 (데이터 타입에 따라) 알맞은 프로시저에 일을 떠넘기는 과정을 거치기 때문이다. 한편, 위 식을 보면 계수 자체가 (y의) 다항식이라 다시 add-poly와 mul-poly를 쓰게 되는데, 이는 이른바 '데이터 중심 되돌기^{data-directed recursion}'의 한 가지 보기라 할 수 있다. 예컨대, 다항식을 곱하느라 mul-poly를 불러 쓰면 다시 그 계수들을 곱하려고 mul-poly를 되불러 쓰는 결과가 된다. 한 술 더 떠서, 계수의 계수가 또 다시 다항식인 경우라도 (변수가 세 개인 다항식을 표현하는 데 쓸 수도 있으므로), 데이터 중심 설계 방식 덕분에 시스템이 되도는 과정^{recursion}을 한 단계 더 거치며 이를 말끔히 처리해 낼 것이라 믿을 수 있다. 마찬가지로, 때에 따라서는 데이터의 구조가 이르는 대로 여러 단계를 되돌면서 복잡한 다항식을 처리해낼 수도 있다.[57]

마디 리스트 표현하기

끝으로, 마디 리스트를 표현하는 데 알맞은 방식을 골라 이를 구현하는 일과 마주하게 되었다. 마디 리스트는 사실은 계수 집합이며, 마디의 차수는 이 집합에서 계수를 찾아내는 열쇠가 된다. 그러므로 다항식의 마디 리스트는 2.2.3절에서

---

57) 이 프로세스를 완전히 매끄럽게 돌아가도록 하려면, 일반화된 산술 연산 시스템에 '수(number)'를 다항식으로 바꾸는 기능을 넣어야 한다. 그리하면 그 수를 계수로 하여, 차수가 0인 다항식을 얻을 수 있다. 이런 기능은 다음 다항식에서 계수 $y+1$과 계수 2를 더하는 경우에 필요하다.

$$\left[x^2 + (y+1)x + 5\right] + \left[x^2 + 2x + 1\right]$$

얘기한 집합 표현 방식 가운데 아무거나 써도 된다. 그런데 `add-terms`와 `mul-terms` 프로시저를 보면, 언제나 높은 차수에서 낮은 차수까지 차례대로 마디 리스트를 쓰기 때문에, 여기서는 차례 매긴 리스트 표현을 쓰도록 하자.

마디 리스트는 어떤 얼개로 짜맞추는 게 좋을까? 여기서 한 가지 따져 봐야 할 게 바로 다항식의 '빽빽함^{density}'이다. 한 다항식에서 차수마다 계수가 0이 아닌 마디가 대부분이라면 이런 다항식은 '빽빽하다^{dense}'고 하고, 계수가 0인 마디가 많다면 '성기다^{sparse}'고 한다. 아래는 빽빽한 다항식의 보기다.

$$A: x^5 + 2x^4 + 3x^2 - 2x - 5$$

그와 달리 아래는 아주 성긴 다항식의 보기다.

$$B: x^{100} + 2x^2 + 1$$

빽빽한 다항식에서는 그냥 계수들을 리스트로 묶어서 마디 리스트를 나타내는 게 가장 효과 있는 방법이다. 예컨대, 다항식 A는 리스트 (1 2 0 3 -2 -5)로 깔끔하게 표현된다. 이 표현 방식에서 각 마디의 차수는 그 마디의 계수에서 시작되는 새끼 리스트^{sublist}의 길이에서 1을 뺀 값이다.[58] 허나, 이 방법은 B와 같이 성긴 다항식을 표현할 때 아주 좋지 않다. 마디 리스트 속에는 거지반 0이 들어차 있을 터이고, 가끔 가다 사이사이에 0 아닌 마디가 들어 있을 게 틀림없다. 성긴 다항식의 마디 리스트를 나타내는 데 이보다 알맞은 방법은, 계수가 0이 아닌 마디만 추려서 리스트로 묶어내되 각 마디를 다시 그 마디의 차수와 계수를 묶은 리스트로 나타내는 것이다. 이에 따라 다항식 B를 나타내면, ((100 1) (2 2) (0 1))이 된다. 다항식 처리에서는 대체로 성긴 다항식으로 연산을 하기 때문에, 여기서는 이 방식을 따르기로 한다. 덧붙여, 리스트 속에 있는 마디들이 차수의 높낮이에

---

58) 여기서 보기로 든 다항식 문제에서는, 연습문제 2.78에서 제안한 데이터 타입 처리 방식에 따라서 일반화된 산술 연산 시스템을 구현했다고 가정한다. 다시 말해, 계수가 그냥 수일 경우에는, 수를 쌍으로 나타내어 그 car에 scheme-number라는 타입 표시를 달아주는 방식을 쓰지 않고, 그냥 그 수를 그대로 쓴다.

따라 내림차순으로 맞추어져 있다고 하겠다. 일단 이런 판단을 내리고 나면, 마디와 마디 리스트의 고르개^{selector}와 짜맞추개^{constructor}를 구현하는 일은 별 문제가 아니다.[59]

```
(define (adjoin-term term term-list)
  (if (=zero? (coeff term))
      term-list
      (cons term term-list)))

(define (the-empty-termlist) '())
(define (first-term term-list) (car term-list))
(define (rest-terms term-list) (cdr term-list))
(define (empty-termlist? term-list) (null? term-list))

(define (make-term order coeff) (list order coeff))
(define (order term) (car term))
(define (coeff term) (cadr term))
```

여기서 =zero? 프로시저는 연습문제 2.80에서 정의한 그 프로시저와 같다.(아래 연습문제 2.87도 보자.)

　다항식 꾸러미를 써서 (타입 표시가 달린) 다항식을 만들 때에는 아래 프로시저를 쓴다.

```
(define (make-polynomial var terms)
  ((get 'make 'polynomial) var terms))
```

● **연습문제** 2.87

다항식에 쓰는 =zero? 프로시저를 일반화된 산술 연산 꾸러미에 집어넣어라.

---

59) 여기서는 차례 매긴 마디 리스트를 쓴다고 가정하였으나, 사실 **adjoin-term**의 구현을 들여다보면, 마디 리스트에다 새 마디를 보낼 때 그냥 **cons**를 쓴다. 허나, (**add-term**처럼) **adjoin-term**을 써서 프로시저를 정의하는 경우, 언제나 가장 차수가 높은 마디에다 **adjoin-term**을 적용한다는 사실만 뒷받침된다면 걱정할 게 없다. 다만 그런 뒷받침이 없다면, 차례 매긴 리스트로 집합을 표현할 때와 마찬가지로, **adjoin-term**을 **adjoin-set**과 비슷하게 구현했을 것이다(연습문제 2.61 참고).

이리하면, 다항식을 계수로 쓰는 다항식에서도 adjoin-term 프로시저가 잘 돌
아간다.

● 연습문제 2.88

다항식 시스템에 다항식 뺄셈 연산을 보태라. (귀띔 : 일반화된 부정$^{否定, negation}$ 연산
을 정의하는 게 도움이 될 수도 있다.)

● 연습문제 2.89

위에서 빽빽한 다항식의 마디 리스트에 알맞다고 설명한 표현 방식을 프로시
저로 구현해 보라.

● 연습문제 2.90

다항식이 빽빽하든 성기든 좋은 효율을 보일 수 있도록 다항식 시스템의 설계
를 바꾸려고 한다. 이런 바람을 이루는 한 가지 방법은 시스템이 두 표현 방식
을 모두 받아들이게끔 만드는 것이다. 이는 2.4절에서 보기로 든 복소수 문제
에서, 직각 좌표와 극좌표 표현을 모두 받아들이도록 만든 것과 비슷하다. 마
땅히 표현 방식이 다른 마디 리스트를 구분할 수 있도록 해야 하고, 그에 맞추
어 일반화된 마디 리스트 연산을 정의해야 한다. 이렇게 쓰임새를 늘릴 수 있
도록 다항식 시스템을 다시 설계하라. 이는 몇 군데만 손봐서 될 게 아니라, 전
체 설계를 다 뜯어 고쳐야 하는 일이다.

● 연습문제 2.91

한 변수 다항식을 다른 한 변수 다항식과 나누어서, 그 몫과 나머지가 되는 다
항식을 뽑아낼 수 있다. 보기를 들면 다음과 같다.

$$\frac{x^5 - 1}{x^2 - 1} = x^3 + x, \ \text{나머지} \ x - 1$$

나눗셈 연산은 긴 나눗셈을 거쳐 처리될 수 있다. 먼저, 나뉘는 다항식^{나넘식, 분자}에서 차수가 가장 높은 마디를, 나누는 식^{나넘식, 분모}에서 차수가 가장 높은 마디로 나눈다. 그리하여, 몫이 되는 다항식의 첫 번째 마디를 얻는다. 이어서, 그 결과를 나눔식과 곱하고 나넘식에서 뺀 다음, 다시 그 차이를 나눔식으로 되돌기하며^{recursively} 나누면 몫의 나머지 마디들을 얻어낼 수 있다. 이 계산 과정은 나눔식의 차수가 나넘식의 차수를 넘어서면 멈추는데, 그때 나오는 나넘식이 나머지가 된다. 또한, 나넘식이 0이 되는 경우에는 0을 몫과 나머지로 돌려준다.

add-poly와 mul-poly를 본보기로, div-poly 프로시저를 설계할 수 있다. 이 프로시저에서는 먼저 두 다항식이 같은 변수를 가지는지 알아본다. 같은 변수가 있다면, div-poly는 그 변수를 모두 떼어낸 다음 그 결과를 div-terms로 넘긴다. div-terms는 그 마디 리스트를 가지고 나눗셈 연산을 시작한다. div-poly는 div-terms가 처리한 결과를 받아서 떼어낸 변수를 거기에 다시 붙인다. 이때, div-terms가 몫과 나머지를 함께 계산하도록 설계하면 편하다. div-terms는 마디 리스트 두 개를 인자로 받아서, 몫이 되는 마디 리스트와 나머지가 되는 마디 리스트를 구한 다음, 이를 한 리스트로 묶어서 돌려준다.

다음 빈 곳을 채워 div-terms의 정의를 마무리하라. 또한 div-terms로 div-poly를 구현하라. 앞서 설명한 대로 div-poly는 두 다항식을 인자로 받아, 몫과 나머지 다항식을 리스트로 묶어낸다.

```
define (div-terms L1 L2)
  (if (empty-termlist? L1)
      (list (the-empty-termlist) (the-empty-termlist))
      (let ((t1 (first-term L1))
            (t2 (first-term L2)))
        (if (> (order t2) (order t1))
            (list (the-empty-termlist) L1)
            (let ((new-c (div (coeff t1) (coeff t2)))
                  (new-o (- (order t1) (order t2))))
              (let ((rest-of-result
                     <되돌면서 나머지 결과를 계산한다>
                     ))
                <완전한 결과를 만든다>
                ))))))
```

기호식 대수에서 데이터 타입 사이의 계층 관계

앞서 설명한 다항식 시스템에서는, 어떤 물체의 데이터 타입이 (다항식) 하나인 양 보여도 실제로는 타입이 다른 여러 물체로 이루어진 복잡한 물체일 수 있음을 보았다. 그러나 그런 사실 때문에 일반화된 연산을 정의하는 데 문제가 생기지는 않았다. 합쳐진 데이터 타입에서, 타입이 다른 각 부분을 다루는 데 모자람이 없게끔, 시스템 속에 일반화된 연산을 알맞게 마련해 놓기만 하면 끝이기 때문이다. 글자 다항식은 '요약된 되돌이 데이터$^{\text{recursive data abstraction}}$'의 좋은 보기라 할 수 있는데, 이는 다항식이 다시 다항식으로 구성될 수 있는 데이터 구조를 갖추었기 때문이다. 일반화된 연산과 데이터 중심 프로그래밍$^{\text{data-directed programming}}$ 방식으로 시스템을 설계하면, 이와 같이 복잡한 문젯거리를 큰 고통 없이 다룰 수 있다.

한편, 다항식 대수 시스템은 데이터 타입 사이의 관계를 자연스럽게 탑처럼 쌓아올리지 못하는 시스템 가운데 하나다. 예컨대, x의 다항식에서 그 계수 자리에 y의 다항식이 올 수 있고, y의 다항식에서 x의 다항식을 계수로 쓸 수 있다. 이런 데이터 타입 관계에서는 한 데이터 타입을 자연스럽게 다른 타입 '위'에 올릴 방법이 없다. 하지만, 두 집합의 원소를 한데 더할 필요가 더러 있다. 이런 문제를 푸는 방법이 몇 가지 있는데, 그 가운데 하나는 한 다항식의 마디들을 펼치고 다시 정돈하면서 두 다항식의 주된 변수$^{\text{principal variable}}$가 같아지도록 만들어, 한 다항식의 타입을 다른 다항식의 타입으로 바꾸는 것이다. 또한 변수에 차례를 매겨서 언제나 맨 앞에 오는 변수를 으뜸으로 삼고 맨 뒤에 오는 변수들을 계수에 묻어 둘 수 있도록, 이른바 '기준 형식$^{\text{canonical form}}$'으로 바꾸어 주면, 데이터 타입 사이의 관계가 탑과 비슷한 구조를 갖추게끔 할 수 있다. 이런 방식은 데이터 타입을 바꾸는 과정에서 쓸데없이 다항식을 펼쳐내어 읽기 어렵고, 어쩌면 처리 효율이 떨어지게 만들 수도 있다는 점이 좋지 않지만, 어쨌거나 이런 문제를 깔끔하게 풀어낼 수 있는 방법이다. 그런데 탑을 쌓는 방식은 확실히 이런 문제를 풀기에 걸맞지 않다. 또한, 삼각함수$^{\text{세모꼴함수, trigonometric function}}$나 거듭제곱급수$^{\text{power series}}$ 또는 적분^{integral} 같은 공식을 여러 방법으로 묶어서, 가지고 있는 데이터 타입에서 새로운 데이터 타입을 실행 중에^{dynamically} 마음껏 만들어 쓸 수 있도록 시스템을 설계하는 문제라면, 더욱 어울리지 않는다.

규모가 큰 대수 처리 시스템의 설계에서 타입 바꾸기 문제를 다루기가 무척 어렵다는 사실은 그리 놀랄 만한 일이 아니다. 이런 시스템에서 생겨나는 복잡한 문제들은 대부분 수많은 데이터 타입 사이의 관계에서 비롯된다. 솔직히 말하자면, 아직까지 타입 바꾸기가 무엇을 뜻하는지 완전히 이해하지 못한다고 보는 게 옳다. 아울러, 데이터 타입이라는 개념도 사실 완전히 이해하지 못하였다. 그렇다고 해도, 지금까지 깨우친 지식에서 큰 시스템의 설계를 뒷받침하는 맞춤식 설계^{모듈} 방식와 튼튼하게 구조를 잡는 원리가 나왔다는 사실은 변함이 없다.

● **연습문제** 2.92

변수에 차례를 매겨서, 여러 변수 다항식을 더하고 곱할 수 있도록 다항식 꾸러미의 쓰임새를 늘려 보라. (이 문제는 풀기 쉽지 않다!)

이어지는 연습 : 유리 함수

'유리 함수$^{rational\ function}$'를 다룰 수 있도록 일반화된 산술 연산 시스템의 쓰임새를 늘려 보자. 유리 함수란 아래처럼 다항식이 분자와 분모가 되는 '분수^{fraction}'다.

$$\frac{x+1}{x^3-1}$$

마땅히 유리함수를 더하고 빼고 곱하고 나눌 수 있어야 하고, 더불어 다음과 같은 계산도 처리할 수 있어야 한다.

$$\frac{x+1}{x^3-1}+\frac{x}{x^2-1}=\frac{x^3+2x^2+3x+1}{x^4+x^3-x-1}$$

(여기서 두 유리 함수를 더한 결과는 공통된 인자를 없애는 방법으로 줄여놓은 다항식임을 알아두자. 그냥 '엇갈린 곱셈$^{cross\ multiplication}$'만 했다면 분자는 4차, 분

모가 5차 다항식인 유리 함수가 나온다.)

약분 문제만 아니면, 유리수 산술 꾸러미에서 일반화된 연산을 쓰도록 손보는 것만으로도 바라던 결과를 얻을 수 있다.

● 연습문제 2.93

일반화된 연산을 쓰도록 유리수 산술연산 꾸러미를 고치되, make-rat을 바꾸어서 분수를 줄이지 못하도록 하라. make-rational 프로시저에 두 다항식을 인자로 건네 유리 함수를 만들어 내도록 하여, 새로 고친 시스템이 바람대로 돌아가는지 살펴보라.

```
(define p1 (make-polynomial 'x '((2 1)(0 1))))
(define p2 (make-polynomial 'x '((3 1)(0 1))))
(define rf (make-rational p2 p1))
```

이제 add로 rf를 rf에 더해 보라. 그 결과를 보면, 덧셈 프로시저가 분수를 한껏 줄이지 못한다는 사실을 알 수 있다.

정수를 다룰 때 쓴 방법, 분자와 분모를 최대 공약수로 나누기 위해 make-rat을 고치는 방법을 그대로 써서 유리 함수를 한껏 줄일 수 있다. '최대 공약수^{GCD}'는 다항식 연산에도 통하는 개념이다. 사실 두 다항식의 GCD는 정수와 마찬가지로, 유클리드의 알고리즘을 써서 구할 수 있다.[60] 정수를 처리하는 gcd 프로시저는 다음과 같다.

---

60) 유클리드의 알고리즘을 다항식에서도 쓸 수 있다는 사실을 일컬어, 대수학에서는 다항식이 유클리드 고리 (Euclidean ring)라는 대수 영역을 이룬다고 한다. 유클리드 고리란 덧셈, 뺄셈, 맞곱셈(가환적, commutative multiplication)을 할 수 있고, 아울러 고리의 모든 원소 x에 대하여 양의 정수 '측도(測度, measure)' $m(x)$를 지정할 수 있는 영역을 말한다. 여기서 m은, 0이 아닌 모든 x와 y에 대하여 $m(xy) \geq m(x)$이고, 어떤 x와 y에 대하여 $y = qx + r$이면서 $r = 0$이거나 $m(r) < m(x)$로 하는 q가 있다는 성질을 만족해야 한다. 대충 말해서, 이는 유클리드의 알고리즘이 올바르게 돌아감을 밝히는 데 필요한 것이다. 정수 영역에서 정수의 측정값 m은 그 정수의 절댓값이다. 다항식 영역에서 다항식의 측정값은 바로 그 차수다.

```
(define (gcd a b)
  (if (= b 0)
      a
      (gcd b (remainder a b))))
```

이를 바탕으로, 다항식의 마디 리스트를 위한 GCD 연산을 다음과 같이 정의할 수 있다.

```
(define (gcd-terms a b)
  (if (empty-termlist? b)
      a
      (gcd-terms b (remainder-terms a b))))
```

여기서 remainder-terms 프로시저는 연습문제 2.91에서 마디 리스트 나눗셈 연산 div-terms가 내놓은 리스트에서 나머지 값^{다항식}만 꺼내는 연산이다.

● 연습문제 2.94

div-terms로 프로시저 remainder-terms를 구현한 다음에 위의 gcd-terms 프로시저를 정의하라. 이제 두 폴리^{poly}의 GCD를 구하는 프로시저 gcd-poly를 짤 수 있다. (두 폴리가 같은 변수의 다항식이 아니라면 오류^{error}를 일으킨다.) 다항식이 들어오면 gcd-poly를, 그냥 수가 들어오면 gcd를 알아서 불러 쓰게끔, 일반화된 연산 greatest-common-divisor를 정의하여 시스템에 집어 넣어라. 시험 삼아 아래 식을 계산해 보라.

```
(define p1 (make-polynomial 'x '((4 1) (3 -1) (2 -2) (1 2))))
(define p2 (make-polynomial 'x '((3 1) (1 -1))))
(greatest-common-divisor p1 p2)
```

손으로 풀어서 올바른 답이 나오는지 살펴보라.

● 연습문제 2.95

다항식 P_1, P_2, P_3를 다음과 같이 정의하라.

$$p_1 : x^2 - 2x + 1$$
$$p_2 : 11x^2 + 7$$
$$p_3 : 13x + 5$$

이제 Q_1을 P_1과 P_2의 곱으로 정의하고, Q_2를 P_1과 P_3의 곱으로 정의한 다음, (연습문제 2.94의) `greatest-common-divisor`를 써서 Q_1과 Q_2의 GCD를 구해 보라. 이 문제는 계산 과정에 정수 연산이 아닌 것을 끌어들이기 때문에, 앞서 정의한 GCD 알고리즘을 적용하기 어렵다.[61] 무슨 일이 벌어지는지 이해할 수 있도록, GCD를 계산하는 동안 `gcd-terms`를 뒤밟아 보거나, 손으로 나눗셈을 하며 계산 과정을 따라가 보라.

연습문제 2.95에서 드러난 문제는, 앞서 정의한 (다항식의 계수가 정수일 때만 돌아가는) GCD 알고리즘을 다음과 같이 고쳐 쓰면 풀 수 있다. GCD 계산에서 다항식을 나누기 전에, 나누는 과정에서 분수가 나오지 않도록 알맞은 정수 인자를 하나 골라 분자에 곱한다. 그리하면, 정수 인자 때문에 그 결과가 진짜 GCD와 다르겠지만, 유리 함수를 한껏 줄이는 데는 문제가 되지 않는다. 다시 말해, GCD는 그저 분자와 분모를 나누는 데 쓰는 것이므로, 정수 인자는 저절로 사라지게 된다.

더 정확하게 설명하면, P와 Q가 다항식이고, O_1을 P의 차수(즉, P에서 가장 큰 항의 차수), O_2를 Q의 차수라 하자. 또한 c가 Q의 첫 계수라 하자. P와 정수화 인자$^{\text{integerizing factor}}$ $c^{1+o_1-o_2}$를 곱하면, 계산 과정에서 분수를 끌어들이지 않고, `div-terms` 알고리즘에 따라 Q로 나눌 수 있는 다항식이 나온다. 이렇게 정수화 상수를 분자에 곱한 다음에 나누기하는 방식을 P와 Q의 **가짜 나누기**^{pseudodivision}, 그 나머지를 **가짜 나머지**^{pseudoremainder}라고도 한다.

---

61) MIT Scheme에서라면, Q_1과 Q_2의 약수, 곧 유리 계수(rational coefficient)를 가진 다항식이 나온다. 하지만 그 밖의 Scheme 시스템에서는 정수를 나누었을 때 정밀도가 제한된 소수(小數, decimal)가 나오는 게 대부분이라서 제대로 된 약수를 구하지 못할 수도 있다.

● **연습문제** 2.96

a. remainder-terms와 비슷하나, div-terms를 불러 쓰기 전에, 앞서 설명한
 정수화 인자를 분자에 곱하는 프로시저 pseudoremainder-terms를 구현하
 라. pseudoremainder-terms를 쓰도록 gcd-terms를 고친 다음 greatest-
 common-divisor로 연습문제 2.95에 나온 보기 문제를 풀어보고, 계수가 정
 수인 결과가 나오는지 확인하라.

b. 이제 GCD의 계수가 정수로 나오기는 하지만, 그 값이 P_1의 계수보다 크다.
 모든 계수를 (정수) 최대 공약수로 나누어, 앞서 계산된 결과에서 공통 인수
 를 없앨 수 있도록 gcd-terms를 고쳐보라.

이와 같이 하여, 못 줄이는 유리 함수$^{irreducible\ rational\ function}$를 계산하는 방법은 (또
는 유리 함수를 한껏 줄이는 방법은) 다음과 같다.

- 연습문제 2.96에서 만든 gcd-terms로 분자와 분모의 GCD를 구한다.
- GCD를 얻어낸 다음, 분자와 분모에 똑같은 정수화 인자를 곱하여, GCD로
 나누는 과정에서 정수가 아닌 계수가 나오지 않도록 한다. GCD의 첫 계수를
 $1 + O_1 - O_2$로 거듭제곱한 값을 정수화 인자로 쓸 수 있다. 여기서 O_2는 GCD
 의 차수이고 O_1은 분자와 분모 차수 가운데 가장 큰 값이다. 이리하면 분자와
 분모를 GCD로 나누는 과정에서 분수가 나오지 않는다.
- 연산을 한 결과, 계수가 정수인 분자와 분모가 나온다. 계수에 정수화 인자
 를 곱했기 때문에, 아주 큰 값이 나오는 게 정상이다. 따라서 마지막으로,
 분자와 분모의 모든 계수에서 (정수) 최대 공약수를 계산한 다음, 다시 그 값
 으로 모든 계수를 나누어 쓸모없는 공통 인자를 버린다.

● **연습문제** 2.97

a. 앞서 설명한 알고리즘을 reduce-terms 프로시저로 구현하라. 이 프로시

저는 마디 리스트 n과 d를 인자로 받아서 위 알고리즘에 따라 n과 d를 한껏 줄인 다음, 리스트 nn, dd를 내놓는다. 또한 add-poly와 비슷한 reduce-poly 프로시저를 짜보아라. 이 프로시저는 두 다항식이 같은 변수의 다항식인지부터 알아본다. 그렇다면 그 변수를 벗겨낸 다음에 그 결과를 reduce-terms에 건네준다. 다시 reduce-terms에서 받은 마디 리스트 두 개에 그 변수를 도로 붙인다.

b. reduce-terms와 비슷하게, make-rat에서 정수로 했던 것과 똑같은 일을 하는 프로시저를 정의해 보라.

```
(define (reduce-integers n d)
  (let ((g (gcd n d)))
    (list (/ n g) (/ d g))))
```

그런 다음 일반화된 연산 reduce를 정의하라. 이 연산은 (polynomial 인자를 받는 경우) reduce-poly나 (scheme-number 인자를 받는 경우) reduce-integers로 일을 갈라주기 위해 apply-generic을 불러 쓴다. 이제는 make-rat 프로시저가 분자와 분모를 인자로 받아 유리수를 만들기 전에, reduce를 불러 쓰도록 해서, 기약 분수를 결과로 내놓을 수 있도록 유리수 산술 연산 꾸러미를 쉽게 손볼 수 있다. 이 시스템은 이제 유리식^{rational} ^{expression}이 정수든 다항식이든 모두 문제없이 다룰 수 있다. 시험 삼아, 이 집중 문제 첫 머리에 나온 보기 문제를 풀어 보라.

```
(define p1 (make-polynomial 'x '((1 1)(0 1))))
(define p2 (make-polynomial 'x '((3 1)(0 -1))))
(define p3 (make-polynomial 'x '((1 1))))
(define p4 (make-polynomial 'x '((2 1)(0 -1))))

(define rf1 (make-rational p1 p2))
(define rf2 (make-rational p3 p4))

(add rf1 rf2)
```

기약 분수가 정확하게 나오면, 올바로 돌아가는지 알 수 있다.

GCD 계산 과정은 유리 함수 연산 시스템에서 중심이 되는 기능이다. 위에서 쓴 알고리즘은 수학적으로야 뻔한 것이지만, 아주아주 느리다. 계산 과정에서 나눗셈 연산을 너무 많이 하는 탓도 있고, 가짜 나눗셈 과정에서 나오는 계수들이 어마어마하게 크기 때문이기도 하다. 대수 처리 시스템 개발에서 열심히 연구되는 한 분야가 바로 다항식 GCD 계산에 더 좋은 알고리즘을 설계하는 일이다.[62]

---

62) 리처드 지펠(Richard Zippel)은 1997년에 GCD를 구하는 데 효율이 아주 높고 깔끔한 알고리즘을 만들었다. 이 방법은 1상에서 실명한 바 있는 소수 빨리 찾기 방법과 마찬가지로, 확률 알고리즘에 속한다고 할 수 있다. Zippel 1993에는 이 방법 말고도 다항식 GCD를 구하는 여러 방법이 실려 있다.

3
모듈, 물체, 상태

Μεταβάλλον ἀναπαύεται
(변하는 중이라도 변함없이 남아 있다.)
헤라클리투스Heraclitus

Plus ça change, plus c'est la même chose.
(바뀌면 바뀔수록 더욱 마찬가지다.)
알퐁스 카Alphonse Karr

앞 장에서는 프로그램을 짤 때 바탕이 되는 요소를 소개하였다. 기본 프로시저 primitive procedure와 기본 데이터 primitive data를 한데 묶어서 어떻게 더 복잡한 물체 compound entity를 만드는지 살펴보았고, 크고 복잡한 시스템을 설계할 때 꼭 드러낼 것만 추려내어 속 내용을 감추는 일 abstraction이 얼마나 중요한 구실을 하는지도 배웠다. 하지만, 프로그램을 잘 설계하기에는 여전히 무언가가 모자란다. 작은 프로그램 여러 개를 솜씨 좋게 붙여서 크고 복잡한 프로그램으로 엮어내려면, 프로그램을 구성하는 원리를 알아야 하며, 그래야 이를 길잡이 삼아 프로그램을 제대로 설계할 수 있다. 무엇보다 '자연스럽게' 시스템을 여러 부품으로 따로 만들어서 다듬을 수 있도록, 관련된 정의들을 따로 모아 포장하는 방법, 곧 **모듈 방식** modular에 따라 큰 시스템을 구성할 줄 알아야 한다.

물리 체계 physical system를 흉내내는 프로그램을 짤 때, 진짜 시스템의 생김새대로 프로그램을 구성하는 아주 쓸 만한 프로그램 설계 방법이 하나 있다. 실제 시스템에 있는 물체 object를 하나하나 본떠서 컴퓨터 프로그램으로 표현한 가짜 물체, 곧 계산 물체 computational object를 만들고, 진짜 시스템의 움직임에 대응하는 연산 symbolic operation을 만들어서 계산 모형 computational model을 완성해 나가는 방식이다. 이렇게 설계하면서 우리가 바라는 바는, 새 물체나 움직임을 더할 적에도 처음 얼개에 손대지 않고 새 물체나 움직임을 나타내는 것 symbolic analogs만 얹어서 조금씩 모형을 키워 나가는 효과를 얻는 것이다. 그래서 시스템 전체를 뒤적거리지 않아도 꼭 손볼 데만 건드려서 새 기능을 보태거나 잘못된 것을 고칠 수 있다.

크게 보면, 프로그램을 구성하는 방법은 실제 시스템을 어떤 관점에서 바라보느냐에 달려 있다. 이 장에서 살펴보려는 두 가지 설계 방법도 시스템을 달리 보는 두 '세계관'에서 비롯된 것이다. 하나는 시스템을 이루는 낱낱이 물체 object라 보고, 시간에 따라 상태가 변하는 여러 물체를 한데 엮어서 커다란 시스템을 만드는 방법이다. 다른 하나는 정보가 강물처럼 끝없이 시스템 속에서 흘러간다 여기고, 시간에 따라 정보가 변하는 모습을 **스트림** stream으로 나타내는 방법인데, 이는 마치 전기 기사가 신호 처리 시스템 signal-processing system을 바라보는 눈과 아주 비슷하다.

그런데 물체 방식이나 스트림 처리^{stream-processing} 방식 모두 프로그램을 짜면서 맞닥뜨리는 중요한 문제^{significant linguistic issues}가 있다. 물체 방식에서는 한 물체의 성질이 시간에 따라 바뀔 수 있는데, 바뀐다 하더라도 그 물체는 같은 이름으로 부를 수 있어야 한다. 이 때문에 맞바꿈 계산법^{substitution model of computation}(1.1.5절)이 더는 들어맞지 않아 환경을 보고 계산하는 방법^{환경 계산법, environment model of computation}으로 프로그램의 실행을 이해하는 것이 쉽다. 환경 계산법은 맞바꿈 계산법에 견주어 프로그램의 움직임을 기계처럼 설명하기 좋다. '물체', '변화', '독자성' 같이 다루기 어려운 개념은 모두 프로그램 실행 중에 시간 흐름을 어떻게 나타내느냐 하는 문제에서 비롯된 것이다. 또한, 이런 문제는 여러 프로그램이 한꺼번에 돌아갈 수 있는 병행처리^{concurrent execution} 환경에서 훨씬 다루기가 까다롭다. 이와 달리, 끝없이 정보가 흘러간다는 개념(stream)을 빌어 시간에 따라 달라지는 정보를 나타낼 때에는, 그 시간 흐름과 컴퓨터 계산 차례는 아무런 관계가 없다. 이 때문에, 모든 계산을 한 번에 다 하지 않고 셈미룸 계산법^{delayed evaluation*}을 쓴다.

3.1 덮어쓰기와 갇힌 상태^{local state}

세상에는 수많은 물체가 있고, 물체마다 시간에 따라 변하는 상태가 있다고 보는 게 보통이다. 그래서 어떤 물체에 '상태가 있다'는 말은, 물체의 지금 움직임이 지난 일에 따라 달라질 수도 있다는 뜻이다. 은행 계정은 상태가 있는 물체의 좋은 보기다. 계정에서 100원을 꺼내갈 수 있는지 없는지는 여태 돈이 얼마나 들고 났느냐에 달려 있기 때문이다. 물체의 상태는 **상태변수**^{state variable}를 여러 개 써서 나타낼 수 있는데, 나중에 물체의 움직임을 정할 때 꼭 필요한 정보만 상태변수에 기록해도 된다. 간단한 은행 시스템을 만든다면, 돈이 얼마나 남았는지만 알아도 계정 상태를 충분히 알 수 있기 때문에, 그간 계정에서 일어난 거래 내역을

---

* 역주 : 보통 이 말은 '지연 계산'이라고 옮겨 쓰는데, 이는 delayed evaluation을 곧이곧대로 옮겨 쓴 것으로, 이 계산 방법의 특성을 제대로 나타내지 못한다.

낱낱이 기록하지 않아도 된다.

한 시스템이 여러 물체로 이루어질 때, 아예 따로 노는 물체는 거의 없다. 서로 뭔가를 주고받으며 다른 물체의 상태에 영향을 미치기 마련이라서 한 물체의 상태는 다른 물체의 상태와 얽히게 된다.

이런 생각을 바탕으로 하여 쓸모 있는 계산 모형을 생각해낼 수 있다. 먼저 계산 모형 하나를 여러 물체로 나눈다. 이때 계산 물체 낱낱은 진짜 시스템 속에 있는 물체를 본떠 만든 것이다. 따라서 가짜 물체가 진짜 물체의 상태를 흉내낼 수 있도록 계산 물체 속에 **상태변수를 감춰 놓는다**^{local state variable}. 그리하여 진짜 물체의 상태가 바뀌는 것을 계산 물체의 상태변수가 바뀌는 것으로 흉내낸다. 한편, 컴퓨터 계산으로 시간 흐름을 나타낼 수 있어야 하는데, 그리하려면 프로그램이 도는 가운데 물체의 성질을 바꿀 수 있어야 한다. 그러므로 지금까지 그저 어떤 값을 가리키는 이름처럼 쓰던 변수를 상태가 달라지는 변수처럼 쓰기 위해서 한 변수의 값을 다른 값으로 덮어쓰는 연산^{assignment operator}이 필요하다.

3.1.1 갇힌 상태변수^{local state variable}

물체 상태가 시간에 따라 달라진다는 말이 무슨 뜻인지 알아보기 위해서, 은행에서 돈 찾는 일을 흉내내 보자. 앞으로 돈을 찾을 때 쓸 프로시저는 withdraw다. 이 프로시저는, 찾을 돈을 amount라는 인자로 받으며, 계정에 예금이 넉넉해서 amount만큼 돈을 찾을 수 있다면 찾고 남은 돈이 얼마인지 알려주고, 돈이 모자라면 'Insufficient funds^{예금 부족}'라 답한다고 하자. 이를테면 계정에 100원이 있다 치면, withdraw는 아래 같은 차례로 답하게 된다.

```
(withdraw 25)
75

(withdraw 25)
50

(withdraw 60)
"Insufficient funds"
```

```
(withdraw 15)
```
35

여기서, 똑같은 (withdraw 25) 식을 두 번 계산했는데 저마다 답이 다르게 나온다는 점을 놓치지 말자. 이 프로시저는 여태 보던 것과는 영 딴판으로 돌아간다. 지금까지는 모든 프로시저가 수학에서 말하는 함수를 컴퓨터 계산 방식으로 나타낸 것이라 봐도 좋았다. 다시 말해, 프로시저에 인자를 건네주고 계산하거나 함수에 인자를 주고 값을 얻거나, 건넨 인자가 같으면 언제나 답이 같았다.[1]

withdraw는, 계정에 남은 돈이 얼마인지 적어둔 balance 변수를 쓰는 프로시저로 만들 수 있다. 돈을 꺼내기에 앞서 남은 돈 balance가 찾을 돈 amount보다 많은지 살펴본다. 돈이 넉넉하면 balance에서 amount를 빼고 남은 값을 내놓는데, 이 값이 balance의 새 값이 된다. 돈이 모자라면 'Insufficient funds'라는 글을 찍는다.

```
(define balance 100)

(define (withdraw amount)
  (if (>= balance amount)
      (begin (set! balance (- balance amount))
             balance)
      "Insufficient funds"))
```

balance가 찾은 돈만큼 줄어드는 것을 다음 식으로 나타낸다.

```
(set! balance (- balance amount))
```

이 식에서 set!이라는 특별한 형태^{special form}를 쓰고 있는데, 그 문법은 이렇다.

```
(set! ⟨name⟩ ⟨new-value⟩)
```

---

1) 사실 지금까지 모두 같은 답을 얻은 것은 아니다. 먼저 1.2.6절에 나온 마구잡이 수 만들개(난수 발생기, random-number generator), 2.4.3절에 나온 연산/데이터 타입 표에서도 그렇지 않았다. get에 같은 인자를 주더라도, 그 사이에 put이 끼어들면 그 값이 언제든지 바뀔 수 있다. 다만, 그때에는 덮어쓰는 연산이 나오지 않아서 그런 프로시저를 어떻게 만드는지 밝히지 못했다.

여기서 〈*name*〉은 미리 정해 놓은 이름이 오는 자리이고, 〈*new-value*〉는 값을 나타내는 식이 오는 자리다. 이 식을 계산하고 나면, 〈*name*〉이 가리키던 값이 〈*new-value*〉 식을 계산한 값으로 바뀐다. 그러니까 앞서 나온 식의 뜻을 헤아리면, balance 값에서 amount 값을 뺀 값으로 balance 값을 바꾸라는 말이다.[2]

withdraw에서는 begin이라는 특별한 형태도 쓴다. 이 특별한 형태는, if 식에서 따져 본 조건이 참일 때, 두 식을 하나로 묶어서 차례대로 계산하는 구실을 한다. 말하자면, 먼저 balance 값을 줄인 다음에 새로 바뀐 balance 값을 프로시저 값으로 내놓는다. 아래 같은 식을 계산하는 규칙은 보통 이렇다.

(begin 〈*exp*₁〉 〈*exp*₂〉 ... 〈*exp*ₖ〉)

〈*exp*₁〉부터 〈*exp*ₖ〉까지 *k*개 식을 차례대로 계산한다. 그리고 맨 마지막 식 〈*exp*ₖ〉를 계산한 값을, 전체 begin 식을 계산한 값으로 삼는다.[3]

이렇게 만든 withdraw가 바라던 대로 돌아가기는 하지만, balance 변수가 문제다. 이 변수를 맨 바깥쪽 환경^{global environment}에서 정의했기 때문에, 모든 프로시저가 마음대로 값을 읽을 수도 있고 덮어써 버릴 수도 있다. 그러니 어떻게 해서든 balance를 withdraw에 집어넣어서 withdraw에서만 건드릴 수 있도록 하는 게 바람직하다. 그렇게 할 수만 있으면 다른 프로시저는 (withdraw를 거쳐서) balance를 에둘러 쓰는 수밖에 없고, 그리해야 'balance는 계정 상태를 적어 두는, withdraw 안에 갇힌 상태변수'라는 뜻에 더 잘 들어맞는다.

다음처럼 고쳐 쓰면, 변수 balance를 withdraw에 가두어 놓고 쓸 수 있다.

---

2) 다른 식과 달리 set!은 식을 만드는 방법에 따라 그 값이 다를 수 있다. 그러므로 set!은 어떤 변수 값을 바꾸는 목적으로만 써야지, 전체 식의 값을 구하는 목적으로는 쓰지 않는 게 좋다. set!이라는 이름은 Scheme에서 이름 짓는 방식을 따른 것이다. 이와 같이, 변수 값을 바꾸는 연산(또는 3.3절에서 데이터 구조를 바꾸는 연산)은 그 이름 끝에 느낌표를 붙인다. 술어 프로시저(predicate)의 이름을 지을 때 물음표를 붙이는 것과 마찬가지다.

3) 이미 begin을 쓰고 있었다. 드러내 놓고 쓰지 않았을 뿐이지, Scheme에서는 프로시저 몸 속에 여러 식을 차례대로 이어 적을 수 있다. 아울러, cond 식에서도 절마다 〈*consequence*〉식을 적는 곳에 마찬가지로 여러 식을 차례대로 이어 적을 수 있다.

```
(define new-withdraw
  (let ((balance 100))
    (lambda (amount)
      (if (>= balance amount)
          (begin (set! balance (- balance amount))
                 balance)
          "Insufficient funds"))))
```

여기서는 let으로 새 환경을 만들고, 그 속에다 변수 balance를 정의하여 첫 값을 100으로 두었다. 그리고 같은 환경 속에서 amount 인자를 받아, 앞서 정의한 withdraw와 똑같이 돌아가도록 lambda를 써서 프로시저를 만들었다. 이렇게 let 식을 계산해서 나오는 (이름 없는) 프로시저가 바로 new-withdraw다. 이 새로운 프로시저는, 다른 프로시저가 변수 balance를 바로 건드리지 못하도록 감싸 놓았다는 점만 빼면, 앞서 만든 withdraw와 다를 게 없다.[4]

　이처럼, 갇힌 변수의 값을 set!으로 덮어쓰는 것은 상태가 변하는 계산 물체를 표현할 때 흔히 쓰는 방법이다. 하지만, 이 방법에는 심각한 문제가 있다. 앞에서 프로시저를 처음 선보일 때, 프로시저에 인자를 건네주고 계산한다[프로시저 적용, procedure application]는 말이 무슨 뜻인지 설명하기 위해서 맞바꿈 계산법(1.1.5절)을 쓴다고 밝힌 적이 있다. 그 계산법에 따르면 프로시저 적용이란, 프로시저 몸[body] 속에 있는 인자 이름을 건네받은 인자 값으로 맞바꾸어 계산하라는 뜻이다. 그런데 변수 값이 시간에 따라 바뀔 수 있으면, 프로시저 계산 과정을 더는 맞바꿈 계산법에 따라 설명할 도리가 없다. (3.1.3절에서 왜 그런지 알게 된다.) 다시 말해서, new-withdraw 프로시저가 왜 저렇게 돌아가는지 설명할 방법이 없어졌다는 얘기다. 따라서 new-withdraw 같은 프로시저를 제대로 이해하려면, 지금까지 쓴

---

4) 프로그래밍 언어 분야에서는, 변수 balance를 withdraw 프로시저 속에 '캡슐화한다(encapsulated)'고 말한다. 캡슐화는 '숨겨두기 원칙(hiding principle)'이라는 더 넓은 뜻의 시스템 설계 원칙에서 비롯된 것이다. 숨겨두기 원칙이란, 한 시스템을 이루는 여러 부품끼리 서로 '꼭 알려주어야 할(need to know)' 정보만 내보이고 그렇지 않은 것은 숨겨서 쓸데없이 서로 얽히고설키지 않게 하자는 것이며, 이 원칙의 목적은 모듈 방식에 따라 더 튼튼한 시스템을 만들어 내는 것이다.

것과 다른 방법을 끌어들여야 한다. 프로시저 계산 과정을 설명하기 위하여 3.2 절에서 set!과 갇힌 변수를 더 꼼꼼하게 설명할 터인데, 그때 이 문제를 풀 수 있는 새 계산 방법이 나온다. 그러기에 앞서 new-withdraw 때문에 달라진 점을 살펴보고 넘어가자.

아래 make-withdraw 프로시저는 '돈 찾는 프로시저'를 만들어 낸다. 인자 이름 balance는 새로 만들 계정에 처음 들어 있는 돈을 말한다.[5]

```
(define (make-withdraw balance)
  (lambda (amount)
    (if (>= balance amount)
        (begin (set! balance (- balance amount))
               balance)
        "Insufficient funds")))
```

make-withdraw를 쓰면 다음처럼 W1과 W2라는 두 물체를 만들 수 있다.

```
(define W1 (make-withdraw 100))
(define W2 (make-withdraw 100))

(W1 50)
```
50

```
(W2 70)
```
30

```
(W2 40)
```
"Insufficient funds"

```
(W1 40)
```
10

---

5) 앞서 new-withdraw를 만들 때와 달리 이번에는 변수 balance를 만들 때 let을 쓰지 않았다. 사실 프로시저의 인자가 되는 변수와 프로시저 몸 속에서 정의한 변수가 다르지 않으므로, 굳이 let을 쓸 까닭이 없다. 3.2절에서 환경 계산법을 공부하고 나면, 이 말이 무슨 뜻인지 틀림없이 알게 된다. (연습문제 3.10도 살펴보자.)

W1과 W2는 아예 다른 물체라서, 저마다 상태변수 balance를 가진다는 것을 눈여겨보라. 어느 쪽에서 돈을 찾아 가도, 다른 쪽에 아무 일도 일어나지 않는다.

이번에는 돈 넣는 프로시저(deposit 프로시저) 물체도 만들어 보자. 이리하면, 돈을 넣고 뺄 수 있는 간단한 은행 계정을 만든 셈이다. 아래는, 처음에 넣어 둘 돈을 받아서 '은행 계정 물체'를 찍어내는 프로시저다.

```
(define (make-account balance)
  (define (withdraw amount)
    (if (>= balance amount)
        (begin (set! balance (- balance amount))
               balance)
        "Insufficient funds"))
  (define (deposit amount)
    (set! balance (+ balance amount))
    balance)
  (define (dispatch m)
    (cond ((eq? m 'withdraw) withdraw)
          ((eq? m 'deposit) deposit)
          (else (error "Unknown request -- MAKE-ACCOUNT"
                       m))))
  dispatch)
```

make-account를 돌릴 때마다 상태변수 balance가 들어 있는 새 환경이 마련된다. 이 환경 속에서 make-account는 balance 변수를 건드리는 두 프로시저 deposit과 withdraw를 정의한다. 아울러, dispatch라는 프로시저도 정의하는데, 이것은 '메시지^{말, message}'를 인자로 받아서 withdraw와 deposit 가운데 하나를 골라 내놓는 일을 한다. 이 dispatch 프로시저가 은행 계정 물체를 나타내는 값이다. 덮어쓰는 연산을 쓰는 점이 다르지만, make-account를 프로그래밍한 방법은 2.4.3절에서 선보인 '메시지 패싱^{말 건네기, message passing}' 방식을 따른다.

이렇게 만든 make-account는 아래처럼 쓴다.

```
(define acc (make-account 100))
```

```
((acc 'withdraw) 50)
```
50

```
((acc 'withdraw) 60)
```
"Insufficient funds"

```
((acc 'deposit) 40)
```
90

```
((acc 'withdraw) 60)
```
30

acc라는 물체에 말을 건넬 때마다 그 속에 정의된 deposit 또는 withdraw 프로시저가 튀어나오는데, 이 프로시저가 amount 값을 받아 계산을 한다. 앞서 만들어 본 make-withdraw처럼 make-account로 새 계정을 만들 수 있다.

```
(define acc2 (make-account 100))
```

이 물체 속에도 변수 balance가 갇혀 있다.

● **연습문제** 3.1

어큐뮬레이터^{accumulator}란 여러 수를 차례대로 이어 받아서 합을 내는 프로시저인데, 이 프로시저를 돌리면 그때까지 받은 인자 값을 모두 더한 값이 나온다고 하자. 새 어큐뮬레이터를 찍어내는 프로시저 make-accumulator를 정의하라. 단, 어큐뮬레이터마다 더한 값을 따로 들게 해야 한다. make-accumulator는 인자로 첫 값을 받는다. 아래는 그 사례다.

```
(define A (make-accumulator 5))
```

```
(A 10)
```
15

```
(A 10)
```
25

● 연습문제 3.2

소프트웨어를 시험할 때, 전체 계산 과정에서 어떤 프로시저를 몇 번 썼는지 알아내는 기능이 있으면 아주 쓸모가 많다. 인자가 하나인 프로시저 f가 있다고 할 때, 다시 이 f를 인자로 받는 make-monitored라는 프로시저를 만들어 보자. make-monitored를 계산한 결과 또 다른 프로시저 mf가 나오는데, mf 속에는 자기가 불린 횟수를 스스로 헤아리는 변수가 들어 있다. mf 프로시저에 how-many-calls?라는 말을 건네면 그때까지 불린 횟수가 나오고, reset-count라는 말을 건네면 불린 횟수가 0이 된다. 그밖에 딴 값이 들어오면 mf는 그 값을 f에 건네주고 계산한 결과 값을 내놓는다. 이때 불린 횟수를 하나 올린다. 이를테면 sqrt 프로시저가 몇 번 불렸는지 알아보려면 다음처럼 한다.

```
(define s (make-monitored sqrt))

(s 100)
10

(s 'how-many-calls?)
1
```

● 연습문제 3.3

프로시저 make-account를 고쳐서 암호가 걸린 계정을 만들어 보자. 다음처럼 make-account에 암호를 받는 인자를 하나 보태기로 한다.

```
(define acc (make-account 100 'secret-password))
```

이렇게 만든 계정은 같은 암호를 넣어 주어야 제대로 돌아간다.

```
((acc 'secret-password 'withdraw) 40)
60
```

암호가 틀리면 'Incorrect password^{암호가 틀렸다}'라고 답한다.

```
((acc 'some-other-password 'deposit) 50)
"Incorrect password"
```

● 연습문제 3.4

연습문제 3.3에서 만든 make-account 프로시저에 상태변수를 하나 더 보태자. 새로 더한 상태변수는 어떤 이가 틀린 암호를 넣고 계정을 억지로 열려고 할 때, 그 횟수를 헤아리는 데 쓴다. 일곱 번이 넘으면 'call-the-cops^{경찰 불러요,}' 프로시저를 부른다고 하자.

3.1.2 덮어쓰기가 있어서 좋은 점

프로그래밍 언어에 덮어쓰기가 들어오면서 골치 아픈 문제가 무더기로 생겨나는 까닭을 곧 알게 된다. 그렇다고 해도 '상태를 가진 여러 물체가 모여 시스템을 이룬다'는 생각은 모듈 방식으로 프로그램을 유지하는 데 쓸모가 많다. 왜 그런지, 지금부터 수를 마구잡이로 골라내는 rand라는 프로시저를 짜면서 알아보자.

우선, 어떤 수를 '마구잡이로 고른다^{chosen at random}'는 게 무슨 뜻인지 살짝 짚고 넘어가자. 어림잡아 생각하건대, rand로 만들어낸 수열이 통계로 보아 고른 분포^{uniform distribution*}를 보이기만 하면 되지 싶다. 허나, 그런 수열을 어떻게 만드는지는 여기서 다루지 않는다. 그 대신에 rand-update라는 프로시저가 있어서, 이 프로시저를 쓰면 바라던 수열을 만들 수 있다고만 해두자. 다시 말해, x_1을 첫 수를 잡고 아래 같이 제멋대로 수를 골라 수열 $x_1, x_2, x_3,$ …을 만들면 이 수열이 원하던 통계 성질을 만족한다는 말이다.[6]

---

* 역주 : 보통 고른 분포 대신 균등 분포(均等 分布, uniform distribution)라 한다. 그런데 '고른(고르다)'이라는 쉬운 낱말을 두고, 꼭 '균등'이라는 한자말을 써야 할 까닭을 찾지 못했다. 하는 김에 '분포'도 우리말로 쉽게 풀어서 '고르게 퍼진'으로 쓰고 싶었지만, 통계 분야에서 쓰는 말인지 알아차리지 못할까 봐 그냥 두었다.

6) rand-update 같은 프로시저를 만들 때 흔히 쓰는 방법 가운데 하나는, 알맞게 고른 정수 a, b, m이 있다고 할 때, x를 $ax + b$의 법 (modulo) m으로 바꾸는 것이다. Knuth 1981의 3장에서는 난수로 수열을 만들고 그 통계 성질을 밝히는 여러 방법을 폭넓게 다룬다. 한편 프로시저 rand-update가 수학에서 말하는 함수의 성질을 어기지 않는다는 점을 눈여겨보자. 한 마디로, 같은 값이 들어가면 같은 값이 나온다. 따라서 rand-update로 만든 수열은 진짜 '마구잡이로' 만들어낸 수열(난수열)이라 하지 못한다. 진짜 '마구잡이로' 골라서 만든 수열이라면, 그 수열 속에 있는 어떤 수도 앞서 고른 수와 아무런 관계가 없어야 하기 때문이다. 이와 같이, 미리 정해 놓은 계산 방법에 따라 바라던 통계 성질을 지키게끔 만든 수열을 이른바 가짜 마구잡이 수열(의사 난수열, pseudo-random sequences)이라고 한다. '진짜' 마구잡이 수열과 가짜 마구잡이 수열 사이에 어떤 관계가 있는지 밝히는 일은, 수학과 철학에서 갖가지 어려운 문젯거리와 얽히고설킨 복잡한 문제다. 안드레이 니콜라예비치 콜모고로프(A.N. Kolmogorov), 레이 솔로모노프(R. Solomonoff), G. J. 체이틴(G. J. Chaitin) 같은 사람들이 이런 문제를 밝히는 데 큰일을 하였다. Chaitin 1975에 그런 얘기 하나가 실려 있다.

x_2 = (rand-update x_1)
x_3 = (rand-update x_2)

rand는 아래와 같이 변수 x를 품도록 꾸밀 수 있다. x의 첫 값은 random-init으로 두고, rand 프로시저가 한 번 돌아갈 때마다 rand-update에 x 값을 넘긴다. rand-update는 다음 수를 골라 내놓고, 이 수를 다시 x에 덮어쓴다.

```
(define rand
  (let ((x random-init))
    (lambda ()
      (set! x (rand-update x))
      x)))
```

꼭 x 값을 덮어쓰지 않더라도 rand-update를 곧바로 불러서 똑같은 수열을 만들 수 있다. 하지만 그렇게 하려면 수열을 쓰는 쪽에서 x 값을 갖고 있다가 rand-update를 부를 때마다 그 값을 인자로 넘겨줘야 한다. 이게 얼마나 성가신 문제인지 몬테 카를로 시뮬레이션^{Monte Carlo simulation}을 보기로 들어 살펴보자.

몬테 카를로 방법을 간추려 설명하면 다음과 같다. 큰 집합에서 여러 원소를 마구잡이로 골라낸 다음, 그 원소 하나하나가 어떤 성질을 따르는지 따져 본다. 이런 실험을 충분히 거친 다음에 모든 실험 결과를 한데 모아 정리하면, 확률 값을 얻을 수 있다. 이 확률 값을 바탕으로 어떤 결론을 이끌어 낸다. 예를 들어, 마구잡이로 고른 두 수의 최대 공약수가 1일 확률이 $6/\pi^2$라고 할 때, 몬테 카를로 방법을 쓰면 이 사실에서 π 값을 어림잡아 계산해낼 수 있다.[7] 먼저, 마구잡이로 고른 두 정수의 최대 공약수가 1인지 알아보는 실험을 한다. 같은 실험을 여러 번 되풀이해야 진짜 π에 가까운 값을 얻어낼 수 있다. 전체 검사 횟수에서 조건을 만족하는 횟수의 비가 $6/\pi^2$에 조금씩 가까워질 것이므로, 이 비율에서 π 값을 어림잡을 수 있다.

이 프로그램에서는 monte-carlo 프로시저가 가장 중요하다. 이 프로시저는 인자를 두 개 받는데, 첫 번째는 실험할 횟수이고 두 번째는 실험 프로시저다. 실험 프로시저는 참 또는 거짓 값을 내놓는 인자 없는 프로시저다. monte-carlo는

---

7) 이 정리를 만든 사람은 에르네스토 체사로(E. Cesàro)다. Knuth 1981의 4.5.2절에서 이에 관한 논의와 증명을 찾아볼 수 있다.

정해진 수만큼 실험을 하면서 그 사이에 참 값이 나오는 횟수를 기록하여 나중에 그 비율을 계산한다.

```
(define (estimate-pi trials)
  (sqrt (/ 6 (monte-carlo trials cesaro-test))))

(define (cesaro-test)
  (= (gcd (rand) (rand)) 1))

(define (monte-carlo trials experiment)
  (define (iter trials-remaining trials-passed)
    (cond ((= trials-remaining 0)
           (/ trials-passed trials))
          ((experiment)
           (iter (- trials-remaining 1) (+ trials-passed 1)))
          (else
           (iter (- trials-remaining 1) trials-passed))))
  (iter trials 0))
```

이번에는 rand를 쓰지 말고 rand-update만 써서 똑같은 프로그램을 짜보자. 달리 말하면, 변수 값을 덮어쓰지 않겠다는 말인데, 그러자면 다음처럼 하는 수밖에 없다.

```
(define (estimate-pi trials)
  (sqrt (/ 6 (random-gcd-test trials random-init))))

(define (random-gcd-test trials initial-x)
  (define (iter trials-remaining trials-passed x)
    (let ((x1 (rand-update x)))
      (let ((x2 (rand-update x1)))
        (cond ((= trials-remaining 0)
               (/ trials-passed trials))
              ((= (gcd x1 x2) 1)
               (iter (- trials-remaining 1)
                     (+ trials-passed 1)
                     x2))
              (else
               (iter (- trials-remaining 1)
                     trials-passed
                     x2))))))
  (iter trials 0 initial-x))
```

프로그램이 그렇게 복잡해지지는 않았으나 모듈 방식으로 잘 잡아 놓은 프로그램의 뼈대가 깡그리 무너졌다. rand를 쓴 앞 판에서는 monte-carlo 프로시저가 experiment 프로시저를 인자로 받아서 몬테 카를로라는 방법 자체를 잘 나타낼 수 있었다. 그런데 이번 판에서는 마구잡이수^{난수, random-number}를 골라내는 프로시저 속에 상태변수를 두지 못하기 때문에, random-gcd-test 속에 x1과 x2를 넣어 두었다가 계산을 반복할 때마다 x2를 rand-update에 넘긴다. 마구잡이수를 만드는 방법이 이렇게 밖으로 드러나면 실험 결과를 모으는 계산 과정과 이 실험에서 마구잡이수를 두 개 쓴다는 사실이 한데 뒤엉켜 버린다. 다른 몬테 카를로 실험에서 마구잡이수를 하나 쓸지 세 개 쓸지는 모를 일이다. 게다가 맨 위 프로시저인 estimate-pi마저 첫째 마구잡이수를 만드는 일에 얽혀 있다. 마구잡이수 만드는 프로시저 속에 숨어야 할 것이 이렇게 밖으로 삐져나와서 프로그램의 다른 부분과 뒤엉키면, 몬테 카를로라는 방법을 나타내는 부분만 골라 내어 다른 실험에 다시 써먹기 어렵다. 처음 만든 프로그램에서는, 갇힌 변수^{local variable}를 덮어쓰는 방식으로 마구잡이수를 고르는 데 필요한 계산 상태를 rand 프로시저 속에 숨겨 놓을 수 있었기 때문에 전체 프로그램에서 마구잡이수 만드는 방법만 깨끗이 오려낼 수 있었다.

지금까지 몬테 카를로 실험에서 드러난 사실을 정리하면 이렇다. 복잡한 계산 과정을 한 쪽에서 보면 다른 쪽은 시간이 흐르면서 변하는 것처럼 보인다. 시간에 따라 변하는 상태가 그쪽에 숨어 있다고 볼 수 있다. 이런 생각을 바탕으로, 컴퓨터 프로그램을 여러 부품으로 나누어 짜려고 할 때, 앞서 은행 계정이나 마구잡이수 만들개^{난수 발생기} 같은 계산 물체를 만들어서, 시간에 따라 변하는 움직임을 나타내면 아주 편리하다. 이때, 물체의 상태는 물체 속에서 정의한 상태변수^{local state variable}로 나타내고, 상태 변화는 그 변수 값을 덮어쓰는 것으로 흉내내면 된다.

이쯤 되면, 이 얘기를 이렇게 마무리하고 싶은 생각이 들지 모른다. '변수를 물체에 가두어 놓고 그 값을 알맞은 때에 덮어써서, 물체 속에 상태를 숨겨두는 기법을 알게 되었다. 앞서 프로시저에 인수를 건네주는 방법만 쓰면, 모든 상태를 밖으로 꺼내 놓을 수밖에 없다. 모듈 방식으로 프로그램을 짤 때 물체 속에 변하는 상태를 감춰두는 방법이 더 좋다.' 그런데 이게 그리 쉽사리 끝낼 얘기가 아니라는 사실을 곧 깨닫게 될 것이다.

● 연습문제 3.5

몬테 카를로 적분Monte Carlo integration은 몬테 카를로 시뮬레이션을 써서 정적분 값을 어림잡는 방법이다. 이 방법을 써서 어떤 테두리 안에 들어 있는 터의 넓이를 구해 보자. 터는 술어 $P(x, y)$로 나타내는데, 이 술어는 어떤 점 (x, y)가 터 안에 있으면 참이고 없으면 거짓이라 대답한다. 이를테면, 가운데가 (5, 7)이고 반지름이 3인 동그라미는, 점 (x, y)가 $(x-5)^2 + (y-7)^2 \leq 3^2$을 만족하는지 따지는 술어로 나타낼 수 있다. 술어로 나타낸 터의 넓이를 구하려면 먼저 터를 둘러싸는 네모 테두리부터 골라야 한다. 이 보기에서는 서로 마주보는 꼭짓점이 (2, 4)와 (8, 10)인 네모 테두리를 잡으면 된다. 이때 동그라미와 겹치는 네모 속 넓이가 적분으로 구하려는 값이다. 이제 테두리 안에서 점 (x, y)를 제멋대로 고른 다음, $P(x, y)$로 그 점이 터 안에 있는지 살펴본다. 점을 되도록 많이 골라서 여러 번 되풀이 실험해야, 골라낸 모든 점의 개수와 터 안에 있는 점의 개수 비가 테두리 넓이에서 터가 차지하는 넓이 비에 가까워진다. 실험이 다 끝난 뒤, 점 개수 비를 테두리 넓이와 곱하면 동그란 터의 넓이를 어림잡을 수 있다.

앞에서 밝힌 대로 몬테 카를로 적분을 estimate-integral이라는 프로시저로 만들어 보라. 이 프로시저는 술어 P, 테두리를 나타내는 점 x1, x2, y1, y2와, 실험 횟수를 인수로 받는다. 다만, monte-carlo 프로시저는 손대지 말고 앞서 쓰던 것을 그대로 가져다 쓴다. 프로시저 estimate-integral로 단위 동그라미의 넓이를 어림잡아 보라.

이 문제를 풀다 보면, 어떤 범위에서 마구잡이로 수를 골라내는 프로시저가 필요함을 알게 된다. 다음 random-in-range는 그런 일에 쓰려고 만든 프로시저다. 이것을 만들 때 random이라는 프로시저를 쓰는데, 1.2.6절에 나온 이 프로시저는 0보다 크고 인자보다 작은 수를 내놓는다.[8]

---

8) MIT Scheme에는 이런 프로시저가 들어 있다. 1.2.6절에서 본 것처럼, random에다 정확한 정수를 넣으면 정확한 정수가 나오고, (이 연습문제에서처럼) 십진 값을 넣으면 십진 값이 나온다.

```
(define (random-in-range low high)
  (let ((range (- high low)))
    (+ low (random range))))
```

● 연습문제 3.6

마구잡이수 만들개^{난수 생성기}의 상태를 처음으로 되돌려 놓을 수 있다면, 정해진
수에서 시작되는 수열을 거듭 만들 수 있으므로 아주 쓸모가 많다. generate나
reset 같은 말을 받아 아래처럼 돌아가는 프로시저 rand를 짜보아라.

(rand 'generate)   ;마구잡이 수를 내놓는다.

((rand 'reset) ⟨*new-value*⟩)   ;감춰 둔 상태변수 값을 ⟨*new-value*⟩로 바꾼다.

이렇게 상태를 되돌릴 수 있으면, 똑같은 난수열^{마구잡이 수열}을 여러 번 만들 수
있기 때문에, 난수열을 쓰는 프로그램을 시험하거나 고칠 때 편하다.

3.1.3 덮어쓰기를 끌어들인 대가

앞서 살펴본 대로 set! 연산 덕분에 상태가 변하는 물체를 나타낼 수 있었다. 하
지만 그런 이점이 거저 오는 것은 아니다. 무엇보다 큰 문제는 1.1.5절에 나온 프
로시저 계산 방법, 곧 맞바꿈 계산법을 더는 쓰지 못한다는 점이다. 더군다나 프
로그래밍 언어에서 물체니, 덮어쓰기니 하는 개념을 수학을 바탕삼아 깔끔하게
이론으로 정리해 낼 만한 계산법이 따로 있는 것도 아니다.*

---

* 역주 : 상태 변화를 깔끔하게 이론으로 설명할 수 있는 계산법을 찾아내기 위하여, 수많은 사람이 오랫동안
고민해 왔다. 이 책에서 소개하는 스트림(stream)이나, 계속 이어서 할 일(continuation) 같은 기법도 그 가운
데 하나다. 하나, (지금까지 나온 방법들은) 프로그래밍하기가 쉬우면 이론으로 설명하기 까다롭고, 이론이
깔끔하면 프로그래밍하기가 어렵다는 문제를 안고 있었다. 90년대에 이르러, 앞서 말한 두 기법의 장단점을
솎아내고 서로 다른 의미구조를 동일한 대수 체계로 껴안을 수 있는 방법이 정립되었는데, 이른바 모나드
(Monads)가 바로 그것이다. 모나드 기법은 1988년에 에우제니오 모지(Eugenio Moggi)가 이론으로 처음 소
개하였고, 1992년에 필립 와들러(Philip Wadler) 등이 실제 언어 실행기(evaluator)의 구현 기법으로 정립하
는 데 큰 공헌을 하였다. 더 깊은 논의와 적용 사례를 살펴보고자 한다면, Haskell 언어와 관련된 자료를 훑
어보기 바란다.

변수 값을 덮어쓰지 못한다면, 같은 프로시저를 같은 인수로 계산한 결과가 언제나 같을 테니, 수학 함수를 컴퓨터 계산 방식으로 옮겨 놓은 것을 프로시저라 해도 무리가 없다. 그래서 1장과 2장에서 하던 대로, 덮어쓰기 없이 프로그램 짜는 방법을 **함수형 프로그래밍**^{함수 중심 프로그래밍, functional programming}이라고 한다.

3.1.1절에 나온 make-withdraw를 보기로 들어, 덮어쓰기^{assignment}가 왜 복잡한 문제를 일으키는지 따져 보자. 아래 make-simplified-withdraw는 돈이 넉넉한지 살피는 코드를 빼고 간단하게 만든 판이다.

```
(define (make-simplified-withdraw balance)
  (lambda (amount)
    (set! balance (- balance amount))
    balance))

(define W (make-simplified-withdraw 25))

(W 20)
5

(W 10)
-5
```

set!을 쓰지 않는 make-decrementer 프로시저와 이 프로시저를 견주어 보자.

```
(define (make-decrementer balance)
  (lambda (amount)
    (- balance amount)))
```

make-decrementer는 그저 balance에서 amount를 빼는 프로시저일 뿐이다. 그래서 여러 번 돌려 봐도 make-simplified-withdraw처럼 계산 결과를 쌓아가는 효과를 얻을 리 없다.

```
(define  D  (make-decrementer  25))

(D 20)
5
```

```
(D 10)
```
15

make-decrementer는 맞바꿈 계산 방식에 따라 어떻게 돌아가는지 설명할 수 있다. 아래 식의 계산 과정을 파헤쳐 보자.

```
((make-decrementer  25)  20)
```

먼저 전체 식에서 연산자 식을 줄이기 위해 make-decrementer의 몸에서 balance 를 25와 맞바꾼다. 식을 풀어내면 아래와 같다.

```
((lambda  (amount)  (-  25  amount))  20)
```

다시 lambda 식에서 amount를 20과 맞바꾼다. 다시 말해서, 연산자 식에 인수 20을 건네주고 계산한다.

```
(-  25  20)
```

이 식을 셈한 값은 5다.

　make-simplified-withdraw를 맞바꿈 계산법에 따라 억지로 풀어내려고 하면 어떤 결과가 나오는지 보자.

```
((make-simplified-withdraw  25)  20)
```

먼저 연산자 식을 줄이기 위하여 make-simplified-withdraw의 몸에서 balance를 25와 맞바꾼다. 풀어낸 식은 아래와 같다.[9]

```
((lambda  (amount)  (set!  balance  (-  25  amount))  25)  20)
```

그리고 나서, lambda 식에서 amount를 20으로 맞바꾸고 연산자 식에 인수 20을 건네준 다음에 전체 식을 계산해 보면 결과가 다음과 같다.

---

9) 이 set! 식에서 balance를 맞바꾸면 안 되는 까닭은 set! 식이 ⟨*name*⟩의 값을 구하지 않기 때문이다. 따라서 억지로 맞바꾸어 보아야 (set! 25 (- 25 amount)) 같이 말도 안 되는 식만 나온다.

```
(set! balance (- 25 20)) 25
```

그런데 이 식을 끝까지 맞바꿈 계산법에 따라 계산하려 하면, 끝내 'balance를 5로 덮어썼으나, 전체 식을 셈한 값은 25가 되었다'고 설명할 수밖에 없다. 한 마디로, 틀린 답이 나온다. 바른 답을 얻고자 한다면, 어찌 해서든 앞에 나온 (set!을 쓰기 전) balance와 뒤에 오는 (set!을 쓴 다음) balance가 다르다고 보아야 한다. 하지만 인자와 인자 값을 맞바꾸어 계산하는 방법에서는 그렇게 하지 못한다.

여기서 문제가 생기는 까닭은, 맞바꿈 계산법에서 변수를 그저 값에 붙인 이름으로만 보기 때문이다. 그런데 set!으로 변수 값을 덮어쓸 수 있게 되면서, 변수는 그저 값의 이름이라 할 수는 없다. 어찌 되었든 간에 변수는 값의 이름이 아니라 값을 넣어둔 자리 이름이므로 set!으로 얼마든지 그 값을 갈아 치울 수 있다. 3.2절에서 새 계산 방법을 선보이는 까닭이 바로 이 때문이다. 거기서, 환경이 어떤 식으로 그런 (변수의) '자리^{place}'를 마련해 주는지 살펴보자.

같음과 달라짐(변함)

여기서 드러난 문제는 그저 어떤 계산 방법 하나를 더는 쓰지 못하게 되었다는 정도가 아니다. 그보다 훨씬 깊고 복잡한 얘기가 숨어 있다. 뭔가가 '달라질 수 있다(또는 변할 수 있다)'는 개념을 받아들이면서 지금까지는 뻔해 보이던 여러 개념이 일그러지기 시작한다. 지금부터 두 물체가 '같다^{same}'는 개념을 한번 따져 보자.

같은 인수로 make-decrementer를 두 번 불러서 다음처럼 프로시저를 두 개 만들었다.

```
(define D1 (make-decrementer 25))

(define D2 (make-decrementer 25))
```

D1과 D2는 같은가? 그렇다고 해도 된다. D1과 D2를 계산해 내는 방식이 똑같기 때

문이다. 둘 다, 처음에 받은 25에서 뒤에 받은 인수 값을 빼는 프로시저일 뿐이다. 따라서 어떤 계산에서도 D1을 D2로 맞바꿔 쓸 수 있으며 그리하더라도 계산 결과가 달라질 까닭이 없다.

이제 `make-simplified-withdraw`로 만든 두 프로시저를 살펴보자.

```
(define W1 (make-simplified-withdraw 25))
```

```
(define W2 (make-simplified-withdraw 25))
```

W1과 W2는 같은가? 결코 같지 않다. W1과 W2에 같은 인수를 주고 계산해 보면, 그 효과가 달리 나타나기 때문이다. 아래 실험 결과를 보면 무슨 말인지 쉽게 알아차릴 수 있다.

```
(W1 20)
5

(W1 20)
-15

(W2 20)
5
```

W1과 W2 역시 (make-simplified-withdraw 25) 식을 계산하여 만들어 낸 물체라는 점에서는 '같다^{equal}'고 할 수 있다. 하지만 '어떤 식에서 W1을 W2로 맞바꾸더라도 계산 결과가 달라지지 않는다'고 하면 틀린 말이다.

어떤 언어에서 '같은 것을 같은 것으로 맞바꿀 수 있다^{equals can be substituted for equals}'는 원칙에 따라 식을 계산할 때 식의 값이 달라지지 않는다는 성질이 뒷받침된다면, 그런 언어를 '(말) 뜻이 한결같은^{referential transparent}' 언어라고 한다. 그런데 언어에 set!이 들어가고 나면, 식^말에 숨은 뜻이 겉으로 드러나지 않게 되고, 뜻이 같아 보이는 식이라도 언제 맞바꾸어 계산해도 될지 가늠하기 까다로워진다. 프로그램에서 아무 때나 변수 값을 덮어쓰는 연산을 쓸 때, 그 프로그램의 옳고 그름을 따지기^{reasoning}가 엄청나게 어려워지는 까닭이 이 때문이다.

식에 담긴 뜻이 훤히 드러나지 않으면, 두 계산 물체가 '같다'는 개념을 수학으로 정리하여 설명하기 어렵다. 사실 사람 사는 세상에서도 '같다'란 말 뜻이 한결같지는 않다. 보통 틀림없이 똑같아 뵈는 두 물체가 참말 '같은 것'인지 알아내는 방법은, 이 물체가 달라질 때 저 물체도 똑같이 변하는지 살펴보는 것 말고는 없다. 그런데 어떤 물체가 진짜 '달라졌는지' 알고 싶을 때, '같은' 물체를 두 번 살펴보고 처음 볼 때와 다음에 볼 때가 서로 다르다는 것을 확인하는 방법 말고 또 다른 길이 있을까? 그래서 '같음' 없이는 '다름'을 따질 길이 없고, 뭐가 달라졌는지 살피지 않으면 어째서 같은지 가늠할 길이 없다.

프로그램을 짤 때 이런 문제가 생기는 보기로, 한 은행 계정을 피터와 폴이 함께 쓰는 경우를 살펴보자. 처음 이 계정에는 100원이 들어 있다. 이를 아래처럼 두 가지 방법으로 나타내 보면 그 차이가 눈에 확 드러난다.

```
(define peter-acc (make-account 100))
(define paul-acc (make-account 100))

(define peter-acc (make-account 100))
(define paul-acc peter-acc)
```

처음 보기에서 두 은행 계정은 따로따로다. (쉽게 말해서 은행 계정을 둘 만든 것이나 마찬가지다.) 피터가 제 계정에서 돈을 넣었다 뺐다 해봐도 폴의 계정은 그대로고, 거꾸로 해도 마찬가지다. 하지만 두 번째 보기에서는 paul-acc가 peter-acc와 같은 물체가 되게끔 정의해 놓았다. 이를테면, 피터와 폴이 한 계정을 쓰는 것이나 같다. 피터가 peter-acc에서 돈을 꺼내면 폴도 paul-acc에서 돈이 나갔다는 걸 바로 알게 된다. 이처럼 엇비슷해 뵈지만 전혀 다른 경우가 있기 때문에, 계산 방식^{computational model}을 정할 때 헷갈리기 쉽다. 무엇보다, 계정 하나를 함께 쓰는 경우처럼 은행 계정 하나에 이름이 peter-acc와 paul-acc 둘붙은 것처럼 이만저만 헷갈리는 게 아니다. 이런 식으로 짜 내려간 프로그램에서 paul-acc의 상태가 달라진 곳을 모두 찾아내려고 하면, paul-acc가 달라진 곳은 물론이고 아울러 peter-acc가 달라진 곳도 찾아내야 된다는 사실을 잊어

서는 안 된다.[10]

앞서 '같음'과 '달라짐'에 대한 얘기에서, 예컨대 피터와 폴 모두 계정에 돈이 얼마나 들어 있는지 살필 수만 있고, 돈을 꺼내거나 보태는 일을 하지 못한다 치면, 두 계정이 같은지 아닌지 따지는 문제가 아예 사라져 버린다. 간추려 말해서, 한번 짜맞춘 데이터 물체를 다시 고쳐 쓸 길이 없다면, 묶음 데이터^{compound data}는 그저 날 데이터를 그대로 묶어 놓은 것과 조금도 다르지 않다. 그 좋은 보기가 유리수다. 유리수에서는 분자와 분모만 알면 서로 같은 수인지 다른 수인지 따져볼 수 있다. 한데, 뭔가가 달라질 수 있다고 하면, 이런 이치가 더는 들어맞지 않는다. 왜냐하면, 날 데이터를 묶어서 묶음 데이터 물체를 만들 때, 새로 만든 물체는 날 데이터와 전혀 다른 물체가 되어 버릴 수 있기 때문이다. 다시 말해, 어떤 계정에서 돈을 꺼낸 뒤, 남은 돈이 줄어들었다고 해도 그 계정은 여전히 '같은' 계정이라 할 수 있다. 이와 달리, 계정은 서로 다른데 그 상태(남은 돈)만 같은 경우도 있다. 이렇게 골치 아픈 문제는, 언어 탓이라기보다 은행 계정을 물체라고 보는 데서 비롯된 것이다. 이를테면, 유리수 연산에서는 한 유리수를 은행 계정처럼 상태가 있는 물체로 보고, 그 유리수의 분자 값이 달라졌는데도 두 유리수가 '같다고' 하는 경우는 없다.

명령을 내려서 프로그램 짤 때 생기는 문제

함수로 프로그램을 짜는 것과 달리, 덮어쓰기^{assignment}처럼 명령을 내려서 프로그램을 짜는 방식을 **명령 중심 프로그래밍**^{기계 중심 프로그래밍, imperative programming}이라 한다. 명령 중심으로 프로그램을 짜면 계산하는 방법이 복잡해질뿐더러 함수로

---

10) 한 계산 물체에 여러 이름이 붙어 있는 현상을 '별명 붙이기(aliasing)'라고 한다. 여럿이 함께 쓰는 계정이 그 쉬운 보기다. 3.3절에 가면 여러 묶음 데이터가 한 부품을 함께 쓰는 것 같이 훨씬 복잡한 경우도 나온다. 이렇게 '다른(different)' 두 물체가 알고 보니 한 물체고 그저 이름이 둘이었을 뿐이라면, 물체 하나가 달라질 때 '다른(different)' 물체도 변하는 '곁가지 효과(side-effect)'가 나타날 수 있는데, 이런 사실을 깜빡 잊어버리면 프로그램에 오류가 생기기 쉽다. 이른바, 이런 '곁가지 효과로 생긴 오류'는 찾기도 어렵고 분석하기도 어렵기 때문에, 이런 곁가지 효과나 별명이 아예 생기지 못하도록 프로그래밍 언어를 설계해야 한다고 하는 이도 있다(Lampson et al. 1981; Morris, Schmidt, and Wadler 1980).

짤 때에는 나타나지 않던 오류가 생기기 쉽다. 1.2.1절에서 나온 사다리곱^{factorial} 프로그램 중에, 반복^{iterative}하도록 짰던 판을 돌이켜 보자.

```
(define (factorial n)
  (define (iter product counter)
    (if (> counter n)
        product
        (iter (* counter product)
              (+ counter 1)))))
  (iter 1 1))
```

반복하는 과정에서 인자를 건네는 대신에, 변수 product와 counter 값을 매번 덮어쓰면, 위 코드를 명령 중심 방식에 더 가깝게 바꿀 수 있다.

```
(define (factorial n)
  (let ((product 1)
        (counter 1))
    (define (iter)
      (if (> counter n)
          product
          (begin (set! product (* counter product))
                 (set! counter (+ counter 1))
                 (iter))))
    (iter)))
```

위와 같이 해도 틀린 답이 나오지는 않지만, 위 코드에는 빠지기 쉬운 함정이 하나 있다. 변수 값을 덮어쓰는 명령이 잇따라 나올 때 그 차례를 어떻게 정해야 맞는가? 이 프로그램은 그대로 둬도 괜찮다. 하지만 덮어쓰는 차례가 아래처럼 뒤바뀌면, 틀린 답이 나온다.

```
(set! counter (+ counter 1))
(set! product (* counter product))
```

그러므로 프로그램에서 잇달아 덮어쓰기를 할 때에는, 덮어쓰는 차례가 뒤바뀌지 않게 무척 조심해야 한다. 덮어쓸 때마다 변수 값이 바뀌기 때문에, 올바른 차례로 변수 값을 덮어쓰는지 따져 보아야 한다. 함수로 프로그램을 짤 적에는 이런 문제가 나타나지 않는다.[11] 결국 덮어쓰기를 할 때에만 이런 골치 아픈 문제가 생긴다는 말인데, 여러 프로세스가 한꺼번에 함께 돌아가는 경우까지 고려하면 같은 문제가 훨씬 복잡해진다. 이런 얘기는 3.4절에 가서 다시 들추기로 하고 지금은 먼저 덮어쓰기를 쓰는 프로그램을 어떤 방식으로 계산할지에만 초점을 맞추자. 아울러 시뮬레이션^{simulation}을 설계할 때 상태가 변하는 물체를 어떻게 쓰는지도 공부하자.

● **연습문제** 3.7

연습문제 3.3에서 설명한 대로 계정에 암호 거는 기능을 보탠 다음, 프로시저 make-account로 은행 계정을 몇 개 만들었다고 하자. 은행 시스템에 여럿이 함께 쓸 계정을 만드는 기능이 필요하다 치고, 그런 일을 하는 make-joint를 정의하라. 이 프로시저는 인자를 3개 받는다. 첫 인자는 암호가 걸린 계정으로, 이것이 함께 쓸 계정이다. 다음 인자는 계정을 함께 쓸 사람이 알아두어야 할 암호인데, 이것이 계정에 걸린 암호와 같을 때에만 make-joint 연산이 말을 듣는다. 마지막 인자로 새 암호를 받는데, 프로시저 make-joint는 새 암호로도 계정을 함께 쓸 수 있도록 한다. 예컨대 peter-acc 계정에 open-sesame라는 암호가 걸려 있다면, 다음처럼 하여 함께 쓸 계정을 만들 수 있다.

```
(define paul-acc
  (make-joint peter-acc 'open-sesame 'rosebud))
```

---

11) 이리 놓고 보면, 프로그램 짜기를 처음 가르칠 때 명령 중심으로 가르치는 경우가 더 많다는 현실이 이치에 맞지 않는 듯하다. 짐작하건대 1960년대에서 1970년대에 걸쳐 널리 퍼진 믿음, 프로시저를 불러 쓰는 프로그램이 변수를 덮어서 짠 프로그램보다 성능이 떨어진다는 생각이 아직 남아 있기 때문일지 모른다. 가이 스틸은 그런 주장에 아무런 근거가 없음을 밝혔다.(Steele(1977)) 한편으로는, 프로시저를 불러 쓰는 방식보다 차례대로 명령을 내리는 방식이 처음 배우기에는 더 쉽다는 주장을 받아들였기 때문일지 모른다. 까닭이야 어쨌든 처음 프로그래밍을 배우는 처지에서는 '이 변수 값을 이 앞에서 덮어써야 할까, 이 뒤에서 해야 할까' 고민하다가 프로그램 짜는 일이 훨씬 복잡해지는 것도 사실이고, 그 때문에 프로그램에서 중심이 되는 생각(역주 : 문제 푸는 원리)에 집중하지 못하는 것도 사실이다.

이렇게 하면 paul-acc라는 이름과 암호 rosebud를 쓰더라도, peter-acc 계정에서 은행 거래를 할 수 있다. 연습문제 3.3의 답을 고쳐서 이런 기능을 보태 봐도 좋다.

● **연습문제** 3.8

앞서 1.1.3절에서 계산 방식을 정할 때, 전체 식을 계산하려면 먼저 그 부분 식부터 계산하기로 했다. 하지만 부분 식이 여럿일 때, 어떤 차례로 계산해야 하는지 따로 밝힌 적은 없다(왼쪽에서 오른쪽으로인지 아니면 그 반대인지). 변수 값을 바꿀 수 있으면, 프로시저 인자를 어떤 차례로 계산하느냐에 따라 프로시저 값이 달라질 수 있다. (+ (f 0) (f 1)) 식을 계산할 때, +의 인자를 왼쪽에서 오른쪽으로 계산하면 0, 거꾸로 계산하면 1이 나오게끔 프로시저 f를 정의해 보라.

3.2 환경 계산법

1장에서 프로시저^{compound procedure}가 처음 나왔을 때, 인자를 받아 프로시저를 계산한다^{프로시저 적용, procedure application}는 말 뜻을 맞바꿈 계산법^{substitution model of evaluation}에 따라 아래처럼 밝힌 적이 있다(1.1.5절).

- 인자를 받아서 프로시저의 값을 구하려면, 그 프로시저의 몸에서 각 인자 이름을 건네받은 인자 값으로 모두 맞바꾸어 계산한다.

하지만, 프로그래밍 언어에 변수 값을 덮어쓰는 연산이 들어가면, 이런 뜻풀이는 들어맞지 않는다. 3.1.3절에서 거듭 얘기한 대로 변수는 그저 값을 가리키는 이름이라고 보는 대신에 값을 넣어 놓는 '자리' 이름이라 보아야 한다. 지금부터 살펴볼 새 계산 모형에서는 이런 자리를 한데 모아서 **환경**^{environment}이라는 얼개로 관리한다.

환경이란 **변수 일람표**^{frame}를 한 줄로 이어 놓은 것이다. 변수 일람표는 변수 값

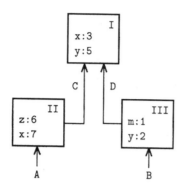

그림 3.1 단순한 환경

을 **정의하여**^{binding} 모아둔 표다. (비어 있는 표도 가능하다. 표 하나에서 같은 변수를 두 번 정의하지는 못한다.) 모든 표에는 **꼬리**^{pointer*}가 하나씩 달려 있는데, 이 꼬리를 따라 그 표를 둘러싸는 **환경**^{enclosing environment}으로 나간다. 맨 **바깥쪽**^{global} 일람표에는 꼬리가 없다. 어떤 환경 속에서 **변수 값**은, 그 환경을 이루는 일람표를 차례대로 따라가다가 처음으로 그 변수가 들어 있는 표를 찾았을 때 그 표에서 정의된 변수 값을 말한다. 맨 바깥쪽 일람표까지 뒤져본 다음에도 그 변수 값을 정해둔 표가 없을 때에는 그 환경에서 변수가 **정의되지 않았다**^{unbound}고 한다.

그림 3.1에서 보기로 든 환경은 표 세 개로 구성되고 각 표는 I, II, III로 이름 붙여 놓았다. 여기서 화살표 A, B, C, D는 서로 다른 환경을 가리킨다. C와 D는 같은 환경을 가리킨다. 변수 z와 x는 표 II에, y와 x는 표 I에 정의되어 있다. 환경 D를 따라가 보면, x 값은 3이다. 환경 B에서 보아도 x 값은 3이다. 환경 B를 따라 처음 나오는 표 III에는 x가 없기 때문에, B를 둘러싸는 환경 D 속에서 x를 찾기 때문이다. 환경 D에 속하는 표 I에는 x가 정의되어 있다. 그래서 B에서나 D에서나 x의 값은 3이다. 한데, 환경 A에서 x 값은 7이다. 환경 A를 따라 맨 처음 나오는 표 II에서 x 값이 7이기 때문이다. 이를 두고, 환경 A(표 II)에서 x와 7이,

---

* 역주 : 원서에서는 pointer라는 말을 쓰는데, 이를 곧이곧대로 포인터라 옮겨 쓰면 C 언어에서 주소 값을 나타낼 때 흔히 쓰는 포인터라는 낱말과 헷갈리기 쉽다. '화살표'는 어색하여 '꼬리'로 옮겨 보았다.

환경 C(표 I) 속에 있는 x와 3을 가린다^{shadow}고 한다.

환경은 계산 과정에서 아주 중요한 몫을 한다. 식의 값을 구하는 과정에서 문맥^{context}을 정하는 것이 바로 환경이기 때문이다. 사실 그냥 적어 놓은 식만으로는 그 식의 값을 구하지 못한다. 그 식을 어떤 환경에서 계산할지가 정해져야 비로소 그 값을 구할 수 있다. (+ 1 1)처럼 뻔해 보이는 식이라도 지금 계산하는 문맥에서 +가 덧셈을 뜻한다는 사실에 바탕을 둔다. 따라서 환경 계산법에서는 언제나 '어떤 환경에서 식의 값을 구한다'고 말한다. 실행기의 계산 과정을 설명할 때에도, 변수 일람표 한 개로 이루어진 맨 바깥쪽 환경(곧, 더 둘러싸는 환경이 없는 환경)이 있어서, 그 속에 기본 프로시저가 정의된다고 본다. 이를테면 +가 덧셈을 가리킨다는 말은, 맨 바깥쪽 환경에서 +가 기본 덧셈 프로시저의 이름으로 정의되어 있다는 뜻이다.

3.2.1 계산 규칙

실행기가 프로그램 식의 값을 구하는 절차는 1.1.3절에서 설명한 것과 크게 다르지 않다.

- 엮은식^{combination}의 값을 구하는 과정은 다음과 같다.
  1. 엮은식에서 부분 식의 값부터 계산한다.[12]
  2. 연산자가 되는 식을 인자가 되는 식에 적용한다.

다만 합친 프로시저^{compound procedure}를 인자에 적용할 때, 맞바꿈 계산법을 쓰지

---

12) 덮어쓰기 연산 때문에 첫 번째 계산 규칙에서 풀기 애매한 문제가 생긴다. 연습문제 3.8에서 본 것처럼 엮은식을 계산할 때, 부분 식을 어떤 차례로 계산하느냐에 따라 전체 식의 계산 결과가 달라질 수 있다. 따라서 첫 번째 규칙에는 부분 식을 어떤 순서로 계산할지, 곧 왼쪽에서 오른쪽으로인지 아니면 그 반대 인지가 또렷이 밝혀져 있어야 한다. 하지만 그런 차례는 실행기나 번역기에 따라 (즉, 언어를 어떻게 구현 하느냐에 따라) 얼마든지 바뀔 수 있다고 보는 게 맞다. 그러므로 어느 한 가지 차례만 따라서 프로그램 을 짜는 것은 옳지 않다. 프로그램 성능을 끌어올리려고 부분 식의 계산 차례를 제맘대로 바꾸는 똑똑한 번역기도 있을 수 있다.

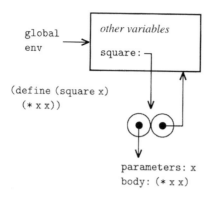

그림 3.2 맨 바깥쪽 환경에서 (define (square x) (* x x))를 계산하여 나온 환경의 얼개

않고 환경 계산법을 쓰는 점이 다르다.

　환경 계산법에서 프로시저는 코드와, 환경을 가리키는 꼬리를 쌍^{pair}으로 묶어서 나타낸다. 새 프로시저가 나오는 경우는 lambda 식의 값을 구할 때뿐이다. 따라서 프로시저의 코드는 lambda 식을 그대로 옮겨 놓은 것이고, 그 환경은 lambda 식의 값을 구할 때 쓴 환경이다. 예를 들어 다음과 같은 프로시저의 정의가 있다고 하자.

```
(define (square x)
  (* x x))
```

이제 이 정의를 맨 바깥쪽 환경에서 계산한다고 치자. 프로시저를 정의하는 문법은 lambda 식을 쓰기 쉽게 줄여 놓은 문법$^{달콤한 문법, syntactic sugar}$일 뿐이므로, 아래처럼 바꿔 쓰더라도 뜻은 같다.

```
(define square
  (lambda (x) (* x x)))
```

맨 바깥쪽 환경에서 (lambda (x) (* x x)) 식의 값을 구하고 그 값에 square라는 이름을 붙인다.

　그림 3.2는 define 식의 계산 결과를 그림으로 나타낸 것이다. 앞서 밝힌 대로, define 식을 계산하여 얻은 프로시저 물체는 코드와 환경 꼬리를 묶은 쌍이다.

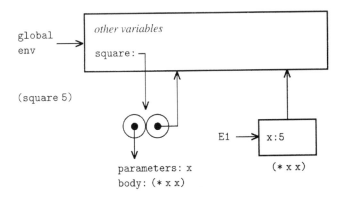

(square 5)

그림 3.3 맨 바깥쪽 환경에서 (square 5)를 계산할 때 나오는 환경

코드를 보면, 이 프로시저의 인자는 하나이며 그 이름이 x고, 프로시저 몸은 (* x x) 식이라는 사실을 알 수 있다. 아울러, 환경 꼬리는 맨 바깥쪽 환경을 가리킨다. 즉, lambda 식의 값을 구할 때 쓴 환경^{문맥}이 프로시저의 환경이다. 이 프로시저 값^{물체}에 square라는 이름을 붙여서, 맨 바깥쪽 일람표 속에 넣는다. 이렇게 하여, define은 새 변수를 정의하고 변수 일람표에 집어넣는다.

새 프로시저를 어찌 만드는지 보았으므로, 이제 프로시저 적용 과정을 설명할 수 있다. 환경 계산법을 따르면 이렇다. 프로시저를 인자에 적용하기 위해서는, 먼저 새 환경^{변수 일람표}을 만들고 그 환경 속에서 인자 값으로 건네받은 인자를 정의한다. 새 일람표를 둘러싸는 환경은 프로시저를 정의한 환경이다. 새 환경에서 프로시저의 몸을 계산한다.

이 방법에 따라 계산하는 과정을 보여주기 위하여, 그림 3.3에서는 맨 바깥쪽 환경에서 (square 5) 식의 값을 구할 때, 그 계산 환경이 어떤 모양이 되는지 나타내고 있다. square는 그림 3.2에 나온 프로시저다. 프로시저가 인자를 받으면, (그림에서 E1으로 표시한) 새 환경이 생긴다. 이 환경은 인자 x의 값을 5로 정의해 놓은 일람표에서 시작한다. 새 일람표의 꼬리가 맨 바깥쪽 환경을 가리키는데, 그 이유는 square 프로시저가 맨 바깥쪽 환경에서 정의되었기 때문이다. E1에서 프로시저 몸 (* x x) 식을 계산한다. E1에서는 x 값이 5이므로 식의 값은 (* 5 5) 또는 25가 된다.

환경 계산법에 따라 프로시저를 적용하는 과정은 다음 두 규칙으로 간추릴 수 있다.

- 프로시저를 여러 인자에 적용하기 위해서는, 먼저 새 변수 일람표를 하나 만들고 그 일람표에서 인자의 이름과 값을 묶어 인자를 정의한다. 그런 다음에, 새로 만든 환경을 계산 문맥^{context}으로 보고 프로시저의 몸을 계산한다. 새 일람표를 둘러싸는 환경은 프로시저 물체가 가리키던 환경이다.
- 어떤 환경에서 lambda 식을 계산하면 새 프로시저 물체가 나온다. 이 물체는 코드와 환경 꼬리를 쌍으로 묶어 만들어진다. 코드는 lambda 식을 그대로 가져온 것이고, 꼬리가 가리키는 환경은 lambda 식의 값을 구할 때 쓴 환경이다.

아울러, define으로 새 이름을 정의하면, 그 이름이 define을 계산하는 환경^{변수}_{일람표}에서 정의된다는 사실도 밝혀 둔다.[13] 끝으로, set!이 어떻게 돌아가는지 알아보자. (환경 계산법이 필요한 까닭이 바로 이것이다.) 어떤 환경에서 (set! ⟨*variable*⟩ ⟨*value*⟩) 식을 계산하려면, 그 환경에서 변수가 정의된 곳을 찾아낸 다음에 그 변수의 값을 덮어쓰면 된다. 달리 말해, set! 식이 계산되는 환경에서 변수를 처음 정의한 일람표를 찾아낸 다음에, 그 일람표에 들어 있는 그 변수의 값을 덮어쓰면 된다. 그 변수가 환경에서 정의되지 않았다면, set!을 계산하다가 잘못이 생겼음을 알린다.

이런 계산법은 맞바꿈 계산법보다 훨씬 복잡해 보이지만, 이해하기는 그다지 어렵지 않다. 더구나 이 방법을 쓰면 (여전히 또렷하게 밝히지 않은 부분이 있지만) 실행기가 식을 어떻게 계산하는지 딱 부러지게 설명할 수 있다. 4장에서 진짜

---

13) define을 계산하는 환경에 같은 변수가 벌써 정의되었다면 새 정의를 보태는 게 아니라 그 변수의 값을 덮어쓰게 된다. 이리하면, 한 번 정의한 이름이라도 여러 번 다시 정의할 수 있기에 편할 때가 있다. 하지만, 이를 달리 보면 define으로도 변수의 값을 덮어쓸 수 있다는 말이 되고, set!을 쓰지 않는데도 set!을 쓸 때 생길 수 있는 갖가지 문제가 똑같이 나타나게 된다. 이 때문에, 한 번 정의한 이름을 다시 정의하려고 하면 잘못된 것으로 처리하거나 경고를 하는 게 맞다고 보는 이도 있다.

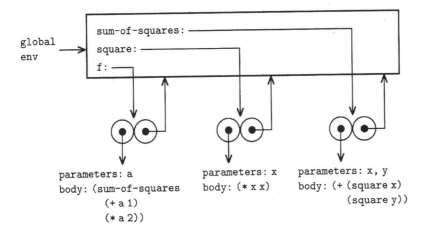

그림 3.4 맨 바깥쪽 환경에 정의한 프로시저 물체

로 돌아가는 실행기를 만들어 볼 터인데, 그때 가서 지금 설명한 계산법이 실행기를 설계하는 데 밑그림이 된다. 다음 절부터는 프로그램 몇 개를 보기로 삼아서 환경 계산법이 돌아가는 원리를 좀 더 낱낱이 살펴보자.

3.2.2 간단한 프로시저 계산하기

1.1.5절에서 맞바꿈 계산법을 선보일 때, 다음처럼 프로시저 하나를 정의해 놓고, 엮은식 (f 5)를 계산하여 136이 나오는 과정을 보여준 적이 있다.

```
(define (square x)
  (* x x))

(define (sum-of-squares x y)
  (+ (square x) (square y)))

(define (f a)
  (sum-of-squares (+ a 1) (* a 2)))
```

똑같은 보기를 들되, 이번에는 환경 계산법을 써보자. 그림 3.4에는 프로시저 물체가 세 개 나오는데, 각각 맨 바깥쪽 환경^{변수 일람표}에서 f, square, sum-of-squares로 정의되었다. 프로시저 물체는 저마다 코드와 (맨 바깥쪽 환경을 가리키는) 꼬리로 구성된다.

그림 3.5는 (f 5) 값을 구한 다음에 볼 수 있는 환경의 얼개를 나타낸다. 먼저 프로시저 f를 부르면 환경 E1이 생긴다. 그 다음, E1의 첫 번째 일람표 속에서 f의 인자 a를 5로 정의한다. 그리고 E1 속에서 f를 계산한다.

```
(sum-of-squares (+ a 1) (* a 2))
```

엮은식에서 부분 식부터 계산한다. 첫 부분 식인 sum-of-squares의 값을 구하면, 프로시저 물체가 나온다. (이 값을 어떻게 찾았는지 알아두자. E1을 따라가다가 처음 나오는 변수 일람표를 뒤져본다. 거기에는 sum-of-squares의 정의가 없다. 따라서 이 일람표를 볼 수 있는 환경, 곧 맨 바깥쪽 환경에서 찾는다. 그리하면 그림 3.4에서 보듯이 맨 바깥쪽 환경에서 그 정의를 찾아낼 수 있다.) 나머지 부분 식 둘을 계산한다. +와 *는 기본 연산이며, (+ a 1)과 (* a 2) 식을 계산한 값은 6과 10이 된다.

이제 프로시저 물체 sum-of-squares를 불러서 6과 10을 인자로 건네준다. 그러면 환경 E2가 생겨나고, 그 속에서 인자 x와 y를 정의한다. (+ (square x) (square y))를 E2에서 계산한다. 그 다음, 부분 식 (square x)을 계산한다. square는 맨 바깥쪽 일람표에 정의되었으며, x의 값은 6이다. 여기서, square를 부르면 또 다른 환경 E3가 생기는데, x를 이 환경 속에서 6으로 정의한다. 그 환경 속에서 square의 몸이 되는 (* x x) 식을 계산한다. 마찬가지로, (square y)를 계산한다. 이때 y 값은 10이다. 다시 square를 부르면 환경 E4가 생긴다. E4 속에서 square의 인자 x를 10으로 정의한다. 새 환경에서 (* x x) 식을 계산한다.

여기서 square를 부를 때마다 새 환경이 생겨나고 그 속에서 x를 정의한다는 것을 눈여겨보자. 이름은 둘 다 x지만, 같은 변수가 아니므로 다른 변수 일람표 속에 정의된다는 사실을 알 수 있다. 덧붙여, square를 계산하는 과정에서 생겨난 두 일람표의 꼬리가 모두 맨 바깥쪽 환경을 가리키는데, 이는 프로시저 물체

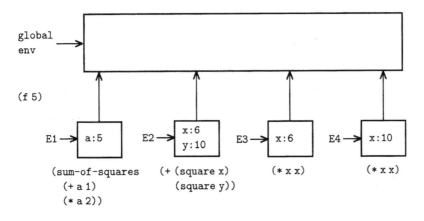

그림 3.5 그림 3.4에 나온 프로시저 물체로 (f 5)를 계산할 때 나오는 환경

square가 맨 바깥쪽 환경을 가리키기 때문이다.

부분 식을 계산하고 나서, 그 값은 이어지는 계산 과정으로 넘어간다. square로 적용하여 얻어낸 두 값은 sum-of-squares로 넘어가고, 다시 두 값을 더하여 f에게 넘긴다. 여기서는 환경의 얼개가 어떻게 되느냐에 초점을 맞추니까 부분 식의 값이 어떻게 다음 계산 과정으로 넘어가는지 더 자세히 다루지는 않겠다. (하지만, 이 또한 식의 값을 구하는 과정에서 빠뜨리고 넘어갈 수 없는 부분이다. 5장에 가서 이 주제를 다시 꼼꼼하게 살펴보자.)

● **연습문제** 3.9

1.2.1절에서는 맞바꿈 계산 방법을 써서 factorial 값을 구하는 두 프로시저를 파헤쳐 보았다. 다음은 되돌기^{재귀, recursive version}로 정의한 factorial 프로시저다.

```
(define (factorial n)
   (if (= n 1)
       1
       (* n (factorial (- n 1)))))
```

반복하도록^{iterative} 고쳐 쓰면 아래와 같다.

```
(define (factorial n)
  (fact-iter 1 1 n))

(define (fact-iter product counter max-count)
  (if (> counter max-count)
      product
      (fact-iter (* counter product)
                 (+ counter 1)
                 max-count)))
```

두 factorial 프로시저를 써서 (factorial 6)의 값을 구한다고 할 때, 저마다
어떤 얼개로 환경이 만들어지는지 나타내 보아라.[14]

3.2.3 물체에 상태를 넣어두는 곳, 변수 일람표

환경 계산법을 쓰면, 프로시저와 변수 값 덮어쓰기로 상태 있는 물체^{object with}
^{local state}를 어떻게 나타내는지 알 수 있다. 이를테면 (3.1.1절에서 본) 다음 프로시
저로 '돈 꺼내는 물체'를 만든다고 하자.

```
(define (make-withdraw balance)
  (lambda (amount)
    (if (>= balance amount)
        (begin (set! balance (- balance amount))
               balance)
        "Insufficient funds")))
```

지금부터 아래 식의 값을 어떻게 구하는지 살펴보자.

```
(define W1 (make-withdraw 100))
```

그러고 나서 다음 식의 값을 구한다.

---

14) 1.2.1절에 나온 프로시저 fact-iter처럼 꼬리 되돌기(tail recursion) 프로시저를 정의하면, 실행기가 프
로시저를 돌릴 때 그것이 차지하는 자리가 늘어나지 않는다고 했다. 하지만 이 장에서 선보인 환경 계산
법으로는 그런 주장을 뚜렷하게 뒷받침하지 못한다. 5.4절에 가서 실행기의 제어 구조(control structure)
를 다룰 때, 이 주제를 다시 살펴보자.

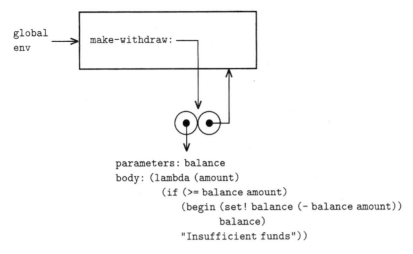

global
env

make-withdraw:

parameters: balance
body: (lambda (amount)
           (if (>= balance amount)
               (begin (set! balance (- balance amount))
                      balance)
               "Insufficient funds"))

그림 3.6 맨 바깥쪽 환경에서 make-withdraw로 새 프로시저를 만들고 난 다음

```
(W1 50)
```
50

그림 3.6은 맨 바깥쪽 환경에서 make-withdraw 프로시저를 정의한 결과다. 프로시저 물체의 꼬리가 맨 바깥쪽 환경을 가리킨다. 이 프로시저 물체는, 그 몸이 lambda 식으로 이루어지는 것만 빼면 지금까지 본 것과 크게 다를 바 없다.

　그런데 make-withdraw의 값을 구하는 과정에서 재미있는 일이 벌어진다.

```
(define W1 (make-withdraw 100))
```

먼저, 앞서 그랬듯이 환경 E1을 새로 만들고, 그 속에서 인자 balance를 100으로 정의했다. 이 환경에서 make-withdraw의 몸, 곧 lambda 식의 값을 셈한다. 그 결과 프로시저 물체가 하나 생기는데, 그 코드는 lambda 식에서 빌려 온 것이고, 그 꼬리는 환경 E1을 가리킨다. E1은 lambda 식을 셈하여 이 프로시저 물체를 만들 때 쓴 바로 그 환경이다. 이 프로시저 물체가 바로 make-withdraw를 불러서 구한 값이다. 이 물체는 맨 바깥쪽 환경에서 W1으로 정의되었는데, 이는 맨 바깥쪽

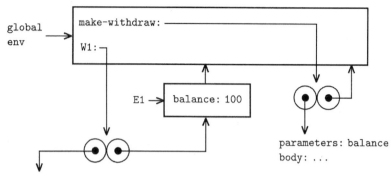

```
global   ┌── make-withdraw: ─────────────────────┐
env   →  │                                       │
         │   W1: ─┐                               │
         └────────┼───────────────────────────────┘
                  │              ↑            ↑  ↑
                  │      E1 →  ┌──────────┐   ●  ●
                  │           │balance: 100│   │
                  │           └──────────┘    │
              ●  ●                            parameters: balance
                                              body: ...
parameters: amount
body: (if (>= balance amount)
          (begin (set! balance (- balance amount))
                 balance)
          "Insufficient funds")
```

그림 3.7 `(define W1 (make-withdraw 100))`을 계산한 결과

환경에서 `define`하였기 때문이다. 이리하면, 그림 3.7과 같은 환경이 나온다.

이제 `W1`에 값을 주고 어떤 일이 생기는지 살펴보자.

```
(W1 50)
50
```

먼저, 새 변수 일람표를 만들어 그 속에 `W1`의 인자 `amount`를 50으로 정의한다. 여기서 꼭 짚고 넘어가야 할 점은, 새 일람표를 둘러싸는 환경이 맨 바깥쪽 환경이 아니라 E1이라는 점이다. 이는 `W1` 프로시저 물체의 꼬리가 환경 E1을 가리키기 때문이다. 이제 새로운 환경에서 프로시저 몸 값을 구한다.

```
(if (>= balance amount)
    (begin (set! balance (- balance amount))
           balance)
    "Insufficient funds")
```

그 결과, 환경은 그림 3.8 같은 얼개를 갖추게 된다. 위 식을 계산하려면, `amount`와 `balance`의 값을 모두 알아야 하는데, `amount`는 새 환경의 첫 일람표에서, `balance`는 그 일람표를 둘러싸는 환경 E1에서 찾을 수 있다.

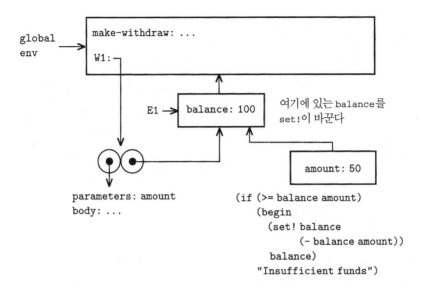

그림 3.8 프로시저 물체 W1에 인자 값을 넘길 때 나오는 환경

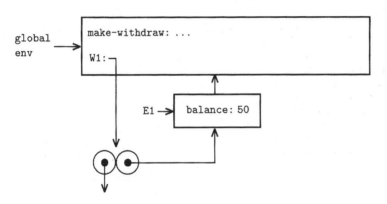

그림 3.9 W1이 끝난 다음의 환경

set!을 만나면 E1에 있는 balance의 값이 바뀐다. 이제 balance의 값은 50이
지만, 프로시저 물체 W1의 꼬리는 전과 다름없이 balance가 들어 있는 일람표를
가리킨다. amount가 들어 있던 일람표(balance 값을 덮어쓰기 위해 set!을 돌리
던 환경)는 이제 쓸모없다. 그 일람표를 만들어낸 프로시저가 끝난 다음에는, 다
른 환경에서 이 일람표를 가리키는 꼬리가 없기 때문이다. 하지만, 나중에 W1을

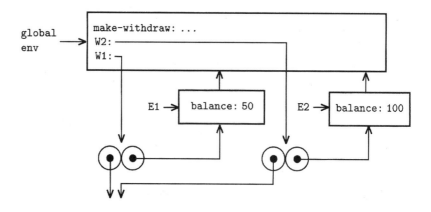

그림 3.10 `(define W2 (make-withdraw 100))`로 두 번째 물체를 만들 때

다시 불러쓸 때 `amount`를 정의하는 새 일람표가 생기고 이를 둘러싸는 환경은 E1이 된다. 말하자면, E1은 프로시저 물체 W1의 변수를 쌓아놓은 '창고' 구실을 하는 셈이다. 그림 3.9는 W1이 끝난 다음에 환경이 어떻게 바뀌었는지 보여준다.

프로시저 `make-withdraw`를 다시 불러서 두 번째 'withdraw' 물체를 만들면, 어떤 일이 일어나는지 지켜보자.

```
(define W2 (make-withdraw 100))
```

환경의 얼개는 그림 3.10과 같다. 그림에서 W2는 코드와 환경 꼬리를 한 쌍으로 묶어 놓은 프로시저 물체다. W2의 환경 E2는 `make-withdraw`를 불러쓰면서 생겨난 것으로, W2의 안쪽에 변수 `balance`를 정의하는 변수 일람표로 시작된다. 단, W1과 W2의 코드 부분은 같은 곳을 가리킨다.[15] 둘 다 `make-withdraw`의 몸에서 같은 `lambda` 식으로 정의하였기 때문이다. 어쨌거나 이를 보면, 왜 W1과 W2가 서로 다른 물체처럼 움직이는지 알아차릴 수 있다. W1은 E1에서 정의한 상태변수 `balance`를 쓰는 반면, W2는 E2에서 정의한 `balance`를 쓴다. 따라서 둘 중 한 물체의 상태를 바꾸어도 다른 물체에 힘을 미치지 않는다.

---

15) W1과 W2가 한 코드를 진짜 함께 쓰는지, 아니면 따로 복사판을 들고 있는지는 만들기에 따라 달라질 수 있다. 4장에서 만들 실행기(interpreter)에서는 한 코드를 여럿이 함께 쓴다.

● **연습문제** 3.10

앞에서 프로시저 make-withdraw는 갇힌 변수^{local variable}를 정의하기 위하여 balance를 인자로 받았다. 이와 달리, 다음처럼 let으로 갇힌 상태변수를 정의하는 방법도 있다.

```
(define (make-withdraw initial-amount)
   (let ((balance initial-amount))
      (lambda (amount)
         (if (>= balance amount)
             (begin (set! balance (- balance amount))
                    balance)
             "Insufficient funds"))))
```

1.3.2절에서 let은 프로시저 적용을 달리 나타낸 간편한 문법^{syntactic sugar}일 뿐이라고 설명하였다.

(let ((⟨var⟩ ⟨exp⟩)) ⟨body⟩)

위 식을 아래 문법으로 풀어 쓸 수 있다.

((lambda (⟨var⟩) ⟨body⟩) ⟨exp⟩)

환경 계산법에 따라 다음 계산 과정을 그림으로 나타내어, 위에서 나온 make-withdraw가 어찌 돌아가는지 낱낱이 살펴보자.

(define W1 (make-withdraw 100))

(W1 50)

(define W2 (make-withdraw 100))

윗 글에서 정의한 make-withdraw와 이 문제에서 정의한 make-withdraw, 즉 서로 다른 두 make-withdraw가 만들어낸 물체가 똑같이 움직인다는 사실을 밝혀라. 이 과정에서 환경의 얼개는 서로 얼마나 (어떻게) 다른가?

3.2.4 안쪽 정의

1.1.8절에서 프로시저 안에다 이름을 어떻게 정의하는지 보여주었다. 이 방법으로, 제곱근 프로시저를 다음처럼 블록 구조^{block structure}로 꾸밀 수 있었다.

```
(define (sqrt x)
  (define (good-enough? guess)
    (< (abs (- (square guess) x)) 0.001))
  (define (improve guess)
    (average guess (/ x guess)))
  (define (sqrt-iter guess)
    (if (good-enough? guess)
        guess
        (sqrt-iter (improve guess)))))
  (sqrt-iter 1.0))
```

지금부터 환경 계산법에 따라 블록 구조 프로시저가 어떻게 돌아가는지 알아보자. 그림 3.11은 (sqrt 2) 식을 셈하는 과정에서 guess 값을 1로 놓고, 안쪽 프로시저 good-enough?를 처음 부를 때 그 환경의 얼개를 나타낸 것이다.

여기서 sqrt는 맨 바깥쪽 환경에 프로시저 물체로 정의되어 있다. 이 프로시저 물체의 환경 꼬리는 맨 바깥쪽 환경을 가리킨다. sqrt를 부르면 (맨 바깥쪽 환경으로 둘러싸인) 새 환경 E1이 생기는데, 거기서 인자 x를 2로 정의한다. 그 다음, sqrt의 몸 값을 E1에서 셈한다. 아래는 sqrt 프로시저의 몸에서 처음 나오는 식이다.

```
(define (good-enough? guess)
  (< (abs (- (square guess) x)) 0.001))
```

윗 식을 셈하면 환경 E1에서 good-enough?가 정의된다. 더 정확히 말해서, good-enough?라는 이름이 E1 속의 첫 번째 변수 일람표에서 환경 E1을 가리키는 프로시저 물체로 정의된다. 마찬가지로, 프로시저 improve와 sqrt-iter가 환경 E1 속에서 프로시저 물체로 정의된다. 그림 3.11은 good-enough?를 정의하는 프로시저 물체만 나타낸 것이다.

이렇게 모든 안쪽 프로시저를 정의한 다음, (sqrt-iter 1.0)의 값을 환경

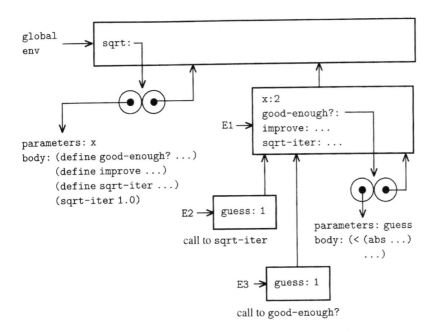

그림 3.11 sqrt 프로시저와 그 속에 감춰 둔 정의

E1에서 셈한다. 환경 E1에서 sqrt-iter라 이름 붙인 프로시저 물체에 인자 값 1을 건넨다. 그 결과, 환경 E2가 생기는데, 그 속에서 sqrt-iter의 인자 guess는 1로 정의된다. 그 다음, sqrt-iter는 (E2에 있는) guess 값을 인자로 삼아 good-enough?를 부른다. 이때, 또 다른 환경 E3가 생기고, 거기서 guess(good-enough?의 인자)는 1로 정의된다. 프로시저 sqrt-iter와 good-enough? 모두 guess라는 인자를 받지만, 이 둘은 서로 다른 변수이므로 다른 일람표에 들어 있다. 한편, E2와 E3를 둘러싸는 환경은 E1이다. sqrt-iter와 good-enough? 프로시저 물체의 환경 꼬리가 환경 E1을 가리키기 때문이다. 따라서 good-enough? 몸 값을 셈할 때 x의 정의는 E1 환경에서 찾아야 한다. 즉, x 값은 처음 sqrt를 부를 때 넘겨준 x의 값이다.

이처럼 환경 계산법에 따라 갇힌 프로시저[local procedure]를 정의하는 기능은 아래 두 가지 성질 때문에 모듈 방식으로 프로그램을 짜는 데 쓸모 있는 기법이 된다.

- 프로시저를 안쪽에 가두어 정의하면^{the name of the local procedure}, 그 프로시저 이름은 저를 둘러싼 프로시저 밖에 있는 이름과 뒤섞일 염려가 없다. 갇힌 프로시저는, 프로시저를 불러쓸 때마다 (맨 바깥쪽 환경이 아니라) 새로 생긴 일람 표 속에서 정의되기 때문이다.

- 안쪽에 가두어 정의한 프로시저^{local procedure}는 저를 둘러싼 프로시저의 인자를 자유 변수처럼 쓸 수 있다. 갇힌 프로시저를 불러쓰는 환경이, 저를 감싸는 프로시저의 적용 환경에 둘러싸여 있기 때문이다.

● 연습문제 3.11

3.2.3절에서는 환경 계산법에 따라 상태 있는 프로시저^{procedure with local state}가 어떻게 돌아가는지 살펴보았다. 또한, 이번에는 안쪽 정의가 어떻게 돌아가는지 알게 되었다. 메시지 패싱^{말 건네기, message-passing} 방식으로 프로시저를 짜면, 보통 이 두 기법을 모두 쓰게 된다. 3.1.1절에서 본 은행 계정 프로시저를 떠올려 보자.

```
(define (make-account balance)
  (define (withdraw amount)
    (if (>= balance amount)
        (begin (set! balance (- balance amount))
               balance)
        "Insufficient funds"))
  (define (deposit amount)
    (set! balance (+ balance amount))
    balance)
  (define (dispatch m)
    (cond ((eq? m 'withdraw) withdraw)
          ((eq? m 'deposit) deposit)
          (else (error "Unknown request -- MAKE-ACCOUNT"
                       m))))
  dispatch)
```

아래 식의 값을 차례로 셈하면, 그 환경이 어떻게 얼개를 갖추게 되는지 그려 보아라.

```
(define acc (make-account 50))

((acc 'deposit) 40)
```
90

```
((acc 'withdraw) 60)
```
30

acc의 상태는 어디에 있는가? 계정을 하나 더 만든다고 치자.

```
(define acc2 (make-account 100))
```

두 계정의 상태가 어떻게 해서 따로 관리되는가? 그 환경의 얼개를 살펴볼 때 acc와 acc2가 함께 쓰는 부분은 어디인가?

3.3 변형 가능한 데이터로 프로그래밍하기

2장에서 여러 성질을 드러내는 진짜 물체를 본떠서 복잡한 계산 물체를 표현하려 고 할 때, 여러 데이터를 한 데이터로 묶어내는 방법을 설명하였다. 또한 데이터 를 요약하는^{data abstraction} 원리를 소개하였다. 데이터를 짜맞추는 연산^{짜맞추개, con-structor}과 골라내는 연산^{고르개, selector}만 제공해서 외부에서는 그 방법들만으로 프로 그래밍할 수 있도록 하는 방식이었다. 그런데 데이터에는 2장에서 밝히지 못한 또 다른 성질^{면, aspect}이 있다. 예컨대 컴퓨터 계산을 표현하는 시스템이 상태가 달 라지는 여러 물체로 구성된다면, 물체를 만들고 사용하는 것뿐 아니라 물체의 상 태도 바꿀 수 있어야 한다. 따라서 상태가 있는 데이터를 요약하기 위해서 이제부 터는 짜맞추고 골라내는 연산과 더불어 (상태를) **바꾸는** 연산^{상태 바꾸개, mutator}을 정 의하기로 한다. 예컨대 은행 계정을 표현하려면, 그 계정의 잔액을 바꿀 수 있는 연산이 필요하다. 곧, 은행 계정을 나타낸 데이터 구조에 다음과 같은 연산을 적용 할 수 있다.

```
(set-balance! ⟨account⟩ ⟨new-value⟩)
```

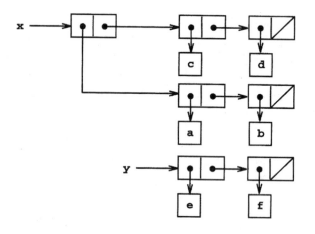

그림 3.12 리스트 x와 리스트 y. x는 ((a b) c d)이고 y는 (e f)다.

이와 같이 바꾸개 연산이 정의된 데이터 물체를 **변형 가능한 데이터 물체**^{mutable} data object라 한다.

2장에서 쌍^{pair}은, 데이터를 짜맞출 때 두루 쓸 수 있는 '만능 접착제^{glue}'와 같다고 얘기한 적이 있다. 이 절에서도 변형 가능한 데이터 물체를 짜맞추는 빌딩 블록^{building block}으로 쌍을 쓸 수 있도록, 쌍을 고쳐 쓰는 바꾸개 연산부터 만든다. 쌍 연산에 바꾸개가 들어가면 쓰임새가 크게 넓어지기 때문에, 2.2절에 나온 차례열이나 나무^{tree}뿐 아니라, 더 복잡한 다른 데이터를 만드는 데도 쓸 수 있다. 아울러, 몇 가지 시뮬레이션 예제를 들어 상태가 있는 물체로 복잡한 시스템을 어떻게 조립하는지 살펴보기로 한다.

3.3.1 변형 가능한 리스트

쌍의 기본 연산(cons, car, cdr)으로 새 리스트를 만들거나 낱 데이터를 뽑아낼 수는 있지만, 이미 있던 리스트를 고치지는 못한다. 지금까지 쓴 append나 list 같은 연산도 cons, car, cdr로 정의한 것이므로 그런 점에서는 마찬가지다. 따라서 리스트를 고쳐 쓰려면 그에 알맞은 새 연산이 필요하다.

쌍을 고치는 바꾸개 연산으로는 set-car!와 set-cdr!가 있다. set-car!는 인

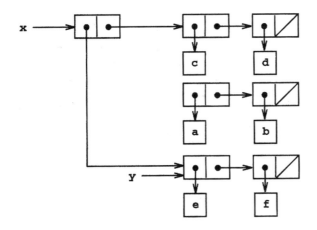

그림 3.13 그림 3.12의 리스트에 (set-car! x y)를 쓴 뒤 바뀐 모습

자를 두 개 받는데, 첫 인자는 꼭 쌍이어야 한다. 이 연산자는 쌍을 뜯어 고쳐서
두 번째 인자가 가리키던 것을 그 car가 가리키게 만든다.[16]

　이를테면, 그림 3.12에 나온 것처럼 x는 ((a b) c d)로, y는 (e f)로 정의되
었다고 하자. 이때 (set-car! x y)를 돌리면, 쌍의 car를 y가 가리키는 것으로
덮어쓴다. 그러면 그림 3.13처럼 된다. 이렇게 바뀐 x를 찍어 보면 ((e f) c d)
라고 나온다. (x가 달라지기 전에 car가 가리키던) 리스트 (a b) 쌍은 이제 x에서
떨어져 나갔다.[17]

　그림 3.13과 3.14를 견주어 보자. 그림 3.14는 (define z (cons y (cdr
x)))를 돌린 다음 어떤 일이 일어나는지 나타낸다. x와 y는 그림 3.12에 나온 것
과 같고, 변수 z는 cons로 만든 새 쌍으로 정의되었다. 리스트 x가 조금도 달라
지지 않았음을 알 수 있다.

---

16) set-car!와 set-cdr!는 만들기에 따라 그 값이 달라질 수 있다. 그러므로 set!을 쓸 때와 마찬가지로,
물체 자체에는 손대지 말고 그 물체의 상태를 바꾸는 데에만 써야 한다.

17) 여기서, 리스트의 얼개를 뜯어 고치고 나면, 따로 떨어져 나가서 더는 건드리지 못하는 쓰레기 물체가 나올
수도 있음을 알게 된다. 5.3.2절에서 Lisp의 메모리 관리 시스템을 공부하고 나면, 쓸모없는 쌍이 차지하는
자리를 메모리에서 골라내어, 다시 쓸 수 있게 만드는 **메모리 재활용**(garbage collector)이 그 시스템에 들
어 있음을 알게 된다.

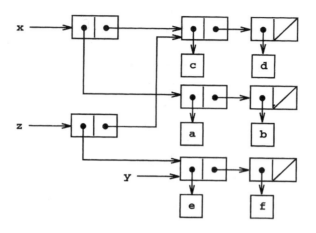

그림 3.14 그림 3.12에 나온 리스트로 (define z (cons y (cdr x)))를 하고 난 모습

set-cdr!는 set-car!와 비슷하지만, car가 아니라 cdr가 가리키는 것을 바꾼다는 점이 다르다. 그림 3.12의 리스트에 (set-cdr! x y)을 돌린 다음 어떤 일이 일어나는지 그림 3.15에 나와 있다. 여기서 x의 cdr는 (e f)를 가리킨다. 앞서 x의 cdr였던 (c d)리스트는 x에서 떨어져 나갔다.

cons는 새 쌍을 만들어서 새 리스트의 얼개를 마련한다. 이와 달리, set-car!와 set-cdr!는 있던 쌍을 고쳐 쓴다. 실은 두 바꾸개 연산으로 cons를 정의할 수 있는데, 그리하려면 이미 있던 리스트를 손대는 일이 없도록 새 쌍을 만드는 프로시저 get-new-pair 같은 게 필요하다. 그 프로시저로 새 쌍을 만든 다음에 car와 cdr를 알맞은 값으로 덮어쓰면 된다.[18]

```
(define (cons x y)
  (let ((new (get-new-pair)))
    (set-car! new x)
    (set-cdr! new y)
    new))
```

---

18) get-new-pair는 Lisp의 메모리 관리 기능에 속하는 연산 가운데 하나다. 이것은 5.3.1절에서 다루자.

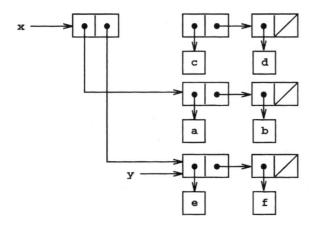

그림 3.15 그림 3.12에 나온 리스트로 (set-cdr! x y)을 하고 난 모습

● **연습문제** 3.12

다음처럼 두 리스트를 잇는 프로시저가 2.2.1절에 나왔다.

```
(define (append x y)
  (if (null? x)
      y
      (cons (car x) (append (cdr x) y))))
```

append는 y에다 x의 원소를 계속 cons하여 새 리스트를 만든다. 아래에 나온 append!는 append와 비슷하지만 짜맞추개^{constructor}가 아니라 바꾸개^{mutator}다. 이 프로시저는 새 리스트를 만들지 않고 두 리스트를 진짜로 이어 붙인다. 다시 말해서, x의 마지막 쌍을 고쳐서 그 cdr가 y를 가리키게 만든다. (따라서 append!에 텅 빈 x를 건네는 것은 잘못이다.)

```
(define (append! x y)
  (set-cdr! (last-pair x) y)
  x)
```

아래 last-pair는 리스트를 인자로 받아, 그 마지막 쌍을 찾아 주는 프로시저다.

```
(define (last-pair x)
  (if (null? (cdr x))
      x
      (last-pair (cdr x))))
```

실행기에서 아래 식을 차례로 셈한다고 하자.

```
(define x (list 'a 'b))
```

```
(define y (list 'c 'd))
```

```
(define z (append x y))
```

```
z
(a b c d)
```

```
(cdr x)
⟨response⟩
```

```
(define w (append! x y))
```

```
w
(a b c d)
```

```
(cdr x)
⟨response⟩
```

비워 둔 ⟨response⟩에 들어갈 것은 무엇인가? 상자와 화살표 그림으로 왜 그런
답이 나오는지 설명하라.

● 연습문제 3.13

make-cycle이라는 프로시저를 정의했다고 치자. 여기에서 last-pair는 연습
문제 3.12에서 정의한 것과 같다.

```
(define (make-cycle x)
  (set-cdr! (last-pair x) x)
  x)
```

상자와 화살표 그림으로 아래 식이 만들어낸 z의 얼개를 그려 보라.

```
(define z (make-cycle (list 'a 'b 'c)))
```

(last-pair z)를 셈하려고 하면 어떤 일이 생기는가?

● 연습문제 3.14

아래는 아주 쓸모 있는 프로시저의 정의라고 하는데, 그 쓰임새는 아직 밝혀지지 않았다.

```
(define (mystery x)
   (define (loop x y)
      (if (null? x)
           y
           (let ((temp (cdr x)))
              (set-cdr! x y)
              (loop temp x)))))
   (loop x '()))
```

loop는 '잠시 쓸' 변수 temp에다 x의 옛 cdr 값을 넣어 둔다. 그 다음 줄에서 set-cdr!는 x의 cdr 값을 덮어쓴다. mystery가 무슨 일을 하는 프로시저인지 간추려 설명하라. 이제 변수 v가 (define v (list 'a 'b 'c 'd))로 정의되었다고 치자. 상자와 화살표 그림으로 v가 가리키는 리스트를 그려 보라. 이제 (define w (mystery v))를 셈한다고 하자. 셈이 끝난 다음에 v와 w가 어떤 얼개를 갖추는지 상자와 화살표 그림으로 그려 보라. 변수 v와 w을 찍어 보면 어떻게 나오는가?

같이 쓰기와 이름의 실체

(3.1.3절에서) 변수 값을 덮어쓸 수 있게 되면서 '같음'과 '달라짐^{변함}'이라는 복잡한 이론 문제가 생긴다고 밝힌 바 있다. 서로 다른 물체가 쌍 하나를 함께 쓰게 되면^{shared} 정말로 그런 문제가 터진다. 이를테면 다음 식으로 데이터 구조를 만들었다고 하자.

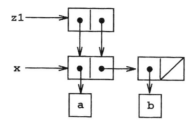

그림 3.16 (cons x x)로 만든 z1

```
(define x (list 'a 'b))
(define z1 (cons x x))
```

그림 3.16에서 보는 것처럼 z1을 이루는 car와 cdr는 같은 쌍 x를 가리킨다. z1의 car와 cdr가 x를 함께 쓰는 까닭은, 앞의 cons 연산을 보면 알 수 있다. 이처럼 cons로 리스트를 만들면 여러 데이터 구조가 서로 얽혀 수많은 쌍을 함께 쓰는 경우가 많다.

　그림 3.16과 달리, 그림 3.17은 다음 식을 셈하여 만들어낸 데이터 구조다.

```
(define z2 (cons (list 'a 'b) (list 'a 'b)))
```

두 리스트 (a b)를 나타내는 쌍은 서로 다른 물체지만, 그 속에 있는 a와 b를 함께 쓴다.[19]

　리스트의 값을 따져 보면, z1이나 z2 모두 '같은' 리스트 ((a b) a b)를 나타낸다. 그리고 cons, car, cdr 연산만 쓸 적에는, 여러 리스트에서 함께 쓰는 부분이 있더라도 문제가 되지 않았다. 하지만, 지금은 리스트 얼개를 뜯어 고치는 연

---

19) cons는 매번 새 쌍을 만들어 내기 때문에, 여기서 만든 두 쌍도 마땅히 서로 다른 물체다. 한데, Scheme 에서는 (a처럼) 정해진 이름이 가리키는 데이터 물체(기호 데이터)가 하나뿐이기 때문에, 두 쌍이 같은 물체를 쓰는 것이다. 한편, Scheme에서는 기호 데이터를 변하게 할 방법이 없기 때문에, 여럿이 함께 쓰는지 아닌지 알아낼 길도 없다. 허나, 그 덕분에 두 기호 데이터가 같은지 다른지 따질 때, eq?를 써도 된다는 점을 알아두자. 알다시피 eq?는 그저 두 인자가 같은 곳을 가리키는지, 곧 포인터 값이 같은지 다른지만 따진다.

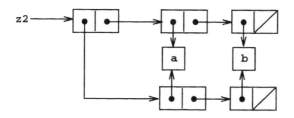

그림 3.17 (cons (list 'a 'b) (list 'a 'b))로 만든 z2

산도 있기 때문에, 물체 하나를 여럿이 같이 쓰면 성가신 문젯거리가 생겨난다. 다음 프로시저에서 어떤 일이 일어나는지 알아보자. 아래 프로시저에서 쌍의 car를 뜯어고치고 있다.

```
(define (set-to-wow! x)
  (set-car! (car x) 'wow)
  x)
```

z1과 z2가 '같은' 얼개이기는 하지만, set-to-wow!를 적용한 다음에는 다르다. z1을 이루는 car와 cdr는 같은 쌍을 가리켰기 때문에, car를 손대면 cdr도 변한다. z2의 car와 cdr는 다른 쌍을 가리켰으니 set-to-wow!를 적용해도 car만 변한다.

z1
((a b) a b)

(set-to-wow! z1)
((wow b) wow b)

z2
((a b) a b)

(set-to-wow! z2)
((wow b) a b)

리스트의 얼개에서 어디를 함께 쓰는지 찾아내는 방법 하나는 eq?로 두 변수가 서로 같은지 알아보는 것이다. (eq? x y)는 x와 y가 같은 물체인지, 곧 x와 y가 같은 곳을 가리키는지 아닌지를 따진다. 그림 3.16과 3.17에서 정의한 z1과 z2로 실험해 보면, (eq? (car z1) (cdr z1))의 값은 참이고 (eq? (car z2) (cdr z2))의 값은 거짓이다.

다음 절에서 곧 보겠지만, '함께 쓰기[sharing]'를 한 다음에는 쌍으로 표현할 수 있는 데이터 구조가 많아진다. 허나, 함께 쓰기는 아주 위험하다는 점을 잊어서는 안 된다. 어쩌다가 여러 데이터 구조에서 어떤 부분을 함께 쓸 때, 한 데이터 구조만 고쳐도 다른 데이터 구조에 곧바로 힘을 미치기 때문이다. 따라서 덮어쓰기 연산 set-car!와 set-cdr!는 참말 조심해서 써야 한다. 여러 데이터 물체가 어디를 함께 쓰는지 잘 알지도 못한 채 어떤 물체를 함부로 뜯어고치면, 생각지도 않던 일이 터질 수 있다.[20]

● 연습문제 3.15

위 z1과 z2에 set-to-wow! 프로시저를 돌리고 나면, 그 얼개가 어떻게 되는지 상자와 화살표 그림으로 설명하라.

● 연습문제 3.16

Ben Bitdiddle은 한 리스트가 쌍 몇 개로 구성되는지 알아보기 위해 새 프로시저를 짜기로 마음먹었다. Ben은 어떤 데이터 구조를 이루는 쌍의 수는, car를 이루는 쌍의 수와 cdr를 이루는 쌍의 수를 더한 다음에 car와 cdr를 묶은 쌍까지

---

20) 변형 가능한 물체 하나를 여럿이 함께 쓰면 갖가지 까다로운 문제가 생겨나는데, 그 바탕에는 3.1.3절에서 설명한 것처럼, 변형 가능한 데이터의 '같음'과 '달라짐(변함)'을 따지는 문제가 깔려 있다. 그때 말하기를 '변한다'는 개념이 언어 속으로 들어오면, 합친 물체가 그 물체를 이루는 낱 물체들과 서로 다른 물체가 되게끔 '독자성(identity)'을 지녀야 한다고 했다. Lisp에서 물체의 '독자성'은 eq?로 알아낼 수 있는 성질, 곧 포인터가 같으냐 다르냐를 따지는 것에 지나지 않는다. Lisp 시스템은 포인터로 메모리 주소를 나타내기 때문에, 데이터 물체 '자체'가 미리 지정한 기억 장소에 들어 있는 정보라 여기고, 이런 생각을 바탕 삼아 물체의 독자성은 무엇인지 정의하는 게 보통이다. 한데, 이 방법은 단순한 Lisp 프로그램에서는 별로 모자람이 없지만, 모든 컴퓨터 계산법에서 '같다'는 문제의 해법이 되지는 못한다.

처서 그 값에 1을 보태면 된다고 보았다. 그리하여 다음 프로시저를 짰다.

```
(define (count-pairs x)
  (if (not (pair? x))
      0
      (+ (count-pairs (car x))
         (count-pairs (cdr x))
         1)))
```

이 프로시저가 왜 틀렸는지 밝혀 보라. 세 쌍으로만 구성된 리스트를 상자와 화살표 그림으로 여러 개 그려 보되, Ben이 만든 프로시저를 돌린 다음, 그 답이 제각기 3, 4, 7로 나오도록 하자. 아울러 Ben이 만든 프로시저를 끝없이 돌아가게 만드는 리스트도 그려 보라.

● **연습문제** 3.17

연습문제 3.16에서 설명한 대로 한 데이터 구조가 모두 몇 쌍으로 구성되는지 제대로 헤아릴 수 있는 count-pairs를 짜 보라.

(귀띔 : 구조를 뒤져서 쌍을 찾아낼 때, 이미 헤아린 쌍을 다시 헤아리지 않도록 알맞은 데이터 구조를 만들어 보라.)

● **연습문제** 3.18

리스트를 살펴보고 그 속에 고리^{cycle}가 들어 있는지 살펴보는 프로시저를 만들어라. 리스트 속에 고리가 있다면, 리스트 끝을 cdr 연산으로 찾으려 해도 끝이 나지 않는다. 예컨대 연습문제 3.13에서 만든 리스트가 그렇다.

● **연습문제** 3.19

딱 정해진 만큼의 공간^{space}만 쓰는 알고리즘을 만들어, 연습문제 3.18을 다시 풀어 보아라. (정말 꼼꼼히 잘 생각해야 풀 수 있다.)

변했다는 말은 그저 덮어썼다는 뜻이다

2.1.3절에서 합친 데이터^{compound data}가 나올 때 다음 프로시저로 쌍을 표현할 수 있다고 하였다.

```
(define (cons x y)
  (define (dispatch m)
    (cond ((eq? m 'car) x)
          ((eq? m 'cdr) y)
          (else (error "Undefined operation -- CONS" m))))
  dispatch)

(define (car z) (z 'car))

(define (cdr z) (z 'cdr))
```

변형 가능한 데이터도 마찬가지다. 프로시저 속에 변수를 정의하고, 이를 덮어쓰는 방법으로 변하는 물체를 표현할 수 있다. 즉, 3.1.1절에서 make-account로 은행 계정을 만든 것처럼 set-car!와 set-cdr!를 할 수 있도록 위 정의를 고치면 된다.

```
(define (cons x y)
  (define (set-x! v) (set! x v))
  (define (set-y! v) (set! y v))
  (define (dispatch m)
    (cond ((eq? m 'car) x)
          ((eq? m 'cdr) y)
          ((eq? m 'set-car!) set-x!)
          ((eq? m 'set-cdr!) set-y!)
          (else (error "Undefined operation -- CONS" m))))
  dispatch)

(define (car z) (z 'car))

(define (cdr z) (z 'cdr))

(define (set-car! z new-value)
  ((z 'set-car!) new-value)
  z)
```

```
(define (set-cdr! z new-value)
  ((z 'set-cdr!) new-value)
  z)
```

이치로만 따져 보면 변형 가능한 데이터를 표현하는 데에는 덮어쓰는 연산만 있으면 된다. 한데, 프로그래밍 언어에서 set!을 받아들이면 덮어써서 생기는 문제뿐 아니라 변형 가능한 데이터에 얽힌 모든 문제가 따라온다.[21]

● **연습문제** 3.20

환경 그림으로 아래 식을 차례로 셈하는 과정을 설명하라.

```
(define x (cons 1 2))
(define z (cons x x))
(set-car! (cdr z) 17)

(car x)
17
```

이때 앞에서 만든 프로시저를 써라. (연습문제 3.11과 견주어 보라.)

3.3.2 큐

set-car!와 set-cdr!로 쌍을 고쳐 쓸 수 있으면 cons, car, cdr로는 만들지 못하던 여러 데이터 구조를 표현할 수 있다. 이 절에서는 쌍 연산으로 큐^{queue}라는 데이터 구조를 어떻게 만드는지 알아보자. 아울러, 3.3.3절에서 표^{table}라는 데이터 구조를 어떻게 만드는지 살펴보자.

큐란, 뒤^{rear}로 원소를 집어넣고 앞^{front}으로 꺼낼 수 있는 차례열이다. 그림 3.18

---

21) 이와 달리 이를 구현하는 처지에서 보면, 변수 값을 덮어쓴다는 것은 환경을 고쳐 쓴다는 말과 같다. 다시 말해, 환경 자체가 변형 가능한 데이터 구조다. 따라서 덮어쓰는 연산은 변형 가능한 데이터로 표현할 수 있고, 변형 가능한 데이터는 덮어쓰는 연산으로 표현할 수 있다. 즉, 이 두 개념은 표현 수준이 같다.

연산	큐(결과)
`(define q (make-queue))`	
`(insert-queue! q 'a)`	a
`(insert-queue! q 'b)`	a b
`(delete-queue! q)`	b
`(insert-queue! q 'c)`	b c
`(insert-queue! q 'd)`	b c d
`(delete-queue! q)`	c d

그림 3.18 큐 연산

은 빈 큐를 하나 만들어서 원소 a와 b를 넣은 다음 a를 빼고, c와 d를 넣고, 마지막으로 b를 없애는 과정을 차례로 보여준다. 큐에서는, 언제나 원소를 넣은 차례대로 꺼내기 때문에, 이를 다른 말로 FIFO(first in, first out) 버퍼라고도 한다.

큐 데이터는 아래와 같은 연산으로 요약할^{간추릴} 수 있다.

- 다음 프로시저는 큐의 짜맞추개^{constructor} 연산이다.

  `(make-queue)`

  이 연산은 새로운 큐(원소가 하나도 없는 큐)를 만들어 낸다.

- 아래 두 프로시저는 고르개^{selector} 연산이다.

  `(empty-queue? ⟨queue⟩)`

  `(front-queue ⟨queue⟩)`

  `empty-queue?`는 큐가 비었는지 살필 때 쓴다. `front-queue`는 큐 맨 앞에 있는 물체를 보고 싶을 때 쓰는데, 큐가 비어 있을 때에는 그런 원소가 없다고 알린다. 이 연산은 큐에서 물체를 없앨 때 쓰는 연산이 아니기 때문에, 이것을 적용한 다음에도 큐는 변함이 없다.

- 다음 두 프로시저는 바꾸개^{mutator} 연산이다.

(insert-queue! ⟨*queue*⟩ ⟨*item*⟩)

(delete-queue! ⟨*queue*⟩)

insert-queue!는 큐 뒤쪽으로 원소를 집어넣은 다음에, 그 큐를 답으로 내놓는다. delete-queue!는 큐의 맨 앞에 있는 원소를 없앤 뒤, 그 큐를 답으로 내놓는다. 큐가 비어 있으면 없앨 원소가 없다고 알린다.

큐는 차례열이므로 리스트를 쓰면 쉽게 표현할 수 있다. 큐 앞에서 원소를 꺼내는 일은 car와 같고, 큐 뒤에 원소를 붙이는 일은 리스트 끝에 새 원소를 append 하는 것과 같으며, 큐 앞에서 원소를 지우는 일은 cdr와 같다. 그런데 이리 하면 원소를 하나 넣을 때마다 리스트 끝을 찾느라 처음부터 리스트를 훑어 내려가야 하기 때문에, 처리 속도가 떨어질 수밖에 없다. 다시 말해, 리스트 끝에 다다르려면 cdr를 되풀이할 수밖에 없으므로, 원소 n개인 리스트를 한 번 훑는 데 $\Theta(n)$만큼 시간이 든다. 조금 다른 방법으로 리스트를 쓰면, 큐 연산이 $\Theta(1)$에 끝나도록 만들 수 있다. 즉, 큐가 얼마나 길든지 간에 연산을 하는 데 똑같은 시간이 들게끔 만들 수 있다.

큐를 리스트로 표현하면, 리스트 끝을 찾느라 모든 원소를 훑어 내려야 한다는 게 문제다. 리스트 끝을 곧바로 찾지 못하므로 이런 과정을 거치지 않을 수가 없다. 이와 달리, 쌍을 사슬처럼 엮어서 리스트를 만들었기에, 리스트의 처음을 찾기도 쉽다. 어쨌거나 이런 문제를 풀려면 리스트로 큐를 만들되, 리스트에서 마지막 쌍으로 바로 가는 길을 알아야 한다. 이리 할 수만 있다면 새 원소를 넣을 때, 리스트를 처음부터 모조리 살펴볼 필요가 없다.

리스트의 처음을 가리키는 front-ptr(앞 꼬리)와 끝을 가리키는 rear-ptr(뒤 꼬리)로 큐를 표현하자. 그리고 두 꼬리^{포인터, pointer}를 cons로 묶어서 큐가 한 물체인 것처럼 만든다. 다시 말해, 큐는 두 꼬리를 한 쌍으로 합친 물체. 그림 3.19는 이 방법을 그림으로 나타내고 있다.

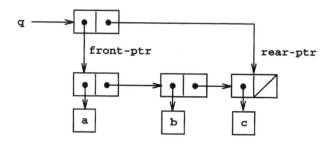

그림 3.19 앞뒤 꼬리를 묶어서, 리스트로 큐를 나타내는 방법

큐 연산을 만들기에 앞서, 큐의 앞뒤 꼬리값을 읽거나 고치는 연산을 정의한다.

```
(define (front-ptr queue) (car queue))

(define (rear-ptr queue) (cdr queue))

(define (set-front-ptr! queue item) (set-car! queue item))

(define (set-rear-ptr! queue item) (set-cdr! queue item))
```

이제 큐 연산을 만들 차례가 되었다. 앞 꼬리가 빈 리스트를 가리키면 큐가 빈 것으로 보라.

```
(define (empty-queue? queue) (null? (front-ptr queue)))
```

짜맞추개 make-queue는 비어 있는 큐, 곧 car와 cdr 모두 빈 리스트로 쌍을 만든다.

```
(define (make-queue) (cons '() '()))
```

맨 앞 원소를 살펴볼 때에는 앞 꼬리가 가리키는 쌍에 car를 적용한다.

```
(define (front-queue queue)
  (if (empty-queue? queue)
      (error "FRONT called with an empty queue" queue)
      (car (front-ptr queue))))
```

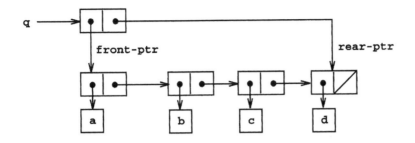

그림 3.20 그림 3.19에 나온 큐에 (insert-queue! q 'd)를 하고 난 모습

큐에 새 원소를 집어넣고 나면, 그림 3.20 같은 결과가 나온다. 먼저 쌍 하나를 새로 만드는데, 그 쌍의 **car**는 새 원소를 가리키고 **cdr**는 빈 리스트다. 큐가 비었으면, 큐의 앞뒤 꼬리가 이 쌍을 가리키게 만든다. 비지 않았으면, 큐의 마지막 쌍에 새 쌍을 이어 붙인 다음, 뒤 꼬리가 새 쌍을 가리키게 한다.

```
(define (insert-queue! queue item)
 (let ((new-pair (cons item '())))
   (cond ((empty-queue? queue)
          (set-front-ptr! queue new-pair)
          (set-rear-ptr! queue new-pair)
          queue)
         (else
          (set-cdr! (rear-ptr queue) new-pair)
          (set-rear-ptr! queue new-pair)
          queue)))))
```

큐 앞 머리의 원소를 없애려면, 앞 꼬리가 큐의 두 번째 원소를 가리키게 하면 된다. 두 번째 원소는 첫 번째 원소의 **cdr**로 찾을 수 있다(그림 3.21을 보자).[22]

---

22) 큐에 원소가 하나 들어 있을 때 이 원소를 지우고 나면 앞 꼬리(포인터, pointer)는 빈 리스트를 가리키므로, 자연스레 빈 큐를 나타낼 수 있다. 이때 뒤 꼬리는 고치지 않아도 된다. 뒤 꼬리가 이미 지워 버린 원소를 가리키기는 하나, empty-queue?에서는 앞 꼬리만 보기 때문에 문제가 없다.

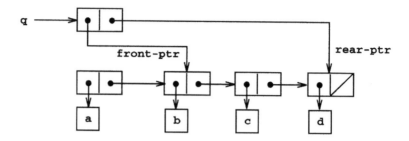

그림 3.21 그림 3.20에 나온 큐에 (delete-queue! q)를 하고 난 모습

```
(define (delete-queue! queue)
 (cond ((empty-queue? queue)
        (error "DELETE! called with an empty queue" queue))
       (else
        (set-front-ptr! queue (cdr (front-ptr queue)))
        queue)))
```

● 연습문제 3.21

Ben Bitdiddle은 앞에서 얘기한 대로 큐를 만들어 보았다. 그리고 Lisp 실행기에서 다음처럼 실험했다.

```
(define q1 (make-queue))

(insert-queue! q1 'a)
```
((a) a)

```
(insert-queue! q1 'b)
```
((a b) b)

```
(delete-queue! q1)
```
((b) b)

```
(delete-queue! q1)
```
(() b)

이를 보고 Ben이 투덜거렸다. "다 틀렸잖아! 실행기가 답한 것을 살펴보면, 맨 마지막 원소가 큐에 두 번이나 들어갔단 말이지. 그래서 그 두 원소를 다 지웠는데도 두 번째 b가 그대로잖아. 큐가 텅 비어야 맞는 건데 그게 아니잖아."

Eva Lu Ator가 Ben에게 큐가 어떻게 돌아가는지 잘 모르는 게 아니냐고 물었다. "그게 네 생각처럼, 같은 원소가 두 번 들어간 게 아니거든. 그건 그냥 Lisp에서 큐를 찍을 때, 큐를 어떻게 짠 것인지 모르니까, 보통 cons로 만든 쌍을 찍듯이 있는 그대로 찍어서 그렇게 나오는 거야. 제대로 큐를 찍고 싶으면 큐 찍는 프로시저를 따로 만들어야지."

Eva Lu가 하는 말이 무슨 뜻인지 설명해 보라. Ben의 실험에서 왜 저런 결과가 나오는지 밝혀 보라. 이를 바탕으로, 큐에 있는 원소를 차례대로 찍어내는 프로시저 print-queue를 정의하라.

● **연습문제 3.22**

큐의 두 꼬리를 쌍으로 묶어서 나타내지 않고, 상태가 있는 프로시저로 표현할 수 있다. 이때 리스트의 시작과 끝을 가리키는 꼬리가 바로 프로시저의 상태다. 이 방법으로 make-queue 프로시저를 만들어 보면 다음과 같다.

```
(define (make-queue)
  (let ((front-ptr ...)
        (rear-ptr ...))
    〈감추어 놓을 프로시저 정의〉
    (define (dispatch m) ...)
    dispatch))
```

위 make-queue 프로시저 정의에서 빈 곳을 마저 채워라. 이 표현 방법에 따라 큐 연산도 새로 만들어 보자.

● **연습문제 3.23**

데크^{deque, double-ended queue}라는 데이터 구조는 앞뒤 양쪽으로 원소를 넣고 뺄 수 있는 차례열이다. 데크를 다루는 연산으로 짜맞추개 make-deque, 술어^{predicate} empty-deque?, 고르개 front-deque와 rear-deque, 바꾸개 front-insert-

deque!, rear-insert-deque!, front-delete-deque!, rear-delete-deque!
가 있다. 데크를 어떻게 쌍으로 나타내는지 밝히고, 그에 따른 연산도 정의해 보
자.[23] 단, 모든 연산이 $\Theta(1)$에 끝나야 한다.

3.3.3 표

2장에서 집합의 표현 방법을 살펴보는 가운데, 2.2.3절에서 열쇠[키, key]로 데이터
를 찾아보기 쉽도록 표를 어떻게 관리하는지 알아보았고, 2.4.3절에서 데이터 중
심 프로그램 기법을 다룰 때에는 열쇠 두 개로 데이터를 넣고 빼는 이차원 표를
쓴 적이 있다. 이 절에서는 이런 표 데이터 구조를 변형 가능한 리스트[mutable list
structure] 여러 개로 어떻게 짜맞추는지 알아보자.

먼저, 열쇠 하나에 값이 하나인 일차원 표부터 만들어 보자. 표는 레코드[record]
의 리스트로 만들고, 레코드는 열쇠와 값의 쌍으로 나타낸다. 여러 레코드를 한
줄로 엮어 리스트가 되도록, 쌍의 car가 다음 레코드를 가리키게 만든다. 이렇게
엮은 쌍의 묶음을 표의 등뼈[backbone]라 한다. 표에 새 레코드를 집어넣을 때 어디를
고쳐야 하는지 표시하기 위해서, 머리 달린 리스트[headed list]를 쓴다. 머리 달린 리스
트의 맨 앞쪽에는 등뼈의 시작을 가리키는 쌍 하나를 따로 두고, 그 쌍의 car가 가
짜 '레코드'(여기서는 *table*이 가짜 레코드다.)를 가리키게 만든다. 그림 3.22
는 상자와 화살표 그림으로 아래 같은 레코드가 들어 있는 표를 나타낸 것이다.

```
a:    1
b:    2
c:    3
```

표에서 데이터를 찾을 때에는 lookup 프로시저를 쓴다. 이 프로시저는 열쇠를 인
자로 받아서 그 열쇠와 짝 맞춘 값을 찾아 준다. (열쇠와 짝 맞춘 값이 없을 때에
는 false가 나온다.) lookup은 assoc 연산을 써서 정의하는데, assoc 연산은 열

---

23) 실행기에서는 고리(cycle)가 들어 있는 데이터를 찍지 않도록 조심해야 한다. (연습문제 3.13을 보자.)

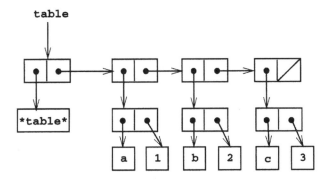

그림 3.22 머리 달린 리스트로 만든 표

쇠와 레코드 리스트를 인자로 받는다. 이 연산으로 레코드를 뒤질 때, 맨 앞의 가짜 레코드는 건너뛴다는 사실을 알아두자. assoc 연산의 결과로 레코드가 나오는데 그 car에 열쇠가 들어 있다.[24] 찾아낸 레코드가 거짓인지 따져본 뒤, 거짓이 아니라면 그 레코드의 cdr값을 lookup의 결과로 내놓는다.

```
(define (lookup key table)
 (let ((record (assoc key (cdr table))))
   (if record
       (cdr record)
       false)))

(define (assoc key records)
 (cond ((null? records) false)
       ((equal? key (caar records)) (car records))
       (else (assoc key (cdr records)))))
```

표에 새 값을 집어넣을 때에는, 먼저 assoc을 써서 같은 열쇠로 넣어둔 값이 있는지 살펴본다. 그런 값이 없다면, 열쇠와 값을 cons하여 새 레코드를 만들고 그 레코드를 레코드 리스트의 앞쪽(가짜 레코드 바로 뒤)에 집어넣는다. 같은 열쇠가

---

24) assoc에서는 equal?을 쓰기 때문에 기호 데이터, 수, 리스트 구조를 모두 열쇠로 쓸 수 있다.

달린 레코드가 있다면, 그 레코드의 **cdr**를 인자로 받은 (새) 값으로 바꾼다. 여기서, 새 레코드를 붙여 넣을 때 표의 어디를 고쳐 써야 할지 바로 알 수 있도록, 표머리^{header}는 고정된 자리를 가리킨다.[25]

```
(define (insert! key value table)
 (let ((record (assoc key (cdr table))))
   (if record
       (set-cdr! record value)
       (set-cdr! table
                 (cons (cons key value) (cdr table)))))
 'ok)
```

표를 처음 만들 때에는 *table* 이라는 기호 데이터로 리스트를 만들면 된다.

```
(define (make-table)
 (list '*table*))
```

이차원 표

이차원 표는 열쇠 두 개로 값을 찾지만, 일차원 표와 만드는 방법은 같다. 다만, 이차원 표에서 찾아낸 값이 레코드 값이 아니라 다시 일차원 표라는 게 다르다. 그림 3.23에서는 이차원 표가 어떤 얼개를 갖추는지 상자와 화살표 그림으로 나타내고 있다.

```
math:
      +: 43
      -: 45
      *: 42
letters:
      a: 97
      b: 98
```

---

25) 따라서 등뼈의 맨 처음 쌍이 바로 표를 나타내는 물체다. 다시 말해, 첫 쌍을 가리키는 꼬리(pointer)가 곧 표를 가리키는 꼬리다. 그러므로 표의 처음을 가리키는 쌍은 언제나 같다. 이렇게 해놓지 않으면, insert!에서 새 레코드를 집어넣을 때마다 표를 시작하는 첫 번째 물체도 바뀌므로, 언제나 새 값이 나온다.

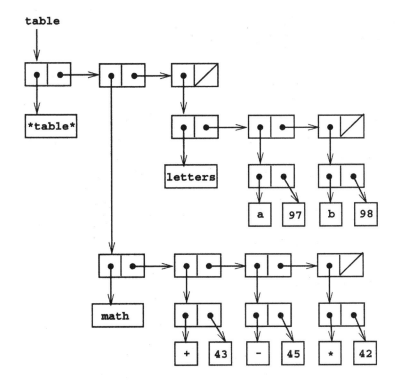

그림 3.23 이차원 표

이 표는 일차원 표 두 개로 이루어져 있다. (새끼 표^{subtable}에서는 첫 번째 열쇠를 표의 머리처럼 쓸 수 있기 때문에 따로 머리를 만들어 쓸 필요가 없다.)

이차원 표에서 원소를 찾아내는 방법은 이렇다. 먼저 첫 번째 열쇠로 알맞은 표를 고른다. 다시 그 표를 두 번째 열쇠로 뒤져보고 알맞은 레코드를 찾아낸다.

```
(define (lookup key-1 key-2 table)
 (let ((subtable (assoc key-1 (cdr table))))
   (if subtable
       (let ((record (assoc key-2 (cdr subtable))))
         (if record
             (cdr record)
             false))
       false)))
```

열쇠 두 개로 새 원소를 집어넣을 때에는, assoc을 써서 첫 열쇠와 짝 맞춘 표가
이미 들어 있는지부터 살펴본다. 그런 표가 없다면, (key-2, value) 레코드로 표
를 하나 만들어서 그 표와 첫 번째 열쇠를 짝 맞추고 그런 다음에 집어넣는다. 첫
번째 열쇠가 달린 새끼 표가 벌써 있는 경우에는 새로 만든 레코드를 새끼 표 속에
집어넣는다. 이때, 원소를 넣는 방법은 앞서 일차원 표에서 쓴 방법과 같다.

```
(define (insert! key-1 key-2 value table)
 (let ((subtable (assoc key-1 (cdr table))))
   (if subtable
       (let ((record (assoc key-2 (cdr subtable))))
         (if record
             (set-cdr! record value)
             (set-cdr! subtable
                       (cons (cons key-2 value)
                             (cdr subtable)))))
       (set-cdr! table
                 (cons (list key-1
                             (cons key-2 value))
                       (cdr table)))))
 'ok)
```

프로시저 속에 표 감추기

앞서 정의한 lookup과 insert! 연산은 표를 인자로 받기 때문에, 표를 여러 개
만들어 쓸 수 있다. 이와 달리, 표마다 lookup과 insert! 프로시저를 따로 쓰는
방법도 있다. 즉, 프로시저 속에 표를 숨겨서 상태가 있는 물체로 표현하면 된다.
이른바, '표 물체^{table object}'는 알맞은 메시지^말를 알아듣고 그 대답으로 알맞은 프
로시저를 내놓는데, 이 프로시저가 물체 속에 숨어 있는 표를 건드린다. 아래는
그런 방식으로, 이차원 표를 만들어내는 프로시저다.

```
(define (make-table)
 (let ((local-table (list '*table*)))
   (define (lookup key-1 key-2)
     (let ((subtable (assoc key-1 (cdr local-table))))
       (if subtable
           (let ((record (assoc key-2 (cdr subtable))))
             (if record
                 (cdr record)
                 false))
           false)))
   (define (insert! key-1 key-2 value)
     (let ((subtable (assoc key-1 (cdr local-table))))
       (if subtable
           (let ((record (assoc key-2 (cdr subtable))))
             (if record
                 (set-cdr! record value)
                 (set-cdr! subtable
                           (cons (cons key-2 value)
                                 (cdr subtable)))))
           (set-cdr! local-table
                     (cons (list key-1
                                 (cons key-2 value))
                           (cdr local-table)))))
     'ok)
   (define (dispatch m)
     (cond ((eq? m 'lookup-proc) lookup)
           ((eq? m 'insert-proc!) insert!)
           (else (error "Unknown operation -- TABLE" m))))
   dispatch))
```

프로시저 make-table을 쓰면 2.4.3절에 나온 get과 put 연산을 다음처럼 만들
수 있다.

```
(define operation-table (make-table))
(define get (operation-table 'lookup-proc))
(define put (operation-table 'insert-proc!))
```

프로시저 get은 열쇠 둘을 인자로 받고, put은 열쇠 둘과 값 하나를 인자로 받는
다. 두 연산은 같은 (make-table로 만들어 낸 물체 속에 들어 있는) 표를 쓴다.

● **연습문제 3.24**

앞에서 표를 만들 때 두 열쇠가 같은지 다른지 알아보기 위해 (assoc에서) equal?을 썼다. 그러나 언제나 equal?을 쓸 수 있는 것은 아니다. 예컨대, 표에서 수를 열쇠 값으로 쓴다고 하자. 한데, 두 수가 똑같지는 않아도 어느 오차넓이[tolerance]에서 어림잡아 비슷할 때 같은 열쇠로 본다고 치자.* 이런 문제를 풀 때, 열쇠가 같은지 다른지를 알아보는 same-key? 프로시저를 인자로 받을 수 있게 make-table을 다시 설계해 보자. 앞서와 마찬가지로 make-table은 dispatch 프로시저를 내놓는데, 이 프로시저에 알맞은 메시지를 건네면 lookup과 insert! 프로시저가 나오고 그리하여 프로시저 속에 숨겨둔 표를 쓸 수 있다.

● **연습문제 3.25**

일차원, 이차원 표의 쓰임새를 더 늘려 보자. 이번에는 열쇠가 여러 개일뿐더러, 레코드마다 열쇠 수가 달라도** 된다고 하자. lookup과 insert! 프로시저는 열쇠 리스트를 인자로 받을 수 있어야 하겠다.

● **연습문제 3.26**

위처럼 만든 표를 뒤져 보려면 어쩔 도리 없이 레코드 리스트를 죽 훑어 볼 수밖에 없다. 이 방식은 2.3.3절에서 차례 없는 리스트[unordered list] 표현을 쓸 때와 다를 게 없다. 그러므로 표가 아주 클 때 레코드를 더 빨리 찾으려면, 표의 얼개를 달리 짜는 게 나을 수 있다. 어떻게든 열쇠 사이에는 (수의 크기라거나 글자의 차례 같은) 어떤 차례가 있다고 치고, 이진 나무[binary tree]로 (key, value) 레코드 리스트를 표현한다면 표를 어떻게 만들어야 하는지 설명하라. (2장에서 나온 연습문제 2.66과 견주어 보자.)

---

* 역주 : 다시 말해서, 두 열쇠가 같은지 다른지 알아보는 방법을 한 가지로 정하지 못하므로 그런 프로시저를 인자로 받아서 쓰겠다는 말이다.

** 역주 : 즉, 여러 차원 표를 만들 수 있고 레코드마다 딱 정해진 차원이 없어도 된다고 하자.

● **연습문제** 3.27

메모하기^{memoization}(또는 **표로 정리하기**^{tabulation})는 프로시저가 한 번 계산한 값
을 표에 적어두었다가 다음 계산에서 다시 쓰는 기법이다. 이 기법을 쓰면 프로
그램 성능이 크게 달라질 수 있다. 먼저 어떤 프로시저 속에 표를 숨긴 다음, 이
프로시저를 적용하고 얻은 값을 이 표에다 메모한다. 이때 표에서 값을 찾는 열
쇠는 인자다. 이렇게 값을 메모해 둔 프로시저는, 어떤 인자를 받아 값을 계산하
기에 앞서 같은 계산을 한 적이 있는지 표를 뒤진다. 인자를 열쇠로 삼아 값을
찾는다면, 그냥 표에서 찾은 값을 내놓는다. 그렇지 않다면, 프로시저를 적용하
여 값을 구한 다음에, 그 값을 메모한다. 이를테면 1.2.2절에 나온 **피보나치 수**
^{Fibonacci numbers}를 계산하는 프로세스를 떠올려 보자. 이 프로세스는 지수 비례로
^{exponentially} 자라난다.

```
(define (fib n)
  (cond ((= n 0) 0)
        ((= n 1) 1)
        (else (+ (fib (- n 1))
                 (fib (- n 2))))))
```

메모하기 기법을 쓰도록 이 프로시저를 고치면 아래와 같다.

```
(define memo-fib
  (memoize (lambda (n)
             (cond ((= n 0) 0)
                   ((= n 1) 1)
                   (else (+ (memo-fib (- n 1))
                            (memo-fib (- n 2))))))))
```

계산한 값을 메모하는 프로시저는 다음처럼 정의한다.

```
(define (memoize f)
  (let ((table (make-table)))
    (lambda (x)
      (let ((previously-computed-result (lookup x table)))
        (or previously-computed-result
            (let ((result (f x)))
              (insert! x result table)
              result))))))
```

Inverter   **And-gate**   **Or-gate**

그림 3.24 디지털 논리 시뮬레이터에서 기본 함수

환경 그림을 그려서 (memo-fib 3)의 계산 과정을 살펴보자. n번째 피보나치 수를 n에 비례하는 단계 만에 어떻게 찾을 수 있는지 설명하라. memo-fib를 (memoize fib)로 정의해도 그 효과가 같은가?

3.3.4 디지털 회로 시뮬레이터

컴퓨터 같이 복잡한 디지털 시스템을 설계하는 일은 참말 중요한 기술이다. 디지털 시스템은 간단한 소자로 만드는데, 저마다 소자가 하는 일은 뻔하지만 그물처럼 한데 엮어 놓으면 어마어마하게 복잡한 일을 해낼 수 있는 회로가 된다. 그러므로 디지털 시스템을 설계하는 사람에게는 디지털 회로를 진짜로 만들어 보기 전에 설계한 대로 회로가 돌아가는지 컴퓨터에서 가짜 회로를 만들어 돌려보는 일시뮬레이션이 중요하다. 이 절에서는 디지털 논리 회로를 흉내내는 시뮬레이션 시스템을 하나 설계한다. 이 장에서 만드는 디지털 시스템이 돌아가는 방식은 흔히 사건 중심 시뮬레이션^{event-driven simulation}이라고 하는 프로그램의 좋은 보기다. 사건 중심이란, 한 마디로 여러 가지 움직임(사건, event)이 뒤에 일어날 사건을 일으키는 원인이 되고, 다시 그 사건이 더 많은 사건을 일으키며 맞물려 돌아가도록 프로그램을 짜는 방식을 말한다.

이 절에서 만드는 가짜 회로는 진짜 회로에서 소자^{원소}가 하는 일을 흉내내는 여러 물체로 이루어져 있다. 처음으로 만들어 볼 물체는 디지털 신호^{digital signal}를 실어 나르는 줄^{wire}이다. 디지털 신호는 어떤 순간에 두 값(0과 1) 가운데 하나를 나타낸다. 그리고 신호를 받는 줄과 보내는 줄을 이어주는 디지털 소자^{function box}가 있다. 이 소자는 저마다 신호를 받아 정해진 계산을 하고 그 결과를 신호로 내보낸다. 이 과정에서 신호가 곧바로 나오지 않고 어느 정도 뒤처질 수 있는데, 그

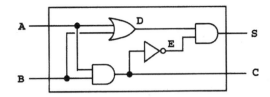

그림 3.25 반 덧셈기 회로

간격은 소자마다 다르다. 예컨대, **인버터**^{뒤집개, inverter}는 들어온 신호를 뒤집어 내보내는 기본 함수 소자인데, 들어오는 신호가 0으로 바뀌면, 한 `inverter-delay`만큼 쉰 다음 나가는 신호를 1로 바꾸어 내보낸다. 이와 반대로 들어오는 신호가 1로 바뀌면 한 `inverter-delay`만큼 쉬고 나서 그 신호를 0으로 바꾸어 내보낸다. 그림 3.24에 인버터를 나타내는 그림이 나와 있다. 한편, 그림 3.24에 나온 논리곱 소자^{and-gate}는 두 신호를 받아 한 신호를 내는데, 나가는 신호가 들어오는 두 신호의 **논리곱**^{logical and}이다. 다시 말해 들어오는 신호가 모두 1일 때, 한 `and-gate-delay`만큼 쉰 다음에 신호 1을 내보내고, 그게 아니라면 0을 내보낸다. 이와 비슷하게 **논리합 소자**^{or-gate}는 두 신호를 받아서 **논리합**^{logical or}한 신호를 내놓는다. 다시 말해, 들어오는 신호 가운데 하나가 1이면 1, 모두 0이면 0이 나간다.

기본 소자^{primitive function} 여러 개를 한데 모아 더 복잡한 일을 하는 소자를 짤 수 있다. 소자 사이에 드나드는 신호를 줄로 이어 만들면 된다. 그림 3.25에 논리합 소자 하나, 논리곱 소자 둘, 인버터 하나를 줄로 엮어 만든 **반 덧셈기**^{half-adder} 회로가 나와 있다. 이 회로는 A와 B 신호를 받아서 S와 C 신호를 내보낸다. A와 B 가운데 하나에만 1이 들어오면 S로 1이 나가고, A와 B에 모두 1이 들어오면 C로 1을 보낸다. 그런데 그림에서 알 수 있듯이 회로에서 뒤처지는 시간이 각자 다르기에, 서로 다른 시간에 신호가 나올 수 있다. 디지털 회로를 설계하기 어려운 까닭은 거의 이런 문제 때문이다.

이제 이 디지털 논리 회로를 흉내내는 시뮬레이션 프로그램을 짜보자. 먼저 신호를 실어 나르는 줄을 본떠서 알맞은 물체를 만들고, 프로시저를 써서 여러 신호가 맞물려 흐르도록 함수 소자를 만들기로 한다.

이 시뮬레이션에서 바탕이 되는 원소는 줄을 만들어 내는 make-wire 프로시저다. 이를테면, 다음처럼 줄 여섯 개를 만들 수 있다.

```
(define a (make-wire))
(define b (make-wire))
(define c (make-wire))
(define d (make-wire))
(define e (make-wire))
(define s (make-wire))
```

함수 소자를 만들어 내는 프로시저에서는, 그 소자에 끼워 쓸 줄을 인자로 받는다. 논리곱 소자, 논리합 소자, 인버터를 다음처럼 만들 수 있으면, 여러 소자를 줄로 엮어서 그림 3.25에 있는 반 덧셈기를 만들 수 있다.

```
(or-gate a b d)
ok

(and-gate a b c)
ok

(inverter c e)
ok

(and-gate d e s)
ok
```

하지만, 이렇게 따로따로 회로를 짜맞추기보다는 반 덧셈기 회로를 찍어내는 프로시저를 만들어 half-adder라는 이름을 붙이고, 줄 네 개를 프로시저의 인자로 받도록 표현하는 게 낫다.

```
(define (half-adder a b s c)
  (let ((d (make-wire)) (e (make-wire)))
    (or-gate a b d)
    (and-gate a b c)
    (inverter c e)
    (and-gate d e s)
    'ok))
```

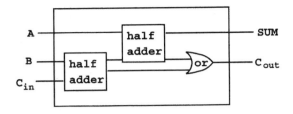

그림 3.26 온 덧셈기 회로

위처럼 하면 더 복잡한 회로를 만들 때 half-adder를 부품처럼 쓸 수 있어서 좋다. 그림 3.26은 반 덧셈기 두 개를 붙여 온 덧셈기^{full-adder}를 만드는 보기다.[26] 이제 다음과 같이 온 덧셈기를 만들 수 있다.

```
(define (full-adder a b c-in sum c-out)
  (let ((s (make-wire))
        (c1 (make-wire))
        (c2 (make-wire)))
    (half-adder b c-in s c1)
    (half-adder a s sum c2)
    (or-gate c1 c2 c-out)
    'ok))
```

마찬가지로 full-adder를 프로시저로 정의해 놓으면, 훨씬 복잡한 회로를 만들 때 부품처럼 쓸 수 있다. (연습문제 3.30을 보자.)

지금 만드는 시뮬레이터를 가만히 보면 회로 짜는 언어를 새로 만드는 것과 마찬가지다. 1.1절에서 Lisp를 공부하던 방식대로 언어를 더 넓은 눈으로 보면, 이 언어에서 기본 함수 소자는 기본 프로시저(원소, 낱말, element)가 되는 셈이고, 여러 소자를 줄로 엮는 것은 마치 복잡한 식을 엮어 쓰는 것과 같고, 회로를 프로시저로 묶어 쓰는 것은 요약하는 방법(새 낱말을 만드는 방법)이 된다고 볼 수 있다.

---

26) 온 덧셈기(full-adder)는 두 이진수를 더하는 회로를 만들 때 기본이 되는 소자다. A와 B는 더하는 수를 나타내는 비트이고, C_{in}은 오른쪽으로 한 자리 올리는 비트다. SUM은 두 수를 더한 값을 나타내는 비트이고, C_{out}은 왼쪽으로 흘러가는 자리 올림 비트다.

기본 함수 소자

기본 함수 소자는 어떤 줄에 흐르는 신호가 바뀔 때 다른 줄에서 흐르는 신호에
어떤 힘을 미쳐야 할지 나타내는 물체다. 다음은 함수 소자를 만들 때 필요한 줄
연산이다.

- (get-signal ⟨*wire*⟩)
  줄에 실린 신호를 잡아내는 프로시저다.

- (set-signal! ⟨*wire*⟩ ⟨*new value*⟩)
  줄에 새 신호를 (덮어써서) 실어 보내는 프로시저다.

- (add-action! ⟨*wire*⟩ ⟨*procedure of no arguments*⟩)
  이 프로시저는 줄에 실린 신호가 바뀔 때마다 처리해야 하는 프로시저를 지
  정한다. 이리하면, 어떤 줄에 실린 신호가 바뀔 때마다 다른 줄로 신호를 보
  낼 수 있다.

아울러 after-delay라는 프로시저도 필요한데, 이 프로시저는 소자를 거쳐가는
데 걸리는 시간과 프로시저 하나를 인자로 받아서, 그 시간만큼 기다린 다음에
그 프로시저를 돌린다.

　이런 프로시저를 써서 기본적인 디지털 논리 함수를 정의할 수 있다. 인버터에
들어오는 신호와 나가는 신호를 이으려면, add-action!으로 신호가 들어오는 줄
을 어떤 프로시저와 짝 지우고, 들어오는 신호가 변할 때마다 그 프로시저가 돌
아가게 만든다. 그 프로시저는 inverter-delay만큼 쉰 다음에 받은 신호의
logical-not 신호를 내놓는다.

```
(define (inverter input output)
  (define (invert-input)
    (let ((new-value (logical-not (get-signal input))))
      (after-delay inverter-delay
                   (lambda ()
                     (set-signal! output new-value)))))
  (add-action! input invert-input)
  'ok)

(define (logical-not s)
  (cond ((= s 0) 1)
        ((= s 1) 0)
        (else (error "Invalid signal" s))))
```

논리곱 소자는 조금 더 복잡하다. 소자로 들어오는 신호 가운데 한 쪽이 변할 때 마다 일 프로시저^{action procedure}를 돌려야 한다. logical-not과 비슷한 이 프로시 저를 써서, 들어오는 신호의 logical-and 값을 계산해 놓고, and-gate-delay 뒤에 나가는 줄의 신호를 그 값으로 바꾼다.

```
(define (and-gate a1 a2 output)
  (define (and-action-procedure)
    (let ((new-value
           (logical-and (get-signal a1) (get-signal a2))))
      (after-delay and-gate-delay
                   (lambda ()
                     (set-signal! output new-value)))))
  (add-action! a1 and-action-procedure)
  (add-action! a2 and-action-procedure)
  'ok)
```

● 연습문제 3.28

논리합 소자를 or-gate라는 프로시저로 정의하라. and-gate와 비슷하게 만들 면 된다.

● 연습문제 3.29

논리곱 소자와 인버터를 엮어서 논리합 소자를 짜맞추는 방법이 있다. 이 방법대로 or-gate 프로시저를 정의하라. 이때 뒤처지는 시간을 and-gate-delay와 inverter-delay로 표현하면 어떻게 되는가?

● 연습문제 3.30

그림 3.27에 있는 **자리 올림 덧셈기**$^{ripple-carry\ adder}$는 온 덧셈기 n개를 한데 묶어 만든 것이다. 이 회로는 n비트 이진수를 더하는 가장 간단한 병렬 덧셈기라 할 수 있다. 회로로 들어오는 신호 A_1, A_2, A_3, ..., A_n 그리고 B_1, B_2, B_3, ..., B_n는 더하려는 두 이진수를 나타낸다. (A_k와 B_k는 0이거나 1이다). 회로에서 나가는 신호 S_1, S_2, S_3, ..., S_n은 덧셈 결과를 n비트로 나타낸 것이고, C는 덧셈에서 나온 자리 올림^{carry} 값이다. 이 회로를 ripple-carry-adder라는 프로시저로 정의하라. 이 프로시저는 줄을 n개씩 묶어 놓은 (A_k, B_k, S_k를 표현하는) 리스트 세 개와 C 줄을 인자로 받는다. 이렇게 자리 올림 덧셈기를 만들 때 가장 좋지 않은 점은 자리 올림 신호를 보낼 동안 기다려야 한다는 점이다. n비트 자리 올림 덧셈기에서 신호가 모두 나오려면 (뒤처지는 시간 간격을 논리곱, 논리합, 인버터에서 뒤처지는 시간으로 나타낸다고 하면) 얼마나 기다려야 하는가?

줄 만들기

줄을 나타내는 물체에는 상태변수가 두 개 있다. 하나는 (처음에 0인) signal-value고, 다른 하나는 신호가 변할 때 돌아가게 될 action-procedures 모음이다. 줄을 만드는 프로시저는 3.1.1절에서 은행 계정 물체를 만들 때 쓴 것처럼 메시지 패싱^{말} ^{건네기}, 다시 말해 안쪽에 여러 프로시저를 정의해 놓고, 건네받은 메시지^{말}에 따라 알맞은 프로시저를 찾아주는 dispatch로 나타낸다.

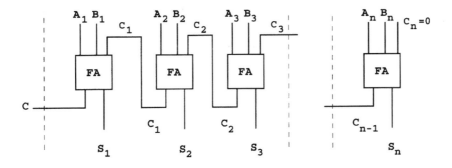

그림 3.27 n비트 수를 더하는 자리 올림 덧셈기

```
(define (make-wire)
  (let ((signal-value 0) (action-procedures '()))
    (define (set-my-signal! new-value)
      (if (not (= signal-value new-value))
          (begin (set! signal-value new-value)
                 (call-each action-procedures))
          'done))

    (define (accept-action-procedure! proc)
      (set! action-procedures (cons proc action-procedures))
      (proc))

    (define (dispatch m)
      (cond ((eq? m 'get-signal) signal-value)
            ((eq? m 'set-signal!) set-my-signal!)
            ((eq? m 'add-action!) accept-action-procedure!)
            (else (error "Unknown operation -- WIRE" m))))
    dispatch))
```

갇힌 프로시저^{local procedure} `set-my-signal!`은 새로 받은 신호가 줄에 실린 신호
와 같은지 다른지, 곧 신호가 변했는지부터 살펴본다. 만일 신호가 바뀌었다면,
`call-each` 프로시저를 써서, 줄과 짝 지어진 일 프로시저를 모두 돌린다. 이 프
로시저는 리스트에 들어 있는 인자 없는 프로시저를 하나씩 차례대로 돌린다.

```
(define (call-each procedures)
 (if (null? procedures)
     'done
     (begin
       ((car procedures))
       (call-each (cdr procedures)))))
```

갇힌 프로시저 accept-action-procedure!는 인자로 프로시저를 받아서 프로시
저 리스트에 집어넣은 다음에, 그 프로시저를 한번 돌려 준다. (연습문제 3.31을 보
자.)

위 dispatch 프로시저로 줄 속에 정의한 프로시저를 꺼내어 아래와 같은 프로
시저를 정의할 수 있다.[27]

```
(define (get-signal wire)
 (wire 'get-signal))

(define (set-signal! wire new-value)
 ((wire 'set-signal!) new-value))

(define (add-action! wire action-procedure)
 ((wire 'add-action!) action-procedure))
```

시간에 따라 신호가 바뀌고 언제라도 여러 장치에 끼웠다 뺐다 할 수 있다는 점
에서, 줄 데이터는 상태가 변하는 물체의 좋은 보기다. 그런 까닭에 물체 속 상태

---

27) 이 프로시저는, 물체 안에 갇힌 프로시저를 꺼내 쓸 때 보통 프로시저 문법으로 쓸 수 있도록 만든 것뿐이
   다. 그런데 이처럼 '프로시저'나 '데이터' 역할이 쉽게 뒤바뀐다는 게 놀랍다. 이를테면, (wire 'get-
   signal)이라고 하면, get-signal이라는 메시지를 인자로 받는 프로시저가 wire라고 생각할 수 있다.
   이와 달리, (get-signal wire)라고 하면 프로시저 get-signal에 wire라는 물체를 인자로 건네주는
   것이라 볼 수 있다. 그러므로 여기서 꼭 짚고 넘어가야 할 것은, 프로시저를 물체처럼 쓸 수 있는 언어에서
   는 프로시저와 물체 사이에 큰 차이점이 없다는 사실이다. 따라서 프로그램 짜기에 쉬운 문법을 마음대로
   골라, 바라는 대로 프로그램을 짜면 된다.
   (역주 : 이 말은 Lisp 같이 프로시저와 데이터를 따로 보지 않는 언어에서는 프로시저에 인자를 보내는 것
   이나 물체에 말을 건네는 것이나 똑같은 말 뜻을 다른 문법으로 나타낸 것뿐이라는 얘기다.)

를 덮어쓸 수 있도록, 상태가 있는 프로시저로 줄을 나타내었다. 새 줄을 만들면 (make-wire 속에 있는 let 식을 계산하면서) 새 환경이 생기는데, 그 속에 상태 변수들이 있다. 그 다음 dispatch 프로시저를 만들어서 그 프로시저를 값으로 내놓는다. 이 dispatch 프로시저가 새로 만든 환경을 들고 다닌다고 보면 된다.

한 줄에 붙어 있는 모든 장치는 그 줄을 함께 쓰는 셈이다. 따라서 그 줄에 붙어 있는 어떤 장치에서 뭔가가 바뀌면, 나머지 모든 장치에 영향을 준다. 무엇이 어떻게 변했는지 이웃 장치에 알릴 적에는, 줄을 소자에 연결할 때 그 줄에 붙여 둔 일 프로시저를 돌린다.

시간표

이제 after-delay만 만들면 시뮬레이터를 마무리 지을 수 있다. 시간표^{agenda}라는 데이터 구조를 만드는 것이 이 문제를 푸는 열쇠다. 여기서 시간표란 정해진 시간에 해야 할 일을 차례대로 적어 놓은 표라고 보면 된다. 아래는 시간표를 관리하는 데 쓸 연산이다.

- (make-agenda)
  새 시간표를 만든다.

- (empty-agenda? ⟨*agenda*⟩)
  시간표가 비어 있는지 살펴본다.

- (first-agenda-item ⟨*agenda*⟩)
  시간표에서 처음 할 일을 꺼낸다.

- (remove-first-agenda-item! ⟨*agenda*⟩)
  시간표에서 처음 할 일을 지운다.

- (add-to-agenda! ⟨*time*⟩ ⟨*action*⟩ ⟨*agenda*⟩)

  정한 시간에 할 일을 시간표에 보탠다.

- (current-time ⟨*agenda*⟩)

  현재 (시뮬레이션) 시간을 알아본다.

지금부터 쓸 시간표에 the-agenda라는 이름을 붙이자. after-delay 프로시저
는 the-agenda에 새 원소를 넣는다.

```
(define (after-delay delay action)
  (add-to-agenda! (+ delay (current-time the-agenda))
                  action
                  the-agenda))
```

프로시저 propagate는 the-agenda에 따라 차례대로 프로시저를 돌리면서 시뮬
레이션을 한다. 보통 시뮬레이션을 하는 가운데 새 원소가 시간표에 들어가는데,
propagate는 시간표가 텅 빌 때까지 시뮬레이션을 멈추지 않는다.

```
(define (propagate)
  (if (empty-agenda? the-agenda)
      'done
      (let ((first-item (first-agenda-item the-agenda)))
        (first-item)
        (remove-first-agenda-item! the-agenda)
        (propagate))))
```

시뮬레이션해 보기

다음 코드는 시뮬레이션이 어떻게 돌아가는지 살펴보기 위해 어떤 줄에다 'probe'
를 붙이는 프로시저다. probe는 줄을 타고 흘러가는 신호가 변할 때마다 그 신호
값, 신호가 바뀐 시간, 줄 이름을 찍어서 보여준다.

```
(define (probe name wire)
 (add-action! wire
              (lambda ()
                (newline)
                (display name)
                (display " ")
                (display (current-time the-agenda))
                (display "  New-value = ")
                (display (get-signal wire)))))
```

먼저 새 시간표를 만들고 기본 함수 소자마다 뒤처지는 시간^{delay}을 정한다.

```
(define the-agenda (make-agenda))
(define inverter-delay 2)
(define and-gate-delay 3)
(define or-gate-delay 5)
```

그 다음, 줄 네 개를 만드는데, 그 가운데 두 줄에다 probe를 붙인다.

```
(define input-1 (make-wire))
(define input-2 (make-wire))
(define sum (make-wire))
(define carry (make-wire))
```

```
(probe 'sum sum)
```
sum 0 New-value = 0

```
(probe 'carry carry)
```
carry 0 New-value = 0

이제 그림 3.25에 나오는 것처럼 반 덧셈기에 줄을 끼우고, input-1에 신호 1을
실어서 시뮬레이션을 돌리자.

```
(half-adder input-1 input-2 sum carry)
```
ok

```
(set-signal! input-1 1)
```
done

```
(propagate)
```
sum 8 New-value = 1
done

sum 신호가 8번째 걸음에서 1로 바뀌는 것을 볼 수 있다. 다시 말해, 시뮬레이션을 시작한 지 여덟 걸음을 거쳤다는 얘기다. 이 시점에서 input-2에 신호 1을 흘려 보자.

```
(set-signal! input-2 1)
```
done

```
(propagate)
```
carry 11 New-value = 1
sum 16 New-value = 0
done

carry는 11번째 걸음에서 1로 변했고, sum은 16번째 걸음에서 0으로 변했다.

● **연습문제** 3.31

make-wire의 안쪽 프로시저 accept-action-procedure!는 일 프로시저를 줄과 짝맞출 때, 그 프로시저를 곧바로 돌리고 있다. 왜 이렇게 해야 하는지 설명해 보라. accept-action-procedure!를 아래처럼 정의했다면, 위 절에 나온 반 덧셈기를 돌리면서 무엇이 어떻게 달라지는지 밝혀라.

```
(define (accept-action-procedure! proc)
  (set! action-procedures (cons proc action-procedures)))
```

시간표 만들기

끝으로, 시간표 데이터 구조를 어떻게 만드는지 살펴보자. 이 데이터 구조에는 정해진 시간에 돌려야 할 프로시저가 들어 있다.

시간표는 여러 **조각 시간**^{time segment}으로 이루어지고, 조각 시간은 다시 시간을 나타내는 수와 큐(연습문제 3.32)를 쌍으로 묶어서 만든다. 큐에는 정해진 조각 시간 안에 끝내야 할 프로시저가 들어 있다.

```
(define (make-time-segment time queue)
  (cons time queue))

(define (segment-time s) (car s))

(define (segment-queue s) (cdr s))
```

조각 시간 큐를 관리할 때에는 3.3.2절에 나온 큐 연산을 그대로 쓰기로 한다.

　시간표는 조각 시간으로 이루어진 일차원 표다. 하지만 시간이 흐르는 차례대로
조각 시간을 늘어놓는다는 점에서 3.3.3절에 나온 표와 다르다. 게다가, 시간표
맨 앞에는 현재 시간(마지막 일을 끝낸 시간)을 기록해 두어야 한다. 시간표를 새
로 만들면 처음에는 조각 시간이 들어 있지 않으므로 현재 시간은 0이다.[28]

```
(define (make-agenda) (list 0))

(define (current-time agenda) (car agenda))

(define (set-current-time! agenda time)
  (set-car! agenda time))

(define (segments agenda) (cdr agenda))

(define (set-segments! agenda segments)
  (set-cdr! agenda segments))

(define (first-segment agenda) (car (segments agenda)))

(define (rest-segments agenda) (cdr (segments agenda)))
```

시간표에 조각 시간이 하나도 들어 있지 않으면 시간표가 비어 있다고 본다.

```
(define (empty-agenda? agenda)
  (null? (segments agenda)))
```

---

28) 시간표는 3.3.3절에서 나온 표처럼 머리가 달린 리스트(headed list)다. 하지만, 시간이 머리를 다는 구실
　을 하기 때문에 일부러 (표에서 *table* 같은) 가짜 머리를 따로 만들어 붙이지 않아도 된다.

시간표에 새로 할 일을 보태려면 먼저 시간표가 비어 있는지 살펴본다. 빈 시간 표라면 조각 시간을 새로 만들어 집어넣는다. 비지 않았다면 표에 있는 조각 시간을 하나씩 살펴본다. 같은 조각 시간이 이미 있다면 새 일감을 큐에 집어넣는 다. 그렇지 않고 일하려는 시간보다 늦은 조각 시간을 찾으면 그 바로 앞에 새 조각 시간을 만들어서 끼워 넣는다. 시간표 끝에 다다르면 새 조각 시간을 만들어서 맨 뒤에 집어넣는다.

```
(define (add-to-agenda! time action agenda)
  (define (belongs-before? segments)
    (or (null? segments)
        (< time (segment-time (car segments)))))
  (define (make-new-time-segment time action)
    (let ((q (make-queue)))
      (insert-queue! q action)
      (make-time-segment time q)))
  (define (add-to-segments! segments)
    (if (= (segment-time (car segments)) time)
        (insert-queue! (segment-queue (car segments))
                       action)
        (let ((rest (cdr segments)))
          (if (belongs-before? rest)
              (set-cdr!
               segments
               (cons (make-new-time-segment time action)
                     (cdr segments)))
              (add-to-segments! rest)))))
  (let ((segments (segments agenda)))
    (if (belongs-before? segments)
        (set-segments!
         agenda
         (cons (make-new-time-segment time action)
               segments))
        (add-to-segments! segments))))
```

시간표에서 첫 원소를 지우는 프로시저는 첫 조각 시간에 들어 있는 일감 하나를 지운다. 이렇게 일감을 하나씩 없애다가 할 일이 하나도 남지 않으면 그 조각 시

간 자체를 없앤다.[29]

```
(define (remove-first-agenda-item! agenda)
 (let ((q (segment-queue (first-segment agenda))))
   (delete-queue! q)
   (if (empty-queue? q)
       (set-segments! agenda (rest-segments agenda)))))
```

시간표에서 처음 할 일은 첫 조각 시간 안에 들어 있는 큐의 맨 앞에 있다. 그러
므로 일감을 꺼낼 때마다 현재 시간도 그에 따라 고쳐줘야 된다.[30]

```
(define (first-agenda-item agenda)
 (if (empty-agenda? agenda)
     (error "Agenda is empty -- FIRST-AGENDA-ITEM")
     (let ((first-seg (first-segment agenda)))
       (set-current-time! agenda (segment-time first-seg))
       (front-queue (segment-queue first-seg)))))
```

● **연습문제** 3.32

시간표에는 조각 시간마다 돌려야 할 프로시저가 큐에 들어 있다. 따라서 조각
시간 속에 있는 프로시저는 시간표에 넣은 차례대로 (먼저 들어간 것이 먼저
나와서) 돌아간다. 왜 이런 차례를 따라야 하는지 밝혀 보라. 또, 같은 조각 시
간 동안에 신호가 0, 1에서 1, 0으로 바뀔 때 논리곱 소자[and-gate]가 어떻게 돌아
가는지 따라가 보라. 아울러, 조각 시간 속의 프로시저를 넣고 뺄 때 큐 대신에
리스트를 쓴다면 (뒤에 넣은 게 먼저 나온다고 할 때) 무엇이 어떻게 달라지는
지 밝혀 보라.

---

29) 이 프로시저 속에서 if 문에 〈*alternative*〉 식이 없다는 걸 알아두자. 보통 이렇게 식이 하나만 있는 if 문
   은 두 식 가운데 하나를 고를 때 쓰지 않고, 어떤 일을 할지 말지 가늠할 때 쓴다. 질문의 답이 거짓이고 그에
   답할 식이 없을 경우에는 if 식이 무슨 값을 내놓을지 알 수 없다. (또는 알 수 없는 값을 내놓는다.)
30) 이렇게 해서 맨 마지막 일을 끝낸 시간이 현재 시간이 된다. 현재 시간을 시간표 머리에 적어두었기 때문
   에, 그 조각 시간이 시간표에서 사라지더라도 현재 시간을 알아내는 데는 문제가 없다.

3.3.5 관계 알리기^{constraint propagation}

컴퓨터 프로그램은 정해진 인자를 받아서 어떤 연산을 한 다음에 그 값을 내놓는 방식, 곧 (값이 들어가서 계산되어 나오는) 한쪽으로 계산이 흘러가는 게 보통이다. 그런데 어떤 양▪ 사이의 관계를 나타내는 시스템을 만들어야 할 (또는 시스템의 성질을 간추려야 할) 경우가 있다. 이를테면, 물체에 미치는 힘의 관계^{역학 구조}를 간추려서 수학 식으로 나타낸다고 할 때, 쇠막대의 휘는 정도 d와 그 막대에 미치는 힘 F, 막대 길이 L, 자름 넓이^{단면적} A, 탄성 계수^{탄성 곁수} E 사이의 관계를 아래 등식으로 나타낼 수 있다.

$$dAE = FL$$

이런 등식에서는 계산이 한쪽으로만 흐르지 않는다. 어떤 양이든 값 네 개만 알면, 나머지 값도 얻을 수 있다. 그런데 지금까지 본 컴퓨터 언어로 이런 등식을 표현하려고 하면, 얻어야 할 값을 하나 정해놓고 나머지 값으로 그 값을 구할 수밖에 없다. 다시 말해, A와 d가 똑같은 등식을 써서 셈할 수 있는 값이라 할지라도, 넓이 A를 구하는 프로시저로는 d값을 구하지 못한다.³¹

    이 절에서는 이처럼 양 사이에 어떤 관계가 있을 때 그 관계 자체를 프로그래밍 언어로 어떻게 나타낼 수 있는지 얘기해 보려고 한다. 지금부터 만들 언어에서는 여러 양 사이의 관계를 나타내는 **기본 관계**^{primitive constraint}가 있다. 이를테면, (adder a b c)는 양 a, b, c가 등식 $a + b = c$라는 관계를 맺고 있음을 뜻하고, (multiplier x y z)는 $xy = z$라는 관계를 뜻하며, (constant 3.14 x)는 x 값이 언제나 3.14라는 말이다.

---

31) '관계를 알린다(constraint propagation)'는 생각은 1963년에 이반 서덜랜드(Ivan Sutherland)가 만든 SKETCHPAD 시스템에서 처음 나왔다. 이는 놀랄 만치 시대를 앞서가는 생각이었다. 1977년 제록스 팔로 알토 연구센터(Xerox Palo Alto Research Center)에서 앨런 보닝(Alan Borning)은 스몰토크(Smalltalk) 언어를 바탕으로 아름다운 관계 알림 시스템을 만들었다. 서스먼(Sussman), 스톨먼(Stallman), 스틸(Steele)은 전자회로를 분석하는 일에 관계 알림 방식을 빌어 썼다.(Sussman and Stallman 1975; Sussman and Steele 1980). Konopasek and Jayaraman 1984에 나온 TK!Solver는 관계 모형을 만드는 데 두루 쓸 수 있는 환경이다.

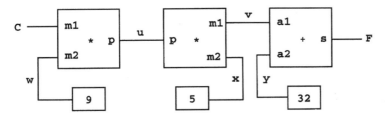

그림 3.28 $9C = 5(F - 32)$ 관계를 나타내는 그물

또, 이 언어에는 기본 관계를 묶어서 복잡한 관계를 맺을 수 있도록 여러 관계를 엮어내는 방법이 있다. 여러 관계를 연결선^{connector}으로 얼기설기 엮어서 그물처럼 얽힌 관계^{그물 관계, constraint network}를 만들어갈 수 있다. 여기서 연결선은 여러 관계에 연결할 수 있는 물체다. 이를테면, 화씨온도와 섭씨온도 사이에 다음 관계가 있다고 하자.

$9C = 5(F - 32)$

이 관계는 그림 3.28에 나타낸 것처럼 기본적인 덧셈 관계, 곱셈 관계, 상수 관계가 얽혀 있는 그물로 볼 수 있다. 이 그림에서 왼쪽에 있는 곱셈 관계 소자에는 $m1, m2, p$라는 연결 고리^{terminal}가 있다. 연결 고리는 곱셈 관계를 그물에 있는 다른 관계와 연결할 수 있는 자리인데, $m1$ 고리에는 섭씨온도 값이 들어오도록 연결선 C를 걸었고, $m2$에는 w를 걸어놓았다. 아울러, w는 값 9가 들어 있는 상수 소자와 연결되어 있다. 연결 고리 p는 $m1$과 $m2$의 곱을 나타내는 다른 곱셈 관계 소자의 연결 고리 p와 이어져 있다. 다시 그 곱셈 관계 상자를 보면, $m2$는 상수 5와 연결되어 있고, $m1$은 덧셈 상자의 한 연결 고리에 걸려 있다.

이제 이런 그물에서 계산이 어떻게 이루어지는지 살펴보자. (연결선에다 곧바로 값을 넣거나, 연결선과 이어진 다른 관계 소자에서 값을 보내거나 하여) 어떤 연결선에 값이 들어오면, 이 연결선으로 이어진 모든 관계 그물에 값이 들어왔다는 사실이 알려진다. 이어서 새 값이 들어왔음을 안 관계 소자들은 자기와 연결된 선들을 살펴보고, 어떤 값을 계산하는 데 필요한 정보가 모두 들어왔는지부터 알아본다. 정보가 충분하다면, 한 연결선으로 계산한 값을 흘려보내는데, 그에 따라 그 선에 연결된 모든 관계가 깨어난다. 관계 그물을 이루는 모든 원소에 이런 변화가 알려질 때까지 똑같은 과정이 되풀이된다. 섭씨와 화씨 관계를 보기로 들면 w, x, y가 맨 처음에 상수 상자에서 곧바로 $9, 5, 32$라는 값을 받는다. 그 다음, 이 선에 연결된 곱셈 관계와 덧셈 관계가 깨어난다. 그러나 둘 다 정보가 충분하지 않아서 더는 계산하지 못한다. 하지만, 이때 C에 (곧바로 집어넣어지거나 그물 속에 있는 다른 상자에서) 값(여기서는 25)이 들어오면, 맨 왼쪽에 있는 곱셈 관계가 깨어나서 u로 $25 \cdot 9 = 225$라는 값을 보낸다. 이어서, u가 두 번째 곱셈 소자를 깨우고, v로 45라는 값이 나간다. 다시 v가 덧셈 관계를 깨워서, F로 77이 나온다.

관계 시스템 돌려보기

관계 시스템으로 앞에서 밝힌 온도 계산을 하기 위해 먼저 make-connector라는 짜맞추개로 C와 F라는 연결선부터 만들고, C와 F를 알맞은 그물에 연결하자.

```
(define C (make-connector))
(define F (make-connector))
(celsius-fahrenheit-converter C F)
ok
```

이 그물을 엮는 프로시저는 아래에 있다.

```
(define (celsius-fahrenheit-converter c f)
  (let ((u (make-connector))
        (v (make-connector))
        (w (make-connector))
        (x (make-connector))
        (y (make-connector)))
    (multiplier c w u)
    (multiplier v x u)
    (adder v y f)
    (constant 9 w)
    (constant 5 x)
    (constant 32 y)
    'ok))
```

이 프로시저는 연결선 u, v, w, x, y를 만들어서 기본 관계를 만드는 연산(adder, multiplier, constant)에 이 연결선들을 인자로 보낸다. 그리하면, 그림 3.28과 같은 관계가 성립된다. 3.3.4절의 디지털 회로 시뮬레이터처럼 이 언어에서도 복잡한 물체를 만들 때 프로시저를 사용한다.

이 그물에서 어떤 일이 일어나는지 알아보기 위해 연결선 C와 F에 probe 프로시저를 붙일 수 있다. probe는 3.3.4절에 나온, 줄을 지켜보는 데 사용한 probe 프로시저와 엇비슷하다. 연결선에 probe를 붙이면 연결선으로 값이 들어올 때마다 이를 알려주는 글귀가 찍힌다.

```
(probe "Celsius temp" C)
(probe "Fahrenheit temp" F)
```

그 다음으로 C에다 값 25를 주자. (set-value!의 세 번째 인자는 값을 보낸 물체가 user라는 사실을 밝힌다.)

```
(set-value! C 25 'user)
Probe: Celsius temp = 25
Probe: Fahrenheit temp = 77
done
```

C에 붙어 있는 probe가 깨어나면 무슨 값이 들어왔는지 알 수 있다. 이어서, C는 들어온 값을 앞에서 설명한 방법대로 그물에 퍼뜨린다. 이렇게 하여 F로 77이 나오고, probe가 F 값을 찍어낸다.

이번에는 F에 212를 넣어 보자.

```
(set-value! F 212 'user)
Error! Contradiction (77 212)
```

연결선 F는 새로 들어온 값이 이미 있던 값과 서로 맞지 않는다는 사실을 알아낸다. 다시 말해서, 지금 77이 들어 있는데 누군가 억지로 212라는 값을 넣으려 한다는 말이다. 관계 그물에 새 값을 보내고 싶으면, 그에 앞서 옛 값을 잊으라고 C에 명령한다.

```
(forget-value! C 'user)
Probe: Celsius temp = ?
Probe: Fahrenheit temp = ?
done
```

C는 값을 없애려 하는 이가 처음에 값을 준 user라는 것을 알고 값을 지우기 시작한다. probe는 그 결과를 찍어 보여준다. 그런 다음 이 변화가 그물 전체에 널리 퍼진다. 드디어는 F가 이 사실을 알게 되고 F는 77이라는 값을 더 쥐어야 할까닭이 없음을 안다. 그리하여 F도 쥔 값을 지워 버린다. 다시 probe가 이 사실을 찍어서 보여준다.

이제 F에 값이 없기 때문에 마음대로 212를 넣을 수 있다.

```
(set-value! F 212 'user)
Probe: Fahrenheit temp = 212
Probe: Celsius temp = 100
done
```

새로 들어온 값이 그물을 따라 퍼지면 C로 100이 흘러가고 C에 붙어 있는 probe가 이를 알린다. 여기서, F에 값을 주고 C 값을 구하든지, 거꾸로 C에 값을 주고 F 값을 구하든지 같은 관계 그물에서 계산이 이루어지고 있다는 점을 눈여겨보자. 이처럼 계산이 어느 한쪽으로만 흐르지 않는 게 바로 관계 중심 시스템^{constraint-based system}의 특징이다.

관계 시스템 만들기

관계 시스템은 상태가 있는 프로시저 물체로 표현되는데, 3.3.4절에서 본 디지털 회로 시뮬레이터와 아주 비슷하다. 관계 시스템은 디지털 회로와 견주어 기본 원소가 좀 복잡하지만, 시간표라든지 회로를 거쳐 가는 시간 따위에 신경을 쓰지 않아도 되기 때문에 전체 시스템을 놓고 보면 오히려 단순하다.

연결선 연산에는 다음과 같은 것들이 있다.

- (has-value? ⟨*connector*⟩)

  연결선에 값이 있는지 묻는다.

- (get-value ⟨*connector*⟩)

  연결선에 있는 값을 읽는다.

- (set-value! ⟨*connector*⟩ ⟨*new-value*⟩ ⟨*informant*⟩)

  ⟨*informant*⟩가 연결선에 새 값을 덮어쓰려고 한다.

- (forget-value! ⟨*connector*⟩ ⟨*retractor*⟩)

  ⟨*retractor*⟩가 연결선에 실린 값을 지우려고 한다.

- (connect ⟨*connector*⟩ ⟨*new-constraint*⟩)

  연결선을 관계 상자에 끼운다.

연결선이 관계 상자와 정보를 주고받을 때 쓰는 연산은 inform-about-value 프로시저와 inform-about-no-value 프로시저다. inform-about-value는 관계 상자와 연결된 선으로 값이 들어 왔음을 알릴 때 쓰고, inform-about-no-value는 값이 지워졌음을 관계 상자에 알릴 때 쓴다.

adder는 값을 받는 a1, a2와, 더한 값이 나가는 sum을 엮어서, 새 덧셈 관계를 만들어 낸다. 덧셈 관계는 다음처럼 상태가 있는 프로시저(me 프로시저)로 만든다.

```
(define (adder a1 a2 sum)
 (define (process-new-value)
   (cond ((and (has-value? a1) (has-value? a2))
          (set-value! sum
                      (+ (get-value a1) (get-value a2))
                      me))
         ((and (has-value? a1) (has-value? sum))
          (set-value! a2
                      (- (get-value sum) (get-value a1))
                      me))
         ((and (has-value? a2) (has-value? sum))
          (set-value! a1
                      (- (get-value sum) (get-value a2))
                      me))))
 (define (process-forget-value)
   (forget-value! sum me)
   (forget-value! a1 me)
   (forget-value! a2 me)
   (process-new-value))
 (define (me request)
   (cond ((eq? request 'I-have-a-value)
          (process-new-value))
         ((eq? request 'I-lost-my-value)
          (process-forget-value))
         (else
          (error "Unknown request -- ADDER" request))))
 (connect a1 me)
 (connect a2 me)
 (connect sum me)
 me)
```

adder는 인자로 받은 세 연결선이 덧셈 관계를 이루도록 엮은 다음에 그 자신을 값으로 내놓는다. 덧셈 관계를 나타내는 프로시저 **me**는, 갇힌 프로시저^{local procedure} 가운데 알맞은 것을 골라내는 일을 한다. 아래는 보통 프로시저처럼 쓸 수 있도록 만든 '문법 인터페이스'(3.3.4절에서 주석 27을 보자)다.

```
(define (inform-about-value constraint)
  (constraint 'I-have-a-value))

(define (inform-about-no-value constraint)
  (constraint 'I-lost-my-value))
```

덧셈 관계는 자기와 연결된 선 가운데 하나에 값이 들어온 것을 알았을 때, 갇힌 프로시저 process-new-value를 부른다. 이 프로시저는 a1, a2에 모두 값이 들어왔는지 살피고, 그렇다면 두 값을 더하여 sum에 실어 보낸다. 이때 값을 보낸 이는 me, 곧 덧셈 관계 자신이다. a1과 a2에 모두 값이 들어오지 않았다면 a1과 sum 값이 들어왔는지 살펴본다. 그렇다면 두 값을 빼서 a2로 보낸다. 이도 저도 아니고 a2와 sum으로 값이 들어온 경우라면, 이 두 값을 빼서 a1 값으로 보낸다. 한편, 덧셈 물체와 연결된 선에서 값이 사라졌을 때, 덧셈 물체는 자기와 연결된 모든 선에 값을 지우라고 알린다. (단, 자기가 퍼뜨린 값만 지울 수 있다.) 그러고 나서 마지막으로 process-new-value를 한 번 돌린다. 마지막에 이렇게 하는 까닭은, 다른 값이 연결선에 들어와 있을지 모르기 때문이다. (말하자면, 자기가 보내지 않은 값이 연결선으로 들어와 있을지 모른다는 뜻이다.) 이런 값은 거꾸로 덧셈 관계를 거쳐 다른 곳으로 퍼져 나가야 한다.

곱셈 관계도 덧셈 관계와 아주 비슷하다. 다만, 곱해야 할 인자 가운데 하나가 0이면, 다른 인자 값을 몰라도 product를 0으로 놓는 점만 다르다.

```
(define (multiplier m1 m2 product)
 (define (process-new-value)
   (cond ((or (and (has-value? m1) (= (get-value m1) 0))
              (and (has-value? m2) (= (get-value m2) 0)))
          (set-value! product 0 me))
         ((and (has-value? m1) (has-value? m2))
          (set-value! product
                     (* (get-value m1) (get-value m2))
                     me))
         ((and (has-value? product) (has-value? m1))
          (set-value! m2
                     (/ (get-value product) (get-value m1))
                     me))
         ((and (has-value? product) (has-value? m2))
          (set-value! m1
                     (/ (get-value product) (get-value m2))
                     me))))
 (define (process-forget-value)
   (forget-value! product me)
   (forget-value! m1 me)
   (forget-value! m2 me)
   (process-new-value))
 (define (me request)
   (cond ((eq? request 'I-have-a-value)
          (process-new-value))
         ((eq? request 'I-lost-my-value)
          (process-forget-value))
         (else
          (error "Unknown request -- MULTIPLIER" request))))
 (connect m1 me)
 (connect m2 me)
 (connect product me)
 me)
```

constant를 만드는 **짜맞추개**^{구성자, constructor}는 지정된 연결선에 값을 실어 보내기만 하면 된다. I-have-a-value나 I-lost-my-value라는 말을 들으면, 잘못되었다고 대답한다.

```
(define (constant value connector)
 (define (me request)
   (error "Unknown request -- CONSTANT" request))
 (connect connector me)
 (set-value! connector value me)
 me)
```

끝으로 probe는 연결선에 값이 들거나 날 때마다 알맞은 글을 찍는다.

```
(define (probe name connector)
 (define (print-probe value)
   (newline)
   (display "Probe: ")
   (display name)
   (display " = ")
   (display value))
 (define (process-new-value)
   (print-probe (get-value connector)))
 (define (process-forget-value)
   (print-probe "?"))
 (define (me request)
   (cond ((eq? request 'I-have-a-value)
          (process-new-value))
         ((eq? request 'I-lost-my-value)
          (process-forget-value))
         (else
          (error "Unknown request -- PROBE" request))))
 (connect connector me)
 me)
```

연결선 만들기

연결선은 상태가 여러 개 있는 프로시저 물체로 나타내는데, 그 상태는 현재 연결선에 실려 있는 값 value, 값을 보낸 이 informant, 연결선에 붙어 있는 관계 constraints를 말한다.

```
(define (make-connector)
 (let ((value false) (informant false) (constraints '()))
   (define (set-my-value newval setter)
     (cond ((not (has-value? me))
            (set! value newval)
            (set! informant setter)
            (for-each-except setter
                             inform-about-value
                             constraints))
           ((not (= value newval))
            (error "Contradiction" (list value newval)))
           (else 'ignored)))
   (define (forget-my-value retractor)
     (if (eq? retractor informant)
         (begin (set! informant false)
                (for-each-except retractor
                                 inform-about-no-value
                                 constraints))
         'ignored))
   (define (connect new-constraint)
     (if (not (memq new-constraint constraints))
         (set! constraints
               (cons new-constraint constraints)))
     (if (has-value? me)
         (inform-about-value new-constraint))
     'done)
   (define (me request)
     (cond ((eq? request 'has-value?)
            (if informant true false))
           ((eq? request 'value) value)
           ((eq? request 'set-value!) set-my-value)
           ((eq? request 'forget) forget-my-value)
           ((eq? request 'connect) connect)
           (else (error "Unknown operation -- CONNECTOR"
                        request))))
   me))
```

연결선에 갇힌 프로시저 set-my-value는 연결선에 값을 흘려보낼 때 쓰는 연산
이다. 값이 없다면 setter가 보낸 값을 받고, 이때 setter를 informant로 둔

다.[32] 그런 다음 informant를 뺀 나머지 모든 관계에 값이 들어왔음을 알린다. 이런 일을 할 때 for-each-except 프로시저를 쓰는데, 이 프로시저의 정의는 다음과 같다.

```
(define (for-each-except exception procedure list)
 (define (loop items)
   (cond ((null? items) 'done)
         ((eq? (car items) exception) (loop (cdr items)))
         (else (procedure (car items))
               (loop (cdr items)))))
 (loop list))
```

위 프로시저는 리스트의 원소 가운데 exception만 빼고 나머지 모든 원소에 똑같은 프로시저를 적용하는데, 이때 반복 프로시저iterator를 쓴다. 연결선에 값을 잊어 달라는 부탁이 오면 프로시저 forget-my-value가 돌아간다. 이 프로시저는 앞서 값을 준 물체와 지금 값을 없애려는 물체가 같은지 살펴본다. 두 물체가 같다면 연결된 모든 관계에 값이 사라졌음을 알린다.

프로시저 connect는 새로 연결하려는 관계가 이미 관계 리스트에 들어 있는지 보고, 그렇지 않으면 새 관계를 관계 리스트에 집어넣는다. 그런 다음에 연결선에 값이 있다면 이 사실을 새로 연결한 관계에도 알려준다.

연결선 안쪽 프로시저 me는 안쪽 프로시저 가운데 알맞은 프로시저를 골라내는 일, 그리고 연결선을 물체로 나타내는 일을 한다. 아래는, me에 말을 건네는 모습을 감추어서 보통 프로시저처럼 쓸 수 있도록 만든 문법 인터페이스다.

```
(define (has-value? connector)
 (connector 'has-value?))

(define (get-value connector)
 (connector 'value))
```

---

32) setter는 꼭 관계가 아니라도 된다. 보기로 든 온도 변환에서도 user를 setter로 쓴다.

```
(define (set-value! connector new-value informant)
  ((connector 'set-value!) new-value informant))

(define (forget-value! connector retractor)
  ((connector 'forget) retractor))

(define (connect connector new-constraint)
  ((connector 'connect) new-constraint))
```

● 연습문제 3.33

기본 곱셈 관계, 덧셈 관계, 상수 관계를 써서 averager 프로시저를 정의하라.
이 프로시저는 연결선 a, b, c를 받아 a와 b의 평균을 c로 보낸다.

● 연습문제 3.34

Louis Reasoner는 연결 고리가 두 개 있는 관계 squarer를 만들려고 한다. 둘째
연결 고리에 걸려 있는 선 b의 값은 첫째 연결 고리로 들어오는 값 a를 제곱한
것이다. Louis는 곱셈 관계를 써서 squarer를 쉽게 만들 수 있다고 생각했다.

```
(define (squarer a b)
  (multiplier a a b))
```

이 방법에는 아주 큰 문제가 있다. 왜 그런지 말해 보라.

● 연습문제 3.35

Ben Bitdiddle은 Louis에게, 연습문제 3.34에서 밝혀진 문제를 피하는 방법은
squarer를 기본 관계로 정의하는 것이라고 말했다. Ben이 대충 만들어 놓은
다음 프로시저에서 빈 곳을 채워 squarer를 만들어 보라.

```
(define (squarer a b)
 (define (process-new-value)
   (if (has-value? b)
       (if (< (get-value b) 0)
           (error "square less than 0 -- SQUARER" (get-value b))
           ⟨alternative1⟩)
       ⟨alternative2⟩)))
 (define (process-forget-value) ⟨body1⟩)
 (define (me request) ⟨body2⟩)
 ⟨rest of definition⟩
 me)
```

● 연습문제 3.36

맨 바깥쪽 환경에서 아래 식을 계산해야 한다고 치자.

```
(define a (make-connector))
(define b (make-connector))
(set-value! a 10 'user)
```

set-value!를 계산하다 보면 연결선에 갇힌 프로시저에서 아래 식을 계산해야
한다.

```
(for-each-except setter inform-about-value constraints)
```

위 식을 계산할 때 어떤 환경이 만들어지는지 그림으로 나타내 보라.

● 연습문제 3.37

앞에서 정의한 celsius-fahrenheit-converter 프로시저보다 보통 수식을 쓰
는 문법과 비슷하게 관계를 정의할 수 있다면, 읽고 쓰기가 더 쉬울 것이다.

```
(define (celsius-fahrenheit-converter x)
 (c+ (c* (c/ (cv 9) (cv 5))
         x)
     (cv 32)))
```

```
(define C (make-connector))
(define F (celsius-fahrenheit-converter C))
```

위에서 c+, c* 따위는 '관계' 언어에서 산술 연산을 나타낸다. 이를테면, c+는 연결선 두 개를 인자로 받아서 이 둘과 덧셈 관계로 이어진 새 연결선을 만들어 낸다.

```
(define (c+ x y)
 (let ((z (make-connector)))
   (adder x y z)
   z))
```

이와 비슷한 방법으로 c-, c*, c/, cv(관계 값) 같은 프로시저를 정의하여 위에 나온 보기와 같이 복잡한 관계를 짜보자.[33]

---

33) 식 중심 문법(expression-oriented format)을 쓰면 계산 과정에서 한 번 쓰고 버릴 식에다 굳이 이름을 붙여 쓰지 않아도 되기 때문에 편하다. 복잡한 데이터로 연산을 할 때 계산 과정을 써 내려가기가 무척 번거로운 경우가 많다. 위 글에서 만든 관계 언어도 복잡한 관계를 만들기가 아주 까다롭다. 예를 들어 $(a + b) \cdot (c + d)$라는 곱셈 식이 있고 이 식에서 변수가 벡터를 나타낸다고 하자. 인자로 받은 벡터를 바꾸기만 할 뿐 그 계산 결과를 돌려주지 않는 프로시저로 위 곱셈식을 표현한다면, 다음처럼 차례로 '명령을 내리듯(imperative style)' 프로그램을 짜야 한다.

```
(v-sum a b temp1)
(v-sum c d temp2)
(v-prod temp1 temp2 answer)
```

이와 달리, 연산 값으로 벡터를 값으로 돌려주는 프로시저를 쓰면 temp1이나 temp2라는 변수가 없어도 되기 때문에 아래처럼 깔끔한 식을 쓸 수도 있다.

```
(define answer (v-prod (v-sum a b) (v-sum c d)))
```

Lisp에서는 합친 물체(compound object)를 프로시저 값으로 돌려줄 수 있기 때문에, 이 연습문제에서 설명한 것처럼 명령 중심 관계 언어를 식 중심 언어처럼 바꿀 수 있다. 알골(Algol), 베이직(Basic), 파스칼(Pascal)(파스칼에서 일부러 포인터 변수를 쓰지 않는다면)처럼 복잡한 물체를 다루느라 누더기가 된 언어에서는 보통 복잡한 물체를 명령을 내리듯 다룬다. 한데, 명령을 내리는 것보다 식 중심 문법을 쓰는 것이 그렇게 좋다면, 왜 이 절에서는 처음에 굳이 명령 중심으로 시스템을 설계했을까? 여기서 처음에 식 중심으로 관계 언어를 만들지 않은 까닭은 연결선이나 관계를 곧바로 건드릴 수 있는 손잡이(handle)가 필요했기 때문이다. 손잡이가 있으면 관계를 나타내는 물체와 직접 데이터를 주고받을 수 있으므로, 이런 목적에는 명령 중심으로 시스템을 짜는 게 알맞다. 이와 달리, 식 중심으로 관계를 나타낼 수 있게 했다면, 곧바로 관계 물체를 건드리지 못하고 오로지 연결선 연산으로만 관계 물체를 건드려야 한다. 보통 명령 중심으로 시스템을 만들면 그 시스템을 식 중심으로 쉽게 바꿀 수 있지만, 그 반대는 아주 어렵다.

3.4 병행성^{並行性} : 시간은 중요하다

지금까지 프로그램을 짤 때 상태를 가진 물체를 어떻게 사용하는지 살펴보았다. 아울러 3.1.3절에서는 이런 기법을 쓰려면 그만한 대가를 치러야 한다는 사실을 지적하기도 하였다. 즉, 물체가 시간에 따라 달라지는 상태를 가지게 되면서 두 물체의 같음^{sameness}과 달라짐^{change}에 얽힌 복잡한 문제가 생겨나게 되고, 이에 따라 '말 뜻이 한결같아야 한다$^{referential\ transparency}$'는 성질을 지키지 못하기 때문에, 그 전까지 쓴 맞바꿈 계산법을 버리고 그보다 더 복잡한 환경 계산법을 끌어들일 수밖에 없다고 밝힌 바 있다.

물체의 상태, 같음, 달라짐 같은 복잡한 개념의 밑바탕에는, 변수 값을 덮어쓸 수 있게 되면서 하는 수 없이 계산 방법^{모형} 속으로 시간 개념을 끌어들일 수밖에 없게 되었다는 문제가 깔려 있다. 덮어쓰기가 아예 없다면, 모든 프로그램이 시간의 영향을 받지 않고 '한결같아진다'. 즉, 인자를 받아서 어떤 값을 구하는 식이 있을 때, 그 인자 값만 같다면 언제나 그 결과 값도 같다. 허나, 3.1절에서 `withdraw` 프로시저로 계정에서 돈 찾는 일을 흉내낼 적에는, 다음과 같은 결과를 볼 수 있었다.

```
(withdraw 25)
```
75

```
(withdraw 25)
```
50

위에서 보는 바와 같이, 같은 인자 값을 주고 똑같은 식을 이어서 계산했을 뿐인데, 두 식의 답이 달리 나온다. 이렇게 같은 식에서 다른 답이 나오는 까닭은, (그 어딘가에서) 덮어쓰기 연산을 돌리면서 (이 경우에는 `withdraw` 프로시저 속의 `balance` 변수에 남은 돈을 적어두기 위하여 그 값을 덮어쓴다.) 변수 값이 바뀔 때마다 그 시간의 변화$^{시점,\ moments\ in\ time}$를 나타내기 때문이다. 따라서 덮어쓰는 연산을 쓰면, 계산 식에 따라서 답이 달라짐은 물론이고 변수 값을 앞에서 덮어

쓰는지 뒤에서 덮어쓰는지에 따라서도, 즉 덮어쓰는 차례만 바뀌어도 그 답이 달라질 수 있다. 다시 말해, 상태가 있는 물체를 가지고 프로그래밍하게 되면, 자연스럽게 시간 개념이 프로그래밍의 핵심 개념으로 떠오르게 된다.

여기서 한 발 더 나아가서 실제로 일어나는 현상에 가까운 프로그래밍을 할 수 있다. 사실 실제 물체들을 살펴보면, 그 상태가 한번에 하나씩 차례로 바뀌는 게 아니라, **병행으로**^{concurrently} 바뀐다고 보는 게 맞다. 따라서 한 시스템 속에 있는 여러 계산 과정이 한꺼번에 맞물려 돌아가는 것으로 보는 편이 더 자연스러울 때가 많다. 하여, 실제로 일어나는 현상을 흉내낼 때, 자기 상태를 숨기는 여러 물체를 모듈 방식으로 짜맞추어 프로그램을 짠 것처럼, 한 컴퓨터 시스템을 여러 부품으로 나누되 각 부품이 제각기 변하면서 병행으로 돌아간다고 보는 편이 더 들어맞는 경우가 있다. 따라서 순차 처리 컴퓨터^{식을 차례대로 계산하는 컴퓨터, sequential} ^{computer}로 프로그램이 결국 돌아가는 경우라도 프로그램을 짤 때에는 마치 여러 프로세스가 병행으로 돌아가는 것처럼 생각하고 짜면 굳이 중요하지 않은 시간 제약 조건을 따져볼 필요가 없기 때문에, 모듈 방식에 더 잘 들어맞도록 프로그램을 작성하게 된다.

이 뿐 아니라, 같은 일을 병행으로 계산할 수 있으면, 차례대로 처리하는 것보다 그 처리 속도가 더 높아질 수도 있다. 순차 처리 컴퓨터는 식^{연산}을 한 번에 하나씩 처리하기 때문에, 일 하나를 끝내는 데 걸리는 시간이 그 일을 하는 데 쓴 식의 개수에 비례한다.[34] 하지만, 그 일을 몇 조각으로 나누어서 따로 돌아가게끔 하고 꼭 필요한 정보만 가끔씩 주고받게 만들면, 여러 컴퓨터 프로세서에 조각낸 일을 나누어 맡길 수 있으므로, 프로세서의 개수에 비례하여 처리 속도를 끌어올릴 수 있다.

---

34) 대부분 진짜 컴퓨터 프로세서에서는 파이프라이닝(pipelining)이라는 기법을 써서 여러 식(연산)을 한 번에 처리할 수 있다. 그 덕분에 하드웨어를 훨씬 효율적으로 쓸 수 있게 되지만, 이는 그저 차례대로 이어지는 명령들의 처리 속도를 끌어올리기 위해서 쓰는 기법이다. 다시 말해, 차례대로 돌아가는 프로그램의 움직임에는 힘을 미치지 않는다.

그렇지만 앞서 덮어쓰기 때문에 생겨난 여러 복잡한 문젯거리가 병행성^{concur-}rency과 맞물리게 되면서 훨씬 복잡해진다. 실제 세상이 동시에 돌아가기 때문이든 컴퓨터가 그렇게 돌아가기 때문이든, 병행처리를 한다는 사실 자체가 시간 개념을 더 복잡하고 이해하기 어려운 문제로 만들 수밖에 없다.

3.4.1 병행 시스템에서 시간의 성질^{본질}

얼핏 보면 시간이라는 개념은 아주 단순하다. 사건이 일어나는 차례가 바로 시간이다.[35] 곧, 사건 A와 B가 있을 때, A가 B보다 먼저 일어나거나 A와 B가 같은 시간에 일어나거나 A가 B 다음에 일어나는 경우가 전부다. 은행 계정을 다시 떠올려 보자. 한 계정을 같이 쓴다고 할 때, 그 계정에는 처음에 100원이 들어 있고 여기서 피터가 10원을, 폴이 25원을 꺼낸다고 하자. 이때, 돈을 꺼내는 차례에 따라 잔액은 100원 90원 65원, 또는 100원 75원 65원의 차례로 바꿀 수 있다. 이 시스템을 컴퓨터 계산법으로 구현한다면, 차례대로 잔액을 바꾸는 일은 변수 balance를 잇따라 덮어쓰는 연산으로 나타낼 수 있다.

그런데 좀더 복잡한 상황이 되면 이런 생각이 문제가 될 수 있다. 보기를 들어서, 피터와 폴을 비롯한 많은 사람이 전 세계에 펼쳐져 있는 은행 기계의 네트워크를 통해 같은 계정 하나를 건드릴 수 있다고 하자. 실제 잔액이 어떤 차례로 달라질 것인가 하는 문제는 계정을 쓰는 시간과 기계 사이에 정보를 주고받을 때 일어나는 작은 변화에도 크게 영향을 받는다.

하지만, 이와 같이 사건의 차례를 하나로 결정짓지 못하는 상황은 병행 시스템을 설계하는 데 아주 어려운 문제가 된다. 예를 들어, 피터와 폴이 은행 계정에서 돈 찾는 일을, 변수 balance 하나를 함께 쓰는 프로세스 두 개로 구현했다고 하자. 그 프로세스는 3.1.1절에 나온 다음과 같은 프로시저 정의를 따른다.

---

35) 캠브리지 대학 건물 벽에는 '시간이란 모든 일이 한 번에 일어나는 것을 막기 위해 만든 장치다.'라는 낙서가 있다.

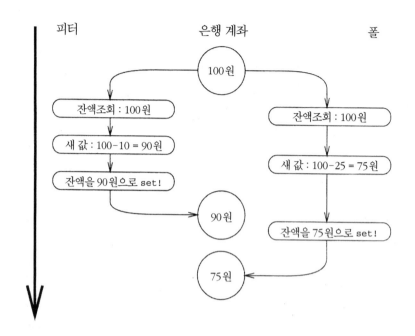

그림 3.29 은행 계좌에서 돈을 두 번 꺼낼 때, 어떤 차례로 꺼내느냐에 따라 남은 돈을 잘못 계산할 수도 있음을 설명하는 시간 흐름도

```
(define (withdraw amount)
  (if (>= balance amount)
      (begin (set! balance (- balance amount))
             balance)
      "Insufficient funds"))
```

두 프로세스가 따로 돌아간다고 할 때, 피터는 계정의 잔액을 보고 필요한 만큼 돈을 꺼내 쓰려 한다. 그런데 피터가 그러고 있는 사이에, 폴이 같은 계정에서 돈을 꺼내갔다고 하면, 결국 피터가 돈이 얼마 있는지 알아본 일은 아무 쓸모없는 짓이 된다.

　이보다 더 골치 아픈 일이 생길 수도 있다. 그 보기로 두 프로세스가 저마다 아래 식을 실행한다고 하자.

```
(set! balance (- balance amount))
```

위 식의 처리 과정은 세 단계다. (1) 변수 `balance`의 값을 읽는다. (2) 새 값(남은 돈)을 구한다. (3) 변수 `balance`의 값에 새 값을 덮어쓴다. 피터와 폴이 돈을 꺼내면서 이 식을 한꺼번에 돌린다면, 같은 변수 `balance`의 값을 읽은 다음, 새 값을 넣어두는 연산의 차례가 뒤엉켜 버릴 수 있다.

그림 3.29의 시간 흐름도는 사건이 어떤 차례로 일어났는지 나타낸다. 처음에 `balance`가 100원일 때, 피터가 10원을 꺼내고 폴이 25원을 꺼냈다면 `balance` 값은 75원이 된다. 그림에서 보듯이, 이런 어처구니없는 결과가 나온 이유는, 폴이 본래 `balance`가 100이었다고 보고 `balance`에 75를 덮어썼기 때문이다. 하지만, 그 사이에 피터가 `balance`를 90으로 바꾸어 버렸으니 그 가정은 틀린 것이다. 결국 시스템에서 총액을 제대로 지키지 못했으므로 은행 시스템에는 치명적인 결함이다. 다시 말해, 돈을 넣고 빼기 전에는 총액이 100원이었지만, 일이 다 끝난 다음에는 피터가 10원, 폴이 25원, 은행의 잔액은 75원인 셈이다.[36]

이 상황은 여러 프로세스가 상태변수 하나를 같이 쓸 때 흔히 볼 수 있다. 여기서 문제가 복잡해지는 까닭은 여러 프로세스가 상태 하나를 같은 시간에 건드리려고 하기 때문이다. 은행 계정을 예로 들어 살펴보았듯이, 어떤 사람이 자기 일을 보는 동안에는 다른 사람이 그 시스템을 쓰지 않는 것으로 처리해야 하는 게 옳다. 어떤 사람이 은행에서 (돈을 찾거나 넣거나 하는 일로) 잔액을 바꾸려는 그 순간에 (바로 이전 잔액 그대로) 잔고가 변하지 않았다는 가정을 유지할 수 있어야 한다.

병행 프로그램의 올바른 동작

앞서 살펴본 예는 프로그램을 병행으로 돌아가도록 만들 적에 흔히 볼 수 있는

---

36) 두 `set!` 연산이 한꺼번에 남은 돈을 바꾸려 한다면, 이 시스템에 더 심각한 문제가 생길 수 있다. 메모리의 실제 데이터는 두 프로세스로 덮어쓰려고 하는 정보를 제멋대로 뒤섞어 버린 결과가 될 수 있다. 이 때문에 컴퓨터에는 메모리를 동시에 건드리지 못하도록 하는 메모리 쓰기 연산이 기본으로 갖추어진 경우가 많다. 언뜻 보기에는 아주 간단한 보호 장치 같지만, 멀티프로세싱 컴퓨터를 설계하고 구현해 내기는 여간 어렵지 않다. 메모리 접근 속도를 끌어올리기 위해서 같은 데이터를 서로 다른 프로세스에 미리 복사해 놓은('cached') 상황에서도 그 프로세스가 메모리 내용을 일관성 있게 바라볼 수 있도록 하려면, 아주 정교한 캐쉬 결맞음(cache-coherence) 프로토콜이 필요하기 때문이다.

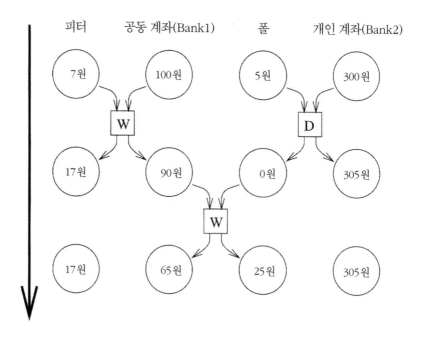

그림 3.30 Bank1의 공동 계좌와 Bank2의 개인 계좌에서 한꺼번에 돈을 꺼내고 넣는 일

프로그램 오류의 좋은 보기로, 찾아내기가 쉽지 않다. 이렇게 문제가 복잡해진 까닭은, 변수 하나에 여러 프로세스가 값을 덮어쓰려고 하는 데 있다. set!을 쓸 때 어떤 차례로 덮어쓰느냐에 따라 계산 결과가 달라질 수 있기 때문에, 조심스레 프로그램을 짜야 한다는 사실을 앞서 여러 번 얘기했다.[37] 그런데 병행 프로세스 속에서 덮어쓰는 연산을 쓸 때에는 다른 프로세스에서 덮어쓰기를 어떤 차례로 쓰는지 가늠할 수 없으므로 더 조심스레 써야 한다. 따라서 (두 사람이 동시에 공동 계좌에 돈을 넣으려고 하는 것처럼) 상태 변화가 병행으로 일어날 적에는, 그 시스템이 제대로 돌아간다는 사실을 보장할 방법이 필요하다. 예를 들어, 같이 쓰는 계정에서 동시에 돈을 꺼내는 경우에는 (돈을 꺼낸 다음에 남은) 그 돈이 언제나 제대로 유지되도록 해야 한다. 그러므로 병행 프로그램이 올바로 돌아갈

---

37) 3.1.3절의 사다리곱(factorial) 프로그램에서는 차례대로 계산되는 프로세스 하나를 두고 이를 설명했다.

수 있도록 병행 처리에 어떤 제약을 줄 수밖에 없다.

병행성에 걸 수 있는 제약 조건 하나는, (어떤 상태변수든지) 상태변수 하나를 같이 쓴다고 할 때 그 값을 바꿀 수 있는 연산 두 개가 같은 시간에 돌아가지 않게끔 하는 것이다. 이는 아주 까다로운 조건으로, 여러 곳에서 동시에 쓸 수 있는 은행 시스템이라 하더라도 어떤 시간에 한 거래만 처리될 수 있게끔 설계하는 것이다. 그러나 이렇게 하면 효율도 떨어지고 지나치게 신중하다. 보기를 들어 그림 3.30을 보면, 피터와 폴이 함께 쓰는 은행 계정 하나와, 폴이 따로 쓰는 은행 계정 하나가 있다. 이 그림에서는, 한 계정에서 (피터 한 번, 폴 한 번으로) 돈을 두 번 꺼내고 있고, 폴은 자기 계정에 돈을 넣고 있다.[38] 이때, 한 계정에서 돈을 두 번 꺼내는 일은 (둘 다 같은 계정에서 남은 돈을 바꿔야 하기 때문에) 한꺼번에 처리해서는 안 될 일이고, 폴이 돈을 넣고 꺼내는 일도 (자기 계정에 들어 있는 돈을 바꿔야 하기 때문에) 마찬가지다. 하지만, 폴이 자기 계정에다 돈을 넣는 일과 피터가 공동 계정에서 돈을 꺼내는 일은 동시에 처리해도 상관없다.

이보다 덜 까다로운 제약 조건은, 여러 프로세스가 어떤 정해진 차례대로 돌아가는 것처럼 해서, 병행 시스템이 같은 결과를 만들어 내게끔 보장하는 것이다. 이 조건에는 두 가지 중요한 면이 숨어 있다. 첫째, 프로세스를 차례대로 돌려야 한다는 조건은 아니지만, 차례대로 돌아가는 것과 결과가 같기만 하면 된다. 보기를 들면, 그림 3.30에 보이는 것처럼 폴이 돈을 넣는 일과 피터가 돈을 꺼내는 일을 병행으로 안전하게 처리하게끔 은행 계정 시스템을 설계할 수 있다. 두 연산을 차례대로 처리한 것과 같은 결과만 얻을 수 있으면 되기 때문이다. 둘째, 어떤 차례로 돌리는지는 결정하지 않고 차례대로 실행한 것과 같은 결과만 나오면 되므로 병행 프로그램의 '올바른' 결과는 여러 개일 수 있다. 그 보기로, 피터와 폴의 공동 계좌에는 처음에 100원이 들어 있고, 피터가 이 계좌에 40원을 넣는 동

---

38) 세로줄은 피터가 가진 돈, 공동 계좌(Bank1), 폴이 가진 돈, 폴의 개인 계좌(Bank2)에서 제각기 돈을 넣고 꺼내기 전과 후에 남은 돈이 얼마인지 나타낸다. 피터는 공동 계좌에서 10원을 꺼내고, 폴은 개인 계좌에다 5원을 넣은 다음, 공동 계좌에서 25원을 꺼냈다.

안 폴이 남은 돈의 절반을 꺼내려 한다고 하자. 이 일을 차례대로 처리한 결과로, 계정에 남은 돈은 70원일 수도 있고 90원일 수도 있다(연습문제 3.38).[39]

이보다 약한 조건으로도 병행 프로그램이 제대로 돌아가는 경우가 있다. (물체 사이의 열 이동) 열의 퍼짐^{발산, diffusion} 현상을 시뮬레이션하는 프로그램은 작은 공간을 나타내는 프로세스 여러 개로 구성되고, 모든 프로세스가 자기 값을 스스로 고친다. 한 프로세스는 자기 값과 이웃 값의 평균으로 자기가 가진 값을 되풀이하여 바꾼다. 이런 알고리즘에서는 연산을 처리하는 차례와 관계가 어떻든지 간에 결국에는 올바른 결과로 모이게 된다. 그러므로 여러 프로세스를 병행으로 실행하더라도 실행 순서에 제약을 걸 필요가 없다.

● 연습문제 3.38

피터, 폴, 메리가 한 계정을 같이 쓴다고 하자. 이 계정에는 처음에 100원이 들어 있다. 은행 계정에서 피터가 10원을 넣고 폴이 20원을 꺼내고 메리가 돈의 절반을 찾아가는 일이 동시에 일어난다고 하자. 그 식은 아래와 같다.

```
Peter:  (set! balance (+ balance 10))
Paul:   (set! balance (- balance 20))
Mary:   (set! balance (- balance (/ balance 2)))
```

a. 은행 계정에서 세 가지 일이 완전히 끝난 다음에 가능한 balance 값을 모두 적어 보라. 다만, 세 프로세스가 차례대로 돌아간다고 하자.

b. 모든 프로세스가 뒤섞여 돌아가는 시스템이라면 어떤 값이 나올 수 있는가? 그 값이 나오는 과정을 그림 3.29와 같은 시간 흐름도로 설명해 보라.

---

39) 이를 좀더 형식을 갖추어 설명하면, '병행 프로그램은 본래 비결정적(nondeterministic)이다'라고 한다. 다시 말해, 병행 프로그램은 값이 하나인 함수(일가함수, 一價函數, single-valued function)로 설명하지 않고, 값이 여러 개인 함수(다가함수, 多價函數, multiple-valued function), 곧 계산 결과가 될 수 있는 모든 값의 집합을 결과치로 하는 함수로 설명한다. 4.3절에서 비결정적 계산을 표현하는 언어를 공부하기로 한다.

3.4.2 병행성을 다스리는 방법

지금까지 살펴본 바와 같이 병행 프로세스를 다루기 어려운 까닭은, 여러 프로세스에서 일어나는 사건[일]의 차례가 서로 뒤엉킬 수 있기 때문에, 일어날 수 있는 모든 경우를 하나하나 따져봐야 한다는 데 있다. 보기를 들어, 한 프로세스에서 (a, b, c)라는 차례대로 사건이 일어나고, 다른 프로세스에서 (x, y, z)라는 차례대로 사건이 일어난다고 하자. 두 프로세스가 병행으로 돌아간다고 할 때, 일어날 수 있는 사건들의 차례 20개를 늘어놓아 보면 다음과 같다. 이때, 한 프로세스 안에서 일어나는 사건끼리는 그 차례가 뒤바뀌지 않아야 한다.

(a, b, c, x, y, z) (a, x, b, y, c, z) (x, a, b, c, y, z) (x, a, y, z, b, c)
(a, b, x, c, y, z) (a, x, b, y, z, c) (x, a, b, y, c, z) (x, y, a, b, c, z)
(a, b, x, y, c, z) (a, x, y, b, c, z) (x, a, b, y, z, c) (x, y, a, b, z, c)
(a, b, x, y, z, c) (a, x, y, b, z, c) (x, a, y, b, c, z) (x, y, a, z, b, c)
(a, x, b, c, y, z) (a, x, y, z, b, c) (x, a, y, b, z, c) (x, y, z, a, b, c)

이렇게 돌아가는 시스템을 설계할 때에는 위에서 밝힌 차례마다 어떤 결과가 나오는지 살펴보고, 그 동작 방식이 맞는지 틀린지 하나하나 따져보아야 한다. 그런데 이 방식을 따르면, 프로세스의 수와 사건의 수가 늘어날수록 따져보아야 할 경우의 수가 많아져서 점점 감당하기 어려워진다.

따라서 서로 뒤엉켜 돌아가는 여러 프로세스에 어떤 제약을 걸어서, 프로그램이 제대로 돌아간다고 믿을 수 있도록 병행 시스템을 설계하는 방법이 필요하다. 이런 목적으로 여러 가지 방법이 개발되었는데, 이 절에서는 그 가운데 하나인 **줄 세우개**[시리얼라이저, serializer*]를 설명하기로 한다.

---

* 역주 : 기다리던 버스가 마침내 정류소에 도착하여 사람들이 우르르 몰려들거나 백화점에서 사은품을 나눠 줄 때 손님이 개미떼처럼 몰려들면 어디선가 반드시 터져 나오는 소리가 있다. "줄 서세요!" serializer를 '줄 세우개'라 이름 붙인 까닭이 이 때문이다. 한편, 요새 쓰는 많은 프로그래밍 언어에서도 serialization을 찾을 수 있다. 이것은 프로세스 사이에서 덩치 큰 데이터 물체를 주고받을 때, 데이터 물체의 상태 자체를 미리 정해놓은 틀에 맞추어 바이트스트림 따위로 저장하는 일을 말하고, 보통 직렬화나 연속화라고 옮겨 쓴다. 하지만, 이 장에서 말하는 serialization과는 아무런 관계가 없으므로 헷갈리지 말자.

한 상태를 여럿이 같이 쓸 때 그 차례를 정하는 방법

줄 세우기^{serialization}란 다음 아이디어를 실현하는 것이다. 여러 프로세스가 병행으로 돌아가게 하지만, 그 가운데 병행으로 돌아가지 못하는 프로시저들이 있도록 하는 것이다. 더 정확히 말해서, 줄을 세운다는 말은 프로시저들을 여러 그룹으로 나누고 같은 그룹에 속하는 프로시저들이 동시에 실행되는 일이 없도록 하는 것이다. 따라서 한 그룹에 속하는 프로시저 하나가 돌아가고 있을 때, 같은 그룹에 속한 다른 프로시저를 돌리려면 먼저 돌아가던 프로시저가 끝날 때까지 기다려야 한다.

줄 세우는 방법을 쓰면 여러 프로세스가 함께 쓰는 변수를 다스릴 수 있다. 예를 들어, 여러 프로세스에서 같이 써야 할 변수가 있을 때 그 변수에 새 값을 덮어쓰기 위하여 옛 값을 읽어야 한다면, 옛 값을 읽는 연산과 새 값을 덮어쓰는 연산을 모두 한 프로시저에 집어넣은 다음, 그 변수에 값을 덮어쓰는 다른 프로시저가 그 프로시저와 나란히 돌아가지 못하도록 모두 같은 그룹에 넣고 줄 세우기를 하는 것이다. 이리하면, 한 변수의 값을 읽고 쓰는 사이에 그 값이 바뀌지 못함을 보장할 수 있다.

Scheme으로 줄 세우개를 만드는 방법

위에서 설명한 방식을 더 구체화시키기 위하여 Scheme에 `parallel-execute`라는 프로시저가 정의되어 있다고 하자.

```
(parallel-execute ⟨p₁⟩ ⟨p₂⟩ ... ⟨pₖ⟩)
```

위 식에서 모든 ⟨p⟩는 인자 없는 프로시저다. `parallel-execute`는 ⟨p⟩마다 프로세스를 하나씩 따로 만들어서 (인자가 없는) ⟨p⟩를 적용한다. 이렇게 만들어 낸 프로세스는 모두 병행으로 돌아간다.[40]

---

40) 표준 Scheme에는 `parallel-execute` 프로시저가 없지만, MIT scheme으로 짤 수 있다. 여기서는, 새 병행 프로세스가 진짜 Scheme 프로세스와 나란히 돌아가게 만들 수 있다. 아울러, `parallel-execute`가 어떤 특별한 제어 물체(control object)를 내놓게 만들어서, 이를 가지고 새 프로세스의 동작을 멈추게 할 수도 있다.

이를 어떻게 쓰는지 아래 보기를 들어 살펴보자.

```
(define x 10)

(parallel-execute (lambda () (set! x (* x x)))
                  (lambda () (set! x (+ x 1))))
```

이 식을 돌리면 P_1과 P_2라는 병행 프로세스가 나온다. P_1 프로세스에서는 x 값을 거듭제곱하여 다시 x에 덮어쓰고, P_2 프로세스에서는 x 값에 1을 더해서 x에 덮어쓴다. 두 프로세스가 모두 끝난 다음 나올 수 있는 x의 값은, P_1과 P_2에서 일어나는 사건이 어떻게 뒤섞이느냐에 따라 모두 다섯 가지다.

101: P_1이 x에 100을 놓은 다음, P_2가 다시 그 값을 101로 바꾼다.

121: P_2가 x 값을 11로 늘린 다음, P_1은 그 값을 거듭제곱하여 x에 덮어쓴다.

110: P_1이 (* x x)하려고 x 값을 두 번 가져오는 사이에 P_2는 x 값을 10에서 11로 바꾼다.

11: P_2가 x 값을 가져온 다음에 P_1이 x 값을 100으로 바꾸지만, P_2는 이미 가져온 x 값에 1을 더한 11을 x에 놓는다.

100: P_1이 x 값을 (두 번) 가져온 다음에 P_2가 x에 11을 놓지만, P_1은 이미 가져온 x 값을 거듭제곱한 100을 x에 덮어쓴다.

줄 세우개로 줄 세운 프로시저^{serialized procedure}를 만들어 쓰면, 위와 같은 병행성에 제약을 걸 수 있다. 줄 세우개는 make-serializer로 만드는데, 그 구현 방법은 아래와 같다. 줄 세우개는 프로시저 하나를 인자로 받아서 줄 세운 프로시저 (하나)를 내놓는데, 이 프로시저가 움직이는 방식은 인자로 던져준 프로시저와 같다. 줄 세우개 하나를 써서 만든 (줄 세운) 프로시저는 모두 같은 그룹에 속한다.

이런 방식을 따르면, 위에서 살펴본 보기와 달리 다음 코드를 돌려서 얻을 수 있는 x의 값은 101과 121 둘뿐이다.

```
(define x 10)

(define s (make-serializer))

(parallel-execute (s (lambda () (set! x (* x x))))
                  (s (lambda () (set! x (+ x 1)))))
```

프로시저를 줄 세워 돌리면 P_1과 P_2가 뒤섞이지 못하므로, 앞서 밝힌 x의 값 가운데 세 값은 나올 수 없다.

아래는 3.1.1절에 나온 make-account 프로시저로, 돈을 넣고(deposit) 돈을 찾는(withdraw) 프로시저에 줄 세우개를 붙여 쓴 보기다.

```
(define (make-account balance)
  (define (withdraw amount)
    (if (>= balance amount)
        (begin (set! balance (- balance amount))
               balance)
        "Insufficient funds"))
  (define (deposit amount)
    (set! balance (+ balance amount))
    balance)
  (let ((protected (make-serializer)))
    (define (dispatch m)
      (cond ((eq? m 'withdraw) (protected withdraw))
            ((eq? m 'deposit) (protected deposit))
            ((eq? m 'balance) balance)
            (else (error "Unknown request -- MAKE-ACCOUNT"
                         m))))
    dispatch))
```

이렇게 구현해 놓으면, 두 프로세스는 한 은행 계정에서 돈을 찾거나 돈을 넣는 일을 나란히 처리하지 못한다. 그림 3.29에서처럼, 폴이 새 값을 계산하기 위해 남은 돈을 읽어 와서 새 값을 덮어쓰는 사이에, 피터가 계정의 남은 돈을 바꾸는 것과 같은 문제를 없앨 수 있다. 반면, 은행 계정마다 시리얼라이저를 하나씩 가지므로, 서로 다른 은행 계정에 돈을 넣거나 빼는 일은 한꺼번에 처리될 수 있다.

● **연습문제** 3.39

다음과 같이 줄을 세워 보면 앞서 살펴본 다섯 가지 답 가운데 무엇이 나오는가?

```
(define x 10)

(define s (make-serializer))

(parallel-execute (lambda () (set! x ((s (lambda () (* x x))))))
                  (s (lambda () (set! x (+ x 1)))))
```

● **연습문제** 3.40

아래 코드를 돌릴 때 나올 수 있는 x 값을 모두 적어 보아라.

```
(define x 10)

(parallel-execute (lambda () (set! x (* x x)))
                  (lambda () (set! x (* x x x))))
```

다음과 같이 줄 세운 프로시저를 쓴다면 위에서 밝힌 답 가운데 어떤 것이 나
오는가?

```
(define x 10)

(define s (make-serializer))

(parallel-execute (s (lambda () (set! x (* x x))))
                  (s (lambda () (set! x (* x x x)))))
```

● **연습문제** 3.41

Ben Bitdiddle은 은행 계정을 다음처럼 짜는 게 낫지 않을까 생각했다. (주석을
달아 놓은 부분이 바뀐 곳이다.)

```
(define (make-account balance)
  (define (withdraw amount)
    (if (>= balance amount)
        (begin (set! balance (- balance amount))
               balance)
        "Insufficient funds"))
  (define (deposit amount)
    (set! balance (+ balance amount))
    balance)
  (let ((protected (make-serializer)))
    (define (dispatch m)
      (cond ((eq? m 'withdraw) (protected withdraw))
            ((eq? m 'deposit) (protected deposit))
            ((eq? m 'balance)
             ((protected (lambda () balance)))) ; serialized
            (else (error "Unknown request -- MAKE-ACCOUNT" m))))
    dispatch))
```

왜냐하면 balance(남은 돈)에 손을 댈 때 줄 세우기를 하지 않으면 프로그램이 제대로 돌아가지 않을 수도 있다고 보았기 때문이다. 이 말에 동의하는가? Ben 의 걱정거리를 사실임을 보여줄 만한 시나리오가 있는가?

● 연습문제 3.42

Ben Bitdiddle은 은행 계정 프로그램에서 withdraw와 deposit라는 쪽지를 받을 때마다 새로 줄 세우는 프로시저를 만들어 쓰는 게 시간 낭비라고 생각한다. protected를 dispatch 프로시저 바깥에서 불러쓰게끔 make-account를 고쳐 쓰는 게 낫다고 본다. 다시 말해 한 계정에서 (그 계정을 만드는 시점에) 줄 세운 프로시저를 미리 만들어 놓는다면, 돈 빼는 프로시저를 불러쓸 때마다 (새로 줄 세운 프로시저를 만들지 않고) 같은 프로시저를 내놓으면 된다.

---

41) deposit으로 음의 금액(negative amount)를 집어넣을 수 있다는 사실을 이용해서 exchange 프로시저를 간단히 짜버렸다. (한데, 이는 여기서 만든 은행 시스템의 심각한 오류다!)

```
(define (make-account balance)
  (define (withdraw amount)
    (if (>= balance amount)
        (begin (set! balance (- balance amount))
               balance)
        "Insufficient funds"))
  (define (deposit amount)
    (set! balance (+ balance amount))
    balance)
  (let ((protected (make-serializer)))
    (let ((protected-withdraw (protected withdraw))
          (protected-deposit (protected deposit)))
      (define (dispatch m)
        (cond ((eq? m 'withdraw) protected-withdraw)
              ((eq? m 'deposit) protected-deposit)
              ((eq? m 'balance) balance)
              (else (error "Unknown request -- MAKE-ACCOUNT" m))))
      dispatch)))
```

이렇게 만들어도 괜찮은가? 무엇보다 make-account의 두 판을 견주어 볼 때,
두 판이 허락할 수 있는 병행성에 어떤 차이가 나는가?

여러 자원을 함께 쓰는 문제

줄 세우개^{serializer}는 병행 프로그램을 조심스럽고 (바라건대) 정확하게 다룰 수
있도록, 어렵고 복잡한 부분을 떼어내어 간추리는 데 쓸모 있는 수단이기는 하
다. 하지만, (은행 계정 하나를 다룰 때처럼) 자원 하나를 여럿이 쓰는 경우에는
줄 세우개로 그나마 쉽게 병행 프로그램을 짤 수 있으나, 여러 자원을 함께 쓰는
경우에는 그리 하기가 쉽지 않다.

여러 자원을 함께 쓸 때 생기는 문제를 설명하기 위해서 두 은행 계정의 남은
돈을 맞바꾸는 일을 해보자. 두 은행 계정의 남은 돈을 가져와 그 차이를 계산한
다음, 한 계정에서 그 차이만큼 돈을 빼고 다른 계정에 그 차이만큼 돈을 넣는다.
이를 구현하면 아래와 같다.[41]

```
(define (exchange account1 account2)
  (let ((difference (- (account1 'balance)
                       (account2 'balance))))
    ((account1 'withdraw) difference)
    ((account2 'deposit) difference)))
```

이 프로시저는 한 프로세스에서 두 계정의 남은 돈을 맞바꾸는 경우에만 올바르게 돌아간다. 보기를 들어, 피터와 폴이 둘 다 계정 $a1, a2, a3$을 건드릴 수 있고, 폴이 $a1$과 $a3$의 값을 맞바꾸려 할 때에, 피터가 $a1$과 $a2$의 값을 동시에 맞바꾸려 한다고 치자. (이 절 앞에서 본 make-account 프로시저처럼) 계정마다 돈을 넣고 돈을 찾는 일을 줄 세워 처리한다 하더라도, exchange 프로시저는 여전히 잘못된 결과를 내놓는다. 예컨대, 피터가 $a1$과 $a2$의 남은 돈이 얼마나 차이 나는지 계산하는 가운데, 폴은 피터가 두 계정의 남은 돈을 맞바꾼 다음이라 잘못 알고, $a1$의 남은 돈을 바꾸려 한다 치자.[42] 이를 제대로 처리하려면, 한 프로세스에서 돈을 맞바꾸는 동안에는 다른 프로세스가 그 계정을 건드리지 못하게끔 exchange 프로시저를 짜야 한다.

한 가지 가능한 방법은, 두 계정의 줄 세우개를 써서 exchange 프로시저 전체를 줄 세운 프로시저로 만드는 것이다. 그런데 이리 하려면, 계정 속의 줄 세우개를 밖으로 드러낼 수밖에 없기 때문에, 은행 계정 물체의 모듈 방식^{조립식 구조}가 깨진다는 사실을 알아두자. 다음에 나오는 make-account 프로시저는 줄 세우개로 balance(남은 돈)를 보호하고 메시지 패싱^{말 건네기 방식, message passing}으로 줄 세우개를 꺼낼 수 있도록 했다는 점만 빼면 3.1.1절에서 만든 것과 같다.

---

42) 처음 각 계정의 남은 돈을 10원, 20원, 30원으로 두고 시작했다면, 병행으로 돈 맞바꾸는 일을 여러 번 되풀이한 다음에도, 계정에 남은 돈 10원, 20원, 30원은 어떤 차례에 따라 그대로 있어야 한다. 계정마다 돈 넣기를 줄 세워 처리하는 것만 가지고는 이 조건을 뒷받침하기에 모자람이 많다. 연습문제 3.43을 보자.

```
(define (make-account-and-serializer balance)
 (define (withdraw amount)
   (if (>= balance amount)
       (begin (set! balance (- balance amount))
              balance)
       "Insufficient funds"))
 (define (deposit amount)
   (set! balance (+ balance amount))
   balance)
 (let ((balance-serializer (make-serializer)))
   (define (dispatch m)
     (cond ((eq? m 'withdraw) withdraw)
           ((eq? m 'deposit) deposit)
           ((eq? m 'balance) balance)
           ((eq? m 'serializer) balance-serializer)
           (else (error "Unknown request -- MAKE-ACCOUNT" m))))
   dispatch))
```

이제 이 프로시저를 써서 돈을 넣거나 빼는 일을 줄 세워 처리할 수 있다. 하지만,
이 판은 앞서 만든 판과는 달리 은행 계정 물체를 쓴 사람이 줄 세우는 일을 직접
처리해야 한다. 보기를 들면, 다음과 같다.[43]

```
(define (deposit account amount)
 (let ((s (account 'serializer))
       (d (account 'deposit)))
   ((s d) amount)))
```

이렇게 줄 세우개를 밖으로 꺼내 쓰는 방식을 따르면, 돈 맞바꾸기 프로그램을
줄 세워 처리하기에 충분한 표현력을 얻을 수 있다. 다음과 같이 두 계정의 줄 세
우개를 가지고, 처음에 짠 exchange 프로시저를 줄 세우면 끝이다.

---

43) 계정에 돈 넣고 빼는 일을 줄 세워 처리하고자 할 때, 이를 더는 전처럼 저절로 처리하지 못하는 까닭은
   연습문제 3.45에서 밝히기로 한다.

```
(define (serialized-exchange account1 account2)
 (let ((serializer1 (account1 'serializer))
       (serializer2 (account2 'serializer)))
   ((serializer1 (serializer2 exchange))
    account1
    account2)))
```

● **연습문제** 3.43

세 계정의 잔액을 10원, 20원, 30원으로 놓고, 계정의 잔액을 맞바꾸는 프로세
스 여러 개를 돌려보기로 하자. 병행으로 돈 맞바꾸기를 수없이 되풀이하더라
도 모든 프로세스가 차례대로 돌아가기만 한다면, 계정 잔액이 10원, 20원, 30
원이라는 차례대로 들어 있다는 사실을 밝혀 보아라. 이 절에서 처음 만든
account-exchange 프로그램을 쓰는 경우에는 어째서 이런 조건이 지켜지지
못하는지 그림 3.29와 같은 시간 흐름도로 설명해 보라. 한편, 그런 exchange
프로그램을 쓰더라도 모든 계정의 남은 돈을 합친 액수가 달라지지 않는다는
사실도 밝혀 보라. 더불어, 각 계정에서 일어나는 트랜잭션[transaction]을 줄 세워
처리하지 않는다면, 어째서 이런 조건마저 깨지게 되는지 시간 흐름도로 설명
해 보라.

● **연습문제** 3.44

한 계정에서 다른 계정으로 돈을 옮기는 문제를 생각해 보자. Ben Bitdiddle은
돈 넣고 꺼내는 트랜잭션을 줄 세워 처리할 수 있는 계정만 있다면(보기를 들어,
본문에서 만든 make-account 판 같은 게 있으면), 여러 사람이 여러 계정에서
돈을 옮기는 일을 하더라도 다음과 같은 프로시저로 그런 일을 해낼 수 있다고
주장한다.

```
(define (transfer from-account to-account amount)
 ((from-account 'withdraw) amount)
 ((to-account 'deposit) amount))
```

이를 보고 Louis Reasoner는 이 프로시저에는 한 가지 문제가 있기 때문에 앞서 돈 맞바꾸기 문제를 다룰 때처럼 좀 더 정교한 방법을 써야 한다고 한다. Louis 말이 옳은가? Louis가 잘못 생각하고 있다면 돈을 옮기는 문제와 맞바꾸는 문제에는 어떤 차이가 있는가? (from-account에 남은 돈은 적어도 amount만큼은 된다고 가정한다.)

● 연습문제 3.45

Louis Reasoner는 지금 만들어 놓은 은행 계정 시스템은 돈을 넣고 빼는 일을 알아서 줄 세워 처리하지 않기 때문에, 쓸데없이 복잡할 뿐 아니라 잘못된 결과를 내기 쉽다고 생각한다. 그래서 make-account 프로시저에서 한 것처럼 계정과 돈 넣는 일을 줄 세우는 일뿐 아니라, make-account-and-serializer 프로시저에서 (serialized-exchange 같은 프로시저가 쓸 수 있게끔) 줄 세우개를 밖으로 꺼내 놓아야 한다고 본다. 그리하여, 계정 만드는 프로시저를 다음과 같이 정의하자고 제안한다.

```
(define (make-account-and-serializer balance)
  (define (withdraw amount)
    (if (>= balance amount)
        (begin (set! balance (- balance amount))
               balance)
        "Insufficient funds"))
  (define (deposit amount)
    (set! balance (+ balance amount))
    balance)
  (let ((balance-serializer (make-serializer)))
    (define (dispatch m)
      (cond ((eq? m 'withdraw) (balance-serializer withdraw))
            ((eq? m 'deposit) (balance-serializer deposit))
            ((eq? m 'balance) balance)
            ((eq? m 'serializer) balance-serializer)
            (else (error "Unknown request -- MAKE-ACCOUNT"
                         m))))
    dispatch))
```

위와 같이 하면 처음 만든 `make-account` 프로시저에서 쓰던 방식대로 간단하게 `deposit`을 정의할 수 있다.

```
(define (deposit account amount)
  ((account 'deposit) amount))
```

Louis 생각이 왜 틀렸는지 설명하라. 무엇보다 `serialized-exchange`를 불러 쓸 때 어떤 일이 일어나는지 따져 보라.

줄 세우개 만들기

줄 세우개는 기본적인 동기 맞춤^{동기화, synchronization} 수단인 뮤텍스^{mutex}로 구현할 수 있다. 뮤텍스란 (뮤텍스 물체를) (손에) 쥐거나^{acquired}, 풀어 주는^{released} 연산을 할 수 있게 해주는 물체인데, 한 프로세스가 뮤텍스를 잡으면 그 프로세스가 그 것을 풀어 놓을 때까지 다른 어떤 프로세스도 같은 뮤텍스를 손에 쥐지 못한다.[44] 줄 세우개 하나는 뮤텍스 하나를 써서 만들 수 있는데, 줄 세우개는 프로시저 `p`를 인자로 받아서 `p`처럼 돌아가는 프로시저를 내놓는다. 이 프로시저는 뮤텍스를 손에 쥐고 `p`를 돌린 다음에, `p`가 끝나면 그 뮤텍스를 풀어준다. 이리하여, 줄 세우개로 만든 프로시저들 가운데 딱 하나만이 한 번에 돌아간다는 조건, 즉 정확

---

44) 'mutex'란 mutual exclusion(서로 막기, 상호 배제)을 줄인 말이다. 여러 병행 프로세스가 공유 자원을 안전하게 쓸 수 있도록 알맞은 방법을 찾는 문제를 흔히 서로 막기 문제라 한다. 뮤텍스는 (연습문제 3.47에서 본) 세마포(semaphore) 방식을 단순하게 바꾼 것이다. 이는 네덜란드의 에인트호벤 공과 대학(technische universiteit eindhoven, TU/e)에서 개발한 'THE'라는 멀티프로그래밍 시스템에서 처음 선보였고, 'THE'라는 이름은 네덜란드 말로 그 대학 이름의 첫 글자를 따서 지은 것(Dijkstra 1968a)이다. 쥐는 연산과 놓는 연산을 처음에는 P와 V라 하였는데, 이는 기차길 시스템에서 쓰던 세마포(깃발) 신호를 본떠서 passeren(잡도록 허락하는 것)과 vrijgeven(놓도록 허락하는 것)이라는 네덜란드 말에서 빌려온 것이다. 에츠허르 비버 데이크스트라(E. W. Dijkstra)의 고전적 논문(Dijkstra 1968b)은 처음으로 병행성 제어 문제를 깔끔하게 설명한 논문 가운데 하나였으며, 세마포를 써서 많은 병행성 문제의 처리 방법을 보였다.

45) 위에서 보는 것과 달리, 보통 계산 시간을 나눠쓰며 돌아가는 시스템(time-shared operating system)에서는, 뮤텍스에 걸린 프로세스가 '바쁘게 기다리기(busy-waiting)'로 시간을 낭비하지 않는다. 시스템은 한 프로세스가 기다리는 동안 다른 프로세스를 돌리다가, 뮤텍스가 풀리면 막아놓던 프로세스를 깨우는 방법으로 시간을 적절히 관리(scheduling)한다.

히 줄 세우개가 만족해야 할 성질을 뒷받침할 수 있다.

```
(define (make-serializer)
 (let ((mutex (make-mutex)))
   (lambda (p)
     (define (serialized-p . args)
       (mutex 'acquire)
       (let ((val (apply p args)))
         (mutex 'release)
         val))
     serialized-p)))
```

뮤텍스는 참 또는 거짓이 들어 있는 물체로, 시간에 따라 변한다. (뮤텍스의 값은
원소가 하나인 리스트로 나타내는데, 이를 셀^{cell}이라 부르겠다.) 그 값이 거짓일
때에는 아무 프로세스나 뮤텍스를 거머쥘 수 있다. 참일 때에는 뮤텍스를 얻지
못하므로 뮤텍스를 손에 쥐려는 프로세스는 뮤텍스 값이 거짓이 될 때까지 기다
려야 한다.

뮤텍스의 짜맞추개$^{구성자, constructor}$ make-mutex는 처음에 셀의 첫 값을 거짓으
로 놓는다. 뮤텍스를 손에 쥐려 할 적엔 먼저 셀 값을 살펴본다. 그 값이 거짓이
어서 뮤텍스를 쓸 수 있으면, 셀 값을 참으로 바꾸고 하던 일을 계속한다. 그렇지
않다면 뮤텍스를 얻을 때까지 몇 번이고 루프를 돌면서 기다린다.[45] 쥔 뮤텍스를
풀어 줄 적엔 셀 값을 거짓으로 둔다.

```
(define (make-mutex)
 (let ((cell (list false)))
   (define (the-mutex m)
     (cond ((eq? m 'acquire)
            (if (test-and-set! cell)
                (the-mutex 'acquire))) ; 재시도
           ((eq? m 'release) (clear! cell))))
   the-mutex))

(define (clear! cell)
 (set-car! cell false))
```

위 프로시저에서 test-and-set!은 셀 값을 살펴보고 그 결과를 내놓는다. 아울러, 그 값이 거짓일 때에는 셀 값을 참으로 바꾼 다음에 거짓을 내놓는다. 이를 프로시저로 표현하면 다음과 같다.

```
(define (test-and-set! cell)
  (if (car cell)
      true
      (begin (set-car! cell true)
             false)))
```

하지만, test-and-set!을 이리 구현하면 바라는 대로 돌아가지 않는다. 여기에서 지나치지 못하는 문젯거리는, 바로 이곳이 반드시 시스템 속에 병행성 제어를 집어넣어야 할 곳이라는 점, 즉 test-and-set! 연산이 한 알갱이로^{atomically} 처리되어야 한다는 점이다. 다시 말해, 한 프로세스가 셀 값을 살펴서 그 값이 거짓인지 알아내고, 다른 프로세스가 그 셀 값을 살펴보기 전에 그 값을 참으로 바꿔 놓을 수 있어야 한다. 이런 조건을 채우지 못하면, 뮤텍스는 그림 3.29에서 살펴본 은행 계정과 비슷하게 제대로 돌아가지 않을 가능성이 있다. (연습문제 3.46을 보라.)

사실 test-and-set!의 구현 방법은 시스템이 병행 프로세스들을 어떤 식으로 돌리느냐에 따라 달라질 수 있다. 보기를 들어, 순차 프로세서^{sequential processor}에서 병행 프로세스들을 계산 시간 잘라쓰기^{시분할, time-slicing} 방식으로 돌리는 경우가 있을 수 있다. 계산 시간 잘라쓰기란, 순차 프로세서에서 여러 프로세스를 돌리는 경우에 한 프로세스를 돌리다가 인터럽트^{interrupt}를 걸어서 다른 프로세스를 돌리는 것으로, 시간을 얼마씩 쪼개어서 여러 프로세스를 돌아가게 만드는 방법이다. 이런 경우 test-and-set!에서 셀 값을 따지고 값을 바꾸는 동안에는 다른 프로세스가 인터럽트를 걸지 못하도록 막으면 된다.[46] 이와 달리, 멀티프로세싱 컴퓨터에는 흔히 하드웨어 수준에서 곧바로 알갱이^{atomic} 연산을 처리할 수 있는 명령이 들어 있다.[47]

● 연습문제 3.46

test-and-set!을 알갱이 연산으로 만들지 않고 보통 프로시저처럼 구현했다고 치자. 두 프로세스가 한꺼번에 뮤텍스를 쥘 수 있다면 뮤텍스가 어떤 문제를 일으키는지 그림 3.29처럼 시간 흐름도를 그려 설명해 보라.

● 연습문제 3.47

(크기 n인) 세마포semaphore는 뮤텍스의 쓰임새를 넓히는 방법이다. 잡았다 놓았다 하는 연산을 쓴다는 점에서 뮤텍스와 같지만, n개 프로세스가 병행으로 세마포를 쥘 수 있다는 게 다르다. 세마포를 쥐려고 하는 프로세스는 세마포가 풀릴 때까지 기다려야 한다. 아래와 같이 세마포를 만들어 보자.

a. 뮤텍스를 써서 세마포를 만드는 경우

b. 알갱이 연산 test-and-set!을 써서 세마포를 만드는 경우

---

46) MIT Scheme에서는 계산 시간 잘라쓰기 방식을 쓰는 프로세스를 위해서 다음과 같이 test-and-set! 프로시저를 구현할 수 있다.

```
(define (test-and-set! cell)
  (without-interrupts
    (lambda ()
      (if (car cell)
          true
          (begin (set-car! cell true)
                 false)))))
```

여기서 without-interrupts는 인자로 받은 프로시저가 돌아가는 동안에, 시분할 인터럽트를 걸지 못하도록 만드는 연산이다.

47) 이런 명령에는 test-and-set, test-and-clear, swap, compare-and-exchange, load-reserve, store-conditional 같이 수많은 종류가 있는데, 기계 속의 프로세서-메모리 인터페이스와 잘 들어맞도록 조심해서 설계해야 한다. 이런 명령을 설계하는 과정에서 생길 수 있는 문제 가운데 하나는, 두 프로세스가 그런 명령을 써서 똑같은 시간에 같은 자원을 거머쥐려 할 때 어찌 해야 할지 정하는 일이다. 이런 문제를 풀려면 어떤 프로세스에 제어를 넘길지 결정(판단)하는 방법을 마련해야 한다. 이것을 중재자(arbiter)라 하는데, 보통 이를 하드웨어 장치로 구현한다. 그런데 그런 판단을 내리는 데 걸리는 시간을 일정하게 제약할 수밖에 없으므로, 안타깝게도 100% 공평한 중재자를 실현하지 못함을 증명하는 게 가능하다. 이런 생각은 14세기 프랑스 철학자 장 뷔리당(Jean Buridan)이 주석을 단, 아리스토텔레스의 『천체론(De caelo)』에서 처음 나왔다. 그 책에서 뷔리당은 똑같이 맛 좋은 소스를 뿌려 놓은 음식 두 가지를 완벽한 이성을 갖춘 개 앞에 놓아두면, 개는 무엇부터 먹어야 할지 정하지 못하여 끝내 굶어 죽게 된다고 주장하였다.
(역주 : 이것은 흔히 뷔리당의 당나귀로 알려진 내용이다.)

엇걸림^{deadlock}

이제 줄 세우개를 어떻게 구현하는지 알게 되었으며, 그런데도 계정 사이에서 돈을 맞바꾸는 일에 여전히 한 가지 문제가 남아 있음을 알아차릴 수 있다. 이는 앞서 만든 `serialized-exchange` 프로시저를 쓰더라도 마찬가지다. 보기를 들어, 폴이 $a1$과 $a2$ 계정의 돈을 맞바꾸려 할 때, 피터도 $a2$와 $a1$ 계정을 맞바꾸려 한다고 생각해 보자. 이때, 피터의 프로세스가 $a1$ 계정을 움켜쥐고 줄 세운 프로시저^{serialized procedure}를 돌려야 할 시점에 이르고, 바로 그 다음 폴의 프로세스가 $a2$ 계정을 움켜쥐고 줄 세운 프로시저로 들어간다고 치자. 이리 되면, 폴이 $a2$ 계정을 거머쥐고 줄 세운 프로시저를 끝낼 때까지, 피터는 ($a2$ 계정을 쓰기 위해 줄서 있는 프로시저로 들어가야 하기 때문에) 아무런 일을 할 수 없다. 이와 마찬가지로, 피터가 $a1$ 계정을 움켜쥔 상태에서 줄 세운 프로시저를 끝낼 때까지, 폴 역시 아무 일도 하지 못한다. 다시 말해, 여러 프로세스가 다른 프로세스를 지켜보면서 아무것도 하지 못하고 끝없이 기다려야 하는 상태가 된다. 이를 엇걸림 상태^{교착 상태, deadlock}라 한다. 이런 상태는 여러 자원을 함께 쓰는 시스템에서 언제나 일어날 수 있는 문제다.

이런 엇걸림 상태에 빠지지 않기 위해 계정마다 번호를 매겨 놓고 모든 프로세스가 언제나 번호가 가장 낮은 계정을 움켜쥐고 일을 시작하도록 `serialized-exchange` 프로시저를 다시 짜는 방법이 있다. 허나, 이런 방법이 돈 맞바꾸는 문제에는 잘 들어맞지만, 더 정교한 기법을 쓰지 않으면 해결이 안 되는 상황도 있고, 한 술 더 떠서 아예 엇걸림 상태를 피하지 못하는 경우도 있다(연습문제 3.48과 3.49를 보라.).⁴⁸

---

48) 엇걸림 상태에 빠지지 않기 위하여, 공유 자원에 번호를 매겨놓고 차례대로 쓰는 기법은 Havender 1968에서 만든 것이다. 엇걸림 상태를 미리 피하지 못하는 경우에, 그런 상태에 빠진 프로세스를 건져내어(back-out) 다시 일을 시작하게 하는 방법을 쓰기도 한다. 이를 보통 엇걸림 벗어나기(deadlock-recovery) 기법이라 하고, 주로 데이터베이스 관리 시스템(database management system)에서 널리 쓴다. Gray and Reuter 1993에서 이런 주제를 깊이 다루었다.

● **연습문제** 3.48

앞에서 설명한 대로 (계정에 번호를 매겨, 각 프로세스가 처음에 더 작은 번호를 매긴 계정을 움켜쥐도록 만드는) 엇걸림을 피해가는$^{\text{deadlock-avoidance}}$ 기법을 쓰면, 돈 맞바꾸는 문제에서 그런 상태에 빠지지 않게 되는 까닭을 꼼꼼히 설명해 보라. 아울러, 그 방법대로 serialized-exchange 프로시저를 다시 짜보라. (이리하려면, 계정마다 번호를 매기고 알맞은 메시지를 건네어 번호를 꺼내올 수 있도록 make-account 프로시저도 고쳐야 한다.)

● **연습문제** 3.49

앞에서 설명한 방법을 써도 엇걸림 상태에 빠지게 되는 시나리오를 짜보라. (귀띔 : 돈 맞바꾸는 문제에서 모든 프로세스는 어떤 계정을 써야 할지 미리 알 수 있다. 한 프로세스가 앞으로 어떤 자원을 요구할지 모르는 상태에서, 그 자원을 꼭 움켜쥐어야 하는 상황을 생각해 보라.)

병행성, 시간, 정보 주고받기^{communication}

지금까지 병행 시스템을 프로그래밍하는 경우에 여러 프로세스가 상태를 같이 쓰는 일이 일어날 수 있으며, 그런 사건의 차례를 다스릴 방법이 필요함을 알게 되었다. 또, 줄 세우개^{serializer}라는 기법을 알맞게 써서 병행성 제어 문제를 풀 수 있음도 알게 되었다. 하지만, 근본적으로 '(여럿이) 함께 쓰는 상태$^{\text{shared state}}$'란 게 무엇을 뜻하는지가 언제나 명쾌하지 않기 때문에, 병행성은 이보다 깊게 따져 보아야 할 문제다.

test-and-set!과 같은 방식에서는 맨 바깥쪽 환경에 함께 쓰는 자원의 상태를 표시^{flag}하는 변수를 두고, 모든 프로세스가 언제든지 이를 살펴볼 수 있도록 해야 한다. 그런데 이런 방식은 요새 나오는 고속 프로세서에서 받아들이기에 문제도 많고 효율도 떨어진다. 왜냐하면 고속 프로세서에서는 처리 속도를 끌어올리기 위하여 캐시 메모리$^{\text{cache memory}}$나 파이프라이닝 같은 기법을 쓰기 때문에, 메모리 내용이 여기저기 흩어지게 되고 항상 같도록 유지되지 않았을 수 있다. 따라서 현대 멀티프로세싱 시스템에서는 병행성을 다스리는 새로운 방법으로 줄 세우개 패러다임^{serializer paradigm}이 자리를 잡아가고 있다.⁴⁹⁾

커다란 분산 시스템^{distributed system}에서도 함께 쓰는 상태는 문젯거리다. 예를 들어, 은행 지점마다 은행에 남은 돈을 알아서 관리하다가 일정한 시간 간격으로 각 지점에서 관리하던 돈을 맞추어 보는^{동기를 맞추는, synchronizing}, 이른바 분산 은행 시스템^{distributed banking system}이 있다고 하자. 그런 시스템에서는 돈을 맞추어 본 바로 다음이 아니라면, 지금 '계정에 남은 돈'이 얼마인지 딱 꼬집어 말할 수가 없다. 예컨대, 폴과 함께 쓰는 계정에 피터가 돈을 넣었을 때, 계정에 남은 돈이 언제 바뀌었다고 말해야 할까? 지점의 남은 돈이 달라질 때인가, 아니면 돈을 맞추어 본 다음인가? 아울러, 폴이 다른 지점에서 같은 계정을 썼다면, 은행 시스템을 '올바르게' 돌아가도록 할 수 있는 조건은 무엇인가? 이 시스템이 제대로 돌아가는지 아닌지 알아보기 위해서는, 피터와 폴의 눈에 저마다 은행 시스템이 어떻게 돌아가는 것처럼 보이는지와, 돈을 맞추어 본 바로 다음에 계정 '상태'가 어떠한지만 따져보면 된다. 다시 말해, 이런 시스템에서는, 지점 간에 돈 맞추기가 일어나는 사이에 계정에 진짜 얼마나 돈이 남았는지 또는 사건을 처리하는 차례가 어떤지 하는 문제는, 별 달리 따져볼 가치가 없을 수 있다.⁵⁰⁾

이런 문제에서 기본이 되는 현상은 여러 프로세스의 동기를 맞추고, 함께 쓰는 상태를 정하고, 일하는 차례를 정하는 데 프로세스 사이에 정보 주고받기가 필요하다는 것이다. 본질을 따지고 들면, 병행성 제어에서 시간의 개념은 정보를 주고받

---

49) 줄 세우는 기법 가운데 동기점 맞추기(barrier synchronization)라는 방법이 있다. 이는 여러 병행 프로세스를 제멋대로 돌아가도록 풀어 놓았다가, 동기를 맞추어야 할 어떤 지점(동기점, synchronization point)('barrier')에 다다르면, 모든 프로세스가 같은 지점에 이를 때까지 어떤 프로세스도 다른 일을 하지 못하게 막는 방법이다. 요새 나오는 프로세서에는 꼭맞음(일치성, consistency)이 필요할 때, 동기점을 정하는 기계 명령이 들어 있다. 예컨대, PowerPC™에는 이런 목적으로 SYNC와 EIEIO(Enforced In-order Execution of Input/Output)라는 두 명령이 있다.

50) 이런 동작 방식이 이상하게 보일지 모르나, 실제로 그렇게 돌아가는 시스템이 있다. 보기를 하나 들면, 신용 카드 계정에서 국제 요금을 매길 때, 보통 나라마다 (환율을 고려하여) 따로 처리했다가 나라마다 매긴 요금을 주기적으로 조정한다. 따라서 계정에 실제 남은 돈이 나라마다 다를 수도 있다.

는 일과 따로 생각할 수 없다.[51] 재밌는 것은, (사건의 동기를 맞추는 데 쓸 수 있는 가장 빠른 신호인) 빛의 빠르기를 시간과 공간에 관계된 기본 상수로 나타내는 상대성 이론에서도 이와 비슷한 관계를 찾아볼 수 있다는 점이다. 어쩌면 컴퓨터 계산법에서 시간과 상태를 다루기가 복잡하다는 게 사실 물질계$^{\text{physical universe}}$의 복잡한 본성$^{\text{fundamental complexity}}$을 그대로 드러내는 것일지도 모른다.

3.5 스트림

우리는 이제 덮어쓰기^{assignment}를 어떻게 써야 할지 잘 알았을 뿐 아니라, 덮어쓰기 때문에 생겨나는 복잡한 문제가 무엇인지도 깊이 이해하게 되었다. 이제는 그런 문제가 일어나지 않도록 같은 일을 달리 해내는 방법이 있는지 알아볼 차례다. 이 절에서는 스트림이라는 데이터 구조를 바탕으로 상태를 흉내내는 다른 방법을 살펴본다. 이 과정에서, 스트림으로 상태를 흉내내면 여러 가지 복잡한 문제가 덜 생긴다는 사실을 깨닫게 된다.

잠시 걷던 길에서 벗어나 지금까지 밟아온 길을 되돌아보자. 앞서 우리는 실제로 일어나는 현상을 흉내내기 위하여, 충분히 이치에 맞는 판단을 내렸다. 계산 물체 속에 변수를 숨겨서 상태가 있는 진짜 물체를 흉내내고, 컴퓨터의 계산 시간으로 진짜 시간의 변화를 나타냈다. 또한, 그 계산 물체의 변수 값을 덮어쓰는 것으로 시간에 따라 물체의 상태가 달라지는 현상을 표현하였다.

그런데 이 문제를 달리 푸는 방법은 없을까? 꼭 컴퓨터의 계산 시간으로 시간 흐름을 흉내내야 할까? 시간에 따라 달라지는 현상을 표현하기 위해서 꼭 시간에 따라 변하는 물체를 만들어야 할까? 수학 함수를 바탕으로 같은 문제를 다시 생각해 보자. 시간에 따라 달라지는 양 x은 시간 함수 $x(t)$로 나타낼 수 있다. 순간

---

51) 분산 시스템의 경우, Lamport 1978에서 이런 관점을 따랐다. 레슬리 램포트(Leslie Lamport)는 이 글에서 분산 시스템에서 일어나는 일의 차례를 세우는데, 마치 누리 시계(global clocks)와 같은 구실을 하도록 정보 주고받기를 쓰는 방법을 보여주었다.

순간 달라지는 x 값만 바라보면, 그 값이 시간에 따라 달라지는 양처럼 보인다. 허나, 시간에 따라 바뀌는 모든 값을 차례로 늘어놓고 한꺼번에 바라보면, 굳이 순간순간 변하는 값에 눈을 맞출 까닭이 없다. 다시 말해서, (시간 인자에 따른 함수 값은 마땅히 다르겠지만) 함수 자체가 달라지는 것은 아니다.[52]

시간을 **띄엄띄엄 값**^{이산치, discrete value}으로 잴 수 있다고 하면, (끝없이 이어지는) 차례열^{sequence}로 시간 함수를 흉내낼 수 있다. 이에 따라, 이 절에서는 시간에 따른 시스템의 변화를 모두 차례열에 담아서, 상태 변화를 흉내내는 방법을 알아보기로 한다. 이 때문에 스트림이라는 새로운 데이터 구조를 만들어 쓰는데, 스트림 또한 차례열의 한 가지라 할 수 있다. 허나, (2.2.1절에서처럼) 스트림을 그냥 리스트로 구현하면, 스트림 처리 방식의 모든 표현력을 제대로 담아내지 못한다는 사실을 알게 된다. 하여, 그 대신에 '**셈미룸 계산법**^{delayed evaluation}'라는 기법을 받아들이는데, 이 기법을 쓰면 아주 큰 차례열을 심지어 끝없는 차례열도 스트림으로 나타낼 수 있다.

스트림 처리 기법을 쓰면 덮어쓰기나 변형 가능한 데이터^{mutable data}가 아예 없어도 상태 있는 시스템을 흉내낼 수 있는데, 이는 곧 상태 변화를 표현하는 컴퓨터 계산법을 만들고자 할 때 덮어쓰기에서 생겨나는 문젯거리를 피해 갈 수 있음을 뜻하기 때문에, 이론으로나 실제로나 중요한 의미가 있다. 한편, 스트림 방식에는 그 나름대로 여러 가지 문제가 있기 때문에, 어떤 계산 기법이 모듈 방식으로 시스템을 짜맞추고 관리하기에 더 좋은지는 아직도 풀리지 않는 숙제로 남아 있다.

3.5.1 스트림과 (계산을) 미룬 리스트

2.2.3절에서 봤듯이 차례열은 여러 프로그램 모듈을 이어 붙이는 표준 인터페이스 구실을 할 수 있다. 이에 따라, 짧고 깔끔한 방법으로 여러 가지 연산을 담아낼

---

52) 이런 생각과 흐름을 같이하여, 물리학에서는 입자의 움직임을 살펴보는 방법으로, 입자의 '세계선(world lines, 물체가 움직이는 경로를 시간과 공간에 대해 쭉 늘어놓은 것)'이라는 개념을 받아들이기도 한다. 이런 개념이 신호 처리 시스템과 자연스럽게 어우러지는 사고방식임을 2.2.3절에서 일찌감치 밝힌 바 있다. 3.5.3절에서는 보기를 몇 개 들어서 신호 처리 시스템을 스트림으로 표현하는 방법을 살펴본다.

수 있도록 map, filter, accumulate 같이 쓸모 있게 차례열 연산을 요약하여 정의하기도 하였다.

차례열을 리스트로 표현하면 쉽고도 깔끔하기는 하지만, 그만큼 계산에 필요한 시간과 공간 효율이 모두 떨어지는 대가를 치러야 한다. 차례열 프로그램을 리스트의 변환 과정으로 표현하는 경우, 단계별 처리 과정^{프로세스, process}을 거칠 때마다 (엄청나게 클지도 모를) 데이터 구조를 새로 만들어서 복사하는 일을 피할 도리가 없기 때문이다.

정말 그런지 알아보기 위해서 어떤 구간에 들어 있는 소수를 모두 더하는 프로그램을 두 개 짜서 서로 견주어 보자. 첫 번째 프로그램은 아래와 같이 반복하는 방식^{iterative style}으로 짰다.[53]

```
(define (sum-primes a b)
  (define (iter count accum)
    (cond ((> count b) accum)
          ((prime? count) (iter (+ count 1) (+ count accum)))
          (else (iter (+ count 1) accum)))) 
  (iter a 0))
```

두 번째 프로그램에서는 2.2.3절의 차례열 연산을 썼다.

```
(define (sum-primes a b)
  (accumulate +
              0
              (filter prime? (enumerate-interval a b)))))
```

두 프로그램을 돌려 보면 첫 번째 프로그램에서는 더한 값을 넣어둘 자리만 마련하면 된다. 그와 달리 두 번째 프로그램에서는 enumerate-interval로 구간 속의 수를 모두 리스트로 묶어 내기 전까지 filter에서 소수 검사를 시작할 수도 없다. 이 뿐 아니라, filter를 거치면서 다른 리스트를 만들어 내고 다시 accumulate가 이 리스트를 인자로 받아서 그 원소를 모두 더한다. 첫 번째 프로그램의 계산 과정

---

53) (1.2.6절에서처럼) 어떤 수가 소수인지 알아보는 prime? 프로시저가 있다고 치자.

에서 큰 저장 공간이 필요 없는 까닭은, 구간 속의 수를 하나씩 꺼내면서 곧바로 그 수가 소수인지 따져본 다음, 한 번에 하나씩 더하는 방식을 따르기 때문이다.

이번에는 10,000과 1,000,000 사이에 있는 두 번째 소수를 찾아보자. 차례열 패러다임$^{sequence paradigm}$으로 이 문제를 풀기 위하여 리스트를 써보면, 그 효율이 얼마나 많이 떨어질 수 있는지가 아주 또렷이 드러난다.

```
(car (cdr (filter prime?
          (enumerate-interval 10000 1000000))))
```

이렇게 짜더라도 두 번째 소수를 찾아낼 수 있겠지만, 쓸데없는 계산이 너무 많다. 먼저 100만 개에 가까운 정수들의 리스트를 만들어야 하고, 그 다음에 그것이 모두 소수인지 따져보아야 할 뿐 아니라, 리스트의 원소 대부분은 쓸모가 없다. 허나 이를 다시, 차례열을 쓰지 않고 되풀이하는 방식으로 푼다면, 수를 하나씩 만들어가면서 조건에 맞는지 따져보고 두 번째 소수를 찾아냈을 때 곧바로 계산을 끝내면 된다.

스트림은 리스트만큼 커다란 대가를 치르지 않으면서도, 차례열 패러다임으로 프로그램을 짤 수 있도록 도와주는 멋진 기법이다. 스트림 기법을 쓰면 차례열 패러다임으로 프로그램을 깔끔하게 짤 수 있을 뿐 아니라, 조금씩 필요한 만큼 계산을 처리해 나가는 효율성까지 얻을 수 있다. 스트림 기법의 바탕이 되는 생각은 이러하다. 어떤 프로그램에서 스트림을 인자로 받는 경우, 스트림을 덜 만든 상태 그대로 넘긴 다음, 그 프로그램에서 (곧 스트림을 쓰는 쪽에서) 아직 만들지 않은 스트림의 일부를 쓰려고 할 때, 스트림 자체가 딱 쓸 만큼만 알아서 원소를 만들어 내게끔 하는 것이다. 그리하면, 스트림을 쓰는 쪽에서는 마치 다 만든 스트림을 쓰는 것 같이 느낄 수 있다. 다시 말해, 완전한 차례열을 처리하는 것처럼 프로그램을 짜더라도, 스트림을 만들거나 쓰는 일이 말끔하게 저절로 뒤섞이도록 스트림을 구현할 수 있다.

겉으로 보면, 스트림과 리스트는 서로 대응하는 프로시저에 다른 이름을 붙였다는 것 말고는 별 차이가 없어 보인다. 스트림의 짜맞추개$^{구성자, constructor}$ 연산은

cons-stream이고, 고르개^{selector} 연산은 stream-car와 stream-cdr다. 이 연산 사이에는 아래와 같은 관계가 있다.

```
(stream-car (cons-stream x y)) = x
```

```
(stream-cdr (cons-stream x y)) = y
```

아울러, 빈 스트림을 나타내는 the-empty-stream은 cons-stream으로 만들어 내지 못하는 물체이므로 따로 정의한다. 이에 따라, 한 스트림 물체가 the-empty-stream인지 아닌지 알아내기 위하여 stream-null?이라는 술어 프로시저를 정의한다.[54] 이리하면, 데이터들의 모음모둠 데이터, aggregate data을 한 줄로 엮어서 표현하기 위하여 리스트를 만들어·쓰던 방식과 같이, 스트림을 만들거나 쓸 수 있다. 특히, 2장에 나온 리스트 연산 list-ref, map, for-each에 해당하는, 다음과 같은 스트림 연산을 정의할 수 있다.[55]

```
(define (stream-ref s n)
  (if (= n 0)
      (stream-car s)
      (stream-ref (stream-cdr s) (- n 1))))

(define (stream-map proc s)
  (if (stream-null? s)
      the-empty-stream
      (cons-stream (proc (stream-car s))
                   (stream-map proc (stream-cdr s)))))
```

---

54) MIT Scheme 구현에서 the-empty-stream은 빈 리스트 '()와 같고 stream-null?은 null?과 같다.
55) 이게 어색하고 쓸데없는 일로 느껴져야 정상이다. 비슷한 연산을 스트림과 리스트에 맞추어 따로 정의하고 있다는 사실이, 그 아래에서 뭔가를 제대로 요약하지 않았다는 증거이기 때문이다. 그러나 스트림과 리스트를 한데 모아 간추려 내려면, 지금보다 훨씬 아래 단계에서 섬세하게 계산 과정을 다스릴 수 있어야 한다. 이 주제는 3.5.4절 끝에서 더 깊이 다루기로 하자. 4.2절에서는 리스트와 스트림을 한데 합칠 수 있는 기틀을 마련하기로 한다.

```
(define (stream-for-each proc s)
  (if (stream-null? s)
      'done
      (begin (proc (stream-car s))
             (stream-for-each proc (stream-cdr s)))))
```

stream-for-each 프로시저는 스트림 속 원소를 차례대로 찍어 보거나 할 때 쓰면 좋다.

```
(define• (display-stream s)
  (stream-for-each display-line s))
```

```
(define (display-line x)
  (newline)
  (display x))
```

앞서 밝힌 대로, 스트림의 원소를 만들거나 쓰는 일이 저절로 뒤섞여 처리될 수 있도록 스트림을 구현하기 위해서, cons-stream으로 새 스트림을 만들 때에는 스트림의 cdr 값을 구하지 않고, stream-cdr 프로시저가 스트림의 cdr를 쓰려고 할 때 cdr 값을 계산하기로 한다. 이런 방식은 2.1.2절에서 유리수 만들 때와 비슷하다. 그때도 새 유리수를 만들 때 곧바로 분자와 분모를 약분할지, 분자와 분모를 꺼낼 때 약분할지 판단해야 했다. 어떤 방식을 쓰든 유리수라는 데이터를 요약한 것은 마찬가지지만 어떻게 구현하느냐에 따라 그 효율은 달라진다. 스트림과 리스트의 관계도 이와 비슷하다. 둘 다 차례열 데이터를 요약했다는 점은 같지만, 그 원소를 언제 계산하는지가 다르다. 다시 말해서, 리스트에서는 리스트를 만들 때 car와 cdr를 모두 계산하지만, 스트림에서는 cdr를 뽑아 쓸 때 cdr를 계산한다.

여기서 스트림을 구현하는 방식은 delay라는 특별한 형태^{special form}에 바탕을 둔다. (delay ⟨exp⟩) 값을 계산하면 ⟨exp⟩의 값이 아니라 셈미룬 물체^{delayed object}가 나오는데, 이는 언젠가 ⟨exp⟩ 값을 구하리라는 '약속'과 같다. delay와 반대로, 셈미룬 물체를 인자로 받아서 그 값을 억지로 구하는 (delay 물체가 약속을 지키게끔 하는) force라는 프로시저가 있다. delay와 force를 어떻게 구현하는지는 조금 뒤에 살펴보도록 하고, 우선은 이 두 연산으로 스트림을 만들어 보자.

cons-stream 프로시저는 다음처럼 정의된 특별한 형태다.

(cons-stream ⟨*a*⟩ ⟨*b*⟩)

위 식이 뜻하는 바는 아래와 같다.

(cons ⟨*a*⟩ (delay ⟨*b*⟩))

스트림도 리스트처럼 쌍을 써서 만든다. 하지만, 리스트와 달리 스트림에서는 쌍의 cdr에 나머지 원소들의 값을 넣어 두는 게 아니라, 언제든 필요할 때 스트림의 나머지를 계산하겠다는 약속을 넣어 둔다. stream-car와 stream-cdr의 정의는 다음과 같다.

(define (stream-car stream) (car stream))

(define (stream-cdr stream) (force (cdr stream)))

위 정의를 보면 stream-car는 쌍의 car를 골라낸다. stream-cdr는 쌍의 cdr를 골라낸 다음, 그 속에 (셈을) 미루어 둔 식을 계산하여 스트림의 나머지 원소들을 얻어 낸다.[56]

스트림은 어떻게 돌아가는가

이와 같은 구현 방식이 어떻게 돌아가는지 알아보기 위하여 앞에서 이미 본 '얼빠진outrageous' 소수 찾기법을 스트림 연산으로 옮겨 써보았다.

---

56) stream-car와 stream-cdr는 프로시저로 정의해도 괜찮지만, cons-stream은 반드시 특별한 형태 (special form)여야 한다. cons-stream이 프로시저였다면 그 계산 방식에 따라 (cons-stream ⟨*a*⟩ ⟨*b*⟩) 에서 ⟨*b*⟩ 값을 계산하려 들 터인데, 이는 바라던 바가 아니기 때문이다. 같은 까닭에 force는 보통 프로시저로 정의해도 되지만, delay는 반드시 특별한 형태여야 한다.

```
(stream-car
 (stream-cdr
  (stream-filter prime?
                 (stream-enumerate-interval 10000 1000000)))))
```

이번에는 정말 효율적으로 돌아간다. 어찌 해서 그리 될까?

위 식은 stream-enumerate-interval 프로시저에 10,000과 1,000,000을 인자로 건네주고 스트림을 만들어 내는 것부터 시작된다. 이때 이 프로시저는 (2.2.3절의) enumerate-interval과 비슷하게 스트림을 만든다.

```
(define (stream-enumerate-interval low high)
  (if (> low high)
      the-empty-stream
      (cons-stream
       low
       (stream-enumerate-interval (+ low 1) high))))
```

cons-stream으로 만들어 낸 stream-enumerate-interval 프로시저의 결과는 다음과 같다.[57]

```
(cons 10000
      (delay (stream-enumerate-interval 10001 1000000)))
```

이 프로시저가 만들어 낸 스트림의 car은 10,000이고, cdr는 필요할 때 구간 값을 더 계산하겠다는 약속을 묶어낸 것이다. 이 스트림에서 소수만 걸러내기 위해 다음과 같이 (2.2.3절의) filter 프로시저와 비슷한 프로시저를 정의하여 쓰기로 하자.

---

57) 여기서 보는 것과 달리, 셈을 미루어둔 식 속에 진짜로 수가 들어 있지는 않다. 사실 그 자리에는 식 자체가 들어 있을 뿐이며, 그 식 속의 변수 값은 환경에 정의되어 있다. 따라서 low가 10,000으로 정의된 환경에서 (+ low 1)이라는 식이 와야 할 자리에 10,001이라는 수를 대신 적은 것이다.

```
(define (stream-filter pred stream)
  (cond ((stream-null? stream) the-empty-stream)
        ((pred (stream-car stream))
         (cons-stream (stream-car stream)
                      (stream-filter pred
                                     (stream-cdr stream))))
        (else (stream-filter pred (stream-cdr stream)))))
```

stream-filter 프로시저는 스트림의 stream-car, 곧 쌍의 car인 10,000을 검사한다. 10,000은 소수가 아니므로, 스트림의 stream-cdr를 살펴본다. 여기서 stream-cdr는 계산을 미루던 stream-enumerate-interval을 불러쓰므로 아래 값이 나온다.

```
(cons 10001
      (delay (stream-enumerate-interval 10002 1000000)))
```

다시 stream-filter에서 이 스트림의 stream-car 다시 말해서, 10,001을 보고 이 값이 소수인지 아닌지 따진다. 소수가 아니라면, 다시 stream-cdr를 불러서 stream-enumerate-interval이 소수 10,007을 내놓을 때까지 같은 일을 되풀이한다. 그 결과, stream-filter의 정의에 따라 다음 값이 나온다.

```
(cons-stream (stream-car stream)
             (stream-filter pred (stream-cdr stream)))
```

이 경우에 위 식을 풀어 쓰면, 아래와 같다.

```
(cons 10007
      (delay
        (stream-filter
         prime?
         (cons 10008
               (delay
                 (stream-enumerate-interval 10009
                                            1000000))))))
```

이제 이 값을 맨 처음 식에서 `stream-cdr`가 받는다. 이 과정에서 미뤄 두던 `stream-filter`가 계산되고, 이어서 다음 소수 10,009를 찾을 때까지 `stream-enumerate-interval`이 계속 계산된다. 결국은 맨 처음 식에서 `stream-car`가 받는 스트림 값은 다음과 같다.

```
(cons 10009
    (delay
      (stream-filter
       prime?
       (cons 10010
             (delay
               (stream-enumerate-interval 10011
                                          1000000))))))
```

`stream-car`가 10,009를 결과로 내놓아 계산이 마무리된다. 지금까지 살펴본 대로 이 계산 과정에서는 두 번째 소수를 찾아내는 데 꼭 필요한 정수만 검사하였고, 소수 거르개^{filter}가 요구하는 만큼만 구간 값을 만들어 냈다.

대개 셈미룸 계산법$^{delayed\ evaluation}$은 '바라는 대로$^{demand-driven}$' 프로그램이 실행되도록 하는 방식의 한 가지라 볼 수 있으며, 스트림 프로세스의 각 단계에서는 다음 단계에서 쓸 만큼만 계산을 하게 된다. 여기서 우리가 한 일은, 컴퓨터에서 실제로 계산이 일어나는 차례가 프로시저의 구조에 (또는 문제를 풀어가는 방식에) 아무런 영향을 미치지 못하도록 만든 것이다. 그리하여 스트림을 '한꺼번에 모두$^{all\ at\ once}$' 만들어 놓고 쓰는 것처럼 프로그램을 짰으나, 실제 계산은 프로그램을 반복하는 방식으로 짰을 때처럼 조금씩 이루어진다.

delay와 force 프로시저 만들기

`delay`와 `force` 프로시저가 아주 신비로운 연산처럼 보이지만, 그 구현 방법은 생각보다 쉽다. `delay`에서는 계산할 식을 꾸러미로 묶어 두었다가 나중에 필요^{demand}에 따라 계산되도록 해야 하는데, 계산할 식을 프로시저의 몸처럼 묶어서 생각하면 이를 쉽게 실현할 수 있다. `delay` 프로시저는 아래와 같은 특별한 형태$^{special\ form}$로 나타낸다.

```
(delay ⟨exp⟩)
```

그런데 이는 아래 식의 쓰기 쉬운 문법^{달콤한 문법, syntactic sugar}일 뿐이다.

```
(lambda () ⟨exp⟩)
```

force는 그저 delay로 만들어 낸 (인자 없는) 프로시저를 불러쓰는 것이니까, 다음과 같이 (보통) 프로시저로 구현할 수 있다.

```
(define (force delayed-object)
  (delayed-object))
```

이렇게만 만들어도 앞서 설명한 것처럼 delay와 force가 잘 돌아간다. 하지만, 계산 효율을 끌어올리기 위해서는 한 가지 기법을 더 끌어들일 필요가 있다. 보통 수많은 응용 프로그램에서 같은 물체를 여러 번 되풀이 계산하는 경우가 잦은데, 스트림을 써서 되도는^{재귀} 프로그램을 짤라 치면, 반복되는 계산 때문에 크게 효율이 떨어진다(연습문제 3.57을 보자.). 이런 문제를 해결하기 위해서는, 셈미룬 물체를 처음으로 계산한 다음에 그 값을 어딘가에 적어 두었다가 나중에 그 물체를 다시 쓸 때 같은 것을 계산한다면 적어둔 값을 쓰도록 하면 된다. 다시 말해서, 연습문제 3.27에서 설명한 대로 delay가 계산한 값을 메모하는 프로시저로 구현하는 것이다. 이때 (인자 없는) 프로시저를 인자로 받아서 메모하는 프로시저를 만들어 내는 프로시저를 쓸 수 있다. 메모하는 프로시저는 한 번 계산한 값을 기억하기 때문에, 다음에 같은 계산을 하기 위해 이 프로시저를 부르면 저장해둔 계산 결과를 내놓는다.

```
(define (memo-proc proc)
  (let ((already-run? false) (result false))
    (lambda ()
      (if (not already-run?)
          (begin (set! result (proc))
                 (set! already-run? true)
                 result)
          result))))
```

따라서 delay 프로시저 (delay ⟨*exp*⟩)의 정의는 다음 같이 바뀐다.

```
(memo-proc (lambda () ⟨exp⟩))
```

force 프로시저 정의는 전과 다를 바 없다.[58]

● 연습문제 3.50

아래는 stream-map 프로시저의 쓰임새를 늘려서, 2.2.1절 주석 12에서 본 **map**
처럼 여러 인자를 받을 수 있도록 만든 것이다. 빈 곳을 채워라.

```
(define (stream-map proc . argstreams)
  (if (⟨??⟩ (car argstreams))
      the-empty-stream
      (⟨??⟩
       (apply proc (map ⟨??⟩ argstreams))
       (apply stream-map
              (cons proc (map ⟨??⟩ argstreams))))))
```

● 연습문제 3.51

셈미룸 계산법이 어떻게 돌아가는지 더 꼼꼼히 살펴볼 수 있도록 다음 프로시
저를 쓰기로 한다. 이 프로시저는 인자를 찍은 다음에 그대로 되돌려 준다.

```
(define (show x)
  (display-line x)
  x)
```

---

58) 이 절에서 설명한 것 말고도 스트림을 구현하는 방법은 여러 가지다. 스트림의 밑바탕이 되는 셈미룸 계
산법(delayed evaluation)은 본래 Algol 60에서 인자를 건네는 방식(parameter-passing method) 가운데 하
나인 'call-by-name' 기능에서 비롯된 것이다. 이런 스트림 구현 방식을 처음 선보인 사람은 피터랜딘
(Peter Landin)이다(Landin 1965). 셈미룸 계산법에 따른 스트림 기법을 Lisp에 처음 적용한 사람들은 댄 프
리드먼(Dan Friedman)과 데이비드 와이즈(David Wise)다(Friedman and Wise 1976). 이 구현에서는 cons
가 언제나 인자 계산을 뒤로 미루기 때문에, 리스트가 저절로 스트림이 된다. 한편, 메모하기 기법으로 미
룸 계산법의 효율을 끌어올리는 방법을 call-by-need라고도 한다. Algol식 이름을 따르자면, 처음의 미룬
물체는 call-by-name thunks이고, 뒤에 효율을 끌어올리기 위해 고친 것은 call-by-need thunks가 된다.

다음 차례대로 식을 계산하였을 때, 실행기가 찍어내는 결과는 어떠한가?[59]

```
(define x
 (stream-map show
             (stream-enumerate-interval 0 10)))

(stream-ref x 5)

(stream-ref x 7)
```

● 연습문제 3.52

아래 식들을 차례대로 계산한다고 하자.

```
(define sum 0)

(define (accum x)
  (set! sum (+ x sum))
  sum)

(define seq
 (stream-map accum
             (stream-enumerate-interval 1 20)))
(define y (stream-filter even? seq))
(define z (stream-filter (lambda (x) (= (remainder x 5) 0))
                          seq))

(stream-ref y 7)

(display-stream z)
```

---

59) 3.51과 3.52 같은 연습문제는 delay가 돌아가는 방식을 스스로 얼마나 잘 이해하는지 되짚어 보기에 좋은 문제다. 본래 셈미룸 계산법을 쓰는 계산 과정 사이사이에 값 찍어보기를 뒤섞어 놓으면 (덮어쓰기 연산과 뒤섞어 쓰면 훨씬 더하겠지만) 어떤 값이 나올지 알아맞히기가 쉽지 않다. 그래서 지금까지 컴퓨터 언어를 가르치는 사람들이 이 절에서 나오는 것과 비슷한 시험 문제를 내서 학생들을 괴롭혀 왔다 싶다. 그런 아리송한 성질을 빌려서 프로그램을 짜는 게 아주 짜증나는 프로그래밍 방식임은 더 말할 나위가 없겠다. 스트림의 장점은 프로그램에서 실제로 일어나는 사건(일)이 어떤 차례를 따르는지 신경 쓸 필요가 없다는 데 있다. 하나 참 안된 일이지만, 덮어쓰기 연산을 쓰는 경우엔 시간과 변화에 신경을 쓰지 않을 도리가 없으므로, 결코 (쉽사리) 받아들이기 어려운 장점이다.

식을 하나씩 계산할 때마다 sum 값은 어떻게 되는가? stream-ref 식과 display-stream 식의 값을 구하면 어떤 값이 찍히는가? memo-proc을 써서 효율을 끌어올리지 않고, (delay ⟨*exp*⟩)를 그냥 (lambda () ⟨*exp*⟩)로 정의해 쓴다면, 답이 어떻게 달라지는가?

3.5.2 무한 스트림^{infinite stream}

지금까지 딱 쓸 만큼만 계산해서 쓰더라도 마치 다 만들어 놓은 물체^{entity}를 쓰는 것처럼 스트림을 만들려면 어떻게 해야 하는지 살펴보았다. 스트림 기법을 쓰면 아주 긴 차례열을 효율적으로 나타낼 수 있는데, 그보다 재미있는 것은 끝없이 길게 늘어진 차례열도 표현할 수 있다는 사실이다. 그 보기로, 다음과 같이 양의 정수 스트림을 정의하는 경우를 살펴보자.

```
(define (integers-starting-from n)
  (cons-stream n (integers-starting-from (+ n 1))))

(define integers (integers-starting-from 1))
```

이런 식이 가능한 까닭은 integers가 가리키는 쌍에서 그 car는 1이고, 그 cdr는 2부터 시작하는 정수를 만들어 내겠다는 약속이기 때문이다. integers가 끝없이 긴 스트림을 나타내지만, 어떤 시점에 실제로 쓰는 것은 그 스트림의 일부일 뿐이다. 따라서 이 스트림을 쓰는 프로그램에서는 이 (끝없는) 스트림을 모두 만들어 놓지 않았다는 사실이 결코 드러나지 않는다.

integers를 써서 끝없는 스트림^{infinite streams}을 또 만들어낼 수 있다. 아래는 7로 나누어떨어지지 않은 정수 스트림을 정의한다.

```
(define (divisible? x y) (= (remainder x y) 0))

(define no-sevens
  (stream-filter (lambda (x) (not (divisible? x 7)))
                 integers))
```

이 스트림을 쓰면, 7로 나누어떨어지지 않는 정수를 쉽게 찾아낼 수 있다.

```
(stream-ref no-sevens 100)
117
```

integers와 비슷하게 피보나치 수들의 무한 스트림을 정의할 수도 있다.

```
(define (fibgen a b)
  (cons-stream a (fibgen b (+ a b)))))

(define fibs (fibgen 0 1))
```

fibs 쌍에서 그 car는 0이고 그 cdr은 (fibgen 1 1) 값을 셈하겠다는 약속이다. 나중에 (fibgen 1 1)의 값을 셈하면 다시 쌍이 하나 나오는데, 그 쌍의 car는 1이 되고 그 cdr는 (fibgen 1 2) 값을 셈하리라는 약속이 된다. 이런 방식으로 피보나치 수를 계속 계산해 나간다.

　끝없는 스트림을 더 멋들어지게 쓰는 보기를 들기 위하여 좀 전에 정의한 no-sevens와 비슷하게 에라토스테네스의 체^{sieve of Eratosthenes}라는 계산 방법으로 끝없는 소수 스트림을 만들어 보자.[60] 먼저, 첫 번째 소수 2로 시작하는 정수 스트림을 만든다. 나머지 소수를 찾아내기 위하여 2 다음의 정수에서 2의 배수를 걸러낸다. 그 결과로, 두 번째 소수 3부터 시작하는 스트림이 나온다. 그 스트림에서 3의 배수를 걸러낸다. 그리하면 3 다음에 오는 소수 5에서 스트림이 나온다. 이런 계산을 되풀이하면 끝없이 이어지는 소수 스트림을 만들 수 있다. 다시 말해서, 소수를 뽑아내기 위해 체로 걸러내는 과정^{sieving process}을 설명하면 이렇다. 스트림 s를 체로 거르기 위해서 스트림을 하나 만드는데, 그 스트림의 첫 번째 원소는 s의 첫

---

60) 에라토스테네스(Eratosthenes)는 B.C 3세기 즈음에 산 고대 알렉산드리아의 그리스 철학자로, 하지(夏至) 날 한낮에 드리워진 그림자를 살펴보고 처음으로 지구 둘레를 정확하게 계산해 낸 사람으로 널리 이름이 알려져 있다. '에라토스테네스의 체' 또한 아주 오래된 방법이다. 그럼에도, 지금까지 나온 것 가운데 큰 소수 값을 찾아내는 데 가장 쓸 만한 도구라 할 수 있는 전문 하드웨어 '체(sieve)'를 만드는 밑거름이 되었다. 1970년대 이후로는 (1.2.6절에서 이야기한) 확률 기법이 발전을 거듭하면서 이런 기법들을 대신하게 되었다.

번째 원소다. 그 스트림의 나머지 원소는 s의 나머지 원소에서 s의 첫 번째 원소의 배수를 모두 걸러낸 스트림을, 다시 같은 과정을 되밟아서 체로 걸러낸 것이다. 이 과정^{프로세스}은 스트림 연산으로 손쉽게 옮겨 적을 수 있다.

```
(define (sieve stream)
  (cons-stream
   (stream-car stream)
   (sieve (stream-filter
           (lambda (x)
             (not (divisible? x (stream-car stream))))
           (stream-cdr stream)))))

(define primes (sieve (integers-starting-from 2)))
```

어떤 소수를 찾아내고 싶을 때에는 아래와 같이 하면 된다.

```
(stream-ref primes 50)
233
```

그림 3.31의 '헨더슨 그림^{Henderson diagram}'과 같이, sieve가 만들어 낸 신호 처리 시스템을 가만히 살펴보면 아주 재미있다.[61] 입력 스트림은 그 스트림의 첫 번째 원소와 나머지 스트림을 따로 떼어내는 '언콘서^{unconser}'로 들어간다. 첫 번째 원소는 나누어떨어지는 수를 걸러낼 프로시저를 만드는 데 쓰이고, 이 거르개를 거쳐 얻어낸 결과가 다른 체 상자^{sieve box}로 들어간다. 그런 다음에 맨 처음 원소와 그 안쪽에 있는 체를 거쳐 나온 결과를 스트림으로 묶어 낸다. 따라서 스트림만 끝없이 흘러가는 게 아니라 체 속에 다시 체가 들어 있는 셈이므로, 이 신호 처리기 또한 한없이 깊어지는 물체라 할 수 있다.

_____

61) 피터 헨더슨(Peter Henderson)의 이름을 따서 이렇게 그림을 그리는 방식에 이름을 붙인 것이다. 피터는 이런 다이어그램(diagram)으로 스트림 처리 과정을 처음 표현한 사람이다. 이 그림에서, 검은 선은 흘러가는 값들의 스트림을 나타낸다. car에서 cons와 거르개(filter)로 이어진 점선은 스트림이 아닌 값 하나를 가리킨다.

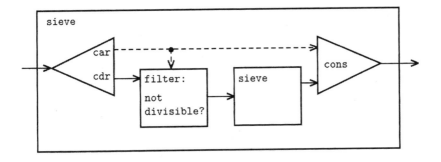

그림 3.31 신호 처리 시스템으로 본 소수 거르개(체)

스트림을 드러나지 않게 정의하는 방법

앞서 integers와 fibs 스트림 정의에서는 스트림 원소를 하나씩 만들어가는 과정이 겉으로 드러나게끔 스트림을 '만드는generating' 프로시저를 낱낱이 밝혀 놓았다. 이와 달리, 셈미룸 계산법의 이점을 빌려서 드러내지 않고 스트림을 정의하는 다른 방법이 있다. 보기를 들어, 아래 식과 같이 원소 1이 무한 스트림 ones를 정의한다고 하자.

```
(define ones (cons-stream 1 ones))
```

이 스트림은 되도는 프로시저^{재귀 프로시저} 정의처럼 ones라는 쌍을 만드는데, 그 쌍의 car는 1이고 cdr는 다시 ones를 계산하겠다는 약속이다. cdr 값을 셈하면 다시 1과 ones를 계산한다는 약속으로 이루어진 쌍이 나오는데, 이런 식으로 끝없는 1들의 스트림을 만들어 낸다.

add-streams 같은 연산을 만들어 스트림을 다루어 보면 훨씬 재미있는 일을 할 수 있다. add-streams는 두 스트림의 원소를 서로 더하는 프로시저다.[62]

---

62) 여기서는 연습문제 3.50에서 만든 stream-map을 쓴다.

```
(define (add-streams s1 s2)
  (stream-map + s1 s2))
```

위에서 정의한 두 프로시저를 써서 끝없는 정수를 만들어낼 수 있다.

```
(define integers (cons-stream 1 (add-streams ones integers)))
```

위 식은 integers라는 스트림을 정의한 것으로, 그 스트림의 첫 번째 원소는 1이고 나머지 원소는 ones와 integers의 합으로 나타내었다. 따라서 integers의 두 번째 원소는 integers의 첫 번째 원소에 1을 더하는 식이고 (또는 2고), integers의 세 번째 원소는 1과 integers의 두 번째 원소를 더하는 식이 (또는 3이) 된다. 이런 식으로 integers의 모든 원소를 뽑아낸다. 이런 정의가 문제없이 잘 돌아가는 까닭은, 어떤 계산 시점에서 integers 스트림의 원소가 필요한 만큼 계산되어 있어서 다시 그 스트림을 다음 정수를 만들어 내는 정의 속으로 집어넣을 수 있기 때문이다.

피보나치 수열도 이와 비슷한 방식으로 정의할 수 있다.

```
(define fibs
  (cons-stream 0
               (cons-stream 1
                            (add-streams (stream-cdr fibs)
                                         fibs))))
```

위 정의에 따르면 fibs는 0과 1로 시작하는 스트림이다. 스트림의 나머지 원소는 fibs와, fibs 자체를 한 자리씩 옆으로 옮긴 값(stream-cdr fibs)을 더하여 만든다.

		1	1	2	3	5	8	13	21	...	= (stream-cdr fibs)
		0	1	1	2	3	5	8	13	...	= fibs
0	1	1	2	3	5	8	13	21	34	...	= fibs

이런 방식으로 스트림을 정의할 때, scale-stream을 만들어 두면 아주 쓸모가

많다. 이 프로시저는 스트림의 모든 원소에 정해진 상수 값을 곱한다.

```
(define (scale-stream stream factor)
  (stream-map (lambda (x) (* x factor)) stream))
```

아래는 스트림의 원소마다 2를 곱해서 1, 2, 4, 8, 16, 32, …와 같은 스트림을 만든 것이다.

```
(define double (cons-stream 1 (scale-stream double 2)))
```

소수 스트림을 만들 때도 정수들의 스트림부터 만든 다음에 각 정수가 소수인지 따져보고 걸러내는 방식으로 정의할 수도 있다. 맨 처음에는 소수 2에서 시작한다.

```
(define primes
  (cons-stream
   2
   (stream-filter prime? (integers-starting-from 3))))
```

이 정의는 보기처럼 그리 간단하지 않다. 어떤 수 n이 소수인지 아닌지 알아보려면, n이 $\sqrt{n}$과 같거나 그보다 작은 소수로 나누어지는지 따져 봐야 하기 때문이다.

```
(define (prime? n)
  (define (iter ps)
    (cond ((> (square (stream-car ps)) n) true)
          ((divisible? n (stream-car ps)) false)
          (else (iter (stream-cdr ps)))))
  (iter primes))
```

이 프로시저는 되도는 정의^{재귀 정의, recursive definition}다. 왜냐하면, primes 스트림에서는 prime?을 불러쓰고, 다시 prime?에서 primes 스트림을 쓰기 때문이다. 이 프로시저가 문제없이 잘 돌아가는 까닭은, 어떤 계산 시점에서 다음에 소수인지 따져 보는 데 필요한 만큼 primes 스트림이 만들어져 있기 때문이다. 즉, n이 소수든(먼저 나온 소수로 나누어지는 경우) 소수가 아니든(먼저 나온 소수, 즉 n보

다 작은 소수가 $\sqrt{n}$ 보다 큰 경우), 모든 n이 소수인지 따지게 되어 있다.[63]

● 연습문제 3.53

프로그램을 돌려보지 않고 아래처럼 정의한 스트림의 원소를 적어 보라.

```
(define s (cons-stream 1 (add-streams s s)))
```

● 연습문제 3.54

add-streams와 비슷하게 mul-streams 프로시저를 정의하라. mul-streams 프로시저는 스트림 두 개를 인자로 받아서 원소끼리 곱한 결과를 내놓는다. integers 스트림과 mul-streams로 아래 정의의 빈 곳을 채워서 (0부터 헤아렸을 때) n번째 원소의 값이 $n+1$ 사다리곱^{factorial}이 되는 스트림을 만들어 보라.

```
(define factorials (cons-stream 1 (mul-streams ⟨??⟩⟨??⟩)))
```

● 연습문제 3.55

스트림 S를 인자로 받아 S_0, $S_0 + S_1$, $S_0 + S_1 + S_2$, …와 같은 원소를 결과로 내놓는 partial-sums 프로시저를 정의하여라. 예를 들어, (partial-sums integers)의 결과는 스트림 1, 3, 6, 10, 15, …과 같다.

● 연습문제 3.56

2, 3, 5 외의 소수 인수를 가지지 않는 양의 정수를 작은 것부터 차례대로 반복하지 않고 늘어놓는 문제가 있다. (이는 리차드 해밍$^{R.\ Hamming}$이 낸 유명한 문제

---

63) 맨 마지막에 한 얘기는 $p_{n+1} \leq p^2_n$라는 사실에 바탕을 두는데(여기서, P_k는 k번째 소수를 가리킨다.), 이런 식의 추정은 옳은지 밝혀내기가 아주 어렵다. 무한한 소수가 있다고 밝힌 유클리드(Euclid)의 오래된 증명에서 $p_{n+1} \leq p_1 p_2 \cdots p_n + 1$임을 보였으나, 그 뒤로 더 나은 방법이 나오지 않다가 1851년에 이르러서야 러시아 수학자 체비셰프(P.L. Chebyshev)가 모든 n에 대해 $p_{n+1} \leq 2p_n$임을 밝혀 낸다. 이 결과는 원래 1845년에 버트란드의 가설(Bertrand's hypothesis)로 알려져 있다. 이 가설의 증명은 Hardy and Wright 1960의 22.3절에서 찾아볼 수 있다.

다.) 이 문제를 풀 수 있는 뻔한 방법 한 가지는 그냥 각 정수가 2, 3, 5 외에 인수를 가지는지 차례로 살펴보는 것이다. 그러나 정수가 커질수록 조건에 맞아떨어지는 수가 매우 많이 줄어들기 때문에 문제를 이런 식으로 푼다면 계산 효율이 크게 떨어진다. 이와 달리, 조건을 만족하는 수로 이루어진 스트림을 s라 할 때, 그 s가 아래 성질을 따른다는 사실에 주목하자.

- s는 1로 시작한다.
- (scale-stream S 2)의 원소는 s의 원소다.
- (scale-stream S 3)과 (scale-stream S 5)의 원소도 그러하다.
- s의 원소는 이게 다다.

따라서 이제 해야 할 일은 이렇게 얻어낸 원소를 한데 엮어내는 것이다. 이를 위해 차례 맞춘 스트림^{정렬된 스트림, ordered stream} 두 개를 인자로 받아서 같은 원소가 반복되지 않도록 차례 맞춘 스트림 하나로 뭉쳐내는 프로시저 merge를 다음처럼 정의한다.

```
(define (merge s1 s2)
  (cond ((stream-null? s1) s2)
        ((stream-null? s2) s1)
        (else
         (let ((s1car (stream-car s1))
               (s2car (stream-car s2)))
           (cond ((< s1car s2car)
                  (cons-stream s1car (merge (stream-cdr s1) s2)))
                 ((> s1car s2car)
                  (cons-stream s2car (merge s1 (stream-cdr s2))))
                 (else
                  (cons-stream s1car
                               (merge (stream-cdr s1)
                                      (stream-cdr s2)))))))))
```

이리 하면 바라던 스트림을 다음과 같이 정의할 수 있다.

```
(define S (cons-stream 1 (merge 〈??〉 〈??〉)))
```

위 식에서 〈??〉로 표시한 곳을 채워라.

● 연습문제 3.57

add-streams 프로시저로 정의한 fibs 스트림에서 n번째 피보나치 수를 구하는 데 얼마나 많은 덧셈을 하는가? 3.5.1절에 나온 memo-proc 프로시저로 계산을 줄이지 않고, 그냥 (lambda () 〈exp〉)로 (delay 〈exp〉)를 만들었다 치면, 덧셈의 수가 지수 비례로^{exponentially} 늘어난다는 사실을 밝혀라.[64]

● 연습문제 3.58

아래 프로시저가 만들어 내는 스트림이 어떤 것인지 해석해 보라.

```
(define (expand num den radix)
  (cons-stream
   (quotient (* num radix) den)
   (expand (remainder (* num radix) den) den radix)))
```

(위 정의에서 quotient는 두 정수의 몫을 정수 값으로 내놓는 기본 프로시저다.) (expand 1 7 10)의 값은 무엇인가? (expand 3 8 10)의 값은 무엇인가?

● 연습문제 3.59

2.5.3절에서 다항식을 리스트로 나타내어 다항식 계산 시스템을 어떻게 구현하는지 살펴보았다. 그와 비슷하게 아래와 같은 **거듭제곱 수열**^{power series}을 무한 스트림으로 나타내어 여러 가지 일을 할 수 있다.

---

64) 이 연습문제는, 연습문제 3.27에서 설명한 메모하기 기법(memoization)이 제때 계산법(lazy evaluation, call-by-need)과 얼마나 관계가 깊은지 보여준다. 연습문제 3.27에서는 프로시저 안쪽에다 일부러 표를 만들고, 덮어쓰기 연산을 써서 값을 적어 넣었다. 이 절에서는 스트림 처리 효율을 끌어올리기 위해 제때 계산법(call-by-need)을 쓰는데, 한번 계산된 스트림 일부(previously forced parts of stream)에 값이 저장되므로, 계산된 값을 기록하는 표가 저절로 만들어지는 것이라 생각할 수 있다.

$$e^x = 1 + x + \frac{x^2}{2} + \frac{x^3}{3 \cdot 2} + \frac{x^4}{4 \cdot 3 \cdot 2} + \cdots,$$

$$\cos x = 1 - \frac{x^2}{2} + \frac{x^4}{4 \cdot 3 \cdot 2} - \cdots,$$

$$\sin x = x - \frac{x^3}{3 \cdot 2} + \frac{x^5}{5 \cdot 4 \cdot 3 \cdot 2} - \cdots,$$

계수 $a_0, a_1, a_2, a_3, \cdots$을 원소로 하는 스트림으로 수열 $a_0 + a_1 x + a_2 x^2 + a_3 x^3 +$ $\cdots$을 나타내기로 한다.

a. 수열 $a_0 + a_1 x + a_2 x^2 + a_3 x^3 + \cdots$를 적분한 값은 수열로 나타낼 수 있다.

$$c + a_0 x + \frac{1}{2} a_1 x^2 + \frac{1}{3} a_2 x^3 + \frac{1}{4} a_3 x^4 + \cdots$$

이 식에서 c는 상수다. 거듭제곱 수열을 나타내는 스트림 $a_0, a_1, a_2, \cdots$를 인자로 받아, 그 수열의 적분 값을 나타내는 (상수항을 뺀) 수열의 계수를 뽑아내는 integrate-series 프로시저를 정의해 보라. (결과 값에는 상수항이 없기 때문에, 거듭제곱 수열을 나타내지 못한다. 그 대신, integrate-series를 쓸 때 알맞은 상수 값을 cons로 묶어 내기로 하자.)

b. 함수 $x \mapsto e^x$를 미분한 결과는 그 자신과 같다. 이 말은, 상수항을 빼고 $e^0 =$ 1일 때 e^x와, e^x의 적분 값이 같은 수열임을 뜻한다. 따라서 e^x를 위한 수열을 다음처럼 정의할 수 있다.

```
(define exp-series
  (cons-stream 1 (integrate-series exp-series)))
```

사인^{sine}을 미분하면 코사인^{cosine}이 되고, 코사인을 미분하면 음의 값을 가지는 사인이 된다는 사실을 바탕으로, 사인과 코사인 수열을 어떻게 만드는지 밝혀라.

```
(define cosine-series
  (cons-stream 1 ⟨??⟩))

(define sine-series
  (cons-stream 0 ⟨??⟩))
```

● 연습문제 3.60

연습문제 3.59에서처럼 계수^{계수} 스트림으로 나타낸 거듭제곱 수열을 가지고,
add-streams를 써서 두 수열을 더하는 프로시저를 구현할 수 있다. 아래 정의
에서 빈 곳을 채워 두 수열을 곱하는 프로시저를 마무리하라.

```
(define (mul-series s1 s2)
  (cons-stream ⟨??⟩ (add-streams ⟨??⟩⟨??⟩)))
```

연습문제 3.59에서 만든 수열을 가지고 $sin^2x + cos^2x = 1$이 되는지 알아보면
위 프로시저를 시험해볼 수 있다.

● 연습문제 3.61

(연습문제 3.59에서) 상수항이 1인 거듭제곱 수열을 S라 할 때, 거듭제곱 수열
$1/S$, 곧 $S \cdot X = 1$이 되는 수열 X를 찾기로 하자. 상수 다음에 오는 S의 나머지
부분을 S_R라 하면, $S = 1 + S_R$다. 따라서 수열 X는 아래처럼 풀 수 있다.

$$S \cdot X = 1$$
$$(1 + S_R) \cdot X = 1$$
$$X + S_R \cdot X = 1$$
$$X = 1 - S_R \cdot X$$

달리 말해, 거듭제곱 수열 X는 상수항이 1이고, 나머지 차수 높은^{higher-order} 항은
S_R와 X를 곱한 것의 음수로 정의된다. 이런 사실을 바탕으로, 상수항이 1인 거듭
제곱 수열 S를 받아서 $1/S$를 계산해 내는 프로시저 invert-unit-series를 만
들어 보라. 이 프로시저를 정의하려면 연습문제 3.60의 mul-series가 필요하다.

● **연습문제** 3.62

연습문제 3.60과 3.61에서 얻은 결과를 써서, 두 거듭제곱 수열을 나누는 `div-series` 프로시저를 정의해 보라. 이 프로시저는 아무 수열이나 받을 수 있으나, 분모가 되는 수열은 0이 아닌 항으로 시작한다. (분모 수열에 0인 상수항이 들어 있다면, `div-series` 프로시저는 오류가 생겼음을 알려주어야 한다.) 연습문제 3.59에서 얻은 결과와 `div-series` 프로시저를 써서, 탄젠트^{tangent}를 위한 거듭제곱 수열을 어떻게 만드는지 밝혀라.

3.5.3 스트림 패러다임

셈미룸 계산법$^{delayed\ evaluation}$과 스트림 기법은, 갇힌 상태$^{local\ state}$와 덮어쓰기^{assignment}에서 얻을 수 있는 좋은 점을 제공할 뿐 아니라, 프로그래밍 언어에 덮어쓰기를 끌어들일 때 따라오는 몇 가지 이론상의 문제점을 피해갈 수 있기에, 아주 쓸 만한 표현 수단이다.

스트림 방식은 상태변수와 덮어쓰기를 중심으로 시스템을 짜맞추는 방법과 견주어, 모듈을 구분 짓는 방식이 아주 다르기 때문에 어떤 경우에는 훨씬 깔끔하게 시스템을 구성할 수도 있다. 이를테면, 스트림 방식에서는 순간순간 변하는 상태가 아니라, 전체 시간의 (또는 신호의) 흐름에 초점을 두고 생각할 수 있으며, 따라서 서로 다른 시점의 상태들$^{components\ of\ state\ from\ different\ moments}$을 한데 묶거나 서로 비교하기가 편하다.

스트림 프로세스로 반복을 표현하는 방법

1.2.1절에 나온 반복 프로세스$^{iterative\ process}$는 상태변수 값을 바꾸는 데 바탕을 두었다. 허나, 이제는 그와 같이 여러 변수 값을 바꾸는 방법에 기대지 않아도, '끝없이^{timeless}' 펼쳐지는 스트림으로 상태를 나타낼 수 있음을 알게 되었다. 이런 생각을 바탕으로, 1.1.7절에 나온 제곱근 프로시저를 다시 짜기로 하자. 거기서는 x의 제곱근에 점점 더 가까운 값^{guess}을 어림잡을 때, 아래와 같이 더 가까운 값을 계산하는 프로시저를 정의하여 이를 반복한다는 생각에 바탕을 두었다.

```
(define (sqrt-improve guess x)
  (average guess (/ x guess)))
```

그리하여 sqrt 프로시저에서는 어림잡은 값의 변화를 상태변수 값을 맞바꾸는 것으로 표현하였다. 그와 달리, 스트림 기법에서는 아래와 같이 맨 처음 (제곱근에) 가까운 값을 1로 두고, 점점 더 가까워지는 값들로 무한 스트림을 만들어낼 수 있다.[65]

```
(define (sqrt-stream x)
  (define guesses
    (cons-stream 1.0
                 (stream-map (lambda (guess)
                               (sqrt-improve guess x))
                             guesses)))
  guesses)

(display-stream (sqrt-stream 2))
1.
1.5
1.4166666666666665
1.4142156862745097
1.4142135623746899
...
```

x의 제곱근에 더 가까운 값을 얻으려면, 스트림의 원소를 더 많이 만들어 내면 된다. 이와 함께, 스트림의 원소를 계속 만들다가 괜찮은 값이 나오면 멈추도록 하는 프로시저를 짤 수도 있다. (이 프로시저는 연습문제 3.64에서 만들어 보자.)

이와 비슷하게 풀 수 있는 반복 계산 문제로, π에 다가가는수렴하는 값을 구하는 문제를 살펴보자. 이는 1.3.1절에서 나온 수열에 바탕을 둔 것이다.

$$\frac{\pi}{4} = 1 - \frac{1}{3} + \frac{1}{5} - \frac{1}{7} + \cdots$$

---

65) 여기서 guesses를 let으로 정의하지는 못한다. guesses 값이 guesses 자체를 요구하기 때문이다. 연습문제 3.63은 왜 여기서 굳이 간힌 변수(local variable)를 원하는지 설명한다.

먼저 덧셈으로 펼쳐진 수열의 (부호가 바뀌면서 나오는 홀수의 역수들로 이루어진) 스트림부터 만든다. 그 다음에는 (연습문제 3.55에서 만든 partial-sum 프로시저를 써서) 점점 더 많은 항(스트림 원소)을 합하는 스트림을 만들고, 다시 거기에 4를 곱한다.

```
(define (pi-summands n)
   (cons-stream (/ 1.0 n)
                (stream-map - (pi-summands (+ n 2)))))

(define pi-stream
   (scale-stream (partial-sums (pi-summands 1)) 4))

(display-stream pi-stream)
4.
2.666666666666667
3.466666666666667
2.8952380952380956
3.3396825396825403
2.9760461760461765
3.2837384837384844
3.017071817071818
. . .
```

목표 값에 다가가는 속도가 좀 느린 편이지만, 어쨌거나 이렇게 하면 π에 점점 더 가까워지는 값들을 스트림으로 엮어낼 수 있다. 위 차례열을 보면 8번째 항부터는 π값의 범위가 3.284와 3.017 사이에서 왔다갔다하며 그 범위가 점차 좁아져 간다.

   지금까지 한 일만 보면, 스트림으로 상태를 표현하는 방식이 상태변수 값을 맞바꾸는 방식과 크게 다르지 않다. 하지만, 스트림 방식을 쓰면 같은 일을 하더라도 몇 가지 재밌는 재주를 부릴 수 있어서 좋다. 이를테면, 어떤 값에 가까워지는 차례열을 훨씬 빠르게 다가가도록 바꾸어 주는 **차례열 가속기**^{sequence accelerator} 같은 것이 있다.

   18세기에 스위스 수학자 레온하르트 오일러^{Leonhard Euler}가 만든 것 중에, 부호가 번갈아 바뀌는 수열이 있을 때 그 부분합^{partial sums}을 나타내는 차례열과 잘 맞아떨어지는 가속기가 있다. 오일러 기법에서 어떤 합을 나타내는 차례열의 n번째 항이 S_n일 때, 그 가속된 차례열의 항은 다음과 같다.

$$S_{n+1} - \frac{(S_{n+1} - S_n)^2}{S_{n-1} - 2S_n + S_{n+1}}$$

이에 따라, 처음의 차례열을 스트림 s라고 하면 s를 가속 변환한 차례열은 다음과 같은 프로시저로 구할 수 있다.

```
(define (euler-transform s)
  (let ((s0 (stream-ref s 0))            ;S_{n-1}
        (s1 (stream-ref s 1))            ;S_n
        (s2 (stream-ref s 2)))           ;S_{n+1}
    (cons-stream (- s2 (/ (square (- s2 s1))
                          (+ s0 (* -2 s1) s2)))
                 (euler-transform (stream-cdr s)))))
```

앞서 π에 다가드는 차례열을 가지고 오일러 가속기를 실험해 보면 이렇다.

```
(display-stream (euler-transform pi-stream))
3.166666666666667
3.1333333333333337
3.1452380952380956
3.13968253968254
3.1427128427128435
3.1408813408813416
3.142071817071818
3.1412548236077655
...
```

이보다 훨씬 나은 결과를 얻기 위해 가속한 차례열을 다시 가속하는, 곧 재귀하면서 가속하는 방법을 쓸 수도 있다. 이를테면 스트림의 스트림(태블로^{tableau}라는 구조)을 만드는 것인데, 여기서 한 스트림은 그 앞의 스트림을 변환한 것이다.

```
(define (make-tableau transform s)
 (cons-stream s
              (make-tableau transform
                            (transform s))))
```

태블로의 생김새는 이렇다.

$$S_{00} \quad S_{01} \quad S_{02} \quad S_{03} \quad S_{04} \quad ...$$
$$\qquad S_{10} \quad S_{11} \quad S_{12} \quad S_{13} \quad ...$$
$$\qquad\qquad S_{20} \quad S_{21} \quad S_{22} \quad ...$$
$$...$$

마지막으로, 태블로의 행마다 첫 원소를 뽑아 차례열을 만들어 낸다.

```
(define (accelerated-sequence transform s)
  (stream-map stream-car
              (make-tableau transform s)))
```

다시 π 차례열을 가지고 한껏 속도를 끌어올린^{super-acceleration} 차례열이 어떻게 펼쳐지는지 살펴볼 수 있다.

```
(display-stream (accelerated-sequence euler-transform
                                      pi-stream))
4.
3.166666666666667
3.142105263157895
3.141599357319005
3.1415927140337785
3.1415926539752927
3.1415926535911765
3.141592653589778
...
```

그 결과가 아주 볼 만하다. 가속한 차례열을 보면 그 여덟 번째 항에서 π 값이 소수 14째 자리까지 정확하게 나온다. 이 실험에서는 원래 π 차례열을 썼을 뿐이지만, 훨씬 정확한 값을 구하기 위해서는 10^{13}차 항까지 (즉, 각 항이 10^{-13}보다 적을 만큼 수열을 충분히 길게 펼쳐낼 때까지) 계산할 필요가 있다. 사실 꼭 스트림을 써야 가속기를 만들 수 있는 것은 아니다. 허나, 이런 문제를 풀 때에는 스트림을 쓰는 편이 더 깔끔하고 편리할 수 있다. 왜냐하면, 계산에 필요한 모든 상태를 차례열이라는 한 가지 데이터 구조로 나타내고, 서로 다른 문제를 풀더라도 한결같은 방법으로 차례열^{스트림} 연산을 적용하여 처리할 수 있기 때문이다.

● 연습문제 3.63

Louis Reasoner는 다음 같이 sqrt-stream 프로시저를 만들면 guesses 변수 없이 더 간단하게 짤 수 있는데, 왜 그리 하지 않았는지 물었다.

```
(define (sqrt-stream x)
   (cons-stream 1.0
                (stream-map (lambda (guess)
                              (sqrt-improve guess x))
                            (sqrt-stream x))))
```

Alyssa P. Hacker는 이렇게 하면 쓸데없이 반복하는 계산이 많아져서 효율이 크게 떨어진다고 대답했다. Alyssa가 무슨 말을 하는지 설명해 보라. (3.5.1절에서 보았듯이) memo-proc으로 성능을 끌어올리지 않고 오로지 (lambda () ⟨exp⟩)만 써서 delay를 만들어도 두 판의 효율에는 여전히 별 차이가 없는가?

● 연습문제 3.64

스트림과 수(허용 오차)를 인자로 받는 stream-limit 프로시저를 정의하라. 이 프로시저는 스트림을 훑어보다가 이어지는 두 원소를 뺀 절대값이 허용 오차보다 작은 경우를 찾아내면 그 두 원소 중 두 번째 원소를 결과로 내놓는다. 이 프로시저를 써서, 정해진 허용 오차에 이르기까지 제곱근을 셈하는 계산 과정을 다음과 같이 표현할 수 있다.

```
(define (sqrt x tolerance)
   (stream-limit (sqrt-stream x) tolerance))
```

● 연습문제 3.65

앞서 π에 가까운 값을 구할 때와 같은 방법으로 아래 수열로 2의 자연로그^{natural} ^{logarithm}에 가까운 값에 다가드는 차례열 세 개를 만들어 보아라.

$$\ln 2 = 1 - \frac{1}{2} + \frac{1}{3} - \frac{1}{4} + \cdots$$

이 차례열들은 얼마나 빨리 목표 값에 다가가는가?

쌍^{pair}으로 이루어진 무한 스트림$^{infinite\ stream}$

2.2.3절에서는 쌍의 차례열$^{sequence\ of\ pairs}$을 처리하는 프로세스를 정의하여, 차례열 패러다임으로 겹친 루프$^{nested\ loop}$를 표현하는 방법을 살펴본 적이 있다.* 그 기법을 무한 스트림에 적용하면, 무한한 집합을 가지고 어떤 일을 되풀이하는 것처럼, 보통 루프만으로는 표현하기 어려운 프로그램을 짤 수 있다.

그 보기로, 2.2.3절에 나온 prime-sum-pairs의 쓰임새를 늘려서 $i + j$가 소수이고 $i \leq j$인 모든 정수 쌍 (i, j)의 스트림을 만들어 보자. int-pairs가 $i \leq j$인 모든 정수 쌍(i, j)의 차례열이라고 할 때, 여기에서 뽑아내고자 하는 스트림은 아래와 같이 간단히 나타낼 수 있다.^{66}

```
(stream-filter (lambda (pair)
                (prime? (+ (car pair) (cadr pair)))))
               int-pairs)
```

이제 int-pairs 스트림을 만드는 일만 남았다. 하지만, 생각의 폭을 조금 넓혀서 두 스트림 $S = (S_i)$, $T = (T_j)$가 있을 때, 다음과 같이 끝없는 네모 배열을 펼쳐 낸다고 상상해 보자.

---

* 역주 : 흔히 다른 언어에서는 for나 while 같은 특별한 형태(special form) 또는 제어 구문을 써서 겹친 루프(nested loop)를 표현한다.

66) 여기서는 2.2.3절에서처럼 쌍이 아니라 리스트를 가지고 정수 쌍을 나타낸다.

(S_0, T_0) (S_0, T_1) (S_0, T_2) ...

(S_1, T_0) (S_1, T_1) (S_1, T_2) ...

(S_2, T_0) (S_2, T_1) (S_2, T_2) ...

 ...

이 배열에서 대각선과 그 위쪽에 있는 모든 쌍을 모아 스트림으로 뽑아낸다.

(S_0, T_0) (S_0, T_1) (S_0, T_2) ...

 (S_1, T_1) (S_1, T_2) ...

 (S_2, T_2) ...

 ...

(S와 T가 둘 다 정수 스트림이라면, 바라던 int-pairs 스트림을 얻을 수 있다.)

이 스트림을 (pairs S T)라 하고, 전체 스트림이 세 조각으로 구성된다고 생각해 보자. 첫 번째 조각은 (S_0, T_0)이고, 두 번째 조각은 첫 줄에서 (S_0, T_0)을 뺀 나머지 쌍들이며, 그 밖에 모든 쌍이 세 번째 조각이 된다.[67]

(S_0, T_0) | (S_0, T_1) (S_0, T_2) ...
|
| (S_1, T_1) (S_1, T_2) ...
|
| (S_2, T_2) ...
|
| ...

여기서 세 번째 조각을 이루는 쌍들, 다시 말해서, 첫 번째 가로줄을 뺀 나머지 쌍들은 (stream-cdr S)와 (stream-cdr T)에서 (재귀로 되돌면서) 뽑아낼 수 있음을 알아두자. 더불어, 두 번째 조각, 즉 첫 번째 가로줄에서 첫 원소를 뺀 나머지는

---

67) 왜 이렇게 조각 내야 하는지 알려면 연습문제 3.68을 보자.

다음 식에서 만들어낼 수 있다는 사실도 알아놓자.

```
(stream-map (lambda (x) (list (stream-car s) x))
            (stream-cdr t))
```

따라서 (pairs s t)는 다음과 같이 정의할 수 있다.

```
(define (pairs s t)
  (cons-stream
    (list (stream-car s) (stream-car t))
    (<combine-in-some-way>
        (stream-map (lambda (x) (list (stream-car s) x))
                    (stream-cdr t))
        (pairs (stream-cdr s) (stream-cdr t)))))
```

이 프로시저를 마무리하려면, 안쪽에 있는 두 스트림을 어떤 방식으로 엮어낼지 정해야 한다. 한 가지 방법은 다음과 같이 2.2.1절에 나온 리스트의 append 프로시저에 해당하는 스트림 연산을 만들어 쓰는 것이다.

```
(define (stream-append s1 s2)
  (if (stream-null? s1)
      s2
      (cons-stream (stream-car s1)
                   (stream-append (stream-cdr s1) s2))))
```

무한 스트림은 이런 방식으로 처리하지 못한다. 두 번째 스트림을 한데 묶기도 전에 첫 번째 스트림의 원소를 모두 가져올 수 있어야 하기 때문이다. 더군다나, (pairs integers integers)로 양의 정수 쌍을 모두 만들려고 한다 치면, 첫 번째 정수가 1인 쌍부터 모두 훑어보려고 할 것이므로, 첫 번째 정수가 1이 아닌 쌍은 끝내 만들어 내지 못한다.

무한 스트림을 다룰 적에는 (프로그램이 충분히 오랫동안 돌아간다고 치고) 언젠가는 모든 원소를 얻어낼 수 있다고 믿게끔, 어떤 차례에 따라 스트림을 엮어낼지 잘 따져볼 필요가 있다. 다음의 interleave 프로시저는 이런 문제를 깔끔

하게 처리하는 방법 가운데 하나다.[68]

```
(define (interleave s1 s2)
   (if (stream-null? s1)
       s2
       (cons-stream (stream-car s1)
                    (interleave s2 (stream-cdr s1))))))
```

interleave는 두 스트림에서 번갈아 원소를 꺼내 쓰기 때문에, 첫 번째 스트림이 끝없이 펼쳐지더라도 결국에는 두 번째 스트림의 모든 원소가 결과 스트림 속에 들어간다고 믿을 수 있다.

따라서 다음 같이 정의한 프로시저를 쓰면 이 문제를 푸는 데 필요한 쌍들을 스트림으로 뽑아낼 수 있다.

```
(define (pairs s t)
   (cons-stream
     (list (stream-car s) (stream-car t))
     (interleave
      (stream-map (lambda (x) (list (stream-car s) x))
                  (stream-cdr t))
      (pairs (stream-cdr s) (stream-cdr t))))))
```

● 연습문제 3.66

(pairs integers integers) 스트림을 살펴보자. 이 스트림에 들어가는 쌍이 어떤 차례를 따르는지 잘 간추려 설명할 수 있는가? 보기를 들어, 쌍 (1, 100) 앞에 나오는 쌍은 몇 개나 되는가? (99, 100) 앞에는? (100, 100) 앞에는? (생각을 잘 간추려서 정확한 수학식으로 설명해낼 수 있으면 더 말할 나위가 없겠다. 허나 어찌해야 할지 도저히 모르겠다면, 그 성질을 올바로 설명하는 답을 여러분 나

---

[68] 스트림을 엮어내는 차례가 어떤 성질을 만족해야 하는지 정확히 밝히면 이러하다. 두 스트림이 있다고 할 때, 첫 번째 스트림의 i번째 원소와 두 번째 스트림의 j번째 원소로 이루어진 쌍이 출력 스트림의 $f(i, j)$번째 원소가 되는 함수 f가 있어야 한다. 이런 조건을 맞추기 위해 interleave를 쓰는 트릭을 보여준 사람은 데이비드 터너(David Turner)다. 터너는 KRC 언어(Turner 1981)에서 이 트릭을 썼다.

름대로 적어보라.)

● **연습문제** 3.67

(pairs integers integers)가 ($i \leq j$라는 조건 없이) 모든 정수 쌍(i, j)의 스트림을 만들어낼 수 있도록 pairs 프로시저를 고쳐 보라.

(귀띔 : 다른 스트림을 섞어서 만들어야 한다.)

● **연습문제** 3.68

Louis Reasoner는 쌍의 스트림을 세 조각으로 나누어 붙이는 일이 쓸데없이 복잡하다고 생각한다. 그래서 첫 번째 줄에서 (S_0, T_0)을 나머지와 분리하지 않고, 다음과 같이 줄을 통째로 써서 문제 푸는 방법을 보였다.

```
(define (pairs s t)
   (interleave
     (stream-map (lambda (x) (list (stream-car s) x))
                 t)
     (pairs (stream-cdr s) (stream-cdr t))))
```

이렇게 해도 잘 돌아가는가? 이 방법대로 (pairs integers integers)를 만들면 어떤 일이 일어날지 생각해 보라.

● **연습문제** 3.69

무한 스트림 S, T, U를 인자로 받아 (S_i, T_j, U_k) 스트림을 찍어내는 triples 프로시저를 정의하여라. 이때 $i \leq j \leq k$라는 조건이 있다. triples를 가지고 피타고라스의 성질$^{Pythagorean\ triples}$ $i \leq j$, $i^2 + j^2 = k^2$를 만족하는 세 정수들의 묶음 (i, j, k)를 모두 담아내는 스트림을 만들어보라.

● **연습문제** 3.70

쌍으로 구성된 스트림을 만들 때 두 스트림의 원소를 번갈아 끼워넣는 프로세스

interleaving process에서 특별히 정한[ad hoc] 차례를 따르기보다는 어떤 쓸모 있는 차례에 따라 원소를 늘어놓는 편이 낫다. 연습문제 3.56에 나온 merge 프로시저에서 쓰던 것과 비슷한 기법을 쓰면 되는데, 그리하려면 한 정수 쌍이 다른 정수 쌍보다 작다는 관계를 정의할 수 있어야 한다. 그 한 가지 방법으로, 쌍의 '무게 함수[weighting function]' $W(i, j)$를 정의하여 $W(i_1, j_1) < W(i_2, j_2)$일 때 (i_1, j_1)가 (i_2, j_2)보다 작다고 하자. 이를 바탕으로, merge 프로시저를 흉내내어 merge-weighted 프로시저를 짜라. 단, merge-weighted는 스트림에서 쌍들 사이의 차례를 정하기 위해 쌍의 무게를 재는 weight 프로시저를 인자로 받을 수 있어야 한다.[69] 또한 이 프로시저를 써서 pairs보다 쓰임새가 넓은 weighted-pairs 프로시저를 정의하라. weighted-pairs는 스트림 두 개와 무게 함수를 구현하는 프로시저를 인자로 받아서, 무게에 따라 차례를 맞춘 쌍들의 스트림을 내놓는다. 이 프로시저를 가지고 다음 스트림을 만들어 보라.

a. $i \leq j$인 모든 양의 정수 쌍 (i, j)을 늘어놓는 스트림. 단, 쌍의 차례는 $i + j$ 값에 따른다.
b. $i \leq j$인 모든 양의 정수 쌍 가운데 i와 j 모두 2, 3, 5로 나누어떨어지지 않는 (i, j)들의 스트림. 쌍의 차례는 $2i + 3j + 5ij$를 따른다.

● **연습문제** 3.71
어떤 수가 두 수의 세제곱을 더한 값이라고 볼 때, 그렇게 셈할 수 있는 방법이 하나보다 많으면, 그런 수를 인도 수학자 스리니바사 라마누잔[Srinivasa Ramanujan]의 업적을 기려 라마누잔 수[Ramanujan numbers]라 한다.[70] 차례 맞춘 쌍의 스트림을 쓰면 이런 수를 깔끔한 방법으로 찾아낼 수 있다. 두 수의 세제곱을 더하는 방법이 두 가지인 수를 찾아낸다고 하면, $i^3 + j^3$으로 무게를 정의한 정수 쌍 (i, j)들

---

69) 여기서는 무게 함수가, 쌍의 배열에서 가로줄을 따라 오른쪽으로 또는 세로줄 아래로 가면서 쌍의 무게가 점점 늘어나는 조건을 만족한다고 하자.

의 스트림을 만들어 낸 다음에, 이어진 두 쌍의 무게가 같은 것을 찾아내면 된다. 이런 방법으로 라마누잔 수를 뽑아내는 프로시저를 짜라. 첫 번째 라마누잔 수는 1,729다. 그 다음에 오는 라마누잔 수 다섯 개는 무엇인가?

● 연습문제 3.72

연습문제 3.71과 비슷하게, 세 가지 방법으로 두 수를 제곱하여 합한 값으로 나타낼 수 있는 모든 수의 스트림을 만들어 보라. 단, 세 가지 방법이 무엇인지도 보여줄 수 있도록 하자.

신호^{signal}를 표현하는 스트림

앞에서 스트림에 대한 얘기를 처음 꺼낼 때 신호 처리 시스템의 '신호'를 컴퓨터 계산 방식으로 흉내낸 것이 스트림이라고 설명한 바 있다. 실제로 스트림 기법으로 쓰면 신호 처리 시스템을 곧바로 흉내낼 수 있는데, 연속하는 시간 간격의 신호 값들을 줄줄이 이어진 스트림의 원소로 나타내면 된다. 보기를 들어, 적분기^{integrator} 또는 덧셈기^{summer}는 스트림 $x = (x_j)$, 첫 값 C, 증분$^{small\ increment}$ dt를 인자로 받아서, 아래 식으로 구한 값을 스트림 $S = (S_j)$으로 뽑아내는 연산으로 표현할 수 있다.

$$S_i = C + \sum_{j=1}^{i} x_j dt$$

---

70) 라마누잔의 죽음을 알리는 고드프리 해럴드 하디(G.H. Hardy)의 기사(Hardy 1921)에 이런 얘기가 실려 있다.

"(내가 믿기로는) '모든 양의 정수는 그 사람의 친구다.'라는 말을 한 사람이 리틀우드(Littlewood) 씨라고 알고 있다. 언젠가 라마누잔이 앓아누워 있을 때 퍼트니(Putney)로 병문안을 간 적이 있는데, 그때 내가 타고간 택시 번호가 1729였다. 라마누잔을 만나서 1729는 너무 따분한 수 같은데 그게 불길한 징조가 아니길 바란다고 했더니, 그는 대뜸 '아니에요. 그 수는 참말 재미있는 수랍니다. 두 가지 다른 방법으로, 두 수의 세제곱을 더해서 만들 수 있는 수 가운데 가장 작은 수거든요.'라고 답하는 것이다."

무게 있는 쌍(weighted pair)을 가지고 라마누잔 수(Ramanujan numbers)를 만들어 내는 방법은 찰스 레이서손(Charles Leiserson)이 보여준 트릭이다.

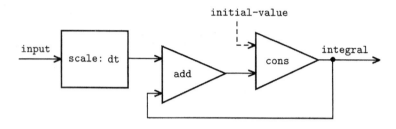

그림 3.32 신호 처리 시스템으로 바라본 integral 프로시저

아래 integral 프로시저는 (3.5.2절에서 본) 정수 스트림과 비슷하지만, 스트림 연산을 '숨겨서' 정의한다는 게 좀 다르다.

```
(define (integral integrand initial-value dt)
   (define int
      (cons-stream initial-value
                   (add-streams (scale-stream integrand dt)
                                int)))
   int)
```

그림 3.32는 integral 프로시저를 신호 처리 시스템처럼 나타낸 그림이다. 이 그림에서 입력된 스트림은 dt만큼 늘어난 다음에 덧셈기의 입력으로 들어가는데, 같은 덧셈기에서 출력된 결과를 입력으로 되받아 쓴다. 앞에서 int는 자기를 되불러 쓰는 것으로 정의되어 있는데, 이를 신호 처리 그림으로 보면 덧셈기에서 나오는 출력이 다시 덧셈기로 들어가는 입력으로 연결되어 피드백 루프^{되먹임 루프,} feedback loop를 이룬다.

● 연습문제 3.73

시간 흐름에 따라 전류나 전압 값을 스트림으로 나타내면 전기 회로를 흉내낼 수 있다. 보기를 들어, 저항 R와 축전기 C를 직렬로 연결한 RC회로^{RC circuit}가 하나 있다고 하자. 이 회로에 전류 i를 흘려보낼 때, 그에 반응하는 전압 v 값은 그림 3.33의 공식으로 구할 수 있는데, 공식 아래의 그림은 회로 구조를 신호 흐름도로 나타낸 것이다.

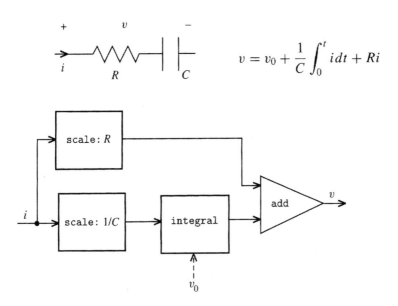

$$v = v_0 + \frac{1}{C} \int_0^t i\, dt + Ri$$

그림 3.33 RC 회로와 신호 흐름도

　이 회로를 흉내내는 RC 프로시저를 정의해 보라. RC 프로시저는 R, C, dt 값을 받아서 그 결과로 프로시저를 내놓는다. 이 프로시저는 전류 i를 나타내는 스트림과 축전기의 처음 전압 v_0를 인자로 받아, 전압 스트림 v를 내놓는다. 예를 들어 저항 5옴, 축전기 1패럿, 시간 간격이 0.5초인 RC 회로를 흉내낼 때에는, RC 프로시저를 써서 (define RC1 (RC 5 1 0.5))의 값으로 나타낼 수 있다. 이 식에서 정의한 RC1은 시간에 따른 전류의 스트림과 축전기의 처음 전압 값을 인자로 받아, 전압 스트림을 내놓는 프로시저다.

● **연습문제** 3.74

Alyssa P. Hacker는 물리 센서physical sensor에서 오는 신호를 받아서 이를 처리해 줄 시스템을 설계하고 있다. 이 시스템에 꼭 들어가야 할 중요 기능 가운데 하나는 입력 신호의 제로 크로싱zero crossing을 나타내는 신호를 만들어 내는 것이다. 다시 말해, 입력 신호가 음에서 양으로 부호가 바뀔 때 결과 신호 값으로 +1이 나오고, 그 반대로 양에서 음으로 바뀌면 -1이 나오고, 이도 저도 아니면 그냥 0이 나오도록 하는 것이다. (0 신호는 양의 값으로 보자.) 아래는 입력 신호와 그에 따른 제로-크로싱 신호의 보기를 든 것이다.

```
...  1  2  1.5  1  0.5  -0.1  -2  -3  -2  -0.5  0.2  3  4 ...
...  0  0   0   0   0   -1    0   0   0    0    1  0  0 ...
```

Alyssa가 만든 시스템에서는, 센서에서 오는 신호를 sense-data 스트림으로 나타내고, 그에 따른 제로-크로싱 스트림을 zero-crossings 스트림으로 나타낸다. Alyssa는 먼저 두 값을 인자로 받아 그 부호를 비교해 보고 0, 1, –1 가운데 알맞은 값을 내놓는 sign-change-detector를 짰다. 그리고 나서 다음과 같이 제로-크로싱 스트림을 만들었다.

```
(define (make-zero-crossings input-stream last-value)
  (cons-stream
     (sign-change-detector (stream-car input-stream) last-value)
     (make-zero-crossings (stream-cdr input-stream)
                          (stream-car input-stream))))
```

```
(define zero-crossings (make-zero-crossings sense-data 0))
```

Alyssa의 윗사람 Eva Lu Ator가 Alyssa 곁을 지나다 이 코드를 보고, 연습문제 3.50에서 만든 stream-map을 쓴다면 아래 프로그램과 거의 같지 않느냐고 물었다.

```
(define zero-crossings
   (stream-map sign-change-detector sense-data ⟨expression⟩))
```

⟨expression⟩을 채워 이 프로시저를 마무리 지어라.

● **연습문제** 3.75

연습문제 3.74에서 Alyssa가 만든 제로-크로싱 검출기^{detector}에 큰 흠이 있다는 사실이 뒤늦게 밝혀졌다. 그 검출기는 센서에서 잡 신호^{noisy signal}가 들어와도 적당히 제로 크로싱 신호를 만들어 내기 때문이다. 하드웨어 전문가 Lem E.

Tweakit은 Alyssa에게 제로 크로싱 신호를 뽑아내기 전에 신호를 다듬는^{smooth-}^{ing} 과정을 거치면서 잡 신호를 걸러내는 게 어떠냐고 귀띔했다. Alyssa는 그 충고를 받아들여서 센서 데이터의 값 하나하나를 옛 값과 평균하여 만든 신호로에서 제로 크로싱 신호를 뽑아내기로 마음먹었다. Alyssa는 Louis Reasoner에게 자기가 짠 프로그램의 문제점과 그 풀이법을 설명해 주었다. 이에 따라 Louis Reasoner는 다음과 같이 Alyssa의 프로그램을 고쳤다.

```
(define (make-zero-crossings input-stream last-value)
  (let ((avpt (/ (+ (stream-car input-stream) last-value) 2)))
    (cons-stream (sign-change-detector avpt last-value)
                 (make-zero-crossings (stream-cdr input-stream)
                                      avpt))))
```

한데, 위 프로그램은 Alyssa가 생각한 대로 움직이지 못했다. 프로그램 구조는 그대로 둔 채 Louis가 저지른 오류를 찾아서 바로잡아라.

(귀띔 : make-zero-crossings의 인자 수를 늘려야 한다.)

● 연습문제 3.76

Eva Lu Ator는 연습문제 3.75에서 Louis의 방식에 문제가 있음을 지적하였다. 그 프로그램은 제로 크로싱을 뽑아내는 연산과 입력 신호를 다듬는 연산이 뒤섞여서, 모듈 방식을 따르지 않는다. 이를테면, Alyssa가 입력 신호를 다듬는 더 좋은 방법을 찾아내어 이를 적용하고 싶을 때, 제로 크로싱 프로시저를 고칠 필요가 없어야 바람직하다. Louis를 도와주기 위해 스트림 하나를 인자로 받아서 그 연속하는 두 원소의 평균 값들을 스트림으로 찍는 smooth 프로시저를 만들어 보자. 그런 다음에 smooth를 가지고, 제로 크로싱 검출기가 모듈 방식을 갖추도록 고쳐 보자.

3.5.4 스트림^{stream}과 셈미룸 계산법^{delayed evaluation}

앞 절 끝에 나오는 integral 프로시저는 신호 처리 시스템에 피드백 루프가 있을 때 이를 스트림으로 어떻게 표현하는지 설명하고 있다. 그림 3.32에서 덧셈기 adder로 들어오는 피드백 루프는, integral 프로시저 속에서 int 스트림이 그 자신을 불러쓰는 것으로 정의되어 표현된다.

```
(define int
   (cons-stream initial-value
                 (add-streams (scale-stream integrand dt)
                              int)))
```

실행기가 위와 같은 스트림 정의를 처리할 수 있는 것은 cons-stream 속에 있는 delay 연산 덕분이다. 이 연산이 없다면 cons-stream에 넘겨줄 인자 값을 구할 때 int의 정의부터 처리해야 하기 때문에 실행기는 int를 결코 만들어 내지 못한다. 따라서 delay는 루프가 있는 신호 처리 시스템을 스트림으로 흉내낼 때 없어서는 안 될 연산이다. delay가 없다는 것은 신호 처리 소자에서 입력 값을 모두 구한 다음에야 출력 값이 나올 수 있다는 뜻이므로, 그 말은 곧 루프를 표현할 수단이 아예 없다는 얘기가 된다.

더군다나, 루프가 있는 시스템을 스트림으로 흉내내다 보면 cons-stream에 '숨어 있는hidden' delay 연산 말고도 delay 연산을 따로 써야 할 때가 있다. 예컨대, 그림 3.34와 같이 함수 f가 있을 때, 미분 방정식 $dy/dt = f(y)$를 풀어내는 신호 처리 시스템을 생각해 보자. 이 그림을 보면, 입력 신호에 f를 적용하는 map 부품이 적분기integrator의 출력과 피드백 루프로 이어진다. 이런 방식은 마치 그런 방정식을 풀어내는 아날로그 컴퓨터 회로와 아주 비슷하다.

이제 y의 첫 값을 y_0라 놓고, 이 시스템을 흉내내는 프로시저를 다음과 같이 정의한다고 치자.

```
(define (solve f y0 dt)
   (define y (integral dy y0 dt))
   (define dy (stream-map f y))
   y)
```

허나, 이렇게 프로시저를 정의하면 제대로 돌아가지 않는다. solve의 첫 줄에서

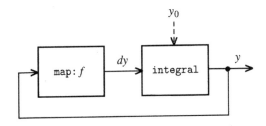

그림 3.34 $dy/dt = f(y)$를 계산하는 '아날로그 컴퓨터 회로'

integral을 불러쓸 때, 둘째 줄에서 정의하는 dy가 인자로 넘어가야 하는데, 두 번째 줄에 이르기 전까지는 dy가 정의되지도 않기 때문이다.

그런데 이치를 따지고 보면, dy를 알지 못해도 y 스트림을 만들어낼 수 있으니 위 정의가 틀렸다고 볼 수는 없다. 사실 cons-stream처럼 integral를 비롯한 여러 스트림 연산은 인자에 대한 부분 정보만 가지고도 그 답의 일부를 계산해낼 수 있다. integral의 경우를 살펴보면 그 출력 스트림의 첫째 원소는 인자로 받아온 initial-value다. 따라서 피적분 값 dy를 구하지 않더라도 출력 스트림의 첫째 원소를 정할 수 있다. 이와 같이 일단 y의 첫 원소가 무엇인지만 알 수 있다면, solve의 둘째 줄에서 stream-map이 dy의 첫 원소를 정할 수 있고 그 다음부터는 y의 나머지 원소를 뽑아낼 수 있으므로, 전체 계산 과정이 문제없이 앞으로 나아갈 수 있다.

이런 생각을 받아들여서, 피적분 값들의 스트림이 셈미룬 인자^{delayed argument}가 되게끔 integral을 다시 정의해 보자. 그리하면 integral에서는 첫째 원소 말고도 더 많은 원소를 출력 스트림으로 뽑아내야 할 때, 피적분 값을 구하게 된다.

```
(define (integral delayed-integrand initial-value dt)
  (define int
    (cons-stream initial-value
                 (let ((integrand (force delayed-integrand)))
                   (add-streams (scale-stream integrand dt)
                                int))))
  int)
```

이제 y의 정의에서 dy 값 계산을 뒤로 미룸으로써 solve 프로시저의 구현을 마무리할 수 있다.[71]

```
(define (solve f y0 dt)
   (define y (integral (delay dy) y0 dt))
   (define dy (stream-map f y))
   y)
```

이와 같이, integral 프로시저를 불러쓸 때에는 피적분 인자 값의 계산을 반드시 뒤로 미루어야 한다. 아래 보기는, solve 프로시저를 실험할 목적으로 $y(0) = 1$ 이라고 할 때 미분 방정식 $dy/dt = y$의 해를 $y = 1$에서 구하여 $e \approx 2.718$에 가까운 값을 구해 본 것이다.

```
(stream-ref (solve (lambda (y) y) 1 0.001) 1000)
2.716924
```

● **연습문제** 3.77

위에서 쓴 integral 프로시저는 그 정의를 드러내지 않는 점만 빼면 3.5.2절에 나온 끝없는 정수 스트림과 비슷하다. 이와 다른 방식으로 (3.5.2절에 나온) integers-starting-from과 비슷하게 integral 프로시저를 정의할 수 있다.

```
(define (integral integrand initial-value dt)
  (cons-stream initial-value
                (if (stream-null? integrand)
                    the-empty-stream
                    (integral (stream-cdr integrand)
                              (+ (* dt (stream-car integrand))
                                 initial-value)
                              dt)))))
```

---

71) 여러 Scheme 구현에서 이 프로시저가 돌아가도록 간단히 고쳐 쓰는 방법이 있겠지만, 어쨌거나 이 프로시저가 모든 Scheme 구현에서 잘 돌아간다고 말할 수는 없다. Scheme 구현마다 안쪽 정의(internal definition)를 처리하는 방법이 조금씩 아리송하게 다르기 때문이다. (4.1.6절을 보자.)

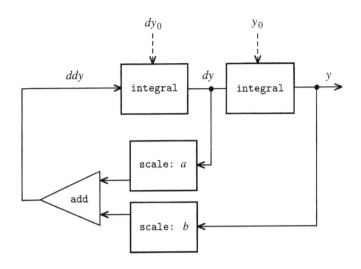

그림 3.35 이차 선형 미분 방정식의 해를 구하는 신호 처리 시스템

이 프로시저를 가지고 루프가 있는 시스템을 흉내내 보면, 처음 짠 integral과 같은 문제가 생긴다. integrand를 셈미룬 인자가 되도록 만들어서 solve 프로시저에서 이 프로시저를 쓸 수 있도록 고쳐 보라.

● **연습문제** 3.78

아래와 같은 동형 이차 미분 방정식^{homogeneous second-order differential equation}을 연구할 목적으로, 신호 처리 시스템을 만드는 문제를 생각해 보자.

$$\frac{d^2y}{dt^2} - a\frac{dy}{dt} - by = 0$$

출력 스트림 y는 루프가 있는 네트워크에서 나오는데, 이는 d^2y / dt^2 값이 y와 dy/dt 값에 따라 달라지는 데다가 두 값 모두 d^2y / dt^2을 적분하여 나오기 때문이다. 이런 관계를 그림으로 나타내면 그림 3.35와 같다. 상수 값 a, b, dt와 y의 초기값 y_0와 $dy_0, dy/dt$를 인자로 받아, 연속하는 y 값들을 스트림으로 뽑아 낼 수 있도록 solve-2nd 프로시저를 정의하라.

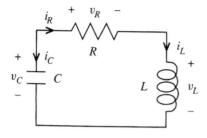

그림 3.36 직렬 RLC 회로

● 연습문제 3.79

연습문제 3.78의 solve-2nd의 쓰임새를 늘려서 $d^2y / dt^2 = f(dy/dt, y)$ 꼴의 2차 미분 방정식을 풀 수 있도록 만들어 보라.

● 연습문제 3.80

직렬 RLC 회로^{series RLC circuit}란, 저항기^{resistor}와 축전기^{capacitor} 그리고 유도기^{inductor}를 그림 3.36과 같이 직렬로 이어 놓은 회로다. R, L, C가 차례로 저항^{resistance}, 인덕턴스^{inductance}, 전기용량^{capacitance}을 나타낸다고 할 때, 저항에 대한 전압(v)과 전류(i)의 관계는 다음 식으로 나타낼 수 있다.

$$v_R = i_R R$$
$$v_L = L\frac{di_L}{dt}$$
$$i_C = C\frac{dv_C}{dt}$$

그리고 연결된 회로에서 다음 관계를 이끌어낼 수 있다.

$$i_R = i_L = -i_C$$
$$v_C = v_L + v_R$$

위 방정식을 한데 엮어서 다음의 두 미분 방정식으로 (축전기를 통과하는 전압

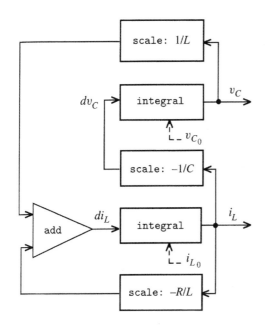

그림 3.37 직렬 RLC 회로의 해를 찾는 신호 흐름도

v_C와 유도기 속 전류 i_L로) 회로의 상태를 보일 수 있다.

$$\frac{dv_C}{dt} = -\frac{i_L}{C}$$

$$\frac{di_L}{dt} = \frac{1}{L}v_C - \frac{R}{L}i_L$$

이 미분 방정식 시스템을 신호 흐름 그림으로 나타내면 그림 3.37과 같다.

　　회로의 R, L, C 파라미터와 시간 간격$^{\text{time increment}}$ dt를 인자로 받는 RLC 프로시저를 정의하라. 연습문제 3.73의 RC 프로시저와 비슷하게, RLC 프로시저가 결과 값으로 내놓는 프로시저는, 상태변수의 초기값 v_{C_0}, i_{L_0}를 인자로 받아서 상태 스트림 v_C와 i_L을 cons로 묶은 쌍을 내놓는다. RLC 프로시저를 가지고 $R = 1[\Omega]$, $C = 0.2[F]$, $L = 1[H]$, $dt = 0.1[s]$, 초기값 $i_{L_0} = 0[A]$, $v_{C_0} = 10[V]$인 직렬 RLC 회로를 흉내내는 스트림 쌍을 뽑아내 보라.

정의대로 계산하기^{normal-order evaluation}

이 절에서는 여러 가지 문제를 보기로 들면서 `delay`와 `force`가 프로그램의 표현력을 얼마나 크게 끌어올릴 수 있는지 설명한다. 하지만, 그만큼 프로그램을 짜는 게 복잡해질 수 있다는 사실도 잘 보여준다. 예컨대, `integral` 프로시저가 있어서 루프가 있는 시스템을 표현할 수 있는 힘을 갖추었지만, 이 프로시저에서 피적분 인자 값의 계산을 미뤄야 한다는 점을 기억해야 하고, 그에 따라 `integral`을 불러쓰는 모든 프로시저가 그런 규칙을 반드시 따라야 프로그램이 잘 돌아간다는 사실도 제대로 이해해야 한다. 사실 이리 되면 두 가지 계산 방식을 가지는 프로시저가 생기는 셈인데, 하나는 보통 프로시저고 다른 하나는 셈미룸 인자^{delayed argument}를 받는 프로시저다. 으레 프로시저 종류가 나뉘면 그에 따라 차수 높은 프로시저^{higher-order procedure}도 따로따로 만들어줄 수밖에 없다.[72]

이렇게 프로시저를 갈래마다 따로 만들어 쓰지 않도록 하려면, 모든 프로시저가 인자 값 계산을 미루도록 하는 수밖에 없다. 즉, 프로그래밍 언어의 계산 방식^{model of evaluation} 자체를 바꾸어서 프로시저의 모든 인자 계산이 저절로 미루어지고 인자 값이 꼭 필요할 때만 (이를테면, 기본 연산에서 인자 값을 쓸 때) 계산되게끔 해야 한다. 그러자면, 결국은 언어가 정의대로 계산법^{normal-order evaluation}에 따라 식을 계산하도록 만들어야 한다. 정의대로 계산하는 방법은 1.1.5절에서 맞

---

72) 이는 Lisp와 견주어, 파스칼처럼 타입을 엄격히 따지는 언어(strong-typed languages)에서 차수 높은 프로시저를 다룰 때 어떤 차이가 생기는지를 어느 정도 반영한 말이다. 그런 언어로 프로그램을 짤 때에는, 프로시저의 인자와 그 결과 값이 어떤 데이터 타입인지, 즉 수인지 논리값인지 차례열 같은 것인지 꼭 밝혀야 한다. 따라서 그런 언어로는 `stream-map`처럼 '차례열의 모든 원소에 지정된 프로시저 `proc`을 map한다'는 생각을 차수 높은 프로시저 하나로 요약하지 못하니까, `proc`의 인자와 결과가 어떤 데이터 타입이냐에 따라 map 프로시저를 따로따로 만들어 쓰는 수밖에 없다. 이와 같이, 차수 높은 프로시저가 있을 때 '데이터 타입(data type)' 개념을 쓸모 있게 관리하는 데에는 어려운 문젯거리가 많다. 이 문제를 다루는 한 가지 방법으로, ML언어(Gordon, Milner, Wadsworth 1979)의 '여러 모양 데이터 타입(polymorphic data type)'을 들 수 있는데, 이 경우 데이터 타입 사이에서 차수 높은 변환(higher-order transformation)을 가능하게 하는 템플릿(template)이 들어 있다. 아울러 ML에서는 프로시저의 타입을 굳이 밝히지 않아도 된다. ML은 프로그램 텍스트에서 자동으로 각 식들의 타입 밝힘 기능(타입 인퍼런스 기능, type-inferencing mechanism)을 갖추었으므로, 새로 정의한 프로시저의 타입을 저절로 연역(deduction)해낼 수 있다.

바꿈 계산법^{substitution model of evaluation}을 소개할 때 함께 설명한 바 있다. 사실 정의

바꿈 계산법$^{\text{substitution model of evaluation}}$을 소개할 때 함께 설명한 바 있다. 사실 정의 대로 계산법을 따르는 것이야말로 셈미룸 계산법$^{\text{delayed evaluation}}$을 깔끔하고 한결 같이 쓰는 방법이며 스트림 처리만 놓고 보자면 가장 자연스런 계산 방식이라 하 겠다. 4.2절에 가서 실행기^{evaluator}를 공부한 다음에, 딱 이와 같은 방식으로 언어 를 어떻게 바꾸는지 살펴보기로 하자. 허나 그에 앞서 한 가지 사실, 프로시저를 불러쓸 때 delay가 들어가면, 덮어쓰기와 변형 가능한 데이터 또는 입출력을 처 리하는 프로그램처럼 사건이 일어나는 차례를 바탕으로 하는 프로그램을 설계할 때, 모든 것이 뒤죽박죽된다는 사실을 알아 두어야 한다. 연습문제 3.51과 3.52에 서 살펴봤듯이 cons-stream에 들어 있는 delay 하나만으로도 어마어마한 혼란 이 일어날 수 있다. 누구나 아는 바와 같이, 변형 가능성^{mutability}과 셈미룸 계산법 은 한 프로그래밍 언어 속에서 서로 잘 섞이지 않기 때문에, 이 둘을 한꺼번에 다 루는 방법을 찾아내느라 많은 연구가 진행되고 있다.

3.5.5 모듈로 바라본 함수와 물체

3.1.2절에서 보았듯이 덮어쓰기^{assignment}를 끌어들여서 얻을 수 있는 큰 이점 가 운데 하나는 큰 시스템의 상태를 여러 부품 속에 변수로 '감추거나' 캡슐화하여, 모듈 방식^{조립식}으로 시스템을 짜맞추기 좋다는 데 있다. 그런데 덮어쓰기가 없어 도 스트림 기법을 써서 그에 견줄 만한 조립식 설계의 이점을 얻을 수 있다. 이런 사실을 설명하기 위하여 3.1.2절에 나온 몬테 카를로 방법으로 π 값을 어림잡아 구하는 문제를 다시 스트림 방식으로 풀어보자.

이 문제에서 모듈 방식 설계를 이끌어 내는 열쇠는 마구잡이 수$^{\text{난수, random number}}$ 를 쓰는 프로그램에게서 마구잡이 수 만들개$^{\text{난수 발생기, random number generator}}$의 상태 를 어떻게 숨기느냐에 있었다. 그리하여, 마구잡이 수를 연속으로 계산해 내는 rand-update 프로시저를 가지고, 다음 마구잡이 수 만들개를 만들었다.

```
(define rand
   (let ((x random-init))
      (lambda ()
         (set! x (rand-update x))
         x)))
```

스트림 방식에서는 마구잡이 수 만들개가 아예 없고, 그냥 마구잡이 수들의 스트림을 만들어 쓴다. 마구잡이 수 스트림은 아래와 같이 rand-update를 계속 불러서 만든다.

```
(define random-numbers
   (cons-stream random-init
                (stream-map rand-update random-numbers)))
```

이어서 random-numbers 스트림에서 연속하는 두 수마다 체사로(Cesáro) 실험을 적용한 다음에 그 결과를 스트림으로 뽑아낸다.

```
(define cesaro-stream
   (map-successive-pairs (lambda (r1 r2) (= (gcd r1 r2) 1))
                         random-numbers))

(define (map-successive-pairs f s)
   (cons-stream
    (f (stream-car s) (stream-car (stream-cdr s)))
    (map-successive-pairs f (stream-cdr (stream-cdr s)))))
```

이제 다시 cesaro-stream을 monte-carlo 프로시저에 인자로 넘겨서, 확률을 바탕으로 어림잡은 값들을 스트림으로 찍어 낸다. 그런 다음에 그 결과를 π에 가까운 값을 계산하는 스트림으로 바꾼다. 이 monte-carlo 프로시저에는 실험 횟수를 정하는 매개변수가 아예 없다. 따라서 (실험 횟수를 늘려서) π에 더 가까운 값을 얻어내고 싶다면, π값 스트림을 더 길게 뽑아야 한다.

```
(define (monte-carlo experiment-stream passed failed)
   (define (next passed failed)
      (cons-stream
       (/ passed (+ passed failed))
       (mote-carlo
        (stream-cdr experiment-stream) passed failed)))
   (if (stream-car experiment-stream)
       (next (+ passed 1) failed)
       (next passed (+ failed 1))))
```

```
(define pi
  (stream-map (lambda (p) (sqrt (/ 6 p)))
              (monte-carlo cesaro-stream 0 0)))
```

이 예제에서 스트림 기법이 모듈 방식 프로그램 설계에 큰 도움이 된다는 사실을 알아차릴 수 있다. 먼젓번과 마찬가지로, 몬테 카를로 방법 자체를 프로시저로 꾸며서 아무 실험에나 맞춰 쓰도록 만들 수 있다. 그런데도, 덮어쓰기나 상태 감추기$^{local state}$를 쓴 흔적은 어디에도 없다.

● **연습문제** 3.81
연습문제 3.6에서 똑같은 마구잡이 수열$^{random-number sequence}$을 되풀이할 수 있도록 마구잡이 수 만들개의 상태를 처음으로 되돌려 놓는 기능에 대해 얘기한 바 있다. 이번에는 같은 문제를 스트림 방식으로 풀어보자. 스트림 방식의 마구잡이 수 만들개는 새 마구잡이 수를 뽑아내거나 마구잡이 수열을 지정된 값으로 되돌려 달라는 부탁을 입력 스트림으로 받아서, 그 바람대로 마구잡이 수 스트림을 뽑아낸다. 이 문제를 풀 때에는 덮어쓰기 연산을 쓰지 마라.

● **연습문제** 3.82
연습문제 3.5의 몬테 카를로 적분$^{Monte Carlo integration}$을 스트림 방식으로 다시 풀어보라. 스트림 판 estimate-integral 프로시저에는 실험$^{시행, trial}$ 횟수를 받는 인자가 없다. 그 대신, 계속되는 실험에서 어림잡은 값들의 스트림을 뽑아낼 수 있다.

함수형 프로그래밍$^{functional programming}$에서 시간의 문제

이제 이 장 첫머리에서 던진 물체와 상태 문제로 돌아가서 이를 새로운 눈으로 되짚어 보자. 이 장에서 상태를 덮어쓰는 연산과 변형 가능한 물체$^{mutable object}$를 끌어들인 까닭은, 상태가 있는 진짜 시스템을 컴퓨터 프로그램으로 흉내내고자 할 때 이를 모듈 방식에 따라 잘 짜맞출 방법이 필요했기 때문이다. 그리하여 (상태가 있는 실제 물체를 흉내내기 위하여) 계산 물체를 만들어서 그 속에 상태변수를 숨기고, (실제 물체의 상태 변화를 흉내내기 위해) 그 물체의 상태변수 값을 고치려고 덮어쓰기 연산을 썼다. 다시 말해서, 시간에 따라 움직임을 바꿀 수 있는 계산 물체를 만들어서 (시간에 따라 달라질 수 있는) 실제 물체의 움직임을 흉내냈다.

그와 아울러 상태가 있는 물체를 흉내내기 위하여 스트림 기법을 쓸 수 있음도 알게 되었다. 스트림이란, 시간에 따른 모든 상태 변화를 연속하는 값으로 나타내어 어떤 물체의 상태와 같이 자꾸 달라지는 양을 차례열로 흉내낸 것이다. 그 본질을 따지고 볼 때, 스트림을 써서 시간 흐름을 (또는 시간에 따른 값의 변화를) 드러내놓고 표현했다는 말은, 계산 과정에서 일어나는 사건의 차례에서 (간단히 말해, 컴퓨터에서 식을 계산하는 차례에서) 시뮬레이션 세계^{simulated world}의 시간 개념을 분리했다는 뜻이다. 사실 (스트림 연산에서) delay를 쓴다는 것 자체가 시뮬레이션 시간^{simulated time}과 실제 계산이 일어나는 차례 사이에 별다른 관계가 없다는 말이나 같다.

이 두 계산 방법을 비교하기 위해 은행 계정에 남은 돈^{balance}이 얼마인지 살피는 '인출 프로세서^{withdrawal processor}'를 다시 떠올려 보자. 3.1.3절에서 다음과 같이 간단한 인출 프로세서를 만든 바 있다.

```
(define (make-simplified-withdraw balance)
  (lambda (amount)
    (set! balance (- balance amount))
    balance))
```

make-simplified-withdraw는 balance의 첫 값을 인자로 받아 계산 물체를 찍어 내는데, 계산 물체 속에는 저마다 상태변수 balance가 들어 있다. 이렇게 만든 물체들은 amount를 인자로 받아서 스스로 balance 값을 줄인 다음에 새로 바뀐 balance 값을 결과로 내놓는다. 은행 계정을 쓰는 사람이, 물체가 받는 입력 값(찾을 돈)들을 차례로 타이핑해서 집어넣고, 화면에 나오는 계산 결과(남은 돈)를 지켜보는 것처럼 생각할 수 있다.

이와 달리, 인출 프로세서를 스트림 처리 프로시저로 표현해 보면 아래와 같다. 이 프로시저는 balance와 함께 찾을 돈(amount)의 스트림을 인자로 받아서 남은 돈(balance)의 스트림을 내놓는다.

```
(define (stream-withdraw balance amount-stream)
  (cons-stream
    balance
    (stream-withdraw (- balance (stream-car amount-stream))
                     (stream-cdr amount-stream))))
```

stream-withdraw 프로시저는 들어가는 값이 나오는 값을 완전히 결정짓는, 이른바 잘 정의된 수학 함수$^{\text{well-defined mathematical function}}$를 구현하고 있다. 하지만, amount-stream이 계정을 쓰는 사람이 연속해서 타이핑한 값들을 나타낸다 보고, 계산 결과로 나오는 balance 스트림을 화면으로 지켜본다고 가정하면, 이 시스템을 쓰는 사람의 눈에는 스트림 프로세스가 make-simplified-withdraw로 만들어 낸 물체와 똑같이 움직이는 듯 보인다. 허나, 스트림 판에서는, 상태를 덮어쓰지도 않았고 덮어쓸 상태변수도 없으므로, 마침내 3.1.3절에서 부닥친 문제가 다 사라진다. 그럼에도, 이 시스템에는 상태가 있다!

이는 참말 놀라운 일이다. 왜냐면, stream-withdraw가 잘 정의된 수학 함수를 실현하므로 그 움직임이 달라질 리 없건만, 그런 시스템을 쓰는 사람의 눈에는 서로 입력과 출력을 주고받는 동안 시스템의 상태가 바뀌는 것처럼 비칠 수 있다는 말이기 때문이다. 이렇게 앞뒤 안 맞는 일이 어떻게 일어날 수 있는지 이해하려면, 시스템을 쓰는 사람이 잠시 머무르는 동안 그 시스템의 상태 변화를 지켜보는 데서 이런 현상이 비롯된다는 사실을 깨달아야 한다. 하지만, 그 사람이 하던 일에서 한 발짝 물러나 그 시스템과 주고받는 행동^{transaction} 하나하나를 따로 살피지 않고, 시스템 전체를 balance들의 스트림으로 바라본다면, 그 사람의 눈에는 이 시스템에 상태가 없는 것처럼 비칠 수 있다.[73]

---

73) 물리학에서도 이와 비슷하게 입자의 움직임을 살펴볼 때에는, 입자 위치(곧, 상태)가 변한다고 한다. 하지만, 시간과 공간으로 입자의 세계선(particle's world line)을 바라보면, 아무런 변화가 없다.

복잡한 프로세스를 한쪽에서 바라보면, 나머지가 시간에 따라 변하는 듯 보인다. 거기에는 시간에 따라 달라지는 상태가 숨어 있다. (우리가 사는 세상을 우리 스스로 그렇게 바라보는 것처럼) 그와 같이 우리가 실제 세상에서 사물이나 현상을 여러 부분으로 나누어 자연스럽게 이해하는 방식에 따라 컴퓨터 프로그램을 작성할 때, 컴퓨터 내에 구현하는 물체는 변할 수 있어야 하므로 순수한 함수$^{func-tion}$의 성질을 따르지 않는다. 시간이 흐르면서 변하기 때문이다. 물체 상태는 상태변수로 흉내내고, 달라지는 상태는 상태변수 값을 덮어쓰는 것으로 흉내낸다. 그렇게 하여, 실세계의 시간을 컴퓨터의 실행 시간으로 흉내낼 수 있게 되고, 그에 따라 컴퓨터에서 '물체'를 가지게 되는 것이다.

컴퓨터 계산을 물체로 표현하는 방식$^{modeling with objects}$, 즉 물체 방식이 효과가 뛰어나면서도 받아들이기 쉬운 까닭은, 실제 사물이 서로 힘을 미치는 현상을 우리가 이해하는 방식과 잘 맞아떨어지기 때문이다. 하지만, 이 장에서 여러 번 살펴보았다시피, 이 방식은 사건이 일어나는 차례에 제약을 건다거나 여러 프로세스의 동기를 맞춘다거나 하는 껄끄러운 문젯거리를 끌어들인다. 바로 이런 문젯거리를 피해갈 수 있어서 **함수형 프로그래밍 언어**$^{functional programming language}$를 만드는 일이 활기를 띠게 되었다. 이런 언어에는 덮어쓰기나 변형 가능한 데이터가 없고, 모든 프로시저는 잘 정의된 수학 함수를 실현하는 도구일 뿐이기에, 그 동작 방식이 결코 변하지 않는다. 함수 방식은 그 무엇보다 병행 시스템을 다루는 데 잘 들어맞는다.[74]

그런데 조금 더 깊이 들여다보면 함수 방식을 따르더라도 시간과 관련된 문제들이 생겨날 수 있음을 알게 된다. 그 가운데 특히, 두 물체 사이에서 오고가는 일을 흉내내려고 할 때, 말하자면 대화형 시스템$^{interactive system}$을 설계할 때 훨씬 까다로운 문제가 생긴다. 이를테면, 공동 계좌를 틀 수 있도록 은행 시스템을 구현

---

74) 포트란을 만든 존 배커스(John Backus)는 1978년 ACM 튜링 상을 받으면서 함수형 프로그래밍 방식의 밝은 앞날을 점쳤다. 그 수락 연설문(Backus 1978)에서 존은 함수 방식을 강하게 지지하였다. 함수형 프로그래밍 방식은 Henderson 1980, Darlington 1982, Turner 1982에서 잘 간추려 설명하고 있다.

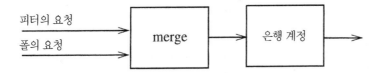

그림 3.38 트랜잭션을 요청하는 두 스트림을 한데 엮는 방식으로 표현한 공동 계좌

하는 문제를 다시 한번 생각해 보자. 덮어쓰기와 물체를 쓰는 시스템에서는, 3.1.3절에서 보았듯이, 피터와 폴이 같은 계정을 함께 쓴다는 사실을, 두 사람 모두 한 은행 계정 물체와 트랜잭션^{transaction}을 주고받는 것으로 표현할 것이다. 한편, 스트림 패러다임에는 물체란 것이 아예 없으므로, 이미 밝힌 바와 같이 트랜잭션 요청을 스트림으로 받아서 그 대답을 스트림으로 내놓는 프로세스로 은행 계정을 표현할 수 있다. 따라서 폴과 피터가 한 계정을 같이 쓴다는 사실은, 그림 3.38에 나타낸 것처럼 피터의 (트랜잭션을 요청하는) 스트림과 폴의 스트림을 한데 엮어서 back-account 스트림 프로세스로 보내는 것으로 표현될 수 있다.

그렇지만 이 방식은 merge에서 막힌다. 그저, 피터와 폴의 요청을 번갈아 섞는 방법으로 두 스트림을 합쳐서는 안 되기 때문이다. 예컨대, 폴이 어쩌다 한 번씩 계정을 쓴다고 하여, 피터가 두 번째로 계정을 쓰려고 할 때 피터더러 폴이 계정을 쓸 때까지 무작정 기다리라고 할 수 없는 노릇이다. 그러므로 merge를 만든다 치면 마치 피터와 폴이 서로 만나는 시간을 정해 놓고 그 전에는 어떤 트랜잭션이 처리되고 그 후에 처리할 트랜잭션은 어떤 것인지 서로 동의한 것처럼 어떻게 해서든 피터와 폴이 '실시간$^{real\ time}$'으로 일이 처리되는 듯 받아들이도록 두 트랜잭션 스트림을 알맞게 뒤섞는 방법이 필요하다.^{75} 이런 제약은 3.4.1절에서 다룬

---

75) 두 스트림을 올바르게 뒤섞은 방법은 하나 이상일 수 있다. 그러므로 엄격히 따지자면, 'merge'는 입력에 따라 정확한 답이 결정되는 함수가 아니라 관계(relation)를 나타내는 것이라 보는 게 옳다. 앞서 (주석 39에서) 병행성에는 비결정성(non-determinism)이 따라올 수밖에 없음을 밝힌 바 있다. merge 관계는 함수 관점에서 볼 때, 그와 같은 본질적 비결정성을 보여주는 예다. 4.3절에서는 이와 다른 관점에서 비결정성을 살펴보기로 하자.

제약과 똑같다. 거기서 우리는, 상태가 있는 물체를 병행 처리할 때 사건이 '올바른' 차례대로 일어나도록 하기 위해, 여러 프로세스의 동기를 맞추는 방법이 필요하다는 사실을 알게 되었다. 따라서 함수 방식^{functional style}에 따라 이 문제를 풀기로 하였다면, 어쩔 수 없이 서로 다른 에이전트^{agents}에서 들어오는 입력을 한데 섞어야 하고 그 때문에 함수 방식을 지킴으로써 사라질 것이라 믿은 문제점들을 다시 끌어들이게 된다.

이 장은, 컴퓨터로 실제 세계를 흉내내고자 할 때, 사람이 사물이나 현상을 받아들이는 방식에 따라 물체의 구조를 짜맞춘다는 목표를 가지고 시작되었다. 우리는, 실세계의 컴퓨터 모형을 시간에 따라 상태가 변하는 여러 물체의 집합으로 볼 수도 있고, 그와 달리 상태도 없고 시간의 영향을 받지도 않는 단일체^{unity}로 볼 수도 있다. 어떤 관점을 따르든 제각기 큰 장점을 얻을 수 있지만, 어느 한 쪽도 완전히 만족스러운 해법을 안겨 주지는 못한다. 이 둘을 멋지게 합치는 방법은 아직도 나오지 않았다.[76]

---

76) 물체 방식에서는 세상을 여러 조각으로 나누어 짜맞춘다. 함수 방식에서는 물체 단위로 모듈을 자르지 않는다. 물체 방식은 여러 물체가 함께 쓰는 상태가 함께 쓰지 않는 상태보다 적을 때 쓸모가 많다. 물체 사고방식(object view)이 잘 들어맞지 않는 한 가지 사례로, 양자 역학이 있다. 양자역학에서 입자 하나하나를 물체로 받아들이면, 커다란 모순과 혼란이 시작된다. 어쩌면 (이렇게나 다른) 물체 사고방식과 함수 사고방식을 하나로 묶는다는 것이, 프로그램을 짜는 것과는 별달리 관계가 없고, 기본 인식론(fundamental epistemological)에서 다루기에 더 알맞은 논제일지도 모르겠다.

4
언어를 처리하는 기법

…… '수리수리 마수리'나 '열려라 참깨' 따위 주문처럼 마법의 힘은 말 속에 들어 있다. 그런데 이 이야기 속 주문이 저 이야기에도 통하리라는 법은 없다. 그러기에 진짜 마법이란 말을 언제 어떤 목적으로 써야 할지 아는 것, 다시 말해서 마법의 열쇠란 (마법 자체가 아니라) 마법의 열쇠가 무엇인지 아는 데 있는 것이다.

…… 그리고 말은 낱글자, 곧 붓으로 휘갈겨 쓸 수 있는 스무 개 남짓한 글자로 이루어진 것이다. 바로 이게 열쇠다! 제대로 부릴 줄만 알면, 바로 이게 보물이다! 보물을 찾는 열쇠가 바로 보물인 것처럼!

존 바스John Barth
『키메라Chimera』

지금까지 프로그램 설계를 공부하는 과정에서 프로그램 전문가가 복잡한 시스템을 설계하는 데 쓰는 기법이, 다른 모든 분야에서 쓰는 시스템 설계 기법과 크게 다를 바 없는, 그야말로 전 분야에서 널리 쓰는 기법임을 알게 되었다. 그리고 그 기법이란, 기본적인 물건^{primitive elements}을 엮어서 더 복잡한 물체^{compound objects}를 짜맞추고 그 복잡한 물체를 요약하여^{복잡한 물체에 이름을 붙여서} 더 수준 높은 부품^{표현수단, building block}을 만드는 것, 곧 큰 눈으로 시스템의 구조를 바라보고 모듈 방식^{modularity}을 잃지 않도록 설계하려 애쓰는 일임을 깨닫게 되었다. 그런 기법을 설명하는 데 지금까지 써온 언어는 Lisp였다. 실제로 일어나는 복잡한 현상을 컴퓨터 계산으로 흉내내기 위하여, Lisp로 프로세스를 적고 Lisp로 데이터와 프로세스를 짜맞추었다. 허나, 점점 더 복잡한 문제에 부닥칠수록 Lisp는 물론이고 프로그래밍 언어 하나만으로는 모든 바람을 채우기에 모자란 점이 많다는 사실을 깨달았으며, 끝내는 갖가지 생각(문제 푸는 방법)을 제대로 표현하기 위하여 그에 맞추어 언어도 자꾸 바꿔 써야 한다는 결론에 이르렀다. 사실 (풀어야 할 문제에 딱 들어맞는) 언어를 새로 만들어 쓰는 기술은 모든 공학에서 복잡한 설계 문제를 다루는 데 아주 뛰어난 방법이다. 부닥친 문제를 푸는 데 잘 들어맞는 새로운 표현 수단, 다시 말해 기본 원소^{primitive}에서 복잡한 식을 엮거나^{combination} 요약하는^{간추리는, abstraction} 수단인 새로운 언어를 받아들이면, 같은 문제를 달리 풀어내는 데 도움이 됨은 물론이고 이를 바탕으로 어려운 문제를 풀어내는 힘이 몰라보게 자라나는 경우가 많다.[1]

---

1) 이와 비슷한 생각이 모든 공학 분야에 널리 퍼져 있다. 이를테면, 전기 기술자가 회로를 나타내기 위하여 쓰는 언어는 여러 가지인데, 전기 회로 언어(language of electrical networks)와 전기 시스템 언어(language of electrical systems)도 그런 언어에 속한다. 먼저, 회로 언어(network language)는 이산(discrete) 전기 소자를 연결하여 모형 장치를 만드는 데 초점을 둔다. 이 언어에서는 저항기(resistor), 축전기(capacitor), 유도기(inductor), 트랜지스터(transistor) 같은 전기 소자가 기본 물체(primitive object)다. 전기 소자의 특성은 전압이나 전류 같은 물리 변수로 나타낸다. 회로 언어로 회로를 짤 때에는 회로의 물리 특성이 중요한 변수가 된다. 이에 비해, 시스템 언어에서는 거르개(filter)나 증폭기(amplifier) 같은 신호 처리 모듈(signal-processing module)이 기본 물체다. 여기서는 각 모듈의 기능에 관심을 둘 뿐, 신호를 처리할 때 이를 실제 전압이나 전류로 어떻게 나타낼지 따위에는 마음 쓰지 않는다. 실제 신호 처리 시스템의 소자가 전기 회로로 구성되었듯이, 시스템 언어 또한 회로 언어를 바탕으로 한다. 허나, 시스템을 이루는 전기 부품의 물리 특성에 문제가

프로그램을 짠다는 것은 본디부터 갖가지 수많은 언어가 한데 어우러져 일어나는 일이다. 먼저 기계어^{machine language}처럼 컴퓨터에서 곧바로 기계 장치를 건드리는 데 쓰는 언어가 있다. 이런 언어에서는 데이터를 비트로 표현하고, 제어^{control}를 기계 명령^{instruction}으로 나타낸다. 따라서 기계어로 프로그램을 짤 때에는, 정해진 자원으로 더 효율적으로 계산하는 시스템이나 유틸리티를 만들기 위해서 하드웨어 자원을 어떻게 더 짜임새 있게 쓰는지에 관심을 기울인다. 이와 달리, 기계어를 바탕에 깔고 그 위에 쌓아올린 언어에서는, 데이터란 것이 비트의 묶음이라든지 프로그램이란 게 여러 기계 명령으로 이루어졌다든지 하는 사실을 (일부러) 드러내지 않는다. 그보다는 프로시저 정의와 같이, 시스템을 크게 짜는 데 알맞도록 여러 표현 수단을 한데 엮어서 요약하는^{간추려 내는} 기능에 무게를 싣는다.

언어를 처리하는 기법^{metalinguistic abstraction}, 곧 언어를 새로 만드는 방법은 모든 공학 분야에서 설계 문제를 푸는 데 중요한 몫을 하지만, 어디보다 컴퓨터 프로그램 분야에서 더할 나위 없이 중요하다. 새로 만든 언어의 이론적 체계를 입증하는 방법과 실제 그 언어의 실행기를 구현하는 방법을 아우르기 때문이다. 여기서 프로그래밍 언어의 실행기^{evaluator}(또는 실행기^{interpreter})란, 그 언어로 적은 식을 입력으로 받아서 그 식을 실행하여 값을 계산하는 프로시저를 말한다.

그러므로 프로그램 분야의 가장 바탕이 되는 생각이 다음 글월에 담겨 있다고 해도 전혀 지나치지 않다.

> "언어 실행기란, 프로그래밍 언어로 나타낸 식이 무엇을 뜻하는지 밝히는 것으로,
> 이 또한 그저 또 하나의 프로그램일 뿐이다."

없다고 치면, 시스템 언어의 주된 관심은 어떤 응용 문제를 풀기 위하여 어떻게 수많은 전기 장치를 잘 짜맞추어 커다란 시스템을 만들어 내느냐 하는 데 있다. 이와 같이 (문제를 푸는 눈높이에 알맞은 표현 수단을 만들기 위하여) 언어를 층층이 쌓아 올리는 방법을 다층 설계 기법 (stratified design technique)이라 하는데, 이 기법은 2.2.4절에서 그림 언어(picture language)를 보기로 들어 설명한 적이 있다.

이 말 뜻을 알아들었다는 것은 프로그램 짜는 사람이 누구인가에 대한 생각을 바꾼다는 것과 같다. 드디어 남이 설계한 언어를 받아서 쓰기만 하는 사람이 아니라 그런 언어를 스스로 설계하는 사람으로 자신을 바라보아야 할 시점에 이른 것이다.

사실 모든 프로그램은 어떤 언어의 실행기라 할 수 있다. 보기를 들어, 2.5.3절에 나온 다항식 처리 시스템에는 다항식을 계산하는 규칙이 들어 있다. 앞에서 이를 리스트 데이터 구조로 만들어 본 적이 있다. 한데, 이 시스템에다 다항식을 읽어 들이고 찍어내는 프로시저만 보태면, 글자 수학^{symbolic mathematics} 문제를 풀이하는 전문 언어^{special-purpose language*}의 알짜배기를 만든 셈이다. 이것뿐이 아니다. 3.3.4절에 나온 디지털 논리 시뮬레이터나 3.3.5절의 관계 알리개^{constraint propagator}도 저마다 기본 식, 복잡한 식을 엮는 수단, 요약하는 수단을 고루 갖추고 있으며, 따로 놓고 보아도 흠잡을 데 없는 언어다. 이렇게 바라보면, 큰 컴퓨터 시스템을 설계하는 기술과 컴퓨터 언어를 만드는 기술이 본디 하나임을 알게 되고, 더 나아가서 컴퓨터 과학 자체가 문제마다 그 풀이에 알맞은 표현 수단을 갖출 수 있도록 새 언어를 만들어 내는 분야에 지나지 않음을 깨닫게 된다.

이제 한 언어로 다른 언어를 만드는 데 어떤 기술이 있는지 두루 살펴볼 시점이 되었다. 이 장에서는 Lisp를 바탕 언어로 삼아, 언어를 처리하는 Lisp 프로시저를 짜 볼 참이다. Lisp는 글자 식^{symbolic expressions}을 표현하고 나타낼 수 있는 힘이 뛰어나기 때문에 이런 일에 잘 들어맞는 언어다. 처음에는 언어를 어떻게 만드는지 이해하기 위하여 Lisp 언어 실행기를 Lisp로 짠다. 이 실행기가 실현하는 언어는 이 책에 쓰는 Lisp 사투리인 Scheme의 부분 집합이다. 물론 이 실행기는 Lisp 사투리의 일부만 처리할 수 있으나, 순차 기계^{sequential machine}에서 돌아갈 프로그램을 짜는 데 알맞도록 설계되어 있기 때문에 식 중심^{expression-oriented} 언어 실행기가 갖추어야 할 알짜배기는 모두 갖추고 있다고 할 수 있다. (사실 모든 언어 처

---

* 역주 : DSL(Domain-Specific Language)이라고도 한다. 더 정확히 말하자면, Scheme을 엄마 언어(host language)로 삼아 그 위에 쌓아올린 언어이기 때문에 DSEL(Domain-Specific Embedded Language)이라 해야 옳다.

리기processor에는 어딘가 깊숙한 곳에 조그만 'Lisp' 실행기가 들어 있다고 봐도 된다.) 또 이 실행기는 설명과 토론을 목적으로 일부러 단순하게 만든 것임도 알아 두자. 따라서 상품 수준의 Lisp 시스템이라면 꼭 갖추어야 할 중요한 기능이 몇 개 빠져 있다. 허나, 이것이 단순하기는 해도 그 표현력이 책에 있는 거의 모든 프로그램을 돌려볼 정도는 된다.[2]

언어 실행기를 Lisp 프로그램으로 짜 놓으면, 무엇보다 그 프로그램을 고쳐서 여러 다른 계산 규칙을 실현하고 실험해 보기에 좋다. 특히, 계산 모형 속에 시간 개념을 집어넣기 위하여 여러 다른 방법을 실험하기에 딱 좋은데, 이는 앞서 살펴본 3장의 주제이기도 하였다. 그 장에서는 상태를 덮어쓰기 때문에 생겨나는 여러 복잡한 문제를 피하기 위해 스트림 데이터라는 기법을 받아들였고, 그 덕분에 컴퓨터 내부 시간에서 시간의 표현 방법을 분리할 수 있었다. 허나, Scheme은 함수가 호출될 때 그 인자 값을 부지런히 먼저 계산하는 방식applicative-order evaluation을 따르므로, 스트림 프로그램을 짜기에 번거로운 점이 있다. 4.2절에서는 아예 바탕이 되는 언어를 바꾸어서 더 깔끔한 방법으로 스트림 데이터 기법을 프로그래밍할 수 있도록, **정의대로 계산법**normal-order evaluation을 적용한 실행기를 만들어 보기로 한다.

4.3절에서는 식 하나가 값 하나를 나타내지 않고 여러 값을 나타낼 수 있도록, 바탕 언어에 훨씬 큰 변화를 준다. 한 언어에서 **비결정적 계산 방법**nondeterministic computing을 표현할 수 있으면, 식이 나타낼 수 있는 모든 값을 늘어놓고 그 가운데 조건에 맞아떨어지는 값을 찾아내는 프로세스과정를 자연스럽게 표현할 수 있다. 이는 마치 계산 모형과 시간의 관점으로 따져 보았을 때, 계산 과정의 한 시점에서 '앞으로 일어날 수 있는 일'을 모두 나뭇가지처럼 펼쳐놓고 그 가운데 알맞은 가지를 골라잡아 계산을 이어 가는 것과 같다. 비결정적 계산 표현이 가능한 언어

---

2) 이 절에 만들어 볼 언어 실행기에 빠져 있는 기능 중 가장 중요한 것은 고장(error)을 다루는 기능과 오류 잡기(debugging)를 돕는 기능이다. 언어 실행기에 대한 더 폭넓은 논의를 살펴보고 싶다면 Friedman, Wand, and Haynes 1992를 보라. 이 글은 Scheme으로 만든 여러 실행기를 차례로 보여주면서 갖가지 프로그래밍 언어를 만져 보도록 꾸며져 있다.

실행기에서는, 그 언어가 바탕을 두는 계산 방식 덕분에 여러 값을 기록하고 찾아 가는 과정이 저절로 처리된다.

4.4절에서는 지금까지와 달리 값이 들고 나는 계산이 아니라, 데이터 사이의 관계를 바탕으로 지식을 나타내는 **논리 프로그래밍**^{logic-programming} 언어를 만든다. 이 언어는 Lisp뿐 아니라 흔히 보는 어떤 언어와도 엄청나게 다르지만, 그 언어 실행기의 알짜배기는 Lisp 실행기와 크게 다를 바 없음을 깨닫게 된다.

4.1 메타써큘러 실행기^{meta-circular evaluator}

지금부터 Lisp로 Lisp 언어 실행기를 만들어 보자. Lisp로 짠 언어 실행기를 가지고 다시 Lisp 프로그램을 처리^{evaluating}한다는 것은 어찌 보면 빙빙 도는 말처럼 들린다. 허나, 따지고 보면 언어 처리^{evaluation}도 한 가지 프로세스^{처리 과정}일 뿐이며, 이 책에서 프로세스를 표현하는 도구는 Lisp이기 때문에, 언어 처리 프로세스^{evaluation process}를 Lisp로 짰다고 해도 그리 이상한 일은 아니다.[3] 이처럼 언어 실행기가 처리하려는 언어로 다시 그 실행기를 만들 때, 그런 실행기를 **메타써큘러**^{metacircular} 실행기라고 한다.

이 절에서 만들 메타써큘러 언어 실행기는 3.2절에서 설명한 환경 계산법을 Scheme에 맞게 고쳐 쓴 것이라 볼 수 있다. 돌이켜 보면, 환경 계산법은 다음 두 규칙으로 이루어져 있다.

1. (특별한 형태^{special form}를 제외하고) 식^{combination}의 값을 구하려면, 부분 식의 값부터 모두 구해야 한다. 그런 다음에, 연산자(연산자에 해당하는 부분 식의 값, 곧 프로시저)를 피연산자(나머지 부분 식의 값)에 적용한다.

---

3) 그럼에도, 이 절의 언어 실행기에서 보여주지 못하는 중요한 언어 처리 프로세스가 남아 있다. 그 가운데 가장 중요한 것은 프로시저가 다른 프로시저를 불러내고, 불러낸 프로시저에 값을 돌려주는 것인데, 이는 5장에서 다룰 주제다. 5장에서는 언어 실행기를 레지스터 기계(register machine)로 실현하였을 때 그 언어 처리 프로세스가 어떻게 되는지 샅샅이 살펴보기로 한다.

2. 프로시저를 인자에 적용하려면, 프로시저의 몸(식)을 계산하기 위하여 새 환경부터 만든다. 새 환경은, 인자 이름에 해당하는 인자 값을 찾아 쓸 수 있도록 새 (변수) 일람표를 만들어서 이미 있던 환경에다 덧댄 것이다.

위의 돌고 도는 두 규칙이 식의 값을 구하는 프로세스^{과정}의 알짜배기다. 이 규칙에 따라 어떤 식을 정해진 환경 속에서 계산하면, 프로시저를 인자에 적용하는 식이 나온다. 다시 그 식을 계산하면 다른 식(프로시저의 몸)이 나오고, 또 다시 그 식의 값을 새로 만든 환경에서 구하는데, 이런 과정은 글자^{symbol}나 기본 프로시저로만 이루어진 식이 나올 때까지 되풀이된다. 글자(로 이루어진 식의) 값은 환경에서 찾으면 되고, 기본 프로시저는 바로 적용할 수 있다(그림 4.1 참고)[4]. 이런 계산 과정을 언어 실행기의 핵심 프로시저인 eval과 apply가 맞물려 돌아가는 모습으로 나타낼 수 있는데, 4.1.1절(그림 4.1 참고)에서 이를 더 자세히 살펴볼 참이다.

---

4) 기본 원소를 적용할 수 있다고 하면, 그 밖에 언어 실행기를 만드는 데 달리 할일이 남아 있는가? 실행기가 하는 일은 그저 한 언어의 기본 기능을 정의하는 것에 그치는 것이 아니라, 기본 원소를 한데 묶어서 하나의 언어 체계를 갖출 수 있도록 그 연결 고리(connective tissue), 즉 식을 엮은 수단이나 간추리는 수단을 마련하는 데 있다. 좀 더 상세하게 설명하자면 다음과 같다.

- 언어 실행기는 겹쳐쓴 식을 처리할 수 있다. 보기를 들어, (+ 1 6) 식은 기본 프로시저의 적용으로 값을 구할 수 있으나 (+ 1 (* 2 3)) 식은 그렇게 처리하지 못한다. 기본 프로시저인 +를 쓰는 한, 그 인자는 수여야 하기 때문에, (* 2 3) 같은 식을 인자로 받아들이지 못한다. 언어 실행기의 중요한 일 가운데 하나는, 프로시저가 서로 잘 엮이게끔 만들어 (* 2 3)를 6으로 줄여서 +에 인자로 넘길 수 있도록 하는 것이다.
- 언어 실행기는 변수를 처리할 수 있다. 보기를 들어, 덧셈을 하는 기본 프로시저만으로는 (+ x 1) 식을 어찌할 방법이 없다. 따라서 기본 프로시저를 불러 쓸 때 변수 값을 건네주기 위해서는 언어 실행기에서 여러 변수의 값을 기록해 둘 필요가 있다.
- 언어 실행기는 합친 프로시저의 정의를 처리할 수 있다. 이는 프로시저의 정의를 기억해 두었다가 식의 값을 구하는 과정에서 그런 정의를 어떻게 풀어쓰는지 알고 프로시저에 인자를 건네주는 기능이 언어 실행기에 들어 있다는 뜻이다.
- 언어 실행기에는 특별한 형태(special form)가 들어 있다. 특별한 형태는 보통 프로시저를 불러 쓰는 것과 다른 방식으로 처리되어야 한다.

언어 실행기의 구현 방식은 처리할 식의 문법^{syntax}을 정의하는 프로시저에 따라 다르다. 이 책에서는 데이터를 요약하여 언어 실행기와 언어의 표현 방식을 따로 떼어내고자 한다. 이를테면, 무조건 set!으로 시작하는 리스트로 덮어쓰기 연산을 나타내야 한다고 정하지 않고, 그 대신 assignment?라는 술어^{predicate}를 써서 어떤 식이 덮어쓰기 연산인지 알아보는 방식을 따르기로 한다. 또 덮어쓰기 식을 이루는 각 부분을 꺼낼 때, assignment-variable과 assignment-value 같이 요약된 고르개^{abstract selector} 연산을 쓴다. 식의 구현 방법은 4.1.2절에서 꼼꼼히 설명한다. 아울러, 프로시저와 환경의 표현 방식을 밝히는 연산도 필요한데 이는 4.1.3절에서 자세하게 설명한다. 이를테면 make-procedure를 써서 합친 프로시저를 만들고, lookup-variable-value를 써서 변수 값을 찾아내며, apply-primitive-procedure를 써서 기본 프로시저를 인자에 적용한다.

4.1.1 언어 실행기의 알짜배기

식의 값을 구하는 프로세스^{과정}는 eval과 apply라는 두 프로시저가 맞물려 돌아가는 것이라 볼 수 있다.

eval

eval 프로시저는 식과 환경을 인자로 받은 다음, 식의 종류에 따라 알맞은 계산 방법을 고른다. 즉, eval 프로시저는 계산할 식의 문법을 갈래별로 따져보는 구조를 갖추고 있다. 그러므로 eval 프로시저의 쓰임새를 폭넓게 유지하려면, 식의 종류를 판단할 때 한 가지 표현 방식만 가정하지 말고 식의 요약된^{간추린} 구조를 바라보아야 한다. eval(언어 실행기)에서 식의 표현 방식이 드러나지 않게 하려면, 식의 종류마다 그 종류를 알아보는 프로시저와 그 부품을 골라내는 요약된 수단이 있어야 하는데, 이를 한데 일러 **요약된 문법**^{간추린 문법, abstract syntax}이라 한다. 요약된 문법에 따라 언어 실행기를 설계하면, 언어의 문법이 바뀌더라도 그 문법을 처리하는 프로시저만 바꿔 끼워서 언어 실행기를 고치지 않고 그대로 쓸 수 있다.

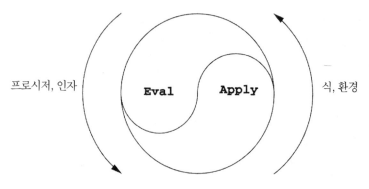

그림 4.1 컴퓨터 언어의 알짜배기는 계산-적용 과정(eval-apply cycle)에서 드러난다

기본 식^{primitive expression}

- eval은 수^{number} 같이 곧바로 값을 나타내는 식을 만나면, 식 자체를 돌려준다.
- 변수가 오면 eval은 변수 값을 찾기 위해 환경을 뒤져 본다.

특별한 형태^{special form}

- 따옴표 한 식이 오면, eval은 따옴표를 없앤 식을 돌려준다.
- 변수 값을 덮어쓰거나 정의하는 식이 오면, 새 변수 값을 계산하기 위하여 다시 eval을 부른다. 새로운 변수 정의를 보태거나 변수 값을 바꾸기 위해 환경을 고친다.
- if 식은 술어가 참이면 결과 식^{답 식, consequent expression}을 계산하고 그렇지 않으면 다른 식^{alternative expression}을 계산해야 하므로, 보통 식과 값을 구하는 방법이 다르다. 그러므로 if 식을 처리하는 과정이 따로 필요하다.
- lambda 식을 만나면, lambda 식 속의 인자, 몸, 또 그 몸을 정의할 때 참고한 환경을 한데 묶어서 프로시저로 바꾸어야 한다.
- begin 식을 만나면, begin 속에 있는 식을 적어놓은 차례대로 계산한다.
- 갈래 나눔(cond) 식이 오면 이것을 겹쳐 쓴 if 식으로 고쳐 쓰고서 계산한다.

엮은식^{combination}

- 프로시저 적용^{맞춤} 식을 계산하려면, eval을 여러 번 되돌리면서^{recursively} 그 (엮음)식의 연산자 부분과 피연산자 부분의 값을 모두 구해야 한다. 그렇게 얻어낸 프로시저(연산자 식의 값)와 인자(피연산자 식들) 값들은 apply의 인자로 넘어간다. 실제 프로시저에 인자를 주고 계산하는 일은 apply가 맡아서 한다.

eval의 정의는 아래와 같다.

```
(define (eval exp env)
  (cond ((self-evaluating? exp) exp)
        ((variable? exp) (lookup-variable-value exp env))
        ((quoted? exp) (text-of-quotation exp))
        ((assignment? exp) (eval-assignment exp env))
        ((definition? exp) (eval-definition exp env))
        ((if? exp) (eval-if exp env))
        ((lambda? exp)
         (make-procedure (lambda-parameters exp)
                         (lambda-body exp)
                         env))
        ((begin? exp)
         (eval-sequence (begin-actions exp) env))
        ((cond? exp) (eval (cond->if exp) env))
        ((application? exp)
         (apply (eval (operator exp) env)
                (list-of-values (operands exp) env)))
        (else
         (error "Unknown expression type -- EVAL" exp))))
```

cond를 써서 식을 갈래별로 따져보는 구조로 정의하였기에, eval이 무슨 일을 하는지 더 또렷이 드러난다. 한데, 프로시저를 이렇게 짜면 프로시저에서 다룰 수 있는 식의 갈래가 딱 정해지므로, 그 밖의 다른 식을 처리해야 할 적에는 어쩔 수 없이 eval을 뜯어 고쳐야 한다는 게 문제다. 이 때문에, Lisp 실행기는 식을 갈래별로 처리할 때 거의 데이터 중심 기법^{data-directed technique}을 쓴다. 그리 하면, eval의 정의는 손대지 않아도 eval에서 새로운 식을 처리하게 만들 수 있다(연습문제 4.3 참고).

apply

`apply`는 프로시저와 그 프로시저에 건네줄 인수 리스트를 인자로 받는다. 이때, 프로시저를 둘로 나누어 처리하는데, 기본 프로시저가 오면 `apply-primitive-procedure`로 처리하고, 합친 프로시저^{compound procedure}가 오면 그 몸이 되는 식을 차례대로 하나씩 처리한다. 합친 프로시저의 몸을 계산할 때 쓰는 환경은 그 프로시저가 들고 다니던 환경에다 프로시저의 인자를 정의하는 변수 일람표를 덧붙인 것이다. `apply`의 정의는 아래와 같다.

```
(define (apply procedure arguments)
  (cond ((primitive-procedure? procedure)
         (apply-primitive-procedure procedure arguments))
        ((compound-procedure? procedure)
         (eval-sequence
           (procedure-body procedure)
           (extend-environment
             (procedure-parameters procedure)
             arguments
             (procedure-environment procedure))))
        (else
         (error
          "Unknown procedure type -- APPLY" procedure))))
```

프로시저 인자^{procedure argument}

`eval`이 프로시저 적용을 처리할 때, 프로시저에 건네줄 인자 리스트를 만들기 위해서 `list-of-values`를 쓴다. `list-of-values`가 하는 일은 엮은 식의 피연산자를 인자로 받아 모든 피연산자의 값을 구한 다음에 그 값들을 리스트로 묶어서 내놓는 것이다.[5]

---

5) eval에서 list-of-values 프로시저를 따로 만들어 쓰는 대신에 map을 쓰면 (그리고 operands 프로시저가 리스트를 내놓게 만들면) application? 절을 간추릴 수 있다. 여기서 굳이 map을 쓰지 않는 까닭은, 차수 높은 프로시저(higher-order procedure) 없이도 언어 실행기를 만들어낼 수 있다는 사실, 곧 차수 높은 프로시저가 없는 언어를 쓰더라도 실행기를 만들 수 있다는 점을 강조하고 싶었기 때문이다. 그렇지만 그렇게 만든 언어에는 차수 높은 프로시저가 들어간다.

```
(define (list-of-values exps env)
  (if (no-operands? exps)
      '()
      (cons (eval (first-operand exps) env)
            (list-of-values (rest-operands exps) env)))))
```

조건 식^{conditional}

eval-if는 지정된 환경에서 if 식의 술어를 계산한다. 그 술어의 답이 참이면
eval-if는 결과 식을 처리하고, 거짓이면 다른 결과 식을 처리한다.

```
(define (eval-if exp env)
  (if (true? (eval (if-predicate exp) env))
      (eval (if-consequent exp) env)
      (eval (if-alternative exp) env)))
```

eval-if 프로시저에서 true?의 쓰임새를 살펴보면, '만들어야 할 언어'와 '만드
는 데 쓰는 언어' 사이에서 어떤 문제가 생길 수 있는지가 또렷이 드러난다.
if-predicate는 '만들어야 할 언어'에서 처리하는 식이므로, 마땅히 그 언어로
나타낸 값이 나온다. 그 다음, 실행기^{interpreter}의 술어 true?가 그 값을 다시 '만드
는 데 쓰는 언어'의 if가 받아들일 수 있는 값으로 바꾸어 준다. ('만들어야 할 언
어'에서) 참 값을 표현하는 방식이 그 밑에 깔린 Scheme 언어, 곧 만드는 데 쓰는
언어에서 쓰는 방식과 다를 수 있기 때문이다.[6]

잇단식

apply가 프로시저 몸에서 잇단식^{sequence of expressions}을 만나거나, eval이 begin
으로 묶은 잇단식을 처리해야 할 때 eval-sequence를 쓴다. 이 프로시저는 잇단
식과 환경을 인자로 받아, 이어진 차례대로 식을 하나씩 계산하다가, 마지막 식의
값을 되돌려 준다.

---

6) 사실 이 경우에는 만들어야 할 언어와 만드는 데 쓸 언어가 같다. 여기서 true?의 뜻이 무엇일까 곰곰이
  따져보면, 꼭 이상한 약을 들이키지 않더라도 생각(의식)의 폭을 크게 넓힐 수 있다.

```
(define (eval-sequence exps env)
  (cond ((last-exp? exps) (eval (first-exp exps) env))
        (else (eval (first-exp exps) env)
              (eval-sequence (rest-exps exps) env))))
```

덮어쓰기^{assignment}와 정의^{definition}

다음 프로시저는 덮어쓰기 명령을 처리한다. eval에서 덮어쓸 값을 얻어낸 다음,
그 값과 변수를 set-variable-value!로 넘겨서, 지정된 환경을 고쳐 쓴다.

```
(define (eval-assignment exp env)
  (set-variable-value! (assignment-variable exp)
                       (eval (assignment-value exp) env)
                       env)
  'ok)
```

변수의 정의를 처리하는 방법도 비슷하다.[7]

```
(define (eval-definition exp env)
  (define-variable! (definition-variable exp)
                    (eval (definition-value exp) env)
                    env)
  'ok)
```

덮어쓰기와 정의를 끝낸 다음에는 ok라는 글자를 값으로 내놓기로 한다.[8]

● 연습문제 4.1

메타써큘러 실행기가 피연산자의 값을 왼쪽부터 셈하는지 아니면 거꾸로 하는
지 앞에서는 밝히지 못했다. 사실 식의 값을 셈하는 차례는 바탕에 있는 Lisp에
서 물려받는다. 다시 말해, cons의 인자 값을 왼쪽부터 셈한다면 list-of-
values는 피연산자 값을 왼쪽부터 셈할 것이요, 오른쪽부터 셈한다면 list-

---

7) define을 이렇게 간단히 처리해도 잘 돌아가는 경우가 많다. 하지만, 여기서는 안쪽 정의(internal defini-
tion)를 다루면서 생겨나는 갖가지 껄끄러운 문젯거리를 일부러 무시해 버린 셈이다. 여기에 어떤 문젯거
리가 있고, 이를 어떻게 풀어야 할지는 4.1.6절에서 다룬다.

8) 처음 define과 set!을 선보일 때 말했듯이 이는 Scheme에서 어떻게 만들었느냐, 곧 만드는 이가 어떤 값
을 내놓기로 했느냐에 따라 다르다.

of-values도 피연산자 값을 오른쪽에서 왼쪽으로 셈한다.

Lisp에서 물려받은 차례를 따르지 않고, 언제나 왼쪽에서 오른쪽으로 피연산자 값을 셈하도록 list-of-values 프로시저를 고쳐 써라. 아울러, 오른쪽부터 셈하는 것도 짜보라.

4.1.2 식을 나타내는 방법

앞으로 만들어 볼 언어 실행기는 2.3.2절에서 공부한 글자 미분 프로그램과 거의 비슷하다. 둘 다 글자 식을 처리하는 프로그램이며, 합친 식을 처리할 때에도 식의 갈래에 따라 합친 식을 분해하면서 되도는 과정을 거쳐 그 부분 식의 값을 모두 얻어낸 다음 다시 그 값을 짜맞추는 방식을 따른다. 또한 데이터를 요약하여 식의 표현 방식과 그 처리 규칙을 분리하고 있다. 다시 말해, 이는 글자 미분 프로그램에서는 대수식의 문법이 앞가지쓰기^{prefix}, 속가지쓰기^{infix}, 그 밖에 어떤 꼴을 갖추게 되더라도 같은 미분 프로시저를 써서 처리할 수 있음을 뜻한다. 그와 마찬가지로 언어 실행기에서는, 한 언어의 문법이 오로지 그 문법을 처리하는 프로시저, 다시 말해서 식의 갈래를 따져보고 그에 따라 식을 분해하는 프로시저에 달려 있음을 뜻한다.

앞으로 만들고자 하는 언어의 문법은 아래와 같이 밝힐 수 있다.

• 곧바로 값을 구할 수 있는 것은 수와 글줄$^{문자열, string}$ 뿐이다.•

```
(define (self-evaluating? exp)
  (cond ((number? exp) true)
        ((string? exp) true)
        (else false)))
```

• 변수는 글자로 나타낸다.

```
(define (variable? exp) (symbol? exp))
```

• 역주 : 해석하는 과정을 거칠 필요 없이 곧바로 값을 얻는다는 뜻이다.

- 따온 식은 (quote ⟨*text-of-quotation*⟩) 꼴로 나타낸다.[9]

```
(define (quoted? exp)
  (tagged-list? exp 'quote))

(define (text-of-quotation exp) (cadr exp))
```

quoted?는 tagged-list? 프로시저로 정의한다. 이 프로시저는 리스트가 정해진 글자로 시작되는지 알아본다.

```
(define (tagged-list? exp tag)
  (if (pair? exp)
      (eq? (car exp) tag)
      false))
```

- 덮어쓰기는 (set! ⟨*var*⟩ ⟨*value*⟩) 꼴로 나타낸다.

```
(define (assignment? exp)
  (tagged-list? exp 'set!))

(define (assignment-variable exp) (cadr exp))

(define (assignment-value exp) (caddr exp))
```

- 정의는 다음 두 꼴 가운데 하나다.

```
(define ⟨var⟩ ⟨value⟩)

(define (⟨var⟩ ⟨parameter₁⟩ ... ⟨parameterₙ⟩)
  ⟨body⟩)
```

두 번째 (표준 프로시저 정의) 꼴은 아래 식의 달콤한 문법^syntactic sugar 이다.

```
(define ⟨var⟩
  (lambda (⟨parameter₁⟩ ... ⟨parameterₙ⟩)
    ⟨body⟩))
```

---

9) 2.3.1절에서 말한 바와 같이, 이 실행기에서는 quote로 시작하는 리스트를 따온 식(quoted expression)으로 본다. 그 식이 따옴표를 써도 마찬가지다. 보기를 들어, 'a식을 (quote a)라 본다. 연습문제 2.55를 보자.

이에 해당하는 문법 프로시저는 다음과 같다.

```
(define (definition? exp)
  (tagged-list? exp 'define))

(define (definition-variable exp)
  (if (symbol? (cadr exp))
      (cadr exp)
      (caadr exp)))

(define (definition-value exp)
  (if (symbol? (cadr exp))
      (caddr exp)
      (make-lambda (cdadr exp)     ; 매개변수 이름
                   (cddr exp))))   ; 프로시저 몸
```

- lambda 식은 lambda 글자로 시작하는 리스트다.

```
(define (lambda? exp) (tagged-list? exp 'lambda))

(define (lambda-parameters exp) (cadr exp))

(define (lambda-body exp) (cddr exp))
```

식을 만드는 프로시저도 있다. 위에서 definition-value가 이 프로시저를 쓴다.

```
(define (make-lambda parameters body)
  (cons 'lambda (cons parameters body)))
```

- 조건 식은 if로 시작하여 술어, 결과 식, 다른 결과 식으로 구성된다. 다른 결과 식이 없을 때에는 그 값을 언제나 false로 한다.[10]

```
(define (if? exp) (tagged-list? exp 'if))

(define (if-predicate exp) (cadr exp))
```

---

10) Scheme에서는, if의 술어가 거짓인데 다른 결과 식이 없을 경우, 그 if 식의 값이 무엇인지 정해 놓지 않았다. 여기서는 그 값을 거짓으로 둔다. 뒤에 가서, true와 false를 아무 식에서나 쓸 수 있도록 두 변수를 바탕 환경에서 정의한다. 4.1.4절을 보자.

```
(define (if-consequent exp) (caddr exp))

(define (if-alternative exp)
  (if (not (null? (cdddr exp)))
      (cadddr exp)
      'false))
```

if 식을 만드는 프로시저도 있다. 이 프로시저는 cond->if 에서 cond 식을
if 식으로 바꿀 때 쓴다.

```
(define (make-if predicate consequent alternative)
  (list 'if predicate consequent alternative))
```

* begin은 잇단식을 하나로 묶어낸다. 그에 따라, begin 식에서 (begin이라
  는 글자를 빼고) 차례대로 식을 뽑아내는 문법 연산과 그로부터 첫 식과 나
  머지 모든 식을 골라내는 고르개^{selector} 프로시저가 있다.[11]

```
(define (begin? exp) (tagged-list? exp 'begin))

(define (begin-actions exp) (cdr exp))

(define (last-exp? seq) (null? (cdr seq)))

(define (first-exp seq) (car seq))

(define (rest-exps seq) (cdr seq))
```

또한 (cond->if 에서 쓰는) sequence->exp 짜맞추개^{constructor}가 있다. 이
짜맞추개가 하는 일은 차례대로 쓴 식을 식 하나로 묶어내는 것인데, 필요에
따라 begin으로 식을 묶는다.

---

11) 이와 같이 식의 리스트를 처리하는 연산들, 또한 거기에서 피연산자 리스트를 골라내는 연산들은 데이터
요약하기(data abstraction)의 결과가 아니다. 이는 그저 5.4절에 나오는, 숨김없이 제어구조를 드러낸 실
행기(explicit-control evaluator)를 더 잘 이해할 수 있도록 보통 리스트 연산에다 알아보기 쉬운 이름을 붙
인 것일 뿐이다.

```
(define (sequence->exp seq)
  (cond ((null? seq) seq)
        ((last-exp? seq) (first-exp seq))
        (else (make-begin seq))))

(define (make-begin seq) (cons 'begin seq))
```

- 프로시저 적용은 또 다른 합친 식이다. 식의 car는 연산자고, cdr는 피연산자다.

```
(define (application? exp) (pair? exp))

(define (operator exp) (car exp))

(define (operands exp) (cdr exp))

(define (no-operands? ops) (null? ops))

(define (first-operand ops) (car ops))

(define (rest-operands ops) (cdr ops))
```

이끌어낸 식^{derived expression}

특별한 형태 가운데에는 따로 프로시저를 만들어 처리하지 않아도 다른 특별한 형태의 힘을 빌려 처리할 수 있는 게 있다. cond가 그 좋은 보기인데, if 식을 여러 번 겹쳐 쓴 것으로 처리할 수 있다. 다음과 같은 식이 있다고 하자.

```
(cond ((> x 0) x)
      ((= x 0) (display 'zero) 0)
      (else (- x)))
```

위 식의 값을 구하는 문제는 다음 식의 값을 구하는 문제와 같다. 곧 if 식과 begin 식으로 cond 식이 뜻하는 바를 옮겨 썼을 때, 그 식의 값을 구하는 문제가 된다.

```
(if (> x 0)
    x
    (if (= x 0)
        (begin (display 'zero)
               0)
        (- x)))
```

이런 식으로 cond 식의 값을 구하면 계산 방법을 따로 만들어 주어야 할 특별한
형태가 줄어들기 때문에, 실행기가 단순해진다는 좋은 점이 있다.

　이에 따라 cond 식에서 부분 식을 뽑아내는 문법 프로시저와 cond 식을 if 식
으로 바꾸어 주는 cond->if를 마련하였다. cond에서 갈래 나누기^{case analysis}하는
문법은 cond가 첫머리에 오고 술어-할일^{predicate-action} 리스트가 뒤따라온다. 이때,
술어 자리에 else 글자가 오면 else절이 따라온다.[12]

```
(define (cond? exp) (tagged-list? exp 'cond))

(define (cond-clauses exp) (cdr exp))

(define (cond-else-clause? clause)
  (eq? (cond-predicate clause) 'else))

(define (cond-predicate clause) (car clause))

(define (cond-actions clause) (cdr clause))

(define (cond->if exp)
  (expand-clauses (cond-clauses exp)))
```

---

12) Scheme에서는 cond 식에서 모든 술어의 답이 거짓인데, else 절이 없을 때 그 cond 식의 값이 무엇이어
　　야 하는지 정해 놓지 않았다. 여기서는 그 값을 거짓으로 두었다.

```
(define (expand-clauses clauses)
  (if (null? clauses)
      'false                          ; else 절이 없는 경우
      (let ((first (car clauses))
            (rest (cdr clauses)))
        (if (cond-else-clause? first)
            (if (null? rest)
                (sequence->exp (cond-actions first))
                (error "ELSE clause isn't last -- COND->IF"
                       clauses))
            (make-if (cond-predicate first)
                     (sequence->exp (cond-actions first))
                     (expand-clauses rest)))))))
```

(cond처럼) 새로운 식의 문법을 이미 정의된 식의 문법으로 바꾸어 처리할 때, 이런 식을 두고 '이끌어낸 식$^{derived\ expression}$'이라 한다. let 식 또한 그렇게 이끌어낸 식이다(연습문제 4.6을 보자).[13]

● 연습문제 4.2

Louis reasoner는 프로시저를 적용하는 절이 덮어쓰기 절 앞에 나올 수 있게끔 eval에서 cond 절의 차례를 바꾸려고 한다. 실행기의 효율이 좋아질 것이라고 생각해서다. 프로그램을 짜다 보면 덮어쓰기 연산이나 정의보다 프로시저를 적용하는 문법을 많이 쓰기 때문에, 그에 맞게 eval을 고치면 식의 종류를 결정짓기 위해 살펴보아야 할 절이 줄어들 것이라 보고 있다.

a. 이 계획에서 잘못된 점은 무엇인가? (귀띔 : 저 생각대로 (define x 3) 식을 처리하면 어떻게 될까?)

---

13) 실제 Lisp 시스템에는 언어 실행기를 고치지 않고도 프로그래머가 필요한 문법을 만들어 쓸 수 있도록, 이끌어낸 식을 문법 변환기로 처리하는 기능이 있다. 이런 문법 변환 기능을 매크로(macro)라 한다. 사실 언어 실행기에 매크로 정의에 필요한 기본 기능을 보태는 일은 그리 어렵지 않으나, 그 결과, 이름 겹치기(name-conflict)라는 까다로운 문제가 생긴다. 이 때문에 지금까지 그런 문제를 일으키지 않도록 매크로 정의 기능을 만드는 연구가 많이 있었다. 그 보기로 Kohlbecker 1986, Clinger and Rees 1991, Hanson 1991을 보라.

b. Louis는 일이 생각대로 되지 않아서 정신을 못 차리고 있다. 프로시저 적용 문법을 맨 먼저 따져볼 수만 있다면, 언어 실행기가 얼마든지 길어져도 괜찮다는 생각이다. Louis에게 도움이 되도록 언어 문법을 바꾸어서 프로시저 적용 식이 언제나 call로 시작되게 하자. 보기를 들어, (factorial 3)은 (call factorial 3)으로, (+ 1 2)는 (call + 1 2)로 된다.

● **연습문제** 4.3

식을 갈래별로 처리할 때 데이터 중심^{data-directed} 기법을 쓰도록 eval을 고쳐 보라. 그런 다음에 그 결과를 연습문제 2.73에서 데이터 중심 기법으로 짠 미분 프로시저와 견주어 보라. (이 절에서 밝힌 언어 문법에 따라 그 식의 갈래를 따져볼 때, 합친 식의 car를 써도 된다.)

● **연습문제** 4.4

1장에 나온 특별한 형태 and와 or를 돌이켜보자.

- and : 왼쪽에서 오른쪽으로 식의 값을 구한다. 그 가운데 어떤 식이든 그 값이 거짓이면, 거짓을 내놓고 나머지 식은 계산하지 않는다. 모든 식의 값이 참이면, 마지막 식의 값을 돌려준다. 식이 아예 없으면 참이라 답한다.
- or : 왼쪽에서 오른쪽으로 식의 값을 구한다. 그 가운데 어떤 식이든 참 값을 내놓으면, 그 값을 돌려주고 나머지 식은 계산하지 않는다. 모든 식이 거짓이거나 식이 아예 없으면 거짓이라 답한다.

특별한 형태 and와 or를 실행기에 보태기 위하여, 알맞은 문법 처리 프로시저와 eval-and, eval-or 프로시저를 정의하라. 이와 달리, 이끌어낸 식^{derived expression}으로 and와 or를 실현하는 방법도 설명해 보라.

● 연습문제 4.5

Scheme은 cond 절에서 (⟨*test*⟩=>⟨*recipient*⟩) 문법을 쓸 수 있다. 이 문법의 뜻은 이렇다. 먼저 ⟨*test*⟩ 값이 참일 때 ⟨*recipient*⟩의 값을 구한다. 그 결과 (반드시) 인자가 하나인 프로시저가 나오는데, ⟨*test*⟩의 값을 그 인자로 넘긴다. 그런 다음, 그 계산 결과를 cond 식의 값으로 내놓는다. 보기를 들어, 다음 식의 값은 2다.

```
(cond ((assoc 'b '((a 1) (b 2))) => cadr)
      (else false))
```

이 문법을 지원하도록 cond를 고쳐 보라.

● 연습문제 4.6

let 식은 이끌어낸 식이다.

```
(let (((⟨var₁⟩ ⟨exp₁⟩) ... (⟨varₙ⟩ ⟨expₙ⟩)))
   ⟨body⟩)
```

위 식이 아래 식과 같기 때문이다.

```
((lambda (⟨var₁⟩ ... ⟨varₙ⟩)
    ⟨body⟩)
 ⟨exp₁⟩
   ⋮
 ⟨expₙ⟩)
```

앞서 밝힌 대로 let 식을 엮은식으로 바꾸는 프로시저 let->combination을 짜보라. 그리고 eval에 let 식을 처리하도록 알맞은 절^{clause}을 보태라.

● 연습문제 4.7

let*은 let과 비슷하나, 변수를 정의하는 차례가 왼쪽에서 오른쪽으로 간다는 점, 변수를 정의하는 환경에서 앞서 정의한 변수-값 정의를 볼 수 있다는 게 다르다. 보기를 들어, 다음 식의 값은 39다.

```
(let* ((x 3)
       (y (+ x 2))
       (z (+ x y 5)))
  (* x z))
```

어떻게 하면 겹쳐쓴 let 식으로 let* 식을 나타낼 수 있는지 밝히고, 그에 따라 문법을 바꾸어 주는 let*->nested-lets 프로시저를 짜라. 그런데 let 식을 처리할 수 있다 치고(연습문제 4.6), eval에 다음과 같은 절을 보태기만 하면, let*도 처리할 수 있을까?

```
(eval (let*->nested-lets exp) env)
```

그게 아니라면, let*를 let에서 이끌어낸 식으로 처리하지 않고 별도로 처리하는 게 맞는가?

● 연습문제 4.8

'이름 붙은 let'이란 let의 또 다른 꼴로, 그 문법이 아래와 같다.

```
(let ⟨var⟩ ⟨bindings⟩ ⟨body⟩)
```

⟨bindings⟩와 ⟨body⟩는 그냥 let과 같다. 하지만, ⟨var⟩는 ⟨body⟩ 안에서 ⟨body⟩가 몸이고 ⟨bindings⟩를 인자로 하는 프로시저로 정의된다. 그리하여 ⟨body⟩를 여러 번 돌리고 싶을 때 ⟨var⟩라는 프로시저를 불러서 쓸 수 있다. 보기를 들어, 이름 붙은 let으로 선형 반복 피보나치 프로시저(1.2.2절)를 다시 써보면 다음과 같다.

```
(define (fib n)
  (let fib-iter ((a 1)
                 (b 0)
                 (count n))
    (if (= count 0)
        b
        (fib-iter (+ a b) a (- count 1)))))
```

이런 문법을 지원할 수 있도록 연습문제 4.6의 `let->combination`을 고쳐 보라.

● **연습문제** 4.9

많은 언어가 여러 가지 반복 표현 수단을 갖추고 있다. 보기를 들어, `do`나 `for`, `while` 아니면 `until` 따위가 그렇다. Scheme 언어에서는 반복 프로세스를 그냥 프로시저 불러쓰기로 얼마든지 나타낼 수 있기 때문에, 그런 반복 수단을 따로 만들어 보아야 본질적으로 표현력에 큰 보탬이 되지 않는다. 하지만, 이런 수단이 있으면 편리할 때가 있다. 반복 문법을 몇 개 설계해 보고, 어떻게 쓰는지 보기를 든 다음에, 그런 문법을 이끌어낸 식으로 처리하는 방법을 보여라.

● **연습문제** 4.10

데이터를 요약하여^{간추려} 씀으로써, `eval` 프로시저를 한 가지 언어 문법에 기대지 않도록 설계할 수 있었다. 이런 장점을 설명할 수 있도록, `eval`이나 `apply`에는 손대지 말고 이 절에 나온 여러 프로시저를 고쳐서 Scheme의 새로운 문법을 설계하고 실현하라.

4.1.3 언어 실행기에서 쓰는 데이터 구조

언어 실행기를 만들 때에는, 겉으로 드러나는 식의 문법 말고도 그 실행기 프로그램이 돌아가는 데 꼭 필요한 데이터 구조를 정의해야 한다. 이를테면, 프로시저나 환경의 표현 방법^{representation}, 참이나 거짓 값의 표현 방법 따위가 그것이다.

술어 검사하기

조건식에서는 `false` 아닌 값이 오면 모두 참이라고 본다.

```
(define (true? x)
  (not (eq? x false)))

(define (false? x)
  (eq? x false))
```

프로시저 표현

언어의 기본 원소를 처리할 때, 다음과 같은 프로시저를 쓸 수 있다고 가정한다.

- (apply-primitive-procedure ⟨*proc*⟩ ⟨*args*⟩)
  기본 프로시저 ⟨*proc*⟩에 ⟨*args*⟩ 리스트에 들어 있는 인자 값을 건네주고 그 값을 구할 때 쓴다.

- (primitive-procedure? ⟨*proc*⟩)
  ⟨*proc*⟩이 기본 프로시저인지 아닌지 물어보는 데 쓴다.

4.1.4절에서 기본 원소 처리 방식을 더 자세히 설명하기로 한다.

인자, 프로시저 몸, 환경을 받아 새로 합친 프로시저를 만들 적에는 아래에 있는 짜맞추개^{constructor} make-procedure 를 쓴다.

```
(define (make-procedure parameters body env)
  (list 'procedure parameters body env))

(define (compound-procedure? p)
  (tagged-list? p 'procedure))

(define (procedure-parameters p) (cadr p))

(define (procedure-body p) (caddr p))

(define (procedure-environment p) (cadddr p))
```

환경 연산

언어 실행기에는 환경을 다스리는 데 쓸 연산이 필요하다. 3.2절에서 설명한 대로 환경이란 여러 변수 일람표를 한 줄로 이어놓은 것이고, 변수 일람표란 변수와 값을 한 쌍으로 묶어둔 (또는 변수를 정의한) 표다. 다음은 환경을 다스리는 연산이다.

- (lookup-variable-value ⟨*var*⟩ ⟨*env*⟩)

  이 연산은 환경 ⟨*env*⟩를 뒤져서 ⟨*var*⟩와 짝을 이루는 값을 찾아서 내놓는다. 환경 속에 그런 변수가 정의되지 않았다면 잘못되었다고 알린다.

- (extend-environment ⟨*variables*⟩ ⟨*values*⟩ ⟨*base-env*⟩)

  이 연산은 새 환경을 내놓는다. 새 환경에는 ⟨*variables*⟩ 리스트에 있는 글자와 ⟨*values*⟩ 리스트에 있는 원소(값)를 하나씩 차례대로 짝지어 놓은 변수 일람표가 들어 있다. 이때, 새 환경을 둘러싸는 (또는 바깥에 있는) 환경은 ⟨*base-env*⟩다.

- (define-variable! ⟨*var*⟩ ⟨*value*⟩ ⟨*env*⟩)

  이 연산은 ⟨*env*⟩ 환경의 첫 번째 일람표에다 ⟨*var*⟩ 변수와 ⟨*value*⟩ 값의 새 정의^{묶음, binding}를 집어넣는다.

- (set-variable-value! ⟨*var*⟩ ⟨*value*⟩ ⟨*env*⟩)

  이 연산은 ⟨*env*⟩ 환경을 뒤져서 ⟨*var*⟩ 변수의 정의를 찾아내어 ⟨var⟩ 변수가 새로운 ⟨*value*⟩ 값과 짝을 이루도록 그 정의를 고쳐 쓴다. 변수의 정의를 찾지 못할 때에는 잘못되었다고 알린다.

이런 환경 연산을 실제로 돌아가게 만들기 위해서 환경을 변수 일람표들의 리스트로 표현한다. 그리하면 한 환경을 둘러싸는 환경은 그 리스트의 cdr가 되고, 텅 빈 환경은 그냥 빈 리스트로 나타낼 수 있다.

```
(define (enclosing-environment env) (cdr env))

(define (first-frame env) (car env))

(define the-empty-environment '())
```

환경을 이루는 변수 일람표는 두 리스트의 쌍으로 나타낸다. 그 하나는 그 일람표에 들어 있는 변수들의 리스트이고, 다른 하나는 그 변수와 하나씩 짝을 이루는 값들의 리스트다.[14]

```
(define (make-frame variables values)
  (cons variables values))

(define (frame-variables frame) (car frame))

(define (frame-values frame) (cdr frame))

(define (add-binding-to-frame! var val frame)
  (set-car! frame (cons var (car frame)))
  (set-cdr! frame (cons val (cdr frame))))
```

새 변수 일람표를 가지고 어떤 환경을 넓히기 위해서는 먼저 변수 리스트와 값 리스트로 새 변수 일람표를 만든 다음에 이를 환경에 이어 붙이면 된다. 변수 개수와 값 개수가 서로 맞지 않으면 잘못되었다고 알린다.

```
(define (extend-environment vars vals base-env)
  (if (= (length vars) (length vals))
      (cons (make-frame vars vals) base-env)
      (if (< (length vars) (length vals))
          (error "Too many arguments supplied" vars vals)
          (error "Too few arguments supplied" vars vals))))
```

지정된 환경에서 변수를 찾을 때에는 첫 번째 일람표에 있는 변수 리스트부터 훑어본다. 찾던 변수가 거기 있으면 그 일람표의 값 리스트에서 그 변수와 짝이 되는 값을 찾아서 내놓는다. 그 일람표에 그런 변수가 없으면, 그 일람표를 둘러싸

---

14) set-variable-value!와 define-variable!을 살펴보면 이 프로시저에서는 set-car!를 써서 일람표에 있는 값을 곧바로 손보고 있다. 그러므로 이런 코드에서 변수 일람표는 요약된 데이터라 할 수 없다. 그런데도 일람표 프로시저를 따로 만들어 쓰는 까닭은, 환경-조작 프로시저 코드를 더 읽기 쉽게 하기 위해서다.

는 환경을 뒤진다. 끝끝내 변수를 찾지 못하여 텅 빈 환경에 다다르면, '정의하지 않은 변수^{묶이지 않은 변수, unbound variable}' 문제가 생겼음을 알린다.

```
(define (lookup-variable-value var env)
  (define (env-loop env)
    (define (scan vars vals)
      (cond ((null? vars)
             (env-loop (enclosing-environment env)))
            ((eq? var (car vars))
             (car vals))
            (else (scan (cdr vars) (cdr vals)))))
    (if (eq? env the-empty-environment)
        (error "Unbound variable" var)
        (let ((frame (first-frame env)))
          (scan (frame-variables frame)
                (frame-values frame)))))
  (env-loop env))
```

정해진 환경에서 어떤 변수 값을 고쳐 쓸 때에는 lookup-variable-value처럼 먼저 그 변수가 환경에 있는지부터 알아본다. 찾으면, 그 변수 값을 바꾼다.

```
(define (set-variable-value! var val env)
  (define (env-loop env)
    (define (scan vars vals)
      (cond ((null? vars)
             (env-loop (enclosing-environment env)))
            ((eq? var (car vars))
             (set-car! vals val))
            (else (scan (cdr vars) (cdr vals)))))
    (if (eq? env the-empty-environment)
        (error "Unbound variable -- SET!" var)
        (let ((frame (first-frame env)))
          (scan (frame-variables frame)
                (frame-values frame)))))
  (env-loop env))
```

변수를 정의할 때에는 첫 번째 일람표에서 변수 정의를 찾는다. 그런 변수가 있다면 (set-variable-value! 에서처럼) 그 정의를 고쳐 쓴다. 그런 변수가 정의되지 않았으면, 첫 번째 일람표에 변수와 값의 쌍, 곧 변수 정의를 만들어 집어넣는다.

```
(define (define-variable! var val env)
  (let ((frame (first-frame env)))
    (define (scan vars vals)
      (cond ((null? vars)
             (add-binding-to-frame! var val frame))
            ((eq? var (car vars))
             (set-car! vals val))
            (else (scan (cdr vars) (cdr vals)))))
    (scan (frame-variables frame)
          (frame-values frame))))
```

여기서 설명한 방법은 환경을 나타내는 여러 방법 가운데 하나일 뿐이다. 하지만, 충분히 데이터를 요약하여 설계하였기 때문에, 언어 실행기의 나머지 부분에는 영향을 주지 않고 환경의 표현 방법을 마음대로 바꿀 수 있다(연습문제 4.11). 상품 수준의 Lisp 시스템에서는 언어 실행기의 환경 연산 속도, 무엇보다 변수를 찾아내는 속도가 시스템 성능에 큰 힘을 미친다. 여기에서 설명한 표현 방식은 단순한 개념일 뿐 효율이 뛰어나지는 않기 때문에 상품 수준의 시스템에서는 보통 쓰지 않는다.[15]

● **연습문제** 4.11
변수 일람표를 두 리스트의 쌍으로 나타내지 않고 정의[binding]들의 리스트, 즉 이름-값들의 쌍으로 나타낼 수 있다. 이 방법을 쓰도록 환경 연산을 다시 짜보라.

---

15) 이런 표현 방식은 (연습문제 4.11에서 나온 표현 방식도 마찬가지로) 언어 실행기에서 변수 정의를 하나 찾을 때마다 많은 변수 일람표를 뒤져야 한다는 게 흠이다. (보통 이런 방식을 깊게 묻힌 정의(deep binding)라 한다.) 효율을 떨어뜨리지 않는 방법 가운데 문법에 따라 주소 정하기(lexical addressing)라는 기법이 있다. 이 기법은 5.5.6절에서 다룬다.

● **연습문제** 4.12

`set-variable-value!`, `define-variable!`, `lookup-variable-value`에서 환경 구조를 뒤적거릴 때, 더 잘 요약한 프로시저를 쓸 수 있다. 세 프로시저에서 되풀이되는 프로시저 패턴을 추려내어 잘 간추린 다음에, 그렇게 만든 프로시저를 쓰도록 세 프로시저를 다시 정의하라.

● **연습문제** 4.13

Scheme에서는 `define`으로 새 변수를 정의할 수는 있지만, 정의한 변수를 없앨 길은 없다. 환경에서 지정된 글자를 찾아 그 정의를 없애는 새로운 특별한 형태 `make-unbound!`를 만들어서 언어 실행기에 보태기로 하자. 그런데 이 문제는 이로써 완전히 마무리되는 게 아니다. 보기를 들어, 변수 정의를 지운다고 할 때 환경의 첫 번째 일람표에서만 없애면 될까? 어떻게 하는 게 옳은지 스스로 판단하여 모든 것을 낱낱이 밝힌 다음에 왜 그리해야 하는지 말해 보라.

4.1.4 언어 실행기를 보통 프로그램처럼 돌려보기

언어 실행기가 있음으로 하여, Lisp 식의 계산 프로세스^{과정}를 설명하는 (Lisp로 짠) 프로그램 하나를 손에 쥐게 되었다. 이와 같이 언어 실행기를 프로그램으로 짜 놓으면, 바로 그 언어 실행기를 보통 프로그램처럼 돌려볼 수 있어서 좋다. 다시 말해서, Lisp 자체에서 식을 어떻게 계산하는지 그려낸 모형, 그것도 Lisp로 실제 돌려볼 수 있는 모형이 생긴 셈이다. 이게 뒤에 가서 여러 계산 규칙을 실험해 보는 바탕이 된다.

앞서 만든 언어 실행기 프로그램은 받은 식을 줄이고 줄여서 끝내 기본 프로시저로 구성된 식을 내놓는다. 그러므로 이제 언어 실행기를 실행하기 위해 남겨진 일은, 기본 프로시저가 돌아가도록 밑바탕에 있는 Lisp 시스템에서 힘을 빌려 쓰는 (메커니즘을 만드는) 것뿐이다.

프로시저 `eval`이 기본 원소로 구성된 엮은식에서 연산자 식의 값을 구할 때, 그 값에 해당하는 프로시저(물체)를 환경에서 찾아낼 수 있도록 하려면, 각 기본 프로시저를 미리 환경에 정의해 두어야 한다. 그런 까닭에, 바탕 환경 속에 기본 프로시저의 이름과 짝을 이루는 프로시저(물체)를 집어넣는다. 또한 계산 식에서 true나 false 같은 변수를 쓰려면, 마땅히 바탕 환경에 true, false 같은 기본 글자도 정의되어야 한다.

```
(define (setup-environment)
  (let ((initial-env
         (extend-environment (primitive-procedure-names)
                             (primitive-procedure-objects)
                             the-empty-environment)))
    (define-variable! 'true true initial-env)
    (define-variable! 'false false initial-env)
    initial-env))

(define the-global-environment (setup-environment))
```

기본 프로시저(물체)를 어떻게 나타내는지는 그다지 중요하지 않다. apply가 primitive-procedure?와 apply-primitive-procedure 프로시저를 써서 알맞은 값[물체]인지 알아보고 인자를 넘겨줄 수만 있으면 된다. 여기서는 기본 프로시저를 리스트로 나타내기로 한다. 이 리스트에는 primitive라는 글자*와 기본 원소를 Lisp로 구현해 놓은 프로시저가 들어 있다.

```
(define (primitive-procedure? proc)
  (tagged-list? proc 'primitive))

(define (primitive-implementation proc) (cadr proc))
```

setup-environment는 아래 리스트에서 기본 원소의 이름과 구현 프로시저를 얻는다.[16]

---

* 역주 : 이 프로시저 물체가 기본(primitive) 프로시저 물체임을 나타내는 기호다.

```
(define primitive-procedures
  (list (list 'car car)
        (list 'cdr cdr)
        (list 'cons cons)
        (list 'null? null?)
        〈추가되는 기본 원소들〉
        ))

(define (primitive-procedure-names)
  (map car
       primitive-procedures))

(define (primitive-procedure-objects)
  (map (lambda (proc) (list 'primitive (cadr proc)))
       primitive-procedures))
```

기본 프로시저를 인자에 맞추는 일은, Lisp 시스템을 바탕으로 그 구현 프로시저를 인자에 맞추는 것이나 같다.[17]

```
(define (apply-primitive-procedure proc args)
  (apply-in-underlying-scheme
   (primitive-implementation proc) args))
```

이렇게 만든 메타써큘러 실행기를 돌려보기 편하도록 Lisp 시스템의 read-eval-print 루프를 본떠서 드라이버 루프 $^{driver\ loop}$를 만든다. 이 루프는 '프롬프트

---

16) Lisp 시스템 속에 정의된 프로시저는 그 위에 있는 메타써큘러 실행기에서 모두 기본 프로시저로 쓸 수 있다. 또한 실행기의 기본 원소 이름이 굳이 Lisp 시스템에 있는 것과 똑같을 필요도 없다. 그럼에도 여기서 둘 다 같은 이름을 쓰는 까닭은, 메타써큘러 실행기가 Scheme 자체를 구현하기 때문이다. 따라서 (list 'first car)나 (list 'square (lambda (x) (* x x))) 같은 것을 primitive-procedures 리스트에 집어넣어도 된다.

17) apply-in-underlying-scheme은 앞 장부터 써오던 apply 프로시저다. 메타써큘러 실행기의 apply 프로시저(4.1.1절)는 이 기본 프로시저가 돌아가는 모습을 흉내낸 것이다. 서로 다른 두 프로시저를 모두 apply라는 이름으로 불러 쓰는 까닭에, 메타써큘러 실행기를 돌리는 과정에서 메타써큘러 실행기의 apply가 Lisp의 기본 프로시저 apply를 가려 버리는 문제가 생긴다. 이런 문제를 피하는 (뻔한) 방법은, 메타써큘러 apply의 이름을 기본 프로시저 이름과 겹치지 않도록 고치는 것이다. 여기서는 그런 방법을 쓰지 않고, 메타써큘러 apply를 정의하기에 앞서 기본 apply에 다음처럼 별명을 붙였다고 가정하였다.
   (define apply-in-underlying-scheme apply)

prompt'를 찍은 다음에 식을 읽어 들이고, 바탕 환경에서 그 식의 값을 구하여 출력한다. 계산 결과로 찍혀 나온 것을 다른 출력 결과와 구분할 수 있도록 '출력 프롬프트output prompt'를 달아 준다.[18]

```
(define input-prompt ";;; M-Eval input:")
(define output-prompt ";;; M-Eval value:")

(define (driver-loop)
  (prompt-for-input input-prompt)
  (let ((input (read)))
    (let ((output (eval input the-global-environment)))
      (announce-output output-prompt)
      (user-print output)))
  (driver-loop))

(define (prompt-for-input string)
  (newline) (newline) (display string) (newline))

(define (announce-output string)
  (newline) (display string) (newline))
```

합친 프로시저에서 환경 부분이 찍혀 나오지 않게 하기 위해 user-print라는 출력 프로시저를 따로 만들어 쓴다. 보통 환경 부분에는 아주 긴 리스트나 심지어는 빙빙 도는 고리cycle가 들어 있을 수도 있다.

```
(define (user-print object)
  (if (compound-procedure? object)
      (display (list 'compound-procedure
                     (procedure-parameters object)
                     (procedure-body object)
                     '<procedure-env>))
      (display object)))
```

---

18) 기본 프로시저 read는 입력을 기다리면서 완전한 식을 받아서 내놓는다. 보기를 들어, (+ 23 x) 식이 들어오면 글자 +, 수 23, 글자 x로 구성된 리스트를 내놓는다. 또 'x 식을 쳐 넣으면, 글자 quote와 글자 x가 들어 있는 리스트를 내놓는다.

이제 남은 일은 바탕 환경을 마련한 다음에 드라이버 루프를 시작하는 것뿐이다. 다음은 그런 보기다.

```
(define the-global-environment (setup-environment))

(driver-loop)

;;; M-Eval input:
(define (append x y)
  (if (null? x)
      y
      (cons (car x)
            (append (cdr x) y))))
;;; M-Eval value:
ok

;;; M-Eval input:
(append '(a b c) '(d e f))
;;; M-Eval value:
(a b c d e f)
```

● **연습문제** 4.14

Eva Lu Ator와 Louis Reasoner는 저마다 메타써큘러 실행기로 여러 가지 실험을 하고 있다. Eva는 map의 정의를 집어넣은 다음에 map을 쓰는 프로그램 몇 개를 실험 삼아 돌려 보았는데, 문제없이 잘 돌아갔다. 이와 달리, Louis는 map 시스템을 메타써큘러 실행기에 기본 원소로 집어넣었다. 한데 실험을 해보니, 모든 게 엉망진창으로 돌아갔다. Eva의 실험은 괜찮았는데, Louis의 실험은 왜 잘못되었는지 설명해 보라.

4.1.5 프로그램도 데이터처럼

Lisp 식의 값을 구하는 Lisp 프로그램을 생각할 때, 이를 무언가에 빗대어 생각해 보면 이해하는 데 도움이 된다. (잘 정의된 다른 무언가의) 움직임을 빌어 프로그램이 뜻하는 바를 설명하는 방식^{operational view} 가운데, 한 프로그램을 어떤 (끝없

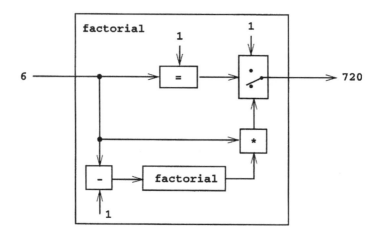

그림 4.2 사다리곱 프로그램을 요약된 기계로 볼 때

이 큰) 요약된 기계^{간추린 기계, abstract machine}의 설명으로 해석하는 방법이 있다. 보기를 들어, 아래와 같이 사다리곱^{팩토리얼, factorial} 계산 프로그램이 있다고 하자.

```
(define (factorial n)
  (if (= n 1)
      1
      (* (factorial (- n 1)) n)))
```

이 프로그램을 어떤 기계의 설명이라 보면 그 기계에는 값을 빼는 부품, 곱하는 부품, 두 값이 같은지 따져보는 부품과 함께 두 자리 스위치^{2위 스위치, two-position switch}와 다른 사다리곱 기계가 들어 있을 것이다.(사다리곱 기계 속에 다시 사다리곱 기계가 들어 있으므로, 끝없이 큰 기계가 된다.) 그림 4.2는 이 사다리곱 기계의 흐름도인데, 여러 부품이 어떻게 맞물려 돌아가는지 나타낸다.

　이와 비슷하게, 언어 실행기도 어떤 기계의 설명을 입력으로 받는 특수한 기계로 볼 수 있다. 이 기계, 곧 언어 실행기는 입력된 기계의 설명에 따라 스스로 틀을 잡아서 그 기계의 움직임을 흉내낸다. 보기를 들어, 그림 4.3의 factorial 정의를 언어 실행기에 던져주면 언어 실행기는 그에 따라 사다리곱 계산을 할 수 있게 된다.

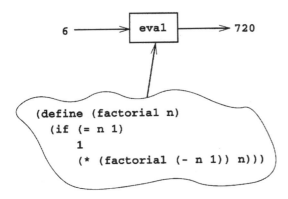

그림 4.3 사다리꼽 기계를 흉내내는 언어 실행기

　이리 보면, 언어 실행기는 만능 기계$^{universal\ machine}$와도 같아서, Lisp 프로그램으로 설명해 놓은 다른 기계의 움직임을 그대로 따라할 수 있다는 말이 된다.[19] 가만히 따지고 보면, 이는 참말 놀라운 얘기다. 이를테면, 전기 회로를 꾸밀 때 이와 비슷한 실행기가 있다고 해보자. 그렇다면 그 실행기는 다른 회로, 예컨대 거르개^{filter}의 설계를 신호^{signal}로 입력받는 회로가 된다. 따라서 그런 회로의 설명을 입

---

19) Lisp로 기계의 설명을 적는다는 사실은 그리 중요하지 않다. 다른 언어, 이를테면 C 언어 실행기처럼 돌아가는 Lisp 프로그램을 언어 실행기에 건네주었다 치면, 그때부터 Lisp 언어 실행기는 C 언어 실행기처럼 돌아갈 것이고, 그렇다면 C 프로그램으로 설명한 기계를 흉내낼 수도 있다. 이와 마찬가지로 Lisp 실행기를 C로 짰다고 하면, Lisp 프로그램을 돌릴 수 있는 C 프로그램을 만들어 낼 수 있다. 이는 언어 실행기가 다른 언어 실행기를 흉내낼 수 있다는 생각에 바탕을 둔다. 따라서 '컴퓨터로 계산할 수 있는 게 무엇인가' 하는 문제는 (계산 시간과 기억 공간의 특성을 무시한다면) 특정 언어나 컴퓨터에 얽매이는 게 아니라 '계산 가능성(computability)'이라는 개념에 바탕을 둔다.

　이런 개념을 처음으로 깨끗하게 밝혀내어 컴퓨터 과학 이론의 토대를 마련한 이가 앨런 M. 튜링(Alan M. Turing, 1912-1954)이다. 그는 1936년 논문에서 (튜링 기계(turing machine)라는 이름으로 널리 알려진) 간단한 컴퓨터 계산 방법을 보이고, 모든 '효율 있는 프로세스(effective process)'를 그 기계에서 돌아가는 프로그램으로 나타낼 수 있다고 주장하였다. (이를 처치-튜링 이론(church-turing thesis)이라고 한다.) 그 다음, 튜링은 만능 기계, 즉 튜링-기계 프로그램 실행기(evaluator)처럼 움직이는 튜링 기계를 구현하였다. 그는 이 연구 결과를 바탕으로 잘 꾸민 문제(well-posed problem) 가운데에도 튜링 기계로 계산하지 못하는 문제, 곧 '효율 있는 프로세스'로 틀을 잡지 못하는 문제가 있음을 밝혔다(연습문제 4.15를 보자). 그는 이에 그치지 않고 실용 컴퓨터 과학의 바탕을 마련하는 데도 여러 가지 기여를 하였다. 예를 들어, 서브루틴으로 프로그램의 얼개를 잡는다는 아이디어도 그가 창안한 것이다. 튜링의 일대기는 Hodges 1983에 나와 있다.

력으로 던져주고 나면, 회로 실행기$^{\text{circuit evaluator}}$가 진짜 거르개 회로처럼 움직일 것이다. 허나, 이와 같은 만능 전기 회로는 상상하기 힘들 만치 복잡하다. 그에 비하면 프로그램 실행기$^{\text{program evaluator}}$는 제법 단순한 프로그램일 뿐인데, 이는 참말 대단한 것이다.[20]

그 밖에도 언어 실행기에는 놀라운 점이 하나 더 있는데, 프로그래밍 언어로 처리하는 데이터 물체와 그 프로그래밍 언어 자체를 이어주는 다리 구실을 한다는 사실이다. (Lisp로 짠) 언어 실행 프로그램이 돌아가고 있고, 그 프로그램에 식을 던져준 다음에 그 결과를 살펴보고 있다고 해보자. (* x x) 같은 식을 처리한다고 할 때, 언어 실행기를 쓰는 사람의 눈으로 보면 식이란 그 언어 실행기가 처리할 수 있는 프로그래밍 언어로 적어 놓은 것이다. 하지만, 언어 실행기에서 보면 그 식이 그저 잘 정의된 규칙에 따라 처리해야 할 (세 기호 * x x로 구성된) 리스트일 뿐이다.

그렇다고 하여, 프로그램을 언어 실행기에서 데이터로 본다는 사실 때문에 헛갈릴 필요는 없다. 사실 그런 차이점을 아예 무시해 버리고, 프로그램을 짤 때 eval을 쓸 수 있도록 만들어서 데이터를 Lisp 식처럼 처리하도록 하는 편이 더 나을 수 있다. 수많은 Lisp 사투리가 이런 방식에 따라 식과 환경을 인자로 받아 식의 값을 셈할 수 있도록 eval을 기본 프로시저로 내놓는다.[21] 다음 두 식을 보자.

---

20) (비교적) 간단한 프로시저로 구현한 언어 실행기에서 그보다 훨씬 복잡한 프로그램을 돌릴 수 있다는 사실이 선뜻 가슴에 와 닿지 않을지 모른다. 어쨌거나, 만능 언어 실행기 기계(universal evaluator machine)가 있다는 점은 (컴퓨터) 계산의 깊고도 멋들어진 성질 가운데 하나다. 컴퓨터 계산의 논리적 한계는 수학 논리의 한 갈래인 되돌기 이론(재귀 이론, recursion theory)과 관련이 있다. 더글라스 호프스태터 (Douglas Hofstadter)의 아름다운 책 『괴델, 에서, 바흐(Gödel, Escher, Bach)』(1979)에서 이와 관련된 몇 가지 아이디어를 살펴보고 있다.

21) 여기서 말하는 기본 프로시저 eval이 4.1.1절에서 짠 eval 프로시저와 다르다는 것을 반드시 알아두자. 이 프로시저에서는 4.1.3절에서 보기 삼아 만든 환경 구조를 쓰는 게 아니라 진짜 Scheme 환경을 쓴다. 진짜 환경은 보통 리스트를 쓰듯이 다루지 못하고, 반드시 eval이나 다른 특별 연산을 거쳐서 건드려야 한다. 이와 마찬가지로, 앞서 본 apply 기본 프로시저도 메타써큘러 apply 프로시저와 다르다. 그 프로시저에서 쓰는 프로시저도 4.1.3절이나 4.1.4절에서 만든 프로시저가 아니라, 진짜 Scheme 프로시저다.

```
(eval '(* 5 5) user-initial-environment)
(eval (cons '* (list 5 5)) user-initial-environment)
```

두 식의 값은 모두 25다.[22]

● 연습문제 4.15

인자를 하나 받는 프로시저 p와 물체 a가 있을 때, (p a) 식을 처리하여 어떤 값
이 나온다면 (즉, 잘못되었다는 메시지를 내놓거나 끝없이 돌아가는 게 아니라
면), 이를 두고 p가 a를 보고 '멈춘다[halt]'고 한다. 어떤 프로시저 p와 물체 a가 있
을 때, p가 a를 보고 멈춘다는 사실을 틀림없이 알아낼 수 있는 프로시저 halts?
를 짜는 게 불가능함을 밝혀라. 이를 증명할 때 다음과 같은 이치를 따르기로 하
자. halts? 프로시저를 짤 수 있다면 아래 같은 프로그램을 짤 수도 있다.

```
(define (run-forever) (run-forever))

(define (try p)
  (if (halts? p p)
      (run-forever)
      'halted))
```

이제 (try try)라는 식을 처리한다고 하고, 그 결과가 어떤 것이든 (멈추든지 아
니면 끝없이 돌든지) halts?의 정의에 어긋남을 밝히면 된다.[23]

---

22) MIT판 Scheme에는 eval이 들어 있다. 아울러 user-initial-environment 기호도 있는데, 그 값은
eval에서 인자로 받은 식의 값을 구할 때 써야 할 첫 환경을 가리킨다.

23) halts?가 프로시저 물체(procedure object)를 받는다고 밝혀놓기는 하였으나, halts?에서 프로시저를
나타내는 글과 그 환경을 건드릴 수 있다고 해도 같은 결론이 따라온다. 이게 바로 그 이름난 튜링의 멈춤
정리(turing's halting theorem)로, 컴퓨터로 계산하지 못하는(non-computable) 문제, 다시 말해 잘
꾸민 문제(well-posed problem) 가운데 컴퓨터 프로시저로 처리 되지 못하는 게 있음을 깨끗하게 밝힌,
맨 첫째 예시다.

4.1.6 안쪽 정의^{internal definition}

앞서 만든 환경 계산법과 메타써큘러 실행기에서는 여러 변수가 차례대로 정의될 때, 그 환경의 변수 일람표 속에 한 번에 하나씩 새 변수 정의를 집어넣는 방식을 따른다. 그 덕분에, 변수 정의와 프로시저 맞춤^{적용}을 따로 나누어 쓰지 않고 한 자리에 마음대로 섞어 쓸 수 있어서, 무엇보다 대화형^{interactive}으로 프로그램을 짜기에 좋다. 하지만 조금 더 깊이 생각해서 (1.1.8절에서 보았듯이) 프로시저를 블록 구조로 꾸미기 위해 프로시저 안쪽에서 변수를 정의하는 것까지 고려한다면, 지금처럼 환경 속에 하나씩 이름을 차례대로 집어넣어 처리하는 방식이 갇힌 변수^{local variable} 정의를 처리하기에 가장 좋다고 하기 어려움을 깨닫게 된다.

다음처럼 프로시저 안쪽에 여러 정의가 들어 있는 경우를 살펴보자.

```
(define (f x)
  (define (even? n)
    (if (= n 0)
        true
        (odd? (- n 1)))))
  (define (odd? n)
    (if (= n 0)
        false
        (even? (- n 1)))))
  〈f의 나머지 부분〉)
```

위 코드를 눈여겨보면 odd?라는 프로시저가 even? 다음에 정의되어 있는데도 even? 프로시저에서 odd?라는 이름을 쓰려고 한다. 다시 말해, odd?라는 이름이 보이는 넓이를, odd?를 define한 곳부터 f의 나머지 몸까지로 보는 게 아니라, f의 몸 전체로 본다는 말이다. 거기다가 odd?를 정의할 때 even?을 불러 쓰는 것까지 고려하면, 끝내 even?과 odd?는 서로 맞물려 되도는^{mutually recursive} 프로시저가 되는 셈인데, even?과 odd?라는 이름이 한꺼번에 환경에 들어간다고 보지 않으면 이와 같은 변수 정의를 해석할 도리가 없다. 더 넓게 말하면, 블록 구조에서는 프로시저에 갇힌 이름을 볼 수 있는 넓이가 그 프로시저의 몸 전체가 된다.

그런데 어쩌다 보니 지금 만드는 실행기에서 f를 불러 써보면 별 문제 없이 계산이 된다. 하지만, 이는 어디까지나 참말 '어쩌다 보니' 그리된 것일 뿐이다. 안쪽 프로시저^{internal procedure} 정의가 맨 먼저 나오기 때문에, 모든 프로시저가 정의되기 전까지는 실제로 안쪽에서 정의된 프로시저를 불러 쓸 일이 없다. 다시 말해, even?을 불러 쓸 때쯤이면 odd?는 벌써 정의되어 있다. 그리하여 지금과 같은 경우에는 여러 프로시저를 하나씩 차례대로 정의해 나가는 방식을 따르든 한꺼번에 정의하는 방식을 따르든, 결과가 실제로 똑같다. 모든 정의를 한꺼번에 처리하는 방식에서는 프로시저 몸 속에서 반드시 안쪽 정의^{internal definition}가 먼저 나와야 하며, 그렇게 정의된 변수의 값을 구하기 위하여 그 식을 계산할 적에도 정의된 변수를 실제로 쓰지는 않는다. (이런 규칙을 지키지 않았을 때, 차례대로 정의하는 방식과 한꺼번에 정의하는 방식이 같은 결과를 내지 않는 경우가 있다. 연습문제 4.19를 보자.)²⁴

한데, 프로시저 안쪽에 정의된 이름들이 진짜 한꺼번에 정의되는 것처럼 보일 수 있도록, 어떤 식의 값을 구하기에 앞서 모든 갇힌 변수를 현 환경 속에 미리 만들어 놓고 시작하는 방법이 있다. 그 가운데 하나가 lambda 식의 문법을 변환하는 방법으로, lambda 식의 몸을 계산하기에 앞서 몸 속에 들어 있는 정의를 모두 '훑어내어 없애 버린다'. 그리하여 안쪽 변수^{internal variable}를 let으로 정의하여 만든 다음에 덮어쓰기로 변수 값을 지정한다. 보기를 들어, 다음과 같은 프로시저가 있다고 하자.

```
(lambda ⟨vars⟩
  (define u ⟨e1⟩)
  (define v ⟨e2⟩)
  ⟨e3⟩)
```

---

24) 프로그램이 한 가지 계산 방식에 기대지 않기를 바랐기에, 1장의 원주 28번에서 '관리에는 책임이 없다'고 말한 바 있다. Scheme의 IEEE 표준에서는, 맨 먼저 안쪽 정의가 와야 하며 이런 정의 식을 계산하는 동안에는 안쪽 정의들이 서로 불러 쓰지 않도록 정해놓았는데, 이는 구현자가 알맞은 정의 처리 방식을 골라 쓸 수 있도록 한 것이다. 언뜻 보기에는 계산(처리) 규칙을 선택하는 문제가 '바른 형식을 갖추지 못한(badly formed)' 프로그램이 무엇인가를 따지는 데에만 영향을 주는 것처럼 비치지만, 사실은 모든 안쪽 정의가 한꺼번에 보이도록 처리하는 방식을 따르면, 다른 방식으로 번역기(compiler)를 구현할 때 생길 수 있는 몇 가지 골치 아픈 문젯거리가 사라지게 된다. 이를 5.5.6절에 확인할 수 있다.

위 프로시저의 문법을 고쳐 쓰면 아래와 같다.

```
(lambda ⟨vars⟩
  (let ((u '*unassigned*)
        (v '*unassigned*))
    (set! u ⟨e1⟩)
    (set! v ⟨e2⟩)
    ⟨e3⟩))
```

여기서 *unassigned*는 환경에서 어떤 변수 값을 찾아 쓰고자 할 때 그 값이 아직 정해지지 않은 경우 잘못되었음을 알아차리고 알려줄 수 있도록 마련된 특별한 글자다.

연습문제 4.18에는 안쪽 변수를 훑어내는 다른 방법을 선보인다. 다만, 앞의 변환 방법과 달리 정의하려는 변수의 값은 그런 변수의 값을 전혀 쓰지 않고 계산될 수 있어야 한다는 제약이 따른다.[25]

● 연습문제 4.16

이 연습문제에서는 방금 위에서 설명한 안쪽 정의 처리 방법을 구현한다. 다만, 언어 실행기가 let(연습문제 4.6을 볼 것)을 지원한다고 치자.

a. 찾아낸 변수의 값이 *unassigned*면 잘못이 생겼음을 알려줄 수 있도록 lookup-variable-value 프로시저(4.1.3절)를 손보라.

b. 위에서 설명한 문법 변환 방법대로 한 프로시저의 몸을 받아서 안쪽 정의가 없는 동치 구문을 만들어 내는 scan-out-defines 프로시저를 짜보라.

---

25) Scheme IEEE 표준에서는 이런 제약을 따르느냐 마느냐가 구현에 달린 것이 아니라 프로그래머에게 달린 것이라고 밝힘으로써 여러 가지 구현 전략을 받아들이고 있다. MIT Scheme을 비롯한 몇몇 Scheme 구현에서는 윗 글에서 선보인 변환 방법을 따른다. 따라서 이런 제약 조건을 따르지 않는 프로그램 중에서도 문제없이 돌아가는 게 있을 것이다.

c. scan-out-defines를 언어 실행기에 집어넣자. make-procedure나 procedure-body(4.1.3절 참고) 중 어디가 더 좋겠는가? 그 까닭은 무엇인가?

● **연습문제** 4.17

이 글에 나오는 프로시저로 식의 값을 구할 때, 실제 돌아가는 환경을 다이어그램으로 그려보자. 이때 정의문을 차례대로 처리하는 경우와 위에서 설명한 대로 정의를 훑어 내어 처리하는 경우, 각기 그 환경이 어떤 구조를 갖추는지 견주어 보라. 문법을 변환한 프로그램에서 변수 일람표가 하나 더 필요한 까닭은 무엇인가? 이렇게 환경 구조가 달라도 올바른 프로그램이 돌아가는 데에는 아무런 차이가 없음을 설명하라. 실행기에서 '한꺼번에^{simultaneous}' 보이는 규칙에 따라 안쪽 정의를 처리할 때, 변수 일람표를 더 쓰지 않도록 구현하는 방법을 설계하라.

● **연습문제** 4.18

안쪽 정의를 훑어 내는 또 다른 방식을 알아보자. 이 방식을 따르면, 윗 글에서 보기로 든 코드가 아래와 같이 바뀐다.

```
(lambda ⟨vars⟩
  (let ((u '*unassigned*)
        (v '*unassigned*))
    (let ((a ⟨e1⟩)
          (b ⟨e2⟩))
      (set! u a)
      (set! v b))
    ⟨e3⟩))
```

여기서 a와 b는 변환 과정에서 실행기가 만들어 낸 것으로, 처음 프로그램 코드에는 없던 변수다. 아래는 3.5.4절에 나온 solve 프로시저다.

```
(define (solve f y0 dt)
  (define y (integral (delay dy) y0 dt))
  (define dy (stream-map f y))
  y)
```

이 연습문제에서 선보인 방식대로 안쪽 정의를 훑어 낸다면, 위 프로시저가 제대로 돌아갈까? 윗글에서 설명한 대로 훑어 내보면 어떻게 될까? 설명해 보라.

● 연습문제 4.19

Ben Bitdiddle, Alyssa P. hacker, Eva Lu Ator는 다음 식을 셈하면 어떤 값이 나오는 게 바람직한지를 두고 열심히 얘기를 나누고 있다.

```
(let ((a 1))
  (define (f x)
    (define b (+ a x))
    (define a 5)
    (+ a b))
  (f 10))
```

Ben은 define을 차례대로 처리해서 얻어낸 결과를 따르는 게 옳다고 한다. 이에 따르면 b는 11, a는 5로 정의되므로, 결과 값으로 16이 나온다. 이와 달리, Alyssa는 안쪽 정의^{internal procedure definition}가 맞물려 되돌게끔 하려면 한꺼번에 서로 볼 수 있어야 하므로, 프로시저 이름을 딴 변수 이름과 달리 보는 것은 이치에 맞지 않다고 생각한다. 즉, 연습문제 4.16에서 구현한 방식을 따르는 게 좋다고 본다. Alyssa의 주장에 따르면, b의 값을 구하는 시점에 a 값이 정해지지 않기 때문에 보기로 든 프로시저는 잘못이 생겼음을 알리게 된다. Eva의 생각은 또 다르다. Eva는 a와 b가 참말 한번에 정의된다면 b 값을 구하는 데 a 값인 5를 쓸 수 있어야 하므로, a는 5가 되어야 하고 b는 15가 되어, 20이 결과로 나온다고 생각한다. 누구의 생각이 옳다고 보는가? Eva가 바라는 안쪽 정의의 실현 방안을 마련할 수 있는가?[26]

● 연습문제 4.20

안쪽 정의는 차례대로 처리되는 듯 보이지만, 실제로는 한꺼번에 처리되기 때문에, 이런 기능을 쓰는 대신에 letrec 특별한 형태$^{special\ form}$를 쓰기도 한다. letrec은 let과 생긴 게 비슷해서, letrec 속에 정의한 변수들이 모두 한꺼번에 정의되어 서로 볼 수 있는 넓이를 가진다고 하여도, 그리 어색하지가 않다. 위에서 보기로 들던 프로시저 f를 다음과 같이 뜻은 같으나 안쪽 정의를 전혀 쓰지 않도록 고칠 수 있다.

```
(define (f x)
  (letrec ((even?
             (lambda (n)
               (if (= n 0)
                   true
                   (odd? (- n 1)))))
           (odd?
             (lambda (n)
               (if (= n 0)
                   false
                   (even? (- n 1))))))
    〈f의 나머지 부분〉))
```

letrec의 문법을 간추리면 다음과 같다.

```
(letrec ((〈var₁〉〈exp₁〉) ... (〈varₙ〉〈expₙ〉))
  〈body〉)
```

letrec 식은 let의 한 가지 변형인데, letrec 속 모든 정의가 들어 있는 환경을 마련해 놓은 다음에 〈var$_k$〉 변수의 첫 값, 곧 〈exp$_k$〉 식을 계산한다. 따라서 앞 보기처럼 even?과 odd?를 맞물려 되돌게끔 정의할 수도 있고, 아래와 같이 되

---

26) MIT판 Scheme 구현은 다음과 같은 까닭에서 Alyssa편을 든다. 원칙을 따지면, Eva가 옳다. 모든 정의는 한 꺼번에 처리되는 것으로 보아야 한다. 하지만, Eva가 바라는 방식은 일반성과 효율성을 뒷받침하게끔 구 현해 내기가 어렵다. 그런 방식을 따르지 않을 바에야 (Ben처럼) 잘못된 답을 내기보다는 (Alyssa의 생각 처럼) 모든 정의를 한꺼번에 처리하기 어려운 경우에 그런 시도가 잘못되었음을 알려주는 편이 낫다.

도는^{재귀, recursion} 정의를 써서 10의 사다리곱^{factorial}을 구할 수도 있다.

```
(letrec ((fact
          (lambda (n)
            (if (= n 1)
                1
                (* n (fact (- n 1)))))))
  (fact 10))
```

a. letrec을 이끌어낸 식^{derived expression}으로 처리하라. letrec 식을 윗 글이나 연습문제 4.18에 나온 것처럼 let 식으로 변환하라. 즉, letrec 변수는 let 으로 생성하고 값은 set!으로 덮어쓴다.

b. Louis Reasoner는 안쪽 정의 때문에 생겨나는 이런 문젯거리가 너무 혼란스럽다. 그는 프로시저 안에서 define을 쓰고 싶지 않으면, 그냥 let을 쓰면 된다고 생각한다. 그가 놓치는 게 무엇인지 설명하기 위하여, 연습문제에 정의한 f를 가지고 (f 5)의 값을 구하려 〈f의 나머지 부분〉을 처리할 때, 그 환경을 보여주는 다이어그램을 그려보라. 아울러 같은 계산을 하되, f의 정의에서 letrec 자리에 let을 쓰는 경우 그 환경 다이어그램도 그려 보라.

● **연습문제** 4.21

연습문제 4.20에서 Louis의 짐작은 옳다. 그 짐작보다 훨씬 까다로운 방법을 써야 풀리는 문제이기는 하나, 어쨌든 letrec이 없어도 (또는 define이) 되도는 ^{재귀} 프로시저를 정의할 수 있는 것은 사실이다. 아래는 되도는 사다리곱 프로시저로 10의 사다리곱을 구하는 보기다.[27]

---

27) 이 보기에서는 define을 쓰지 않고 되도는(재귀) 프로시저를 짜는 한 가지 기법을 보여준다. 그 중 가장 널리 쓰는 것으로 Y 연산자를 써서 '순수한 람다 계산법(pure λ-calculus)'만으로 되돌기(재귀)를 나타내는 방법이 있다. (람다 계산법(lambda calculus)을 더 자세히 알고 싶으면 Stoy 1977을, Y 연산자 기법을 Scheme으로 설명하는 자료를 살펴보고 싶다면 Gabriel 1988을 보라.)
(역주 : Y 연산자를 보통 Y-combinator라고 한다.)

```
((lambda (n)
   ((lambda (fact)
      (fact fact n))
    (lambda (ft k)
      (if (= k 1)
          1
          (* k (ft ft (- k 1)))))))
 10)
```

a. 이 식으로 참말 사다리곱을 구할 수 있는지 (식의 값을 구하는 과정을 밟아
   가면서) 살펴보라. 이와 비슷하게 피보나치 수열 값을 구하는 식을 짜보라.

b. 아래와 같이 서로 맞물리는 재귀 안쪽 정의가 프로시저에 들어 있는 경우를
   생각해 보자.

```
(define (f x)
  (define (even? n)
    (if (= n 0)
        true
        (odd? (- n 1))))
  (define (odd? n)
    (if (= n 0)
        false
        (even? (- n 1))))
  (even? x))
```

안쪽 정의나 letrec을 쓰지 않고, 빠진 식들을 모두 채워서 아래 f의 정의를
마무리하라.

```
(define (f x)
  ((lambda (even? odd?)
     (even? even? odd? x))
   (lambda (ev? od? n)
     (if (= n 0) true (od? ⟨??⟩⟨??⟩⟨??⟩)))
   (lambda (ev? od? n)
     (if (= n 0) false (ev? ⟨??⟩⟨??⟩⟨??⟩)))))
```

4.1.7 문법 분석과 실행 과정을 떼어놓기

앞서 만든 언어 실행기는 간단하지만 효율이 크게 떨어진다. 식의 문법을 분석하는 과정이 식을 실행하는 과정과 뒤섞이기 때문이다. 즉, 한 프로그램을 여러 번 돌리면 똑같은 문법 분석 과정을 여러 번 거치게 된다. 보기를 들어, 다음과 같은 factorial 정의가 있을 때, (factorial 4) 식의 값을 구한다고 하자.

```
(define (factorial n)
  (if (= n 1)
      1
      (* (factorial (- n 1)) n)))
```

factorial을 부를 때마다 언어 실행기는 몸이 if 식이라는 것을 알아보고 술어 predicate를 뽑아내야 한다. 그러고 나서야, 술어 값을 구한 뒤에 그 값에 따라 다음 할 일을 정할 수 있다. (* (factorial (- n 1)) n) 식이나 그 부분 식 (factorial (- n 1))과 (- n 1)의 값을 구할 때에도, 처리해야 할 식이 프로시저 계산^{적용} 식인지 알려면 eval에서 갈래 나누기^{case analysis} 과정을 거쳐야 하며, 그 다음에야 그 연산자 식과 피연산자 식을 뽑아낼 수 있다. 보통 이런 분석 과정에는 계산 자원이 많이 들기 때문에 이를 되풀이하는 것은 큰 낭비다.

따라서 문법 분석 과정을 딱 한 번만 거치도록 만들면 언어 실행기의 효율을 크게 끌어올릴 수 있다.[28] 먼저 eval의 처리 과정을 둘로 나눈다. analyze 프로시저에서는, eval이 인자로 받아 오는 식과 환경에서 그 식 인자만 건네받아 문법을 분석한 다음, 실행 프로시저^{execution procedure}라고 하는 새 프로시저를 값으로 내놓는다. 실행 프로시저란 분석된 식을 실행하는 데 필요한 일을 갈무리한 것으

[28) 이 기법은 5장에서 다룰 번역(compilation) 과정에서 빼놓을 수 없는 부분이다. 조너선 리스(Jonathan Rees)가 1982년경에 T 프로젝트(Rees and Adams, 1982)에서 이와 비슷한 Scheme 실행기를 짠 적이 있다. 이와 별도로 마크 필리(Marc Feeley)는 석사 학위 논문(Feeley 1986)에서 이 기법을 만들어 밝힌 바 있다(Feeley and Lapalme 1987도 참고할 것).

로, 환경을 인자로 건네받아서 처리 과정을 마무리한다. 이렇게 하면, 식 하나당 analyze를 한 번만 돌리면 되므로 실행 프로시저가 여러 번 돌아가더라도 할 일이 그만큼 줄어든다.

eval의 문법 분석 과정과 실행 과정을 따로 묶으면, eval의 정의가 다음과 같이 바뀐다.

```
(define (eval exp env)
  ((analyze exp) env))
```

analyze를 돌리고 나면 실행 프로시저가 나오고, 그 프로시저를 환경 인자에 적용한다. analyze 프로시저의 갈래 나누기는 4.1.1절에 나온 eval의 갈래 나누기와 같다. 다만, 모든 계산을 다하는 게 아니라 문법만 분석한다는 점이 다르다.

```
(define (analyze exp)
  (cond ((self-evaluating? exp)
         (analyze-self-evaluating exp))
        ((quoted? exp) (analyze-quoted exp))
        ((variable? exp) (analyze-variable exp))
        ((assignment? exp) (analyze-assignment exp))
        ((definition? exp) (analyze-definition exp))
        ((if? exp) (analyze-if exp))
        ((lambda? exp) (analyze-lambda exp))
        ((begin? exp) (analyze-sequence (begin-actions exp)))
        ((cond? exp) (analyze (cond->if exp)))
        ((application? exp) (analyze-application exp))
        (else
         (error "Unknown expression type -- ANALYZE" exp))))
```

위에서 가장 단순한 문법 분석 프로시저는 스스로 계산되는 식을 처리하는 프로시저다. 그 실행 프로시저는 아래와 같이 환경 인자를 무시하고 식 자체를 값으로 내놓는다.

```
(define (analyze-self-evaluating exp)
  (lambda (env) exp))
```

따옴표로 묶은 식을 처리하는 경우에는 실행 과정이 아닌 분석 과정에서 따옴표 속의 식을 뽑아내어 효율을 좀 더 끌어올릴 수 있다.

```
(define (analyze-quoted exp)
  (let ((qval (text-of-quotation exp)))
    (lambda (env) qval)))
```

하지만, 변수 값을 찾으려면 환경을 알아야 하므로, 이 일은 실행 과정에서 처리해야 한다.[29]

```
(define (analyze-variable exp)
  (lambda (env) (lookup-variable-value exp env)))
```

analyze-assignment에서도 실제 변수 값을 덮어쓰는 일은 환경을 받아야 할 수 있기 때문에, 실행할 때까지 미루어 두어야 한다. 하지만, assignment-value 식을 분석 과정에서 (재귀로^{되돌면서}) 분석할 수 있다는 것은, assignment-value 식을 한 번만 분석하면 된다는 말이기 때문에 효율을 끌어올리는 데 큰 도움이 된다. 정의 식을 처리하는 것도 이와 마찬가지다.

```
(define (analyze-assignment exp)
  (let ((var (assignment-variable exp))
        (vproc (analyze (assignment-value exp))))
    (lambda (env)
      (set-variable-value! var (vproc env) env)
      'ok)))

(define (analyze-definition exp)
  (let ((var (definition-variable exp))
        (vproc (analyze (definition-value exp))))
    (lambda (env)
      (define-variable! var (vproc env) env)
      'ok)))
```

if 식을 만나면 술어와 답 식과 다른 답에 해당하는 식을 모두 뽑아내어 분석한다.

```
(define (analyze-if exp)
 (let ((pproc (analyze (if-predicate exp)))
       (cproc (analyze (if-consequent exp)))
       (aproc (analyze (if-alternative exp)))))
   (lambda (env)
     (if (true? (pproc env))
         (cproc env)
         (aproc env)))))
```

lambda 식의 분석 과정에서도 크게 효율을 끌어올릴 수 있다. lambda 식으로 만든 프로시저를 여러 번 쓴다손 치더라도 lambda의 몸은 한 번만 분석하면 된다.

```
(define (analyze-lambda exp)
  (let ((vars (lambda-parameters exp))
        (bproc (analyze-sequence (lambda-body exp))))
    (lambda (env) (make-procedure vars bproc env))))
```

(begin이나 lambda 식의 몸에 나오는) 잇단식^{sequence}을 분석하는 과정은 좀 더 복잡하다.[30] 먼저, 늘어선 식을 차례로 분석하여 실행 프로시저를 하나씩 만들어 낸다. 그리고 모든 실행 프로시저를 묶어서 실행 프로시저 하나를 만든다. 이 실행 프로시저는 환경을 인자로 받아서, 그 환경을 가지고 차례대로 낱낱의 실행 프로시저를 부른다.*

---

29) 그러나 변수를 찾는 과정에서 꼭 해야 할 일 가운데 문법 분석 과정에서 처리할 수 있는 게 있다. 문법 분석 과정에서 변수의 값이 환경 구조 어디에 있는지를 미리 정할 수 있는데, 이리 하면 나중에 변수를 찾느라고 환경을 뒤질 필요가 없다. 이 기법은 5.5.6절에 나온다.

30) 잇단식(sequence)의 처리 방법을 좀 더 깊이 이해하려면, 연습문제 4.23을 보라.

* 역주 : 실행 프로시저를 하나씩 부를 때마다 건네주는 환경이 같기 때문에, 앞의 실행 프로시저가 돌아가면서 환경에 어떤 변화를 일으켰다면, 그 변화가 다음 실행 프로시저에 힘을 미치게 된다.

```
(define (analyze-sequence exps)
 (define (sequentially proc1 proc2)
   (lambda (env) (proc1 env) (proc2 env)))
 (define (loop first-proc rest-procs)
   (if (null? rest-procs)
       first-proc
       (loop (sequentially first-proc (car rest-procs))
             (cdr rest-procs))))
 (let ((procs (map analyze exps)))
   (if (null? procs)
       (error "Empty sequence -- ANALYZE"))
   (loop (car procs) (cdr procs))))
```

프로시저 적용 식을 분석하는 과정에서는, 연산자와 피연산자를 분석하고 그 실행 프로시저를 하나 만든다. 이 프로시저에서는 (진짜로 적용할 프로시저를 얻기 위해) 연산자 실행 프로시저를 부르고, (진짜 인자 값을 얻기 위해) 피연산자 실행 프로시저들을 부른다. 그 다음에, 진짜 프로시저와 인자 값들을 execute-application 프로시저에 건네준다. execute-application은 4.1.1절의 apply와 엇비슷한데, 이 경우엔 합친 프로시저의 몸이 벌써 분석되었기 때문에 더 분석할 필요가 없다는 점에서 apply와 다르다. 이제 환경에다 인자 정의를 보탠 다음에 실행 프로시저를 부르기만 하면 된다.

```
(define (analyze-application exp)
 (let ((fproc (analyze (operator exp)))
       (aprocs (map analyze (operands exp))))
   (lambda (env)
     (execute-application (fproc env)
                          (map (lambda (aproc) (aproc env))
                               aprocs)))))
```

```
(define (execute-application proc args)
 (cond ((primitive-procedure? proc)
        (apply-primitive-procedure proc args))
       ((compound-procedure? proc)
        ((procedure-body proc)
         (extend-environment (procedure-parameters proc)
                             args
                             (procedure-environment proc))))
       (else
        (error
         "Unknown procedure type -- EXECUTE-APPLICATION"
         proc))))
```

새로 만든 언어 실행기에서 쓰는 데이터 구조, 문법 프로시저, 실행 지원 프로시저run-time support procodure는 4.1.2절, 4.1.3절, 4.1.4절에 나온 것과 같다.

● **연습문제** 4.22

이 절에 나온 언어 실행기가 특별한 형태 let을 처리할 수 있도록 확장해 보자 (연습문제 4.6 참고).

● **연습문제** 4.23

Alyssa P. Hacker는 **analyze-sequence**가 왜 그리 복잡한지 이해하기 힘들다. 다른 분석 프로시저는 4.1.1절에 나온 언어 처리 프로시저들(또는 eval 속의 여러 절)을 거의 있는 그대로 옮겨 쓴 것에 지나지 않기 때문이다. 그래서 Alyssa 는 **analyze-sequence**를 다음처럼 짜도 괜찮지 않을까 생각했다.

```
(define (analyze-sequence exps)
  (define (execute-sequence procs env)
    (cond ((null? (cdr procs)) ((car procs) env))
          (else ((car procs) env)
                (execute-sequence (cdr procs) env))))
  (let ((procs (map analyze exps)))
    (if (null? procs)
        (error "Empty sequence -- ANALYZE"))
    (lambda (env) (execute-sequence procs env))))
```

Eva Lu Ator는 Alyssa에게 위 글의 `analyze-sequence`가 문법 분석 과정에서 잇단식의 값을 구하기 위하여 더 많은 일을 한다고 설명했다. Alyssa가 짠 `sequence-execution` 프로시저는 미리 만들어 놓은 실행 프로시저를 불러 쓰는 게 아니라, 돌아가면서 실행 프로시저를 하나씩 불러 쓴다. 따라서 잇단 식을 이루는 식 낱낱은 분석했지만, 잇단 식 자체는 분석하지 않고 넘어간 셈이다.

`analyze-sequence`의 두 판을 비교해 보자. (보통 프로시저 몸이 그러하듯이) 잇단 식에 식이 하나 있는 경우를 고려해 보자. Alyssa가 짠 프로그램에서 그 실행 프로시저는 어떻게 돌아가는가? 위 글에 나온 프로그램에서 그 실행 프로시저는 또 어떠한가? 잇단 식에 식이 둘 있는 경우에는 두 판을 어떻게 비교할 수 있는가?

● **연습문제** 4.24
처음 만든 메타써큘러 언어 실행기와 이 절에서 새로 만든 판의 빠르기를 견주기 위하여, 실험 방법을 짜고 실험을 해보라. 그 결과를 바탕으로 여러 프로시저에서 그 실행 시간과 문법 분석 시간의 비율을 어림잡아 보라.

4.2 Scheme 바꿔보기 – 제때 계산법^{lazy evaluation}

이제 Lisp로 짠 언어 실행기가 있으므로, 이 실행기를 고쳐서 여러 가지 언어 설계 기법을 실험해볼 수 있다. 실제로 새로운 언어를 만드는 첫 단계에서는 이미 있던 언어에 새 언어를 끼워 넣는 방식으로 개발하는 경우가 많다. 예를 들어, Lisp 공동체에서 새로 제안된 Lisp 수정 방안을 논하고 싶을 때에는 그 제안대로 언어 실행기를 만들어 내놓으면 된다. 그리하면 공동체의 다른 사람들이 그 언어 실행기를 받아서 이리저리 만져 보고, 자기 나름대로 손본 다음에 다시 내놓는다. 표현 수준이 높은 언어를 바탕으로 구현했으니 실험을 하거나 잘못을 바로잡기가 쉬울뿐더러 끼워 넣기 방식으로 만들었기 때문에 그 밑바탕 언어가 지닌 특성을 고스란히 낚아챌³¹ 수 있다. 이는 지금까지 만든 Lisp 언어 실행기가 그 밑바탕이 되는 Lisp 언어의 기본 기능과 제어 구조를 그대로 물려받아 쓰는 것과 마찬가지

다. 새 언어를 그보다 수준 낮은 언어나 하드웨어로 완전히 구현하는 (힘든) 일은
(꼭 그래야 한다고 해도) 그 다음에 필요한 일이다. 이 절부터는 Scheme을 요리
조리 바꾸어 보면서, 그 표현력을 크게 끌어올릴 수 있는 몇 가지 언어 처리 기법
을 살펴보도록 하겠다.

4.2.1 식의 값을 구하는 차례 – 정의대로 계산법과 인자 먼저 계산법

1.1절에서 계산법을 논하기 시작하면서, Scheme은 '인자 먼저 계산법^{applicative-order}'을 따르는 언어임을 밝힌 바 있다. 즉, Scheme 프로시저의 모든 인자 값은
적용하기 전에 미리 계산되어야 한다. 이와 달리, '정의대로^{normal-order}' 계산하는
언어에서는 인자 값이 진짜 필요할 때까지 프로시저의 인자 계산을 하지 않는다.
이와 같이, 프로시저의 인자 값 계산을 될 수 있는 한 뒤로 미루는 기법을' 제때
계산법^{lazy evaluation}' 이라고 한다(예를 들어, 기본 연산에서 그 값이 필요할 때까
지).³² 다음 프로시저를 보기로 들어 살펴보자.

```
(define (try a b)
 (if (= a 0) 1 b))
```

Scheme에서 (try 0 (/ 1 0))의 값을 구하려 하면, 문제가 생긴다. 허나, 제때
계산법을 쓰면 그런 문제가 생기지 않는다. 결코 인자 (/ 1 0)의 값을 구할 일이
없기 때문에, 위 식의 값은 1이 된다.

---

31) (역주 : 원서에서는 snarf란 낱말을 쓰고 있는데, '낚아채다'로 옮겨 보았다. 또 이 각주에서 snarf/snarf
    down의 뜻을 풀이하고 있다. 한글판에서는 쓸모없는 글이지만, 어쨌거나 원문을 옮겨 보면 다음과 같다.)
    snarf : 주인 허락이 있건 없건 간에, 특히 어떤 일에 쓰려고 많은 문서나 파일을 한 움큼 집어가다.
    snarf down : snarf와 같은 말. snarf한 다음에 자기 것으로 받아들이거나 처리하거나 이해한다는 뜻을 지니
    기도 한다. (이 정의는 Steele 1983 따위에서 낚아챈 것이다. Raymond 1993도 참고하라.)
32) '제때(lazy)'와 '정의대로(normal-order)'라는 말 사이의 차이점이 좀 흐릿하다. 보통 '제때'라는 말이 한
    언어 실행기가 돌아가는 방식을 일컫는다면, '정의대로'라는 말은 어떤 처리 방식과 관계없이 한 언어의
    의미 구조를 두루 일컬을 때 쓴다. 하지만, 이게 두 말의 쓰임새를 또렷이 구분 짓는 잣대는 아니기에 서
    로 바꿔 쓰는 경우가 흔하다.

제때 계산법의 좋은 점을 잘 쓰는 보기로, 아래와 같은 unless 프로시저를 들수 있다.

```
(define (unless condition usual-value exceptional-value)
  (if condition exceptional-value usual-value))
```

위 프로시저는 다음처럼 쓸 수 있다.

```
(unless (= b 0)
        (/ a b)
        (begin (display "exception: returning 0")
               0))
```

인자 값부터 셈하는 언어에서는 unless를 부르기에 앞서 보통 값$^{usual\text{-}value}$과 예외 값$^{exceptional\text{-}value}$을 모두 셈하기 때문에, 위 식이 제대로 돌아가지 않는다(연습문제 1.6과 견주어 보자.). unless와 같은 프로시저에서 볼 수 있듯이, 제때 계산법의 좋은 점은 인자 몇 개가 문제를 일으키거나 계산을 끝내지 못하게 만드는 경우가 있다 해도 쓸모 있는 컴퓨터 계산을 해낼 수 있다는 점이다.

이와 같이 인자 값을 셈하기도 전에 프로시저의 몸이 먼저 펼쳐진다면, 그 프로시저가 인자에 대해 '깐깐하지 않다$^{non\text{-}strict}$'고 한다. 그와 달리 프로시저의 몸을 펼치기에 앞서 그 인자 값부터 구해야 한다면, 그 프로시저가 인자에 대해 '깐깐하다^{strict}'고 한다.[33] 언제나 인자 값을 먼저 구하는 언어에서는 모든 프로시저가 인자에 대해 깐깐하다. 한편, 오로지 정의대로 식을 셈하는 언어에서 합친 프로시저는 모두 인자에 대해 깐깐하게 굴지 않으나, 기본 프로시저는 그러기도 하고 그렇지 않기도 하다. 또한, 프로그래머가 프로시저를 정의할 때, 그 깐깐한 정도를 조절할 수 있는 언어도 있다.

---

33) '깐깐하다'와 '깐깐하지 않다'라는 말 뜻은 '인자 먼저'와 '정의대로'라 일컫는 것과 본질적으로 다를 바 없다. 다만, 깐깐함을 따질 때에는 보통 언어 전체가 그렇다는 게 아니라 한 프로시저와 인자만 두고 일컫는다는 게 작은 차이점이다. 그런 까닭에, 프로그래밍 언어 학회에서 다음과 같이 말하는 것을 들을 수도 있다. "정의대로 셈하는 언어, 해슬(Hassle)은 깐깐한 기본 기능이 몇 개 있다. 나머지 모든 프로시저는 제때 계산법에 따라 인자를 받는다."

cons는 프로시저를 깐깐하지 않게 만들 때, 그 쓸모를 잘 드러내는 좋은 보기다. (데이터 구조를 짜맞추는 연산이 보통 거의 그러하다.) 왜냐하면, 원소 값을 모른다고 쳐도 여러 원소를 합쳐 데이터 구조를 짜맞추고 그 데이터 구조에 연산을 적용하는 등, 여러 가지 쓸모 있는 계산을 얼마든지 해볼 수 있기 때문이다. 예를 들어서, 리스트의 원소 값을 알지 못하더라도 그 리스트 길이를 구할 수 있다. 4.2.3절에서는 이 개념을 이용하여 깐깐하지 않는 cons 쌍으로 리스트를 만들어 3장의 스트림을 구현해 보기로 한다.

● **연습문제** 4.25

(Scheme의 인자 먼저 계산법대로) 위 글에 나온 unless를 정의한 다음에 아래와 같이 factorial을 짜보았다고 하자.

```
(define (factorial n)
  (unless (= n 1)
          (* n (factorial (- n 1)))
          1))
```

(factorial 5)의 값을 구하려 하면 어떤 일이 일어나는가? 위 정의들이 정의대로 계산하는 언어에서는 잘 돌아갈까?

● **연습문제** 4.26

Ben Bitdidle과 Alyssa P. Hacker는 unless 같은 프로시저 구현에서 제때 계산법의 중요성에 대한 견해가 다르다. Ben은 인자 먼저 계산하는 방식에서도 unless를 특별한 형태special form로 구현하면 된다고 본다. 이와 달리 Alyssa는 그리하면 unless는 그냥 또 다른 문법일 뿐이며, 차수 높은higher-order 프로시저와 엮어 쓸 수 있는 프로시저가 되지 못한다고 반박한다. 두 사람의 주장을 자세하게 설명해 보라. 어떻게 하면 unless를 (cond나 let과 같이) 이끌어낸derived 식으로 구현할 수 있는지 밝히고, unless를 특별한 형태가 아니라 보통 프로시저로 만들면 어떤 경우에 쓸모가 있는지 보기를 들어 설명하라.

4.2.2 제때 계산법을 따르는 실행기

이 절에서는 합친 프로시저가 인자에 깐깐하지 않다는 점만 빼면 Scheme과 똑같은 언어, 곧 정의대로 계산하는 Scheme 언어를 구현한다. 다만, 기본 프로시저는 전과 마찬가지로 깐깐하다. 이런 언어를 처리할 수 있도록 4.1.1절의 언어 실행기를 고쳐 쓰는 일은 그리 어렵지 않으며, 거의 모든 변화는 프로시저 적용 부분에 집중되어 있다.

그 바탕이 되는 생각을 간추리면 이러하다. 프로시저 적용 과정에서 실행기는 값을 구해야 할 인자와 밀쳐놓을 인자를 판별해야 한다. 밀쳐놓은 인자는 그 값을 구하지 않는 대신 **썽크**[thunk][34]라는 물체로 만든다. 썽크에는 인자 값을 때맞춰 구하는 데 필요한 정보가 들어 있어야 한다. 따라서 썽크에는 프로시저 적용이 이루어진 환경과 그 인자 식이 들어 있다.

썽크 속에 있는 식을 꺼내어 계산하는 과정을 두고 썽크를 '쥐어짠다'[forcing],[35] 또는 '썽크 값을 강제로 계산한다'고 말한다. 썽크를 쥐어짤 때는 꼭 그 값이 필요한 경우다. 이를테면, 기본 프로시저의 인자 값이 썽크일 때, 조건문에서 술어의 값이 썽크일 때, 프로시저로 적용하려는 연산자 값이 썽크일 때가 그러하다. 이때 3.5.1절에서 셈미룬 물체[delayed object]를 다룰 때 쓴 방법과 마찬가지로, 썽크를 처음 쥐어짠 다음에 그 값을 기억 또는 메모[memoize]하느냐 마느냐 설계 과정에서 판단해야 할 문제 가운데 하나다. 셈한 값을 메모해 놓기로 했다면 처음에 썽크를 쥐어짰을 때 그 값을 기억시켰다가 뒤에 다시 쥐어짜는 경우에 같은 계산 과정을 되풀이하지 않고 앞서 메모해둔 값을 내놓기만 하면 된다. 이 방식을 따

---

34) '썽크(thunk)'라는 말은 Algol 60 언어에서 제때 계산법(call-by-name, pass-by-name)을 어떻게 구현할지 논하던 그룹에서 나왔다. 그들은 번역 단계에서 식의 분석('식을 따져보는(think about)') 작업이 거의 마무리될 수 있기 때문에, 실행 단계에서는 그 식을 충분히 '따져본(thunk)' 것이라 여겼다.(Ingerman et al. 1960).

　(역주 : thunk는 흑인들이 자주 쓰는 입말로, think의 과거분사형을 뜻한다.)

35) 이 방식은 3장에서 스트림의 표현 방식을 선보일 때 셈미룬 물체에 force를 쓰던 것과 아주 비슷하다. 허나, 지금 여기서 하는 일은 언어 실행기 자체에 '미루고 쥐어짜는' 기능을 집어넣어서, 언어 전체가 똑같은 계산 방식을 저절로 따르도록 만든다는 점에서 3장에서 한 일과는 큰 차이가 있다.

르면 보통 여러 가지 면에서 효율이 높기 때문에, 이 절에서는 메모하는 실행기를 구현해 보기로 한다. 그런데 여기에는 몇 가지 거치적거리는 문제가 있다.[36]

언어 실행기 고치기

4.1절의 실행기와 제때 실행기는 eval과 apply에서 프로시저 적용을 다루는 방법이 크게 차이난다.

eval의 application? 절은 다음과 같이 바뀐다.

```
((application? exp)
 (apply (actual-value (operator exp) env)
        (operands exp)
        env))
```

위 코드는 4.1.1절에서 본 eval의 application? 절과 거의 같다. 허나, 제때 계산법에서는 apply에서 피연산자 값이 아니라 피연산자 식 자체를 인자로 받는다는 게 다르다. 또한, 인자 계산을 뒤로 미루고 썽크를 짜맞추려면 환경이 필요하므로, apply에 환경 인자도 넘겨야 한다. 그럼에도 연산자의 경우에는 그 값을 계산해서 넘기는데, 그 까닭은 apply에서 프로시저의 갈래(기본이냐 합친 것이냐)를 살펴보고 적용하려면 진짜 프로시저, 곧 실제 연산자의 값을 쓸 필요가 있어서다.

식의 값을 실제로 구할 필요가 있을 때에는 그냥 eval하는 대신에 아래 프로시저를 쓴다.

---

36) call-by-name 방식으로 인자를 넘기는 것과는 다른, 메모하기(memoization)와 제때 계산법(lazy evaluation)을 합쳐서 call-by-need 또는 pass-by-need 방식이라고도 한다. (call-by-name은 Algol 60에서 선보인 방식인데, 제때 계산법에서 메모하는 기능을 뺀 것과 비슷하다.) 언어를 설계할 때에는 언어 실행기에 메모하는 기법을 집어넣거나 넣지 않을 수도 있고, 쓰는 사람이 알아서 골라 쓰도록 할 수도 있다(연습문제 4.31). 3장에서 이미 알아차렸을지도 모르지만, 이 가운데 어떤 방식을 받아들이느냐에 따라 변수 값 덮어쓰기(assignment)와 맞물려 여러 가지 까다롭고 헷갈리는 문젯거리가 생겨난다(연습문제 4.27과 4.29 참조). 클링어는 논문(Clinger 1982)에서 이와 같은 혼란을 일으키는 여러 가지 문제 요인을 밝히고자 하였다.

(역주 : 보통 제때 계산법(lazy evaluation)이라고 하면, call-by-need와 같이, 식의 값을 참말 쓸 때까지 계산하지 않고 미뤄두었다가 그 값을 처음 셈한 뒤 메모해 두는 것까지 아울러 일컫는 말이다.)

```
(define (actual-value exp env)
  (force-it (eval exp env)))
```

위 프로시저에서는 식의 값이 썽크인 경우 썽크를 쥐어짜서 그 값을 구한다.

새 apply 역시 4.1.1절에 나온 판과 거의 같다. 차이가 있다면, eval에게서 계산되지 않은 피연산자 식이 전달된다는 점이다. 즉, (깐깐한) 기본 프로시저를 만나면 기본 프로시저를 적용하기 전에 모든 인자 값을 계산한다. (깐깐하지 않은) 묶음 프로시저를 만나면, 모든 인자 계산을 뒤로 미룬 상태에서 프로시저를 적용한다.

```
(define (apply procedure arguments env)
  (cond ((primitive-procedure? procedure)
         (apply-primitive-procedure
          procedure
          (list-of-arg-values arguments env)))   ; 바뀜

        ((compound-procedure? procedure)
         (eval-sequence
          (procedure-body procedure)
          (extend-environment
           (procedure-parameters procedure)
           (list-of-delayed-args arguments env) ; 바뀜

           (procedure-environment procedure))))
        (else
         (error
          "Unknown procedure type -- APPLY" procedure))))
```

인자를 처리하는 프로시저들도 몇 가지만 제외하면 4.1.1절의 list-of-values와 다를 바 없다. 먼저 list-of-delayed-args는 인자를 계산하지 않고 뒤로 미룬다. 다음으로, list-of-arg-values에서는 eval 대신에 actual-value를 쓴다.

```
(define (list-of-arg-values exps env)
  (if (no-operands? exps)
      '()
      (cons (actual-value (first-operand exps) env)
            (list-of-arg-values (rest-operands exps)
                                env))))
```

```
(define (list-of-delayed-args exps env)
  (if (no-operands? exps)
      '()
      (cons (delay-it (first-operand exps) env)
            (list-of-delayed-args (rest-operands exps)
                                  env))))
```

또 하나 손봐야 할 곳은 if를 다루는 부분이다. if 식에서 술어가 참인지 거짓인지 알아보려면 그 술어 식의 값을 구해야 하므로, eval 대신에 actual-value를 쓴다.

```
(define (eval-if exp env)
  (if (true? (actual-value (if-predicate exp) env))
      (eval (if-consequent exp) env)
      (eval (if-alternative exp) env)))
```

마지막으로, driver-loop 프로시저(4.1.4절)에서 eval 대신 actual-value를 쓰도록 고친다. 그리하여 셈미룬 값^{delayed value}이 read-eval-print 루프로 전달되었을 때에, 셈미룬 값^{생크}을 쥐어짜서 강제로 그 값을 구한 다음에 출력되도록 한다. 아울러 실행기가 제때 계산법을 따르는 언어 실행기임을 드러내도록 프롬프트도 바꿔 준다.

```
(define input-prompt ";;; L-Eval input:")
(define output-prompt ";;; L-Eval value:")

(define (driver-loop)
  (prompt-for-input input-prompt)
  (let ((input (read)))
    (let ((output
           (actual-value input the-global-environment)))
      (announce-output output-prompt)
      (user-print output)))
  (driver-loop))
```

이 모든 일이 끝나면, 언어 실행기를 돌려서 여러 가지 실험을 해볼 수 있다. 4.2.1절에 나온 try 식이 바라던 대로 잘 돌아간다면, 실행기가 제때 계산법대로 식을 처리하는 셈이다.

```
(define the-global-environment (setup-environment))

(driver-loop)

;;; L-Eval input:
(define (try a b)
  (if (= a 0) 1 b))
;;; L-Eval value:
ok

;;; L-Eval input:
(try 0 (/ 1 0))
;;; L-Eval value:
1
```

썽크 표현

새 언어 실행기에서는 프로시저를 인자에 적용할 때 썽크를 만들기도 해야 하고
쥐어짜기^{force}도 해야 한다. 따라서 올바른 인자 값을 때맞춰 구할 수 있도록 식과
환경을 썽크로 묶어야 한다. 썽크를 쥐어짤 때에는 썽크에서 식과 환경을 뽑아낸
다음 그 환경에서 그 식의 값을 구하면 된다. 이때 식의 값 자체가 썽크인 경우에
는 다시 쥐어짜야 하고, 끝내 썽크가 아닌 값을 얻을 때까지 계속 그 과정을 되풀
이하여야 하므로, eval 대신 actual-value를 쓴다.

```
(define (force-it obj)
  (if (thunk? obj)
      (actual-value (thunk-exp obj) (thunk-env obj))
      obj))
```

식과 환경을 하나로 묶는 간편한 방법은 식과 환경으로 리스트를 만드는 것이다.
따라서 다음과 같은 방법으로 썽크를 만들어 낸다.

```
(define (delay-it exp env)
  (list 'thunk exp env))
```

```
(define (thunk? obj)
  (tagged-list? obj 'thunk))

(define (thunk-exp thunk) (cadr thunk))

(define (thunk-env thunk) (caddr thunk))
```

한데 실행기에서 진짜 필요한 것은 이런 썽크가 아니라 계산된 값을 기억하는 썽크다. 그러므로 썽크를 쥐어짠 다음에는 그 썽크를 계산된 썽크로 만들어야 한다. 즉, 썽크에 들어 있던 식을 셈한 값으로 바꾸고, 그 썽크가 벌써 계산되었음을 알 수 있도록 알맞은 꼬리표를 달아준다.[37]

```
(define (evaluated-thunk? obj)
  (tagged-list? obj 'evaluated-thunk))

(define (thunk-value evaluated-thunk) (cadr evaluated-thunk))

(define (force-it obj)
  (cond ((thunk? obj)
         (let ((result (actual-value
                         (thunk-exp obj)
                         (thunk-env obj))))
           (set-car! obj 'evaluated-thunk)
           (set-car! (cdr obj) result)   ; exp를 계산된 값으로 바꾸기
           (set-cdr! (cdr obj) '())       ; 필요 없는 env를 잊어 버리기
           result))
        ((evaluated-thunk? obj)
         (thunk-value obj))
        (else obj)))
```

---

37) 썽크 속에 있는 식의 값을 셈하고 나면, 그 식을 계산한 환경이 함께 사라진다는 점을 알아놓자. 그렇다고 하더라도, 실행기가 내놓는 값에는 차이가 없다. 다만, 공간을 아끼는 데에는 큰 도움이 된다. 왜냐하면 썽크가 가리키던 환경이 더는 쓸모없을 때, 그 환경으로 가는 고리가 사라지므로, 메모리 재활용(garbage collection)으로 그 환경 구조를 거둬들여서 다시 쓸 수 있게 만들 수 있기 때문이다. 5.3절에서 이 주제에 대하여 얘기 나누도록 하자.

이와 비슷하게 3.5.1절의 셈미룬 물체(memoized delayed object)에서도 더는 쓰지 않는 환경을 메모리 재활용으로 거둬갈 수 있도록, 프로시저 proc의 값을 셈하여 메모해 둔 다음에는 (미루어 둔 계산을 하는 데 쓴 환경까지 포함해서) memo-proc에서 (set! proc '()) 따위 방법으로, proc을 지워버릴 수 있다.

셈한 값을 기억하든 안하든, `delay-it` 프로시저는 문제없이 잘 돌아간다는 점도 알아두자.

● 연습문제 4.27

제때 실행기에 다음 정의를 입력했다고 하자.

```
(define count 0)

(define (id x)
  (set! count (+ count 1))
  x)
```

아래와 같은 차례로 식을 계산한다고 할 때 빠진 값을 채워라. 그리고 왜 그런 답이 나오는지 설명하라.[38]

```
(define w (id (id 10)))
```

```
;;; L-Eval input:
count
;;; L-Eval value:
⟨response⟩


;;;L-Eval input:
w
;;; L-Eval value:
⟨response⟩


;;;L-Eval input:
count
;;; L-Eval value:
⟨response⟩
```

---

38) 이 연습문제는 제때 계산법과 곁가지 효과(side-effect)가 뒤섞였을 때, 여러 가지 혼란스런 문제가 일어날 수 있음을 보여준다. 그런데 이는 3장의 논의를 바탕으로, 충분히 미루어 알 수 있는 사실이다.

● **연습문제** 4.28

eval에서는 연산자의 값을 셈하여 apply로 넘기려고 할 때, 그 연산자의 값을 쥐어짜기 위하여 eval이 아닌 actual-value를 쓴다. 왜 이렇게 쥐어짜야 하는지 잘 설명해 주는 보기를 하나 들어 보라.

● **연습문제** 4.29

셈한 값을 메모해 놓지 않으면, 훨씬 느리게 돌아갈 법한 프로그램을 하나 들어보라. 또한, 다음과 같은 식들을 차례대로 셈한다고 하자. 여기서 id 프로시저는 연습문제 4.27에서 정의된 것이며 count 값은 0에서 시작한다.

```
(define (square x)
  (* x x))

;;; L-Eval input:
(square (id 10))
;;; L-Eval value:
⟨response⟩

;;;L-Eval input:
count
;;; L-Eval value:
⟨response⟩
```

언어 실행기가 셈한 값을 기억하거나 기억하지 않을 때 어떤 반응이 나오는지 ⟨response⟩를 채워보라.

● **연습문제** 4.30

C 프로그래머였던 Cy D. Fect는 몇 가지 곁가지 효과^{side-effect}가 아예 생기지 않을까 봐 걱정하고 있다. 왜냐하면, 제때 실행기는 잇단 식에 들어 있는 식의 값을 억지로 셈하지 (또는 쥐어짜지) 않을 것이기 때문이다. 잇단 식을 쓰는 까닭이 대개 변수 값을 덮어쓰거나 찍는 것처럼, 식의 값을 구하는 게 아니라 오로지 곁가지 효과를 보려는 것이므로, 잇단 식에서는 맨 마지막 식의 값만 쓴다.

따라서 잇단 식에서 모든 식의 값을 억지로 셈하게 만들 만한, 예를 들어, 기본 프로시저에서 인자 값으로 쓴다던가 하는 계기가 아예 없을 수도 있다. 그래서 Cy는 잇단 식을 처리할 때 맨 마지막 식만 빼고 모든 식의 값을 쥐어짜는 게 옳다고 본다. 그의 제안대로 4.1.1절의 eval-sequence를 고쳐서 eval 대신에 actual-value를 쓰도록 만들어 보았다.

```
(define (eval-sequence exps env)
  (cond ((last-exp? exps) (eval (first-exp exps) env))
        (else (actual-value (first-exp exps) env)
              (eval-sequence (rest-exps exps) env))))
```

a. Ben Bitdiddle은 Cy가 틀렸다고 생각하고, 연습문제 2.23에 나온 for-each 프로시저를 보여주었다. 이 프로시저는 잇단 식의 곁가지 효과를 설명하는 좋은 보기다.

```
(define (for-each proc items)
  (if (null? items)
      'done
      (begin (proc (car items))
             (for-each proc (cdr items)))))
```

Ben은 위 글에 나온 (eval-sequence를 고치지 않은) 실행기로도 이 프로시저를 제대로 다룰 수 있다고 주장한다.

```
;;; L-Eval input:
(for-each (lambda (x) (newline) (display x))
          (list 57 321 88))
57
321
88
;;; L-Eval value:
done
```

for-each의 동작에 대한 Ben의 말이 왜 옳은지 설명하라.

b. Cy는 for-each에 대해서는 Ben이 옳다고 보지만, 자신이 eval-sequence
를 그렇게 고치자고 제안한 까닭은 그런 프로그램 때문이 아니었다고 하면
서, 다음과 같은 프로시저를 제때 실행기에서 정의하였다.

```
(define (p1 x)
  (set! x (cons x '(2)))
  x)

(define (p2 x)
  (define (p e)
    e
    x)
  (p (set! x (cons x '(2)))))
```

eval-sequence를 고치지 않으면, (p1 1)과 (p2 1)의 값은 무엇인가? Cy의
제안대로 eval-sequence를 고치고 나면, 어떤 값이 나올까?

c. 아울러, Cy는 자기 제안대로 eval-sequence를 고치더라도, a에서 보기로
든 프로그램의 동작에는 아무런 영향을 주지 않는다고 한다. 왜 이 말이 옳
은지 설명하라.

d. 제때 실행기에서 잇단 식을 어떻게 처리해야 옳은가? Cy가 제안한 방법이
나은가, 위 글에서 제시한 방법이 나은가? 아니면 아예 다른 방법을 쓰는 게
낫다고 보는가?

● **연습문제** 4.31
이 절에서 따르는 계산 방식은 Scheme과 뒤섞이지 못하도록 언어 실행기를
바꾸어 놓기 때문에 마음에 쏙 들지 않는다. 따라서 전처럼 Scheme 프로그램
도 잘 돌아갈 수 있도록 제때 계산법을 '위로 섞어쓸 수 있게 늘리는^{상위 호환 확}
^{장, upward-compatible extension}' 방식으로 구현하는 게 나을 수도 있다. 즉, 프로시저
선언 문법을 확장하여 인자 계산을 미룰지 말지를 쓰는 사람 마음대로 다스릴

수 있도록 하면 된다. 아울러, 제때 셈하는 경우에도 메모하는 방식을 쓸지 말
지를 쓰는 사람이 고르게 할 수도 있다. 보기를 들어, 아래 정의를 보자.

```
(define (f a (b lazy) c (d lazy-memo))
  ...)
```

위에서 f는 인자가 넷인 프로시저다. 첫째, 셋째 인자 값은 프로시저를 불러 쓸
때 곧바로 계산될 터이고, 둘째 인자 값은 셈을 미뤄둘 것이며, 넷째 인자 값은
셈을 미뤄두는 동시에 메모도 될 것이다. 따라서 그냥 프로시저를 정의하면 보
통 Scheme에서 계산한 결과와 같은 값이 나오는 한편, 합친 프로시저의 각 인
자에 lazy-memo 선언을 덧붙이면 이 절에서 정의한 제때 실행기와 같은 계산
결과가 나온다. 이와 같은 방식으로 Scheme의 처리 능력을 늘리기 위하여 어
디를 어떻게 손볼지 그 설계와 구현 기법을 보이기로 하자. 먼저, 새로운
define 문법을 다룰 수 있도록 문법 프로시저를 고칠 필요가 있겠다. 또한, 언
제까지 인자 계산을 미루어야 하는지 가늠하고, 그에 따라 인자 계산을 뒤로 미
루다가 쥐어짤 수 있도록 eval과 apply를 손보아야 하겠다. 더불어서, 썽크 값
을 메모할지 말지도 알맞게 처리해야 한다.

4.2.3 제때셈 리스트와 스트림

3.5.1절에서, 셈미룬 리스트^{delayed list}로 스트림을 어떻게 구현하는지 살펴본 바 있
다. 그때, 스트림의 cdr 값을 (언젠가) 계산하겠다는 '약속'(꼭 지킬 필요가 없는
약속이기는 하지만)을 표현하기 위하여 delay와 cons-stream이라는 새로운
특별한 형태를 선보였다. 그와 같이 언어 처리 과정^{식의 계산 과정, evaluation process}을
좀 더 강하게 다스리고자 할 때, 그에 알맞은 특별한 형태를 새로 만들어 쓰는 게
널리 쓰는 기법이다. 허나, 그런 방식을 계속 따르기에는 문제가 많다. 먼저, 특별
한 형태는 프로시저처럼 으뜸^{first-class} 물체가 아니기 때문에[*], 차수 높은^{higher-order}

---

* 역주 : 특별한 형태는 말 그대로 새로운 문법일 따름이지, 으뜸 물체(first-class object)가 아니다.

프로시저와 함께 쓰지 못한다.[39] 게다가, 스트림이 리스트와 비슷하기는 하지만 똑같지 않기 때문에, 아예 종류가 다른 데이터 물체로 표현할 수밖에 없었고, 그에 따라 (map, append 따위) 리스트 연산을 그대로 쓰지 못하여 스트림에 맞게끔 모두 다시 만들어 써야 했다.

허나, 제때 계산법에서는 스트림과 리스트가 똑같을 수도 있다. 따라서 특별한 형태도 필요 없고, 리스트 연산과 스트림 연산을 따로 만들 필요도 없다. 해야 할 일은 오로지 어떻게 간간하지 않은 cons를 만드느냐 하는 문제뿐이다. 이를 이루는 방법 하나는 앞서 만든 제때 실행기를 고쳐서 기본 원소도 간간하지 않게 만들 수 있도록 하고, cons를 그렇게 구현하는 것이다. 이보다 쉬운 방법은 (2.1.3절에서 설명한 것처럼) cons가 꼭 기본 원소가 되어야 할 까닭이 없음을 떠올려, 다음과 같이 프로시저로 쌍 데이터를 표현하는 것이다.[40]

```
(define (cons x y)
  (lambda (m) (m x y)))

(define (car z)
  (z (lambda (p q) p)))

(define (cdr z)
  (z (lambda (p q) q)))
```

위에서 정의한 기본 연산을 바탕으로 리스트 연산을 표준대로 정의하면, 끝이 있는 리스트는 물론이고 끝없는 리스트에서도 잘 맞물려 돌아간다. 아울러, 리스트 연산으로 스트림 연산을 구현할 수도 있다. 여기 몇 가지 보기가 있다.

---

39) 연습문제 4.26에 나온 unless 프로시저 문제와 똑같다.

40) 연습문제 2.4에서 설명한 프로시저 표현법(procedural representation)이다. 사실 어떤 프로시저 표현법을 써도 문제가 없다. (보기를 들어, 메시지 패싱(말 건네기) 방식으로 구현해도 된다.) 다만, 그와 같이 정의한 것을 드라이버 루프에서 입력하기만 하면, 제때 실행기 속에 들어간다는 점을 알아두자. 맨 바깥쪽 환경(바탕 환경)에 cons, car, cdr가 기본 연산으로 들어 있는 경우라도, 그 이름 값이 다시 정의된다. (연습문제 4.33과 4.34도 보자.)

```
(define (list-ref items n)
 (if (= n 0)
     (car items)
     (list-ref (cdr items) (- n 1))))

(define (map proc items)
  (if (null? items)
      '()
      (cons (proc (car items))
            (map proc (cdr items)))))

(define (scale-list items factor)
  (map (lambda (x) (* x factor))
       items))

(define (add-lists list1 list2)
  (cond ((null? list1) list2)
        ((null? list2) list1)
        (else (cons (+ (car list1) (car list2))
                    (add-lists (cdr list1) (cdr list2))))))

(define ones (cons 1 ones))

(define integers (cons 1 (add-lists ones integers)))

;;; L-Eval input:
(list-ref integers 17)
;;; L-Eval value:
18
```

이 장에서 말하는 제때셈 리스트가 3장의 스트림보다 훨씬 제때에 처리된다는 사실을 알아두자. 리스트의 cdr뿐 아니라 car에서도 계산을 뒤로 미룬다.[41] 사실 제때셈 쌍$^{lazy\ pair}$에서 car와 cdr를 뽑아낸다고 하더라도 굳이 리스트의 원소 값을 쥐

---

41) 이리하면 차례열(sequence)뿐 아니라, 리스트를 바탕으로 하는 모든 데이터 구조를 제때 계산법에 따라 만들어낼 수 있다. Huges 1990에서 '제때셈 나무(lazy tree)'를 어떻게 쓰는지 논의된 바 있다.

어쩔forcing 필요가 없다. 다시 말해, 참말 그 값이 필요할 때(이를테면, 기본 프로시저의 인자 값으로 쓸 때, 또는 값을 찍어서 보여주어야 할 때) 계산하면 된다.

또한 제때셈 쌍을 쓰면, 3.5.4절의 스트림에서 드러난 문제를 푸는 데에도 도움이 된다. 루프가 있는 시스템을 스트림 방식에 따라 정형화하려면, cons-stream 말고도 따로 delay 연산을 만들어서 프로그램 여기저기에 흩뿌리듯이 집어넣을 수밖에 없었다. 그런데 제때 계산법에서는 프로시저의 모든 인자 값 계산을 똑같이 뒤로 미룬다. 보기를 들어 설명하면, 3.5.4절에서 처음에 하려고 했던 것처럼 여러 리스트를 합쳐서integrate 미분 방정식을 풀어내는 프로시저를 짤 수 있다.

```
(define (integral integrand initial-value dt)
  (define int
    (cons initial-value
          (add-lists (scale-list integrand dt)
                     int)))
  int)

(define (solve f y0 dt)
  (define y (integral dy y0 dt))
  (define dy (map f y))
  y)

;;; L-Eval input:
(list-ref (solve (lambda (x) x) 1 0.001) 1000)
;;; L-Eval value:
2.716924
```

● **연습문제** 4.32

3장의 스트림과 이 절에서 설명한 '더 제때 셈하는' 제때셈 리스트 사이에 어떤 다른 점이 있는지 잘 드러내는 몇 가지 보기를 들어라.

● **연습문제** 4.33

Ben Bitdiddle은 다음 식의 값을 구하여, 윗 글에 나온 제때셈 리스트의 구현을 검사해 보려고 하였다.

```
(car '(a b c))
```

그런데 생각과는 달리 문제가 생겨서 깜짝 놀랐다. 조금 생각해 보니, 따온 식을 처리하여 나오는 '리스트'가, 새로 정의한 cons, car, cdr를 바탕으로 하는 리스트와 다르다는 사실을 깨닫게 되었다. 드라이버 루프에서 따옴표 친 리스트 식을 입력하면 제때셈 리스트가 나오도록 언어 실행기에서 따옴표 친 식의 처리 과정을 고쳐 보라.

● **연습문제** 4.34

언어 실행기의 드라이버 루프를 고쳐서 제때셈 쌍과 리스트가 알맞게 찍히도록 해보아라. (끝없는 리스트가 찍히도록 하려면 어떻게 해야 하는가?) 언어 실행기에서 제때셈 쌍을 찍으려 할 때, 제때셈 쌍인지 아닌지 알아볼 수 있도록 그 표현 방법을 고쳐야 할지도 모른다.

4.3 Scheme 바꿔보기 – 비결정적 계산

이 절에서는 언어 실행기에 저절로 답을 찾아내는 기능을 집어넣어서, '비결정적 계산$^{\text{nondeterministic computing}}$'이라는 프로그램 패러다임을 뒷받침할 수 있도록 Scheme 실행기의 표현력을 늘리고자 한다. 이는 4.2절에서 제때 계산법을 받아들였을 때보다 훨씬 크게 언어를 바꾸는 작업이다.

스트림 처리법과 같이 비결정적 계산은 (많은 데이터를) '만들어 내고 따져 보는$^{\text{generate and test}}$' 프로그램을 짤 때 쓸모가 많다. 보기를 들어, 양의 정수로 이루어진 리스트가 두 개 있을 때, 첫 번째 리스트의 수와 두 번째 리스트의 수를 하나씩 뽑아내어 쌍으로 묶고, 그 두 수의 합이 소수인 쌍을 찾는다고 하자. 2.2.3절에서는 같은 문제를 유한 차례열 연산$^{\text{끝이 있는 차례열 연산, finite sequence operation}}$으로, 3.5.3절에서는 무한 스트림$^{\text{끝없는 스트림, infinite stream}}$으로 풀어 본 적이 있다. 어쨌거나 이런 문제를 푸는 방식은, 만들 수 있는 쌍을 모두 차례대로 늘어놓은 다음 그 가운데 두 수의 합이 소수인 쌍만 걸러내는 것이다. 그런데 2장처럼 쌍의 차례열을 모조리 만들고 시작할 것인가, 아니면 3장처럼 만들거나 걸러 내는 일을 그때 그때 번갈아 가며 처리할 것인가 따위는, 이와 같은 계산 방식의 본질을 밝히는 것과 아무런 관계가 없는 문제다.

비결정적 접근 방식에서는 계산 과정 자체가 아예 다르게 펼쳐진다. 쉽게 생각해서 첫 번째 리스트와 두 번째 리스트에서 (어떻게든) 수를 골라내고, (어떤 기능을 사용하여) 그 합이 소수이기를 요구할 수 있다고 치자. 이런 생각을 프로시저로 옮겨써 보면 다음과 같다.

```
(define (prime-sum-pair list1 list2)
  (let ((a (an-element-of list1))
        (b (an-element-of list2)))
    (require (prime? (+ a b)))
    (list a b)))
```

위 프로시저는 문제 풀이 방법을 밝혔다기보다, 문제 자체를 다른 말로 옮겨쓴 것에 지나지 않는 듯 보인다. 그럼에도 위 프로시저는 올바른 비결정적 프로그램이다.[42]

여기서 핵심이 되는 개념은, 비결정적 언어에서 한 식의 값을 셈할 때 그 값^{답}이 여러 개 나올 수 있다는 것이다. 보기를 들어, **an-element-of** 같은 연산은 인자로 받은 리스트에서 아무 원소나 골라낼 수 있다. 이때, 알맞은 값을 골라냈는지 판정하는 일을 프로그램 실행기가 도맡는다. 그리하여, 골라낸 값이 조건에 맞아떨어지

---

42) 어떤 수가 소수인지 알아보는 프로시저 prime?은 이미 정의되어 있었다고 가정한다. 그런데 prime?은 그리 되었다 치더라도, prime-sum-pair는 마치 1.1.7절을 시작할 때 '거짓 Lisp(pseudo-Lisp)'로 써먹지도 못할 제곱근 함수를 정의하려고 했던 것처럼, 가짜 프로시저처럼 보인다. 사실 제곱근 같은 프로시저도 비결정적 프로그램의 틀을 갖추게끔 다시 짜맞출 수 있다. 이리 놓고 보면 우리는 지금 언어 실행기에 알아서 답을 찾는 기능을 집어넣어서, 답의 계산 과정을 명령하는 것(imperative specification)과 (답이 갖추어야 할 성질을) 순수하게 선언하는 것(pure declarative description)의 차이를 조금씩 줄여가는 것이다. 4.4절에서 이쪽으로 더 깊이 들어가 보자.

지 않으면, 다른 값을 골라서 계산을 이어간다. 이런 과정은 계산이 잘 끝나거나 골라낼 값이 없을 때까지 되풀이된다. 앞에서 제때 실행기를 쓰게 된 덕분에, 값을 어떻게 미루었다 필요할 때 쥐어짜 낼 것인가 하는 고민에서 벗어날 수 있었다면, 비결정적 프로그램 실행기 덕분에 값을 어떻게 골라내느냐 하는 고민에서 자유로워질 수 있다.

비결정적 계산법과 스트림 처리법이 빚어내는 서로 다른 시간 개념을 견주어 보면, 배울 게 많다. 스트림 처리법에서는, 가능한 답값들을 스트림으로 엮어내는 시점시간과 그 스트림 원소를 진짜로 만들어 내는 시점시간을 분리하기 위하여 제때 계산법을 쓴다. 그리하여 모든 가능한 답이 끝없이 차례열sequence로 펼쳐져 있다는 착각을 일으키게 된다. 한편, 비결정적 계산법에서는, 한 계산 단계에서 답이 될 만한 값들을 선택하고 살펴보는 일을 식 하나로 간추려 나타낼 수 있다. 그 값들 가운데에는 쓸모 있는 것도 있고, 버려야 할 것도 있다. 그리하여 비결정적 프로그램 실행기는, 시간이 여러 갈래로 나란히 뻗어나가는 가운데, 프로그램 하나가 여러 실행 경로를 따라간다는 착각을 불러일으킨다. 그렇게 한 갈래 길을 따라가다가 막다른 데에 이르면, 앞서 선택을 하던 시간의 갈림길로 되돌아가서, 미처 가보지 못한 길을 선택한 다음에 다시 앞으로 나아간다.

아래처럼 돌아가도록 구현한 비결정적 프로그램 실행기를 'amb 실행기'라고 하자. 이름을 amb라 지은 까닭은, 이 실행기가 amb라는 특별한 형태에 바탕을 두기 때문이다. amb 실행기의 드라이버 루프에서 prime-sum-pair를 (prime?, an-element-of, require와 함께) 정의한 다음, 아래와 같이 돌려볼 수 있다.

```
;;; Amb-Eval input:
(prime-sum-pair '(1 3 5 8) '(20 35 110))
;;; Starting a new problem
;;; Amb-Eval value:
(3 20)
```

위 값은, 언어 실행기가 정해진 조건을 만족하는 쌍을 찾을 때까지 두 리스트의 원소를 하나씩 골라내는 일을 되풀이하는 과정에서 나온 것이다.

4.3.1절에서는 amb가 어떻게 언어 실행기의 자동 찾기 기능^{저절로 찾아내는 기능,}

automatic search mechanism을 통해 비결정성을 뒷받침하는지 설명한다. 4.3.2절에
서는 비결정적 프로그램의 보기를 몇 개 들기로 하고, 이어서 4.3.3절에서는
amb 실행기를 구현하기 위하여 Scheme 실행기를 어떻게 고칠지 자세하게 살펴
보기로 한다.

4.3.1 amb와 찾기

Scheme이 비결정성을 지원하도록 만들기 위해서 amb[43]라는 특별한 형태를 쓰기
로 한다. 식 (amb $\langle e_1 \rangle$ $\langle e_2 \rangle$ ... $\langle e_n \rangle$)는 식 n개 가운데 하나의 값을 '애매하게'
내놓는다. 보기를 들어, 다음 식의 값을 구해보기로 하자.

```
(list (amb 1 2 3) (amb 'a 'b))
```

위 식을 셈하여 나올 수 있는 값은 모두 6개다.

```
(1 a)   (1 b)   (2 a)   (2 b)   (3 a)   (3 b)
```

amb가 고를 수 있는 게 하나뿐일 때에는, 값을 하나만 내놓는다.

고를 게 없는 amb 식(말하자면, (amb) 식)은 더 받아들일 수 있는 값이 없는 식
과 같다. 따라서 동작 원리로 설명하면, (amb)라는 식을 계산하였을 때 계산 과정
이 '실패'로 끝난 것이라 볼 수 있다. 즉, 계산은 중단되어 더는 값이 나오지 않는
다. 이런 생각을 바탕으로, 어떤 술어 식 p가 참이어야 하는 조건을 아래와 같이
나타낼 수 있다.

```
(define (require p)
  (if (not p) (amb)))
```

amb와 require가 있으면, 앞 보기에서 쓴 an-element-of 프로시저를 다음과 같

---

43) amb로 비결정적 프로그래밍을 한다는 생각은, 존 맥카시(John McCarthy)가 1961년에 처음으로 밝힌 바 있다
   (McCarthy 1967).

이 정의할 수 있다.

```
(define (an-element-of items)
  (require (not (null? items)))
  (amb (car items) (an-element-of (cdr items)))))
```

빈 리스트를 만나면, an-element-of는 실패로 끝난다. 그렇지 않으면, 리스트의
첫 번째 원소나 나머지 원소 가운데 하나를 애매하게 내놓는다.

아울러, 끝없는 선택 범위를 표현할 수도 있다. 다음 프로시저는 *n*과 같거나 그
보다 큰 정수를 내놓는다.

```
(define (an-integer-starting-from n)
  (amb n (an-integer-starting-from (+ n 1)))))
```

이 프로시저는 3.5.2절에 나온 스트림 프로시저 integers-starting-from와 비
슷하지만 한 가지 큰 차이가 있다. 스트림 프로시저는 *n*으로 시작하는 모든 정수
의 차례열을 내놓는다. 하지만 amb 프로시저는 정수 하나만 내놓는다.[44]

간추려 생각하면, amb 식을 계산한다는 것은 시간을 여러 갈래로 나누는 것이
라 볼 수 있다. 그리하여, 갈래마다 답이 될 수 있는 값을 하나씩 쥐고 계산이 진
행된다. 다시 말해, amb는 비결정적 선택 지점[nondeterministic choice point]을 나타낸다
고 말할 수 있다. 따라서 계산 과정에서 필요할 때 얼마든지 가져다 쓸 만큼 많은
프로세서[processor]를 가진 기계가 있다 치면, 이와 같은 찾기 과정을 있는 그대로
실현할 수 있다. amb 식이 나오기 전까지, 그 계산 과정은 순차 처리 기계[sequential
machine]에서와 다를 바가 없겠다. 허나, 일단 amb를 만나게 되면, 그 시점에서 모
든 병렬 처리 과정[parallel execution]을 하나씩 떠맡기기 위해 더 많은 프로세서를 가

---

44) 값 하나를 비결정적으로 내놓는다고 보느냐 아니면 가능한 값을 다 내놓는다고 보느냐는, 관점에 따라 다
를 수 있다. 값을 써야 하는 코드에서는, 비결정적 선택에 의해 값 하나가 나온다고 보아야겠지만, 코드를
설계하는 처지에서는 비결정적 선택에 의해 가능한 모든 값이 나온 다음에, 값을 하나하나 살피기 위하여
한 계산 과정이 여러 갈래로 나뉜다고 보는 게 맞다.

져와 갈래별로 계산을 이어갈 수 있도록 준비해야 한다. 이때, 각 프로세는 오로지 한 가지 선택만 있는 것처럼 순차 처리^{sequential processing}를 한다. 그러다가 계산 과정이 잘 마무리될 수도 있고, 실패로 끝날 수도 있으며, 다시 여러 갈래 계산으로 나뉠 수도 있다.[45]

이와 달리 프로세서가 하나밖에 없는 (아니면, 딱 몇 개밖에 없는) 기계에서는 차례대로 처리할 수 있는 방법을 만들어 내야 한다. 우선, 언어 실행기를 고쳐서 선택 지점에 이를 때마다 마구잡이로 한 가지 길^값을 고르는 방법을 생각해볼 수 있다. 그런데 마구잡이로 골라낸 값은 계산 결과를 실패로 이끌기 쉽다. 물론, 실패하지 않을 값을 찾아내기 바라며 마구잡이로 고르기를 되풀이하도록 언어 실행기를 연거푸 돌려 볼 수도 있겠으나, 그럴 바에야 어떤 체계에 따라 갈 수 있는 실행 경로^{실행 길, execution path}를 모두 뒤져 보는 편이 낫다. 이 절에서 만들어서 돌려 보고자 하는 **amb** 언어 실행기도 체계적으로 찾는^{systematically search} 방법을 쓴다. 그 방법을 간추려 보면 이렇다. 언어 실행기가 **amb** 식을 만났을 때, 처음에는 맨 첫 번째 길로 나아간다. 이를 따라가다 보면 또 다른 갈림길(곧, 선택 지점)에 이를 수 있다. 언어 실행기는 갈림길에 다다를 때마다 처음엔 언제나 첫 번째 길만 따라간다. 그 길이 실패로 끝났을 때, 언어 실행기는 마치 마술을 부리는 것처럼 automagically[46] 가장 가까운 갈림길로 되돌아가서 다른 길을 고른다. 한 갈림길에서 더 가볼 길이 없을 때에는 바로 그 전 갈림길로 되돌아가서 하던 일을 다시 이어

---

45) 이를 두고 터무니없을 만큼 효율이 떨어지는 방식이라고 고개를 절레절레 흔들어 대는 사람이 있을지도 모르겠다. 사실 이런 방식으로 문제를 푼다 치면 아무리 쉬운 문제라 하더라도 프로세서를 수백만 개나 쓸 일이 생길지도 모르고, 그 프로세서 가운데 많은 수는 아무 일도 하지 않고 놀고 있을 게 뻔하다. 허나, 이런 생각은 흘러가는 역사 속에서 스쳐 지나가는 과정이라고 보아야 한다. 한때는, 컴퓨터 메모리도 아주 비싼 물건이었다. 1964년에 1메가바이트 램 값은 거의 $400,000에 달했다. 지금은 개인용 컴퓨터에도 적잖은 메가바이트 램이 꽂혀 있으며 그 램 가운데 대부분을 실제 계산에서 쓰지 않는다. 어떤 전자 제품이 대량으로 생산되는 단계에 이르렀을 때, 그 값이 얼마가 될지 미루어 짐작하기는 그리 쉽지 않다.
(역주 : 아울러, 대량 생산 기술이 (물건 값이나 시장성 따위를 통해) 기술의 발전에 미치는 힘을 하찮게 보아서도 안 된다.)

46) automagically : "저절로, 한데 (보통 너무 복잡하거나 너무 엉망이라서, 아니면 너무 뻔해서) 어떤 까닭으로 그리 되는지 설명하고 싶은 생각이 들지 않는" (Steele 1983, Raymond 1993)

간다. 이렇게 찾는 방법을 '깊이 먼저 찾기^{깊이부터 찾기, depth-first search}, 또는 '시간 차례로 되밟기^{chronological backtracking},⁴⁷라고 한다.

드라이버 루프

amb 실행기의 드라이버 루프에는 보기 드문 성질이 몇 가지 있다. 앞에 나온 prime-sum-pair에서 그랬듯이, 식을 읽어 들인 뒤 첫 번째로 성공한 수행 결과 값을 찍는다. 그 다음 (성공한) 수행 결과 값을 보고 싶을 때에는, 실행기에게 계산 과정

---

47) 프로그래밍 언어에 저절로 (값을) 찾는 기능을 집어넣으려는 노력은 지금까지 참말 길고도 아기자기하게 이어져 왔다. 저절로 찾고 되밟는 기능(search and automatic backtracking)을 바탕으로 하여, 프로그래밍 언어에서 비결정적 알고리즘(nondeterministic algorithm)을 깔끔하게 표현할 수 있게 하자는 제안은 로버트 플로이드(Robert Floyd, 1967)가 처음 들고 나온 얘기다. 칼 휴잇(Carl Hewitt, 1969)은 언어에, 깊이 먼저 찾기 기능(depth-first search)을 붙박이(built-in)로 집어넣어서, 시간을 거슬러 저절로 되밟기(explicit and automatic chronological backtracking)를 할 수 있도록 플래너(Planner)라는 언어를 만들어 냈다. 서스먼(Sussman), 위노그라드(Winograd), 샤니악(Charniak)이 이를 바탕으로 그 기능의 일부를 구현한 마이크로 플래너(MicroPlanner)라는 언어를 만들었으며, 이를 문제풀이(problem-solving)와 로봇 플래닝(robot planning)을 하는 데 썼다(Sussman, Winograd, and Charniak 1971).

   이와 비슷한 생각이 논리와 정리 증명 분야에서도 솟아나게 되었고, 끝내 에든버러와 마르세유에서 프롤로그(Prolog)라는 멋진 언어를 만들어 내기에 이른다(프롤로그에 대하여 4.4절에서 얘기를 나누자). 그 뒤, 한동안 사람들이 저절로 찾는 기능에 대하여 충분히 좌절하고 실망한 다음에, 맥더못(McDermott)과 서스먼이 코니버(Conniver)라는 언어를 만들게 된다(McDermott and Sussman, 1972). 이 언어에는 프로그래머가 알맞은 찾기 방법(search strategy)을 골라 쓸 수 있는 기능이 들어 있다. 허나, 이런 방식은 너무 다루기가 버거운 것으로 밝혀졌다. 그 뒤, 서스먼과 스톨만(Stallman)이 기호로 나타낸 전자 회로의 분석 (symbolic analysis of electronic circuits) 방법을 찾는 가운데, 더 다루기 쉬운 방법을 찾아내게 되었다 (Sussman and Stallman, 1975). 이는 되밟기(backtracking)를 할 때 시간 차례(chronological ordering)를 따르지 않고, 여러 사실 사이에 논리적인 연관성을 추적하는 데 바탕을 둔 것으로, '의존성을 따라 되밟는(dependency-directed backtracking)' 기법으로 널리 알려지게 된다. 이 방식은 아주 복잡한 게 흠이지만, 갔던 길을 되밟는 일(redundant search)이 거의 없어서, 효율이 아주 뛰어난 프로그램을 짤 수 있다는 게 좋은 점이다. 도일(Doyle, 1979)과 맥앨러스터(McAllester, 1978, 1980)는 스톨만과 서스먼 방식을 간추리고 다듬어서 검색(search)을 정형화(formalization)하는 새로운 패러다임을 만들어 냈다. 이를 요즘에는 진위 유지(참거짓 다스리기, truth maintenance)라 한다.

   요사이 나오는 문제 풀이 시스템(problem-solving system)은 모두 어떤 식으로든 참거짓을 다스리는 시스템(truth maintenance system)에 바탕을 두고 있다. 진위 유지 시스템을 제대로 만드는 방법과 진위 유지 기법을 응용하는 데 대한 논의는 Forbes and deKleer, 1993에서 다루고 있다. Zabih, McAllester, and Chapman, 1987에서는 amb를 바탕으로 Scheme에 비결정성을 더하는 방법을 논하고 있다. 이 방법은 이 절에서 나온 실행기 개발 방법과 비슷하나, 시간 차례를 따르는 게 아니라 의존성이 이끄는 대로 되밟는 기법을 쓰기 때문에 훨씬 정교하다. Winston 1992에서 두 기법을 모두 소개하고 있다.

을 되밟아서 두 번째 수행 결과 값을 내달라고 부탁할 수 있다. 그 신호로 try-again이라는 글귀를 던져주면 된다. 이때, try-again이 아닌 다른 식이 들어오면, 실행기는 새로운 문제를 푸는 것으로 알고, 앞 문제에서 미처 살펴보지 않은 나머지 실행 경로가 있어도 이를 모두 무시한다. 아래는 그 보기다.

```
;;; Amb-Eval input:
(prime-sum-pair '(1 3 5 8) '(20 35 110))
;;; Starting a new problem
;;; Amb-Eval value:
(3 20)

;;; Amb-Eval input:
try-again
;;; Amb-Eval value:
(3 110)

;;; Amb-Eval input:
try-again
;;; Amb-Eval value:
(8 35)

;;; Amb-Eval input:
try-again
;;; There are no more values of
(prime-sum-pair (quote (1 3 5 8)) (quote (20 35 110)))

;;; Amb-Eval input:
(prime-sum-pair '(19 27 30) '(11 36 58))
;;; Starting a new problem
;;; Amb-Eval value:
(30 11)
```

● **연습문제** 4.35
정해진 범위에서 정수 하나를 골라내는 프로시저 an-integer-between을 정의하라. 이 프로시저를 써서 피타고라스의 세 수, 즉 정해진 범위에서 $i \leq j$이고 $i^2 + j^2 = k^2$인 세 정수의 쌍 (i, j, k)을 찾아내는 프로시저를 다음과 같이 짤 수 있다.

```
(define (a-pythagorean-triple-between low high)
  (let ((i (an-integer-between low high)))
    (let ((j (an-integer-between i high)))
      (let ((k (an-integer-between j high)))
        (require (= (+ (* i i) (* j j)) (* k k)))
        (list i j k)))))
```

● 연습문제 4.36

연습문제 3.69에서, 상한 값을 두지 않고 피타고라스의 세 수로 구성된 스트림 전부를 어떻게 뽑아내는지 논한 적 있다. 연습문제 4.35의 프로시저에서 an-integer-between을 an-integer-starting-from으로 그냥 맞바꾸어서는 피타고라스의 세 수가 나오지 않는다. 왜 이게 알맞은 방법이 아닌지 설명하라. (즉, try-again을 되풀이하면 끝내는 피타고라스의 세 수가 (원칙적으로는) 모조리 나오는 프로시저를 짜라.)

● 연습문제 4.37

Ben Bitdiddle은 피타고라스의 세 수를 뽑아낼 때 다음 방법을 쓰는 것이, 연습문제 4.35에서 쓴 방법보다 더 효율적이라고 주장한다. 이 말이 옳은가? (귀띔 : 꼭 살펴보아야 할 가능성이 몇 가지나 되는지 알아보라.)

```
(define (a-pythagorean-triple-between low high)
  (let ((i (an-integer-between low high))
        (hsq (* high high)))
    (let ((j (an-integer-between i high)))
      (let ((ksq (+ (* i i) (* j j))))
        (require (>= hsq ksq))
        (let ((k (sqrt ksq)))
          (require (integer? k))
          (list i j k))))))
```

4.3.2 비결정적 프로그램 짜기

4.3.3절에서 amb 실행기의 구현 기법을 설명하기 전에, 그런 기능을 어떻게 쓰는 지부터 살펴보자. 비결정적 프로그래밍의 장점은 어떻게 값을 찾아서 고를지 그 상세한 처리 방식에 마음을 쓰지 않아도 되기 때문에, 좀 더 높은 요약^{간추림} 수준 에서 프로그램을 짤 수 있다는 것이다.

논리 퍼즐

다음은 주변에서 흔히 볼 수 있는 쉬운 논리 퍼즐이다(Dinesman 1968에서 가져 왔다).

> 베이커, 쿠퍼, 플레처, 밀러, 스미스는 5층짜리 아파트에서 저마다 다른 층에 산다. 베이커는 맨 윗 층에 살지 않는다. 쿠퍼는 맨 밑 층에서 살지 않는다. 플레처는 맨 윗 층, 맨 밑 층에서도 살지 않는다. 밀러는 쿠퍼보다 높은 층에 산다. 스미스와 플 레처는 서로 이웃하는 층에 살지 않는다. 플레처도 쿠퍼도 서로 이웃하는 층에 살 지 않는다. 이 사람들은 어디서 사는가?

지금까지 밝혀진 사실을 바탕으로 모든 가능성을 늘어 놓아 보면, 층마다 누가 사는지 바로 알아낼 수 있다.[48]

---

48) 이 프로그램에서는 리스트 속 원소가 서로 다른지 따져볼 때, 아래 프로시저를 쓴다.

```
(define (distinct? items)
  (cond ((null? items) true)
        ((null? (cdr items)) true)
        ((member (car items) (cdr items)) false)
        (else (distinct? (cdr items)))))
```

여기서 두 원소가 같은 것인지 알아볼 때 eq? 대신 equal?을 쓴다는 것만 빼면, member와 memq는 다를 바 없다.

```
(define (multiple-dwelling)
  (let ((baker (amb 1 2 3 4 5))
        (cooper (amb 1 2 3 4 5))
        (fletcher (amb 1 2 3 4 5))
        (miller (amb 1 2 3 4 5))
        (smith (amb 1 2 3 4 5)))
    (require
     (distinct? (list baker cooper fletcher miller smith)))
    (require (not (= baker 5)))
    (require (not (= cooper 1)))
    (require (not (= fletcher 5)))
    (require (not (= fletcher 1)))
    (require (> miller cooper))
    (require (not (= (abs (- smith fletcher)) 1)))
    (require (not (= (abs (- fletcher cooper)) 1)))
    (list (list 'baker baker)
          (list 'cooper cooper)
          (list 'fletcher fletcher)
          (list 'miller miller)
          (list 'smith smith))))
```

윗 식 (multiple-dwelling)을 셈하면 아래와 같은 답이 나온다.

```
((baker 3) (cooper 2) (fletcher 4) (miller 5) (smith 1))
```

한데, 이 프로시저가 돌아가기는 하지만, 너무 느려서 탈이다. 연습문제 4.39와
4.40에서 좀 더 나은 방법을 알아보자.

● 연습문제 4.38

multiple-dwelling 프로시저에서 스미스와 플레처가 이웃하는 층에 살지
않는다는 조건을 빼라. 이렇게 퍼즐을 고치면 어떤 답이 몇 개나 나오는가?

● 연습문제 4.39

multiple-dwelling 프로시저에서 어떤 차례로 제약 조건을 적어 내렸느냐에
따라 답이 달라지는가? 답을 찾는 시간에는 어떤 힘을 미치는가? 이 문제가 중

요하다고 생각하면, 다른 차례로 제약 조건을 적어서 빨리 돌아가는 프로그램을 짜보라. 그렇게 생각하지 않는다면, 그 까닭을 밝혀 보라.

● 연습문제 4.40

'누가 어디에 살지?[multiple dwelling]' 문제에서, 사람을 층별로 배치하는 가지 수가 모두 얼마나 될까? 층별 배치가 서로 달라야 한다는 조건이 걸릴 때와 그렇지 아니할 때를 모두 살펴보자. 사람을 층별로 배치할 수 있는 가능성을 모두 늘어 놓은 다음에 오로지 되밟기[backtracking]에 기대어 하나씩 가능성을 줄여가는 방법을 쓴다면 너무 효율이 떨어진다. 문제를 잘 살펴보면, 거의 모든 제약조건이 사람—층 변수 한두 개에 걸려 있으므로, 모든 사람마다 살아갈 층이 정해지기 전이라도 그와 같은 조건을 바탕으로 하여 쓸모없는 계산 가지를 쳐낼 수 있다. 즉, 이전의 제약 조건으로 미리 쳐내지 못하는 가지[가능성]만 살펴서, 훨씬 효율적으로 문제를 풀어가는 비결정적 프로시저를 짜보라. (귀띔 : 1et 식을 겹쳐 써야 할 것이다.)

● 연습문제 4.41

'누가 어디에 살지?' 퍼즐을 보통 Scheme 프로그램을 짜서 풀어보라.

● 연습문제 4.42

(Philips 1934에서 가져온) 다음 '거짓말쟁이들' 퍼즐을 풀어라.

다섯 여학생이 시험을 쳤다. (학생들 생각으로는) 부모가 아이들 성적에 지나치게 관심이 많다. 그래서 시험 성적을 집으로 알리는 글에서, 이 소녀들은 저마다 참말 하나 거짓말 하나를 하기로 뜻을 모았다. 아래는 그 글에서 관계 있는 구절을 모은 것이다.

• 베티[Betty]: "키티가 시험에서 2등을 했어요. 전 3등밖에 못했어요."

- 에설^{Ethel}: "제가 1등을 했다는 걸 알면 정말 기뻐하시겠죠? 조안은 2등이에요."
- 조안^{Joan}: "전 3등인데, 불쌍한 에설은 꼴등이에요."
- 키티^{Kitty}: "제가 2등이라고 나왔어요. 메리는 4등밖에 못했죠."
- 메리^{Mary}: "전 4등이에요. 1등은 베티가 가져갔어요."

다섯 소녀는 정말로 몇 등을 했을까?

● 연습문제 4.43
다음 퍼즐을 푸는 데 amb 실행기를 써라.[49]

메리 앤 무어$^{Mary\ Ann\ Moore}$의 아버지와 네 친구들(콜로넬 다우닝$^{Colonel\ Downing}$, 홀^{Hall}, 버나클 후드$^{Barnacle\ Hood}$, 파커^{Parker} 박사)은 요트를 하나씩 갖고 있다. 이 다섯 남자는 딸을 하나씩 두었는데, 요트마다 다른 이의 딸 이름을 따다 붙였다. 버나클의 요트는 가브리엘^{Gabrielle}이고, 무어의 것은 로나^{Lorna}, 홀의 요트는 로자린드^{Rosalind}다. 콜로넬 다우닝의 요트 이름은 멜리사^{Melissa}이며, 버나클의 딸 이름을 딴 것이다. 가브리엘의 아버지는 파커 박사의 딸 이름을 땄다. 로나의 아버지는 누구인가?

효율적으로 돌아가는 프로그램을 짜보아라. (연습문제 4.40 보기) 또한 매리 앤의 성이 무어라는 걸 모른다면, 얼마나 많은 답이 나오는가?

● 연습문제 4.44
연습문제 2.42에서 체스보드에 퀸 8개를 놓되, 서로 공격하지 못하게끔 하는

---

49) 『캔사스 스테이트 엔지니어(Kansas State Engineer)』지에서 쓰고, 리튼 인터스트리스(Litton Industries)가 1960년대에 출판한 『프라블러매티컬 레크리에이션(Problematical Recreations)』이라는 작은 책자에서 빌려온 문제다.

'8퀸 퍼즐'을 설명하였다. 이 퍼즐을 푸는 비결정적 프로그램을 짜라.

자연어 문법 분석

자연어^{natural language}를 받아들이게끔 설계한 프로그램은, 글월이 정해진 문법 구조를 따르는지 맞추어 보는 일부터 시작한다. 이를 두고 글월의 문법을 분석한다^{parse}고 한다. 보기를 들어 "The cat eats"와 같이 관사, 명사, 동사^{엮음씨, 이름씨, 움직씨}로 이어지는 글월이 있다고 할 때, 이를 어찌 인식하는지 살펴보기로 하자. 글월의 짜임새를 분석해 내기 위해서는, 낱말의 품사^씨를 알아차려야 한다. 따라서 다음과 같이 여러 낱말의 갈래를 따져보는 리스트에서 출발할 수 있다.[50]

```
(define nouns '(noun student professor cat class))

(define verbs '(verb studies lectures eats sleeps))

(define articles '(article the a))
```

아울러, 각 문법^{grammar} 요소가 어떻게 더 단순한 요소로 짜맞추어지는지 밝히는 규칙도 필요하다. 여기서는, 모든 글월이 언제나 두 조각, 즉 명사구에 이어 동사가 나오는 꼴이고, 다시 명사구는 관사 뒤에 명사가 따라오는 아주 간단한 문법을 따른다고 보자. 이 문법으로 "The cat eats"라는 글월의 문법을 분석해 보면 다음과 같다.

```
(sentence (noun-phrase (article the) (noun cat))
          (verb eats))
```

위와 같이, 문법 규칙마다 이를 처리하는 프로시저를 따로 갖추고 있는 단순한 프로그램을 하나 짜서, 그 문법 분석 과정을 표현할 수 있다. 글월의 문법을 분석하기 위하여 글월에서 두 구성 요소를 뽑아낸 다음, 이런 요소들을 리스트에 묶

---

50) 리스트의 첫 요소가 그 리스트에 있는 나머지 낱말들의 품사를 가리키는 것으로 본다.

고 그 머리에 sentence라는 기호를 달아 내놓는다.

```
(define (parse-sentence)
  (list 'sentence
        (parse-noun-phrase)
        (parse-word verbs)))
```

이와 비슷하게, 명사구는 관사와 이어지는 명사를 찾아내어 문법을 분석할 수 있다.

```
(define (parse-noun-phrase)
  (list 'noun-phrase
        (parse-word articles)
        (parse-word nouns)))
```

맨 아래 단계에서는, 아직 분석되지 않은 낱말이 그 글월의 낱말 리스트에 들어 있는지 되풀이 살펴보면서 점차 문법 분석 과정을 줄여 나가는 것으로 볼 수 있다. 이를 실현하기 위해서, 맨 바깥쪽 환경에 *unparsed*라는 변수를 두고 아직 문법을 분석하지 않은 입력을 나타낸다. 낱말을 하나씩 살펴볼 때마다 *unparsed*가 비어 있지 않으며 지정한 리스트에 들어 있는 낱말로 시작되는지 부터 따진다. 그리되면, *unparsed*에서 그 낱말을 지운 다음, (리스트의 머리에 있는) 그 낱말과 낱말의 품사를 리스트로 묶어서 내놓는다.[51]

```
(define (parse-word word-list)
  (require (not (null? *unparsed*)))
  (require (memq (car *unparsed*) (cdr word-list)))
  (let ((found-word (car *unparsed*)))
    (set! *unparsed* (cdr *unparsed*))
    (list (car word-list) found-word)))
```

문법 분석을 시작하기 위해서 해야 할 일은 *unparsed*를 전체 입력으로 놓고,

---

51) parse-word가 아직 파싱하지 않는 리스트를 고칠 때 set!를 쓴다는 사실을 알아두자. 이렇게 돌아가게 만들려면, amb 실행기가 되밟기(backtracking)를 할 때 set! 효과를 되돌릴(undo) 수 있어야 한다.

글월의 문법을 분석하면서, 남은 게 있는지 확인하는 일뿐이다.

```
(define *unparsed* '())

(define (parse input)
  (set! *unparsed* input)
  (let ((sent (parse-sentence)))
    (require (null? *unparsed*))
    sent))
```

이제 문법분석기^{parser}를 돌려서 간단한 글월을 제대로 처리해 내는지 확인해 보자.

```
;;; Amb-Eval input:
(parse '(the cat eats))
;;; Starting a new problem
;;; Amb-Eval value:
(sentence (noun-phrase (article the) (noun cat)) (verb eats))
```

여기서 amb 실행기가 쓸모 있는 까닭은 require의 도움으로 글월 분석 조건을 나타내기가 편하기 때문이다. 허나, 더 복잡한 문법을 처리할 때에는 문법 단위를 분해하는 방법이 여러 가지일 수도 있으니, 그에 따른 찾기와 되밟기에서 그만한 대가를 치러야 한다.

이번에는 이 문법에 전치사 리스트를 집어넣어 보자.

```
(define prepositions '(prep for to in by with))
```

그런 다음에 전치사에 이어서 명사가 오는 (예를 들어 "for the cat")를 정의하자.

```
(define (parse-prepositional-phrase)
  (list 'prep-phrase
        (parse-word prepositions)
        (parse-noun-phrase)))
```

이제 명사구 다음에 동사구가 오는 글월을 정의할 수 있다. 여기서 동사구는 동

사 하나이거나 전치사구가 붙어 있는 동사구가 될 수 있다.[52]

```
(define (parse-sentence)
  (list 'sentence
        (parse-noun-phrase)
        (parse-verb-phrase)))

(define (parse-verb-phrase)
  (define (maybe-extend verb-phrase)
    (amb verb-phrase
         (maybe-extend (list 'verb-phrase
                             verb-phrase
                             (parse-prepositional-phrase)))))
  (maybe-extend (parse-word verbs)))
```

이쯤 되면, "a cat in the class" 같은 글월도 받아들일 수 있게끔 명사구를 더 정교하게 정의할 수 있다. 즉, 지금까지 명사구라 하던 것은 단순한 명사구라 보고, 이제부터 그냥 명사구라 하면 단순한 명사구이거나 전치사가 붙어 있는 명사구를 뜻한다.

```
(define (parse-simple-noun-phrase)
  (list 'simple-noun-phrase
        (parse-word articles)
        (parse-word nouns)))

(define (parse-noun-phrase)
  (define (maybe-extend noun-phrase)
    (amb noun-phrase
         (maybe-extend (list 'noun-phrase
                             noun-phrase
                             (parse-prepositional-phrase)))))
  (maybe-extend (parse-simple-noun-phrase)))
```

---

52) 이 정의가 되돌고(recursive) 있음을 눈여겨보자. 즉, 동사 하나 뒤에 여러 전치사구가 따라올 수 있다.

새 문법을 바탕으로 더 복잡한 글월의 문법을 분석할 수 있다. 보기를 들어 다음과 같은 글월이 있다고 하자.

```
(parse '(the student with the cat sleeps in the class))
```

이 글월의 문법을 분석한 결과는 다음과 같다.

```
(sentence
  (noun-phrase
    (simple-noun-phrase (article the) (noun student))
    (prep-phrase (prep with)
                 (simple-noun-phrase
                  (article the) (noun cat))))
  (verb-phrase
    (verb sleeps)
    (prep-phrase (prep in)
                 (simple-noun-phrase
                  (article the) (noun class)))))
```

글월 하나에서 여러 가지 문법에 맞는 문법 분석 방법이 나올 수 있음을 알아두자. "The professor lectures to the student with the cat."이라는 글월이 있을 때, professor가 cat과 함께 강의할 수도 있고, student가 cat을 가지고 있다고 볼 수도 있다. 지금까지 만든 비결정적 프로그램은 두 가능성을 모두 찾아낸다.

```
(parse '(the professor lectures to the student with the cat))
```

그리하여 위 글월의 문법 분석 결과는 다음과 같다.

```
(sentence
  (simple-noun-phrase (article the) (noun professor))
  (verb-phrase
    (verb-phrase
     (verb lectures)
     (prep-phrase (prep to)
                  (simple-noun-phrase
                   (article the) (noun student))))
    (prep-phrase (prep with)
                 (simple-noun-phrase
                  (article the) (noun cat)))))
```

언어 실행기보고 알맞은 값을 한 번 더 찾아보라고 부탁하면 다음과 같은 결과를
내놓는다.

```
(sentence
  (simple-noun-phrase (article the) (noun professor))
  (verb-phrase
    (verb lectures)
    (prep-phrase (prep to)
                 (noun-phrase
                  (simple-noun-phrase
                   (article the) (noun student))
                  (prep-phrase (prep with)
                               (simple-noun-phrase
                                (article the) (noun cat)))))))
```

● **연습문제** 4.45
위에 주어진 문법을 바탕으로 "The professor lectures to the student in the class
with the cat."을 문법 분석하는 방법은 다섯 가지다. 이 다섯 가지 문법 분석 과
정을 보여주고, 그에 따라 글 뜻이 어떻게 달라지는지도 설명하라.

● **연습문제** 4.46
4.1절과 4.2절에 나온 실행기에서는 피연산자를 어떤 차례로 셈하는지 따지지
않았다. 한데, amb 실행기는 왼쪽에서 오른쪽으로 피연산자를 셈한다. 피연산
자가 이와 다른 차례로 셈하면, 문법 분석 프로그램이 올바로 돌아가지 않는
다. 왜 그런지 설명하라.

● **연습문제** 4.47
Louis Reasoner는 동사구가 동사 하나이거나 동사구 뒤에 전치사구가 붙은
꼴이므로, 다음과 같이 parse-verb-phase를 정의하는 편이 훨씬 쉽다고
본다.

```
(define (parse-verb-phrase)
  (amb (parse-word verbs)
       (list 'verb-phrase
             (parse-verb-phrase)
             (parse-prepositional-phrase)))))
```

이게 맞는 말인가? amb에서 식의 차례를 서로 바꿔 버리면 프로그램이 달리 움직이는가?

● **연습문제** 4.48

문법을 더 늘려서 훨씬 복잡한 글월을 다룰 수 있도록 만들어 보자. 보기를 들어, 형용사^{그림씨}, 부사^{어찌씨}까지 넣을 수 있도록 명사구와 동사구의 정의를 손본다거나, (and나 but 따위 접속사^{이음씨}로) 합친 글월을 다룰 수 있게끔 문법을 늘려 보라.⁵³

● **연습문제** 4.49

Alyssa P. Hacker는 글월의 문법을 분석하는 것보다는 재미있는 글월을 만들어 내는 데 관심이 많다. 또한, '받아온 글월^{input sentence}'은 무시해 버리고 그 대신 언제나 어떤 낱말을 만들어 내고 성공으로 끝나게끔 parse-word라는 프로시저를 고치면, 문법 분석하려고 짠 프로그램을 생성하는 일에도 쓸 수 있을 것이라 생각한다. Alyssa의 생각을 실현하고, 그렇게 만들어 낸 글월을 대여섯 개 보여라.⁵⁴

---

53) 이런 문법은 얼마든지 복잡해질 수 있다. 허나, 이를 진짜 언어에 견준다면 그저 장난일 뿐이다. 컴퓨터가 진짜 자연어를 알아듣도록 하려면, 문법 분석과 뜻의 해석이 정교하게 엮여야 한다. 한편, 정보 검색 시스템(information-retrieval systems) 같은 프로그램에서 유연한 명령어(flexible command language)를 처리하는 데 쓸 목적이라면 장난감 같은 문법 분석기라도 꽤 쓸모가 있다. Winston 1992에서 진짜 언어를 컴퓨터로 처리하는 방식과 간단한 문법을 응용하여 명령어를 처리하는 방식을 논하고 있다.

54) Alyssa 생각대로 해보면 잘 돌아가기는 하나 (또 참말 단순하지만), 그렇게 만들어 내는 글월은 좀 따분하다. 사실 이 프로그램으로는 이 언어에서 만들어낼 수 있는 글월을 아주 재미있는 방법으로 뽑아내지 못한다. 사실 이 언어의 문법이 여러 군데서 뱅뱅 되돌게끔(highly recursive) 정의되어 있는데, Alyssa가 쓴 기법으로는 그렇게 되는 곳 가운데 어디 하나에 '말려들어서' 헤어나지 못하는 경우가 생긴다. 이런 문제를 푸는 한 가지 방법을 연습문제 4.50에서 내놓았다.

4.3.3 amb 실행기 구현

Scheme에서 보통 식을 셈하면, 제대로 값이 나오거나 아예 식이 끝나지 않을 때도 있으며, 때로 잘못을 알릴 때도 있다. 게다가, 비결정적 Scheme에서는 식의 계산 과정이 막다른 길에 이를 때가 있고, 그런 경우 바로 앞의 갈림길로 되돌아가야만 한다. 비결정적 Scheme을 해석하는 일이 복잡한 까닭은 바로 이 때문이다.

4.1.7절에서 만든 문법을 분석하는 해석기$^{analyzing\ evaluator}$를 고쳐서 비결정적 Scheme을 위한 **amb** 실행기를 만들어 보자.[55] 앞에서 나온 문법을 분석하는 해석기에서와 마찬가지로, **amb** 실행기에서도 식의 값을 구하는 일은 그 식의 분석 과정에서 만들어 낸 실행 프로시저를 부르는 것으로 마무리된다. 그에 따라, 그냥 Scheme과 비결정적 Scheme의 해석을 견주어 볼 때, 그 모든 차이점은 고스란히 실행 프로시저에 있다.

실행 프로시저와 앞으로 할 일^{continuation}

앞서 Scheme 실행기에서는 그 실행 프로시저가 인자 하나, 곧 실행 환경$^{environment\ of\ execution}$을 받았다. 이와 달리, **amb** 실행기에서는 그 실행 프로시저가 인자를 3개 받는데, 처음 것이 환경이고 나머지 둘은 프로시저다. 여기서 두 프로시저를 한데 일컬어 앞으로 할 일의 프로시저$^{continuation\ procedure}$라 한다. **amb** 실행기에서 식의 계산 과정은 다음 할 일의 프로시저 가운데 하나를 불러 마무리된다. 계산 결과로 어떤 값이 나오면, 그 값을 가지고 **성공한 다음 할 일**$^{success\ continuation}$을 부른다. 계산이 막다른 길에 이르면, **실패한 다음 할 일**$^{failure\ continuation}$을 부른다. 비결정적 실행기의 되밟기 기능은, 알맞은 앞으로 할 일^{continuation}을 짜맞추고 불러 쓰는 방식을 바탕으로 하여 실현된다.

성공한 다음 할 일의 소임은 값을 하나 받아서 계산 과정을 이어가는 것이다.

---

55) 제때 실행기를 만들 적에는, 4.1.1절의 메타써큘러 실행기를 고쳐 썼으나 amb 실행기를 만들 때에는 4.1.7절에 나온 문법을 분석하는 해석기를 바탕으로 한다. 왜냐하면, 그 해석기의 실행 프로시저들을 고쳐서 되밟는 기능을 구현하는 게 더 편하기 때문이다.

성공에 이어 할 일은, 그 값과 함께 실패에 이어 할 일도 넘기는데, 뒤에 이어지는 계산 과정이 막다른 길에 이르면 그 프로시저를 불러 쓴다.

실패한 다음 할 일이 맡은 소임은 비결정적 프로세스에서 또 다른 길을 따라 계산이 이어지도록 하는 것이다. 사실 비결정적 언어의 핵심은, 여러 대안 중 가능한 선택을 식으로 나타내자는 것이다. 따라서 한 식의 값을 구하는 과정에서 어떤 길을 따라가야 답이 나올지 미리 점칠 수 없다고 해도, 밝혀진 갈림길 가운데 한 길을 골라서 계산을 이어가야 한다. 이를 처리하기 위하여, 언어 실행기는 여러 값 중 하나를 고른 다음에 그 값을, 성공한 다음 할 일에 넘긴다. 이 값을 넘길 때, 실패한 다음 할 일도 만들어 넘기는데, 나중에 다른 대안을 고르기 위해 이 프로시저를 불러 쓴다.

식의 값을 구하는 과정에서 비결정적 프로그램이 확실하게 현재 행을 받아들이지 못할 때(보기를 들어, require를 부른 결과로 (amb) 식이 돌아갈 수 있다. 4.3.1절에서 밝힌 대로 (amb)는 언제나 실패로 끝나는 계산을 나타내는 식이다.) 그 계산 과정은 실패로 이어지고, 실패한 다음 할 일을 부른다. 그 지점에서 실패한 다음 할 일은 다른 대안^{가보지 않은 다른 길}을 고르기 위하여, 계산 과정을 되밟아서 바로 앞 갈림길로 돌아간다. 거기에서도 가볼 길^{대안}이 남지 않았으면, 그 계산 과정마저 실패로 끝난 것이므로, 다시 그 앞의 갈림길로 되돌아간다. 이런 과정이 계속 이어진다. 드라이버 루프에서 try-again이라는 부탁을 받을 때에도, 식의 다른 값을 찾아보기 위하여 실패한 다음 할 일을 부른다.

아울러, 어떤 선택에서 이어지는 한 갈래 계산 과정에서 (변수 값 덮어쓰기^{assignment} 같은) 곁가지 효과^{side effect}가 일어난다면, 프로세스가 막다른 길에 이르러서 새로운 선택을 하기 전에 그 효과를 되돌려 놓아야 할 경우가 있다. 이런 일을 처리하는 방법은, 곁가지 효과를 내는 연산에서 실패한 다음 할 일^{failure continuation}을 만들어 내도록 하여, 그 프로시저가 그런 효과를 되돌려 놓고 실패로 끝난 계산 과정을 이어가도록 만드는 것이다.

실패한 다음 할 일이 나오는 경우를 간추려 보면 다음과 같다.

- amb 식 : 현재 선택이 amb 식을 만나 막다른 길에 이르렀을 때, 다른 대안을 선택할 방법을 마련하기 위하여
- 맨 위 드라이버 : 모든 대안을 써버렸을 때, 계산이 실패로 끝났음을 알릴 목적으로
- 덮어쓰기 : 계산 과정을 되밟는 가운데 실패를 가로채어 덮어쓰기 효과를 되돌려 놓고자 할 때

막다른 길에 이르렀을 때에만 실패가 일어나는데, 그런 경우는 다음과 같다.

- 프로그램에서 (amb)를 돌릴 때
- 맨 위 드라이버에서 try-again이라는 글귀를 받았을 때

아울러, 다음과 같이 실패로 끝난 계산 과정을 처리하는 동안에도 실패한 다음 할 일을 불러 쓴다.

- 덮어쓰기 연산 때문에 생겨난 실패한 다음 할 일이 그 곁가지 효과를 되돌려 놓고 나면, 잠시 가로챘던 실패한 다음 할 일을 다시 불러서, 실패로 끝난 계산 흐름을 (덮어쓰기 연산을 이끌어 낸) 바로 앞의 갈림길이나 맨 꼭대기$^{top\text{-}level}$로 이어지게끔 한다.
- 한 amb 식에서 나온 실패한 다음 할 일에서 살펴볼 대안이 더는 없을 때, 그 amb 식이 처음에 받았던 실패한 다음 할 일을 부른다. 그리하여 실패로 끝난 계산 흐름이 그 앞의 갈림길이나 맨 꼭대기로 이어지게 한다.

실행기의 구조

amb 실행기에서 쓸, 문법과 데이터 표현 프로시저, 또한 기본 analyze 프로시저까지도 4.1.7절에 나온 것과 같다. 다만, amb라는 특별한 형태를 받아들이기 위하

여 다음과 같은 문법 프로시저가 더 필요할 따름이다.[56]

```
(define (amb? exp) (tagged-list? exp 'amb))

(define (amb-choices exp) (cdr exp))
```

아울러 analyze 프로시저에서 식의 갈래를 따져볼 때, amb 특별한 형태를 알아보고 알맞은 실행 프로시저를 만들어 내는 절을 보태야 한다.

```
((amb? exp) (analyze-amb exp))
```

(4.1.7절에 나온 eval과 비슷한) 맨 위 프로시저 ambeval은 식을 받아서 분석한 다음에, 그 결과로 얻은 실행 프로시저를 두 다음 할 일[continuation]의 프로시저와 함께 받아온 환경에 적용한다.

```
(define (ambeval exp env succeed fail)
  ((analyze exp) env succeed fail))
```

성공한 다음 할 일은 인자를 두 개 받는 프로시저다. 하나는 방금 얻은 값이고 다른 하나는 그 값이 실패로 이어질 때 불러 써야 할 실패한 다음 할 일이다. 이때, 실패한 다음 할 일은 인자가 없는 프로시저다. 그리하여 수행 프로시저의 생김새를 간추려 보면 다음과 같다.

```
(lambda (env succeed fail)
  ;; succeed is (lambda (value fail) ...)
  ;; fail is (lambda () ...)
  ...)
```

보기로, 다음 식을 돌려보자.

---

56) 앞서 비결정적 프로그램의 몇 가지 보기를 들 적에도 그러하였듯이, 이 언어 실행기에서 let을 쓸 수 있다고 치자(연습문제 4.22).

```
(ambeval ⟨exp⟩
        the-global-environment
        (lambda (value fail) value)
        (lambda () 'failed))
```

식을 계산하면, (계산이 성공할 때) 그 값을 내놓거나 (계산이 실패로 끝날 때) 이
계산 과정이 실패로 끝났다는 글귀를 내놓는다. (저 아래에 나오는) 드라이버 루
프에서 ambeval을 불러 쓰려면 아주 복잡한 다음 할 일 프로시저가 필요한데, 이
프로시저가 루프를 이어가면서 try-again을 처리하게 된다.

  amb 실행기에서는, 실행 프로시저가 서로를 불러 쓰면서 앞으로 할 일을 건네
주는 방식이 복잡하다. 따라서 다음에 나오는 코드를 훑어 볼 적에는, 4.1.7절에
나오던 Scheme 언어 실행기를 펼쳐 놓고 서로 해당하는 실행 프로시저를 견주어
살펴보아야 한다.

간단한 식

아주 간단한 식을 위한 실행 프로시저는 앞으로 할 일^{continuation}을 다루어야 한다
는 점만 빼면 보통 언어 실행기와 다를 바 없다. 그 실행 프로시저에서는 그저 앞
의 계산 과정에서 건네받은 실패한 다음 할 일과 식의 값을 가지고 succeed를 부
르면 끝이다.

```
(define (analyze-self-evaluating exp)
  (lambda (env succeed fail)
    (succeed exp fail)))

(define (analyze-quoted exp)
  (let ((qval (text-of-quotation exp)))
    (lambda (env succeed fail)
      (succeed qval fail))))

(define (analyze-variable exp)
  (lambda (env succeed fail)
    (succeed (lookup-variable-value exp env)
             fail)))
```

```
(define (analyze-lambda exp)
  (let ((vars (lambda-parameters exp))
        (bproc (analyze-sequence (lambda-body exp))))
    (lambda (env succeed fail)
      (succeed (make-procedure vars bproc env)
               fail))))
```

변수 찾기가 언제나 '성공으로 끝난다^{succeed}'는 사실을 눈여겨보자. 다시 말해서, lookup-variable-value가 변수를 찾지 못하면, 예전처럼 잘못이 생겼음을 알리고 끝난다. 이런 '실패^{failure}'는 프로그램 오류다. 즉, 정의하지 않는 변수를 쓰려다가 잘못되었을 뿐이지, 지금 고른 길 말고 다른 길을 골라야 한다는 뜻이 아니다.

조건 식과 차례식

조건 식도 보통 실행기와 비슷한 방법으로 다룬다. analyze-if가 만들어 낸 실행 프로시저는 pproc이라는 술어 실행 프로시저$^{predicate\ execution\ procedure}$를 부르는데, 성공한 다음 할 일을 이 프로시저에 인자 값으로 넘겨서, 술어의 답이 참인지 알아보고 그에 따라 결과 식이나 대안 식을 수행하도록 한다. pproc이 실패로 끝나면, 처음에 if 식이 들고 있던 실패한 다음 할 일을 불러 쓴다.

```
(define (analyze-if exp)
  (let ((pproc (analyze (if-predicate exp)))
        (cproc (analyze (if-consequent exp)))
        (aproc (analyze (if-alternative exp))))
    (lambda (env succeed fail)
      (pproc env
             ;; 성공했을 때 할 일
             (lambda (pred-value fail2)
               (if (true? pred-value)
                   (cproc env succeed fail2)
                   (aproc env succeed fail2)))
             ;; 실패했을 때 할 일
             fail))))
```

차례식을 다루는 방법 역시 앞서 만든 언어 실행기에서 쓰던 방법과 크게 다를 바 없다. 다만, 앞으로 할 일을 건네주기 위하여 sequentially라는 하위 프로시저^{subprocedure}를 만들어서 꼼수를 부려야 한다는 게 다르다. 다시 말해, a 다음에 b 를 차례대로 돌리기 위해서, b를 불러 쓰는 성공한 다음 할 일에서 a를 부른다.

```
(define (analyze-sequence exps)
  (define (sequentially a b)
    (lambda (env succeed fail)
      (a env
          ;; 성공했을 때 호출할 함수
          (lambda (a-value fail2)
            (b env succeed fail2))
          ;; 실패했을 때 할 일
          fail)))

  (define (loop first-proc rest-procs)
    (if (null? rest-procs)
        first-proc
        (loop (sequentially first-proc (car rest-procs))
              (cdr rest-procs))))
  (let ((procs (map analyze exps)))
    (if (null? procs)
        (error "Empty sequence -- ANALYZE"))
    (loop (car procs) (cdr procs))))
```

정의와 덮어쓰기

정의는 앞으로 할 일 기법으로 다루기가 까다로운 경우다. 왜냐하면, 변수를 새로 정의내리기 전에 정의-값 식을 처리해야 하기 때문이다. 이런 일을 해낼 수 있도록 정의-값 실행 프로시저^{definition-value execution procedure} vproc을 부를 때 환경과 성공한 다음 할 일과 실패한 다음 할 일을 인자로 넘긴다. vproc의 실행이 성공을 거두면, 그 과정에서 얻은 val 값으로 변수를 정의한 다음에 성공한 계산을 이어간다.

```
(define (analyze-definition exp)
  (let ((var (definition-variable exp))
        (vproc (analyze (definition-value exp))))
    (lambda (env succeed fail)
      (vproc env
             (lambda (val fail2)
               (define-variable! var val env)
               (succeed 'ok fail2))
             fail))))
```

덮어쓰기를 처리하는 방법은 좀 더 재미있다. 왜냐하면, 앞으로 할 일을 그냥 넘겨주는 데 그치지 않고, 처음으로 제대로 쓰게 되는 경우가 바로 이곳이기 때문이다. 덮어쓰기를 위한 실행 프로시저는 변수의 정의를 처리할 때와 비슷하게 시작한다. 우선, 변수에 덮어쓸 값을 얻기 위하여 **vproc**을 부른다. 이 계산이 실패하면 덮어쓰기도 실패로 끝난다.

허나, **vproc**이 성공하여 계산 과정이 이어지면, 나중에 이 계산이 실패로 끝날 때, 덮어쓰기에서 벗어나서 계산 과정을 되밟아야 할 가능성을 고려해야 한다. 따라서 되밟는 프로세스^{backtracking process}를 거치는 동안 덮어쓴 값을 되돌려 놓는 작업이 필요하다.[57]

이런 문제는, 변수에 새 값을 집어넣기 전에 그 변수의 값을 보관하는, 성공한 다음 할 일(아래에 있는 코드에서 *1*로 표시했다)을 만들어, 이를 **vproc**의 인자로 건네주는 방법을 쓰면 해결할 수 있다. 변수에 덮어쓸 값과 함께 인자로 넘겨받은 (밑에 *2*로 표시해둔) 실패한 다음 할 일은, 실패로 끝난 계산을 이어가기에 앞서, 그 변수의 값을 옛 값으로 되돌려 놓는다. 즉, 덮어쓰기가 성공으로 끝난 경우에는 나중에 실패로 끝날 수도 있는 계산 과정을 가로챌 수 있도록 실패에 이어 할 일 프로시저^{failure continuation procedure}를 만들어 건네준다. 그리하여 어떤 식으로 계산이 실패하였든 간에 끝내 **fail2**를 불러 쓰도록 되어 있었다면, **fail2** 대신 이 프로시저를 불러서 덮어쓰기한 효과를 원 상태로 돌려놓는다.

---

57) 4.1.6절에서 밝힌 대로, 어차피 안쪽 정의는 모두 훑어 내어(scanning out) 처리할 것이라 볼 수 있기 때문에, 정의한 것을 정의하지 않은 것으로 되돌려 놓는 일은 걱정하지 않았다.

```
(define (analyze-assignment exp)
  (let ((var (assignment-variable exp))
        (vproc (analyze (assignment-value exp))))
    (lambda (env succeed fail)
      (vproc env
             (lambda (val fail2)              ; *1*
               (let ((old-value
                      (lookup-variable-value var env)))
                 (set-variable-value! var val env)
                 (succeed 'ok
                          (lambda ()       ; *2*
                            (set-variable-value! var
                                                 old-value
                                                 env)
                            (fail2)))))
             fail))))
```

프로시저 적용^{프로시저 맞춤}

프로시저 적용을 위한 실행 프로시저는 앞으로 할 일^{continuation}을 다스리기 위해 복잡한 기법을 써야 한다는 점만 빼면 전혀 새로울 게 없다. 프로시저 적용을 처리하는 과정에서 **analyze-application**이 복잡해지는 까닭은, 피연산자의 값을 구할 때 그 성공한 다음 할 일과 실패한 다음 할 일을 추적할 필요가 있기 때문이다. 아울러, 피연산자 리스트를 처리할 때에도 앞서 나온 실행기에서처럼 그냥 **map**을 쓰지 않고, **get-args**라는 프로시저를 쓴다.

```
(define (analyze-application exp)
  (let ((fproc (analyze (operator exp)))
        (aprocs (map analyze (operands exp))))
    (lambda (env succeed fail)
      (fproc env
             (lambda (proc fail2)
               (get-args aprocs
                         env
                         (lambda (args fail3)
                           (execute-application
                            proc args succeed fail3))
                         fail2))
             fail))))
```

아래 get-args 프로시저에서 실행 프로시저 리스트(aprocs)를 어떻게 처리하는지 눈여겨보자. 실행 프로시저 aproc들의 리스트(aprocs)를 cdr로 따라 내려가며 그 결과로 얻은 args 리스트를 다시 cons로 묶어올리기 위하여, aprocs 리스트에 들어 있는 실행 프로시저(aprocs)를 하나씩 부를 때마다, 성공한 다음 할 일을 인자로 넘겨주는데, 이 성공에 이어 할 일 프로시저^{success continuation}가 다시 get-args를 되돌기 방식으로^{recursively} 불러 쓰고 있다. get-args를 되도는 호출^{재귀 호출, recursive call}을 할 때마다 또 다른 성공한 다음 할 일을 인자로 넘기는데, 이 성공에 이어 할 일의 값이 args(지금까지 얻은 인자를 묶어 놓은 리스트)와 arg(새로 얻은 인자)를 cons한 결과다.

```
(define (get-args aprocs env succeed fail)
  (if (null? aprocs)
      (succeed '() fail)
      ((car aprocs) env
                    ;; 성공했을 때 aprocs을 위해 할 일
                    (lambda (arg fail2)
                      (get-args (cdr aprocs)
                                env
                                ;; 성공했을 때 get-args을 위해 할 일
                                (lambda (args fail3)
                                  (succeed (cons arg args)
                                           fail3))
                                fail2))
                    fail)))
```

실제 프로시저의 적용 과정은 execute-application이 처리하는데, 앞으로 할 일^{continuation}을 다스릴 필요가 있다는 점만 빼면, 앞서 만든 실행기에서 썼던 방법과 같다.

```
(define (execute-application proc args succeed fail)
  (cond ((primitive-procedure? proc)
         (succeed (apply-primitive-procedure proc args)
                  fail))
        ((compound-procedure? proc)
         ((procedure-body proc)
          (extend-environment (procedure-parameters proc)
                              args
                              (procedure-environment proc))
          succeed
          fail))
        (else
         (error
          "Unknown procedure type -- EXECUTE-APPLICATION"
          proc))))
```

amb 식의 값을 구하는 과정

amb 특별한 형태는 현 비결정적 언어에서 가장 중요한 원소다. 여기서는 실행 interpretation 과정의 핵심을 짚어보고, 왜 앞으로 할 일을 추적해야 하는지 알아보기로 한다. amb를 위한 실행 프로시저는 **try-next** 루프를 정의하는데, 이 루프가 amb 식에서 나올 수 있는 값마다 이를 처리하는 각 실행 프로시저를 순환한다. 각 실행 프로시저를 불러 쓸 때, 그 인자로 넘어가는 실패한 다음 할 일failure continuation에서 그 다음 실행 프로시저를 불러 쓴다. 더 살펴볼 대안이 없으면, amb 식의 계산 과정이 실패로 끝난다.

```
(define (analyze-amb exp)
  (let ((cprocs (map analyze (amb-choices exp))))
    (lambda (env succeed fail)
      (define (try-next choices)
        (if (null? choices)
            (fail)
            ((car choices) env
                           succeed
                           (lambda ()
                             (try-next (cdr choices))))))
      (try-next cprocs))))
```

드라이버 루프

amb 실행기의 드라이버 루프는 복잡하다. 필요에 따라 식을 다시 계산해 달라는 부탁을 받아들이도록 만들어야 하기 때문이다. 드라이버는 internal-loop라는 프로시저를 쓰는데, 이 프로시저가 try-again 프로시저를 인자로 받는다. 비결정적 계산 과정에서는, try-again을 부를 때 계산 과정을 다시 이어가기 위하여 아직 살펴보지 않은 다른 대안을 살펴본다. internal-loop에서는, 드라이버 루프에서 try-again이라는 글귀를 받고 try-again 프로시저를 부르거나, 아니면 새로운 계산을 시작하기 위해서 ambeval을 부른다.

ambeval을 불러 쓸 때, 그 인자로 넘기는 실패한 다음 할 일에서는 앞 계산 과정에서 더 살펴볼 값이 남아 있지 않아서 드라이버 루프를 다시 시작한다고 알려준다.

ambeval에 인자로 건네줄 성공한 다음 할 일은 조금 묘하게 돌아간다. 먼저 인자로 받은 값(val)을 찍는다. 그런 다음에 internal-loop 프로시저를 다시 불러 쓰는데, 이 프로시저가 try-again 프로시저, 즉 남아 있는 다른 대안[*]을 따라가 보기 위하여 프로시저 하나를 인자로 받는다. 바로 이 next-alternative 프로시저가, 성공한 다음 할 일이 받아오는 두 번째 인자다. 지금까지는 보통 이 둘째 인자를 현 계산 과정이 나중에 실패로 끝났을 때 불러 쓸 실패한 다음 할 일로 보았다. 허나, 이번에는 앞 계산 과정이 이미 잘 마무리되었기 때문에, 성공한 계산의 또 다른 답을 찾아보려는 시도가 있을 때,[*] 남아 있는 다음 대안을 따라가 보기 위하여 '실패'가 가는 길을 밟는다.

```
(define input-prompt ";;; Amb-Eval input:")
(define output-prompt ";;; Amb-Eval value:")
```

---

[*] 역주 : 드라이버 루프에서 try-again이라는 글귀를 넣었을 때를 말한다.

```
(define (driver-loop)
 (define (internal-loop try-again)
   (prompt-for-input input-prompt)
   (let ((input (read)))
     (if (eq? input 'try-again)
         (try-again)
         (begin
           (newline)
           (display ";;; Starting a new problem ")
           (ambeval input
                     the-global-environment
                     ;; ambeval의 성공한 다음 할 일
                     (lambda (val next-alternative)
                       (announce-output output-prompt)
                       (user-print val)
                       (internal-loop next-alternative))
                     ;; ambeval의 실패한 다음 할 일
                     (lambda ()
                       (announce-output
                        ";;; There are no more values of")
                       (user-print input)
                       (driver-loop)))))))
 (internal-loop
  (lambda ()
    (newline)
    (display ";;; There is no current problem")
    (driver-loop))))
```

처음으로 internal-loop를 돌릴 때 try-again 프로시저를 불러 쓰는데, 이 프로시저는 풀어야 할 문제가 지금 없기 때문에 드라이버 루프를 다시 돌린다고 알린다. 이와 비슷하게, 계산하는 게 없을 때 try-again라는 글귀를 넣어도 똑같이 반응한다.

● 연습문제 4.50

ramb라는 특별한 형태를 만들어 보자. ramb는 amb와 하는 일이 같지만, 값^{대안}을 왼쪽에서 오른쪽으로 하나씩 고르지 않고, 제멋대로^{random order} 고른다. 이게 연습문제 4.49에서 Alyssa의 문제를 푸는 데 어떻게 도움이 되는지 밝혀라.

● 연습문제 4.51

permanent-set!라는 덮어쓰기 연산을 만들어 보자. 이 연산은 계산이 실패로 끝나더라도 한 번 덮어쓴 값을 되돌려 놓지 않는다. 보기를 들어, 한 리스트에서 서로 다른 두 원소를 모두 골라내는 문제에서, 다음과 같이 답 하나를 찾을 때까지 시도가 몇 번이나 있었는지 헤아려볼 수 있다.

```
(define count 0)

(let ((x (an-element-of '(a b c)))
      (y (an-element-of '(a b c))))
  (permanent-set! count (+ count 1))
  (require (not (eq? x y)))
  (list x y count))
;;; Starting a new problem
;;; Amb-Eval value:
(a b 2)

;;; Amb-Eval input:
try-again
;;; Amb-Eval value:
(a c 3)
```

위 코드에서 permanent-set! 말고 set!을 썼다면 어떤 값이 나오는가?

● 연습문제 4.52

식의 계산 과정이 실패로 끝날 때, 그 실패를 잡아낼 수 있도록 if-fail이라는 표현 수단을 만들어 보자. if-fail은 식을 둘 받아서, 보통 하던 대로 첫 번째 식은 값을 구하고 계산이 성공으로 끝나면 그 값을 내놓는다. 계산이 실패로 이어지면, 다음과 같이 두 번째 식의 값을 내놓는다.

```
;;; Amb-Eval input:
(if-fail (let ((x (an-element-of '(1 3 5))))
           (require (even? x))
           x)
         'all-odd)
;;; Starting a new problem
;;; Amb-Eval value:
all-odd
;;; Amb-Eval input:
(if-fail (let ((x (an-element-of '(1 3 5 8))))
           (require (even? x))
           x)
         'all-odd)
;;; Starting a new problem
;;; Amb-Eval value:
8
```

● 연습문제 4.53

연습문제 4.51의 permanent-set!과 연습문제 4.52의 if-fail를 가지고, 다음 식의 값을 구해 보면?

```
(let ((pairs '()))
  (if-fail (let ((p (prime-sum-pair '(1 3 5 8) '(20 35 110))))
             (permanent-set! pairs (cons p pairs))
             (amb))
           pairs))
```

● 연습문제 4.54

amb를 써서 require 식을 보통 프로시저로 구현하여 비결정적 프로그램의 일부로 정의할 수 있다는 걸 알지 못한다면, require 식을 특별한 형태^{special form}로 만들 수밖에 없다. 특별한 형태 require를 처리하려면 다음과 같은 문법 프로시저가 필요하다.

```
(define (require? exp) (tagged-list? exp 'require))
```

```
(define (require-predicate exp) (cadr exp))
```

그리고 다음 절을 analyze 프로시저에 끼워 넣어야 한다.

```
((require? exp) (analyze-require exp))
```

아울러, require 식을 처리하는 프로시저 analyze-require도 정의할 필요
가 있다. 다음 analyze-require의 정의를 마무리하라.

```
(define (analyze-require exp)
  (let ((pproc (analyze (require-predicate exp))))
    (lambda (env succeed fail)
      (pproc env
             (lambda (pred-value fail2)
               (if ⟨??⟩
                   ⟨??⟩
                   (succeed 'ok fail2)))
             fail)))))
```

4.4 논리로 프로그램 짜기

1장에서 컴퓨터 과학이 문제 푸는 방법(how to)에 관한 지식^{imperative knowledge}을
다루는 것과 달리, 수학은 그 문제가 무엇인지(what is)에 관한 지식^{declarative}
^{knowledge}을 다룬다고 강조하였다. 사실 프로그래밍 언어를 써서 나타내는 지식이
란, 한 문제를 차례대로 풀어가는 방법을 말하는 것이다. 한편, 표현 수준이 높은
언어^{high-level language}에서는 계산 과정이 어떻게 펼쳐질지 하나하나 마음 쓰지 않
아도 되게끔, 수많은 문제 풀이 방법에 관한 지식을 언어 기능의 일부로 구현해
놓고 있다.

대체로 Lisp를 비롯한 수많은 프로그래밍 언어는 수학 함수^{mathematical function}의
값을 컴퓨터로 계산하는 일에 쓸 수 있도록 설계되어 있다. (Lisp, 포트란^{Fortran}, 알
골^{Algol} 같이) 식을 중심으로 하는 언어^{expression-oriented language}들은, 본디 '식은
수학에서 함수의 값을 나타내기 위해 쓰는 것이나, 이를 컴퓨터에서 계산을 지시

하는 수단으로 해석할 수도 있다'는 생각에 바탕을 둔다. 그 때문에 이런 언어들은 대개 컴퓨터 계산이 한쪽으로 흘러가도록, 즉 입출력 방식을 잘 정의해 놓고 계산한다. 하지만, 이런 틀에서 벗어난 프로그래밍 언어들도 있다. 3.3.5절에서 나온 것이 그 한 가지 보기로, 거기서 계산을 하는 물체^{부품}는 (그냥 프로시저가 아니라) 여러 수 사이의 산술 관계^{arithmetic constraints}를 나타내었다. 그와 같은 관계 시스템^{constraint system}에서는 계산하는 흐름이나 차례가 정확히 드러나지 않으며, 따라서 (컴퓨터로 산술 계산을 할 때 알고 있어야 할) 계산 '방법^{how to}'에 관한 지식을 시스템에서 제공하게 된다. 허나, 프로그램을 짜는 이가 명령하는 지식^{imperative knowledge}을 제공하는 일에서 완전히 손을 떼도 된다는 말은 아니다. 한 문제를 풀기 위해 똑같은 관계^{constraints}를 가지고 그물처럼 얽힌 관계^{constraint network}를 짠다고 하더라도 여러 가지 그물이 나올 수 있기 때문이다. 그러므로 그 그물들이 수학적으로는 모두 같다고 해도, 그 중에서 가장 알맞은 그물이 어떤 것인지 알아차려서 어떻게 짜맞추어야 할지 알아야 한다.

4.3절에 나온 비결정적 프로그램의 실행기 역시 '한 방향 함수^{unidirectional function}를 컴퓨터로 계산하고자 할 때, 그 알고리즘을 짜맞추는 것이 프로그래밍이다'라는 생각에서 벗어나 있다. 비결정적 언어에서는 식 하나가 여러 값을 나타낼 수 있다. 따라서 그 계산이라는 것도 값 하나를 나타내는 함수가 아니라 (여러 값 사이의) 관계를 다루는 것이다. 논리 중심 프로그래밍 언어는, 여기서 한 발짝 더 나아가, 관계로 프로그램을 짠다는 생각에다 동일화^{unification}이라는 기호 패턴 매칭^{symbolic pattern matching}의 한 기법을 합쳐서 훨씬 편리하고 뛰어난 표현력을 제공한다.[58]

논리로 프로그램을 짜는 방식은 문제와 잘 맞아떨어지기만 하면 아주 쓸모 있는 프로그램 기법이 될 수 있다. 특히, '무엇^{what is}'을 밝히는 사실^{fact} 하나를 가지고 수많은 문제 풀이 속에서 서로 다른 '어떻게^{how to}'를 표현해낼 수 있다는 게 뛰어난

---

* 역주 : 원문에서는 이를 두고 pun(말재롱, 말장난)이라 하였다. pun은 paronomasia를 뜻하는 영어 낱말로, 말소리는 엇비슷한데 말뜻이 전혀 다른 말을 써서 장난치듯 말재주 부리는 짓을 일컫는다. 여기서는 식(expression)이라는 한 가지 표현 수단을 가지고, 수학에서는 함수 값을 뜻하는 글로도 쓰고, (그와 성질이 전혀 다른) 컴퓨터의 계산 방식을 뜻하는 글로도 쓴다는 것을 빗대어 pun이라 한 것이다.

점이다. 보기를 들어, 두 리스트를 인자로 받아 그 원소를 한 리스트로 묶어 내는 append 연산을 떠올려 보자. Lisp 같은 프로시저 중심 언어에서는 2.2.1절에서처럼 짜맞추개^{constructor} 연산 cons를 써서 다음과 같이 append를 정의할 수 있다.

```
(define (append x y)
  (if (null? x)
      y
      (cons (car x) (append (cdr x) y))))
```

이 프로시저는 아래 두 규칙을 Lisp로 옮긴 것이라 할 수 있다. 처음 규칙은 리스트가 비었을 때, 그 다음 규칙은 두 리스트를 cons로 묶었을 때에 해당된다.

• 리스트 y가 있을 때, 비어 있는 리스트와 y를 append하면 y가 된다.

---

58) 논리 프로그래밍은 자동 정리 증명(automatic theorem proving) 분야의 오랜 연구 역사를 거쳐 거기에서 갈라져 나온 연구 방향이다. 처음에 나온 정리 증명 프로그램들은 답이 될 만한 증명(the space of possible proofs)을 모조리 찾아 헤매는 방식을 따랐기 때문에 거의 쓸모가 없었다. 그러다가, 1960년대 초반에 동일화 알고리즘(unification algorithm)과 레졸루션 원칙(resolution principle)이 나오면서 쓸 만한 찾기 기능을 실현할 수 있는 발판이 마련되었다(Robinson 1965).

그런과 라파엘(Green and Raphael, 1968)의 연역식 묻고 답하기 시스템(deductive question-answering system)이 레졸루션 원칙에 바탕을 두고 있다(Green 1969도 참고). 이 시기에 이루어진 연구는, 거의가 증명을 꼭 찾아낼 수 있는 알고리즘을 개발하는 데 쏠려 있었는데, 그 알고리즘들은 증명에 다가가도록 다스리기가 어려웠다. 휴이트(Hewitt 1969)는 프로그래밍 언어의 제어 구조(control structure)와 논리 조작 시스템(logic-manipulation system)의 연산을 묶어서, 4.3.1절(각주 47)에서 말한 바 있던 자동 찾기 기능(automatic search)을 이끌어낼 수 있다는 사실을 깨닫게 된다. 같은 시기에 마르세유의 콜메라우어(Colmerauer)는 자연어 처리를 위하여 규칙에 바탕을 둔 시스템(rule-based system)을 개발하고 있었고(Colmerauer 1973 참고), 그 규칙들을 표현하기 위해 프롤로그(Prolog)라는 새 프로그래밍 언어를 만들었다. 또한, 에든버러의 코왈스키(Kowalski 1973, 1979)는 프롤로그 프로그램의 실행 방식을 (선형 혼절 레졸루션(linear Horn-clause resolution)이라는 증명 기법을 써서) 정리를 증명하는 과정(theorem proving)으로 해석할 수도 있음을 깨닫게 된다. 이 두 가닥의 연구가 하나로 뭉쳐지면서 논리 프로그래밍 연구의 밑돌이 마련되었다.

따라서 논리 프로그래밍의 발전에 끼친 공헌을 놓고 보자면, 프랑스에서는 마르세유 대학에서 태어난 프롤로그를 꼽을 것이고, 영국에서는 에든버러 대학의 연구 성과를 높이 평가할 것이다. MIT 사람들은, 뛰어나지만 이해하기 어려운 휴이트(Hewitt)의 박사 논문에서 그가 말하려 한 것이 무엇인지 밝히려고 애썼던 사람들이 논리 프로그래밍 기법을 만들어 냈다고 본다. 논리 프로그래밍의 역사를 보고 싶다면 Robinson 1983을 보자.

- u, v, y, z가 있을 때, (cons u v)와 y를 append하면 (cons u z)가 된다. 여기서 z는 v와 y를 append한 것이다.[59]

append 프로시저를 쓰면 다음 질문에 답할 수 있다.

(a b)와 (c d)를 append한 것을 찾아라.

그런데 프로시저로는 답을 내지 못하는 문제라 해도, 위의 두 규칙에 따르면 다음질문에도 충분히 답할 수 있다.

(a b)와 append해서 (a b c d)를 만드는 리스트 y를 찾아라.
append하여 (a b c d)를 만들어 내는 x와 y를 모두 찾아라.

논리 프로그래밍 언어에서 append '프로시저'를 짠다는 것은, 앞서 밝힌 append의 두 규칙을 밝히는 것과 같다. 이때 '어떻게$^{\text{how to}}$'에 관한 지식은 그 실행기가 저절로 제공한다. 그리하여 한 쌍의 규칙만 적어도, append에 대한 세 가지 질문에 모두 답할 수 있다.[60]

지금의 논리 프로그래밍 언어에는 (여기서 만든 것도 마찬가지로) 문제가 많다. 특히 언어마다 가지고 있는 '어떻게' 방식 때문에 그 계산 과정이 때로 (가짜) 무한 루프에 빠지기도 하고 그 밖의 바람직하지 않은 결과를 일으킬 수도 있다는 점에서 그렇다. 그리하여 논리 프로그래밍은 컴퓨터 과학에서 활발히 연구되는

---

59) 규칙과 프로시저가 서로 어떻게 대응하는지 알기 위하여, 프로시저 속의 x가 규칙 속의 (cons u v)와 대응된다고 하자. (이때, x는 비어 있지 않는다고 가정한다.) 그리하면, 규칙 속의 z는 (cdr x), y는 append와 대응된다.

60) 이 방식에서도 답을 어떻게 구하는가에 대한 문제에서 완전히 벗어나지는 못한다. append 관계 역시 (수학적으로 같은) 수많은 규칙으로 정리할 수 있는데, 그 가운데 컴퓨터 계산 방식에 잘 맞아떨어지는 것은 몇 개뿐이다. 아울러, '무엇'에 관한 정보에서 '어떻게' 답을 찾아낼지를 아예 이끌어 내지 못하는 경우도 있다. 보기를 들어, $y^2 = x$ 관계에서 y 값 구하는 문제를 생각해 보자.

분야이기도 하다.[61]

이 장 앞에서는 실행기의 구현 기술을 살펴보면서 Lisp 같은 언어를 처리하는 실행기를 만들 때, 그 핵심이 되는 원소를 설명하였다(사실 어떤 언어를 처리한다고 해도 그 원소들이 핵심이다). 이제 논리 프로그래밍 언어의 실행기를 만들 때 그 방법을 다시 어떻게 응용할지 얘기해 보자. 논리 프로그래밍 언어를 쿼리 언어^{질문 언어, query language}라고도 하는데, 그 까닭은 데이터베이스에서 필요한 정보를 뽑아내는 일을 하는 경우, 그 질문^{쿼리}들을 (언어 형태로) 정형화하면 아주 쓸모가 많기 때문이다. Lisp와 아주 많이 다른 언어이기는 하지만, 쿼리 언어 역시 지금까지 줄곧 써왔던 것과 똑같은 방법으로 설계하는 게 편하다. 즉, 여러 가지 기본 원소를 마련하고, 이를 바탕으로 간단한 원소를 묶어서 더 복잡한 원소를 엮어내는 수단^{means of combination}, 다시 복잡한 원소를 하나의 개념 단위로 다룰 수 있게끔 요약하는 수단^{간추리는 수단, means of abstraction}을 갖추게끔 언어를 설계하는 것이다. 논리 프로그래밍 언어의 실행기는 Lisp 방식의 언어 실행기에 비해 아주 복잡하다. 그럼에도, 쿼리 언어 실행기에 들어 있는 여러 원소가 4.1절의 실행기에서 본 것과 크게 다를 바 없음을 알게 된다. 특히, 'eval'에서 식을 종류별로 나누어 처리하는 부분, 'apply'에서 언어의 요약^{간추림} 기능을 실현하는 부분(즉, Lisp에서는 프로시저, 논리 프로그래밍 언어에서는 규칙^{rules})이 그러하고, 아울러 기호^{이름}와 값이 서로 맞아떨어지도록 하는 변수 일람표 데이터 구조^{frame data structure}를 구현하는 일도 마찬가지다. 한 가지 더 재미있는 사실은, 쿼리 언어를 구현할 때 3장에 나온 스트림 기법을 아주 많이 쓴다는 점이다.

---

61) 1980년대 초 일본 정부가 논리 프로그래밍 언어를 엄청나게 빨리 돌릴 수 있는 컴퓨터를 만들겠다고 야심 찬 프로젝트를 시작했을 때, 논리 프로그래밍에 대한 관심이 정점에 이르렀다. 그 컴퓨터의 빠르기도 흔히 쓰던 FLOPS(1초당 처리할 수 있는 부동 소수 연산의 수)가 아니라 LIPS(1초당 처리할 수 있는 추론 규칙의 수)로 측정되었다. 처음 계획한 대로 하드웨어와 소프트웨어를 개발하는 데 성공을 거두기는 하였으나, 그 사이 세계 컴퓨터 산업의 방향이 바뀌어 버렸다. 일본 프로젝트에 대한 평가는 Feigenbaum and Shrobe, 1993에서 찾아볼 수 있다. 논리 프로그래밍 분야 또한 (3.3.5절의 관계 알림 시스템(constraint-propagation system)에서 수 관계를 다루는 표현력처럼) 단순한 패턴 매칭이 아닌 다른 기법을 바탕으로 하여 관계 중심 프로그래밍(relational programming)을 연구하는 쪽으로 방향을 틀었다.

4.4.1 연역식 정보 찾기

논리 프로그래밍은 데이터베이스에서 정보를 찾아내는 일에 잘 들어맞는 인터페이스다. 이 장에서는 그런 쓰임새에 맞추어 쿼리 언어를 설계하고 구현하기로 한다.

쿼리 시스템이 무슨 일을 하는지 설명할 목적으로, 보스턴 지역의 첨단 기술 회사인 마이크로샤프트^{Microshaft} 사에서 인사 기록을 데이터베이스로 관리하는 경우를 예로 들어 그 쓰임새를 살펴보자. 이때 그 시스템에 쓰는 언어는 (데이터) 패턴에 따라 인사 정보를 관리하는 인터페이스^{pattern-directed access to personnel information} 역할을 한다. 또한 연역식 추론을 하기 위하여 공통된 논리 규칙을 쓸 수도 있다.

간단한 데이터베이스

마이크로샤프트의 인사 데이터베이스에는 회사 인사 정보에 대한 참말^{assertion}* 들이 들어 있다. 아래는 회사 내 컴퓨터 도사^{computer wizard} Ben Bitdiddle에 대한 정보다.

```
(address (Bitdiddle Ben) (Slumerville (Ridge Road) 10))
(job (Bitdiddle Ben) (computer wizard))
(salary (Bitdiddle Ben) 60000)
```

참말^{assertion} 한 줄은 (이 경우에는 세 원소를 묶어 놓은) 리스트 하나로 이루어지는데, 그 원소에 다시 리스트가 올 수 있다.

Ben은 회사의 컴퓨터 부서를 맡고 있으며, 프로그래머 두 명과 기술자 한 명을 밑에 두고 있다. 그 정보는 아래와 같다.

```
(address (Hacker Alyssa P) (Cambridge (Mass Ave) 78))
(job (Hacker Alyssa P) (computer programmer))
(salary (Hacker Alyssa P) 40000)
(supervisor (Hacker Alyssa P) (Bitdiddle Ben))
```

---

* 역주 : assertion을 보통 단정문이나 단언문 따위로 옮겨 쓴다.

```
(address (Fect Cy D) (Cambridge (Ames Street) 3))
(job (Fect Cy D) (computer programmer))
(salary (Fect Cy D) 35000)
(supervisor (Fect Cy D) (Bitdiddle Ben))

(address (Tweakit Lem E) (Boston (Bay State Road) 22))
(job (Tweakit Lem E) (computer technician))
(salary (Tweakit Lem E) 25000)
(supervisor (Tweakit Lem E) (Bitdiddle Ben))
```

또, Alyssa는 견습 컴퓨터 프로그래머^{computer programmer trainee} 한 명을 데리고 있다.

```
(address (Reasoner Louis) (Slumerville (Pine Tree Road) 80))
(job (Reasoner Louis) (computer programmer trainee))
(salary (Reasoner Louis) 30000)
(supervisor (Reasoner Louis) (Hacker Alyssa P))
```

이들은 모두 컴퓨터 부서에 속하는데, 저마다 맡은 일을 나타내는 데이터에서 그 첫 원소가 모두 computer라는 것을 보면 부서를 알 수 있다.

Ben은 직급이 높은 일꾼으로, 그 바로 윗자리가 회사의 우두머리^{big wheel}다.

```
(supervisor (Bitdiddle Ben) (Warbucks Oliver))

(address (Warbucks Oliver) (Swellesley (Top Heap Road)))
(job (Warbucks Oliver) (administration big wheel))
(salary (Warbucks Oliver) 150000)
```

이 회사에는 Ben이 맡는 컴퓨터 부서 말고도, 회계 부서^{accounting division}가 있다. 회계 부서는 수석 회계사^{chief accountant} 한 명과 그 조수^{assistant}로 구성된다.

```
(address (Scrooge Eben) (Weston (Shady Lane) 10))
(job (Scrooge Eben) (accounting chief accountant))
(salary (Scrooge Eben) 75000)
(supervisor (Scrooge Eben) (Warbucks Oliver))
```

```
(address (Cratchet Robert) (Allston (N Harvard Street) 16))
(job (Cratchet Robert) (accounting scrivener))
(salary (Cratchet Robert) 18000)
(supervisor (Cratchet Robert) (Scrooge Eben))
```

사장에게는 비서^{secretary}가 한 명 딸려 있다.

```
(address (Aull DeWitt) (Slumerville (Onion Square) 5))
(job (Aull DeWitt) (administration secretary))
(salary (Aull DeWitt) 25000)
(supervisor (Aull DeWitt) (Warbucks Oliver))
```

데이터베이스에는 한 가지 일을 맡은 사람이 어떤 일을 해낼 수 있는지도 참말로 밝혀 놓았다. 보기를 들어, 컴퓨터 도사는 컴퓨터 프로그래머나 컴퓨터 기술자가 하는 일을 모두 해낼 수 있다.

```
(can-do-job (computer wizard) (computer programmer))
(can-do-job (computer wizard) (computer technician))
```

컴퓨터 프로그래머는 견습 컴퓨터 프로그래머가 하는 일을 해낼 수 있다.

```
(can-do-job (computer programmer)
            (computer programmer trainee))
```

또한, 잘 알려져 있다시피……·

```
(can-do-job (administration secretary)
            (administration big wheel))
```

간단한 쿼리^{질문}

쿼리 언어에서는 시스템의 프롬프트에 알맞은 쿼리^{질문}를 던져서 데이터베이스에서 정보를 뽑아낸다. 예컨대, 회사 내의 모든 컴퓨터 프로그래머를 찾고 싶으

• 역주 : 원문의 유머를 살려보고자 일부러 말을 맺지 않은 것이지, 괜한 멋을 부리거나 글을 쓰다 만 게 아니다.

면, 아래처럼 물어보면 된다.

```
;;; Query input:
(job ?x (computer programmer))
```

시스템은 다음과 같이 대답한다.

```
;;; Query results:
(job (Hacker Alyssa P) (computer programmer))
(job (Fect Cy D) (computer programmer))
```

이와 같이, 이 언어에서 쿼리란 데이터베이스 속에서 어떤 **패턴**에 맞아떨어지는 정보를 찾아 달라고 밝혀놓은 글이다. 위 보기에 나온 쿼리 패턴은 세 원소로 이루어진 어떤 데이터 패턴을 가리키는 것인데, 그 첫 번째 자리에는 일을 나타내는 기호^{literal symbol}가 와야 하고, 두 번째 자리에는 아무 것이나 올 수 있으며, 세 번째 자리에는 반드시 (computer programmer)라는 리스트가 와야 한다고 밝히고 있다. 이 리스트의 두 번째 원소를 보면, '아무거나' 와도 된다는 사실을 **패턴 변수**^{pattern variable} ?x로 표현하고 있다. 패턴 변수는 변수 이름 앞에 물음표를 붙여서 나타내는데, 그냥 ?를 쓰지 않고 굳이 이름을 붙여 쓰는 까닭이 무엇인지는 곧 밝히도록 하겠다. 이 쿼리를 던지면, 시스템은 그 대답으로 데이터베이스에서 쿼리 패턴과 맞아떨어지는 모든 정보를 찾아서 보여준다.

패턴 변수가 여러 개인 쿼리가 있다. 보기를 들어, 다음 쿼리를 던진다고 하자.

```
(address ?x ?y)
```

그 대답으로 시스템은 회사 내 모든 일꾼의 주소를 늘어놓는다.

패턴 변수가 아예 없는 쿼리도 있다. 이런 경우에는 쿼리 패턴과 똑같은 데이터가 데이터베이스에 있는지 없는지 알아보는 게 목적이다. 따라서 그런 데이터가 있다면 딱 하나가 맞아떨어지거나, 아니면 아예 없는 것이다.

아울러, 같은 패턴 변수가 여러 번 나오는 쿼리도 있는데, 이런 패턴은 변수 자리에 '아무거나' 오더라도 그 값이 모두 같음을 표현한다. 사실, 변수에 이름을 붙여쓰는 까닭은 이 때문이다. 아래와 같은 쿼리를 던진다고 치자.

```
(supervisor ?x ?x)
```

이 쿼리는 자기 자신을 관리하는 사람을 모두 찾아 달라는 뜻이다. (앞서 쌓아올린 데이터베이스에는 이에 맞아떨어지는 참말이 없다.)

이제 다음과 같은 쿼리를 던져 보자.

```
(job ?x (computer ?type))
```

이 쿼리는 모든 job 데이터 가운데 그 세 번째 자리에 두 원소로 구성된 리스트가 오고, 다시 그 리스트의 첫 번째 자리에 computer라는 기호글가 오는 것을 모두 찾아 달라는 뜻이다. 그 대답은 다음과 같다.

```
(job (Bitdiddle Ben) (computer wizard))
(job (Hacker Alyssa P) (computer programmer))
(job (Fect Cy D) (computer programmer))
(job (Tweakit Lem E) (computer technician))
```

그런데 아래 데이터는 위 패턴과 맞아떨어지지 않는다.

```
(job (Reasoner Louis) (computer programmer trainee))
```

쿼리 패턴을 보면 그 세 번째 리스트가 두 원소로 구성되어야 하는데, 위 데이터는 그 자리에 세 원소로 구성된 리스트가 있다. computer로 시작하는 리스트라면 아무것이라도 세 번째 자리에 올 수 있도록 패턴을 고쳐쓰고 싶으면, 아래와 같이 적으면 된다.[62]

```
(job ?x (computer . ?type))
```

---

62) 연습문제 2.20에서 나온 꼬리점(dotted-tail) 표기법을 쓴다.

이를테면, 다음 질문을 던졌다 치자.

```
(computer . ?type)
```

아래 데이터는 위 쿼리 패턴에 맞아떨어진다.

```
(computer programmer trainee)
```

패턴 변수 ?type과 리스트 (programmer trainee)가 맞아떨어지기 때문이다.
다음 데이터도 된다.

```
(computer programmer)
```

이 경우에는 ?type 자리에 리스트 (programmer)가 온다. 한 술 더 떠서 다음 데
이터도 괜찮다.

```
(computer)
```

이때에는 ?type 자리에 리스트 ()가 온다.
　쿼리 언어에서 간단한 질문을 처리하는 과정을 간추리면 다음과 같다.

- 쿼리 시스템은 쿼리 패턴 속 여러 변수 자리에 그 패턴에 **맞아떨어지도록**[satisfy]
  값을 집어 넣는 방법을 모두 찾아낸다. 다시 말해, 패턴 변수에 넣을 수 있는 값
  의 집합이 여러 개 있고, 그 가운데 한 집합의 값으로 패턴 변수를 모두 찍어낸
  [instantiated] 다음 (또는 맞바꾼 다음), 그렇게 얻어낸 데이터가 데이터베이스에 들
  어 있는 경우, 그런 값의 집합들만 추려낸다.
- 시스템은 쿼리 패턴에 맞아떨어지도록 값을 집어넣어서 정해진 쿼리 패턴에
  서 나올 수 있는 모든 데이터 패턴을 차례대로 보여준다.

쿼리 속에 패턴 변수가 하나도 없는 경우에는, 데이터베이스 속에 똑같은 패턴의
데이터가 들어 있는지 아닌지 묻는 문제가 된다. 그런 데이터가 들어 있다면, 쿼

리 패턴을 만족하는 값의 집합은 빈 집합^{empty assignment}* 이다.

● 연습문제 4.55

데이터베이스에서 다음 정보를 뽑아내기 위하여, 단순한 쿼리를 던져 보라.

   a. Ben Bitdiddle이 관리하는 모든 사람

   b. 회계 부서 사람의 이름과 직업

   c. 슬러머빌^{Slumerville}에 사는 모든 사람의 이름과 주소

합친 쿼리^{compound query}

단순한 쿼리는 쿼리 언어의 기본 연산이다. 따라서 여기에서 합친 연산을 만들어내려면, 쿼리 언어에 연산을 엮어내는 수단이 있어야 한다. 쿼리 언어는 and, or, not과 같이 논리 식을 엮을 때 쓰는 수단을 그대로 받아들이기 때문에, 논리 프로그래밍 언어로서 한 가지 자격을 갖추게 된다. (여기서 and, or, not은 Lisp 기본 연산이 아니라 쿼리 언어에 들어가는 붙박이 연산이다.)

다음과 같이 and를 써서 모든 컴퓨터 프로그래머의 주소를 찾아낼 수 있다.

```
(and (job ?person (computer programmer))
     (address ?person ?where))
```

출력 결과는 다음과 같다.

```
(and (job (Hacker Alyssa P) (computer programmer))
     (address (Hacker Alyssa P) (Cambridge (Mass Ave) 78)))
```

---

* 역주 : 사실 3장에서 나온 assignment와 이 장에서 나오는 logical assignment는 변수에 값을 억지로 집어넣는다는 점에서는 같지만, 그 뜻하는 바나 목적이 크게 다르다. 이 장의 assignment를 굳이 '덮어쓰기' 라고 옮겨쓰지 않은 까닭도 그 때문이다. 두 연산의 차이점은 지금까지 살펴본 내용으로도 충분히 미루어 볼 수 있겠으나, 4.4.4절까지 공부하고 나면 더 확실히 깨달을 수 있다.

```
(and (job (Fect Cy D) (computer programmer))
     (address (Fect Cy D) (Cambridge (Ames Street) 3)))
```

아래와 같은 여러 쿼리를 and로 묶으면 $\langle query_1 \rangle$ ... $\langle query_n \rangle$를 한꺼번에 만족하는 패턴 변수 값들의 집합을 찾아달라는 뜻이다.

```
(and ⟨query₁⟩ ⟨query₂⟩ ... ⟨queryₙ⟩)
```

단순한 쿼리를 처리할 때와 마찬가지로, 쿼리 시스템은 정해진 쿼리를 만족하도록 패턴 변수에 값을 집어넣을 수 있는 모든 방법을 찾아내고, 그런 값의 집합을 가지고 쿼리에서 찍어낸 데이터 패턴을 모두 보여준다.

달리 쿼리를 짜맞출 수 있다는 수단으로 or가 있다. 보기를 들어 다음 쿼리가 있다고 하자.

```
(or (supervisor ?x (Bitdiddle Ben))
    (supervisor ?x (Hacker Alyssa P)))
```

위 쿼리는 Ben Bitdiddle이나 Alyssa P. Hacker가 관리하는 모든 직원을 찾아내라는 뜻이다.

```
(or (supervisor (Hacker Alyssa P) (Bitdiddle Ben))
    (supervisor (Hacker Alyssa P) (Hacker Alyssa P)))

(or (supervisor (Fect Cy D) (Bitdiddle Ben))
    (supervisor (Fect Cy D) (Hacker Alyssa P)))

(or (supervisor (Tweakit Lem E) (Bitdiddle Ben))
    (supervisor (Tweakit Lem E) (Hacker Alyssa P)))

(or (supervisor (Reasoner Louis) (Bitdiddle Ben))
    (supervisor (Reasoner Louis) (Hacker Alyssa P)))
```

아래처럼 or로 여러 쿼리를 묶으면 $\langle query_1 \rangle$ ... $\langle query_n \rangle$ 가운데 적어도 하나를 만족하는 패턴 변수 값의 집합을 찾아내라는 뜻이다.

```
(or ⟨query₁⟩ ⟨query₂⟩ ... ⟨queryₙ⟩)
```

또한 not으로 쿼리를 합칠 수도 있다. 다음 쿼리를 보자.

```
(and (supervisor ?x (Bitdiddle Ben))
     (not (job ?x (computer programmer)))))
```

위 쿼리는 Ben Bitdiddle이 관리하는 사람 가운데 컴퓨터 프로그래머가 아닌 이를 모두 찾아 달라는 뜻이다. 이와 같이, 쿼리를 not으로 감싸면 ⟨query₁⟩을 만족하지 않도록 패턴 변수에 값을 집어넣은 방법을 모두 찾아내라는 말이다.[63]

```
(not ⟨query₁⟩)
```

마지막으로 쿼리를 엮은 수단 가운데 lisp-value라는 것이 있다. lisp-value가 패턴의 첫 번째 원소로 나왔을 때, 그 다음 원소는 Lisp의 술어[predicate]이고 나머지 원소는 (알맞은 값으로 맞바꾼 다음에) 그 술어를 적용할 인자가 된다. 그리하여 다음 쿼리를 던지면 ⟨predicate⟩를 ⟨arg₁⟩ ... ⟨argₙ⟩에 적용하여 참 값이 나오도록 패턴 변수에 값을 집어넣는 방법을 찾아 달라는 뜻이다.

```
(lisp-value ⟨predicate⟩ ⟨arg₁⟩ ... ⟨argₙ⟩)
```

보기를 들어, 연봉이 $30,000보다 많은 사람을 모두 찾고 싶다면, 아래 쿼리를 던지면 된다.[64]

```
(and (salary ?person ?amount)
     (lisp-value > ?amount 30000))
```

---

63) 사실 not을 이렇게 설명하는 것은 단순한 경우에만 들어맞는다. 실제 not의 작동 방식은 이보다 훨씬 복잡하다. 4.4.2절과 4.4.3절에서 not의 특성을 살펴보자.

64) lisp-value는 쿼리 언어에서 제공하지 않는 연산을 하고 싶을 때에만 써야 한다. 특히, (쿼리 언어에서는 매칭(matching)이 그런 일을 하라고 설계된 것이기에) 같음(equality) 또는 (아래에 나오는 same 규칙으로 처리할 수 있는 일이기에) 다름(inequality)을 알아보는 데 써서는 안 된다.

● 연습문제 4.56

다음 정보를 찾아내도록 쿼리를 엮어 써보라.

a. Ben Bitdiddle이 관리하는 모든 사람의 이름과 주소
b. Ben보다 급여를 적게 받는 사람, 아울러 그 급여와 Ben의 월급
c. 컴퓨터 부서에 속하지 않는 사람이 관리하는 모든 사람, 아울러 그 관리자의
   이름과 직업

규칙

기본 쿼리와 합친 쿼리 외에도, 쿼리 언어에는 쿼리를 요약하는^{간추리는} 수단이 있으며, 규칙^{rules}이 그와 같은 역할을 맡는다. 그 보기로, 아래 규칙을 보자.

```
(rule (lives-near ?person-1 ?person-2)
      (and (address ?person-1 (?town . ?rest-1))
           (address ?person-2 (?town . ?rest-2))
           (not (same ?person-1 ?person-2)))))
```

위 규칙은 두 사람이 같은 마을에 산다면 서로 가까운 곳에 사는 것임을 밝힌다.
마지막에 있는 not 절은, 모든 이가 자기와 가까운 곳에 산다는 사실을 이 규칙에서 제외하는 역할을 한다. same 관계를 정의하는 규칙은 아주 단순하다.[65]

```
(rule (same ?x ?x))
```

---

65) 두 값을 같게 만들고자 할 때에는 same 규칙이 필요 없다. 그저 같은 패턴 변수를 쓰는 걸로 족하다. lives-near 규칙에서 ?town, 그 아래 wheel 규칙에서 ?middle-manager를 보면 알 수 있듯이 같은 값이 오기를 바라는 두 자리에 같은 패턴 변수를 쓴다. same 규칙은 lives-near 규칙에서 ?person-1과 ?person-2처럼, 두 자리에 반드시 다른 값이 오기를 바랄 때에만 쓸모가 있다. 쿼리에서 두 자리에 같은 패턴 변수를 쓰면 반드시 양쪽에 같은 값이 오도록 할 수 있으나, 두 자리에 다른 패턴 변수를 쓴다고 하여 꼭 다른 값이 온다고 할 수는 없기 때문이다(서로 다른 패턴 변수에 들어오는 값은 같을 수도 있고 다를 수도 있다.).

다음 규칙은 어떤 이가 관리자를 관리하면, 그가 바로 조직의 '우두머리wheel' 임을 선언한다.

```
(rule (wheel ?person)
      (and (supervisor ?middle-manager ?person)
           (supervisor ?x ?middle-manager)))
```

규칙을 정의하는 문법을 간추려 보면 다음과 같다.

```
(rule ⟨conclusion⟩ ⟨body⟩)
```

여기서 ⟨conclusion⟩은 패턴이고 ⟨body⟩는 쿼리다.[66]

따라서 규칙 하나는 커다란 (심지어는 끝없이 큰) 참말assertion의 집합, 즉 규칙의 몸을 만족하도록 변수를 값으로 맞바꾸어서 찍어낼 수 있는 모든 규칙의 결론이라 할 수 있다. 앞서 단순한 쿼리(패턴)를 설명할 때, 패턴 변수를 값으로 맞바꾸어 얻어낸 패턴이 데이터베이스에 들어 있다면 그 값의 집합이 패턴을 만족하는 것이라 말한 바 있다. 허나, 그런 패턴이 꼭 데이터베이스 속에 눈에 보이는 참말의 형태로 들어 있을 필요는 없다. 다시 말해, 규칙에서 이끌어낸 참말이어도 된다. 보기를 들어, 다음 쿼리를 던진다고 하자.

```
(lives-near ?x (Bitdiddle Ben))
```

그 결과는 다음과 같다.

```
(lives-near (Reasoner Louis) (Bitdiddle Ben))
(lives-near (Aull DeWitt) (Bitdiddle Ben))
```

Ben Bitdiddle과 이웃해 사는 모든 컴퓨터 프로그래머를 찾기 위하여 다음과 같이 물을 수 있다.

---

66) same과 같이 몸 없는 규칙을 정의할 수도 있다. 이런 규칙은 변수 자리에 아무 값이나 집어넣어서 결론을 이끌어낼 수 있음을 뜻한다.

```
(and (job ?x (computer programmer))
     (lives-near ?x (Bitdiddle Ben))))
```

합친 프로시저에서처럼 (앞서 lives-near 규칙을 정의할 때 본 것처럼) 한 규칙이 다른 규칙의 일부가 되거나 되도는^{재귀하는} 규칙으로 정의될 수도 있다. 그 보기로, 다음 규칙의 정의를 살펴보자.

```
(rule (outranked-by ?staff-person ?boss)
      (or (supervisor ?staff-person ?boss)
          (and (supervisor ?staff-person ?middle-manager)
               (outranked-by ?middle-manager ?boss))))
```

이 규칙은, 어떤 사람이 조직의 우두머리보다 아랫자리에 있다는 말은 우두머리가 그 사람을 직접 관리하거나 그 사람의 관리자가 우두머리보다 아랫사람인 경우를 일컫는다고 밝히고 있다.

● **연습문제** 4.57
사람1이 사람2와 같은 일을 하거나, 사람1의 일을 하는 어떤 이가 사람2의 일도 해낼 수 있고, 사람1과 사람2가 같은 이가 아니라면, 사람1이 사람2를 대신할 수 있다는 규칙을 정의하라. 이 규칙을 바탕으로 다음 정보를 찾아내는 쿼리를 던져 보라.

a. Cy D. Fect를 대신할 수 있는 모든 사람
b. 자기보다 급여를 더 받는 이를 대신할 수 있는 모든 사람, 아울러 그런 관계를 만족하는 두 사람의 급여

● **연습문제** 4.58
어떤 이가 어떤 부서에 일하는데 그 부서에 관리자가 없다면, 그가 그 부서에서 '중요한 사람^{big shot}'임을 밝히는 규칙을 정의하라.

● **연습문제** 4.59

Ben Bitdiddle은 회의 일정을 자꾸 까먹는 버릇이 있어서, 회의에 너무 많이 빠졌다. 자칫하다 직장을 잃게 될지도 모른다는 두려움에, 어떤 일을 하기로 마음 먹었다. 다음과 같이 회사의 주별 회의를 모두 마이크로샤프트 데이터베이스에 집어넣었다.

```
(meeting accounting (Monday 9am))
(meeting administration (Monday 10am))
(meeting computer (Wednesday 3pm))
(meeting administration (Friday 1pm))
```

이는 부서별 회의를 밝힌 참말이다. 여기에 Ben은 모든 부서를 아우르는 회사 차원의 회의 일정도 집어넣었다. 이 회의에는 모든 회사 사원이 참석한다.

```
(meeting whole-company (Wednesday 4pm))
```

a. 금요일 아침에 Ben은 그 날에 있는 모든 회의를 찾아내려고 데이터베이스에 쿼리를 던지려 한다. 어떤 쿼리를 던져야 할까?

b. Alyssa P. Hacker는 이게 별로 마음에 들지 않았다. 그보다는 자기 이름으로 자기가 참석해야 할 모든 회의를 뽑아내는 편이 훨씬 쓸모 있을 것 같았다. 그리하여 한 사람이 참석해야 할 회사 전체 회의와 부서별 회의를 모두 아울러 밝혀 주는 규칙을 정의하였다. 다음과 같이 Alyssa가 정의한 규칙을 마무리해 보라.

```
(rule (meeting-time ?person ?day-and-time)
      ⟨rule-body⟩)
```

c. 수요일 아침에 회사에 도착한 Alyssa는 그날 참석해야 할 회의가 무엇인지 궁금했다. 위에서 정의한 규칙을 바탕으로 하여, 이런 정보를 캐내려면 어떤 쿼리를 던져야 하는가?

● **연습문제** 4.60

다음과 같은 쿼리를 던진다고 하자.

```
(lives-near ?person (Hacker Alyssa P))
```

이 쿼리의 결과에서 Alyssa는 자기와 가까운 곳에 사는 사람을 찾아내어 같이 차를 타고 출근하려 한다. 한편, 서로 근처에 사는 모든 사람을 쌍쌍이 묶어 내려고 다음 쿼리를 던진다고 하자.

```
(lives-near ?person-1 ?person-2)
```

한데, 이렇게 하니 서로 가까운 곳에 사는 사람들의 쌍이 다음과 같이 두 번씩 나온다.

```
(lives-near (Hacker Alyssa P) (Fect Cy D))
(lives-near (Fect Cy D) (Hacker Alyssa P))
```

왜 이런 일이 일어나는가? 서로 가까운 데 사는 사람들의 쌍을 모두 뽑아내되, 그 쌍이 한 번씩만 나오도록 만들 방법이 있는가? 설명해 보라.

프로그램으로서의 논리

규칙이란 논리적 함의$^{\text{logical implication}}$의 한 가지라 할 수 있다. 즉, 규칙의 몸을 만족하도록 패턴 변수에 값을 집어넣는 방법이 있다고 하자. 그렇다면^{then} 그 방법으로 결론을 만족할 수 있다. 결국, 쿼리 언어는 규칙에 바탕을 두고 논리에 따라 **연역식 추론**$^{\text{logical deduction}}$을 해내는 능력을 갖춘 것이라 볼 수 있다. 보기를 들어, 4.4절 처음에 설명한 append 연산을 살펴보자. 이미 말한 대로, append 연산을 밝히는 규칙은 다음과 같다.

- 리스트 y에서, 빈 리스트와 y를 append하면 y가 된다.

- u, v, y, z가 있을 때, v와 y를 append한 결과는 z이며 (cons u v)와 y를 append하여 (cons u z)가 나온다.

이를 퀴리 언어로 표현하기 위해, 다음과 같은 관계를 밝히는 두 규칙을 정의한다.

```
(append-to-form x y z)
```

이를 'x와 y를 append하여 z가 나온다'는 뜻으로 볼 수 있다.

```
(rule (append-to-form () ?y ?y))

(rule (append-to-form (?u . ?v) ?y (?u . ?z))
      (append-to-form ?v ?y ?z))
```

첫 번째 규칙에는 몸이 없는데, 이는 결론에서 ?y 자리에 아무 값이나 올 수 있다는 뜻이다. 두 번째 규칙에서 리스트의 car와 cdr를 가리키는 데 꼬리점 표기법을 어떻게 쓰는지 눈여겨보자.

위의 두 규칙을 바탕으로, 다음과 같이 퀴리를 던져서 두 리스트를 append한 결과를 알아낼 수 있다.

```
;;; Query input:
(append-to-form (a b) (c d) ?z)
;;; Query results:
(append-to-form (a b) (c d) (a b c d))
```

이보다 놀라운 것은, 같은 규칙을 바탕으로 '(a b)에 어떤 리스트를 append하면, (a b c d)가 되는가?' 물어볼 수 있다는 사실이다. 다음 퀴리를 던지면 된다.

```
;;; Query input:
(append-to-form (a b) ?y (a b c d))
;;; Query results:
(append-to-form (a b) (c d) (a b c d))
```

아울러 append하여 (a b c d)가 되는 모든 리스트 쌍을 알아볼 수도 있다.

```
;;; Query input:
(append-to-form ?x ?y (a b c d))
;;; Query results:
(append-to-form () (a b c d) (a b c d))
(append-to-form (a) (b c d) (a b c d))
(append-to-form (a b) (c d) (a b c d))
(append-to-form (a b c) (d) (a b c d))
(append-to-form (a b c d) () (a b c d))
```

쿼리 시스템이 밝혀진 규칙에 따라 위와 같은 쿼리에서 답을 이끌어 내는 과정을 보면, 어느 정도 지능을 갖춘 듯 보일 수 있다. 허나, 다음 절에서 알게 되듯이 이 시스템은 잘 정해진 알고리즘에 따라 규칙을 파헤쳐 갈 따름이다. 또한, 이 시스템이 append 문제에서는 참말 멋진 결과를 보여주지만, 4.4.3절에서 알 수 있듯이 그보다 복잡한 문제에 부닥치면 이 시스템에서 채택한 방식이 잘 들어맞지 않는 경우도 있다.

● **연습문제** 4.61

다음은 한 리스트에서 서로 붙은 원소를 찾아낼 수 있도록 next-to 관계를 실현한 규칙이다.

```
(rule (?x next-to ?y in (?x ?y . ?u)))

(rule (?x next-to ?y in (?v . ?z))
      (?x next-to ?y in ?z))
```

다음 쿼리를 던지면 어떤 답이 나오는가?

```
(?x next-to ?y in (1 (2 3) 4))

(?x next-to 1 in (2 1 3 1))
```

● **연습문제** 4.62

연습문제 2.17에 나온 last-pair 연산을 규칙으로 정의해 보라. last-pair는 비어 있지 않은 리스트에서 마지막 원소로 이루어진 리스트를 내놓는다. 정의한 규칙을 살펴보기 위하여 (last-pair (3) ?x), (last-pair (1 2 3) ?x), (last-pair (2 ?x) (3)) 같은 쿼리를 던져 보라. (last-pair ?x (3))과 같은 쿼리를 던질 때, 정의한 규칙이 제대로 돌아가는가?

● **연습문제** 4.63
아래 데이터베이스는 (창세기 4) 아다[Ada]의 자손부터 카인[Cain]을 거쳐 아담[Adam]에 이르기까지 그 계보를 거슬러 올라간다.

```
(son Adam Cain)
(son Cain Enoch)
(son Enoch Irad)
(son Irad Mehujael)
(son Mehujael Methushael)
(son Methushael Lamech)
(wife Lamech Ada)
(son Ada Jabal)
(son Ada Jubal)
```

위 데이터베이스에 카인[Cain]의 손자, 라멕[Lamech]의 아들들, 므드사엘[Methushael]의 손자들을 찾아내는 쿼리를 던져볼 수 있도록, 'S가 F의 아들이고 F가 G의 아들이면, S는 G의 손자다', (요즈음은 아니라도 성경시대에는 들어맞는 규칙이라 보고) 'W가 M의 아내고 S가 W의 아들이면, S는 M의 아들이다' 같은 규칙을 정의해 보자. (이보다 복잡한 관계를 밝혀내는 규칙은 연습문제 4.69에서 볼 수 있다.)

4.4.2 쿼리 시스템의 동작 방식

실제로 쿼리 실행기를 구현하는 여러 프로시저는 4.4.4절에서 살펴보기로 하고, 이 절에서는 세세한 구현 방법과 관계없이 쿼리 시스템의 큰 얼개를 폭넓게 훑어보기로 한다. 실행기의 구현 기법을 설명하고 나면, 그 한계가 무엇이고 쿼리 언어와 수학의 논리 연산이 서로 묘하게 다르다는 점을 이해할 수 있으리라 본다.

쿼리 실행기에서 쿼리를 받아, 이를 데이터베이스에 들어 있는 사실^{fact}과 규칙^{rule}에 맞추어 보기 위해서는^{매치시키려면}, 쿼리 실행기 속에 어떤 방식이든 찾는 기능이 들어 있어야 한다. 4.3절에 나온 amb 실행기를 써서 쿼리 시스템을 비결정적 프로그램으로 짜맞추는 것도 한 가지 방법이겠으나, 이와 달리 스트림 기법에 바탕을 두고 찾기 기능을 실현할 수도 있다. 여기서는 두 번째 방식을 따르기로 하자.

쿼리 시스템은 **패턴 매칭**^{pattern matching}과 **동일화**^{unification}라는 두 연산을 중심으로 구성된다. 여기서는 먼저 패턴 매칭을 설명하면서 이 연산이, 일람표들의 스트림^{streams of frames}으로 구성된 정보를 가지고 쿼리를 어떻게 구현하는지 살펴보기로 한다. 그 다음으로는 규칙을 구현하기 위하여 패턴 매칭을 일반화한 기법, 곧 동일화를 논한다. 끝으로, (4.1절의 실행기에서 eval이 식을 갈래지어 처리하던 방식과 비슷하게) 식을 분류하는 프로시저를 통해 어떻게 쿼리 실행기 전체를 짜맞출 수 있는지 알아보자.

패턴 매칭

패턴 매처^{패턴 맞추개, pattern matcher}는 데이터가 지정된 패턴에 들어맞는지 알아보는 프로그램이다. 보기를 들어, 데이터 리스트 ((a b) c (a b))를 패턴 (?x c ?x)에 맞춘다면 변수 ?x를 (a b)로 정의하면 된다. 같은 데이터 리스트를 패턴 (?x ?y ?z)에 맞춘다면 ?x와 ?z는 (a b)로, ?y는 c로 정의하면 된다. 또 ?x는 a로, ?y는 b로 정의한다면, 패턴 ((?x ?y) c (?x ?y))와도 맞아떨어진다. 허나, 그 패턴이 (?x a ?y)라면 리스트의 두 번째 원소가 기호 a여야 하기 때문에, 서로 맞아떨어지지 않는다.

쿼리 시스템의 패턴 매처는 패턴, 데이터, 변수 일람표^{frame}를 받는다. 변수 일람표에는 패턴 변수가 정의된다. 패턴 매처는, 이미 변수 일람표에 들어 있던 변수 정의를 바탕으로, 받아온 데이터를 지정된 패턴에 맞출 수 있는지 살펴본다. 서로 잘 맞아떨어진다면, 그 과정에서 정의된 패턴 변수를 변수 일람표에 집어넣은 다음, 그 변수 일람표를 값으로 내놓는다. 그게 아니라면, 데이터를 패턴에 맞추지 못한다고 알린다.

　이를테면, 패턴 매처에 패턴 (?x ?y ?x), 데이터 (a b a), 빈 일람표를 건네주면, ?x를 a로, ?y를 b로 정의하는 일람표가 나온다. 같은 패턴과 데이터를 쓰되, ?y를 a로 정의하는 일람표를 건네주면, 데이터를 패턴에 맞추지 못한다. 다시 같은 패턴, 같은 데이터를 쓰되, ?y는 b로 정의하고 ?x는 정의되지 않은 일람표를 건네주면, 그 일람표에 ?x를 a로 정의하는 정보를 보태어 내놓는다.

　단순한 쿼리, 곧 규칙을 불러 쓰지 않는 쿼리를 처리할 때에는 패턴 매처만 있어도 충분하다. 그 보기로, 아래 쿼리를 처리한다고 하자.

```
(job ?x (computer programmer))
```

처음에는 텅 비어 있는 일람표를 가지고, 데이터베이스에 들어 있는 모든 참말을 죽 훑어보면서 그 가운데 패턴에 맞아떨어지는 것을 고른다. 패턴에 맞출 수 있는 데이터를 찾아낼 때마다, 패턴 변수 ?x의 값을 정의하는 일람표를 얻을 수 있으므로, 그 일람표에 따라 패턴에 들어맞는 데이터를 찍어낼 수 있다.

변수 일람표들의 스트림

변수 일람표에 맞추어 패턴을 살펴보는 과정은 스트림 기법을 바탕으로 진행된다. 변수 일람표 하나를 받을 때마다, 매칭 프로세스^{맞춤 프로세스, matching process}에서는 데이터베이스의 원소를 하나씩 차례대로 살펴본다. 매처^{matcher}는 데이터베이스 원소를 처리할 때마다 특별한 글자를 만들어 내어, 매칭 시도가 실패로 끝났는지 아니면 (성공한 결과로) 변수 일람표에 변수 정의를 새로 보태야 하는지 알려준다. 데이터베이스 원소를 모두 살펴본 다음에는 그 결과가 모여서 하나의 스트림을 이룬다. 다시 그 스트림을 거르개로 걸러서 실패로 끝난 데이터를 숨아낸다. 따라서 맨 마지막에 얻은 스트림에는 데이터베이스의 참말^{assertion}과 맞아떨어지는지 살펴보는 과정에서 알맞은 패턴 변수의 정의를 보태어 넣은 일람표만 들어 있게 된다.[67]

　이 시스템에서 쿼리는 그림 4.4에 나와 있듯이 일람표들의 스트림을 받아 그

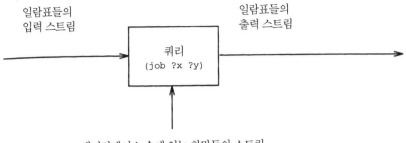

일람표들의
입력 스트림

일람표들의
출력 스트림

쿼리
(job ?x ?y)

데이터베이스 속에 있는 참말들의 스트림

그림 4.4 일람표들의 스트림을 처리하는 쿼리

스트림 속의 모든 일람표에 대하여 위에서 밝힌 매칭 연산을 적용한다. 즉, 쿼리
는 입력 스트림 속의 각 일람표에 대하여 매번 새로운 스트림을 만들어 내는데,
여기에는 데이터베이스의 참말들에 맞추어 일람표에 보태어야 할 모든 정보가
들어 있다. 다시, 이 모든 스트림이 한데 뭉쳐져서 다시 커다란 스트림 하나를 이
루는데 그 스트림에는 입력 스트림 속의 모든 일람표를 가능한 방법으로 모두 확
장해 놓은 정보가 들어 있다. 이 스트림이 바로 쿼리의 출력이다.

간단한 쿼리에 답하는 경우에는 빈 일람표 하나로 구성된 스트림을 쿼리에 넘
긴다. 그렇게 하여 얻어낸 스트림에는 빈 일람표를 확장하여 얻을 수 있는 모든
일람표가 들어 있다. (즉, 쿼리를 던져서 얻을 수 있는 모든 답이 들어 있다.) 이어
서, 처음의 쿼리 패턴을 복사하여 패턴들의 스트림을 만들어 내고, 그 스트림 속
의 패턴마다 그 패턴 변수를 각 일람표 속에서 정의한 값으로 맞바꾼다. 맨 마지
막에 찍히는 스트림이 바로 이것이다.

---

67) 매칭 대가가 만만치 않으므로, 데이터베이스에 들어 있는 모든 원소를 처음부터 완전히 맞추어 보는 방식
은 잘 쓰지 않는다. 흔히 매칭 프로세스를 재빨리 훑어보는 매칭과 마지막 매칭으로 나눠 처리하는 게 이
때문이다. 훑어보기 매칭이란, 데이터베이스를 빠르게 주욱 훑어보고 마지막 매칭에서 쓸 원소를 추려내
는 과정이다. 이에 아울러, 데이터베이스를 좀 더 주의깊게 잘 정리하면, 마지막 매칭에 쓸 데이터베이스
원소를 가려내기 전에, 데이터베이스를 쌓아올리는 시점에서 훑어보는 매칭에서 처리할 일의 일부를 해
낼 수 있다. 이를 데이터베이스에 색인 달기(indexing)라 한다. 데이터베이스에 색인을 다는 방식을 중심
으로, 방대한 기술이 개발되어 있다. 4.4.4절의 구현에서는 그 가운데 아주 간단한 최적화 기법을 쓴다.

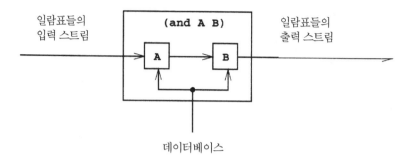

일람표들의 입력 스트림 **(and A B)** 일람표들의 출력 스트림

A B

데이터베이스

그림 4.5 두 쿼리의 and는 줄지어 엮인 일람표들의 스트림을 가지고 알맞은 연산을 처리한 결과다

합친 쿼리

일람표–스트림 구현 방식의 깔끔함은 합친 쿼리^{compound query}를 다룰 때 더 또렷이 드러난다. 합친 쿼리를 처리하는 과정에서는 매칭 연산이 일람표와 어긋나지 않게 처리되도록 하기 위해서 매처의 힘을 빌려 쓴다. 그 보기로, 다음과 같이 and로 묶인 두 쿼리가 어떻게 처리되는지 살펴보자.

```
(and (can-do-job ?x (computer programmer trainee))
     (job ?person ?x))
```

(위 쿼리가 뜻하는 바를 말로 풀면, '견습 컴퓨터 프로그래머가 할 일을 대신 할 수 있는 사람을 모두 찾아라.' 하는 뜻이다.) 이 쿼리를 처리하기 위해 맨 먼저 할 일은 아래 패턴에 맞아떨어지는 모든 데이터를 찾아내는 일이다.

```
(can-do-job ?x (computer programmer trainee))
```

그 결과, 일람표들의 스트림이 하나 나오는데 그 일람표마다 ?x의 정의가 들어 있다. 다음으로, 그 스트림 속의 일람표를 하나씩 보고 ?x의 정의와 어긋나지 않도록 아래 패턴에 맞아떨어지는 모든 데이터를 찾는다.

```
(job ?person ?x)
```

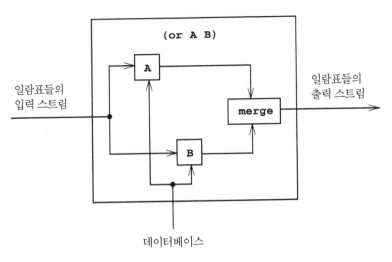

그림 4.6 두 쿼리의 or는 일람표들의 스트림을 가지고 알맞은 연산을 나란히 처리하여
그 결과를 한데 묶어낸 것이다

이런 과정을 거쳐서 ?x와 ?person의 정의가 들어 있는 일람표가 나온다. 이와 같이 두 쿼리의 and란, 두 쿼리를 줄지어 엮어놓은 것으로 볼 수 있는데, 그림 4.5와 같이 첫 번째 쿼리에서 걸러진 일람표들이 다시 두 번째 쿼리를 거쳐 걸러지고 확장되어 나온다.

이와 비슷한 방식으로, or로 합친 쿼리는 그림 4.6에서처럼 두 쿼리가 서로 나란히 병렬로 엮인 것이라 볼 수 있다. 일람표들의 스트림이 입력으로 들어오면 두 쿼리를 따로 거치면서 알맞은 정보가 일람표 속으로 들어간다. 그런 다음, 그 결과로 얻어낸 두 스트림을 합쳐서 맨 마지막 출력 스트림을 만들어 낸다.

이 정도 눈높이에서 설명한 것만으로도 합친 쿼리가 제법 느리게 처리될 수 있다는 사실은 충분히 짐작된다. 이를테면, 입력된 일람표 하나에 대하여 한 쿼리를 처리하는 과정에서 일람표가 여러 개 생겨날 수 있는 데다가 and 속의 각 쿼리는 그 앞의 쿼리에서 일람표를 받아오기 때문에, 가장 나쁜 경우에는 and 쿼리를 처리하는 데 드는 매칭의 수가 모든 쿼리 수에 지수 비례로 늘어날 수 있다(연습문제 4.76 보기).[68] 따라서 단순한 쿼리만 다루는 방식은 꽤 실용적이나, 복잡한 쿼리를 다루는 일은 지나치게 어렵다고 할 수 있다.[69]

일람표−스트림 관점에서 보면, 어떤 쿼리의 not이란 그 쿼리와 맞아떨어지지 않는 일람표를 모두 없애는 거르개처럼 돌아간다. 예컨대, 아래 패턴이 있다고 하자.

```
(not (job ?x (computer programmer)))
```

그러면 입력 스트림의 각 일람표에 대해 (job ?x (computer programmer))를 만족하도록 일람표를 알맞게 확장하려는 시도가 일어난다. 그 다음에는 다시 입력 스트림에서 그렇게 확장된 일람표를 모두 없앤다. 그 결과, 스트림에는 ?x의 정의가 (job ?x (computer programmer))를 만족하지 않는 일람표만 남는다. 그 보기로, 다음 쿼리를 처리하는 과정을 살펴보자.

```
(and (supervisor ?x ?y)
     (not (job ?x (computer programmer)))))
```

첫 번째 절을 거치고 나면, 저마다 ?x와 ?y의 정의가 들어 있는 일람표들이 나올 것이다. 그 다음, not 절에서 ?x가 컴퓨터 프로그래머라는 조건을 만족하게끔 하는 일람표를 모두 찾아 없앤다.[70]

이와 비슷하게, lisp-value 특별한 형태가 일람표 스트림을 걸러내는 거르개로 구현된다. 스트림 속 일람표를 하나씩 보면서, 패턴 속 변수를 일람표 속에서 정의된 값으로 맞바꾼 다음, 거기에 Lisp의 술어[predicate]를 적용한다. 입력 스트림에서 술어의 답이 거짓으로 나오는 일람표만 모두 없앤다.

---

68) 허나, and 쿼리를 처리하는 과정에서 매칭 횟수가 지수 비례로 늘어나는 경우는 그리 흔하지 않다. 왜냐하면, 만족해야 할 조건이 많아질수록 그에 따라 처리해야 할 일람표의 수가 줄어드는 게 흔하지, 늘어나는 경우는 드물기 때문이다.

69) 데이터베이스 관리 시스템에서 복잡한 쿼리를 효율적으로 다루는 방법에 관하여 수많은 문헌이 있다.

70) 이렇게 거르개로 not을 구현했을 때, 이를 수학 논리에서 말하는 not의 뜻에 견주어 보면, 그 사이에는 묘한 차이가 있다. 4.4.3절을 참고하자.

동일화

쿼리 언어에서 규칙^{rule}을 다루기 위해서는 그 결론이 정해진 쿼리 패턴과 맞아떨어지는 규칙만 찾아낼 수 있어야 한다. 규칙의 결론은 참말^{assertion}과 다를 바가 없으나, 그 속에 변수가 들어 있기 때문에 그에 맞추어 패턴 매칭 기능을 늘릴 필요가 있다. 이를 동일화^{unification}라고 하며, 이 방식에서는 '패턴'과 '데이터' 모두 변수를 가질 수 있다.

동일화 함수^{unifier}는 저마다 상수와 변수가 들어 있는 패턴 두 개를 받는데, 그 변수 자리에 알맞은 값을 집어넣어서 두 패턴을 같게 만들 수 있는지 없는지를 판단한다. 그게 가능하다면, 그런 변수 정의가 들어 있는 일람표가 나온다. 보기를 들어, (?x a ?y)와 (?y ?z a)를 동일화하면, ?x, ?y, ?z를 모두 a로 정의한 일람표를 내놓는다. 그와 달리, (?x ?y a)와 (?x b ?y)의 동일화는 실패로 끝난다. 두 패턴을 같게 만들 ?y 값이 없기 때문이다. (두 패턴의 두 번째 원소를 같게 만들려면 ?y가 b가 되어야 하지만, 세 번째 원소를 같게 만들려면 ?y는 a가 되어야 한다.) 패턴 매처처럼, 쿼리 시스템에 쓰는 동일화 함수도 일람표 하나를 입력으로 받아서 그 일람표에 어긋나지 않도록 같게 만든다.

동일화 알고리즘^{unification algorithm}은 쿼리 시스템에서 쓰는 기술 가운데 가장 어려운 부분이다. 특히, 복잡한 패턴들을 동일화하는 과정에서는 연역 추론이 필요할 때가 있다. 보기를 들어, 패턴 (?x ?x)와 ((a ?y c) (a b ?z))를 동일화한다 치면, 그 알고리즘에 따라 ?x가 (a b c), ?y가 b, ?z가 c임을 이끌어 내야만^{추론해야만} 한다. 이런 과정은 여러 패턴에 걸쳐 있는 방정식들을 한데 엮어 푸는 것이라 볼 수 있는데, 보통 이런 연립 방정식의 풀이 과정은 거쳐야 할 단계가 만만치 않다.[71] 이를테면, (?x ?x)와 ((a ?y c) (a b ?z))를 동일화한다는 말은 아래와 같은 연립 방정식을 푸는 일이라 볼 수 있다.

---

71) 한 쪽만 패턴 매칭(one-sided pattern matching)하는 경우, 패턴 변수가 들어 있는 모든 방정식이 드러나므로 곧바로 풀어서 미지수(패턴 변수) 값을 알아낸다.

```
?x  =  (a ?y c)
?x  =  (a b ?z)
```

이 방정식에서 다음 사실을 이끌어낼 수 있다.

```
(a ?y c)  =  (a b ?z)
```

다시 여기에서 다음을 이끌어 낸다.

```
a = a,  ?y = b,  c = ?z
```

따라서 끝내는 다음과 같이 결론 지을 수 있다.

```
?x  =  (a b c)
```

패턴 매칭이 성공한 경우에는 모든 패턴 변수가 정의될 터이고 그 값은 오로지 상수뿐이다. 지금까지 보기로 든 동일화도 모두 이러하였다. 허나, 보통은 동일화가 성공으로 끝나더라도 변수 값이 완전히 결정되지 않는 경우도 있다. 어떤 변수는 아예 정의되지 않은 채로 남아 있을 수도 있고, 그 밖에 정의된 변수 가운데에도 그 값 속에 다른 변수가 들어 있는 경우도 있다.

(?x a)와 ((b ?y) ?z)를 동일화하는 경우를 따져보자. 두 패턴에서 ?x = (b ?y)이고 a=?z라는 사실을 이끌어낼 수는 있으나, 그 이상으로 ?x와 ?y를 풀어내지는 못한다. 그렇다고 동일화가 실패로 끝난 것은 아니다. 왜냐하면 ?x와 ?y에 값을 집어넣어 두 패턴을 같게 만들 수 있음은 틀림없기 때문이다. 이 매칭에서는 ?y에 들어가야 할 값에 어떤 제약도 없으므로, ?y는 정의되지 않은 채로 일람표에 들어간다. 이와 달리, ?y 값이 무엇이든 간에 ?x의 값은 (b ?y)여야 한다는 제약이 걸려 있으므로, 일람표 속에서 ?x의 정의는 (b ?y)가 된다. 나중에 (이 일

---

72) 이와 달리, 동일화 과정에서 두 입력 패턴의 특성을 모두 받아들이는 가장 폭넓은 패턴을 만든다고 볼 수도 있다. 즉, (?x a)와 ((b ?y) ?z)를 동일화하면 ((b ?y) a)이 나오고 (?x a ?y)와 (?y ?z a)를 동일화하면 위에서 말한 것처럼 (a a a)가 나온다. 그런데 지금 구현 방식에서는 동일화의 결과로 패턴이 나온다기보다 일람표가 나온다고 보는 게 더 편하다.

람표에 맞추어 패턴 매칭이나 동일화를 처리하는 과정에서) ?y의 값을 정하여 일람표에 보태고 나면, ?x의 정의에서 그 값을 가리키게 된다.[72]

규칙 적용하기

동일화는 쿼리 시스템에서 규칙을 바탕으로 추론 기능을 구현하는 중요한 방법이다. 이런 기능이 어떻게 이루어지는지 보기 위하여, 다음과 같이 규칙 적용 과정을 포함하는 쿼리를 어떻게 처리할지 생각해 보자.

```
(lives-near ?x (Hacker Alyssa P))
```

이 쿼리를 처리하기 위하여, 위에서 설명한 패턴−매칭 절차에 따라 데이터베이스 속에 패턴과 맞아떨어지는 참말[assertion]이 들어 있는지 살핀다. (현 데이터베이스에는 어떤 사람 가까이에 누가 사는지 바로 일러주는 데이터가 없기 때문에, 맞아떨어지는 게 아무것도 없을 것이다.) 다음 단계에서는 쿼리 패턴을 각 규칙의 결론과 동일화하려고 시도한다. 이 과정에서, 다음과 같은 규칙의 결론을 쿼리 패턴에 동일화할 수 있음을 알게 된다.

```
(rule (lives-near ?person-1 ?person-2)
      (and (address ?person-1 (?town . ?rest-1))
           (address ?person-2 (?town . ?rest-2))
           (not (same ?person-1 ?person-2)))))
```

그 결과 ?person-2를 (Hacker Alyssa P)로 정의하고 ?x를 ?person-1으로 (즉, ?x와 ?person-1의 값이 같다고) 정의하는 일람표가 나온다. 이제, 이 일람표에 맞추어, 규칙의 몸에서 펼쳐낸 합친 쿼리를 처리한다. 매칭이 성공으로 끝날 때, 그 일람표 속에는 ?person-1의 정의가 들어 있을 것이고, 이는 곧 ?x 값을 정의한 것과 같다. 그 값을 가지고 처음의 쿼리 패턴에서 데이터를 찍어낼 수 있다.

대개 쿼리 실행기는 아래와 같은 방법으로 규칙을 적용하여, 패턴 변수 몇 개를 정의하는 일람표를 가지고 쿼리 패턴을 짜맞춘다.

- 쿼리를 규칙의 결론에 동일화하는 일이 성공으로 끝나면, 그에 맞추어 처음에 받았던 일람표에 알맞은 정보를 보탠다.
- 그렇게 확장된 일람표를 맞추어 규칙의 몸을 구성하는 쿼리를 처리한다.

아래에 간추린 바와 같이, Lisp의 `eval/apply` 실행기에서 프로시저의 적용을 다룰 때 쓰던 방법이 위 방법과 어떻게 비슷한지 눈여겨보자.

- 프로시저의 매개변수를 받아온 인자 값으로 정의하여, 처음 프로시저 환경을 확장한 일람표를 구성한다.
- 확장된 환경에 맞추어 프로시저의 몸을 이루는 식의 값을 구한다.

두 실행기가 비슷하다는 게 그리 놀랄 만한 일은 아니다. Lisp 언어에서는 프로시저의 정의가 (복잡한 식을) 요약하는^{간추리는} 수단이듯이, 쿼리 언어에서는 규칙의 정의가 (복잡한 쿼리를) 간추리는 수단이다. 두 경우 모두 알맞은 변수 값을 정의하고 그에 따라 규칙 또는 프로시저의 몸 값을 계산하는 방식으로, 간추렸던 식을 풀어낸다.

간단한 쿼리

이 절 앞에서, 규칙이 없는 경우에 간단한 쿼리를 어떻게 처리하는지 보았다. 이제 규칙을 적용하는 방법을 보았으므로, 규칙과 참말을 모두 써서 간단한 쿼리를 어떻게 처리하는지 설명할 차례가 되었다.

쿼리 패턴과 일람표들의 스트림을 받으면, 그 스트림 속의 각 일람표에 대하여 다음 두 스트림을 만들어 낸다.

- 처음 스트림은 (패턴 매처를 가지고) 데이터베이스에 있는 모든 참말에 패턴을 맞추어 보는 과정에서 확장된 일람표들의 스트림이다.
- 두 번째는 (동일화 함수를 가지고) 쓸 수 있는 모든 규칙을 적용하는 과정에서

확장된 일람표들의 흐름이다.[73]

이 두 스트림을 붙여서 스트림 하나를 만들어 내는데, 여기에는 처음 받은 일람표와 어긋나지 않게 정해진 패턴을 만족하는 모든 방법이 담겨 있다. (입력된 스트림 속의 각 일람표에 대하여, 새 스트림을 하나씩 만들어 내는데) 이 스트림이 모두 모여 하나의 커다란 스트림을 이룬다. 따라서 이 큰 스트림 속에는, 처음에 받아온 입력 스트림 속 모든 일람표를 정해진 패턴에 맞아떨어지도록 확장하는 방법이 모두 담겨 있다.

쿼리 실행기와 드라이버 루프

매칭 연산이 적잖이 복잡하기는 하지만, 그 시스템을 짜맞추는 방법은 다른 언어 실행기와 크게 다르지 않다. 매칭 연산을 다스리는 프로시저를 qeval이라고 하는데, 맡은 일이 Lisp의 eval 프로시저와 엇비슷하다. qeval은 쿼리 하나와 일람표-스트림 하나를 인자로 받아, 일람표-스트림 하나를 내놓는다. 따라서 출력 스트림은 그림 4.4와 같이, 쿼리 패턴이 매칭에 성공했을 때와 맞아떨어지게끔, 입력 스트림에 들어 있던 스트림 몇 개를 확장한 것으로 이루어져 있다. eval과 마찬가지로, qeval은 서로 다른 식(쿼리)의 갈래를 따져보고, 그 식을 알맞은 프로시저로 넘긴다. 특별한 형태(and, or, not, lisp-value)을 처리하는 프로시저와 간단한 쿼리를 처리하는 프로시저가 있다.

이 장에 나온 다른 실행기의 driver-loop 프로시저와 비슷하게, 쿼리 언어의 드라이버 루프도 터미널terminal에서 쿼리를 읽어들인다. 쿼리를 하나 읽어들일 때마다 그 쿼리와 빈 일람표 하나를 qeval에 인자로 넘긴다. 그 결과, 가능한 모든 매칭 결과를 (빈 일람표를 확장할 수 있는 모든 경우를) 묶은 스트림이 나온

---

73) 동일화는 매칭의 쓰임새를 늘린 것이라 할 수 있으므로, 두 스트림을 모두 동일화 함수로 만들어 낸다 치면, 전체 시스템의 구조가 더 단순해질 수 있다. 허나, (완전한 동일화에 반하여) 매칭 연산이 그 자체로도 어떤 쓰임새가 있는지 설명하기 위해서, 쉬운 일은 단순한 매처를 써서 처리하였다.

다. 다음, 그 스트림 속의 일람표를 하나씩 보고, 그 속에 정의된 변수 값을 가지고 처음에 받았던 쿼리에서 데이터를 찍어낸다. 그 데이터들의 (또는 찍어낸 쿼리들의) 스트림을 화면에 찍는다.[74]

아울러, 드라이버에서는 특별한 명령special command `assert!`를 검사한다. 이 명령은 읽어들인 것이 쿼리가 아니라 데이터베이스에 보탤 참말이거나 규칙임을 알려준다. 보기를 들면 다음과 같다.

```
(assert! (job (Bitdiddle Ben) (computer wizard)))

(assert! (rule (wheel ?person)
               (and (supervisor ?middle-manager ?person)
                    (supervisor ?x ?middle-manager)))))
```

4.4.3 논리 프로그래밍은 수학 논리를 따르는가

언뜻 보기에는 쿼리 언어에서 논리식을 엮는 수단이 수학 논리 연산 and, or, not과 같아 보일 수 있으며, 쿼리 언어에서 규칙을 적용하는 과정도 수학적으로 올바른 추론 방법에 따라 처리해낼 수 있는 게 사실이다.[75] 그렇다고 하여 수학 논리와 쿼리 언어를 진짜로 같다고 볼 수는 없다. 왜냐하면 쿼리 언어는 (수학과 달리) 어떤 절차에 따라 논리식을 해석하는 제어 구조control structure를 갖추기 때문이다. 게다가 프로그램을 짤 때 그런 제어 특성을 이용할 수도 있다. 그 보기로, 프로그래머의 관리자를 모두 찾기 위해 쿼리를 하나 던진다고 하자. 아래에 보인 두 쿼리는 서로 논리가 같다.

---

74) 일람표들을 (리스트가 아닌) 스트림으로 묶어쓰는 까닭은, 규칙을 되돌기 적용(recursive application of rules)하였을 때 쿼리를 만족하는 값이 끝없이 나올 수 있기 때문인데, 스트림의 셈미룸 계산법(delayed evaluation)이 바로 여기서 제 몫을 한다. 즉, 쿼리를 던져서 얻어낸 답의 수에 끝이 있든 없든 시스템은 답이 나오는 대로 하나씩 찍어 보여줄 수 있다.

75) 어떤 추론 방법이 올바르냐는 쉽게 잘라 말할 수 있는 게(not a trivial assertion) 아니다. 가정이 참일 때, 거기에서 이끌어낸 결론도 오로지 참뿐이라는 사실을 증명해야 한다. 규칙 적용(rule application)이 나타내는 추론 방법은 긍정 논법 또는 긍정식(modus ponens)이라 널리 알려진 추론 방법이다. 즉, A가 참이고, B가 참이란 사실을 A가 함의(imply)한다면, B는 참이다.

```
(and (job ?x (computer programmer))
     (supervisor ?x ?y))

(and (supervisor ?x ?y)
     (job ?x (computer programmer)))
```

한데, 한 회사에 (보통 그렇듯이) 프로그래머보다 관리자가 더 많다면, 두 번째 것보다 첫 번째 것을 쓰는 게 낫다. 왜냐하면 and의 첫 번째 절^{쿼리}에서 만들어 낸 중간 결과(일람표)를 가지고, 다시 두 번째 쿼리에 맞추어 전체 데이터베이스를 훑어 봐야 하기 때문이다.

논리 프로그래밍의 목표는, 프로그래머가 컴퓨터 계산 문제 하나를 두 문제로 나눠 다루는 기법을 쓸 수 있도록 해주는 데 있다. 여기서 두 문제란, 컴퓨터로 계산할 것이 '무엇인지(what)' 밝히는 문제와, 컴퓨터에서 이를 '어떻게(how)' 계산할지 밝히는 문제를 말한다. 이런 목표는, 컴퓨터로 계산하고 싶은 것을 충분히 나타낼 만한 표현력, 그리고 제어할 수 있는 어떤 절차에 따른 해석^{controllable procedural interpretation}을 해낼 만한 단순성을 모두 갖출 수 있도록, 수학 논리에서 알맞은 부분을 빌려옴으로써 이루어낼 수 있다. 한편으로, 이런 생각의 바탕에는 논리 프로그래밍 언어로 짠 프로그램이 컴퓨터에서 효율적으로 처리될 수 있어야 한다는 뜻이 깔려 있다. 제어(계산 방식 또는 어떻게 계산하는가)의 효과는 한 언어에서 어떤 정해진 차례에 따라 식의 값을 구할 때 드러난다. 따라서 여러 절^{clause} 사이의 계산 차례뿐 아니라, 한 절 속에 있는 서브골^{subgoal}들의 계산 차례도 잘 정돈하여, 전체 계산 과정이 정해진 차례에 따라 효과적으로 또 효율적으로 처리되도록 해야 한다. 또한, 같은 계산 결과를 단순한 논리 법칙에서 이끌어 낸 것이라고 해석할 수도 있어야 한다.

쿼리 언어는 수학 논리에서 절차대로^{procedurally} 해석할 수 있는 부분 집합을 빌어다 쓰는 것으로 볼 수 있다. 참말^{assertion}은 단순한 사실^{fact}, 곧 더 나뉘지 못하는 씨 명제^{atomic proposition}를 나타내는 것으로 볼 수 있고, 규칙^{rule}은 함의^{implication}, 즉 규칙의 몸이 들어맞는 경우에 한하여 규칙의 결론이 따라온다는 주장을 나타내는 것으로 볼 수 있다. 규칙을 해석하는 데도 자연스런 절차가 있다. 즉, 규칙의 결론이 성립되려면 규칙의 몸부터 성립되어야 한다. 따라서 규칙이란, 컴퓨터로 계산하는 절차를 밝혀놓은 글이라 할 수 있다. 한편으로는, 규칙들을 수학 논리에 따라 펼쳐놓은 명제라고 볼 수도 있기 때문에, 똑같은 결과를 오로지 수학논리만으로 얻어낼 수 있음을 밝혀서, 논리 프로그램으로 이끌어낸 '추론^{inference}' 과정이 올바르다는 사실을 증명할 수도 있다.[76]

끝없는 루프

논리 프로그램을 절차대로 해석하기 때문에 어떤 문제를 푸는 과정에서 효율이 형편없이 떨어지는 프로그램을 짜는 수가 있다. 아주 심한 경우에는 연역^{deduction}하는 과정에서 시스템이 루프에 빠져 헤어나지 못하게 되기도 한다. 쉬운 보기로, 널리 알려진 부부들의 데이터베이스를 만든다고 치자. 그 데이터베이스에는 아래와 같은 참말도 들어 있다.

```
(assert! (married Minnie Mickey))
```

이제 아래 쿼리를 던져 보면,

```
(married Mickey ?who)
```

시스템은 아무런 대답도 하지 않을 것이다. 왜냐하면 *A*가 *B*와 혼인했다는 사실에서 *B*가 *A*와 혼인했다는 사실을 이끌어 내지 못하기 때문이다. 그래서 다음과 같은 규칙을 정한다.

---

76) 논리 프로그램의 '추론'을 논하면서, 프로그램의 계산 과정이 (반드시) 끝난다는 가정에 동의하는 것으로 이 주장이 뜻하는 바에 제약을 거는 게 옳다. 허나, 그리 제약을 걸고 주장을 펼치더라도 지금 구현하는 쿼리 언어에서는 not과 lisp-value 때문에 이 주장은 거짓이 된다. (또한 프롤로그를 비롯한 다른 논리 프로그래밍 언어로 짠 프로그램이라도 그리 다를 바 없다.) 아래에서 설명하는 바와 같이, 쿼리 언어에서 구현하는 not이 언제나 수학 논리의 not과 똑같지도 않은 데다가 lisp-value 때문에 여러 복잡한 문젯거리가 생겨난다. 물론, 그냥 not과 lisp-value를 없애 버리고 그저 단순한 쿼리와 and, or만으로 프로그램을 짜기로 하고, 수학 논리에 어긋나지 않는 언어를 구현할 수 있다. 하지만, 언어의 표현력이 너무 크게 떨어진다. 논리 프로그램 연구에서 큰 관심거리 가운데 하나가 지나치게 표현력을 끌어내리지 않고 수학 논리와 더 잘 맞아떨어지는 방법을 찾아내는 일이다.

```
(assert! (rule (married ?x ?y)
               (married ?y ?x)))
```

그 다음, 같은 쿼리를 다시 던져 보면,

```
(married Mickey ?who)
```

바라던 답이 나오기는커녕, 시스템이 루프에 빠져 헤어나지 못하게 된다. 그 까닭은 이렇다.

- 시스템은 married 규칙을 적용하여 이 문제를 풀 수 있음을 알게 된다. 즉, 규칙의 결론 (married ?x ?y)와 쿼리 패턴 (married Mickey ?who)를 동일화하여 ?x를 Mickey, ?y를 ?who로 정의한 일람표를 만들어 낸다. 이 일람표를 가지고 실행기가 규칙 몸(married ?y ?x)를 처리해 나간다. 이는 사실 쿼리 (married ?who Mickey)를 처리하는 것이나 마찬가지다.
- 답 하나는 데이터베이스 속의 참말에서 곧바로 나온다. 즉, (married Minnie Mickey).
- 또 한 번 married 규칙이 적용되어 실행기가 다시 규칙의 몸을 계산하게 되는데, 이는 (married Mickey ?who)를 처리하려는 시도와 같다.

이리하여 시스템이 끝없는 루프에 빠져들게 된다. 사실 루프로 들어가기 전에 시스템이 (married Minnie Mickey)라는 답을 찾아내느냐 마느냐는, 시스템이 데이터베이스 속의 데이터들을 어떤 차례로 살펴보느냐, 곧 시스템을 구현하는 방법에 따라 달라진다. 또한 이는 이런 종류의 루프가 생겨날 수 있는 간단한 보기에 지나지 않는다. 서로 얽힌 여러 규칙을 처리하는 가운데 이보다 더 밝혀내기 어려운 루프로 빠져들 수 있고, 루프의 생김새도 and 속에서 절을 처리하는 차례라든가(연습문제 4.64 보기) 시스템이 쿼리를 처리하는 차례 같은 세부 구현 방식

에 따라 달라질 수 있다.[77]

not과 관련된 문제들

쿼리 시스템에서 일어날 수 있는 또 다른 문젯거리는 not 때문에 일어난다.
4.4.1절에 나온 데이터베이스를 두고 다음 두 쿼리를 고려해 보자.

```
(and (supervisor ?x ?y)
     (not (job ?x (computer programmer)))))

(and (not (job ?x (computer programmer)))
     (supervisor ?x ?y))
```

위의 두 쿼리는 같은 결과를 내지 않는다. 첫 번째 쿼리는 데이터베이스에서
(supervisor ?x ?y)와 맞아떨어지는 모든 데이터를 찾아낸 다음에, 그 결과로
얻은 일람표들 가운데 ?x 값이 (job ?x (computer programmer))라는 조건을
만족하는 것을 모두 걸러낸다. 두 번째 쿼리는 입력으로 받아들인 일람표들 가운
데 (job ?x computer programmer)라는 조건을 만족하는 것을 없애 버리는 일
부터 시작한다. 허나, 이 경우에는 빈 일람표 하나만 덜렁 들어오기 때문에 (job
?x (computer programmer))를 만족하는 패턴이 데이터베이스에 들어 있는지
살펴보게 된다. 그런 패턴의 데이터가 있다고 보면, not 절은 빈 일람표를 걸러내
어 빈 일람표들의 스트림을 내놓는다. 결국에는 쿼리 전체를 처리하는 결과로 빈
스트림이 나온다.

---

77) 이는 논리의 문제가 아니라 실행기가 논리를 어떤 절차에 따라 해석하는 데서 비롯된 것이다. 따라서 보
기를 들어, 참말과 규칙에서 이끌어낼 수 있는 모든 증명을 늘어놓되, 깊이(depth-first)가 아니라 넓이로
살펴보는(breath-first) 방법을 쓰면, 루프에 빠지지 않는 실행기를 짤 수도 있다. 허나, 그렇게 시스템을 만
들면 프로그램을 짤 때 (연역) 추론의 차례를 이용하기가 훨씬 어렵다. 논리 프로그램 속에 정교한 제어
기능을 만들어 넣으려는 시도 가운데 하나가 deKleer et al. 1997에 설명되어 있다. 이와 달리, 심각한 제어
문제를 일으키지 않도록 하기 위하여, 특별한 지식을 집어넣어서, 어떤 종류의 루프를 찾아내는 기능처럼
쓰는 기법도 있다(연습문제 4.67). 하지만 시스템이 연역 과정에서 되돌아오지 못하는 길로 빠져드는 현
상을 막아내는 데 딱히 믿을 만한 방법이 있을 수 없다. 알맞게 고른 함수 f가 있다고 할 때, '$P(x)$가 참인
지 알기 위하여, $P(f(x))$가 참인지 알아본다'와 같이 악독한 규칙이 있다고 생각해 보라.

문제는, 실제 변수 값을 속아내는 거르개처럼 작동하도록 not을 구현하지 않았다는 데 있다. 따라서 not 절에서 처리하는 일람표에 (위 보기에서 ?x가 그랬던 것처럼) 정의되지 않은 변수가 있다면, 바라지 않던 결과가 나온다. lisp-value를 쓸 때에도 이와 비슷한 문제가 일어난다. 즉, 인자 몇 개가 정의되지 않았다면 Lisp 술어가 제대로 돌아가지 않는다. 연습문제 4.77을 보자.

또한 쿼리 언어의 not과 수학 논리의 not 사이에는 이보다 훨씬 심각한 차이가 있다. 논리에서 'not P'는 P가 참이 아니라는 말이다. 한데, 쿼리 시스템에서 'not P'란 데이터베이스에 있는 지식에서 P를 이끌어 내지 못한다는 뜻이다. 보기를 들어, 쿼리 시스템은 아무런 문제 없이 4.4.1절의 인사 데이터베이스에서 온갖 not 문을 이끌어낼 수 있다. 이를테면, Ben Bididdle이 야구팬이 아니라든가, 밖에 비가 오지 않는다든가, 2+2는 4가 아니다 같이 얼토당토않은 not 쿼리를 문제없이 처리해 낸다.[78] 달리 말하자면 논리 프로그래밍 언어에서 not은 이른바 **닫힌 세계 가정**closed world assumption, 즉 데이터베이스에 관련 정보가 모두 들어 있다는 사실을 바탕으로 한다.[79]

● **연습문제** 4.64

Louis Reasoner는 잘못해서 outranked-by 규칙(4.4.1절)을 데이터베이스에서 지워 버렸다. 이를 뒤늦게 알아차리고, 재빨리 다시 집어넣었다. 그 과정에서 다음과 같이 규칙이 조금 바뀌게 되었다.

```
(rule (outranked-by ?staff-person ?boss)
      (or (supervisor ?staff-person ?boss)
          (and (outranked-by ?middle-manager ?boss)
               (supervisor ?staff-person ?middle-manager))))
```

---

78) 쿼리 (not (baseball-fan (Bitdiddle Ben)))에 대해 생각해 보자. 시스템은 (baseball-fan (Bitdiddle Ben))이 데이터베이스에 없다는 것을 알고, 빈 일람표가 그 패턴을 만족하지 않으므로 처음 스트림에서 그 일람표를 걸러내지 않는다. 따라서 쿼리 결과는 빈 일람표가 된다. 빈 일람표를 보고 입력된 쿼리에서 (not (baseball-fan (Bitdiddle Ben)))을 찍어낸다.

79) 이와 같이 not을 처리하는 방법과 그 옳고 그름에 대한 논의는 클라크의 논문(Clark 1978)에서 찾을 수 있다.

Louis가 이 정보를 시스템에 집어넣자마자, DeWitt Aull이 Ben Bitdiddle보다 높은 사람을 찾으려고 다음 쿼리를 던졌다.

```
(outranked-by (Bitdiddle Ben) ?who)
```

시스템은 답을 한 다음에 끝없는 루프에 빠졌다. 왜 그런가?

● 연습문제 4.65

Cy D. Fect는 승진하는 날이 오기를 바라면서 (4.4.1절의 wheel 규칙을 가지고) 다음 쿼리를 던져 윗사람을 모두 찾아보기로 하였다.

```
(wheel ?who)
```

바라던 바와 달리 시스템은 다음과 같이 답하였다.

```
;;; Query results:
(wheel (Warbucks Oliver))
(wheel (Bitdiddle Ben))
(wheel (Warbucks Oliver))
(wheel (Warbucks Oliver))
(wheel (Warbucks Oliver))
```

왜 Oliver Warbucks가 네 번이나 나오는가?

● 연습문제 4.66

Ben은 쿼리 시스템에 회사에 관한 통계 자료를 물어볼 수 있도록 시스템을 손보고 있다. 보기를 들어, 모든 컴퓨터 프로그래머 봉급을 더해 보고 싶을 때에는 다음과 같은 쿼리를 던질 수 있다.

```
(sum ?amount
     (and (job ?x (computer programmer))
          (salary ?x ?amount)))
```

Ben이 만든 새로운 시스템에서 쓸 식의 문법을 간추리면 다음과 같다.

```
(accumulation-function ⟨variable⟩
                       ⟨query pattern⟩)
```

여기서 accumulation-function이란 sum이나 average 혹은 maximum과 같은 것이다. Ben은 이런 기능을 구현하는 게 별일이 아니라 보았다. 그냥 쿼리 패턴을 qeval에 넘겨주면, 여기에서 일람표들의 스트림이 나올 것이고, 그 다음 본뜨기 함수^{매핑 함수, mapping function}로 그 스트림을 죽 훑어가며 각 일람표에서 정해진 변수 값을 뽑아내고, 그 값들의 스트림을 어큐뮬레이션^{accumulation} 함수에 건네주면 된다고 생각하였다. Ben이 이를 끝낸 다음에 실험해 보려고 할 때, 연습문제 4.65에서 wheel 쿼리 결과를 가지고 여전히 헛갈려하던 Cy가 그 곁을 지나가다 그 결과를 Ben에게 보여주었다. Ben은 이를 보고 "엇, 안 되는데. 이렇다면 내가 만든 어큐뮬레이션 방식이 돌아가지 않는단 말이잖아!" 하며 투덜거렸다.

Ben이 뒤늦게 깨달은 사실은 무엇일까? 이런 상황을 헤어날 방법을 간추려서 설명해 보라.

● **연습문제** 4.67
쿼리 시스템에 루프 잡아내는 기능을 집어넣어서, 본문과 연습문제 4.64에서 설명한 루프를 피해가는 방법을 만들어 보라. 시스템에서 추론이 일어나는 과정을 따라가면서 어떤 정보를 기록하고 있다가 이미 처리되는 쿼리를 다시 처리하지 않도록 하는 게 그 아이디어다. 어떤 정보(패턴과 일람표)를 기록해야 할지, 그리고 어떻게 검사를 할지도 설명하라.(4.4.4절에서 쿼리 시스템의 구현 기법을 상세하게 공부한 다음에, 그 시스템을 고쳐서 여기서 만든 루프 검출 기능을 집어넣어 봐도 좋다.)

● **연습문제** 4.68

연습문제 2.18의 reverse 연산을 규칙으로 정의해 보라. reverse 연산은 리스트 하나를 인자로 받아 그 원소의 차례가 뒤집힌 리스트를 내놓는다. (귀띔 : append-to-form을 써라.) 그렇게 만든 규칙으로 (reverse (1 2 3) ?x)과 (reverse ?x (1 2 3))이라는 질문에 모두 답할 수 있는가?

● **연습문제** 4.69

연습문제 4.63에서 정의한 규칙과 데이터베이스를 바탕으로, 손자 관계에다 'greats'를 더하는 규칙을 짜 보라. 그리하면, 이랏[Irad]이 아담의 증손자라든가 자발[Jabal]과 주발[Jubal]이 아담의 6대손[great-great-great-great-great-grandsons of Adam]이라든가 하는 결론을 이끌어낼 수 있다. (귀띔 : 보기를 들어, ((great grandson) Adam Irad)과 같이, 이랏에 관한 사실을 표현하라. 한 리스트가 grandson이라는 낱말로 끝나는지 알아보는 규칙을 써라. 이를 가지고 ((great . ?rel) ?x ?y)라는 관계를 이끌어내는 규칙을 나타내라. 여기서 ?rel은 grandson으로 끝나는 리스트다.) ((great grandson) ?g ?ggs)와 (?relationship Adam Irad)과 같은 질문을 던져서 만든 규칙을 점검해 보라.

4.4.4 쿼리 시스템 만들기

4.4.2절에서는 쿼리 시스템이 어떻게 돌아가는지 설명하였다. 지금부터는 나머지 세세한 부분을 메워서 시스템을 완전하게 구현해 보자.

4.4.4.1 드라이버 루프와 쿼리 값 찍어내기[instantiation]

쿼리 시스템의 드라이버 루프는 되풀이해서 입력 식을 읽어 들인다. 그 식이 데이터베이스에 집어넣어야 할 규칙이나 참말[assertion]이면, 그런 정보를 데이터베이스에 보낸다. 그 밖의 나머지는 쿼리 식이라 가정한다. 드라이버는 읽어 들인 쿼리를 qeval로 넘기는데, 그때 일람표—스트림 하나를 같이 보낸다. 처음에 일람표—스트림은 빈 일람표 하나로 구성된다. 쿼리를 처리한 결과는 일람표들의 스

트림이다. 이 스트림의 각 일람표 속에는 던져진 쿼리에 맞아떨어지도록 데이터
베이스에서 찾아낸 변수 값들이 들어 있다. 그 다음, 처음 던져진 쿼리의 복사판
으로 이루어진 새 스트림을 하나 만드는데, 이때 각 쿼리 속의 변수들을 (앞서 만
들어 낸) 일람표들의 스트림에 들어 있는 값들로 맞바꾼다. 이렇게 만들어 낸 스
트림을 터미널에 찍어서 보여준다.

```
(define input-prompt ";;; Query input:")
(define output-prompt ";;; Query results:")

(define (query-driver-loop)
  (prompt-for-input input-prompt)
  (let ((q (query-syntax-process (read))))
    (cond ((assertion-to-be-added? q)
           (add-rule-or-assertion! (add-assertion-body q))
           (newline)
           (display "Assertion added to data base.")
           (query-driver-loop))
          (else
           (newline)
           (display output-prompt)
           (display-stream
            (stream-map
             (lambda (frame)
               (instantiate q
                            frame
                            (lambda (v f)
                              (contract-question-mark v))))
             (qeval q (singleton-stream '()))))
           (query-driver-loop)))))
```

이 장의 다른 언어 실행기와 마찬가지로 여기서도 요약한^{간추린} 문법으로 쿼리 언
어 식을 처리한다. 술어 프로시저인 assertion-to-be-added?와 고르개^{selector}
연산인 add-assertion-body, 식의 문법을 처리하는 프로시저 구현은 4.4.4.7절
에 있다. add-rule-or-assertion!은 4.4.4.5절에서 정의한다.

　드라이버 루프에서는 입력된 식을 처리하기에 앞서 처리 효율을 끌어올릴 수

있도록 읽어 들인 식의 생김새부터 바꾼다. 다시 말해서, 식의 문법을 변환한다. 이 과정에서 패턴 변수를 표현하는 방식도 바뀐다. 쿼리 값을 찍어낼^{instantiated}때, 아직 정의되지 않은 변수가 남아 있다면 그 변수를 입력할 때 쓴 표현 방식으로 다시 바꾼 다음에 화면으로 출력한다. 이런 변환 작업은 `query-syntax-process`와 `contract-question-mark`라는 두 프로시저가 맡아서 처리한다 (4.4.4.7절).

식의 값을 찍어내기^{instantiation} 위해서는, 먼저 그 식을 복사한 다음에 그 식 속의 변수들을 받아온 일람표 속에 있는 값들로 맞바꾼다. (동일화의 결과로 exp 속 ?x가 ?y로 정의되고 다시 ?y가 5로 정의된 경우처럼) 변수 값 속에 다른 변수가 들어 있을 수 있기 때문에, 다시 변수 값 속의 변수를 값으로 맞바꾸는 과정을 거친다. 값으로 맞바꾸지 못하는 변수가 있을 때에는 인자로 받은 프로시저로 이를 처리한다.

```
(define (instantiate exp frame unbound-var-handler)
  (define (copy exp)
    (cond ((var? exp)
           (let ((binding (binding-in-frame exp frame)))
             (if binding
                 (copy (binding-value binding))
                 (unbound-var-handler exp frame))))
          ((pair? exp)
           (cons (copy (car exp)) (copy (cdr exp))))
          (else exp)))
  (copy exp))
```

변수의 정의를 다루는 프로시저는 4.4.4.8절에서 정의한다.

4.4.4.2 실행기^{evaluator}

`query-driver-loop`에서 불러 쓰는 `qeval` 프로시저가 쿼리 시스템의 기본 처리기다. 이 프로시저는 쿼리와 일람표−스트림을 인자로 받아서, 확장된 일람표들

의 스트림을 내놓는다. 입력된 쿼리가 특별한 형태^{special form}인지 알아볼 적에 get과 put을 써서 데이터 중심 기법으로 처리하는데, 이는 2장에서 일반화된 연산^{generic operation}을 구현할 때 쓴 방법이다. 특별한 형태가 아닌 쿼리는 모두 단순한 쿼리라 보고, simple-query로 넘겨서 처리한다.

```
(define (qeval query frame-stream)
  (let ((qproc (get (type query) 'qeval)))
    (if qproc
        (qproc (contents query) frame-stream)
        (simple-query query frame-stream))))
```

특별한 형태의 요약된 문법을 구현하는 type과 contents는 4.4.4.7절에서 정의한다.

단순한 쿼리

simple-query 프로시저는 단순한 쿼리를 처리한다. 이 프로시저는 단순한 쿼리 (패턴 하나)와 일람표들의 스트림을 인자로 받아서, 일람표들의 스트림을 값으로 내놓는다. 출력 스트림 속에 있는 각 일람표는 쿼리와 데이터베이스를 맞추어 보는 과정에서 확장된다.

```
(define (simple-query query-pattern frame-stream)
  (stream-flatmap
   (lambda (frame)
     (stream-append-delayed
      (find-assertions query-pattern frame)
      (delay (apply-rules query-pattern frame))))
   frame-stream))
```

입력 스트림 속의 각 일람표에 대하여, 데이터베이스에 들어 있는 모든 참말^{assertion}과 쿼리가 맞아떨어지는지 살펴볼 때 find-assertions 프로시저(4.4.4.3절)를 쓴다. 거기에서 확장된 일람표들의 스트림이 하나 나온다. 또한 apply-rules 프로시저(4.4.4.4절)를 써서 적용할 수 있는 규칙을 모두 적용해 본다. 여기에서도 확장된 일람표들의 스트림이 하나 나온다. 이 두 스트림을 (4.4.4.6절의 `stream-append-delayed` 프로시저를 써서) 한 스트림으로 묶어내는데, 여기에는 처음 받은 일람표와 어긋나지 않게끔 정해진 패턴을 만족시키는 모든 방법이 담겨 있다(연습문제 4.71 보기). 입력 스트림 속의 각 일람표에 대하여 새 스트림이 하나씩 나오는데, 이 스트림들을 모두 모아 `stream-flatmap` 프로시저 (4.4.4.6절)를 써서 커다란 스트림을 하나 만들어 낸다. 이 큰 스트림 속에는 처음에 받은 입력 스트림 속 모든 일람표를 정해진 패턴에 맞아떨어지도록 확장할 수 있는 방법이 모두 담겨 있다.

합친 쿼리

and 쿼리는 그림 4.5(4.4.2절)에서 나타낸 것처럼 `conjoin` 프로시저로 처리한다. `conjoin`은 논리곱^{conjunct}과 일람표−스트림을 인자로 받아, 확장된 일람표들의 스트림을 내놓는다. 먼저 일람표들의 스트림을 처리하여 논리곱^{conjunction} 속의 첫 번째 쿼리를 만족하도록 확장할 수 있는 모든 일람표의 스트림을 찾아낸다. 그 다음, 그렇게 얻어낸 일람표들의 스트림을 인자로 넘겨서, 나머지 쿼리들에 `conjoin` 프로시저를 되돌면서^{재귀로, recursively} 적용한다.

```
(define (conjoin conjuncts frame-stream)
  (if (empty-conjunction? conjuncts)
      frame-stream
      (conjoin (rest-conjuncts conjuncts)
               (qeval (first-conjunct conjuncts)
                      frame-stream))))

(put 'and 'qeval conjoin)
```

위 식은 `qeval`에서 and 문법을 만날 때, `conjoin`을 불러내서 그 식을 처리할 수 있도록 한다.

or 쿼리는 그림 4.6(4.4.2절)과 비슷한 방식으로 처리된다. or 속을 이루는 여러 논리합^{disjuncts}마다 그 출력 스트림을 따로 나누어 계산하는데, 이를 다시

4.4.4.6절에 나오는 interleave-delayed 프로시저로 묶어낸다(연습문제 4.71, 4.72 보기).

```
(define (disjoin disjuncts frame-stream)
  (if (empty-disjunction? disjuncts)
      the-empty-stream
      (interleave-delayed
       (qeval (first-disjunct disjuncts) frame-stream)
       (delay (disjoin (rest-disjuncts disjuncts)
                       frame-stream)))))
```

```
(put 'or 'qeval disjoin)
```

논리곱과 논리합의 문법을 처리하는 술어 프로시저와 고르개^{selector} 연산들은 4.4.4.7절에 나온다.

거르개^{filter}

not은 4.4.2절에서 간추려 설명한 방법대로 처리된다. 먼저 입력 스트림 속의 각 일람표들이 정해진 쿼리를 만족하게끔 확장될 수 있는지 살펴본다. 그 가운데 확장하지 못하는 일람표만 출력 스트림에 집어넣는다.

```
(define (negate operands frame-stream)
  (stream-flatmap
   (lambda (frame)
     (if (stream-null? (qeval (negated-query operands)
                              (singleton-stream frame)))
         (singleton-stream frame)
         the-empty-stream))
   frame-stream))
```

```
(put 'not 'qeval negate)
```

lisp-value도 not과 비슷한 거르개다. 입력 스트림 속의 각 일람표는 쿼리 패턴 속 변수를 값으로 맞바꾸는 데 쓴다. 각 일람표에서 정의한 변수 값에 술어 프로시저를 적용하여 그 답이 거짓으로 나오는 경우 그 일람표를 걸러낸다. 그 과정에서 정의되지 않은 패턴 변수가 나오면 잘못되었다고 알린다.

```
(define (lisp-value call frame-stream)
  (stream-flatmap
   (lambda (frame)
     (if (execute
          (instantiate
           call
           frame
           (lambda (v f)
             (error "Unknown pat var -- LISP-VALUE" v))))
         (singleton-stream frame)
         the-empty-stream))
   frame-stream))

(put 'lisp-value 'qeval lisp-value)
```

execute는 술어 프로시저를 인자에 적용할 때 쓰는데, 적용할 프로시저를 얻기 위하여 반드시 eval로 술어의 값을 구해야 한다. 하지만, 그 인자는 인자 값을 구하기 위해 (Lisp로) 계산해야 할 식이 아니라 벌써 구해 놓은 진짜 인자 값이기 때문에 계산하면 안 된다. execute를 구현할 때 Lisp 시스템에서 eval과 apply를 빌려 쓴다는 점은 꼭 알아두자.

```
(define (execute exp)
  (apply (eval (predicate exp) user-initial-environment)
         (args exp)))
```

특별한 형태인 always-true는 언제나 만족되는 쿼리를 처리하는 데 필요하다. 이 프로시저는 (보통 비어 있는) 그 내용을 무시하고 입력 스트림 속 모든 일람표를 그냥 죽 훑고 지나칠 뿐이다. always-true는 고르개 연산 rule-body(4.4.4.7절)에서 몸 없이 정의된 (다시 말해, 항상 결론이 만족되는) 규칙의 몸을 대신하는 목적으로 사용된다.

```
(define (always-true ignore frame-stream) frame-stream)

(put 'always-true 'qeval always-true)
```

not과 lisp-value 문법을 정의하는 고르개 연산은 4.4.4.7절에 나온다.

4.4.4.3 패턴 매칭으로 참말 찾아내기

simple-query(4.4.4.2절)에서 불러 쓰는 find-assertions 프로시저는 패턴과
일람표를 인자로 받아, 일람표들의 스트림을 내놓는다. 이 스트림 속의 각 일람
표는 정해진 패턴에 데이터베이스 원소를 맞추어 보는^{matching} 과정에서, 인자로
받은 일람표를 확장해서 만든 것이다. find-assertions는 fetch-asser-
tions 프로시저를 써서, 정해진 패턴과 일람표에 대응하여 맞아떨어지는지^{match-}
^{ing} 따져봐야 할 모든 참말을 데이터베이스에서 가져온다. 이때 군이 fetch-
assertions 프로시저를 만들어 쓰는 까닭은, 패턴과 맞아떨어질 가능성이 있는
참말들 속에서, 때때로 간단한 시험을 거쳐 데이터베이스의 많은 원소를 걸러내
야 하기 때문이다. 따라서 fetch-assertions 없이 데이터베이스 속에 있는 모
든 참말의 스트림을 간단히 살펴본다고 해도, 시스템은 돌아가는 데 아무런 문제
가 없으나 매처^{matcher}를 훨씬 많이 불러 써야 하므로, 처리 과정의 효율은 떨어지
게 된다.

```
(define (find-assertions pattern frame)
  (stream-flatmap (lambda (datum)
                    (check-an-assertion datum pattern frame))
                  (fetch-assertions pattern frame)))
```

check-an-assertion은 패턴과 데이터 물체(assertion), 일람표를 인자로 받아
서, 확장된 일람표 하나로 구성된 스트림이나 (매치가 실패할 때) the-empty-
stream을 내놓는다.

```
(define (check-an-assertion assertion query-pat query-frame)
  (let ((match-result
          (pattern-match query-pat assertion query-frame)))
    (if (eq? match-result 'failed)
        the-empty-stream
        (singleton-stream match-result))))
```

기본 패턴 매처는 failed라는 글자[기호]나 인자로 받은 일람표를 확장하여 내놓는
다. 매처의 기본 개념은 패턴과 데이터(assertion)의 원소를 하나씩 맞추어 보면
서, 패턴 변수의 정의를 조금씩 긁어모으는 것이다. 패턴과 데이터 물체가 서로
같다면, 매칭이 성공한 것으로 보고 지금까지 모은 정의를 일람표에 담아서 내놓
는다. 그렇지 않고 패턴이 변수라면, 지금 쓰는 일람표를 확장하여 그 변수의 값
을 데이터로 정의한다. 단, 새로운 변수의 정의가 그 일람표에 이미 들어 있던 정
의에 어긋나지 않아야 한다. 패턴과 데이터가 모두 쌍인 경우에는, 패턴의 car와
데이터의 car를 되돌기로[재귀로] 서로 맞추어 보면서, 일람표를 만들어 낸다. 그런
다음, 다시 그 일람표를 가지고 패턴의 cdr와 데이터의 cdr가 서로 맞아떨어지
는지 살펴본다. 그밖에 달리 처리할 방법이 없는 경우에는, 매칭이 실패한 것으
로 보고 failed 기호를 내놓는다.

```
(define (pattern-match pat dat frame)
  (cond ((eq? frame 'failed) 'failed)
        ((equal? pat dat) frame)
        ((var? pat) (extend-if-consistent pat dat frame))
        ((and (pair? pat) (pair? dat))
         (pattern-match (cdr pat)
                        (cdr dat)
                        (pattern-match (car pat)
                                       (car dat)
                                       frame)))
        (else 'failed)))
```

아래는 일람표에 새 변수의 정의를 집어넣는 프로시저다. 이 과정에서, 새 정의
가 일람표에 이미 들어 있는 변수 정의와 어긋나지 않는지 따져본다.

```
(define (extend-if-consistent var dat frame)
  (let ((binding (binding-in-frame var frame)))
    (if binding
        (pattern-match (binding-value binding) dat frame)
        (extend var dat frame))))
```

일람표 속에 그 변수가 아직 정의되지 않았을 때에는 그냥 데이터(dat)를 그 변수의 값으로 정의하여 일람표에 집어넣기만 하면 된다. 그렇지 않은 경우에는 일람표에 들어 있는 변수 값과 데이터가 서로 맞아떨어지는지 따져봐야 한다. 일람표에 들어 있는 값이 상수로만 이루어질 때에는 (틀림없이 extend-if-consistent로 패턴 매칭하는 과정에서 들어간 값일 텐데) 그저 저장된 값과 새 값이 같은지 살펴보는 것으로 끝난다. 두 값이 같다면 받아온 일람표를 그대로 내놓으면 되고, 그렇지 않다면 실패했다는 표시를 내놓는다. 한편, 동일화 과정에서 저장된 값이라면(4.4.4.4절 보기), 그 값에 패턴 변수가 들어 있을 수 있다. 그런 경우에는, 저장된 패턴과 데이터를 되돌기로^{재귀로} 맞추어 보면서 패턴 속 변수들의 정의를 일람표에 보태거나 검사하는 과정을 거친다. 예컨대, ?x 값은 (f ?y)로 정의하되 ?y를 정의하지 않는 일람표가 있을 때, 이 일람표를 확장하여 ?x의 값을 (f b)로 정의하기 바란다고 하자. 처음 일람표에서 ?x 값을 찾아보면 그 값이 (f ?y)임을 알게 되므로, 이로부터 (f ?y)와 (f b)의 매칭 과정이 이어진다. 이 매칭 과정을 거치면, 끝내 ?y 값을 b로 정의하도록 일람표를 확장하게 된다. 이 과정에서는 이미 일람표에 들어 있던 정의가 달라지지도 않고, 한 변수가 한 번 이상 정의되는 경우도 없다.

extend-if-consistent에서 변수 정의를 다룰 때 쓰는 프로시저는 4.4.4.8절에 정의되어 있다.

꼬리 점이 붙어 있는 패턴

패턴에서 패턴 변수 뒤에 점이 따라 나오면, 그 패턴 변수는 (데이터 리스트의 다음 원소가 아니라) 데이터 리스트의 나머지 모두와 맞아떨어진다. 이는 연습문제 2.20에서 설명한 꼬리점 표기법과 같다. 그런데 패턴 매처에서 점을 따로 처리하지 않았는데도, 이 기능은 바라던 대로 돌아간다. 이는, query-driver-loop가 쿼리를 읽어 들여서 리스트 구조로 표현할 때 Lisp의 기본 연산 read를 쓰는데, 이 연산이 특별한 방법으로 점을 처리하기 때문이다.

read가 점을 읽는 경우, 다음에 처리할 데이터는 리스트의 다음 원소(즉, 리스트에서 cdr의 car)가 아니라 리스트의 cdr다. 이를테면, 패턴 (computer ?type)이 표현하는 리스트 구조는 (cons 'computer (cons '?type '()))인데, 이와 달리 (computer . ?type)은 (cons 'computer '?type)을 말한다.

그리하여 pattern-match가 되돌면서^{재귀로} 데이터 리스트의 car와 cdr들을 점이 있는 패턴과 비교하다가, 끝내는 점 뒤의 변수와 데이터 리스트의 부분 리스트를 맞추게 되고, 그 변수 값을 그 리스트로 정의한다. 예를 들어, 패턴 (computer . ?type)을 (computer programmer trainee)에 맞추면, ?type은 (programmer trainee)와 맞아떨어진다.

4.4.4.4 규칙과 동일화

apply-rules는 find-assertions(4.4.4.3절)를 닮은 규칙이다. 이 규칙은 패턴과 일람표를 입력으로 받아서 데이터베이스에서 가져온 규칙을 적용하여 확장된 일람표들의 스트림을 만든다. stream-flatmap은 (4.4.4.5절의 fetch-rule이 골라낸) 적용 가능성이 있는 규칙들의 스트림을 훑어내려 가면서 apply-a-rule로 규칙을 하나씩 적용해 본 다음, 그렇게 얻어낸 여러 일람표의 스트림을 한데 묶어낸다.

```
(define (apply-rules pattern frame)
  (stream-flatmap (lambda (rule)
                    (apply-a-rule rule pattern frame))
                  (fetch-rules pattern frame)))
```

apply-a-rule은 4.4.2절에서 간추려 설명한 대로 규칙을 적용한다. 먼저, 정해진 일람표 속 패턴과 규칙의 결론을 동일화하여 인자로 받아온 일람표에 정보를 보낸다. 이 시도가 성공하면, 새로운 일람표를 가지고 규칙의 몸을 처리한다.

하지만 이런 일이 일어나기에 앞서, 규칙 속에 있는 모든 변수 이름을 하나뿐인 이름으로 바꾼다. 이리 하여, 다른 규칙을 적용하면서 끌어들인 변수들이 서로 뒤섞여 헛갈리는 경우를 막는다. 이를테면, 두 규칙에서 모두 ?x라는 변수를 쓰는 경우 저마다 일람표에 ?x의 정의를 보탤 수 있다. 두 ?x는 서로 아무런 관련이 없기 때문에, 두 정의를 맞추어야 할 까닭이 없다. 이와 같이 변수에 새 이름을 붙이지 않고, 환경 구조를 더 정교하게 만들어서 문제를 해결하는 방법도 있다. 하지만, 이름을 바꾸는 방법이 가장 효율이 좋은 방법은 아닐지 몰라도 가장 쉬운 방법이기는 하다(연습문제 4.79 보기). 여기 apply-a-rule 프로시저가 있다.

```
(define (apply-a-rule rule query-pattern query-frame)
  (let ((clean-rule (rename-variables-in rule)))
    (let ((unify-result
            (unify-match query-pattern
                         (conclusion clean-rule)
                         query-frame)))
      (if (eq? unify-result 'failed)
          the-empty-stream
          (qeval (rule-body clean-rule)
                 (singleton-stream unify-result))))))
```

규칙에서 몸과 결론을 골라내는 연산 rule-body와 conclusion은 4.4.4.7절에 정의되어 있다.

각 규칙 적용^{rule application}에 (숫자와 같은) 유일한 이름^{identifier}을 결합하고 이 이름을 원래 변수 이름과 결합함으로써 유일한 변수 이름을 생성한다. 예를 들어, 규칙 적용 이름이 7이면, 규칙 속의 ?x는 ?x-7로, ?y는 ?y-7로 바꿀 수 있다. (make-new-variable과 new-rule-application-id는 4.4.4.7절의 문법 프로시저에 들어 있다.)

```
(define (rename-variables-in rule)
  (let ((rule-application-id (new-rule-application-id)))
    (define (tree-walk exp)
      (cond ((var? exp)
             (make-new-variable exp rule-application-id))
            ((pair? exp)
             (cons (tree-walk (car exp))
                   (tree-walk (cdr exp))))
            (else exp)))
    (tree-walk rule)))
```

동일화 알고리즘은 프로시저로 구현되는데, 이 프로시저는 패턴 둘과 일람표 하나를 인자로 받아 확장된 일람표를 내놓거나 실패했다는 기호를 내놓는다. 동일화 함수^{unifier}는 양쪽 패턴에 모두 변수가 올 수 있다는 점만 빼면 패턴 매처와 같다. unify-match는 (아래 코드에서 '***'로 표시한) 오른편에 변수가 오는 경우를 다루기 위해 코드가 좀 더 들어갔다는 점만 빼면 pattern-match와 하는 일이 같다.

```
(define (unify-match p1 p2 frame)
  (cond ((eq? frame 'failed) 'failed)
        ((equal? p1 p2) frame)
        ((var? p1) (extend-if-possible p1 p2 frame))
        ((var? p2) (extend-if-possible p2 p1 frame))  ; ***
        ((and (pair? p1) (pair? p2))
         (unify-match (cdr p1)
                      (cdr p2)
                      (unify-match (car p1)
                                   (car p2)
                                   frame)))
        (else 'failed)))
```

동일화에서는 한쪽으로만 패턴 매칭할 때와 마찬가지로 이미 일람표에 들어 있던 정의와 어긋나지 않는 경우에만 일람표를 확장한다. 동일화에서 쓰는 extend-if-possible은 (다음에 있는 프로그램에서 '***'로 표시한) 두 가지 특별한 검사를 한다는 점만 빼면 패턴 매칭에서 쓰던 extend-if-consistent와 같다. 첫 번째 경우에는, 맞추어 보려는 변수가 정의되지는 않았으나 그 변수와 맞추려는 값 자체가 변수라면, 그 값이 정의되어 있는지 알아보아야 하고, 그렇다면 그 값에 맞춘다. 양쪽이 모두 정의되지 않았다면, 둘 가운데 하나를 다른 것으로 정의할 수 있다.

두 번째 검사에서는 한 변수 값을 변수가 들어 있는 패턴으로 정의하려는 경우를 다룬다. 이런 상황은 한 변수가 양 패턴에서 반복될 때마다 일어날 수 있다. 보기를 들어, 일람표 속에 ?x와 ?y가 정의되지 않았을 때, 패턴 (?x ?x)와 (?y <?y와 관련된 식>)을 동일화하는 경우를 따져보자. 먼저 ?x를 ?y로 정의하여 ?x와 ?y를 맞춘다. 다음으로, 같은 ?x를 ?y와 관련된 식과 맞춘다. ?x가 이미 ?y로 정의되었기 때문에, ?y를 그 식과 맞춘다. 동일화 함수가 두 패턴을 같게 만들 수 있는 패턴 변수의 값들을 찾아내는 것이라 보면, 이 패턴들은 ?y와 관련된 식을 ?y와 같게 만들 수 있는 ?y를 찾아내라는 말과 같다. 이런 방정식을 푸는 일반 해법은 없기 때문에, 이런 관계를 만족하는 변수의 정의를 찾아내지 못한다고 거부해야 한다. 이는 depends-on?이라는 술어를 통해 알아낼 수 있다.[80] 한편, 한

---

80) 보통, ?y와 관련된 식과 ?y를 동일화하려면, 등식 ?y = ⟨?y와 관련된 식⟩의 고정점(fixed point)을 찾아내야 한다. 한데, 이 등식의 답처럼 보이는 식을 문법적으로 짜맞출 수 있는 경우가 있기는 하다. 보기를 들어, ?y = (f ?y)의 고정점은 (f (f (f ...)))인 것처럼 보일 수 있는데, 이 식은 (f ?y)를 시작으로 ?y와 (f ?y) 맞바꾸기를 되풀이하여 만들어낼 수 있다. 하지만, 그런 방정식이 모두 뜻있는 고정점 (meaningful fixed point)을 가지는 것은 아니다. 이 문제는 수학에서 끝없는 수열(무한 수열)을 다루는 문제와 비슷하다. 보기를 들어, $y = 1 + y/2$의 해가 2라는 사실을 안다고 하자. $1 + y/2$에서 시작하여 y와 $1 + y/2$ 맞바꾸기를 되풀이하면 다음과 같다.

$2 = y = 1+y/2 = 1 + (1 + y/2)/2 = 1 + 1/2 + y/4 = \cdots$,

위 식을 정리하면 다음과 같이 된다.

$2 = 1 + 1/2 + 1/4 + 1/8 + \cdots$

하지만, 방정식 $y = 1 + 2y$의 해를 -1로 보고, 같은 방식으로 식을 풀어보면 다음과 같다.

$-1 = y = 1 + 2y = 1 + 2(1 + 2y) = 1 + 2 + 4y = \cdots$

위 식을 정리하면 다음과 같이 된다.

$-1 = 1 + 2 + 4 + 8 \cdots$

두 방정식을 이끌어 내는 데 쓴 방법이 같은데도, 첫 번째 결과는 끝없는 수열에 대하여 들어맞는 참말 (valid assertion)이라 할 수 있으나 두 번째는 아니다. 이와 마찬가지로, 동일화의 결과를 볼 적에도, 어떻게든 문법적으로 짜맞추는 식을 가지고 추론을 한 결과가 잘못된 결과를 이끌어낼 수도 있다.

변수를 그 자신으로 정의하는 시도는 받아들일 수 있다. 보기를 들어, (?x ?x)와 (?y ?y)를 동일화한다고 하자. ?x를 ?y로 정의한 상태에서 (저장된 ?x의 값) ?y 를 (?x의 새 값) ?y에 맞춘다. 이런 경우는 unify-match의 equal? 마디절에서 다룬다.

```
(define (extend-if-possible var val frame)
  (let ((binding (binding-in-frame var frame)))
    (cond (binding
            (unify-match
             (binding-value binding) val frame))
          ((var? val)                          ;***
           (let ((binding (binding-in-frame val frame)))
             (if binding
                 (unify-match
                  var (binding-value binding) frame)
                 (extend var val frame)))))
          ((depends-on? val var frame)        ;***
           'failed)
          (else (extend var val frame)))))
```

depends-on?은 한 패턴 변수의 값이 되어야 할 식이 그 변수와 관련이 있는지 따져보는 술어 식이다. 한데, 이를 따질 때에는 언제나 현재 일람표를 고려해야 한다. 왜냐하면, 변수의 값이 될 식 속에 그 변수와 관련된 값으로 정의된 변수가 들어 있을 가능성이 있기 때문이다. 이를 알아보기 위해 depends-on?는 여러 갈래로 되돌면서^{재귀로} 식을 살펴보는데, 그 과정에서 필요하다면 언제든지 변수를 값으로 맞바꿔 볼 수 있다.

```
(define (depends-on? exp var frame)
  (define (tree-walk e)
    (cond ((var? e)
           (if (equal? var e)
               true
               (let ((b (binding-in-frame e frame)))
                 (if b
                     (tree-walk (binding-value b))
                     false))))
          ((pair? e)
           (or (tree-walk (car e))
               (tree-walk (cdr e))))
          (else false)))
  (tree-walk exp))
```

4.4.4.5 데이터베이스의 관리

논리 프로그래밍 언어를 설계하는 과정에서 중요한 문제 하나는, 정해진 패턴을 검사하는 과정에서 살펴볼 데이터베이스 원소 중에서 관계없는 원소를 가능한 한 줄일 수 있도록 잘 정리하는 데 있다. 이 시스템에서는 모든 참말^{assertion}을 큰 스트림 하나 속에 저장할 뿐 아니라 모든 참말을 표에 저장하는데, 각 참말의 car를 별도의 스트림으로 묶어놓고 표를 찾아보는 찾아보기^{index}로 쓴다. 패턴과 맞추어 볼 참말을 빼내기 위해서는 그 패턴의 car가 상수 글자^{constant symbol}인지 아닌지부터 따져본다. 상수 글자라면, 저장된 참말 가운데 car가 같은 것을 모두 내놓는다. 패턴의 car가 상수 글자가 아니라면, 저장된 참말을 모조리 내놓는다. 어쩌면, 이런 방식보다는 일람표 속에 있는 정보를 이용하거나 패턴의 car가 상수가 아닌 경우를 줄이려고 애쓰는 편이 나을 수도 있다. 여기서는 그와 같이 프로그램 속에 (car를 써서, 오로지 상수 글자인 경우만 다루도록) 찾아보기를 달아주는 기준^{criteria for indexing}을 따로 만들어 집어넣지 않는 대신에, 술어 식이나 고르개^{selector} 연산으로 그런 역할을 대신하기로 한다.

```
(define THE-ASSERTIONS the-empty-stream)

(define (fetch-assertions pattern frame)
  (if (use-index? pattern)
      (get-indexed-assertions pattern)
      (get-all-assertions)))

(define (get-all-assertions) THE-ASSERTIONS)

(define (get-indexed-assertions pattern)
  (get-stream (index-key-of pattern) 'assertion-stream))
```

get-stream은 표에 있는 스트림을 찾아보고 거기에 아무것도 없을 경우에는 빈 스트림을 내놓는다.

```
(define (get-stream key1 key2)
  (let ((s (get key1 key2)))
    (if s s the-empty-stream)))
```

규칙을 저장하는 경우에도 결론의 car를 써서 비슷한 방식으로 처리한다. 한데, 규칙의 결론에는 아무 패턴이나 올 수 있기 때문에, 그 속에 변수가 들어 있을 수 있다는 점이 참말과는 다르다. 규칙을 다루는 경우에는, 맞추어 볼 패턴의 car가 상수 글자인 경우, 결론의 car가 같은 상수 글자로 시작되는 규칙에 맞추어 볼 수도 있음은 물론이고, 결론이 변수로 시작하는 규칙과도 맞아떨어질 수 있다. 따라서 그 car가 상수 글자인 패턴과 규칙을 맞추어 보기 위해서는, 그 결론의 car가 패턴과 맞아떨어지는 규칙과, 그 결론이 변수로 시작되는 규칙을 모두 데이터베이스에서 가져온다. 이 때문에, 그 결론이 변수로 시작되는 모든 규칙은 표 속에 별도로 마련된 스트림에 저장해 놓고, 기호 ?로 찾아보기를 단다.

```
(define THE-RULES the-empty-stream)

(define (fetch-rules pattern frame)
  (if (use-index? pattern)
      (get-indexed-rules pattern)
      (get-all-rules)))
```

```
(define (get-all-rules) THE-RULES)

(define (get-indexed-rules pattern)
  (stream-append
   (get-stream (index-key-of pattern) 'rule-stream)
   (get-stream '? 'rule-stream)))
```

add-rule-or-assertion!은 query-driver-loop가 참말이나 규칙을 데이터
베이스에 더할 때 쓴다. 각 원소는 (알맞은 경우) 찾아보기를 달아서 저장되고,
데이터베이스의 모든 참말 또는 규칙을 담는 스트림 속에 저장된다.

```
(define (add-rule-or-assertion! assertion)
  (if (rule? assertion)
      (add-rule! assertion)
      (add-assertion! assertion)))

(define (add-assertion! assertion)
  (store-assertion-in-index assertion)
  (let ((old-assertions THE-ASSERTIONS))
    (set! THE-ASSERTIONS
          (cons-stream assertion old-assertions))
    'ok))

(define (add-rule! rule)
  (store-rule-in-index rule)
  (let ((old-rules THE-RULES))
    (set! THE-RULES (cons-stream rule old-rules))
    'ok))
```

참말이나 규칙을 실제로 저장할 때에는 찾아보기를 달 수 있는지부터 따져보아
야 한다. 그게 가능하면, 알맞은 스트림 속에 저장한다.

```
(define (store-assertion-in-index assertion)
  (if (indexable? assertion)
      (let ((key (index-key-of assertion)))
        (let ((current-assertion-stream
               (get-stream key 'assertion-stream)))
          (put key
               'assertion-stream
               (cons-stream assertion
                            current-assertion-stream))))))

(define (store-rule-in-index rule)
  (let ((pattern (conclusion rule)))
    (if (indexable? pattern)
        (let ((key (index-key-of pattern)))
          (let ((current-rule-stream
                 (get-stream key 'rule-stream)))
            (put key
                 'rule-stream
                 (cons-stream rule
                              current-rule-stream)))))))
```

다음 프로시저는 데이터베이스 찾아보기를 어떻게 쓰는지 정의한다. 패턴(참말 또는 규칙의 결론)이 변수나 상수 글자로 시작된다면 표에 저장된다.

```
(define (indexable? pat)
  (or (constant-symbol? (car pat))
      (var? (car pat))))
```

표에 패턴을 저장할 때 쓰는 열쇠^{key}는 (그 패턴이 변수로 시작된다면) ?거나 그 패턴을 시작하는 상수 글자다.

```
(define (index-key-of pat)
  (let ((key (car pat)))
    (if (var? key) '? key)))
```

패턴이 상수 글자로 시작되는 경우, 패턴과 맞아떨어질 가능성이 있는 원소를 꺼내기 위해 찾아보기를 쓴다.

```
(define (use-index? pat)
  (constant-symbol? (car pat)))
```

● 연습문제 4.70

프로시저 add-assertion!과 add-rule!에서 let을 쓰는 목적이 무엇인가? 다음과 같이 add-assertion!을 구현하면 무엇이 잘못인가? (귀띔 : 3.5.2절에서 끝없는 스트림의 정의 (define ones (cons-stream 1 ones))를 되새겨 보라.)

```
(define (add-assertion! assertion)
  (store-assertion-in-index assertion)
  (set! THE-ASSERTIONS
        (cons-stream assertion THE-ASSERTIONS))
  'ok)
```

4.4.4.6 스트림 연산

쿼리 시스템에서는 3장에 나오지 않은 스트림 연산을 몇 개 쓴다.

stream-append-delayed와 interleave-delayed는 (3.5.4절에서 나온 integral 프로시저처럼) 셈미룬 인자$^{delayed\ argument}$를 받는다는 것만 빼면 stream-append, interleave와 똑같다(3.5.3절). 이 연산에서는 루프 돌리기를 미루어 두었다 처리하는 경우도 있다(연습문제 4.71).

```
(define (stream-append-delayed s1 delayed-s2)
  (if (stream-null? s1)
      (force delayed-s2)
      (cons-stream
       (stream-car s1)
       (stream-append-delayed (stream-cdr s1) delayed-s2))))

(define (interleave-delayed s1 delayed-s2)
  (if (stream-null? s1)
      (force delayed-s2)
      (cons-stream
       (stream-car s1)
       (interleave-delayed (force delayed-s2)
                           (delay (stream-cdr s1))))))
```

stream-flatmap은 쿼리 실행기의 여기저기서 일람표-스트림에 프로시저를 적용[map]하고 그렇게 얻어낸 일람표-스트림들을 한데 엮을 때 쓰는데, 이는 2.2.3절에서 보통 리스트를 처리할 때 쓴 flatmap 프로시저에 대응하는 스트림 연산이다. 허나, 보통 flatmap 연산과는 달리, 그저 스트림을 덧붙이기[append]만 하는 게 아니라, 프로세스를 끼워 넣어서 스트림을 한데 뭉친다(연습문제 4.72, 4.73 보기).

```
(define (stream-flatmap proc s)
  (flatten-stream (stream-map proc s)))

(define (flatten-stream stream)
  (if (stream-null? stream)
      the-empty-stream
      (interleave-delayed
       (stream-car stream)
       (delay (flatten-stream (stream-cdr stream))))))
```

쿼리 실행기에서는 다음과 같은 간단한 프로시저를 써서 원소 하나로 구성된 스트림을 만들어 낸다.

```
(define (singleton-stream x)
  (cons-stream x the-empty-stream))
```

4.4.4.7 쿼리의 문법을 처리하는 프로시저

(4.4.4.2절에서 나오는) qeval이 쓰는 type과 contents는 그 car 속에 어떤 글자가 있는지 살펴보고 어떤 특별한 형태인지 밝혀낸다. 이는 잘못을 알리는 메시지가 다르다는 것을 빼면, 2.4.2절의 type-tag, contents 프로시저와 같다.

```
(define (type exp)
  (if (pair? exp)
      (car exp)
      (error "Unknown expression TYPE" exp)))

(define (contents exp)
  (if (pair? exp)
      (cdr exp)
      (error "Unknown expression CONTENTS" exp)))
```

아래 프로시저는 (4.4.4.1절의) query-driver-loop에서 쓰는데, 새로운 규칙과 참말을 (assert! ⟨*rule-or-assertion*⟩) 같은 식의 형태로 데이터베이스에 보탠다는 사실을 밝히고 있다.

```
(define (assertion-to-be-added? exp)
  (eq? (type exp) 'assert!))

(define (add-assertion-body exp)
  (car (contents exp)))
```

여기 (4.4.4.2절의) and, or, not 그리고 lisp-value 특별한 형태^{special form}에 대한 문법 정의가 있다.

```
(define (empty-conjunction? exps) (null? exps))
(define (first-conjunct exps) (car exps))
(define (rest-conjuncts exps) (cdr exps))

(define (empty-disjunction? exps) (null? exps))
(define (first-disjunct exps) (car exps))
(define (rest-disjuncts exps) (cdr exps))

(define (negated-query exps) (car exps))

(define (predicate exps) (car exps))
(define (args exps) (cdr exps))
```

다음 세 프로시저는 규칙의 문법을 정의한다.

```
(define (rule? statement)
  (tagged-list? statement 'rule))

(define (conclusion rule) (cadr rule))

(define (rule-body rule)
  (if (null? (cddr rule))
      '(always-true)
      (caddr rule)))
```

query-driver-loop(4.4.4.1절)는 ?symbol 같은 꼴로 식 속에 들어 있는 패턴 변수를 (? symbol) 꼴로 바꾸기 위해서 query-syntax-process를 불러 쓴다. 이를테면, (job ?x ?y) 패턴은 실제로 시스템 안에서 (job (? x) (? y))로 표현된다. 이렇게 하면 식이 패턴 변수인지 따져볼 때 기호에서 글자를 뽑아낼 필요 없이, 식의 car가 ? 기호인지만 보면 되기 때문에, 쿼리를 처리하는 효율이 올라간다. 이런 문법 변환은 다음 프로시저가 처리한다.[81]

```
(define (query-syntax-process exp)
  (map-over-symbols expand-question-mark exp))

(define (map-over-symbols proc exp)
  (cond ((pair? exp)
         (cons (map-over-symbols proc (car exp))
               (map-over-symbols proc (cdr exp))))
        ((symbol? exp) (proc exp))
        (else exp)))

(define (expand-question-mark symbol)
  (let ((chars (symbol->string symbol)))
    (if (string=? (substring chars 0 1) "?")
        (list '?
              (string->symbol
               (substring chars 1 (string-length chars))))
        symbol)))
```

변수를 이런 식으로 변환한 다음에, 패턴 속 변수는 ?로 시작하는 리스트가 되고, (데이터베이스에 찾아보기를 달기 위해 알아보아야 할) 상수 글자는 그냥 기호가 된다.

---

81) Lisp 시스템은 대부분 읽기 매크로 글자(reader macro character)를 정의하는 방식으로, read 프로시저를 고쳐서 그와 같은 변환 과정을 처리하도록 하고 있다. 따온 식(quoted expression)을 처리할 때 이미 그런 방식을 썼다. 'expression을 언어 실행기가 보기 전에 (quote expression)으로 바꾼다. 같은 방법으로, ?expression을 (? expression)으로 바꾸게 할 수도 있다. 허나, 뜻하는 바가 잘 드러나도록 여기서는 일부러 변환 프로시저를 만들어 썼다.

　expand-question-mark와 contract-question-mark에서는 글줄(문자열, string)을 다루는 프로시저를 몇 개 쓰는데, 이것들은 모두 Scheme의 기본 프로시저다.

```
(define (var? exp)
  (tagged-list? exp '?))

(define (constant-symbol? exp) (symbol? exp))
```

규칙 적용(4.4.4.4절) 과정에서 다음과 같은 프로시저를 사용하여 하나밖에 없는 변수들^{unique variable}을 만들어 낸다. 규칙 적용을 위해 만들어 낸 하나뿐인 이름^{identifier}이란, 규칙이 적용될 때마다 늘어나는 수다.

```
(define rule-counter 0)

(define (new-rule-application-id)
  (set! rule-counter (+ 1 rule-counter))
  rule-counter)

(define (make-new-variable var rule-application-id)
  (cons '? (cons rule-application-id (cdr var))))
```

query-driver-loop에서 쿼리 값을 뽑아내어 출력할 때에는, 정의하지 않은 변수를 찍어서 보여주기에 알맞은 꼴로 되돌려 놓기 위해 다음 프로시저를 쓴다.

```
(define (contract-question-mark variable)
  (string->symbol
   (string-append "?"
    (if (number? (cadr variable))
        (string-append (symbol->string (caddr variable))
                       "-"
                       (number->string (cadr variable)))
        (symbol->string (cadr variable))))))
```

4.4.4.8 일람표와 정의

일람표는 변수와 값의 쌍들로 구성된 변수 정의들의 리스트로 나타낸다.

```
(define (make-binding variable value)
  (cons variable value))
```

```
(define (binding-variable binding)
  (car binding))

(define (binding-value binding)
  (cdr binding))

(define (binding-in-frame variable frame)
  (assoc variable frame))

(define (extend variable value frame)
  (cons (make-binding variable value) frame))
```

● 연습문제 4.71

Louis Reasoner는 왜 (4.4.4.2절의) simple-query와 disjoin 프로시저를 다음
처럼 정의하지 않고 굳이 delay 연산을 곧바로 사용하여 구현하였는지 이상하게
생각했다.

```
(define (simple-query query-pattern frame-stream)
  (stream-flatmap
   (lambda (frame)
     (stream-append (find-assertions query-pattern frame)
                    (apply-rules query-pattern frame)))
   frame-stream))

(define (disjoin disjuncts frame-stream)
  (if (empty-disjunction? disjuncts)
      the-empty-stream
      (interleave
       (qeval (first-disjunct disjuncts) frame-stream)
       (disjoin (rest-disjuncts disjuncts) frame-stream))))
```

위 정의가 더 간단하기는 하지만, 바람직하지 않은 결과를 낼 수 있다. 그런 쿼
리를 몇 개 보기로 들 수 있는가?

● **연습문제** 4.72

disjoin과 stream-flatmap에서는 스트림들을 그냥 덧붙이지 않고 왜 번갈아 끼워넣는 방식^{interleaving}으로 처리하는가? 보기를 몇 개 들어서, 이렇게 하는 편이 더 잘 돌아간다는 사실을 설명하라. (귀띔 : 왜 3.5.3절에서는 interleave를 썼는가?)

● **연습문제** 4.73

왜 flatten-stream에서는 delay를 직접 불러 쓰는가? 다음 정의에서 잘못된 부분은 무엇인가?

```
(define (flatten-stream stream)
  (if (stream-null? stream)
      the-empty-stream
      (interleave
        (stream-car stream)
        (flatten-stream (stream-cdr stream)))))
```

● **연습문제** 4.74

Alyssa P. Hacker는 negate의 stream-flatmap, lisp-value, find-assertions의 더 단순한 판을 제안하였다. 이렇게 하는 경우 일람표−스트림에 프로시저를 적용하면 언제나 빈 스트림이나 원소 한 개짜리 스트림이 나오므로, 스트림을 번갈아 끼워넣을 필요가 없다.

a. Alyssa의 프로그램에서 빈 식을 채워라.

```
(define (simple-stream-flatmap proc s)
  (simple-flatten (stream-map proc s)))

(define (simple-flatten stream)
  (stream-map ⟨??⟩
              (stream-filter ⟨??⟩ stream)))
```

b. 이런 식으로 바꾸면 쿼리 시스템의 움직임이 어떻게 달라지는가?

● 연습문제 4.75

쿼리 시스템에 unique라는 새로운 특별한 형태를 구현해 넣자. unique가 성공을 거두려면 지정된 쿼리를 만족하는 원소가 데이터베이스에 정확히 하나 있어야 한다. 예컨대, 다음 쿼리를 던지면, 원소가 하나인 스트림이 나와야 한다.

```
(unique (job ?x (computer wizard)))
```

```
(unique (job (Bitdiddle Ben) (computer wizard)))
```

컴퓨터 도사^{computer wizard}는 Ben뿐이기 때문이다. 또, 아래 쿼리를 던진다고 하자.

```
(unique (job ?x (computer programmer)))
```

이 쿼리의 결과로 빈 스트림이 찍혀 나온다. 왜냐하면 컴퓨터 프로그래머는 한 명 이상이기 때문이다. 더 나아가서, 다음 쿼리를 던진다고 하면

```
(and (job ?x ?j) (unique (job ?anyone ?j)))
```

딱 한 사람만 맡은 일자리와 그런 일을 맡은 사람이 모두 나와야 한다.

unique를 구현하는 데는 두 부분이 있다. 첫째는 이 특별한 형태를 다루는 프로시저를 짜는 일이고, 둘째는 qeval에서 그 프로시저를 불러 쓰도록 만드는 일이다. 두 번째 일은 qeval이 데이터가 이끄는^{data-directed} 방식으로 프로시저를 불러 쓰기 때문에 아주 간단히 처리할 수 있다. 즉, 여느 프로시저 속에서 uniquely-asserted를 불러 쓴다면, 다음과 같이 하면 끝이다.

```
(put 'unique 'qeval uniquely-asserted)
```

위처럼 하면, qeval에서 그 프로시저를 불러 type (car)이 unique 기호인 모든 쿼리를 처리할 것이다.

진짜 문제는 uniquely-asserted 프로시저를 짜는 일이다. 이 프로시저는 unique 쿼리의 contents (cdr)와 일람표들의 스트림을 인자로 받는다. 또한 qeval을 사용하여, 스트림 속의 각 일람표에 대해 정해진 쿼리를 만족하도록 확장된 모든 일람표의 스트림을 찾아낸다. 이로부터 정확히 원소 하나만 들지 않은 스트림은 걸러내야 한다. 남은 스트림을 다시 커다란 스트림 하나로 묶어서 unique 쿼리의 결과를 내놓게 된다. 이런 방식은 not 특별한 형태를 구현하는 방식과 비슷하다.

한 사람만 관리하는 사람을 모조리 찾아내도록 쿼리를 짜서, 구현한 것이 잘 돌아가는지 알아보라.

● **연습문제** 4.76

and 쿼리를 (그림 4.5와 같이) 한 줄로 엮어서 구현하는 방식이 깔끔하기는 하지만, and의 두 번째 쿼리를 처리하는 과정에서 첫 번째 쿼리가 만들어낸 모든 일람표에 대해 데이터베이스를 훑어보아야 하기 때문에 효율이 떨어진다. 데이터베이스가 원소를 N개 들고 있고, 쿼리 하나를 처리하는 데 N에 비례하는 많은 일람표(말하자면 N / k)가 나온다면, 첫 번째 쿼리가 만들어 내는 모든 일람표에 대하여 데이터베이스를 훑는 데 패턴 매칭기를 N^2 / k번 불러 써야 한다. 이와 달리, and의 두 절을 따로 처리한 다음에, 출력 일람표들의 모든 쌍이 서로 어긋나지 않는지 살펴보는 방법도 있다. 이런 경우, 각 쿼리가 N / k개의 일람표를 만들어 낸다면, N^2 / k^2 수만큼 검사를 해야 한다. 이 방법에서는 매칭의 수가 k의 인자$^{a factor of k}$로 지금 쓰는 방법보다 작다.

이 방식을 사용하여 and를 구현해 보자. 그리하려면, 두 일람표를 인자로 받아, 두 일람표 속의 정의가 서로 맞아떨어진다면 두 정의를 한데 합쳐 하나의 일람표를 만들어 내는 프로시저를 짜야 한다. 이 연산은 동일화와 비슷하다.

● **연습문제** 4.77

4.4.3절에서 not이나 lisp-value를 처리할 때, 정의되지 않은 변수가 들어 있

는 일람표에 거르개^{filtering} 연산을 적용하는 경우 '잘못된' 답이 나올 수 있음을 보았다. 이런 문제를 고칠 방법을 만들어 보자. 한 가지 아이디어는, 연산을 적용하기에 충분한 변수가 정의될 때에만 걸러내기 연산을 적용한다는 '약속'을 일람표에 덧붙여서, 걸러내는 연산을 '미루는^{delayed}' 방식이다. 이리하면 다른 연산들이 다 끝날 때까지 걸러내기 연산을 미룰 수 있다. 허나, 그리하면 효율이 너무 떨어질 수 있으므로, 계산 과정에서 만드는 일람표의 수를 줄이기 위해서는 할 수 있을 때마다 쓸모없는 일람표를 걸러내는 게 좋다.

● 연습문제 4.78

쿼리 언어를 (스트림 처리 방식을 쓰지 않고) 4.3절에 나온 언어 실행기를 써서 비결정적 프로그램으로 다시 설계해 보자. 이 방식을 따르면, 쿼리마다 (모든 답의 스트림이 아니라) 답 하나가 나오는데, 더 많은 답을 보고 싶을 때에는 try-again을 집어넣으면 된다. 이 과정에서, 비결정적 찾기와 되밟기를 구현할 때 이 절에서 만든 메커니즘 가운데 많은 부분을 가져다 쓸 수 있다는 사실을 깨닫게 된다. 한데, 새로 만든 쿼리 언어가 그 동작 방식에서 여기서 구현한 것과 아주 묘하게 차이를 보인다는 사실도 알게 될 것이다. 이를 설명하는 보기를 들 수 있는가?

● 연습문제 4.79

4.1절에서 Lisp 실행기를 구현할 때, 프로시저의 인자 사이에 이름 겹치는 일을 피하기 위해 갇힌 환경^{local environment}을 어떻게 쓰는지 보았다. 예컨대, 다음 식을 처리한다고 하자.

```
(define (square x)
  (* x x))

(define (sum-of-squares x y)
  (+ (square x) (square y)))

(sum-of-squares 3 4)
```

square의 x와 sum-of-squares의 x는 서로 헛갈릴 일이 없다. 각 프로시저의 몸을 계산할 때 갇힌 변수$^{local\ variable}$의 정의를 담고 있도록 따로 만든 환경을 쓰기 때문이다. 쿼리 시스템에서는 이와 다른 방법을 써서 이름이 헛갈리는 일을 막았다. 규칙을 적용할 때마다 딱 하나뿐인 이름을 변수에 붙이기 위해 변수 이름을 바꾸었다. Lisp 실행기에서도 이와 비슷하게 현재의 환경$^{local\ environment}$을 없애는 대신, 프로시저를 적용할 때마다 프로시저 몸 속의 변수 이름을 바꾸는 방법을 쓸 수 있다.

이름 바꾸는 방법 말고 환경을 쓰도록 쿼리 언어의 규칙 적용 방식을 구현해 보라. 또한 블록 구조 프로시저와 비슷한 방식으로 규칙을 정의할 수 있게 만들어서, 환경 구조를 바탕으로 커다란 시스템을 다룰 때 알맞은 쿼리 언어의 구성 요소를 만들어낼 수 있는지도 살펴보라. 이 기법을, 문제 풀이$^{problem\ solving}$ 방법에서처럼, (보기를 들어, 'P가 참이라고 가정하면, A와 B의 참 거짓을 연역해 낼 수 있다'와 같이) 여느 문맥에서 연역 추론하는 문제와 관련시킬 수 있는가? (이 문제에는 아직 답이 없다. 좋은 답을 내기만 한다면 박사 학위 감이다.)

5

레지스터 기계로
계산하기

천체라는 기계가 성스럽거나 살아 있는 것이 아니라 일종의 시계라는 것을 보여주고 싶었어. (그리고 시계에 영혼이 있다고 믿는 자, 시계 자체의 작업으로 창조자의 영광을 돌리도록) 시계 장치가 추 하나 때문에 돌아가는 것처럼, 거의 모든 천체의 움직임이 가장 단순하고 물질적인 힘에 의해 작동하는 한 말일세.

요하네스 케플러Johannes Kepler

『헤르바르트 폰 호엔부르크Herwart von Hohenburg에게 보낸 편지』(1605)

우리는 계산의 주인공인 프로세스를 공부하면서 이 책을 시작하였고 프로세스를 Lisp의 프로시저로 기술해 왔다. 그리고 프로시저의 의미를 설명하기 위해 프로시저가 실행되는 계산 모형을 차례차례 살펴보았다. 1장에서는 맞바꿈 계산법, 3장에서는 환경 계산법, 4장에서는 메타서큘러^{metacircular} 실행기를 보았다. 특히 메타서큘러 실행기 때, Lisp 같은 언어가 실행되는 방법에 대해 많은 궁금증을 밝혀냈다. 그러나 메타서큘러 실행기로도 답하지 못한 중요한 의문점들이 있다. Lisp 시스템의 실행 흐름^{control}이 명확히 보이지 않아서 생기는 의문점이다. 예를 들어, 부분 식 계산의 결과는 그 결과가 필요한 다음 식으로 어떻게 전달되는지, 혹은 되도는 프로시저^{재귀 프로세스, recursive procedure}가 어떻게 해서 어떨 때에는 메모리 소모가 변하지 않는 단순 반복 프로세스^{iterative process}가 되고 어떨 때에는 그렇지 않은 되도는 프로세스^{재귀 프로세스, recursive process}가 되는지 등. 메타서큘러 실행기로는 이러한 의문에 대한 답을 드러내지 못한다. 실행기 자체가 이미 Lisp로 짜여 있기 때문이다. Lisp 실행기의 실행 흐름을 완벽히 파악하려면 Lisp보다 낮은 수준에서 프로세스가 돌아가는 방법을 설명할 수 있어야 한다.[*]

이 장에서는 전통적인 컴퓨터의 기계어 연산^{operation} 관점에서 프로세스를 설명한다. 그러한 컴퓨터 또는 레지스터 기계^{register machine}는 레지스터(메모리 단위의 일종으로 수가 한정되어 있다)의 값을 다루는 **명령**^{instruction}을 차례대로 실행한다. 대개 레지스터 기계 명령은 어떤 레지스터 값에 간단한 연산을 적용한 다음, 그 결과를 다른 레지스터에 저장한다. 이 같은 설명을 읽으면 여러분은 레지스터 기계에서 실행되는 프로세스가 전통적인 컴퓨터의 '기계어^{machine language}' 프로그램과 아주 비슷하다고 느낄 것이다. 하지만 여기서는 특정 컴퓨터에서 쓰는 기계어를 설명하는 것이 아니라, 여러 Lisp 프로시저를 살펴보면서 그런 프로시저가

• 역주 : 구현의 원형적인 부분을 알고 싶다면 존 앨런(John Allen)의 『Anatomy of LISP』이나 T. 유아사(T. Yuasa)의 「Kyoto Common LISP」 구현 노트를 읽어 보기 바란다. 그 다음에는 가이 스틸(Guy Steele)이나 제럴드 서스먼(Gerald J. Sussman)의 글을 읽어 보라. 이 글 목록은 http://library.readscheme.org/에 있는 「The Original 'Lambda Papers' by Guy Steele and Gerald Sussman」에 정리되어 있다.

돌아가는 레지스터 기계를 설계하고자 한다. 그래서 기계어 프로그래머 관점이라 기보다는 하드웨어 설계자 관점으로 레지스터 기계를 설계한다. 이 과정에서 되돌기재귀, recursion 같이 중요한 프로그램 표현 수단을 구현하는 메커니즘을 개발할 것이다. 레지스터 기계 설계를 설명하는 언어도 선보인다. 5.2절에서는 모형 기계를 시뮬레이션simulation하기 위해 Lisp 프로그램을 짤 것이다.

우리가 설계하는 레지스터 기계에서 쓰는 기본 연산은 대부분 아주 간단하다. 예를 들어 두 레지스터에서 꺼낸 값을 더한 다음 다른 레지스터로 집어넣는 연산을 들 수 있다. 이런 연산은 간단한 하드웨어로 실행할 수 있다. 하지만 리스트list 구조를 처리하기 위해 car, cdr, cons 같은 메모리 연산을 사용할 텐데, 이 연산들에는 정교한 저장 장치 할당 메커니즘이 필요하다. 5.3절에서는 더 기본적인 연산을 써서 이런 연산을 만드는 공부를 한다.

5.4절에서는 레지스터 기계로 간단한 프로시저 몇 개를 나타낸 다음에, 4.1절에서 다룬 메타서큘러 실행기로 설명한 알고리즘을 수행하는 레지스터 기계를 설계한다. 이것은 실행기의 실행 흐름을 명백하게 보임으로써 Scheme 식이 해석되는 방식을 이해하는 데 도움을 준다. 5.5절에서는 간단한 번역기compiler를 만든다. 이 번역기는 Scheme으로 짠 프로그램을 레지스터 기계로 만든 실행기에서 바로 실행되는 명령어들로 번역한다.

5.1 레지스터 기계 설계하기

레지스터 기계를 설계하려면 데이터 패스데이터 경로, data path(레지스터와 연산)와 이러한 연산을 차례대로 돌아가게 하는 제어기controller를 반드시 설계해야 한다. 먼저 간단한 레지스터 기계 모형의 설계를 보여주기 위해 두 정수의 최대 공약수 (GCD)를 구하는 유클리드Euclid 알고리즘을 살펴보자. 1.2.5절에서 설명한 대로, 유클리드 알고리즘은 반복 프로세스로 처리할 수 있으며 이 프로세스를 나타내는 프로시저는 다음과 같다.

```
(define (gcd a b)
  (if (= b 0)
      a
      (gcd b (remainder a b))))
```

이 알고리즘을 처리하는 기계는 숫자값 a와 b를 알아야 한다. 그러므로 *a*와 *b*라는 레지스터를 만들어 저장하도록 하자. 레지스터 b의 값이 0인지 따져보는 것과 레지스터 a 값을 레지스터 b 값으로 나눈 나머지를 구하는 것이 여기서 사용하는 기본 연산이다. 나머지를 구하는 연산 프로세스는 복잡하지만 당분간은 나머지를 구하는 연산을 기본 프로시저라고 보자. GCD 알고리즘을 처리하는 연산을 수행할 때마다 레지스터 a 값이 레지스터 b 값으로 바뀌고, 레지스터 a 값을 레지스터 b 값으로 나눈 나머지를 레지스터 b에 넣어야 한다. 이렇게 두 레지스터의 값을 바꾸는 연산이 동시에 끝날 수 있다면 레지스터 기계를 설계하는 일이 쉬울 테지만, 지금 만드는 레지스터 기계는 한 번에 한 레지스터에만 값을 덮어쓸 수 있다고 가정한다. 따라서 레지스터 a와 b의 값을 바꾸기 위해 '임시' 레지스터를 이용할 것이고 그 레지스터는 t라고 한다(먼저, 나머지 값을 t에 잠시 넣어둔 다음 b 값을 a로 넣는다. 그 다음에 t에 있는 나머지 값을 b로 옮긴다).

그림 5.1에 나타낸 데이터 패스 그림은 이 기계에 필요한 레지스터와 연산을 나타낸다. 레지스터 a, b, t는 네모꼴로 나타냈다. 레지스터에 값을 할당하는 연산은 화살표로 나타내며, 데이터가 어떤 레지스터에서 나와 어떤 레지스터로 가는지 가리킨다. 화살표 머리 뒤에는 X 표시가 있다. 여기서 X는 단추 같은 것이며, 이 단추를 누르면 근원지source 레지스터에서 목적지destination 레지스터로 값이 '흘러간다'. 단추 옆에 붙은 라벨label은 '그것이' 어떤 단추인지 나타내는 이름이다. 이름은 기억하기 쉽게 임의로 지을 수 있다(예를 들면 a<-b는 단추를 누를 때 레지스터 a에 레지스터 b 값을 덮어쓴다는 뜻이다). 레지스터에 들어오는 데이터는 다른 레지스터에서 흘러 들어오거나(a<-b처럼 덮어쓰기), 연산 결과이거나(t<-r처럼 덮어쓰기), 상수 값(바뀌지 않는 붙박이 값이며, 데이터 패스 그림에서 상수 값을 안에 적은 세모꼴로 나타낸다)이 될 수도 있다.

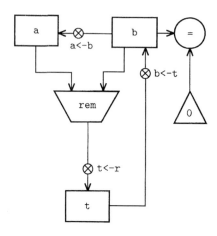

그림 5.1 GCD 기계의 데이터 패스

상수와 레지스터에서 값을 받아 계산하는 연산은 데이터 패스 그림에서 사다리꼴 상자로 나타내는데, 상자 안에는 연산 이름을 적는다. 예를 들면, 그림 5.1에서 rem으로 표시한 상자는 레지스터 a와 b 값이 들어왔을 때 나머지를 구하는 연산을 나타낸다. 입력 레지스터나 상수에서 다른 상자를 가리키는 단추 없는 화살표는 들어온 값을 연산하고 그 결과를 레지스터에 넣는다. 들어오는 값을 검사할 때에는 원으로 표시하고 그 안에 어떤 검사를 하는지 나타내는 이름을 적는다. 예를 들면 GCD 기계에서는 레지스터 b 값이 0인지 검사하는 연산을 쓴다. 한편, 원에는 레지스터와 상수 값을 받는다는 것을 나타내는 화살표는 있지만, 결과값을 내보내는 화살표는 없다. 다시 말해, 그 값은 데이터 패스로 흘러가는 것이 아니라 제어기에서 쓰인다. 그리하여 크게 봤을 때 데이터 패스 그림이 하는 역할은 기계 설계에서 레지스터가 어떤 연산을 쓰는지 나타내고, 레지스터와 연산이 어떻게 주고받는지 나타내는 것이다. 화살표를 전선으로 보고, X 단추를 스위치로 본다면, 데이터 패스 그림은 전기 소자로 만든 기계의 배선 그림과 아주 비슷하다.

데이터 패스에서 GCD 값을 실제로 계산하려면 올바른 순서대로 단추를 눌러야 한다. 그림 5.2에 있는 제어기 그림에서 단추를 어떤 차례로 눌러야 하는지 보여줄 것이다. 제어기 그림은 데이터 패스 그림에서 보이는 요소들이 어떻게 수행

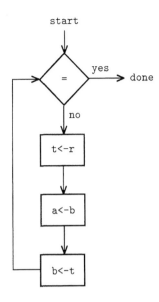

그림 5.2 GCD 기계 제어기

되어야 하는지 표시한다. 제어기 그림에서 네모꼴은 데이터 패스에서 단추를 누를 때의 목적지를, 화살표는 단추를 누르는 것이 순서에서 한 단계가 더 진행됨을 나타낸다. 마름모꼴은 선택decision을 의미한다. 그 선택에 따라 두 화살표 중 한 데이터 패스만 고른다. 제어기의 이런 모습은 움직이는 미로 상자 안에 구슬이 굴러들어오는 것에 비유하여 설명할 수 있다. 구슬이 상자 안으로 굴러들어오면, 상자에 써 있는 데이터 패스 단추를 누른다. b = 0인지 따져 보는 것은, 마치 구슬이선택 상자에 굴러 들어와 선택한 길로 구슬이 흘러가는 것과 같다. 이처럼 데이터패스와 제어기가 있어야 GCD를 계산하는 기계를 설명할 수 있다. 레지스터 a와b에 값을 넣은 다음, start 화살표로 표시한 곳에서 제어기구슬가 움직이기 시작한다. 제어기가 done에 이르면, 레지스터 *a*에 GCD 값이 들어간다.

● **연습문제** 5.1

다음과 같이 반복하는 프로시저로 팩토리얼factorial을 계산하는 레지스터 기계를 설계하라. 이 기계를 설명하는 데이터 패스와 제어기 그림을 그려라.

```
(define (factorial n)
  (define (iter product counter)
    (if (> counter n)
        procudt
        (iter (* counter product)
              (+ counter 1))))
  (iter 1 1))
```

5.1.1 레지스터 기계를 묘사하는 언어

데이터 패스와 제어기 그림은 GCD처럼 작은 기계를 나타내기에 적당하다. 하지만 Lisp 실행기^{interpreter}처럼 커다란 기계를 설명하기에는 적당하지 않다. 복잡한 기계를 더 쉽게 설명하기 위해 데이터 패스와 제어기의 그림에 있는 모든 정보를 글의 형태^{textual form}로 적을 수 있도록 새 언어를 만든다. 먼저 그림들을 그대로 반영하는 표기법으로 시작하자.

레지스터와 연산을 묘사함으로써 데이터 패스를 정의한다. 레지스터를 정의하기 위해 레지스터에 이름을 붙이고 레지스터에 기록되는 내용을 제어하는 단추를 지정한다. 단추마다 이름을 붙이고 단추가 제어하는 레지스터에 들어가는 데이터가 어디에서 올지 지정한다. (레지스터에 들어오는 데이터는 레지스터 값이나 상수 값, 연산 결과다.) 연산을 설명할 때에는 이름을 부여하고 연산에 들어올 입력(레지스터 값이나 상수 값)을 지정한다.

제어기^{controller}는 라벨이 달린 일렬로 된 **명령**^{instruction}들이라고 정의된다. 라벨은 명령들에서 **명령이 처리를 시작하는 위치**^{entry point}를 알려준다. 명령은 다음에 적은 것 가운데 하나다.

- 레지스터에 값을 저장하고 싶을 때 누르는 단추 이름(제어기 그림에서 네모꼴 상자에 해당한다.)
- 지정된 검사를 수행하는 검사 명령 test
- 검사 명령의 결과에 따라 옮겨갈 라벨 위치를 정하는 조건부^{conditional} 갈림길 명령 branch. (제어기 그림에서는 검사 명령과 갈림길 명령을 한데 모아 마름

```
(data-paths
 (registers
  ((name a)
   (buttons ((name a<-b) (source (register b))))))
  ((name b)
   (buttons ((name b<-t) (source (register t))))))
  ((name t)
   (buttons ((name t<-r) (source (operation rem)))))))

 (operations
  ((name rem)
   (inputs (register a) (register b)))
  ((name =)
   (inputs (register b) (constant 0)))))

(controller
 test-b                                    ; 라벨(label)
    (test =)                               ; 검사(test)
    (branch (label gcd-done))              ; 조건부 갈림길(conditional branch)
    (t<-r)                                 ; 단추 누름(button push)
    (a<-b)                                 ; 단추 누름
    (b<-t)                                 ; 단추 누름
    (goto (label test-b))                  ; 조건 없는 갈림길(unconditional branch)
 gcd-done)                                 ; 라벨
```

그림 5.3 GCD 기계 명세서

모꼴로 나타낸다.) 검사 결과가 거짓이라면, 다음 명령을 처리한다. 참이라면 라벨 다음에 오는 명령을 처리한다.

- 조건 없이 제어기가 지정한 라벨의 위치에서 명령을 속행하는 조건 없는[uncon-ditional] goto 명령

기계는 제어기 명령들을 차례대로 처리하다가 끝에 이르면 멈춘다. 갈림길에서 제어 흐름이 바뀌지만 않으면, 명령들은 일렬로 선 순서대로 수행된다.

이런 식으로 나타낸 GCD 기계가 그림 5.3에 있다. 이 기계는 단순한 예로서 레지스터마다 단추가 하나씩 붙어 있을 뿐이고, 각 단추와 검사 명령은 제어기에서 단 한 번밖에 쓰지 않는다. 그래서 이 방식은 전체적인 쓰임새의 힌트만 준다.

하지만, 이런 식으로는 기계를 읽고 이해하기가 힘들다. 제어기 명령들을 이해

하기 위해서는 단추와 연산 이름이 나올 때마다 정의를 거꾸로 살펴보고 어떤 일을 하는지 알아내야 하고, 단추가 무슨 일을 하는지 알려면 연산 이름을 정의에서 찾아봐야 한다. 그래서 데이터 패스와 제어기 정보를 한데 묶어서, 모든 정보를 단번에 알아보도록 표기법을 바꾸기로 한다.

새로운 방식으로 설명하려면 단추와 연산 이름을 그 동작의 내용으로 바꾸어야 한다. 즉, 제어기에서 '단추 t<-r를 누르라'고 하고, 데이터 패스에서 일일이 '단추 t<-r는 rem 연산의 결과를 레지스터 t에 넣는다', 'rem 연산에 입력되는 것은 레지스터 a와 b 값이다' 하는 식이 아니라, 제어기에서 '레지스터 a와 b 값의 rem 연산 결과를 레지스터 t에 넣는 단추를 누르라'고 하는 식이다. 마찬가지로, 제어기에서 '같은지(=) 검사하라'고 말하고, 데이터 패스에서 일일이 '검사에는 레지스터 b 값과 상수 값 0을 쓰라'고 하는 것이 아니라, '레지스터 b 값과 상수 값 0이 같은지 검사하라'고 할 것이다. 데이터 패스를 나타내는 과정은 생략하고 오로지 제어기 명령으로만 설명하는 방식으로 GCD 기계를 다음과 같이 표현할 수 있다.

```
(controller
  test-b
    (test (op =) (reg b) (const 0))
    (branch (label gcd-done))
    (assign t (op rem) (reg a) (reg b))
    (assign a (reg b))
    (assign b (reg t))
    (goto (label test-b))
  gcd-done)
```

이 형식이 그림 5.3에 나타낸 것보다 알아보기 쉽지만, 여기에는 불리함도 있다. 다음을 보자.

- 커다란 기계를 설명할 때 더 많은 설명이 필요하다. 제어기 명령이 설명될 때마다 데이터 패스를 나타내는 정보를 전부 다시 설명해야 하기 때문이다(이것

은 GCD 예에서는 문제가 되지 않는다. 각 연산과 단추는 한 번씩만 쓰이기 때문이다). 게다가, 이렇게 데이터 패스를 다시 설명하는 것은 실제 데이터 패스 구조를 이해하기 어렵게 만든다. 커다란 기계에서는 레지스터, 연산, 단추가 몇 개나 있고 또 서로 어떻게 연결되는지 명확하지 않다.

- 기계에서 제어기 명령이 Lisp 식은 아니지만 비슷하게 보이기 때문에 헷갈릴 수 있다. 제어기 명령은 기계 연산에서만 쓰는 표기법이다. 이를테면 연산은 다른 연산의 결과가 아니라 상수 값과 레지스터 값으로만 계산한다.

이러한 불리함이 있지만 앞으로 이 장에서는 이 레지스터 기계어를 쓸 것이다. 데이터 패스의 부품들과 그것들 사이의 연결 관계를 알아보려는 것이 아니라, 제어기가 어떻게 돌아가는지 이해하는 게 주목적이기 때문이다. 그러나 데이터 패스 설계가 실제 컴퓨터 하드웨어를 설계할 때에는 매우 중요한 부분이라는 것은 마음에 새겨두자.

● **연습문제 5.2**

연습문제 5.1에서 만든 반복 팩토리얼 기계를 레지스터 기계어로 설명하라.

기계의 동작

숫자를 입력하면 그 답을 화면에 나타내도록 GCD 기계를 고쳐보자. 값을 읽고 출력하는 기계를 만드는 법은 살펴보지 않겠지만 Scheme에서 `read`와 `display`를 써서 값을 읽고 출력하는 것처럼 그런 기본 연산을 쓸 수 있다고 치자.[1]

`read`는 다른 레지스터 값을 받아 계산하는 연산처럼 생겼다. 하지만 다른 레지스터 값을 받아서 쓰지 않는다. `read`가 받는 값은 기계 바깥에서 들어오는 값이

---

1) 이런 가정은 복잡한 것을 다루기 편하게 만든다. Lisp 시스템 구현의 대부분은 읽기와 출력 작업에 집중되어 있다.

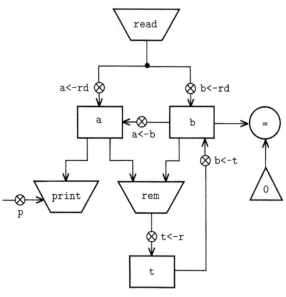

```
(controller
  gcd-loop
    (assign a (op read))
    (assign b (op read))
  test-b
    (test (op =) (reg b) (const 0))
    (branch (label gcd-done))
    (assign t (op rem) (reg a) (reg b))
    (assign a (reg b))
    (assign b (reg t))
    (goto (label test-b))
  gcd-done
    (perform (op print) (reg a))
    (goto (label gcd-loop)))
```

그림 5.4 값을 읽어 들여 결과를 찍어내는 GCD 기계

다. read가 그렇게 작동한다고 해도 여기서는 기계 연산으로 쓸 수 있게 했다. 그래서 값을 계산하는 다른 연산처럼 read를 쓰고 나타내겠다.

한편, print는 원래 연산과 많이 다르다. 다시 말하면, 계산된 값을 결과로 다른 레지스터로 내보내지 않는다. print가 결과 값을 내보내는 듯 보여도, 이것은 우리가 설계하는 기계의 기능 중 일부가 아니다. 이런 연산은 동작[action]으로 나타낸다. 값을 계산하는 연산을 나타낸 것처럼 데이터 패스 그림에서 동작은 사다리꼴로 나타내고 사다리꼴 안에는 동작 이름이 들어 있다. 화살표는 입력(레지스터 값 또는 상수 값)이 들어갈 동작 상자를 가리킨다. 또 동작 상자 옆에는 동작 단추를 붙인다. 이 단추를 누르면 정해진 일을 한다. 제어기에서 동작 단추를 누를 수 있게 하려면 새로운 명령 **perform**을 쓴다. 그래서 레지스터 a 값을 찍어내는 동작은 다음 명령으로 제어기에 나타낸다.

```
(perform (op print) (reg a))
```

그림 5.4는 새로운 GCD 기계의 데이터 패스와 제어기를 나타낸다. 결과를 찍어냈다고 기계가 멈추는 게 아니라, 숫자 한 쌍을 읽어 들여 GCD를 계산하고 그 결과를 찍어내는 일을 되풀이한다. 이런 구조는 4장의 실행기에서 쓴 드라이버 루프^{driver loop}와 같다.

5.1.2 기계 디자인에서의 속 내용 감추기^{abstraction}

실제로는 매우 복잡한 '기본' 연산을 가진 기계를 설계할 때가 더러 있다. 이를테면 5.4절과 5.5절에서는 Scheme 언어의 환경을 다루는 연산을 기본 연산처럼 다룰 것이다. 요약^{abstraction}이 유용한 까닭은 기계를 이루는 세세한 부분에 신경쓰는 대신 그 설계의 다른 부분에 집중할 수 있게 해주기 때문이다. 하지만 복잡한 부분을 보이지 않게 만들었다 해서 기계 설계가 비현실적인 것이 아니다. 복잡한 기본 연산은 언제나 더 간단한 기본 연산을 써서 만들 수 있기 때문이다.

GCD 기계를 살펴보자. 이 기계는 레지스터 a와 b 값의 나머지를 레지스터 t에 넣는다. 나머지를 구하는 기본 연산 없이 GCD 기계를 만들고자 하면, 빼기 연산처럼 더 낮은 수준의 연산으로 나머지를 구하는 연산을 만들어야 한다. 나머지 연산을 나타내는 Scheme 프로시저는 아래처럼 만들 수 있다.

```
(define (remainder n d)
  (if (< n d)
      n
      (remainder (- n d) d)))
```

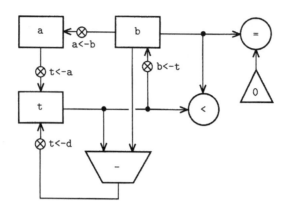

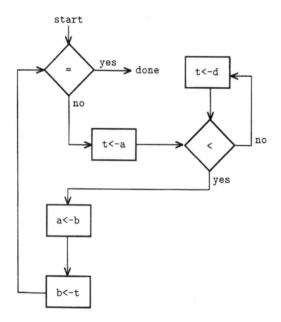

그림 5.5 GCD기계를 자세히 설명하는 데이터 패스와 제어기

그러므로 GCD 기계의 데이터 패스에 꼭 필요한 나머지 연산은 빼기와 비교 연산으로 대체할 수 있다. 그림 5.5는 정교한 기계의 데이터 패스와 제어기를 나타낸 것이다.

```
(controller
 gcd-loop
   (assign a (op read))
   (assign b (op read))
 test-b
   (test (op =) (reg b) (const 0))
   (branch (label gcd-done))
   (assign t (op rem) (reg a) (reg b))
   (assign a (reg b))
   (assign b (reg t))
   (goto (label test-b))
 gce-done
   (perform (op print) (reg a))
   (goto (label gcd-loop)))
```

그림 5.6 그림 5.5에 나타낸 GCD 기계처럼 돌아가는 제어기 명령들

```
(assign t (op rem) (reg a) (reg b))
```

바로 위의 명령은, 그림 5.6의 GCD 제어기 정의처럼 제어 루프^{loop}가 있는 명령
들로 바뀐다.

● 연습문제 5.3

1.1.7절에서 설명한 대로 Newton 법을 써서 제곱근을 구하는 기계를 설계하라.
그 절에서 설명한 방법은 아래와 같다.

```
(define (sqrt x)
  (define (good-enough? guess)
    (< (abs (- (square guess) x)) 0.001))
  (define (improve guess)
    (average guess (/ x guess)))
  (define (sqrt-iter guess)
    (if (good-enough? guess)
        guess
        (sqrt-iter (improve guess))))
  (sqrt-iter 1.0))
```

good-enough?와 improve를 기본 연산처럼 쓸 수 있다고 하자. 그 다음 산술

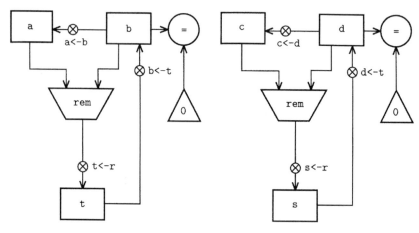

```
gcd-1
  (test (op =) (reg b) (const 0))
  (branch (label after-gcd-1))
  (assign t (op rem) (reg a) (reg b))
  (assign a (reg b))
  (assign b (reg t))
  (goto (label gcd-1))
after-gcd-1
    ⋮
gcd-2
  (test (op =) (reg d) (const 0))
  (branch (label after-gcd-2))
  (assign s (op rem) (reg c) (reg d))
  (assign c (reg d))
  (assign d (reg s))
  (goto (label gcd-2))
after-gcd-2
```

그림 5.7 GCD 계산이 두 개 있는 기계의 데이터 패스와 제어기 명령들의 일부분

연산을 써서 이 연산을 어떻게 확장하는지 밝혀라. 데이터 패스 그림을 그려서 여러 방법으로 만든 **sqrt** 기계를 각각 설명하고 레지스터 기계어로 제어기의 정의를 만들어라.

5.1.3 서브루틴^{subroutine}

계산을 실행하는 기계를 설계할 때, 어떤 부품은 여러 벌 복제하여 쓰기보다 한

```
gcd-1
  (test (op =) (reg b) (const 0))
  (branch (label after-gcd-1))
  (assign t (op rem) (reg a) (reg b))
  (assign a (reg b))
  (assign b (reg t))
  (goto (label gcd-1))
after-gcd-1
    ⋮
gcd-2
  (test (op =) (reg b) (const 0))
  (branch (label after-gcd-2))
  (assign t (op rem) (reg a) (reg b))
  (assign a (reg b))
  (assign b (reg t))
  (goto (label gcd-2))
after-gcd-2
```

그림 5.8 같은 데이터 패스를 써서 두 가지 GCD 계산을 하도록 만든 기계의 제어기 명령의 일부분

벌을 만들어 다른 요소와 같이 쓰도록 설계하는 경우가 가끔 있다. 그런 예로 한 기계에 GCD 계산을 하는 부분이 두 개 들어 있을 때를 살펴보자. 하나는 레지스터 a와 b 값의 GCD를 구하는 것이고, 다른 하나는 레지스터 c와 d 값의 GCD를 구하는 것이다. 여기서 기본 연산인 gcd가 있다고 가정하고 더 낮은 수준의 기본 연산으로 두 gcd를 확장한다. 그림 5.7은 GCD 연산이 기계의 나머지 부분과 어떻게 연결되는지 보여주는 것이 아니라 설계 결과에서 GCD 계산을 담당하는 데이터 패스만 보여준다. 또한, 그에 대응하는 제어기 명령도 함께 보여준다.

이 기계에는 두 값이 같은지 검사하는 상자와 나머지 연산 상자가 각기 두 개씩 있다. 나머지 상자처럼 같은 부품이 여러 개 있다면 효과적인 설계는 아니다. 두 GCD 계산을 할 때 같은 부품을 쓰면 데이터 패스 부품이 여러 번 쓰이는 걸 피할 수 있으며 커다란 기계의 나머지 부분에는 영향을 미치지 않는다. 그러니까 gcd-2를 계산하는 동안 레지스터 a와 b 값을 쓰지 않으면(아니면 레지스터 a와 b 값을 그대로 유지할 목적으로 이 두 값을 다른 레지스터로 옮긴다면), 두 번째 GCD를 계산할 때 레지스터 c와 d 값을 쓰는 것이 아니라 첫 계산 때처럼 레지스터 a와 b 값을 쓰도록 기계를 바꿀 수 있다. 그러면 그림 5.8과 같은 제어기 시퀀

```
gcd
  (test (op =) (reg b) (const 0))
  (branch (label gcd-done))
  (assign t (op rem) (reg a) (reg b))
  (assign a (reg b))
  (assign b (reg t))
  (goto (label gcd))
gcd-done
  (test (op =) (reg continue) (const 0))
  (branch (label after-gcd-1))
  (goto (label after-gcd-2))
    ⋮
;; gcd로 건너뛰기 전에 continue 레지스터를 0으로 놓는다.
  (assign continue (const 0))
  (goto (label gcd))
after-gcd-1
    ⋮
;; gcd를 두 번째로 사용하기 전에 continue 레지스터를 1로 놓는다.
  (assign continue (const 1))
  (goto (label gcd))
after-gcd-2
```

그림 5.9 continue 레지스터를 써서, 그림 5.8과 달리 제어기 명령들이 중복되지 않도록 만든 제어기

스를 얻을 수 있다.

(그림 5.1의 데이터 패스처럼) 중복된 데이터 패스 부품을 없애더라도 제어기에는 여전히 위치 라벨로 구별할 수 있는 GCD 명령 장치가 두 개 있다. 이 두 장치는 gcd '서브루틴subroutine' 같은 하나의 장치로 분기branch하도록 설계하는 편이 더 좋다. 서브루틴 끝에 이르면 그 전 명령으로 정확히 돌아와야 한다. 이런 과정은 다음과 같이 표현할 수 있다. gcd에서 갈라지기 전 continue라는 특별한 레지스터에 (0 또는 1 같은) 구별할 수 있는 값을 넣는다. 갈라지고 나서 gcd 서브루틴의 끝에 이르면 continue 레지스터 값에 따라 after-gcd-1 위치나 after-gcd-2 위치로 되돌아갈 수 있다. 그림 5.9는 gcd 명령이 하나만 있어도 작동하는 제어기를 나타낸다.

그런데 이 방법은 작은 문제를 풀 때에는 합리적으로 보이지만 GCD 계산이 많이 일어나면 알맞지 않다. gcd 서브루틴이 끝난 다음에 어디부터 다시 실행되어야 할지 결정하려면, 제어기에서 gcd를 사용하는 곳마다 데이터 패스에는 검사

```
gcd
  (test (op =) (reg b) (const 0))
  (branch (label gcd-done))
  (assign t (op rem) (reg a) (reg b))
  (assign a (reg b))
  (assign b (reg t))
  (goto (label gcd))
gcd-done
  (goto (reg continue))
    ⋮
;; gcd를 부르기 전에 gcd가 돌아올 곳을 가리키는 라벨을
;; continue에 덮어쓴다.
  (assign continue (label after-gcd-1))
  (goto (label gcd))
after-gcd-1
    ⋮
;; 다른 앞으로 할일(continuation) 값으로 gcd를 다시 호출한다.
  (assign continue (label after-gcd-2))
  (goto (label gcd))
after-gcd-2
```

그림 5.10 continue 레지스터에 라벨을 붙이며 그림 5.9의 방법을 간단하고 일반적인 방법으로
        바꾼다

명령을, 제어기에는 갈림길^{branch} 명령을 넣어야 한다. 서브루틴을 더 잘 구현하는
방법은 서브루틴이 끝날 때 다시 시작할 장소의 라벨을 보관하는 continue 레지
스터를 두는 것이다. 이런 방법을 쓰려면, 데이터 패스와 레지스터 기계의 제어
기를 다른 방법으로 연결해야 한다. 제어기 명령에서 라벨을 레지스터에 써넣게
하고, 라벨 값을 레지스터에서 꺼내어 라벨이 가리키는 위치에서 실행을 계속할
수 있어야 한다.

이렇게 하려면, 제어기에서 받은 값(특별한 상수와 같은 값)을 레지스터에 써
넣을 수 있도록 레지스터 기계어의 assign 명령을 확장해야 한다. 또 변하지 않
는 라벨만이 아니라 레지스터 값으로도 실행 위치를 바꾸어 명령을 진행할 수 있
도록 goto 명령도 확장할 것이다. 이렇게 assign과 goto를 새로 만들고, gcd 서
브루틴을 끝내면, continue 레지스터에 있는 위치로 분기하게 된다. 그러면 제
어기 명령은 그림 5.10 같이 된다.

서브루틴이 여럿 있는 기계에서는 continue 레지스터(가령 gcd-continue,

factorial-continue)를 여러 개 쓰거나 여러 서브루틴이 continue 레지스터 하나를 같이 쓸 수 있다. continue 레지스터를 같이 쓰면 저장 공간은 덜 쓰겠지만, 서브루틴 하나(sub1)가 또 다른 서브루틴(sub2)을 불러 쓴다면 주의해야 한다. sub2를 부르려고 continue 값을 바꾸기 전에, sub1이 다른 레지스터에 continue 값을 저장하지 않았다면, sub1이 끝나면 명령이 어디부터 실행되어야 할지 모를 것이다. 되돌기^{재귀, recursion}를 다루기 위해 다음 절에서 개발하는 메커니즘은 중첩된 서브루틴^{nested subroutine}에서 생기는 문제를 해결하기에도 좋은 방법이다.

5.1.4 스택^{stack}을 이용해 되돌기^{recursion} 구현하기

지금까지 설명한 아이디어로 프로세스의 각 상태변수에 해당하는 레지스터가 있는 레지스터 기계를 규정하여 반복^{iterative} 프로세스를 구현할 수 있다. 그 기계는 제어기 루프를 돌리며 레지스터의 값을 바꾸어 가면서 종료 상태를 만족할 때까지 이 과정을 반복한다. 제어기 시퀀스의 각 지점에서, (반복 프로세스의 상태를 나타내는) 기계 상태는 레지스터 값(상태변수 값)에 따라 완전히 결정된다.

하지만 되도는 프로세스^{재귀 프로세스, recursive process}를 만들려면, 그뿐 아니라 다른 방법이 필요하다. 1.2.1절에서 처음 나온, 되도는 방법으로 팩토리얼^{사다리곱,} ^{factorial}의 값을 어떻게 구하는지 다음 코드에서 다시 살펴보자.

```
(define (factorial n)
  (if (= n 1)
      1
      (* (factorial (- n 1)) n)))
```

위 프로시저에서는 $n!$의 값을 구하려면, $(n-1)!$부터 구해야 한다. 아래에 나온 GCD 기계 역시 프로시저 안에 있는 다른 GCD 값을 구해야 한다.

```
(define (gcd a b)
  (if (= b 0)
      a
      (gcd b (remainder a b))))
```

그런데 gcd 프로시저와 factorial 프로시저 사이에는 아주 중요한 차이가 있다. gcd 프로시저에서는 GCD 값을 계산할 때마다 이전에 계산한 GCD 값을 바꾸고, factorial 프로시저는 팩토리얼 값을 구하는 문제의 일부분으로 다른 팩토리얼의 값을 계산한다. 바꿔 말하면, GCD 프로시저에서 새로 구한 GCD 값은 원래 구하려 한 GCD 값으로 볼 수 있다. 다음 GCD 값을 구하려면, GCD 기계에 들어온 새 인자 값만 간단히 바꾸고, 같은 제어기 명령을 돌려서 기계의 데이터 패스를 다시 사용하면 된다. 그렇게 기계가 마지막 GCD 값을 구하면 GCD를 구하는 계산이 완전히 끝난다.

팩토리얼의 경우에는 팩토리얼을 구하는 문제의 일부분으로 안에 있는 팩토리얼 값을 구해도 이 값은 원래 구하려 한 팩토리얼 값이 아니다. $n!$을 구하려면, $(n-1)!$에 n을 곱해야 한다. GCD 설계를 흉내내서 n 레지스터 값을 하나씩 줄여 팩토리얼 기계를 되풀이해서 돌리는 방법으로 풀려고 한다면, 다음 단계에서 n은 이미 바뀌어 버리기에, 결국 결과를 구할 때 곱해야 하는 예전 n 값을 쓰지 못한다. 따라서 안에 있는 문제를 푸는 팩토리얼 기계를 따로 만들어야 한다. 이렇게 따로 만든 팩토리얼에서 또 다시 그 안에 있는 팩토리얼 문제를 풀려면 또 다른 팩토리얼 기계를 만들어야 한다. 이런 방법으로 계속해서 각 팩토리얼 기계는 안에 다른 팩토리얼 기계를 만든다. 결국 전체 기계는 같은 일을 하는 기계를 계속 만들어 내기 때문에 고정된 유한한 개수의 기계만으로는 전체 기계를 만들지 못한다.

그럼에도, 기계의 중첩된 인스턴스 각각이 같은 부품을 쓰도록 할 수 있다면 팩토리얼 프로세스를 레지스터 기계로 구현할 수 있다. 특히 $n!$을 계산하는 기계는 $(n-1)!, (n-2)!, \cdots$ 등을 푸는 데 같은 부품을 사용해야 한다. 이 말은 꽤나 그럴 듯하다. 팩토리얼 프로세스는 계산을 수행하려고 똑같은 기계를 무제한으로 복제해 내지만 지정된 시간에 작동하는 기계는 하나뿐이기 때문이다. 기계 안에 되도는 문제recursive subproblem가 있으면, 원래 문제를 잠깐 미뤄두고서 그 기계를 사용해 안에 있는 문제를 풀고 나서 미뤄둔 원래 문제를 이어서 풀게 된다.

안에 있는 문제를 풀 때 쓴 레지스터 값은 원래 문제를 풀 때 쓴 레지스터 값과 다르다(이 문제에서 n 레지스터 값은 하나씩 줄어든다.). 미뤄둔 계산을 계속하려면, 기계는 안에 있는 문제를 푸는 데 쓰는 레지스터가 몇 개든 그 레지스터 값을 모두 가지고 있어야 한다. 그래야만 미뤄둔 계산을 계속할 수 있다. 팩토리얼에서는 n 레지스터 값을 하나 줄여 계산하고 나온 값과 n 값을 곱하기 위해 예전 n 값을 저장한다.[2]

되도는 계산^{재귀 호출, recursive call}의 깊이^{depth}를 미리 알지 못하므로 저장할 레지스터 값은 얼마든지 커질 수 있다. 그리고 저장한 값은 역순으로 되돌려 놓아야 한다. 맨 끝에 있는 문제를 풀어야 그 문제를 쓰는 더 큰 문제들이 차례로 풀리기 때문이다. 레지스터 값을 담아두기 위해 '나중에 넣은 게 먼저 나오는^{last in, first out}' **스택**^{stack} 데이터 구조를 사용한다. 그리고 레지스터 기계어에 스택을 쓰기 위해 스택에 값을 넣는 save와 스택에서 값을 가져오는 restore라는 두 명령을 더한다. 값 시퀀스를 스택에 save한 뒤에 restore하는 순서는 그 반대로 한다.[3]

스택을 사용하면 팩토리얼 문제를 풀 때마다 팩토리얼 기계의 데이터 패스 한 벌을 계속 다시 사용할 수 있다. 만들어 놨던 데이터 패스를 처리하는 제어기 명령 시퀀스를 재사용하는 것과 비슷한 설계 주제다. 하지만 반복 프로세스가 돌아갈 때처럼 제어기가 안에 있는 문제를 풀고 나서 원래 팩토리얼을 다시 계산하려고 할 때, 앞서 풀던 명령 위치(즉, 안에 있는 문제를 풀기 시작한 명령 위치)로 되돌아가기 힘들다. $(n-1)!$을 구한 다음 n을 곱해야 팩토리얼 결과가 나오기 때문에, 제어기는 $(n-1)!$을 계산하고서 $n!$을 계산해야 한다. 이렇게 팩토리얼 계산을 하려면 5.1.3절에서 설명한 서브루틴 방법을 써야 한다. 이 방법에서는 제어기가 안에 있는 문제를 풀고 나서 원래 문제를 이어서 풀려고 할 때, 알맞은 명령 위치로 되돌아갈 목적으로 continue 레지스터를 사용한다. 따라서 continue 레지스

---

2) 예전 n 값을 저장해 둘 필요가 없다고 주장하는 사람도 있다. 즉, n 값을 하나 줄여 작은 문제를 풀고 난 다음에 바로 하나를 다시 늘여 예전 값으로 만들면 된다는 것이다. 비록 이 방법으로 팩토리얼을 계산할 수 있을지는 모르나 새로 구한 값으로 레지스터의 예전 값을 항상 계산하지는 못하므로, 이 방법은 일반적으로 쓰기 어렵다.

3) 5.3절에서는 더 낮은 수준의 기본 연산을 써서 스택을 만드는 방법을 알아본다.

터에 저장된 진입점^{entry point}으로 돌아가는 팩토리얼 서브루틴을 만들 수 있다. 서브루틴이 호출될 때마다 n 레지스터에서 그랬듯이 continue에 저장하고 값을 되돌려 놓을 수 있다. 팩토리얼 계산의 '단계'마다 같은 continue 레지스터를 사용할 것이기 때문이다. 즉, 팩토리얼 서브루틴은 낮은 수준의 문제를 불러낼 때 그 위치(안에 있는 문제를 풀기 시작한 곳)를 새로운^{new} 값으로 삼아 continue 레지스터에 넣는다. 그러나 팩토리얼 서브루틴이 자신을 호출한 곳으로 돌아가기 위해서는 예전 값이 다시 필요하다.

그림 5.11은 되도는^{재귀} factorial 프로시저를 구현한 기계의 데이터 패스와 제어기다. 기계는 스택과 n, val, continue 레지스터 세 개로 이루어진다. 데이터 패스 그림을 단순하게 하기 위해 레지스터에 값을 덮어 쓰는 단추에는 이름을 붙이지 않았으며 스택 연산 단추에만 이름을 붙였다(레지스터에 값을 넣는 단추는 sc와 sn, 그리고 레지스터에서 값을 꺼내는 단추는 rc와 rn으로 이름 붙였다). 기계를 돌리려면 레지스터 n에 구하고자 하는 팩토리얼 수를 넣어야 한다. 여기서 말하는 팩토리얼 수의 연산 결과는 원래 문제를 푼 결과로 처음 기계를 돌릴 때 필요한 값이다. 기계가 fact-done에 이르면 계산은 끝나고, val 레지스터 값이 결과가 된다. 제어기 시퀀스는 n과 continue에 되도는 계산^{재귀 호출,} ^{recursive call}을 하기 전 값을 넣고, 그 계산을 끝내고서 되돌아가 넣어둔 값을 꺼내도록 한다. 되도는 계산을 하던 곳으로 돌아가는 것은 continue에 넣어둔 위치로 돌아가는 것으로 설명할 수 있다. continue는 마지막으로 되돌아가야 하는 곳이 fact-done이 되도록, 처음 기계를 돌릴 때 초기화된다. 팩토리얼 계산 값을 갖고 있는 val 레지스터에서는 서브루틴으로 돌아간 다음에는 예전 val 값을 쓸 일이 없기 때문에, 초기화 때에는 저장할 필요가 없다. 여기에는 오로지 새로운 값만 필요하며 이 값은 안에 있는 작은 문제들을 풀고 나서 얻은 결과 값이다.

원리상으로 팩토리얼 계산은 무한한 기계^{infinite machine}를 요구하지만, 그림 5.11에 나타낸 기계에서는 스택을 빼면 사실 유한한 기계다. 어쩌면 스택은 제한이 없을 수도 있다. 하지만 스택의 물리적 구현에서는 크기가 제한되어 되도는 계산의 깊이도 한정된다. 이번 구현을 통해 평범한 레지스터 기계에 스택 연산을

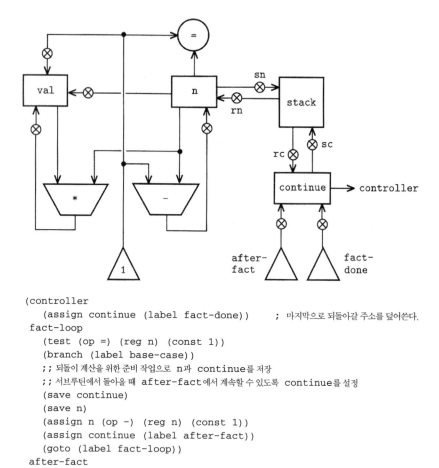

```
(controller
    (assign continue (label fact-done))      ; 마지막으로 되돌아갈 주소를 덮어쓴다.
fact-loop
    (test (op =) (reg n) (const 1))
    (branch (label base-case))
    ;; 되돌이 계산을 위한 준비 작업으로 n과 continue를 저장
    ;; 서브루틴에서 돌아올 때 after-fact에서 계속할 수 있도록 continue를 설정
    (save continue)
    (save n)
    (assign n (op -) (reg n) (const 1))
    (assign continue (label after-fact))
    (goto (label fact-loop))
after-fact
    (restore n)
    (restore continue)
    (assign val (op *) (reg n) (reg val))    ; val에 n(n - 1)!이 지정됨
    (goto (reg continue))                    ; 호출한 곳으로 돌아가기
base-case
    (assign val (const 1))                   ; 끝에 도달한 경우: 1! = 1
    (goto (reg continue))                    ; 호출한 곳으로 돌아가기
fact-done)
```

그림 5.11 자기를 불러 계산하는 팩토리얼 기계

보강하여 팩토리얼 기계를 만들면서, 되도는 계산 방법의 일반적 전략을 살펴볼
수 있다. 되도는 방식으로 어떤 문제를 풀 때 스택에 저장한 레지스터 값은 문제

를 푼 다음에 필요하다. 문제를 풀고 나면 저장한 레지스터를 복구하고 다시 원래 문제로 계속 진행할 수 있다. continue 레지스터는 언제나 저장되어야 한다. 다른 레지스터가 저장될 필요가 있는지는 기계마다 다르다. 되도는 계산 과정 전체에서 레지스터 값이 도중에 바뀌더라도 이것들이 모두 저장될 필요가 있는 것은 아니기 때문이다(연습문제 5.4를 보라).

두 군데서 되도는 프로세스^{double recursion}

더 복잡한 되도는 프로세스를 살펴보자. 1.2.2절에서는 피보나치 수^{Fibonacci number}를 여러 갈래로 되도는^{트리 재귀, tree-recursive} 계산 방법으로 구했다.

```
(define (fib n)
  (if (< n 2)
      n
      (+ (fib (- n 1)) (fib (- n 2)))))
```

팩토리얼에서처럼 되도는 피보나치 계산은 n, val, continue 레지스터를 가진 레지스터 기계로 구현할 수 있다. 이 기계는 앞에서 본 팩토리얼 기계보다 복잡하다. 되도는 계산^{재귀 호출, recursive call}이 제어기 명령 안에서 두 번이나 나오기 때문이다. 바꿔 말하자면, Fib($n-1$)을 계산하자마자 Fib($n-2$)를 계산해야 한다. 이렇게 Fib($n-1$)과 Fib($n-2$)를 각각 계산하려고 레지스터에 나중에 쓸 값을 넣는다. $n-1$이나 $n-2$를 계산하기 위해 필요한 Fib 수를 n 레지스터에 두고, 큰 문제를 풀기 위해 늘어놓은 명령에서 (afterfib-n-1이나 afterfib-n-2로) 각각 되돌아가기 위해 continue에 값을 덮어 쓴다. 그러고 나서 fib-loop로 간다. 되도는 계산을 하고서 되돌아왔을 때 결과는 val에 있다. 그림 5.12는 이 기계의 제어기 명령들이다.

● 연습문제 5.4

다음 프로시저를 각각 구현한 레지스터 기계를 만들어라. 기계마다 제어기 명령을 순서대로 적고 데이터 패스 그림을 그려라.

```
(controller
   (assign continue (label fib-done))
 fib-loop
   (test (op <) (reg n) (const 2))
   (branch (label immediate-answer))
   ;;Fib(n - 1)을 계산하기 위한 설정
   (save continue)
   (assign continue (label afterfib-n-1))
   (save n)                             ; n의 원래 값을 저장
   (assign n (op -) (reg n) (const 1)); n을 n-1로
   (goto (label fib-loop))              ; 되돌이 계산하는 곳으로 분기
 afterfib-n-1                           ; 돌아올 때 val에는 Fib(n-1)
   (restore n)
   (restore continue)
   ;;Fib(n - 2)을 계산하기 위한 설정
   (assign n (op -) (reg n) (const 2))
   (save continue)
   (assign continue (label afterfib-n-2))
   (save val)                           ; Fib(n - 1)을 저장
   (goto (label fib-loop))
 afterfib-n-2                           ; 돌아올 때 val은 Fib(n - 2)값을 갖는다.
   (assign n (reg val))                 ; n은 Fib(n - 2)값을 갖는다.
   (restore val)                        ; val은 Fib(n - 1)값을 갖는다.
   (restore continue)
   (assign val                          ; Fib(n - 1) + Fib(n - 2)
           (op +) (reg val) (reg n))
   (goto (reg continue))                ; 호출한 곳으로 돌아가며 val에는 답이 들어 있다.
 immediate-answer
   (assign val (reg n))                 ; 끝에 도달: Fib(n) = n
   (goto (reg continue))
 fib-done)
```

그림 5.12 피보나치 수를 계산하는 기계의 제어기

a. 자기를 불러^{recursive} 계산하는 방법으로 지수 구하기

```
(define (expt b n)
  (if (= n 0)
      1
      (* b (expt b (- n 1))))))
```


b. 반복^{iterative}하는 방법으로 지수 구하기

```
(define (expt b n)
  (define (expt-iter counter product)
    (if (= counter 0)
        product
        (expt-iter (- counter 1) (* b product))))
  (expt-iter n 1))
```

● **연습문제 5.5**

어떤 특별한 값(적어도 한 번은 자기를 불러 계산할^{recursive call} 수 있는 값)을 넣어, 팩토리얼 기계와 피보나치 기계를 손으로 시뮬레이션해 보라. 돌리면서 중요하다 싶은 곳^{연산}의 스택 값을 일일이 나타내라.

● **연습문제 5.6**

Ben Bitdiddle은 피보나치 기계 제어기가 부차적인 **save**와 **restore** 명령을 처리한다는 것을 알았다. 이 명령들은 기계가 더 빨리 돌아가게끔 만들기 위해 없앨 수도 있다. 이런 명령이 어디에 있는지 찾으라.

5.1.5 명령어 정리

레지스터 기계어에서 제어기 명령은 $\langle input_i \rangle$이 (**reg** $\langle register\text{-}name \rangle$)이 되거나 (**const** $\langle constant\text{-}value \rangle$)가 되는 것 중 한 형태다.

아래 명령은 5.1.1절에서 이미 보았다.

```
(assign ⟨register-name⟩ (reg ⟨register-name⟩))

(assign ⟨register-name⟩ (const ⟨constant-value⟩))

(assign ⟨register-name⟩ (op ⟨operation-name⟩) ⟨input₁⟩ ... ⟨inputₙ⟩)

(perform (op ⟨operation-name⟩) ⟨input₁⟩ ... ⟨inputₙ⟩)

(test (op ⟨operation-name⟩) ⟨input₁⟩ ... ⟨inputₙ⟩)

(branch (label ⟨label-name⟩))

(goto (label ⟨label-name⟩))
```

라벨을 가지는 레지스터의 사용법은 5.1.3절에서 보았다.

```
(assign ⟨register-name⟩ (label ⟨label-name⟩))

(goto (reg ⟨register-name⟩))
```

스택을 쓰는 명령은 5.1.4절에서 이미 보았다.

```
(save ⟨register-name⟩)
```

```
(restore ⟨register-name⟩)
```

지금까지는 ⟨*constant-value*⟩로 수^{number}만 사용하였지만, 앞으로는 문자열^{string}, 기호$^{심볼, symbol}$, 리스트도 사용하겠다. 이를테면 (const "abc")는 문자열 "abc", (const abc)는 기호 abc, (const (a b c))는 리스트 (a b c), (const ())는 빈 리스트다.

5.2 레지스터 기계 시뮬레이터

레지스터 기계 설계를 잘 이해하려면 그 기계가 정말 바라는 대로 돌아가는지 시험해 보아야 한다. 설계한 기계를 검사하는 한 가지 방법은 연습문제 5.5 처럼 제어기 연산을 손으로 직접 따라해 보는 것이다. 하지만 정말 단순한 기계가 아닌 다음에야 극도로 지겨운 작업이다. 이 절에서는 레지스터 기계어로 설명한 기계어를 시험할 시뮬레이터를 만들기로 한다. 이 시뮬레이터는 인터페이스 프로시저 네 개로 이루어진 Scheme 프로그램이다. 첫 번째 프로시저는 모형 기계(시뮬레이션하려는 기계의 부품에 해당하는 데이터 구조)를 만들기 위해 레지스터 기계 설명을 사용한다. 다른 세 프로시저는 모형 기계를 조작해 실제 기계를 시뮬레이트한다.

```
(make-machine ⟨register-names⟩⟨operations⟩⟨controller⟩)
```
   레지스터, 연산, 제어기를 받아서 모형 기계를 내놓는다.

```
(set-register-contents! ⟨machine-model⟩⟨register-name⟩⟨value⟩)
```
   지정된 기계의 시뮬레이트된 레지스터에 값을 넣는다.

```
(get-resister-contents ⟨machine-model⟩⟨register-name⟩)
```
   지정된 기계의 시뮬레이트된 레지스터에서 값을 꺼낸다.

```
(start ⟨machine-model⟩)
```

지정된 기계의 실행을 시뮬레이트한다. 제어 시퀀스 시작에서 출발하여 시퀀스 끝에 이르면 멈춘다.

위 프로시저를 어떻게 쓰는지 설명하기 위해 5.1.1절의 모형 GCD 기계를 다음처럼 gcd-machine으로 정의한다.

```
(define gcd-machine
  (make-machine
    '(a b t)
    (list (list 'rem remainder) (list '= =))
    '(test-b
        (test (op =) (reg b) (const 0))
        (branch (label gcd-done))
        (assign t (op rem) (reg a) (reg b))
        (assign a (reg b))
        (assign b (reg t))
        (goto (label test-b))
      gcd-done)))
```

make-machine의 첫 인자는 레지스터 이름의 리스트다. 다음 인자는 표(원소가 2개인 리스트)이며, 표로 연산 이름과 그 연산을 구현하는 실제 기계와 똑같이 작동하는 (즉, 같은 입력이 들어오면 같은 출력을 내는) Scheme 프로시저의 짝pair이다. 마지막 인자는 5.1절에서처럼, 라벨 리스트와 기계 명령으로 나타낸 제어기다.

이 기계로 GCD를 구하려면, 입력 레지스터에 값을 입력하고 기계를 돌린 후 시뮬레이션이 끝난 결과를 살펴본다.

```
(set-register-contents! gcd-machine 'a 206)
```
done

```
(set-register-contents! gcd-machine 'b 40)
```
done

```
(start gcd-machine)
```
done

```
(get-register-contents gcd-machine 'a)
2
```

이 계산은 Scheme으로 작성한 gcd 프로시저보다 느리다. assign처럼 낮은 수준의 기계 명령을 시뮬레이션했기 때문이다. 연산은 더 복잡해진다.

● **연습문제 5.7**

시뮬레이터를 이용하여 연습문제 5.4에서 설계한 기계를 검사해 보자.

5.2.1 기계 모형

make-machine으로 만든 모형 기계는 3장에서 익힌 메시지 패싱^{말 건네기, message passing} 기법을 사용하여 지역적인 상태^{갇힌 상태, local state}를 가진 프로시저로 나타낸다. 기계를 만들기 위해 make-machine은 먼저 make-new-machine 프로시저를 호출하여 모든 레지스터 기계에 공통된 부품을 기계 모형에서 만든다. make-new-machine으로 만든 기본적 모형은 본질적으로 레지스터와 스택을 담는 컨테이너이며 제어기 명령을 하나씩 처리하는 실행 메커니즘도 포함한다.

make-machine은 기본 모형에 정의하려는 기계에 (메시지를 보내) 레지스터와 연산, 제어기를 더한다. 그 다음 새 기계에 주어진 이름에 맞게 레지스터를 할당한다. 그리고 지정된 연산도 할당한다. 그 다음 (5.2.2절에서 설명할) 어셈블러^{assembler}를 사용해 새 기계를 위한 제어기 리스트를 명령으로 바꾸고 이 명령을 기계의 명령 시퀀스로 설치한다. make-machine은 이렇게 변경된 모형 기계를 리턴 값으로 돌려준다.

```
(define (make-machine register-names ops controller-text)
  (let ((machine (make-new-machine)))
    (for-each (lambda (register-name)
                ((machine 'allocate-register) register-name))
              register-names)
    ((machine 'install-operations) ops)
    ((machine 'install-instruction-sequence)
     (assemble controller-text machine))
    machine))
```

레지스터

3장에서처럼 지역적 상태를 갖는 프로시저로 레지스터를 나타내기로 하자. `make-register`는 다음과 같이 값을 넣고 빼고 바꿀 수 있는 레지스터를 만든다.

```
(define (make-register name)
  (let ((contents '*unassigned*))
    (define (dispatch message)
      (cond ((eq? message 'get) contents)
            ((eq? message 'set)
             (lambda (value) (set! contents value)))
            (else
             (error "Unknown request -- REGISTER" message))))
    dispatch))
```

레지스터에 값을 집어넣거나 값을 꺼내는 프로시저는 다음과 같다.

```
(define (get-contents register)
  (register 'get))

(define (set-contents! register value)
  ((register 'set) value))
```

스택^{stack}

스택 역시 지역적 상태를 가지는 프로시저로 나타낼 수 있다. `make-stack`은 아이템^{item}의 리스트로 이루어진, 지역적 상태를 갖는 스택을 만든다. `push`를 요청하면 아이템을 스택에 쌓고 `pop`를 요청하면 스택 맨 위의 아이템을 가져온다. `initialize`는 비어 있는 스택을 만든다.

```
(define (make-stack)
  (let ((s '()))
    (define (push x)
      (set! s (cons x s)))
    (define (pop)
      (if (null? s)
          (error "Empty stack -- POP")
          (let ((top (car s)))
            (set! s (cdr s))
            top)))
    (define (initialize)
      (set! s '())
      'done)
    (define (dispatch message)
      (cond ((eq? message 'push) push)
            ((eq? message 'pop) (pop))
            ((eq? message 'initialize) (initialize))
            (else (error "Unknown request -- STACK"
                         message))))
    dispatch))
```

스택을 사용하는 프로시저는 다음과 같다.

```
(define (pop stack)
  (stack 'pop))

(define (push stack value)
  ((stack 'push) value))
```

기본 기계

그림 5.13에 나타낸 **make-new-machine** 프로시저는 스택, 명령 시퀀스, 연산 리스트, 레지스터 표$^{register\ table}$ 같은 지역적 상태$^{local\ state}$를 가진 물체를 만든다. 처음에는 명령 시퀀스는 비어 있고, 연산 리스트에는 스택 초기화 연산만 들어 있고, 레지스터 표에는 **flag** 레지스터와 **pc**(프로그램 카운터의 머리글자 단어) 레지스터만 들어 있다. 내부 프로시저 **allocate-register**는 레지스터 표에 새 레지스터를

```
(define (make-new-machine)
  (let ((pc (make-register 'pc))
        (flag (make-register 'flag))
        (stack (make-stack))
        (the-instruction-sequence '()))
    (let ((the-ops
           (list (list 'initialize-stack
                       (lambda () (stack 'initialize)))))
          (register-table
           (list (list 'pc pc) (list 'flag flag))))
      (define (allocate-register name)
        (if (assoc name register-table)
            (error "Multiply defined register: " name)
            (set! register-table
                  (cons (list name (make-register name))
                        register-table)))
        'register-allocated)
      (define (lookup-register name)
        (let ((val (assoc name register-table)))
          (if val
              (cadr val)
              (error "Unknown register: " name))))
      (define (execute)
        (let ((insts (get-contents pc)))
          (if (null? insts)
              'done
              (begin
                ((instruction-execution-proc (car insts)))
                (execute)))))
      (define (dispatch message)
        (cond ((eq? message 'start)
               (set-contents! pc the-instruction-sequence)
               (execute))
              ((eq? message 'install-instruction-sequence)
               (lambda (seq) (set! the-instruction-sequence seq)))
              ((eq? message 'allocate-register) allocate-register)
              ((eq? message 'get-register) lookup-register)
              ((eq? message 'install-operations)
               (lambda (ops) (set! the-ops (append the-ops ops))))
              ((eq? message 'stack) stack)
              ((eq? message 'operations) the-ops)
              (else (error "Unknown request -- MACHINE" message))))
      dispatch)))
```

그림 5.13 기본 기계 모형을 만드는 make-new-machine 프로시저

더할 때 쓰고, 역시 내부 프로시저인 lookup-register는 표에 있는 레지스터를 가
져올 때 쓴다.

flag 레지스터는 시뮬레이션 기계에서 제어가 어디로 갈라질지 결정할 때 쓴다. test 명령은 검사 결과(참 또는 거짓)를 flag 레지스터에 넣는다. branch 명령은 flag 값에 따라 갈림길에서 어디로 갈지 결정한다.

pc 레지스터는 기계가 돌아갈 때 명령이 실행되는 순서를 알려주는데, 내부 프로시저 execute에서 차례대로 명령을 구현한다. 시뮬레이션 모형에서 각 기계 명령은 그 속에 인자 없는 프로시저가 들어 있는 데이터 구조다. 여기서, **명령 실행 프로시저**^{instruction execution procedure}라 하는 인자 없는 프로시저는 호출될 때 명령이 돌아가는 것을 시뮬레이트한다. 모형 기계가 돌아갈 때, pc는 명령 시퀀스에서 다음에 처리할 명령의 시작점을 가리킨다. execute는 pc가 가리키는 위치에 있는 명령을 가져와서, 명령 실행 프로시저로 그 명령을 처리한 다음, 처리할 명령이 더는 없을 때까지(예: pc가 명령 시퀀스의 끝을 가리킬 때까지) 같은 일을 되풀이한다.

명령 실행 프로시저는 명령을 돌릴 때마다 pc가 다음에 돌릴 명령을 가리키도록 pc의 값을 바꾼다. branch와 goto 명령에서는 pc가 새로운 위치를 가리키도록 한다. 다른 명령들은 단순히 pc 값이 명령 시퀀스의 다음 명령을 가리키도록 한다. execute를 부르면 다시 execute를 부르지만, 명령 실행 프로시저에서 매번 pc 값을 바꾸기 때문에 끝없는 루프를 돌지 않는다는 사실을 알아두자.

make-new-machine는 메시지 패싱 방식으로 내부 상태에 접근할 수 있도록 하는 dispatch 프로시저를 리턴한다. 기계가 돌아가려면 명령 시퀀스의 시작하는 위치를 pc에 넣은 다음 execute를 불러야 한다는 것도 눈여겨보아 둘 점이다.

편의상 5.2절의 첫 부분처럼 기계의 start 연산과 레지스터 값을 바꾸고 살펴보는 프로시저를 편리하게 쓰기 위해 아래처럼 또 다른 프로시저 인터페이스를 정의한다.

```
(define (start machine)
  (machine 'start))

(define (get-register-contents machine register-name)
  (get-contents (get-register machine register-name)))
```

```
(define (set-register-contents! machine register-name value)
  (set-contents! (get-register machine register-name) value)
  'done)
```

위 프로시저들에서는(그리고 5.2.2절과 5.2.3절의 프로시저들에서는) 주어진 기계에서 주어진 이름으로 레지스터를 살펴보려 할 때, 다음 프로시저를 쓴다.

```
(define (get-register machine reg-name)
  ((machine 'get-register) reg-name))
```

5.2.2 어셈블러

어셈블러는 기계의 제어기 식들을 그에 상응하는 기계어 명령들로 바꾸어 준다. 그 명령마다 실행 프로시저가 있다. 대체로 어셈블러는 4장에서 설명한 실행기 evaluator와 아주 비슷하다. 그 실행기는 언어(여기서는 레지스터 기계어)를 입력받고, 그 언어에서 식의 종류에 따라 그에 알맞은 일을 해야 했다.

각 명령의 실행 프로시저를 만드는 기법은 4.1.7절에서 쓴 방법이다. 이 방법은 명령의 실행 과정과 분석을 분리하여 실행기의 처리 속도를 높인다. 4장에서 본 것처럼 변수의 실제 값을 몰라도 Scheme 식을 효과적으로 분석할 수 있다. 이와 비슷하게 레지스터의 실제 값을 몰라도 레지스터−기계−언어 식을 유용하게 분석할 수 있다. 이를테면 레지스터 물체에 대한 참조를 포인터로 바꿀 수 있고 라벨이 지정하는 명령 시퀀스의 참조도 포인터로 바꿀 수 있다.

명령 실행 프로시저를 만들기 전에, 어셈블러는 라벨이 무엇을 가리키는지 알아야 한다. 그래서 어셈블러는 명령어에서 라벨을 구별하기 위해, 제어기 텍스트 controller text를 스캔하는scan 일부터 시작한다. 텍스트를 스캔하면서 명령 리스트를 만들고, 리스트 안의 명령어와 라벨을 연관시키기 위한 포인터의 테이블을 만든다. 그러면서 어셈블러는 각 명령을 수행하는 실행 프로시저를 끼워 넣으면서 명령 리스트를 완성해 나간다.

assemble 프로시저는 어셈블러의 중요한 부분이다. 인자로 제어기 텍스트와 모형 기계를 받아, 모형 기계 안에 기록해 두어야 할 명령 시퀀스를 리턴한다. assemble은 제어기 텍스트에 있는 라벨 표와 최초의 명령 리스트를 만들기 위해

extract-labels를 부른다. extract-labels의 두 번째 인자는 extract-labels의 결과를 처리하려고 부르는 프로시저다. 이 프로시저는 update-insts!를 써서 명령 실행 프로시저를 만들고, 이 프로시저를 명령 리스트에 끼워 넣으며 나중에는 변경된 리스트를 돌려준다.

```
(define (assemble controller-text machine)
  (extract-labels controller-text
    (lambda (insts labels)
      (update-insts! insts labels machine)
      insts)))
```

extract-labels는 리스트 구조인 text(제어기 명령 식의 시퀀스)와 프로시저인 receive를 인자로 받는다. 여기서 receive 프로시저는 두 값을 가지고 부른다. (1) text에서 가져온 각 명령의 데이터 구조 리스트인 insts, 그리고 (2) 리스트 insts 안의 위치와 text에서 가져온 라벨을 연관시킨 표 labels다.

```
(define (extract-labels text receive)
  (if (null? text)
      (receive '() '())
      (extract-labels (cdr text)
       (lambda (insts labels)
         (let ((next-inst (car text)))
           (if (symbol? next-inst)
               (receive insts
                        (cons (make-label-entry next-inst
                                                insts)
                              labels))
               (receive (cons (make-instruction next-inst)
                              insts)
                        labels)))))))
```

extract-labels는 순서대로 text의 내용을 훑어가면서 insts와 labels를 추가한다. text의 요소가 symbol(즉, 라벨)이라면 적절한 위치를 표 labels에 덧붙일 것이다. 그렇지 않다면 리스트 insts에 쌓아 둔다.[4]

명령 리스트는 처음에는 명령의 텍스트만 갖고 있는데 update-insts!는 각 명령에 해당하는 실행 프로시저를 포함하도록 바꾸어 놓는다.**

```
(define (update-insts! insts labels machine)
  (let ((pc (get-register machine 'pc))
        (flag (get-register machine 'flag))
        (stack (machine 'stack))
        (ops (machine 'operations)))
    (for-each
      (lambda (inst)
        (set-instruction-execution-proc!
         inst
         (make-execution-procedure
          (instruction-text inst) labels machine
          pc flag stack ops)))
      insts)))
```

---

* 역주 : 당연한 말이지만 위의 식에서 lambda로 설명한 식이 아래의 extract-labels에서는 receive로 작용한다. 그리고 결과적으로 receive는 update-insts!이다. 이 내용은 원주 4에도 보충하여 설명하고 있다. 각 프로시저의 상관관계를 세심하게 추적해야 한다.

4) 여기서 receive 프로시저를 쓰는 까닭은 두 값(labels와 insts)을 나타내는 복합 데이터 구조를 명확하게 만들지 않고도 이 두 값을 효과적으로 되돌려줄 수 있는 extract-labels를 만들기 위해서다. 이 값들의 쌍을 명백하게 보이는 형태로 만든 extract-labels 프로시저는 다음과 같다.

```
(define (extract-labels text)
  (if (null? text)
      (cons '() '())
      (let ((result (extract-labels (cdr text))))
        (let ((insts (car result)) (labels (cdr result)))
          (let ((next-inst (car text)))
            (if (symbol? next-inst)
                (cons insts
                      (cons (make-label-entry next-inst insts) labels))
                (cons (cons (make-instruction next-inst) insts)
                      labels)))))))
```

이 프로시저는 다음과 같은 assemble 프로시저에서 쓸 수 있다.

```
(define (assemble controller-text machine)
  (let ((result (extract-labels controller-text)))
    (let ((insts (car result)) (labels (cdr result)))
      (update-insts! insts labels machine)
      insts)))
```

여러 값을 리턴하는 우아한 방법을 보여주거나 그냥 프로그래밍 기법을 보여주려 할 때 receive의 사용을 고려할 수 있다. receive처럼 인자이면서 다음에 호출될 프로시저를 '앞으로 할 일(continuation)'이라 한다. 4.3.3절의 amb 실행기에서 같은 길로 돌아오는 제어 구조를 구현하기 위해 앞으로 할 일을 사용한 것을 떠올려 보라.

** 역주 : 당연히 이 과정은 extract-labels에서 보이는 것처럼 receive 프로시저에서 라벨과 명령을 처리하는 과정의 일부다!

기계 명령의 데이터 구조는 간단하게 명령 텍스트와 해당 실행 프로시저의 쌍으로 만들어진다. 실행 프로시저는 extract-labels가 명령을 바로 만들었을 때에는 아직 완성된 것이 아니며 결국 나중에 update-insts!가 실행 명령을 직접 넣어주면서 만들어 낸다.*

```
(define (make-instruction text)
  (cons text '()))

(define (instruction-text inst)
  (car inst))

(define (instruction-execution-proc inst)
  (cdr inst))

(define (set-instruction-execution-proc! inst proc)
  (set-cdr! inst proc))
```

명령 텍스트는 시뮬레이션을 돌리는 기계에서는 쓰지 못하지만, 디버그할 때에는 편리하게 사용할 수 있다(연습문제 5.16).

예를 들어 라벨 표의 항목^{element}은 다음과 같은 쌍으로 나타낸다.

```
(define (make-label-entry label-name insts)
  (cons label-name insts))
```

표에서 위치^{entry}는 다음처럼 찾는다.

```
(define (lookup-label labels label-name)
  (let ((val (assoc label-name labels)))
    (if val
        (cdr val)
        (error "Undefined label -- ASSEMBLE" label-name))))
```

● 연습문제 5.8
다음 레지스터 기계 코드에서는 라벨 here가 여러 번 쓰였기 때문에 뜻이 명확하지 않다.

---

* 역주 : 아래 프로시저에서 보듯이 이 과정은 리스트의 치환으로 이루어진다.

```
start
  (goto (label here))
here
  (assign a (const 3))
  (goto (label there))
here
  (assign a (const 4))
  (goto (label there))
there
```

위와 같이 만든 시뮬레이터에서 there까지 돌렸을 때 레지스터 a 값은 어떻게
되어 있을까? 어셈블러가 서로 다른 위치에 같은 라벨 이름을 썼을 때 에러를
나타내도록 extract-labels 프로시저를 고쳐라.

5.2.3 명령에 해당하는 실행 프로시저 만들기

어셈블러는 명령에 해당하는 실행 프로시저를 만들기 위해서 make-execu-
tion-procedure를 부른다. 4.1.7절의 실행기에서 본 analyze 프로시저처럼 이 프
로시저는 알맞은 실행 프로시저를 만들기 위해 명령 유형에 따라 따로 처리한다.

```
(define (make-execution-procedure inst labels machine
                                  pc flag stack ops)
  (cond ((eq? (car inst) 'assign)
         (make-assign inst machine labels ops pc))
        ((eq? (car inst) 'test)
         (make-test inst machine labels ops flag pc))
        ((eq? (car inst) 'branch)
         (make-branch inst machine labels flag pc))
        ((eq? (car inst) 'goto)
         (make-goto inst machine labels pc))
        ((eq? (car inst) 'save)
         (make-save inst machine stack pc))
        ((eq? (car inst) 'restore)
         (make-restore inst machine stack pc))
        ((eq? (car inst) 'perform)
         (make-perform inst machine labels ops pc))
        (else (error "Unknown instruction type -- ASSEMBLE"
                     inst))))
```

레지스터─기계어의 각 명령 형태에 따라 해당하는 실행 프로시저를 만들게 된다. 이런 프로시저들의 상세한 부분은 레지스터 기계어에 쓰는 각 명령의 문법과 의미의 세세한 부분을 결정한다. 4.1.2절의 실행기를 만들면서 명령의 일부분을 풀이하고 분류하기 위해 문법^{syntax} 프로시저를 사용하였듯이, 일반적인 실행 메커니즘에서 레지스터 기계 식^{expression}에서 상세한 문법을 분리하기 위해 데이터의 속 내용을 감추는$^{데이터\ 요약하기,\ data\ abstraction}$ 방식을 사용하겠다.

assign 명령

make-assign 프로시저는 assign 명령을 처리한다.

```
(define (make-assign inst machine labels operations pc)
  (let ((target
         (get-register machine (assign-reg-name inst)))
        (value-exp (assign-value-exp inst)))
    (let ((value-proc
           (if (operation-exp? value-exp)
               (make-operation-exp
                value-exp machine labels operations)
               (make-primitive-exp
                (car value-exp) machine labels))))
      (lambda ()                    ; assign의 실행 프로시저
        (set-contents! target (value-proc))
        (advance-pc pc)))))
```

make-assign은 다음 선택자$^{고르개,\ selector}$를 사용하여 assign 명령의 대상이 되는 레지스터 이름(명령의 두 번째 원소)과 value expression(명령을 이루는 나머지 리스트)을 만든다.

```
(define (assign-reg-name assign-instruction)
  (cadr assign-instruction))

(define (assign-value-exp assign-instruction)
  (cddr assign-instruction))
```

레지스터 이름은 타깃 레지스터 물체를 만들어 내는 `get-register`를 써서 찾는다. 연산의 결과로 어떤 값이 나오면 그 값의 value expression이 `make-opera-tion-exp`로, 그렇지 않으면 `make-primitive-exp`로 넘겨진다. 아래에 보이듯이 이러한 프로시저는 value expression을 파싱하고 그 값을 계산할 프로시저를 만든다. 이 일은 `value-proc`라는 인자 없는 프로시저가 한다. `value-proc`는 시뮬레이션 동안 실행^{evaluate}되면서 레지스터에 덮어 쓸 실제 값을 만든다. 레지스터 이름을 찾고 value expression을 파싱하는 일은 명령을 시뮬레이션할 때 수행되는 것이 아니라 어셈블할 때 한 번만 수행한다는 것을 알아야 한다. 이것은 4.1.7절의 실행기에서 프로그램 분석과 수행을 나눈 것에 상응하는 것이며, 일을 절감한다.

　　`make-assign`의 결과가 바로 `assign` 명령에 대응되는 실행 프로시저다. 이 프로시저를 (모형 기계의 `execute` 프로시저에서) 부를 때, `value-proc`을 돌린 결과 값이 타깃 레지스터의 내용으로 지정된다. 그런 다음 아래 프로시저를 돌려 다음 번에 처리할 명령을 가리키도록 `pc` 값을 증가시킨다.

```
(define (advance-pc pc)
  (set-contents! pc (cdr (get-contents pc))))
```

`advance-pc`는 `branch`와 `goto` 명령을 제외한 모든 명령어의 정상적 끝맺음^{termination}이다.

test, branch, goto 명령

`make-test`도 비슷한 방법으로 `test` 명령을 처리한다. `make-test`는 테스트해야 할 조건을 적어놓은 식^{expression}과 그 식을 수행할 프로시저를 뽑아낸다^{extract}. 시뮬레이션하면서 조건을 나타내는 프로시저를 불러 쓰고 그 결과를 `flag` 레지스터에 기록한 후 `pc` 값을 늘린다.

```
(define (make-test inst machine labels operations flag pc)
  (let ((condition (test-condition inst)))
    (if (operation-exp? condition)
        (let ((condition-proc
                (make-operation-exp
                  condition machine labels operations)))
          (lambda ()
            (set-contents! flag (condition-proc))
            (advance-pc pc)))
        (error "Bad TEST instruction -- ASSEMBLE" inst))))

(define (test-condition test-instruction)
  (cdr test-instruction))
```

branch용 실행 프로시저는 flag 레지스터 값을 조사한 다음, branch 명령에서 한 갈림길로 가면 해당 목적지의 위치를 pc 값으로 설정하고, 가지 않으면 pc 값을 증가시킨다. branch 명령의 대상은 반드시 라벨이어야 한다. make-branch 프로시저가 라벨의 필요성을 강제한다. 그리고 branch 명령은 branch를 시뮬레이트할 때마다 라벨을 찾는 것이 아니라 어셈블하는 동안에 라벨을 찾는다는 것도 중요하다.

```
(define (make-branch inst machine labels flag pc)
  (let ((dest (branch-dest inst)))
    (if (label-exp? dest)
        (let ((insts
                (lookup-label labels (label-exp-label dest))))
          (lambda ()
            (if (get-contents flag)
                (set-contents! pc insts)
                (advance-pc pc))))
        (error "Bad BRANCH instruction -- ASSEMBLE" inst))))
```

```
(define (branch-dest branch-instruction)
  (cadr branch-instruction))
```

goto 명령은 라벨뿐 아니라 레지스터로 목적지를 나타낼 수 있고, 조건을 따지지
않는다는 것을 제외하면 branch 명령과 비슷하다. pc는 항상 새로운 목적지를
가리키도록 설정된다.

```
(define (make-goto inst machine labels pc)
  (let ((dest (goto-dest inst)))
    (cond ((label-exp? dest)
           (let ((insts
                  (lookup-label labels
                                (label-exp-label dest))))
             (lambda () (set-contents! pc insts))))
          ((register-exp? dest)
           (let ((reg
                  (get-register machine
                                (register-exp-reg dest))))
             (lambda ()
               (set-contents! pc (get-contents reg)))))
          (else (error "Bad GOTO instruction -- ASSEMBLE"
                       inst)))))

(define (goto-dest goto-instruction)
  (cadr goto-instruction))
```

다른 명령들

스택 명령 save와 restore는 지정한 레지스터와 스택을 사용하고 pc 값을 증가
시킨다.

```
(define (make-save inst machine stack pc)
  (let ((reg (get-register machine
                           (stack-inst-reg-name inst))))
    (lambda ()
      (push stack (get-contents reg))
      (advance-pc pc))))
```

```
(define (make-restore inst machine stack pc)
  (let ((reg (get-register machine
                           (stack-inst-reg-name inst))))
    (lambda ()
      (set-contents! reg (pop stack))
      (advance-pc pc))))

(define (stack-inst-reg-name stack-instruction)
  (cadr stack-instruction))
```

마지막 명령 형태라고 할 수 있는 make-perform은 처리할 행동에 대한 실행 프로시저execution procedure를 만든다. 시뮬레이션 시간에 이 행동 프로시저일 프로시저, action procedure가 수행되고 pc 값이 증가한다.

```
(define (make-perform inst machine labels operations pc)
  (let ((action (perform-action inst)))
    (if (operation-exp? action)
        (let ((action-proc
               (make-operation-exp
                action machine labels operations)))
          (lambda ()
            (action-proc)
            (advance-pc pc)))
        (error "Bad PERFORM instruction -- ASSEMBLE" inst))))

(define (perform-action inst) (cdr inst))
```

하부 식부분 식, subexpression을 실행하는 프로시저

레지스터에 값을 지정하거나(make-assign), 연산의 입력(make-operation-exp)이 되려면 reg, label, const 식의 값이 필요할 때가 있다. 다음 프로시저는 시뮬레이션하는 동안 이 식들의 값을 계산해 내는 실행 프로시저를 만든다.

```
(define (make-primitive-exp exp machine labels)
  (cond ((constant-exp? exp)
         (let ((c (constant-exp-value exp)))
           (lambda () c)))
        ((label-exp? exp)
         (let ((insts
                 (lookup-lable labels
                               (label-exp-label exp))))
           (lambda () insts)))
        ((register-exp? exp)
         (let ((r (get-register machine
                                (register-exp-reg exp))))
           (lambda () (get-contents r))))
        (else
         (error "Unknown expression type -- ASSEMBLE" exp))))
```

reg, label, const 식의 문법은 아래처럼 만들 수 있다.

```
(define (register-exp? exp) (tagged-list? exp 'reg))

(define (register-exp-reg exp) (cadr exp))

(define (constant-exp? exp) (tagged-list? exp 'const))

(define (constant-exp-value exp) (cadr exp))

(define (label-exp? exp) (tagged-list? exp 'label))

(define (label-exp-label exp) (cadr exp))
```

assign, perform, test 명령은 reg와 const 식으로 나타낸 피연산자[operand]에 op 식으로 나타낸 기계 연산을 적용할 수 있다. 다음 프로시저는 명령의 대상과 처리할 연산을 가지는 리스트인 '연산 식[operation expression]'의 실행 프로시저를 만든다.

```
(define (make-operation-exp exp machine labels operations)
  (let ((op (lookup-prim (operation-exp-op exp) operations))
        (aprocs
          (map (lambda (e)
                 (make-primitive-exp e machine labels))
               (operation-exp-operands exp))))
    (lambda ()
      (apply op (map (lambda (p) (p)) aprocs)))))
```

연산 식의 문법은 다음과 같이 만들 수 있다.

```
(define (operation-exp? exp)
  (and (pair? exp) (tagged-list? (car exp) 'op)))

(define (operation-exp-op operation-exp)
  (cadr (car operation-exp)))

(define (operation-exp-operands operation-exp)
  (cdr operation-exp))
```

연산 식을 처리하는 방법은 4.1.7절의 실행기에서 `analyze-application` 프로시저를 써서 프로시저 적용^{procedure application}을 계산하는 방법과 많이 닮았다. 피연산자마다 실행 프로시저를 만든다. 시뮬레이션을 할 때, 피연산자를 나타내는 프로시저를 부르고 연산을 시뮬레이트하는 Scheme 프로시저를 적용한다. 그러고는 기계 연산 표에서 연산 이름을 살펴보고 시뮬레이션 프로시저를 찾는다.

```
(define (lookup-prim symbol operations)
  (let ((val (assoc symbol operations)))
    (if val
        (cadr val)
        (error "Unknown operation -- ASSEMBLE" symbol))))
```

● **연습문제** 5.9

위에서 본 기계 연산을 처리하는 방법은 붙여 놓은 라벨뿐 아니라 상수, 레지스터 값까지 처리할 수 있다. 식 처리 프로시저를 고쳐 연산이 레지스터 값과 상수만 처리하게 하라.

● **연습문제** 5.10

레지스터 기계 명령의 새 문법을 만들고 시뮬레이터가 새 문법을 쓰도록 고치라. 시뮬레이션하는 장치의 어떤 부분도 바꾸지 않고 오로지 이 절에서 본 문법 프로시저만 사용하여 새 문법을 구현할 수 있겠는가?

● **연습문제** 5.11

5.1.4절에서 save와 restore를 설명할 때 아래처럼 이전에 저장한 레지스터 값이 아닌 것을 꺼내려 할 때 어떤 일이 벌어질지 설명하지 않았다.

```
(save y)
(save x)
(restore y)
```

restore가 나타낼 수 있는 몇 가지 타당한 의미를 아래처럼 적어봤다.

a. (restore y)는 스택에 마지막으로 저장한 값을 y로 둔다. 그 값을 어떤 레지스터에서 가져왔는지는 개의치 않는다. 이것이 지금까지 만든 시뮬레이터가 돌아가는 방법이었다. 5.1.4절의 그림 5.12에 나타낸 피보나치 기계에서 이런 방법으로 명령 하나를 없애서 장점을 얻을 수 있는 방법을 밝혀라.

b. (restore y)는 스택에 마지막으로 저장한 값을 y에 둔다. 하지만 이것은 마지막으로 y의 값을 스택에 저장한 경우에만 그러하며, 다른 레지스터가 y 다음에 스택에 값을 저장한 경우에는 잘못되었다고 알린다. 시뮬레이터가 이렇게 돌아가도록 고쳐라. save가 스택에 값과 함께 레지스터 이름을 두도록 만들어야 할 것이다.

c. (restore y)는 마지막으로 저장한 y의 값을 y에 둔다. 다른 레지스터가 y 다음에 스택에 값을 저장하고 아직 꺼내지 않았더라도 개의치 않는다. 시뮬레이터가 이렇게 돌아가도록 고쳐라. 각각의 분리된 스택과 레지스터를 연관시켜야 할 것이다. initialize-stack이 모든 레지스터 스택 값을 초기화하도록 만들어야 할 것이다.

● 연습문제 5.12

시뮬레이터는 제어기가 있는 기계를 만들 때 필요한 데이터 패스를 결정하는 데 도움이 될 수 있다. 모형 기계에서 아래 정보까지 담을 수 있게 어셈블러의 기능을 확장하라.

- assign, goto 같은 명령 형태대로 정렬하고 중복을 없앤 명령 리스트
- 각 진입점^{entry point}을 갖는 레지스터(goto 명령에서 참조하는 레지스터)의 중복되지 않은 리스트
- save나 restore된 레지스터의 중복되지 않은 리스트
- 레지스터마다, 이 레지스터에 값을 할당한 소스의 중복되지 않는 리스트 (예를 들어, 그림 5.11의 팩토리얼 기계에서 val 레지스터에 대한 소스는 (const 1)과 ((op *) (reg n) (reg val))이다.)

이런 정보를 기계에 넣고 뺄 수 있도록 메시지 패싱 인터페이스의 기능을 확장

하라. 이렇게 만든 분석기를 검사하기 위해 그림 5.12의 피보나치 기계를 만들고, 만든 리스트가 이 기계에서 잘 돌아가는지 검사하라.

● **연습문제** 5.13

`make-machine`의 인자로 받을 목적으로 레지스터 리스트를 쓰는 것이 아니라, 기계가 어떤 레지스터를 가지는지 파악할 목적으로 제어기 시퀀스를 쓰도록 시뮬레이터를 고쳐라. `make-machine`에 레지스터를 미리 지정하는 것이 아니라 명령을 어셈블하는 동안 레지스터가 처음으로 나타나면 그때마다 레지스터를 할당할 수 있다.

5.2.4 기계 성능 지켜보기

시뮬레이션을 하면 설계한 모형 기계의 정확성을 확인하는 것뿐 아니라 기계 성능도 검사하는 데도 유용하다. 예를 들어 계산할 때 스택 연산 수를 알아보는 '계량기^{meter}'를 시뮬레이션 프로그램에 설치할 수 있다. 레지스터가 스택에 몇 번이나 저장되었는지 남겨놓을 수 있고, 스택이 도달하는 최대 깊이도 알 수 있도록 시뮬레이트되는 스택을 고쳐야 한다. 그리고 아래에 나타낸 것처럼 스택의 인터페이스에 통계치를 찍어내는 메시지를 덧붙인다. 또, 다음과 같이 `make-new-machine`의 `the-ops`를 초기화해 기본 모형 기계에 스택 통계치를 찍어내는 연산을 덧붙인다.

```
(list (list 'initialize-stack
            (lambda () (stack 'initialize)))
      (list 'print-stack-statistics
            (lambda () (stack 'print-statistics))))
```

`make-stack`의 새로운 버전은 다음과 같다.

```
(define (make-stack
  (let ((s '())
        (number-pushes 0)
        (max-depth 0)
        (current-depth 0))
    (define (push x)
      (set! s (cons x s))
      (set! number-pushes (+ 1 number-pushes))
      (set! current-depth (+ 1 current-depth))
      (set! max-depth (max current-depth max-depth)))
    (define (pop)
      (if (null? s)
          (error "Empty stack -- POP")
          (let ((top (car s)))
          (set! s (cdr s))
          (set! current-depth (- current-depth 1))
          top)))
    (define (initialize)
      (set! s '())
      (set! number-pushes 0)
      (set! max-depth 0)
      (set! current-depth 0)
      'done)
    (define (print-statistics)
      (newline)
      (display (list 'total-pushes  '= number-pushes
                     'maximum-depth '= max-depth)))
    (define (dispatch message)
      (cond ((eq? message 'push) push)
            ((eq? message 'pop) (pop))
            ((eq? message 'initialize) (initialize))
            ((eq? message 'print-statistics)
             (print-statistics))
            (else
             (error "Unknown request -- STACK" message))))
    dispatch))
```

연습문제 5.15부터 5.19까지에는 이것 말고도 기계가 돌아가는 것을 제대로 살펴
고 잘못된 것을 바로잡을 수 있는 다른 기능을 만들어 볼 것이다. 이런 것들은 레

지스터 기계 시뮬레이터에 덧붙일 수 있다.

● **연습문제** 5.14

그림 5.11에서 본 팩토리얼 기계에 여러 가지 작은 값 n을 넣어 $n!$을 계산할 때 데이터를 몇 개나 넣을 수 있는지, 스택의 최대 깊이가 얼마나 되는지 재어 보아라. 어떤 n이 1보다 클 때 $n!$을 계산하는데, 데이터를 집어넣는 연산의 전체 개수와 스택의 최대 깊이는 $n!$을 계산할 때마다 늘어나고, 이런 개수가 바로 n을 몇 번이나 써서 식을 만들지 결정할 것이다. push 연산의 전체 개수와 스택의 최대 깊이는 n의 선형 함수로 나타내고 두 상수에 따라 정해진다. 찍어 낸 통계치를 얻기 위해 스택을 초기화하고 통계치를 찍어 내는 명령을 처리할 수 있도록 팩토리얼 기계의 기능을 확장할 것이다. 또, get-register-contents, set-register-contents!, start를 반복해 불러내지 않고도, n 값을 되풀이 해 가져와 팩토리얼을 계산할 수 있도록 기계를 고치려 할 것이고, 그림 5.4에서 본 GCD 기계처럼 그 결과를 찍으려 할 것이다.

● **연습문제** 5.15

레지스터 기계 시뮬레이션에 **명령 세기**^{instruction counting} 기능을 추가하라. 즉, 명령을 처리할 때마다 모형 기계가 수행한 명령의 수를 헤아릴 수 있게 만드는 것이다. 새로운 메시지를 받아 명령을 몇 개나 처리했는지 찍어내고 0으로 리셋하도록 모형 기계의 인터페이스를 확장하라.

● **연습문제** 5.16

시뮬레이터에서 **명령 추적**^{instruction tracing} 기능을 제공하도록 만든다. 각 명령이 실행되기 전에, 시뮬레이터가 명령의 텍스트를 찍어내게 만들어라. 모형 기계가 명령을 기록하거나 기록하지 않는 작업을 위한 메시지 trace-on과 trace-off를 받을 수 있게 만들라.

● 연습문제 5.17

명령을 찍어내기 전에 시뮬레이터가 제어기 시퀀스 안에 있는 그 명령에 선행하는 라벨을 출력하도록 연습문제 5.16의 명령 추적 기능을 확장하라. 명령을 처리한 개수를 세는 기능(연습문제 5.15에서 만들었다)을 방해하지 않는 방향으로 문제를 풀어야 한다. 시뮬레이터가 필요한 라벨 정보를 그대로 간직하도록 만들어야 한다.

● 연습문제 5.18

5.2.1절에서 본 `make-register` 프로시저를 고쳐서 레지스터가 기록을 남길 수 있게 하라. 레지스터는 기록을 썼다 지웠다 하는 메시지를 주고받을 수 있어야 한다. 레지스터에 값을 덮어쓰는 것을 기록으로 남겨놓으려 할 때 이전 레지스터 값, 다시 말해 레지스터 이름을 찍어내야 하고 새 값을 두었다라는 기록을 남겨야 한다. 만들어 놓은 기계 레지스터가 기록을 썼다 지웠다 할 수 있도록 모형 기계의 인터페이스를 확장하라.

● 연습문제 5.19

Alyssa P. Hacker는 기계의 잘못된 점을 바로잡기 위해 잠시 멈출 수 있는 중단점^{breakpoint}을 시뮬레이터에 두려 한다. Alyssa는 여러분을 고용해 이 기능을 만들려 한다. Alyssa는 일련의 제어기 명령을 가짜로 돌려보는 일 중간에 멈춰서 기계 상태를 살펴볼 수 있도록 위치를 지정해 주기를 바란다. 그런 일을 할 수 있는 프로시저를 다음과 같이 만들었다.

```
(set-breakpoint ⟨machine⟩ ⟨label⟩ ⟨n⟩)
```

이 프로시저는 라벨 다음에 오는 n번째 명령 바로 앞에 중단점을 두라는 것을 나타낸다. 이것을 사용한 예는 다음과 같다.

```
(set-breakpoint gcd-machine 'test-b 4)
```

gcd-machine에서 레지스터 a에 값을 덮어쓰기 전에 중단점을 두라는 말이다. 시뮬레이터가 중단점에 이르렀을 때, 라벨과 중단점의 오프셋^{offset}을 인쇄하고 처리하던 명령을 멈추어야 한다. 그러면 Alyssa는 시뮬레이션하는 기계의 상태를 조작하기 위해 get-register-contents와 set-register-contents!를 사용할 수 있다. 그리고 나서 다음과 같이 실행을 계속할 수 있다.

(proceed-machine ⟨*machine*⟩)

또한 Alyssa는 다음 방법으로 중단점을 지울 수 있다.

(cancel-breakpoint ⟨*machine*⟩ ⟨*label*⟩ ⟨*n*⟩)

모든 중단점을 지울 수도 있다.

(cancel-all-breakpoint ⟨*machine*⟩)

5.3   메모리 할당^{memory allocation}과 재활용^{garbage collection}

5.4절에서는 Scheme 실행기를 일종의 레지스터 기계로 구현하는 방법을 설명할 것이다. 간단히 설명하기 위해 레지스터 기계가 **리스트 구조 메모리**^{list-structured memory}를 갖추고 있으며 리스트 구조 데이터에 대한 조작이 기본 연산이라고 하자. Scheme 실행기^{interpreter}의 실행 흐름 관점에서 리스트로 만든 메모리가 있다고 가정하는 것은 유용한 방법이긴 하지만, 이런 방법은 요즘의 컴퓨터가 처리하는 실제 기본 데이터 연산을 있는 그대로 반영하지 못한다. Lisp 시스템이 어떻게 돌아가는지 더 구체적으로 설명하려면 리스트 구조를 전통적인 컴퓨터 메모리와 호환되는 방식으로 표현할 수 있는 방법을 알아내야 한다.

리스트 구조를 구현할 때 고려해야 할 일이 두 가지 있다. 첫 번째 이슈는 표현 방법의 문제다. 메모리와 전형적인 컴퓨터 메모리의 주소 지정 성능만으로 '상자와 포인터^{box-and-pointer}' 구조로 된 Lisp 쌍을 어떻게 나타낼지 생각해 봐야 한다.

두 번째 이슈는, 계산이 진행될 때 메모리를 어떻게 관리하느냐다. Lisp 시스템의 동작에는 새 데이터를 끊임없이 만들어 내는 일이 필수다. 여기서 데이터에는 Lisp 프로시저를 해석하면서 만들어 낸 데이터뿐 아니라 환경과 인자 리스트처럼 실행기 내부에서 필요한 데이터도 들어 간다. 메모리 크기가 무한한 컴퓨터에서는 새로운 데이터에 필요한 메모리를 끊임없이 만드는 일이 문제가 없겠지만 컴퓨터 메모리는 대개 유한할 뿐이다. 그래서 Lisp 시스템은 한없는 메모리를 갖는 느낌을 제공하기 위해 **자동 메모리 할당**^{memory allocation} 설비를 둔다. 데이터가 더는 쓰이지 않을 때에는 그 데이터를 표현하는 데 할당된 메모리는 자동으로 재활용되어 새 데이터를 표현하는 데 사용된다. 이런 자동 메모리 할당을 다루는 기법은 여러 가지다. 이 절에서 논의할 방법은 **메모리 재활용**^{garbage collection}이라는 방법이다.

5.3.1 벡터로 나타낸 메모리

보통의 컴퓨터 메모리는 저장 공간마다 정보를 넣을 수 있는 빈칸들로 생각할 수 있다. 각 저장 위치에는 **주소**^{address}나 **위치**^{location}라 부르는 이름이 있다. 전형적인 메모리 시스템에서 쓰는 기본 연산은 두 가지다. 하나는 지정된 위치로 가서 넣어둔 데이터를 가져오는^{fetch} 것이고, 다른 하나는 지정된 위치에 새 데이터를 저장하는 것이다. 메모리의 주소 값은 어떤 주소 공간을 차례대로 읽고 쓰기 위해 일정한 양씩 증가할 수 있다. 대체로 다수의 중요한 데이터 연산에서는 주소를 데이터처럼 사용해야 한다. 주소는 데이터처럼 메모리의 어떤 장소에 저장되고 기계 레지스터에서 조작된다. 이런 **주소 계산**^{address arithmetic} 응용의 한 가지로 리스트 구조의 표기법이 있다.

컴퓨터 메모리의 모형으로 **벡터**^{vector}를 사용한다. 벡터는 빈칸들의 모임으로 각 칸은 정수 인덱스를 이용해서 동일한 시간 내에 읽고 쓸 수 있도록 되어 있다.⁵

---

5) 메모리는 아이템의 리스트로 나타낼 수 있다. 메모리를 리스트라고 보면 메모리에 접근하는 시간은 인덱스와 무관하지 않다. 리스트의 n번째 요소에 접근하려면 cdr 연산을 n-1번 해야 하기 때문이다.

메모리 연산에서는 벡터를 다루는 기본 Scheme 프로시저를 두 개 사용한다.

- (vector-ref ⟨*vector*⟩ ⟨*n*⟩)은 벡터의 *n*번째 요소를 내놓는다.
- (vector-set! ⟨*vector*⟩ ⟨*n*⟩ ⟨*value*⟩)는 지정된 값을 벡터의 *n*번째 요소에 써 넣는다.

예를 들면 v라는 벡터가 있을 때 (vector-ref v 5)는 벡터 v에서 다섯 번째 있는 값을 가져오라는 것이고, (vector-set! v 5 7)는 벡터 v의 다섯 번째 요소 값을 7로 두라는 것이다.[6] 컴퓨터 메모리에서 주소 계산은 벡터의 시작 위치인 바닥 주소^{base address}와 이 주소에서 데이터 위치를 데이터 요소의 오프셋^{offset}으로 나타내는 인덱스를 같이 사용하는 것이다.

Lisp 데이터 나타내기

리스트로 구조 메모리를 만드는 데 쓸 기본 쌍 구조를 구현하기 위해 벡터를 쓸 수 있다. the-cars와 the-cdrs라는 두 벡터로 컴퓨터 메모리가 나뉘었다고 하자. 쌍을 가리키는 포인터는 이 두 벡터들의 인덱스다. 그 쌍의 car는 인덱스가 가리키는 the-cars 벡터에 있는 데이터고, 그 쌍의 cdr는 the-cdrs 벡터에 있는 데이터다. 수나 기호^{심벌, symbol}를 나타내는 물체에는 쌍과는 다른 표현법이 필요하며 물체의 데이터 타입도 다른 타입과 구별해야 한다. 이런 일을 할 수 있는 방법은 많지만 결국 **타입을 갖춘 포인터**^{typed pointer}를 써서 구별하게 된다. 즉, 데이터 타입 정보를 포함하도록 '포인터'를 확장하는 것이다.[7] 타입을 갖춘 포인터는 쌍(데이터 타입과 메모리 인덱스로 만든 쌍)을 가리키는 포인터와, 다른 데이터

---

6) 엄밀성을 위해서는 벡터를 만드는 make-vector 연산도 자세히 설명해야 한다. 그렇지만 지금은 똑같은 크기로 나눈 컴퓨터 메모리처럼 다루는 모델로만 벡터를 사용할 것이다.

7) 이 방법은 2장에서 일반적인 연산을 다룰 때 설명한 '꼬리표 붙인 데이터(tagged data)' 개념과 똑같다. 그 렇지만, 여기서 말하는 데이터 타입은 리스트를 써서 만들어진다기보다는 기본 기계 수준에 포함되는 것 이다.

종류(다른 데이터 타입과 그 데이터를 나타내는 데 쓰이는 데이터)를 가리키는 포인터를 구별하는 시스템을 만들 수 있게 한다. 두 데이터는 그 포인터가 일치하면 같은(eq?) 것으로 간주한다.[8] 그림 5.14는 이 방법으로 리스트 ((1 2) 3 4)를 나타내는 것을 설명하고 있으며 상자와 포인터 그림 역시 보여주고 있다. 데이터 타입 정보는 앞에 붙여 나타낸다. 인덱스 5를 가지는 쌍의 포인터는 p5, 빈 리스트는 포인터 e0, 수 4를 나타내는 포인터는 n4, 이런 식이다. 상자와 포인터 그림에서는 상자 쌍의 왼쪽 아래에 쌍의 car와 cdr를 저장하는 the-cars 벡터와 the-cdrs 벡터의 인덱스를 적어놓았다. the-cars와 the-cdrs에서 비어 있는 위치는 다른 리스트 구조의 내용들로 채워질 수 있다.

n4와 같은 포인터는 실제의 수 4를 나타내기도 하지만 동시에 숫자[numeric] 데이터 타입을 가리키기도 한다.[9] 너무 커서 포인터 하나를 위해 할당된 공간에 나타내지 못하는 수를 처리하기 위해서는 bignum이라는 독특한 데이터 타입을 쓸 수 있다. 여기서 포인터는 수의 일부가 저장되는 리스트를 가리킨다.[10]

기호[심벌]도 타입을 갖춘 포인터로 나타낼 수 있다. 여기서 나타낼 타입 포인터는 기호로 찍어낼 형태로 만들어 놓은 문자 시퀀스를 나타낸다. 이런 시퀀스는 처음으로 문자열이 들어왔을 때, Lisp 판독기[reader]가 만들어 낸다. 어떤 두 기호가

---

8) Lisp 시스템을 구현할 기계의 세부 사항에 따라, 여러 방법으로 타입 정보를 붙일 수 있다. Lisp 프로그램이 효과적으로 수행되는지는, 타입 정보에 대한 이런 선택이 얼마나 교묘하느냐에 크게 좌우될이다. 그러나 알맞은 타입 정보 선택에 대한 일반 설계 규칙을 만드는 것은 어려운 일이다. 타입을 갖춘 포인터를 구현하는 가장 간단한 방법은 데이터 타입을 부호처럼 만들어 놓은 타입 필드(type field)에서 포인터마다 크기를 정해놓은 비트들을 놓는 것이다. 그렇게 나타낼 수 있으려면 다음과 같은 질문들에 대해 생각해 봐야 한다. 타입 선택에 필요한 비트 수의 크기는 얼마인가? 벡터 인덱스는 얼마나 커야 하는가? 포인터의 타입 필드를 조작하는 데 기본 기계 명령을 얼마나 효과적으로 쓸 수 있는가? 타입 필드를 잘 다루는 특별한 하드웨어를 가지고 있는 기계를 꼬리표 달린 구조(tagged architectures)라 한다.

9) 숫자를 표기하는 방법에 대한 이 결정으로, 포인터의 동일성(equality)을 검사하는 eq?가, 수의 동일성 검사에도 사용될 수 있는지 아닌지가 결정된다. 포인터가 수만으로 이루어져 있다면, 같은 수들은 같은 포인터를 가질 것이다. 하지만 포인터가 수를 저장한 위치 인덱스만으로 이루어져 있다면, 같은 수를 하나 이상의 위치에 저장하지 않도록 주의하는 경우에만 같은 포인터를 가지고 있다고 말할 것이다.

10) 이것은 마치 숫자를 자릿수의 시퀀스로 쓰는 것과 같다. 단지, 각 '자릿수'는 0과 하나의 포인터로 저장할 수 있는 가장 큰 수 사이에 있는 숫자라는 것을 제외하면 말이다.

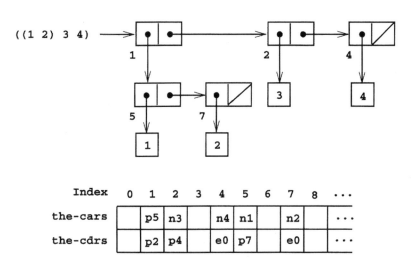

그림 5.14 리스트 ((1 2) 3 4)를 상자와 포인터로 나타낸 메모리와, 벡터로 나타낸 메모리

'같은지^{same}' eq?로 알아보려 하고, eq?가 포인터가 같은지 검사하는 간단한 방법이 되게 하려면, 판독기가 같은 문자열을 두 번 찾아낼 때 (같은 문자 시퀀스에 대해서는) 똑같은 포인터를 쓰도록 만들어야 한다. 이렇게 하려면, 판독기는 obarray라는 표를 관리해야 한다. 그 표에 있는 모든 기호는 적어도 한 번은 입력된 것들이다. 판독기가 문자열을 찾아내고 기호를 만들어 내려 할 때 같은 문자열을 이전에 쓴 적이 있는지 찾기 위해 obarray를 조사한다. 한 번도 쓴 적이 없는 문자열이라면, 새 기호(새 문자열을 나타내는 타입 포인터)를 만들기 위해 문자열을 쓰고 obarray에 이 포인터를 적어 둔다. 판독기가 이전에 쓴 문자열을 찾아냈다면, obarray에 저장해 둔 기호 포인터를 리턴한다. 문자열을 유일한 포인터로 바꾸어 놓는 과정을 기호 인터닝^{interning}이라고 부른다.

기본 리스트 연산 만들기

위에서처럼, 레지스터 기계의 '기본' 리스트 연산은, 하나 또는 그 이상의 기본 벡터 연산으로 바꿀 수 있다. 메모리 벡터를 구별하기 위해 the-cars와 the-cdrs 레지스터를 쓸 것이고, vector-ref와 vector-set!는 기본 연산으로 쓸 수 있다고 하자. 포인터의 숫자 연산(포인터를 증가시키고, 벡터에 번호를 매기기 위해 쌍 포인터를 쓰고, 두 수를 더하는 일 등)은 오로지 타입 포인터의 인덱스 부분만 사용할 것이라고 하자.

예를 들어, 레지스터 기계를 만들어 다음 명령을 수행하도록 만들 수 있다.

```
(assign ⟨reg₁⟩ (op car) (reg ⟨reg₂⟩))
```

```
(assign ⟨reg₁⟩ (op cdr) (reg ⟨reg₂⟩))
```

이 명령들은 각각 다음과 같이 구현할 수 있다.

```
(assign ⟨reg₁⟩ (op vector-ref) (reg the-cars) (reg ⟨reg₂⟩))
```

```
(assign ⟨reg₂⟩ (op vector-ref) (reg the-cdrs) (reg ⟨reg₂⟩))
```

아래 명령은

```
(perform (op set-car!) (reg ⟨reg₁⟩) (reg ⟨reg₂⟩))
```

```
(perform (op set-cdr!) (reg ⟨reg₁⟩) (reg ⟨reg₂⟩))
```

다음과 같이 구현할 수 있다.

```
(perform
  (op vector-set!) (reg the-cars) (reg ⟨reg₁⟩) (reg ⟨reg₂⟩))
```

```
(perform
  (op vector-set!) (reg the-cdrs) (reg ⟨reg₁⟩) (reg ⟨reg₂⟩))
```

cons는 사용하지 않는 인덱스를 할당하고, 인덱스된 벡터 위치에서 the-cars와 the-cdrs에 있는 cons로의 인자argument를 저장함으로써 수행된다. 그리고 특별한 레지스터 free를 가정하자. free는 항상 다음에 쓸 수 있는 인덱스를 가리키는 쌍 포인터를 들고 있고, 다음에 쓸 위치를 찾기 위해 포인터의 인덱스 부분을 증가시킬 수 있다.[11] 예를 들면, 다음 명령은

```
(assign ⟨reg₁⟩ (op cons) (reg ⟨reg₂⟩) (reg ⟨reg₃⟩))
```

다음과 같은 벡터 연산 시퀀스로 구현할 수 있다.[12]

```
(perform
 (op vector-set!) (reg the-cars) (reg free) (reg ⟨reg₂⟩))
(perform
 (op vector-set!) (reg the-cdrs) (reg free) (reg ⟨reg₃⟩))
(assign ⟨reg₁⟩ (reg free))
(assign free (op +) (reg free) (const 1))
```

eq? 연산은 아래와 같다.

```
(op eq?) (reg ⟨reg₁⟩) (reg ⟨reg₂⟩)
```

eq? 연산은 단순히 레지스터의 모든 영역이 같은지 검사한다. 이와 달리, pair?, null?, symbol?, number? 같은 술어^{predicate}는 타입 필드를 검사하기만 하면 된다.

스택 구현

레지스터 기계가 스택을 쓰더라도, 스택은 리스트 조작으로 만들어낼 수 있기 때문에 현재로서는 무언가 특별한 일을 할 필요는 없다. 스택은 따로 마련한 레지스터 the-stack이 가리키는 값이 저장된 리스트일 수 있다. 따라서 (save ⟨reg⟩)는 다음과 같이 구현할 수 있다.

```
(assign the-stack (op cons) (reg ⟨reg⟩) (reg the-stack))
```

이와 비슷하게, (restore ⟨reg⟩)도 다음과 같이 구현할 수 있다.

---

11) 비어 있는 메모리를 찾는 다른 방법이 있다. 예를 들면, 쓰지 않는 쌍을 모두 비어 있는 리스트(free list)에 다 연결할 수 있다. 꽉 채우는(compacting) 메모리 재활용기(garbage collector)를 쓰기 때문에, 쓰지 않는 메모리들은 연속적이고, 따라서 포인터 값을 하나씩 늘려가며 접근할 수 있다. 메모리 재활용기는 5.3.2 절에서 살펴볼 것이다.

12) 이것은 3.3.1절에서 set-car!와 set-cdr!로 cons를 구현할 때 쓰던 바로 그 연산이다. 그 구현에 사용한 연산 get-new-pair는 여기서 free 포인터로 나타낸다.

```
(assign ⟨reg⟩ (op car) (reg the-stack))
(assign the-stack (op cdr) (reg the-stack))
```

(perform (op initialize-stack))은 아래처럼 구현할 수 있다.

```
(assign the-stack (const ()))
```

이런 연산은 위에서처럼 벡터 연산으로 다시 확장할 수 있다. 일반적인 컴퓨터 구조에서는 별도의 벡터를 써서 스택을 만드는 편이 편리하다. 그래서 스택에 값을 넣고 빼내는 것은 벡터 인덱스의 증가 또는 감소로 표현할 수 있다.

● 연습문제 5.20

아래처럼 만들어 놓은 리스트 구조를 그림 5.14처럼 상자와 포인터로 나타내고 메모리 벡터로도 나타내라. 여기서, 각 그림은 p1이라는 free 포인터로 시작한다.

```
(define x (cons 1 2))
(define y (list x x))
```

free의 마지막 값은 무엇인가? x와 y 값을 나타내는 포인터는 무엇인가?

● 연습문제 5.21

아래 프로시저로 레지스터 기계를 만들어라. 리스트 구조의 메모리 연산은 기계의 기본 연산으로 쓸 수 있다고 가정하자.

a. 자기를 부르는^{recursive} count-leaves:

```
(define (count-leaves tree)
  (cond ((null? tree) 0)
        ((not (pair? tree)) 1)
        (else (+ (count-leaves (car tree))
                 (count-leaves (cdr tree))))))
```

b. 자기를 몇 번이나 부르는지 셀 수 있는 count-leaves:

```
(define (count-leaves tree)
  (define (count-iter tree n)
    (cond ((null? tree) n)
          ((not (pair? tree)) (+ n 1))
          (else (count-iter (cdr tree)
                            (count-iter (car tree) n)))))
  (count-iter tree 0))
```

● **연습문제** 5.22

3.3.1절에 나온 연습문제 3.12에서 append 프로시저는 두 리스트를 붙여^{append} 새로운 리스트를 만든다. 그리고 append!는 두 프로시저를 잘라 붙인다^{splice} 이 프로시저를 모두 구현한 레지스터 기계를 설계하라. 이것을 설계할 때, 리스트 구조 메모리 연산은 기본 연산으로 쓸 수 있다고 치자.[*]

5.3.2 무한히 많은 메모리인 양 보이기

메모리 용량에 제한이 없다고 가정할 때 5.3.1절에서 살펴본 표현 수단을 사용하면 리스트 구조 구현 문제를 해결할 수 있다. 실제 컴퓨터에서는 새로운 쌍을 만들어 내는 메모리를 결국 다 쓰게 된다.[13] 그러나 일반적인 계산으로 만든 쌍의 대부분은 오로지 중간 결과로만 사용한다. 결과를 얻고 나면, 쌍은 이제 쓸모가 없어진다. 이러한 것을 쓰레기^{garbage}라 한다. 예를 들어, 다음 계산에서는 두 리스트를 만드는데, 이 두 리스트는 수를 늘어놓은 열거^{enumeration}와 늘어놓은 수를 필터

---

* 역주 : 리스트에서 append와 splice는 의미가 조금 다르게 쓰인다. 구현이 다른 것이다. 연습문제 3.12를 먼저 살펴보면서 구현의 차이를 검토하라.

13) 이것은 사실이 아닐 수도 있다. 컴퓨터의 수명이 다할 때까지 비워둔 메모리(free memory)를 다 써버린다는 게 불가능할 정도로 메모리가 클지도 모르기 때문이다. 1년을 마이크로초로 나타내면 약 3×10^{13}이다. 마이크로초당 한 번씩 cons를 나타낸다면 메모리를 다 써버리지 않고, 30년 동안 돌릴 수 있는 기계는 메모리에 약 10^{15} 비트 기억 소자가 필요하다. 그런 큰 메모리는 오늘날 표준으로 쓰기에는 너무 크다 싶지만, 물리적으로 불가능한 것은 아니다. 한편, 프로세서는 더 빨라지고 있고 미래의 컴퓨터는 메모리 하나에서 많은 프로세서들을 병렬로 돌릴지도 모른다. 따라서 가정했던 것보다 빠른 메모리를 쓸 수 있을지도 모른다.

거르개, filter로 걸러낸 결과다.

```
(accumulate + 0 (filter odd? (enumerate-interval 0 n)))
```

계산이 끝나면 두 리스트는 쓸모가 없어지고 할당된 메모리는 재활용될 수 있다. 정기적으로 쓰레기를 전부 모아 처리할 수 있고, 이것이 새로운 쌍을 만드는 것과 같은 비율로 메모리를 다시 만들어 쓸 수 있도록 비운다면, 메모리를 한없이 쓰는 것과 다름없다.

쌍을 다시 쓰려면, 필요하지 않은 쌍을 정하는 방법이 있어야 한다(거기에서 쓰는 값들은 앞으로 계산하는 데 더는 영향을 미치지 않는다는 점에서 필요없는 것이 된다). 이 방법으로 쓰레기를 처리하는 방법을 메모리 재활용^{garbage collection}이라 한다. Lisp 프로그램의 실행 도중에 앞으로 사용하지 않을 메모리를 어떻게 몰아낼 수 있을까? 그 아이디어는 나중에 계산할 때 필요할 수 있는 데이터는 현재의 기계 레지스터에서 가리키는 포인터부터 시작하는 car, cdr 연산으로 접근할 수 있는 데이터들뿐이라는 점이다.[14] 그렇게 해서 접근하지 못하는 메모리는 재활용할 수 있다.

메모리 재활용을 구현하는 방법은 여러 가지다. 여기서 설명할 방법은 stop-and-copy라 한다. 이 방법의 바탕이 되는 생각은 메모리를 '작업 메모리^{working memory}'와 '비워둔 메모리^{free memory}'로 반반 나누는 것이다. cons가 쌍을 만들면, 그 쌍은 작업 메모리에 할당된다. 작업 메모리가 가득 차면 작업 메모리의 쓸모 있는 쌍이 어디에 있는지 알아내어 비워둔 메모리에 차곡차곡^{consecutive} 이 값들을 복사하는 방법으로 메모리를 재활용한다(쓸모 있는 쌍은 기계 레지스터에서 시작하는 car, cdr 포인터를 따라가 그 위치를 알아낸다). 쓰레기는 복사하지 않기 때문에, 아마도 비워둔 메모리의 남아 있는 공간은 예전보다 클 것이고 이 늘어난 메모리는 앞으로 새로운 쌍을 만드는 데 쓸 수 있다. 게다가, 작업 메모리에서

---

14) 여기서 스택은 5.3.1절에서 설명한 대로 리스트로 나타냈으므로, 스택의 요소들은 스택 레지스터에서 포인터로 접근할 수 있다고 가정한다.

쓸모 있는 쌍을 이미 복사하여 두었으므로 작업 메모리에는 작업이 더는 필요하지 않다. 이제 작업 메모리와 비워둔 메모리의 역할을 서로 바꾼다면 처리를 계속할 수 있다. 새로 만들어지는 쌍은 새로운 작업 메모리(예전의 비워둔 메모리)에 만들어질 것이다. 다시 작업 메모리가 가득 차면, 쓸모 있는 쌍을 비워둔 메모리(예전의 작업 메모리)에 복사할 수 있다.[15]

stop-and-copy 메모리 재활용기^{memory collector} 만들기

이제 stop-and-copy 알고리즘을 더 자세하게 설명하기 위해 레지스터 기계어를 쓸 것이다. 사용 가능한 데이터 전체를 가리키는 구조물들에 대한 포인터가 root라고 부르는 레지스터에 있다고 하자. 그렇다면 메모리 재활용 작업을 하기 전, root가 가리키는 미리 할당된 위치에 모든 기계 레지스터 값을 저장하라고 설정할 수 있다.[16] 현재 작업 메모리 말고 비워둔 메모리에도 앞으로 쓰는 데이터를 복사할 수 있다고 하자. 현재 작업 메모리는 벡터로 이루어져 있으며 벡터의 기본

---

15) 이 아이디어는 마빈 민스키(Marvin Minsky)가 MIT 전자공학 연구소에서 PDP-1용 Lisp 구현의 일부분으로 고안했고 처음 구현하였다. 로버트 R. 페니켈(Robert R. Fenichel)과 제롬 C. 요켈슨(Jerame C. Yochelson)이 1969년에 멀틱스 시분할 시스템(Multics time-sharing system)용 Lisp를 만들면서 이 아이디어를 한층 발전시켰다. 1978년에 베이커(Henry G. Baker Jr.)가 이 방법의 '실시간(real-time)' 판을 개발했는데, 이 판에서는 메모리 재활용기를 만드는 동안 계산을 멈출 필요가 없었다. Hewitt, Lieberman, Moon(Lieberman and Hewitt 1983을 보라)은 베이커의 생각을 확장해 어떤 구조는 휘발성이고, 어떤 구조는 영구적이라는 사실에 바탕을 두고 그 장점을 살리게 개선했다.

　　보통 사용되는 다른 메모리 재활용 기법은 mark-sweep 방법이다. 이것은 기계 레지스터에서 접근할 수 있는 모든 구조를 따라가는 것과 어떤 위치에 이르렀을 때 각 쌍을 표시하는 것으로 이루어져 있다. 그리고 나서 메모리 전체를 훑어 표시되지 않은 위치는 쓰레기로 '쓸어 모아' 다시 쓸 수 있게 만든다. 표시하고 쓸어 모으는 방법은 Allen 1978에서 만들어졌다.

　　Minsky-Fenichel-Yochelson 알고리즘은 커다란 메모리 시스템에서 독보적으로 쓰이고 있다. 이것은 쓸어 모으는 단계에서 메모리 전체를 검사해야 하는 mark-sweep 방법과는 다르다. 멈추고 복사하는(stop-and-copy) 방법의 두 번째 좋은 점은 꽉 채운(compacting) 메모리 재활용이다. 즉, 재활용 단계 마지막에서 쓸모 있는 데이터는 연속적인 메모리 위치로 옮겨진다. 이것은 가상 메모리를 가지는 기계에서 성능을 따져볼 때 중요한 고려 사항이 된다. 멀리 떨어진 메모리 주소로 접근하려면 여분의 페이징 연산이 필요할 수 있기 때문이다.

16) 레지스터의 리스트는 메모리 할당 시스템에서 쓰는 레지스터를 가지지 않는다. 이것에는 root, the-cars, the-cdrs, 그리고 이번 절에서 설명할 다른 레지스터들이 포함된다.

주소는 the-cars, the-cdrs라는 레지스터에 있다. 비워둔 메모리에 대한 것은 new-cars, new-cdrs라는 레지스터에 있다.

메모리 재활용은 현재 작업 메모리에 있는 공간을 다 써버렸을 때 일어난다. 즉, cons 연산이 메모리 벡터 끝을 넘어서 free 포인터를 증가시키려 할 때 일어난다. 메모리 재활용이 끝나면, root 포인터는 새 주소를 가리킬 것이고, root에서 얻을 수 있는 모든 데이터는 새 메모리로 옮겨질 것이고, 따라서 free 포인터는 비워둔 메모리에서 새로운 쌍이 할당될 다음 위치를 가리킬 것이다. 게다가, 작업 메모리와 비워둔 메모리는 그 역할이 맞바뀔 것이다. 다시 말해, 쌍은 free에서 가리키는 위치, 즉 비워둔 메모리에 만들어질 것이다. 따라서 이전의 작업 메모리는 다음 번 재활용에서 비워둔 메모리로 쓸 수 있게 된다. 그림 5.15는 메모리 재활용 바로 전후의 메모리 배치다.

메모리 재활용 처리 상태는 free와 scan이라는 두 포인터로 관리된다. 이것들은 새 메모리의 시작을 가리키며 초기화한다. 알고리즘은 새 메모리의 시작 주소에 root가 가리키는 쌍을 다시 담으면서 시작한다. 쌍은 복사된 것이고, root 포인터는 새 주소를 가리키도록 조정되고 free 포인터를 증가시킨다. 그리고 쌍의 이전 위치에는 그 내용을 옮겼다고 표시해 둔다. 이런 표시는 다음 방법으로 할 수 있다. car 위치에는 이미 옮긴 물체라는 신호로 특별한 꼬리표를 붙인다(그런 물체는 예전부터 broken heart라 불렸다).[17] cdr 위치에는 물체를 옮겨진 주소를 가리키는 보낸 주소forwarding address를 둔다.

root 재배치 후에 재활용의 기본 사이클에 들어간다. 알고리즘의 각 단계에서 scan 포인터는(처음에는 재배치된 root를 가리킨다) 새로운 메모리로 옮겨진 쌍을 가리키고 있으나 그 쌍의 car과 cdr 포인터는 아직 예전 기억 장치에 있는 물체를 가리킨다. 이 물체들은 각각 재배치되고 scan 포인터는 증가된다. 물체(예를 들어 스캔하는 쌍의 car 포인터가 가리키는 물체)를 재배치하기 위해 우리

---

17) broken heart라는 용어는 데이비드 크레시(David Cressey)가 만들어 냈다. 데이비드는 1970년대 초에 MIT에서 개발한 Lisp 방언(dialect)인 MDL의 메모리 재활용기를 만들었다.

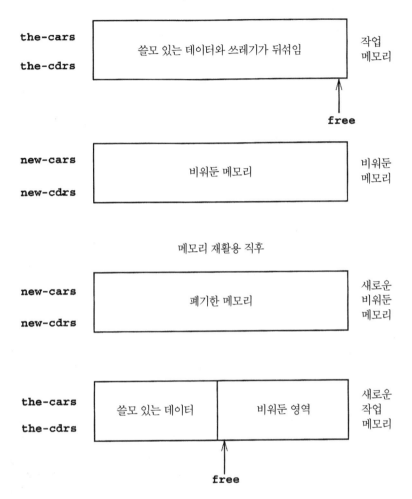

메모리 재활용 직전

the-cars
the-cdrs

쓸모 있는 데이터와 쓰레기가 뒤섞임

작업
메모리

free

new-cars
new-cdrs

비워둔 메모리

비워둔
메모리

메모리 재활용 직후

new-cars
new-cdrs

폐기한 메모리

새로운
비워둔
메모리

the-cars
the-cdrs

쓸모 있는 데이터

비워둔 영역

새로운
작업
메모리

free

그림 5.15 메모리 재활용 전후의 메모리 상태

는 물체가 이미 옮겨졌는지 점검해야 한다(옮겨진 물체는 그것의 car 위치에 broken-heart 꼬리표가 존재한다). 물체가 이미 옮겨진 것이 아니라면 물체를 free가 가리키는 위치로 복사하고 free를 갱신한다. 그리고 이전 위치의 broken-heart 꼬리표를 셋업하고 물체에 대한 포인터(이 경우에는 스캔하는 쌍의

car 포인터)를 새로운 위치로 갱신한다. 물체가 이미 옮겨졌다면 보낸 주소(broken heart의 cdr 부분)가 스캔된 쌍의 값으로 치환된다. 마지막에는 접근할 수 있는 모든 물체는 이동되고 스캔된다. 마지막에는 scan 포인터가 free 포인터를 따라잡으면서 재활용 과정이 종료된다.

레지스터 기계 명령의 시퀀스로 stop-and-copy 알고리즘을 자세히 보여줄 수 있다. 물체를 재배치하는 기본 단계는 relocate-old-result-in-new라는 서브루틴으로 할 수 있다. 이 서브루틴은 자기 인자, 즉 재배치될 물체를 가리키는 포인터를 old라는 레지스터에서 얻는다. 지정된 물체(메모리 재활용 과정에서 증가시킨 free)를 다시 배치하고, new 레지스터에 다시 배치한 물체를 가리키는 포인터를 넣어, relocate-continue 레지스터에 저장된 위치로 분기하게^{branch} 한다. 메모리 재활용을 시작하기 위해 free와 scan을 초기화한 다음 이 서브루틴을 호출해 root 포인터를 다시 배치한다. root가 다시 배치됐을 때, 새 포인터를 새 root로 두고 메모리 재활용의 메인 루프^{main loop}로 들어간다.

```
begin-garbage-collection
  (assign free (const 0))
  (assign scan (const 0))
  (assign old (reg root))
  (assign relocate-continue (label reassign-root))
  (goto (label relocate-old-result-in-new))
reassign-root
  (assign root (reg new))
  (goto (label gc-loop))
```

메모리 재활용의 메인 루프에서 스캔하는 물체가 더 있는지 없는지 알아야 한다. 이 일은 scan 포인터와 free 포인터가 만나는 것으로 알 수 있다. 포인터가 같다면 사용 가능한 모든 물체는 다시 배치되고 gc-flip으로 분기하여 중단된 계산을 계속할 수 있도록 물체를 정리한다. 여전히 스캔될 쌍이 있다면, 다음 쌍(old에서 car 포인터로 넣어둔 쌍)의 car를 재배치하는 서브루틴을 호출할 수 있다. relocate-continue 레지스터는 서브루틴이 리턴하여 car 포인터를 업데이트하도록 설정된다.

```
gc-loop
  (test (op =) (reg scan) (reg free))
  (branch (label gc-flip))
  (assign old (op vector-ref) (reg new-cars) (reg scan))
  (assign relocate-continue (label update-car))
  (goto (label relocate-old-result-in-new))
```

update-car에서, 스캔되는 쌍의 car 포인터를 고친 다음에 쌍의 cdr를 재배치
한다. 그렇게 재배치가 끝나면 update-cdr로 리턴한다. cdr를 다시 배치하고
새 값으로 두고 나서, 쌍을 훑는 일을 끝내고, 원래 루프에서 하던 일을 계속 할
수 있다.

```
update-car
  (perform
    (op vector-set!) (reg new-cars) (reg scan) (reg new))
  (assign old (op vector-ref) (reg new-cdrs) (reg scan))
  (assign relocate-continue (label update-cdr))
  (goto (label relocate-old-result-in-new))

update-cdr
  (perform
    (op vector-set!) (reg new-cdrs) (reg scan) (reg new))
  (assign scan (op +) (reg scan) (const 1))
  (goto (label gc-loop))
```

서브루틴 relocate-old-result-in-new는 다음과 같이 물체를 재배치한다. 재
배치할 물체(old에서 포인터로 넣어둔 물체)가 쌍이 아니라면 (new에서) 바뀌지
않은 물체를 가리키는 같은 포인터를 둔다(예를 들어, car가 숫자 4인 쌍을 스캔
하고 있을 수 있다. 5.3.1절에서 설명한 것처럼 n4로 나타냈다면, '재배치' 하기를
바라는 car 포인터는 여전히 n4다). 재배치할 물체가 쌍이라면 재배치해야 한다.
재배치하는 쌍의 car 위치에 broken-heart 꼬리표가 붙었다면, 쌍은 이미 옮겨
졌다. 따라서 broken heart라 붙여놓은 쌍의 cdr 위치에서 보낸 주소를 가져
와, 이것을 new에다 둔다. old에서 포인터가 아직 옮기지 않은 쌍을 가리킨다면,
먼저 free가 가리키는 새 메모리의 첫 번째 빈 소자로 쌍을 옮기고, 옛 위치에

broken-heart 꼬리표와 보낸 주소를 저장해 broken-heart를 셋업한다. relo-
cate-old-result-in-new는 oldcr 레지스터를 이용해 old에서 가리키는 물
체의 car나 cdr를 담는다.[18]

```
relocate-old-result-in-new
  (test (op pointer-to-pair?) (reg old))
  (branch (label pair))
  (assign new (reg old))
  (goto (reg relocate-continue))
pair
  (assign oldcr (op vector-ref) (reg the-cars) (reg old))
  (test (op broken-heart?) (reg oldcr))
  (branch (label already-moved))
  (assign new (reg free))  ; 쌍을 위한 새로운 장소를 지정한다.
  ;; free 포인터를 갱신한다.
  (assign free (op +) (reg free) (const 1))
  ;; car과 cdr를 새로운 메모리로 복사한다.
  (perform (op vector-set!)
           (reg new-cars) (reg new) (reg oldcr))
  (assign oldcr (op vector-ref) (reg the-cdrs) (reg old))
  (perform (op vector-set!)
           (reg new-cdrs) (reg new) (reg oldcr))
  ;; broken heart의 구성
  (perform (op vector-set!)
           (reg the-cars) (reg old) (const broken-heart))
  (perform
   (op vector-set!) (reg the-cdrs) (reg old) (reg new))
  (goto (reg relocate-continue))
already-moved
  (assign new (op vector-ref) (reg the-cdrs) (reg old))
  (goto (reg relocate-continue))
```

---

18) 메모리 재활용은 리스트 구조에서 쓰는 pair? 대신에 더 낮은 수준의 술어 pointer-to-pair? 연산을
쓴다. 실제 시스템에서는 메모리 재활용 목적으로 다양한 물체를 쌍으로 다루기 때문이다. 예를 들어,
IEEE 표준을 따르는 Scheme 시스템에서 프로시저 물체는 pair? 술어를 만족하지 않는 특별한 '쌍'으로
구현할 수도 있다. 시뮬레이션 목적으로는 pointer-to-pair?를 pair?인 것처럼 구현할 수 있다.

메모리 재활용 과정의 마지막 부분에서는 포인터를 맞바꾸어^{interchange} 예전 메모리와 새 메모리의 역할을 맞바꾼다. 즉, the-cars는 new-cars와, the-cdrs는 new-cdrs와 맞바꾼다. 이제 메모리를 다 사용하면 다음번의 새로운 메모리 재활용을 실행할 준비가 되었다.

```
gc-flip
  (assign temp (reg the-cdrs))
  (assign the-cdrs (reg new-cdrs))
  (assign new-cdrs (reg temp))
  (assign temp (reg the-cars))
  (assign the-cars (reg new-cars))
  (assign new-cars (reg temp))
```

5.4 제어가 다 보이는 실행기

5.1절에서 간단한 Scheme 프로그램을 레지스터 기계의 명령들로 바꾸어 보는 방법을 보았다. 이제 이 방법을 더 복잡한 Scheme 프로그램, 예를 들어 4.1.1절부터 4.1.4절까지 나온 메타서큘러 실행기 같은 프로그램에 적용해 볼 것이다. 우리는 eval과 apply 같은 프로시저를 써서 Scheme 실행기가 어떻게 돌아가는지 살펴보았다. 이 절에서 만들 숨김없이 드러낸 제어 실행기^{explicit-control evaluator}는 계산^{evaluation} 과정에서 프로시저 호출^{procedure-calling}과 인자 전달^{argument-passing}의 작동 구조를 레지스터와 스택 연산을 써서 설명할 수 있다. 그리고 숨김없이 드러낸 제어 실행기는 보통의 컴퓨터 기계어와 비슷한 언어로 쓰인, Scheme 실행기의 구현으로 볼 수 있다. 그 실행기는 5.2절에서 만든 레지스터 기계 시뮬레이터로 돌릴 수 있다. 혹은 기계어로 나타낸 Scheme 실행기를 만드는 출발점으로 사용되거나, Scheme 식만 계산하는 특화된 기계를 만드는 출발점으로 사용될 수 있다. 그림 5.16은 Scheme 실행기를 구현한 실리콘 칩이다. 칩 설계자는 이 절에서 설명하는 실행기와 비슷한 레지스터 기계의 데이터 패스와 제어기를 만드는 작업에서 시작하였고 집적 회로 레이아웃^{integrated-circuit layout}을 만드는 자동 설계

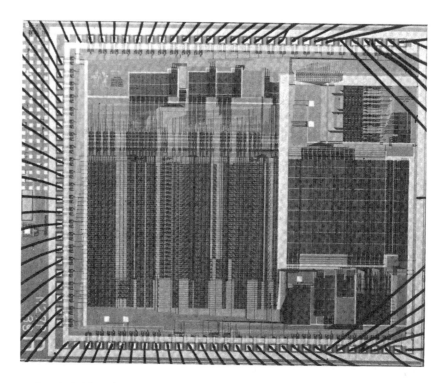

그림 5.16 실리콘 칩으로 만든 Scheme 실행기

프로그램을 사용하였다.[19]

레지스터와 연산

숨김없이 드러낸 제어 실행기를 설계하면서, 레지스터 기계에서 사용할 연산을 자세히 설명해야 한다. 메타서큘러 실행기를 설명할 때에는 `quoted?`와 `make-procedure` 같은 프로시저를 쓰는 요약 문법^{abstract syntax}을 썼다. 레지스터 기계를 만들 때에는, 이런 프로시저를 확장하여 기본적인 리스트 구조의 메모리 연산들을 만들 수 있었다. 그러나 이런 일은 실행기를 아주 길게 만들어 세세한 일들로 근본적 구조를 불분명하게 만든다. 기본적인 구조를 분명하게 나타내기

---

19) 칩에 대한 더 많은 정보와 설계한 방법을 알고자 한다면 Batali et al. 1982를 보라.

위해 4.1.2절에서 쓴 문법 프로시저와, 4.1.3절과 4.1.4절에서 본 환경을 나타내는 프로시저와 다른 실행시간$^{\text{run-time}}$ 데이터 등을 레지스터 기계의 기본 연산으로 포함하기로 한다. 낮은 수준의 기계어 프로그램으로 작성되거나 하드웨어로 구현될 수 있는 실행기를 더 완벽하게 설명하기 위해 5.3절에서 설명한 리스트 구조로 구현하는 방법을 써서 이런 연산들을 더 낮은 수준의 연산으로 대신할 것이다.

Scheme 실행기 레지스터 기계에는 스택 하나와 `exp`, `env`, `val`, `continue`, `proc`, `arg1`, `unev` 등 일곱 레지스터가 있다. `exp`는 계산할 식을 담아두는 데 쓰고, `env`는 계산할 환경을 나타낼 때 쓴다. 계산을 다 하고 나면, `val`은 지정된 환경에서 식을 계산한 결과 값을 담는다. `continue` 레지스터는 5.1.4절에서 설명한 대로 되돌기$^{\text{재귀, recursion}}$를 구현하는 데 쓴다(실행기는 식의 부분 식을 계산해서 전체 식의 값을 구할 수 있기 때문에, 자기를 부르는 식으로^{recursively} 나타낸다). 레지스터 `proc`, `arg1`, `unev`는 여러 기본 연산을 한데 합쳐 나타낸 복잡한 식$^{\text{엮은식,}}$ ^{combination}을 계산하는 데 쓴다.

실행기의 레지스터와 연산을 어떻게 연결할지 나타내는 데이터 패스 그림은 그리지 않는다. 또한 기계 연산 리스트를 보여주지도 않을 것이다. 이것들은 실행기의 제어기에 들어가 있으며 나중에 자세하게 구현할 것이다.

5.4.1 제어가 다 보이는 실행기의 핵심부

실행기의 중심 요소는 `eval-dispatch`에서 시작하는 명령들이다. 이는 4.1.1절에서 설명한 메타서큘러 실행기의 `eval` 프로시저에 해당한다. 제어기가 `eval-dispatch`에서 시작하면, 제어기는 환경 `env` 안에서 지정된 식 `exp`를 계산한다. 계산을 끝내면, 제어기는 `continue`에 저장된 원래 위치로 돌아가며 `val` 레지스터는 식의 계산 값을 보관한다. 메타서큘러 `eval`처럼 `eval-dispatch`는 계산할 식의 문법 유형에 따라 진행하는 구조다.[20]

---

20) 지금 만드는 제어기에서는, 다른 갈래로 보내는 일(dispatch)을 `test`와 `branch` 명령들로 나타낸다. 이 대신 순서대로 검사하는 것을 피하고 식 유형을 새로 만들기 편하게 하기 위해 데이터를 바로 가리키는 방법으로 짤 수도 있다. 아마 Lisp를 돌리도록 설계한 기계는 그렇게 데이터 중심의 처리가 잘 되도록 `dispatch-on-type` 명령을 가질 것이다.

```
eval-dispatch
  (test (op self-evaluating?) (reg exp))
  (branch (label ev-self-eval))
  (test (op variable?) (reg exp))
  (branch (label ev-variable))
  (test (op quoted?) (reg exp))
  (branch (label ev-quoted))
  (test (op assignment?) (reg exp))
  (branch (label ev-assignment))
  (test (op definition?) (reg exp))
  (branch (label ev-difinition))
  (test (op if?) (reg exp))
  (branch (label ev-if))
  (test (op lambda?) (reg exp))
  (branch (label ev-lambda))
  (test (op begin?) (reg exp))
  (branch (label ev-begin))
  (test (op application?) (reg exp))
  (branch (label ev-application))
  (goto (label unknown-expression-type))
```

간단한 식 실행하기

수와 문자열(이것들은 그 자체로 계산되는 값), 인자^{variable}, 따옴표 연산^{quotation}, lambda 식 안에는 어떤 부분 식^{subexpression}도 없다. 이런 식을 계산할 때에 실행기는 정확한 값을 val 레지스터에 넣고, continue가 지정하는 진입점$^{entry\ point}$으로 다시 돌아간다. 이렇게 간단한 식은 다음과 같은 제어기 코드로 계산할 수 있다.

---

21) 레지스트를 확인하는 일은 중요하지만, Lisp처럼 절차를 나타내는 언어(procedural language)를 레지스터 기계어로 바꾸는 알고리즘에서는 나타내기 어려울 것이다. 필요한 것만 저장하는 방법과는 달리, 매번 재귀 호출을 하기 전에 val 레지스터만 빼고 나머지 레지스터를 저장할 수 있다. 이것을 짜맞춘 스택(framed-stack) 방법(discipline)이라고 한다. 이 방법은 잘 작동하지만 필요한 것보다 많은 레지스터를 저장할지도 모른다. 이 점은 스택 연산을 쓰는 대가가 비싼 시스템에서는 깊이 고려해야 할 점일지도 모른다. 나중에 쓰지 않을 레지스터 값을 저장하면 쓸모없는 데이터를 꼭 쥐고 있을지도 모르고, 그렇지 않았다면 재사용을 위한 메모리 재활용을 통해 자유로운 공간으로 다시 쓸 수 있었을 것이다.

```
ev-self-eval
  (assign val (reg exp))
  (goto (reg continue))
ev-variable
  (assign val (op lookup-variable-value) (reg exp) (reg env))
  (goto (reg continue))
ev-quoted
  (assign val (op text-of-quotation) (reg exp))
  (goto (reg continue))
ev-lambda
  (assign unev (op lambda-parameters) (reg exp))
  (assign exp (op lambda-body) (reg exp))
  (assign val (op make-procedure)
              (reg unev) (reg exp) (reg env))
  (goto (reg continue))
```

make-procedure 연산으로 unev와 exp 레지스터를 환경 env과 함께 넘기기 위해, lambda 식의 인자와 몸을 나타내는 unev와 exp 레지스터를 ev-lambda에서 어떻게 쓰는지 살펴보라.

프로시저 호출을 실행하기

프로시저 호출procedure application은 연산자operator와 피연산자operand로 만들어진 엮은식combination을 나타낸다. 그 식 안에서 연산자는 프로시저를 그 값으로 하는 부분 식이고, 피연산자는 프로시저에 적용되어 계산되는 인자argument를 그 값으로 하는 부분 식이다. 메타서큘러 eval은 복잡한 식의 각 요소를 계산하기 위해 자신을 불러서recursively 애플리케이션을 다루고, 그리고 나서 apply에 결과를 넘겨주는데, apply가 실제 프로시저 호출을 수행한다. 숨김없이 드러낸 제어 실행기도 같은 일을 하는데, 이렇게 되돌면서 부르는 일재귀 호출, recursive call은 goto 명령을 써서 구현된다. 레지스터에 저장하기 위해 스택을 사용하며, 레지스터는 호출에서 돌아올 때 복구되어야 하기 때문이다. 매번 호출이 일어나기 전에 저장되어야 하는 레지스터를 반드시 확인해야 한다(그 값을 나중에 쓰기 때문이다).[21]

프로시저 호출은 프로시저 연산자를 계산하는 것에서 시작한다. 나중에 이 프로시저는 계산된 피연산자에 적용된다. 연산자를 계산하기 위해 exp 레지스터에 연산자를 옮겨놓고 eval-dispatch로 간다. env 레지스터에 들어 있는 환경은 이미 연산자를 계산하기에 알맞은 환경이다. 하지만 나중에 피연산자를 계산하는 데 env가 필요하기 때문에 저장해 놓는다. 또한 피연산자를 꺼내어 unev에 넣고 스택에 unev 레지스터를 저장한다. continue를 설정하여 연산자가 계산된 이후에 ev-appl-did-operator에서 eval-dispatch가 다시 시작할 수 있게끔 한다. 하지만 먼저 이전 continue 값을 저장해 두는데, 그 이유는 계산을 끝낸 후에 제어기가 어디부터 계속되어야 하는지 알려주어야 하기 때문이다.

```
ev-application
  (save continue)
  (save env)
  (assign unev (op operands) (reg exp))
  (save unev)
  (assign exp (op operator) (reg exp))
  (assign continue (label ev-appl-did-operator))
  (goto (label eval-dispatch))
```

연산자 부분 식을 계산하는 것에서 되돌아온 다음, 복잡한 식의 피연산자를 계산하고 arg1에 있는 리스트에 결과 인자를 계속 쌓아둔다. 먼저, 계산하지 않은 피연산자와 환경을 되돌려 놓는다[restore]. 처음에는 arg1을 빈 리스트로 만든다. 그러고 나서 연산자를 계산해 만든 프로시저를 proc 레지스터에 덮어쓴다. 피연산자가 없다면, 바로 apply-dispatch로 간다. 피연산자가 있다면, 스택에 proc를 저장하고 인자 계산[argument-evaluation] 루프를 돌린다.[22]

---

22) 4.1.3절에서 본 데이터 구조 프로시저를 실행기에 추가한다. 이 프로시저는 다음과 같이 인자 리스트를 다루는 두 프로시저로 나타낸다.
```
(define (empty-arglist) '())

(define (adjoin-arg arg arglist)
  (append arglist (list arg)))
```
또한, 복잡한 식에서 마지막 피연산자인지 검사하기 위해 다음과 같은 특별한 문법 프로시저를 쓴다.
```
(define (last-operand? ops)
  (null? (cdr ops)))
```

```
ev-appl-did-operator
  (restore unev)                     ;  피연산자
  (restore env)
  (assign argl (op empty-arglist))
  (assign proc (reg val))            ;  연산자
  (test (op no-operands?) (reg unev))
  (branch (label apply-dispatch))
  (save proc)
```

인자를 계산하는 루프의 각 사이클은 unev에 들어 있는 리스트에서 피연산자를 계산하고 argl에 결과를 쌓는 일을 하며 돌아간다. 피연산자를 계산하기 위해 exp 레지스터에 피연산자를 두고, 인자를 계산한 단계부터 제어기를 다시 돌릴 수 있도록 continue에 위치를 넣은 다음 eval-dispatch로 간다. 하지만 그 전에 지금까지 계산한 인자(argl에 있는 인자)와 환경(env에 있는 환경), unev에 있는 아직 계산하지 않은 피연산자를 저장한다. 특별한 경우는 마지막 피연산자를 계산할 때 이뤄지는데, 이는 ev-appl-last-arg에서 다룬다.

```
ev-appl-operand-loop
  (save argl)
  (assign exp (op first-operand) (reg unev))
  (test (op last-operand?) (reg unev))
  (branch (label ev-appl-last-arg))
  (save env)
  (save unev)
  (assign continue (label ev-appl-accumulate-arg))
  (goto (label eval-dispatch))
```

피연산자를 계산했을 때, 값은 argl에 있는 리스트에 쌓인다. 그러고 나서, unev에 들어 있는 계산하지 않은 피연산자 리스트에서 그 피연산자가 제거된다. 그리고 인자 계산은 계속된다.

```
ev-appl-accumulate-arg
  (restore unev)
  (restore env)
  (restore argl)
  (assign argl (op adjoin-arg) (reg val) (reg argl))
  (goto (label ev-appl-operand-loop))
```

마지막 인자의 계산은 다르게 처리한다. 마지막 피연산자를 계산한 다음에 쓸 일이 없기 때문에, eval-dispatch로 가기 전에 환경이나 계산하지 않은 피연산자 리스트를 저장할 필요가 없다. 따라서 계산하는 곳에서 ev-appl-accum-last-arg로 가는 특별한 위치를 돌려주는데, 여기서 인자 리스트를 되돌려 놓고, 인자를 새로 쌓아두고, 저장된 프로시저를 되돌려서 계산을 다하도록 진행된다.[23]

```
ev-appl-last-arg
  (assign continue (label ev-appl-accum-last-arg))
  (goto (label eval-dispatch))
ev-appl-accum-last-arg
  (restore argl)
  (assign argl (op adjoin-arg) (reg val) (reg argl))
  (goto (label apply-dispatch))
```

인자 계산 루프의 세부 사항을 보면 실행기가 피연산자들을 계산하는 순서가 드러난다(예를 들어, 연습문제 3.8에서 본 것처럼 왼쪽에서 오른쪽으로, 또는 오른쪽에서 왼쪽으로 계산할 수 있다). 이런 순서는 메타서큘러 실행기에서 정하지 않았는데, Scheme으로 구현한 제어기의 기본 구조를 그대로 이어받았기 때문이다.[24] first-operand 선택자(unev에서 차례로 피연산자를 가져오는 ev-appl-

---

23) 특별히 마지막 피연산자를 다루는 최적화 방법은 evlis 꼬리 되돌리기(evlis tail recursion)라고 알려져 있다(Wand 1980을 보라). 첫 번째 피연산자 계산도 특별한 경우로 만들었다면 인자를 계산하는 루프가 다소 효과적일 수도 있다. 이것은 이 경우에 argl에 저장하지 않도록, 첫 번째 피연산자를 계산한 다음까지 argl에 값을 두는 일을 늦추게 한다. 5.5절에서 볼 번역기(compiler)는 이런 최적화를 수행한다(5.5.3절의 construct-arglist 프로시저와 비교해 보라).

24) 메타서큘러 실행기에서 피연산자 계산 순서는 4.1.1절에서 본 list-of-values 프로시저의 cons로 인자를 계산한 순서를 따른다(연습문제 4.1을 보라).

operand-loop에서 쓴 선택자)는 car로 구현되고, rest-operands 선택자는 cdr로 구현되기 때문에, 숨김없이 드러낸 제어$^{explicit-control}$ 실행기는 왼쪽에서 오른쪽으로 복잡한 식의 피연산자를 계산한다.

프로시저 호출

apply-dispatch는 메타서큘러 실행기의 apply 프로시저에 해당한다. apply-dispatch로 가면서 proc 레지스터에는 apply하려는 프로시저를 담고 arg1에는 적용하려는 계산된 인자 리스트를 담는다. 프로시저 호출^{application}의 결과와 함께 돌아갈 위치를 나타내는 continue의 저장된 값(원래 eval-dispatch로 넘어간 값이고 eval-application에 저장한다)은 스택에 있다. 계산이 끝나면, 제어기는 계산한 결과를 val에 두고, continue에 지정된 위치로 실행 순서를 가져간다. 메타서큘러 apply에서 그랬듯이 두 경우를 생각할 수 있다. 계산할 프로시저가 기본^{primitive} 프로시저인 경우와, 복잡한^{compound} 프로시저인 경우다.

```
apply-dispatch
  (test (op primitive-procedure?) (reg proc))
  (branch (label primitive-apply))
  (test (op compound-procedure?) (reg proc))
  (branch (label compound-apply))
  (goto (label unknown-procedure-type))
```

arg1에서 인자를 가져오고 val에 결과를 넣도록 각 기본 연산을 구현한다고 하자. 기계가 기본 연산을 어떻게 다루는지 자세히 밝히기 위해 각 기본 연산을 구현하는 제어기 명령들을 주고, proc에 들어 있는 값으로 구별한 기본 명령을 보내는 primitive-apply를 준비한다. 기본 연산의 세부 사항보다는 계산 과정의 구조에 관심이 있기 때문에 대신 apply-primitive-procedure를 사용해 proc에 있는 프로시저를 arg1에 있는 인자에 적용하겠다. 5.2절에서 본 시뮬레이터로 실행기를 시뮬레이트할 목적으로, apply-primitive-procedure 프로시저를 사용한다. 이 프로시저는 4.1.4절에서 본 메타서큘러 실행기와 마찬가지로, 계산을 하는 기본적인 Scheme 시스템이 있어야 돌아간다. 기본 연산 값을 넣어 계산한 후, continue

를 되살려^{restore} 지정된 명령 위치로 간다.

```
primitive-apply
  (assign val (op apply-primitive-procedure)
              (reg proc)
              (reg argl))
  (restore continue)
  (goto (reg continue))
```

복잡하게 구성한 프로시저를 계산하려면, 메타서큘러 실행기와 마찬가지로 일을 진행해야 한다. 프로시저 매개변수를 인자에 묶어주는^{bind} 변수 일람표^{frame}를 만들고, 이 변수 일람표를 이용해 프로시저로 처리될 환경을 확장하며, 프로시저 몸을 이루는 식의 시퀀스를 이렇게 확장한 환경에 넣어 계산한다. 5.4.2절에서 설명한 ev-sequence는 죽 늘어놓은 식의 계산 과정을 처리한다.

```
compound-apply
  (assign unev (op procedure-parameters) (reg proc))
  (assign env (op procedure-environment) (reg proc))
  (assign env (op extend-environment)
              (reg unev) (reg argl) (reg env))
  (assign unev (op procedure-body) (reg proc))
  (goto (label ev-sequence))
```

compound-apply는 실행기 안에서 env 레지스터에 새 값이 지정되는 유일한 장소다. 메타서큘러 실행기와 마찬가지로, 인자 리스트와 정의된 변수의 리스트와 함께 물려받은 환경이 있는 프로시저에서 새로운 환경^{new environment}이 만들어진다.

5.4.2 시퀀스 계산과 꼬리 되돌기^{tail recursion}

ev-sequence에 있는 숨김없이 드러낸 제어^{explicit-control} 실행기 부분은 메타서큘러 실행기의 eval-sequence 프로시저와 비슷하다. 이 부분은 프로시저 몸 속에서 명백히^{explicit} begin 형태의 식 시퀀스를 다룬다.

　명백한 begin 식은 unev에 계산할 식 시퀀스를 넣고 스택에 continue를 저장한 후 ev-sequence로 점프한다.

```
ev-begin
  (assign unev (op begin-actions) (reg exp))
  (save continue)
  (goto (label ev-sequence))
```

프로시저 몸에 있는 내재적인^{implicit} 식 시퀀스는 compound-apply에서 ev-sequence 위치로 가서 처리한다. continue는 이 시점에서 스택에 이미 들어 있으며, 이 값은 ev-application에서 저장된 것이다.

ev-sequence와 ev-sequence-continue로 진입하면 시퀀스의 각 식을 차례대로 계산하는 루프가 만들어진다. 계산하지 않은 식 리스트는 unev에 그대로 있다. 각 식을 계산하기 전에, 식 시퀀스에 계산할 식이 더 있는지 살펴야 한다. 더 계산해야 할 식이 있다면, 계산하지 않은 나머지 식(unev에 들어 있다)과 계산해야 할 환경(env에 들어 있다)을 저장하고, 식을 계산하는 eval-dispatch 명령을 부른다. 저장된 두 레지스터는 ev-sequence-continue에서 되돌아올 때 복구된다.

시퀀스의 마지막 식은 ev-sequence-last-exp의 진입점^{entry point}에서 달리 처리된다. 이 식을 계산한 다음에는 계산할 식이 없으므로, eval-dispatch로 가기 전에 unev나 env를 저장할 필요가 없다. 전체 시퀀스 값은 마지막 식을 계산한 값이다. 따라서 마지막 식을 계산한 후 스택의 시작 부분에 남아 있는 continue 값(eval-application이나 ev-begin에서 저장했다)을 빼고는 남은 것이 하나도 없다. eval-dispatch가 처리 시작점^{entry point}으로 돌아오도록 continue 값을 설정하고 스택에서 continue 값을 가져와 처리를 계속하기보다는, eval-dispatch로 가기 전에 스택에서 continue를 가져온다. 그러면 eval-dispatch가 식을 계산한 다음에 그 시점부터 계속 진행할 수 있다.

```
ev-sequence
  (assign exp (op first-exp) (reg unev))
  (test (op last-exp?) (reg unev))
  (branch (label ev-sequence-last-exp))
  (save unev)
  (save env)
  (assign continue (label ev-sequence-continue))
  (goto (label eval-dispatch))
ev-sequence-continue
  (restore env)
  (restore unev)
  (assign unev (op rest-exps) (reg unev))
  (goto (label ev-sequence))
ev-sequence-last-exp
  (restore continue)
  (goto (label eval-dispatch))
```

꼬리 되돌기[tail recursion]

1장에서 다음과 같은 프로시저로 프로세스를 설명했다.

```
(define (sqrt-iter guess x)
  (if (good-enough? guess x)
      guess
      (sqrt-iter (improve guess x)
                 x)))
```

위 프로세스는 반복 프로세스[iterative process]다. 비록 문법적으로는 되도는 프로시저[재귀 프로시저, recursive procedure]라고 해도 sqrt-iter를 한 번 부르고 다음에 또 부를 때 넘기는 정보를 저장해 두는 것이 논리적 필요조건은 아니다.[25] 자기를 계속 불러 쓰는 프로시저라도 메모리를 늘릴 필요 없이 sqrt-iter처럼 프로시저를 돌릴 수 있는 계산을 꼬리 되돌기[테일 순환, tail-recursive] 실행이라고 한다. 4장에서 만든 메타서큘러 실행기는 기본 Scheme에서 상태를 저장하는 구조를 이어받았기 때문에, 실행기가 꼬리 되돌기인지 아닌지 밝히지 않았다. 그렇지만 숨김없이 드

---

25) 스택이 없는 레지스터에서 그러한 프로세스를 어떻게 구현하는지 5.1절에서 살펴봤다. 프로세스 상태는 레지스터의 정해둔 위치에 저장한다.

러낸 제어 실행기는 프로시저를 처리할 때 계산 프로세스가 초래하는 스택 정보의 늘고 주는 양적 변화^{net accumulation of information on the stack}를 살펴볼 수 있다.

지금 만드는 실행기는 꼬리 되돌기를 하게 된다. 식 시퀀스의 마지막 식을 계산하기 위해 스택에 어떤 정보도 저장하지 않고 바로 `eval-dispatch`로 옮겨가기 때문이다. 그러므로 시퀀스의 마지막 식을 계산할 때 어떤 정보도 스택에 쌓지 않는다. 심지어 프로시저 호출도 마찬가지다(`sqrt-iter`에서처럼 if 식이 프로시저 몸의 마지막에 있어 `sqrt-iter`를 부르는 것을 줄인다).[26]

이런 경우에 정보를 저장하지 않아도 된다는 사실을 장점으로 받아들이지 않으면, 시퀀스의 모든 식을 한 방식으로 처리하도록 `eval-sequence`를 만들었을지도 모른다. 즉, 레지스터를 저장하고, 식을 계산하고, 레지스터 값을 꺼내오는 과정을 모든 식을 계산할 때 되풀이하게 했을 수도 있다.[27]

```
ev-sequence
  (test (op no-more-exps?) (reg unev))
  (branch (label ev-sequence-end))
  (assign exp (op first-exp) (reg unev))
  (save unev)
  (save env)
  (assign continue (label ev-sequence-continue))
  (goto (label eval-dispatch))
ev-sequence-continue
  (restore env)
  (restore unev)
  (assign unev (op rest-exps) (reg unev))
  (goto (label ev-sequence))
ev-sequence-end
  (restore continue)
  (goto (reg continue))
```

---

26) ev-sequence에 있는 꼬리 되돌기 구현은 많은 번역기(compiler)에서 쓰는, 잘 알려진 최적화 기법 중 하나다. 프로시저 호출로 끝나는 프로시저를 번역하면서 호출을 호출된 프로시저의 진입점으로 점프하는 것으로 바꿀 수 있다. 이 절에서 하듯이 실행기(interpreter)를 이런 방법으로 돌아가게 해두면 그 언어 전체에서 늘 쓸 수 있는 최적화 방법이 생긴다.

27) no-more-exps?를 다음과 같이 정의할 수 있다.

```
(define (no-more-exps? seq) (null? seq))
```

이 코드는 시퀀스를 계산하기 위해 이전에 짠 코드에 작은 변경을 가한 듯 보이기도 한다. 유일하게 다른 점이라면 다른 식뿐 아니라 마지막 식을 계산하는 곳에서도 넣기−꺼내기 순환^{save-restore cycle}을 거친다는 것이다. 그러나 이렇게 바꾸면 꼬리 되돌기 구현에 심각한 문제를 일으킨다. (불필요하게) 저장된 레지스터를 원래대로 되돌리기 위해 마지막 식을 계산한 다음에 항상 복귀^{return}해야 한다. 이 불필요한 저장은 프로시저가 처리되는 동안에 누적된다. 그 결과, sqrt-iter와 같은 프로세스에는 되도는 만큼의 공간이 필요해진다. 이런 차이는 아주 크다. 예를 들어, 꼬리 되돌기로는 다음과 같이 프로시저를 부르는 메커니즘만 써서 무한 루프를 표현할 수 있다.

```
(define (count n)
  (newline)
  (display n)
  (count (+ n 1)))
```

꼬리 되돌기가 없다고 하면, 이런 프로시저는 스택 공간을 모두 소모하게 될 것이다. 그리고 단순 반복을 표현하는 데는 프로시저 호출과는 다른 방식이 필요하게 될 것이다.

5.4.3 조건 식, 덮어쓰기^{assignment}, 정의

메타서큘러 실행기에서처럼, 식 일부를 잘 가려서 계산해야 하는 특별한 식^{특별한 형태, special form}들이 있다. if 식의 경우, 술어^{predicate}를 계산하고 나서 술어의 값에 따라 결과 식^{consequent}이나 다른 결과 식^{alternative}의 값을 결정해야 한다.

술어의 값을 구하기 전에, 결과 식이나 다른 결과 식에서 나중에 값을 구하기 위해 if 식 자체를 저장한다. 그리고 환경도 저장해 두는데, 이 환경은 나중에 결과 식이나 다른 결과 식의 값을 계산하기 위해 필요하다. continue도 저장하는데, 이것은 나중에 if 값을 기다리는 식의 계산 결과를 돌려주기 위해 필요하다.

```
ev-if
  (save exp)                          ; 나중에 필요한 식을 저장
  (save env)
  (save continue)
  (assign continue (label ev-if-decide))
  (assign exp (op if-predicate) (reg exp))
  (goto (label eval-dispatch))        ; 술어를 계산한다.
```

술어 식을 계산하고 돌아올 때, 참인지 거짓인지 검사하고 나서 그 결과에 따라
eval-dispatch로 가기 전에 결과 식 또는 다른 결과 식을 exp 위치에 놓아야 한
다. 이때 env와 continue의 값을 되돌리는 것은, 정확한 환경을 가지고, if 식의
값을 받기 위한 정확한 위치에서 계속하기 위해 eval-dispatch를 설정한다는
것을 주의 깊게 보아야 한다.

```
ev-if-decide
  (restore continue)
  (restore env)
  (restore exp)
  (test (op true?) (reg val))
  (branch (label ev-if-consequent))
ev-if-alternative
  (assign exp (op if-alternative) (reg exp))
  (goto (label eval-dispatch))
ev-if-consequent
  (assign exp (op if-consequent) (reg exp))
  (goto (label eval-dispatch))
```

덮어쓰기와 정의

덮어쓰기[assignment]는, 덮어쓰는 식 exp에 있을 때 eval-dispatch를 통해 ev-
assignment가 처리되며 이루어진다. ev-assignment 코드는 식의 값 부분을 먼
저 계산하고 나서 환경에 새 값을 놓아둔다. set-variable-value!는 기계 연산
처럼 사용할 수 있다고 가정한다.

```
ev-assignment
  (assign unev (op assignment-variable) (reg exp))
  (save unev)                      ; 나중에 필요한 변수를 저장
  (assign exp (op assignment-value) (reg exp))
  (save env)
  (save continue)
  (assign continue (label ev-assignment-1))
  (goto (label eval-dispatch)) ; 덮어쓰기 값을 계산
ev-assignment-1
  (restore continue)
  (restore env)
  (restore unev)
  (perform
   (op set-variable-value!) (reg unev) (reg val) (reg env))
  (assign val (const ok))
  (goto (reg continue))
```

정의도 비슷한 방법으로 다룬다. 이것은 다음과 같이 나타낼 수 있다.

```
ev-definition
  (assign unev (op definition-variable) (reg exp))
  (save unev)                      ; 나중에 필요한 변수를 저장
  (assign exp (op definition-value) (reg exp))
  (save env)
  (save continue)
  (assign continue (label ev-definition-1))
  (goto (label eval-dispatch)) ; 정의된 값을 계산
ev-definition-1
  (restore continue)
  (restore env)
  (restore unev)
  (perform
   (op define-variable!) (reg unev) (reg val) (reg env))
  (assign val (const ok))
  (goto (reg continue))
```

● 연습문제 5.23

4.1.2절에서 나타낸 cond, let 같이 파생된 식^{이끌어낸 식, derived expression}을 다룰

수 있는 실행기로 확장하라. 그러면 cond->if와 같은 문법 변환기를 기계 연산처럼 사용할 수 있다고 가정하며 '교묘하게 속여서' 사용할 수 있다.[28]

● **연습문제** 5.24

if로 만들지 않고 바탕이 되는 새 특별 문법이 되도록 cond를 구현하라. cond에 순서대로 나타낸 술어 가운데 참의 결과가 나올 때까지 검사하는 루프를 만들 것이고, 참인 결과에 대응하는 식을 계산하는 데 ev-sequence를 사용할 것이다.

● **연습문제** 5.25

4.2절에서 본, 제때 셈 계산기^{lazy evaluator}에 바탕이 되는 정규 순서 계산법^{정의대로 계산법, normal-order evaluation}을 쓸 수 있도록 계산기를 고쳐라.

5.4.4 실행기 돌리기

1장부터 계산 프로세스를 더 정확하게 구현하는 모형을 점진적으로 개발했으며, 숨김없이 드러낸 제어 실행기^{explicit-control evaluator}를 만들면서 이제 그 개발의 끝에 이르렀다. 맞바꿈 계산법^{substitution model}으로 시작하여 3장에서는 환경 계산법^{environment model}으로 확장하고 이 모형에서는 계산 상태와 그 상태의 변화를 다룰 수 있었다. 4장의 메타서큘러 실행기에서는 식을 계산하는 동안 만드는 환경 구조를 더 잘 드러내기 위한 언어로 Scheme을 썼다. 지금은 레지스터 기계를 가지고, 메모리 관리, 인자 전달, 실행흐름^{control} 실행기 구조를 자세히 살펴봤다. 새로운 수준으로 설명할 때마다, 이전에는 그렇게 명백하지 않던 애매한 부분들을 찾아내어 뚜렷이 드러내어 해결했다. 숨김없이 드러낸 제어 실행기가 돌아가는 방

---

28) 실제로는 속이는 것이 아니다. 처음부터 새로 만드는 실제 구현에서는 Scheme 프로그램을 해석하는 데 숨김없이 드러낸 제어 계산기를 쓸 것이다. 이 제어기는 실행 전 수행되는 문법 단계에서 cond->if 같은 소스 레벨 변환을 한다.

식을 제대로 알기 위해 실행기를 시뮬레이션하고 실행기의 성능을 모니터링할 수 있다.

실행기를 구동^{drive}하는 루프를 하나 둔다. 이것은 4.1.4절에서 본 driver-loop 프로시저의 역할을 한다. 실행기는 프롬프트^{prompt}를 찍고, 식을 읽고, eval-dispatch 명령에 나타낸 대로 식을 계산한 다음, 결과를 찍어내는 과정을 되풀이한다.[29]

```
read-eval-print-loop
  (perform (op initialize-stack))
  (perform
   (op prompt-for-input) (const ";;; EC-Eval 입력:"))
  (assign exp (op read))
  (assign env (op get-global-environment))
  (assign continue (label print-result))
  (goto (label eval-dispatch))
print-result
  (perform
   (op announce-output) (const ";;; EC-Eval 값:"))
  (perform (op user-print) (reg val))
  (goto (label read-eval-print-loop))
```

apply-dispatch에서 보이는 것과 같은 '프로시저 타입을 알 수 없는 에러'처럼 프로시저에서 잘못됐다는 것을 찾았을 때 에러 메시지를 찍고는 다시 드라이버 루프로 돌아간다.[30]

---

29) 여기서 read와 여러 종류의 찍는 연산을 기본 기계 연산으로 쓸 수 있다고 가정하자. 이것은 시뮬레이션 하기에는 좋으나 실제 문제로서는 아주 비현실적이다. 사실 극도로 비현실적인 연산이다. 실제로는 이러 한 연산들은 낮은 수준의 입출력 연산으로 구현된다. 낮은 수준의 입출력 연산 예로는 문자 하나를 이 장 치에서 저 장치로 이리저리 옮기는 것이 있다.

get-global-environment를 다음과 같이 나타낼 수 있다.

(define the-global-environment (setup-environment))

(define (get-global-environment)
   the-global-environment)

30) 실행기(interpreter)가 다루었으면 하는 다른 에러도 있지만, 이런 에러는 그렇게 간단하지 않다. 연습문제 5.30을 보라.

```
unknown-expression-type
  (assign val (const unknown-expression-type-error))
  (goto (label signal-error))

unknown-procedure-type
  (restore continue)    ; 스택 비우기(apply-dispatch에서)
  (assign val (const unknown-procedure-type-error))
  (goto (label signal-error))


signal-error
  (perform (op user-print) (reg val))
  (goto (label read-eval-print-loop))
```

시뮬레이션 목적을 위해 드라이버 루프를 돌리는 동안 매번 스택을 초기화한다. (미지정 변수 같은)에러가 계산을 중지한 후에도 스택에 값이 남아 있을 수 있기 때문이다.[31]

　5.4.1절부터 5.4.4절에 나온 코드 조각을 한데 합치면, 실행기 모형 기계가 하나 만들어지는데, 이 모형은 5.2절에서 설명한 레지스터 기계 시뮬레이터를 써서 돌릴 수 있다.

```
(define eceval
  (make-machine
   '(exp env val proc argl continue unev)
   eceval-operations
   '(
     read-eval-print-loop
       ⟨entire machine controller as given above⟩
   )))
```

실행기에서 기본처럼 사용되는 연산을 시뮬레이션하는 Scheme 프로시저를 정의해야 한다. 이 프로시저들은 4.1절에서 메타서큘러 실행기에 쓴 프로시저와, 5.4

---

31) 에러가 난 바로 다음에 스택을 초기화할 수 있지만, 드라이버 루프에서 그렇게 하는 것이 뒤이어 설명할 실행기 성능 지켜보기에 편하다.

절 내내 각주에서 정의한 부가적인 프로시저와 같은 것들이다.

```
(define eceval-operations
  (list (list 'self-evaluating? self-evaluating)
        ⟨complete list of operations for eceval machine⟩))
```

마지막으로 다음과 같이 전체 환경^{맨 바깥쪽 환경, global environment}을 초기화하고 실행 기를 돌릴 수 있다.

```
(define the-global-environment (setup-environment))

(start eceval)

;;; EC-Eval 입력:
(define (append x y)
  (if (null? x)
      y
      (cons (car x)
            (append (cdr x) y)))))
;;; EC-Eval 값:
ok

;;; EC-Eval 입력:
(append '(a b c) '(d e f))
;;; EC-Eval 값:
(a b c d e f)
```

물론, 이런 방법으로 식을 계산하는 것은 여러 단계를 거쳐 시뮬레이션하는 것이라 곧바로 Scheme 식에 타이핑하여 계산하는 것보다는 오래 걸릴 것이다. 우리의 식들은 숨김 없이 드러낸 제어 처리기로 실행되는 것이고, 그 제어 처리기는 Scheme 프로그램으로 시뮬레이트되고, 그 Scheme 프로그램은 다시 Scheme 실행기로 실행된다.

실행기 성능 지켜보기

시뮬레이션은 실행기 구현을 안내하는 강력한 도구다. 시뮬레이션을 통해 레지스터 기계 설계가 어떻게 바뀌었는지 찾아낼 뿐 아니라 기계 성능을 지켜보는 일을 쉽게 할 수 있다. 성능에서 중요한 인자인 실행기의 스택을 효과적으로 쓰는 방법을 예로 살펴보자. 5.2.4절에서 본 것처럼 스택 사용 통계치를 구하는 시뮬레이터를 가지는 실행기 레지스터 기계를 정의함으로써 여러 식을 계산하는 데 필요한 스택 연산 개수를 헤아릴 수 있다. 실행기의 `print-result`의 진입 지점에서 명령을 추가해 다음과 같이 통계치를 찍어낼 수 있다.

```
print-result
  (perform (op print-stack-statistics)); 추가된 명령
  (perform
   (op announce-output) (const ";;; EC-Eval 값:"))
... ; 이전과 같다.
```

이제 실행기로 대화하면 다음과 같다.

```
;;; EC-Eval 입력:
(define (factorial n)
  (if (= n 1)
      1
      (* (factorial (- n 1)) n)))
(total-pushes = 3 maximum-depth = 3)
;;; EC-Eval 값:
ok

;;; EC-Eval 입력:
(factorial 5)
(total-pushes = 144 maximum-depth = 28)
;;; EC-Eval 값:
120
```

대화를 시작할 때마다 실행기 드라이버 루프는 스택을 다시 초기화하기 때문에 찍히는 통계치는 이전 식의 계산에 사용된 스택 연산만 반영한다.

● 연습문제 5.26

5.4.2절에서 본 실행기의 꼬리 되돌기$^{\text{tail-recursive}}$ 특성을 찾아볼 수 있도록 모니터되는 스택을 사용하라. 실행기를 돌리고 1.2.1절에서 나온 반복 factorial 프로시저를 다음과 같이 정의하라.

```
(define (factorial n)
  (define (iter product counter)
    (if (> counter n)
        product
        (iter (* counter product)
              (+ counter 1))))
  (iter 1 1))
```

n에 어떤 작은 값을 주고 프로시저를 돌려 보라. 최대 스택 깊이를 기록하고 이러한 값마다 $n!$을 계산하는 데 필요한 밀어 넣기 개수를 적어라.

a. $n!$을 계산하는 데 필요한 최대 깊이는 n과 아무런 상관이 없음을 알게 될 것이다. 그 깊이는 얼마인가?

b. 어떤 n이 $n \geq 1$을 만족할 때, $n!$을 계산하면서 쓰는 밀어 넣기 연산의 전체 개수를 구하는 공식을 n으로 나타내라. 이 공식은 여러분이 만들어 낸 데이터를 바탕으로 만든다. 쓰이는 연산의 수는 n의 선형 함수이므로 두 상수에 의해 결정된다.

● 연습문제 5.27

연습문제 5.26과 비교할 목적으로 자신을 호출하는^{recursive} 방법으로 팩토리얼을 계산하는 다음 프로시저의 동작을 조사하라.

```
(define (factorial n)
  (if (= n 1)
      1
      (* (factorial (- n 1)) n)))
```

모니터링되는 스택을 갖는 이 같은 프로시저를 돌리면서, 어떤 n이 $n \geq 1$을 만족할 때 $n!$을 계산하면서 사용하는 밀어넣기 연산의 전체 개수와 최대 스택 깊이를 구하는 공식을 n의 함수로 나타내라(다시 말하건대, 이러한 함수는 선형일 것이다). n으로 나타낸 적절한 식으로 아래 표에 여러분의 실험 결과를 써넣어라.

	최대 깊이	밀어넣기 연산의 개수
재귀 팩토리얼		
반복 팩토리얼		

최대 깊이는 계산을 하면서 실행기에서 쓴 공간 양을 재는 것이고, 밀어넣기 개수는 계산을 하는 데 걸리는 시간과 관련이 있다.

● **연습문제** 5.28
실행기가 더는 테일 순환적$^{\text{tail-recursive}}$이지 않도록 5.4.2절에서 설명한 대로 **eval-sequence**를 바꿔 실행기의 정의를 고쳐라. 이제 **factorial** 프로시저의 두 버전에 다 입력에 대해 선형적으로 늘어나는 공간이 필요하다는 것을 설명하기 위해 연습문제 5.26과 5.27에서 한 실험을 다시 해보라.

● **연습문제** 5.29
다음과 같은 테일 순환적인 피보나치 계산에서 스택 연산을 지켜보라.

```
(define (fib n)
  (if (< n 2)
      n
      (+ (fib (- n 1)) (fib (- n 2))))))
```

a. $n \geq 2$를 만족하는 $\mathrm{Fib}(n)$을 계산하는 데 필요한 최대 스택 깊이를 나타내는 공식을 n을 써서 만들어라. (힌트: 1.2.2절에서 n이 선형적으로 늘어나는, 이런 프로세스에서 쓰는 공간을 설명했다.)

b. $n \geq 2$를 만족하는 Fib(n)을 계산하는 데 필요한 push의 전체 횟수를 구하는
공식을 n을 써서 만들어라. 사용한 시간에 해당하는 push 횟수는 n에 대해 지
수 비례로 늘어난다는 것을 알아야 한다. (힌트: Fib(n)을 계산하는 데 쓴 push의 횟
수를 S(n)이라 하자. S(n)을 S($n-1$), S($n-2$)으로 표현할 수 있는 공식과, n과는 상관없
는 고정된 '오버헤드overhead' 상수 k가 있다는 것을 설명할 수 있어야 한다.) 공식에서 k
가 무엇인지 설명하라. 그 다음에 S(n)는 aFib($n + 1$) + b로 나타낼 수 있음
을 나타내고 a값과 b 값을 넣어라.

● **연습문제** 5.30
지금 실행기는 오로지 두 종류 에러만 찾아내어 신호signal를 보낸다. 즉, 알지
못하는 식의 타입이라는 에러와 알지 못하는 프로시저 타입이라는 에러만 찾
아낸다. 실행기로 읽고 계산하고 찍어내는(read-eval-print) 루프를 돌리면서
여러 다른 에러가 나타날 것이다. 레지스터 기계 시뮬레이터를 사용한 실행기
를 돌릴 때, 이러한 에러들은 바탕이 되는 Scheme 시스템에서 찾을 수 있을 것
이다. 이것은 사용자 프로그램이 에러를 만들 때, 컴퓨터가 죽는 것과 비슷하
다.[32] 실제 에러 시스템을 작동하게 만드는 것은 큰 작업이지만, 여기서 관련된
것들을 이해하려는 노력은 충분한 가치가 있다.

a. 정의하지 않은unbound 변수에 접근하는 예처럼 계산 프로세스에서 나타날
수 있는 에러는 lookup 연산을 고쳐 식별할 수 있는 조건 코드를 리턴하도
록 할 수 있다. 이것은 어떤 값을 사용자 변수에 넣어도 가능한 값이 아니다.
실행기는 이런 조건 코드를 검사하고 signal-error를 나타내는 데 필요한
일을 한다. 실행기 전체에서 바꿀 필요가 있는 곳과 수정할 필요가 있는 곳
을 찾아내라. 이 작업에는 많은 수고가 든다.

---

32) 유감스럽게도, 이 문제는 C와 같은 종래의 번역기 기반 언어에서는 흔하게 일어난다. 유닉스 시스템에서
는 '덤프 코어'가 생기고, 도스/윈도우에서는 시스템이 멈춰 버린다. 매킨토시에서는 폭탄이 터지는 그
림을 화면에 보여주면서 컴퓨터를 재시동할 수 있게 한다. 운이 좋다면 말이다.

b. 더 좋지 않은 것은 0으로 나누려 한다거나 기호에서 **car**를 가져오는 것 등 기본 프로시저의 적용 시 신호를 발생시킬 수 있는 에러를 다루는 문제다. 전문적으로 작성된 고급 시스템에서는 각 기본 계산이 기본 연산을 이루는 부분들의 안전성을 검사한다. 이를테면 **car**의 호출에서는 인자가 쌍^{pair}인지 먼저 검사한다. 쌍이 아니라면, 계산은 실행기에서 명백한 조건 코드를 리턴할 텐데, 그것은 실패했다고 보고될 것이다. 각 기본 프로시저에 대한 적용 가능성을 검사하고 실패 시 알맞은 조건 코드를 리턴하도록 레지스터 기계 시뮬레이터를 설정할 수 있다. 그러면 실행기의 **primitive-apply** 코드가 조건 코드를 검사할 수 있고 필요 시 **signal-error**를 처리할 수 있다. 이런 구조를 만들고 그것을 돌릴 수 있게 만들어라. 이것은 중요한 프로젝트다.

5.5 번역^{compilation}

5.4절의 제어가 다 보이는 실행기^{explict-control evaluator}는 레지스터 기계이며 이 기계의 제어기는 Scheme 프로그램을 실행한다. 이 절에서는 제어기가 Scheme 실행기^{interpreter}가 아닌 레지스터 기계에서 Scheme 프로그램을 어떻게 실행하는지 살펴본다.

제어가 다 보이는 실행기는 만능 기계다. 이 기계는 Scheme으로 설명할 수 있는 어떤 계산 프로세스도 돌릴 수 있기 때문이다. 실행기의 제어기는 계산을 하기 위해 데이터 패스 사용을 조율한다. 이처럼, 실행기의 데이터 패스는 만능이어서 알맞은 제어기만 있다면 어떤 계산이라도 할 수 있다.³³

상용 범용 컴퓨터는 효율적이고 편리한 보편적 데이터 패스 집합을 구성하는 레지스터와 연산의 모음으로 구성되는 레지스터 기계다. 범용 기계의 제어기는

---

33) 이것은 이론적인 설명이다. 실행기의 데이터 패스가 범용 컴퓨터의 데이터 패스를 표현하는 일에 특별히 편리하다거나 효과적이라고 주장하는 것이 아니다. 예를 들면 높은 성능의 부동소수점 계산을 구현하거나 비트 벡터를 집중적으로 다루는 계산을 하는 데에는 알맞지 않다.

우리가 사용하던 것과 비슷한 레지스터 기계어의 실행기다. 이런 언어를 기계의 고유 언어native language 또는 간단히 기계어라고 한다. 기계어로 짠 프로그램은 기계의 데이터 패스를 쓰는 명령의 시퀀스다. 예를 들어, 제어가 다 보이는 실행기의 명령 시퀀스는 특화된 실행기 기계를 위한 제어기라기보다는 흔히 쓰는 컴퓨터를 위한 기계어 프로그램으로 생각할 수 있다.

고수준 언어와 레지스터 기계어의 차이를 메우기 위해 흔히 두 가지 전략을 사용한다. 제어가 다 보이는 실행기는 실행 전략을 모두 드러낸다. 기계어로 짠 실행기는, 기계어와는 다른 언어(소스 언어source language 로 부른다)로 작성된 프로그램을 실행하도록 기계를 설정한다. 소스 언어의 기본 프로시저들은 기계어로 작성된 서브루틴의 라이브러리로 구현된다. 해석될 프로그램(소스 프로그램source program 이라 부른다)은 데이터 구조로 표현된다. 실행기는 이 데이터 구조를 따라 움직이며 소스 프로그램을 분석한다. 이렇게 하면서 실행기는 라이브러리에서 적절한 기본 서브루틴을 불러와 소스 프로그램이 실행해야 할 동작을 시뮬레이트한다.

이 절에서는 번역compilation이라는 다른 전략을 살펴본다. 소스 언어와 기계가 있을 때 번역기compiler는 소스 프로그램을 같은 일을 하는 오브젝트 프로그램object program으로 바꾼다. 여기서, 오브젝트 프로그램은 소스 프로그램과 대응하는 프로그램이며 기계어로 짜여 있다. 이 절에서 구현할 번역기는 Scheme으로 짠 프로그램을 명령 시퀀스로 바꾼 다음, 제어가 다 보이는 실행기 기계의 데이터 패스에서 돌려볼 것이다.[34]

프로그램을 실행하기interpretation와 비교할 때, 프로그램을 번역하기compilation는 프로그램을 아주 효율적으로 돌아가게 만든다. 이것은 바로 다음에 있는 번역

---

34) 실제로 번역된 코드가 돌아가는 기계는 실행기보다 단순하다. exp와 unev 레지스터를 쓰지 않기 때문이다. 실행기는 계산하지 않은 식의 부분을 나타내는 데 이런 레지스터를 썼다. 그렇지만 번역기를 쓰면, 이런 식들은 레지스터 기계에서 돌아갈 번역된 코드를 만들어낼 것이다. 같은 이유로, 식의 문법을 다루는 기계 연산은 필요하지 않다. 그러나 번역된 코드는 추가해야 할 기계 연산이 더 있다. 이 연산은 번역된 프로시저 물체(compiled procedure object)를 나타내는 데 필요한 연산으로, 제어가 다 보이는 실행기에는 없었다.

기의 개괄에서 설명한다. 한편, 실행기는 서로 대화하면서 프로그램을 개발하고 디버그하는 강력한 환경을 제공한다. 수행 중인 프로그램을 실행 시간에 검사하고 고칠 수 있고 게다가 기본적인 명령의 모든 라이브러리가 있으므로 시스템에서 디버그하는 동안 새로운 프로그램을 만들거나 추가할 수 있다.

번역하기와 실행하기로 얻을 수 있는 좋은 점을 서로 보완한다는 관점에서 요즘의 프로그램 개발 환경은 이것들을 혼합하는 방법을 따른다. Lisp 실행기는 대개 그대로 실행한 프로시저와 번역한 프로시저를 서로 불러 쓸 수 있게 되어 있다. 즉, 프로그래머가 디버그가 끝났다고 생각하는 곳에서는 프로그램의 일부를 번역해 효율성의 이점을 살리고, 개발과 디버그가 계속 일어나는 곳에서는 실행기 방식으로 프로그램이 돌아가도록 하는 것이다. 5.5.7절에서는 번역기를 구현한 다음, 통합된 실행기–번역기 개발 시스템을 만들기 위해 실행기를 번역기와 어떻게 연계할지 살펴본다.

번역기의 개괄

우리의 번역기는 구조와 수행하는 함수 측면에서 실행기와 아주 많이 닮았다. 그러므로 번역기를 사용하는 방법은 실행기를 쓰는 방법과 비슷하다. 또한 번역된 코드와 실행된 코드를 쉽게 연결하기 위해 실행기의 레지스터 사용 관행을 따르는 코드를 만드는 번역기를 설계하기로 한다. 그러니까 환경은 env 레지스터에, 인자 리스트는 arg1에, 계산할 프로시저는 proc에, 프로시저를 계산한 결과는 val에, 프로시저가 돌아갈 위치는 continue에 놓아 둘 것이다. 대개 번역기는 소스 프로그램을 오브젝트 프로그램으로 바꾸는데, 오브젝트 프로그램은 소스 프로그램을 실행하는 데 실행기가 했던 레지스터 연산과 본질적으로 같은 레지스터 연산을 한다.

위 설명은 기초적인 번역기 구현 전략을 알려준다. 그러니까 실행기가 하던 그대로 소스 프로그램 식을 따라가게 된다. 실행기가 식을 계산하는 데 수행할 레지스터 명령을 바로 수행하는 대신 명령을 모아 일렬로 쌓아 놓을 수 있다. 결국 이렇게 모인 명령어들이 오브젝트 코드가 될 것이다. 효율성 측면에서 실행기 방식에 대한 번역 방식의 이점을 살펴보자. 예를 들어 (f 84 96) 식을 계산한다고 하자. 실행기는 식을 계산할 때마다 식을 분류하고(이것이 프로시저 적용^{proce-}^{dure application}임을 알아챈다) 피연산자 리스트를 검사한다(피연산자가 두 개 있다는 것을 알게 된다). 번역기를 쓰면 번역 시에 명령문들이 만들어질 때 식은 한 번만 분석된다. 번역기로 만든 오브젝트 코드에는 연산자와 두 피연산자만 계산^{evaluate}하는 명령, 인자 리스트를 모으는 명령, proc에 있는 프로시저를 arg1에 있는 인자에 적용하는 명령들이 포함된다.

이 방법은 4.1.7절에서 살펴본 실행기 내부에서 구현한 최적화와 같은 것이다. 하지만 번역된 코드가 더 효율적일 가능성이 높다. 실행기가 돌아갈 때, 실행기는 대상 언어로 만든 임의의 식에도 적용할 수 있어야 하는 프로세스를 가져야 한다. 하지만, 번역된 코드 조각은 특별한 어떤 식에 특화된 명령문들을 돌리는 것으로 생각할 수 있다. 이것은 큰 차이를 만들 수 있다. 레지스터를 저장하는 스택 사용을 예로 들자. 실행기는 식을 계산할 때 우발 상황에 대비해야 한다. 부분식을 계산하기 전에, 실행기는 나중에 필요한 레지스터를 전부 저장한다. 부분식에서는 어떤 계산이 필요할지 모르기 때문이다. 그 반면에, 번역기는 처리하고 있는 특정한 식의 구조를 분석해 불필요한 스택 연산을 피하는 코드를 만들어낼 수 있다.

한 예로 조합한 식 (f 84 96)에 대해 생각해 보자. 실행기는 조합한 식^{combination}의 연산자를 계산하기 전, 피연산자와 환경을 담은 레지스터들을 저장함으로써 이 계산을 할 준비를 한다. 피연산자와 환경의 값은 나중에 필요하다. 그리고 나서 실행기는 연산자를 계산하고 val에 결과를 두고, 저장된 레지스터를 다시 가져와, 마지막으로 val에서 proc로 결과를 옮긴다. 하지만 지금 다루는 특정한 식에서 연산자는 기호 f다. f는 기계 연산 lookup-variable-value에 의해 계산되며, 이때 어떤 레지스터도 변경되지 않는다. 이 절에서 구현할 번역기는 이런 사실을 이용해 다음과 같은 명령을 써서 연산자를 계산하는 코드를 만들 것이다.

```
(assign proc (op (lookup-variable-value) (const f) (reg env))
```

이 코드는 쓸데없이 저장하고 가져오는 일을 하지 않을 뿐 아니라 찾은 값을 곧바로 proc에 지정하기도 한다. 그러나 실행기는 결과를 val로 가져온 다음 이것을 proc로 옮긴다.

또한 번역기는 환경에 대한 접근을 최적화할 수 있다. 코드를 분석한 후 번역기는 변수가 어떤 변수 일람표^{frame}에 들어 있는지 아는 경우가 많다. 그래서 lookup-variable-value에서 찾지 않아도 그 변수 일람표에서 변수를 바로 건드릴 수 있다. 5.5.6절에서 그러한 변수 접근을 어떻게 구현하는지 설명한다. 하지만 그때까지는 앞서 설명한 레지스터와 스택 최적화를 중점 설명한다. 일반적인 apply 메커니즘(연습문제 5.38을 보라)을 사용하는 대신 기본^{primitive} 연산 '인라인 in line'을 짜는 것과 같이 번역기로 처리할 수 있는 다른 최적화 방법이 많다. 그러나 여기서 이러한 것들을 다루지 않는다. 이 절에서 목표로 하는 것은 프로그램을 번역하는 프로세스를 간단한 (그러나 여전히 흥미로운) 맥락에서 설명하는 것이다.

5.5.1 번역기의 구조

4.1.7절에서 메타서큘러 실행기를 변형해서 프로그램을 분석하는 일과 프로그램을 돌리는 일을 따로 처리하도록 하였다. 인자로 환경을 가져와 필요한 연산을 하는 실행 프로시저$^{\text{execution procedure}}$를 만들도록 각 식을 분석했다. 우리 번역기는 4.1.7절에서 쓴 방법처럼 프로그램을 분석한다. 하지만 실행 프로시저를 만드는 것이 아니라 레지스터 기계로 돌리는 명령들을 만들 것이다.

compile 프로시저는 번역기의 최상위$^{\text{top-level}}$ 프로시저다. 4.1.1절의 eval 프로시저, 4.1.7절의 analyze 프로시저, 5.4.1절에서 숨김없이 제어구조를 드러낸 계산기의 진입 지점을 나타내는 eval-dispatch 프로시저와 비슷한 것이다. 실행기와 마찬가지로 번역기는 4.1.2절에서 정의한 식−문법 프로시저를 사용한다.[35]

---

35) 그렇지만 번역기는 Scheme으로 짠 프로그램이어서, 식을 다루는 데 쓰는 문법 프로시저는 실제로 메타서큘러 계산기에서 쓴 Scheme 프로시저다. 이와 다르게, 숨김없이 제어구조를 드러낸 계산기(explict-control-evaluator)는 같은 문법 연산을 레지스터 기계 연산으로도 쓸 수 있다고 했다(물론 Scheme으로 만든 레지스터 기계를 시뮬레이션할 때 실제 Scheme 프로시저를 써서 레지스터 기계를 시뮬레이션했다).

compile은 번역한 식의 문법 타입에 따라 번역한다. 식 타입마다 타입에 맞는 코드 생성기$^{code\ generator}$로 분기한다.

```
(define (compile exp target linkage)
  (cond ((self-evaluating? exp)
         (compile-self-evaluating exp target linkage))
        ((quoted? exp) (compile-quoted exp target linkage))
        ((variable? exp)
         (compile-variable exp target linkage))
        ((assignment? exp)
         (compile-assignment exp target linkage))
        ((definition? exp)
         (compile-definition exp target linkage))
        ((if? exp) (compile-if exp target linkage))
        ((lambda? exp) (compile-lambda exp target linkage))
        ((begin? exp)
         (compile-sequence (begin-actions exp)
                           target
                           linkage))
        ((cond? exp) (compile (cond->if exp) target linkage))
        ((application? exp)
         (compile-application exp target linkage))
        ((else
         (error "Unknown expression type -- COMPILE" exp)))))
```

타깃과 연결

compile과 compile이 호출하는 코드 생성기는 번역하는 식 말고도 인자 두 개를 더 받는다. 인자, **타깃**^{target}은 식을 번역한 값을 돌려줄 레지스터가 어떤 것인지 알려준다. 또 식을 번역한 결과 코드가 실행이 끝난 후 어떤 방식으로 계속 다음 스텝을 진행할지 설명하는 인자, **연결 설명자**$^{linkage\ descriptor}$가 있다. 연결 설명자는 코드에 다음과 같은 세 가지 일 중 하나를 하라고 요구할 수 있다.

- 일렬로 구성된 명령들에서 다음 명령을 계속 처리한다(이것은 연결 설명자 next로 지정한다).

- 번역한 프로시저에서 돌아온다(이것은 연결 설명자 return으로 지정한다).
- 이름을 붙인 위치로 간다(이것은 연결 설명자를 지정한 라벨로 대신해서 나타 낸다).

예를 들면 val 레지스터를 타깃으로, next를 연결^{linkage}로 해서 식 5를 번역하면 아래 명령이 나온다.

```
(assign val (const 5))
```

같은 식을 return 연결로 번역하면 아래 명령이 나온다.

```
(assign val (const 5))
(goto (reg continue))
```

첫째 경우에는 명령을 처리하고 나서 다음 명령으로 계속한다. 둘째 경우에는 명령을 처리한 후 프로시저를 부른 곳으로 돌아간다. 두 경우 모두 식의 값은 타깃인 val 레지스터에 놓일 것이다.

명령들과 스택 사용

코드 생성기마다 해당 식에서 생성된 오브젝트 코드를 담고 있는 일렬로 구성한 **명령들(명령줄)**을 돌려준다. 복합 식 계산에서 부분 식을 계산해 전체 식을 계산했듯이, 부분 식에 쓰는 간단한 코드 생성기의 결과를 조합해서 복합 식^{compound expression}을 코드로 생성하는 결과를 만들 수 있다.

명령문들을 연결하는 가장 간단한 방법은 append-instruction-sequences 라는 프로시저다. 이 프로시저는 순차적으로 수행될 명령줄들을 인자로 받는다. 그런 다음 그 명령줄들을 잇대어 붙인 명령줄을 돌려준다. 즉, $\langle seq_1 \rangle$과 $\langle seq_2 \rangle$가 각각 다른 명령줄이라면 다음과 같이 계산한다.

```
(append-instruction-sequences ⟨seq₁⟩ ⟨seq₂⟩)
```

그러면 아래 명령줄이 만들어진다.

$\langle seq_1 \rangle$
$\langle seq_2 \rangle$

번역기는 레지스터들을 저장할 필요가 있을 때마다 preserving이라는 좀 더 복잡한 방법으로 명령문들을 조합한다. preserving은 인자를 세 개 받는다. 레지스터 세트 하나와 순서대로 수행되는 일렬의 명령문 두 개다. 레지스터 세트에서 각 레지스터에 들어 있는 값은 첫 번째 명령줄을 처리하는 동안에 보존된다. 그 값이 두 번째 명령줄을 처리할 때 필요하다면 말이다. 이런 식으로 명령줄을 첨가한다. 즉, 첫 번째 줄이 레지스터 값을 변경하고 두 번째 줄이 실제로 레지스터의 원래 값을 요구하면, preserving은 명령줄을 첨가하기 전에 첫 번째 줄 앞·뒤에서 각 레지스터 값을 save하고 restore한다. 그렇지 않다면 preserving은 명령줄을 단순 연결한 결과를 돌려준다. 예를 하나 살펴보자.

(preserving (list $\langle reg_1 \rangle$ $\langle reg_2 \rangle$) $\langle seq_1 \rangle$ $\langle seq_2 \rangle$)

위 예를 처리하면, $\langle seq_1 \rangle$과 $\langle seq_2 \rangle$가 어떻게 $\langle req_1 \rangle$와 $\langle req_2 \rangle$를 쓰는지에 따라 다음과 같은 네 가지 명령줄을 만든다.

$\langle seq_1 \rangle$ $\langle seq_2 \rangle$	(save $\langle reg_1 \rangle$) $\langle seq_1 \rangle$ (restore $\langle reg_1 \rangle$) $\langle seq_2 \rangle$	(save $\langle reg_2 \rangle$) $\langle seq_1 \rangle$ (restore $\langle reg_2 \rangle$) $\langle seq_2 \rangle$	(save $\langle reg_2 \rangle$) (save $\langle reg_1 \rangle$) $\langle seq_1 \rangle$ (restore $\langle reg_1 \rangle$) (restore $\langle reg_2 \rangle$) $\langle seq_2 \rangle$

명령줄을 한데 합치는 preserving을 쓰므로, 번역기는 불필요한 스택 연산을 하지 않게 된다. 또한 preserving 프로시저 안에서 save와 restore 명령을 만들어야 할지에 대한 세세한 사항들이 분리된다. 코드 생성기 작성 시마다 발생하는 관심사항에서 분리하는 것이다. 실제로 save나 restore 명령은 코드 생성기가

명시적으로 생성하는 것이 아니다.

명령줄은 명령 리스트로 간단하게 나타낼 수 있다. append-instruc-tion-sequences는 리스트를 연결하는 데 쓰는 append로 명령줄을 한데 합칠 수 있다. 그렇지만 preserving은 복잡한 연산이 될 것이다. 명령줄이 레지스터를 어떻게 사용하는지 분석해야 하기 때문이다. preserving은 복잡할 뿐 아니라 효율적이지도 않을 것이다. 명령줄이 preserving의 결과로 만들어진 경우에 이미 그 명령을 분석했을지라도 다시 분석해야 하는 일이 벌어질 수 있기 때문이다. 이러한 반복된 분석을 피하기 위해 명령줄마다 레지스터 사용에 대한 정보를 보관할 것이다. 기본적인 명령줄을 만들 때 이 정보가 전달되어 명령줄들을 결합할 때 이용될 것이다.

명령줄은 다음 세 가지 정보를 담을 것이다.

- 들어 있는 명령을 처리하기 전에 반드시 초기화해야 하는 레지스터들 (**필요한**[needed] 레지스터라고 한다)
- 명령줄에 의해 값이 변경되는 레지스터들
- 명령줄에 있는 실제 명령들(또한 statement라고 한다)

위 세 부분을 리스트로 묶어 명령줄을 나타낼 것이다. 명령줄을 만드는 구성자[짜 맞추개, constructor]는 다음과 같다.

```
(define (make-instruction-sequence needs modifies statements)
  (list needs modifies statements))
```

예를 들어 두 명령줄들이 현재 환경에서 변수 x 값을 찾아보고 val에 결과를 지정하고 리턴한다고 할 때, 레지스터 env와 continue는 초기화가 필요하고 레지스터 val은 변경된다. 명령줄은 다음과 같이 만들어질 것이다.

```
(make-instruction-sequence '(env continue) '(val)
  '((assign val
            (op lookup-variable-value) (const x) (reg env))
    (goto (reg continue))))
```

때로 아무런 statement가 없는 명령줄을 만들 필요가 있다.

```
(define (empty-instruction-sequence)
  (make-instruction-sequence '() '() '()))
```

명령줄을 한데 합치는 프로시저는 5.5.4절에 나온다.

● 연습문제 5.31

프로시저 적용을 계산하면서 숨김없이 제어 구조를 드러낸 계산기는 항상 연산자 계산의 앞·뒤에서 env 레지스터 값을 저장하고 다시 꺼내왔다. 또 마지막 피연산자를 뺀 나머지 피연산자 계산의 앞·뒤에서 env를 저장하고 다시 꺼내왔다. 피연산자를 계산하는 일을 전후로 arg1도 저장하고 다시 꺼내왔다. 피연산자 시퀀스를 계산하는 일을 전후로 proc 값을 저장하고 다시 꺼내왔다. 다음 조합 식들 중에서 어떤 save와 restore 연산은 쓸데없는 것이며 이것들은 번역기의 preserving 매커니즘으로 제거할 수 있는지 말해 보라.

```
(f 'x 'y)
```

```
((f) 'x 'y)
```

```
(f (g 'x) y)
```

```
(f (g 'x) 'y)
```

● 연습문제 5.32

preserving 매커니즘을 사용해 번역기는 조합한 식에서 연산자 계산의 앞·뒤로 env 값을 저장하고 다시 꺼내오는 것을 막을 것이다. 이 경우 조합 식^{엮은식,}^{combination}의 연산자는 기호다. 또한 계산기에 이런 최적화를 만들 수 있다. 실제로 5.4절에서 본 숨김없이 제어구조를 드러낸 계산기는 특별한 경우로 피연산자가 없는 조합 식을 다루면서 이미 비슷한 최적화를 만들어 냈다.

a. 숨김없이 제어구조를 드러낸 계산기의 기능을 확장하여 연산자가 기호인 조합 식을 별개 타입으로 인식하도록 하고, 식을 계산하는 데 이 사실에서 장점을 취해 보자.

b. Alyssa P. Hacker는 더 많은 특별한 경우를 알아보도록 계산기를 확장함으로써 모든 번역기의 최적화를 짜 넣어, 번역하기로 얻는 이점을 완전히 없애는 방법을 제안했다. 이런 방법을 어떻게 생각하는가?

5.5.2 프로그램 식의 번역

이 절과 다음 절에서는 compile 프로시저를 처리하는 코드 생성 프로그램을 짠다.

연결 코드 번역하기

대체로 각 코드 생성기의 결과는 코드 사이를 연결해 주는 명령으로 끝난다. 이 명령은 프로시저 compile-linkage에서 만들어 낸다. 연결이 return이라면 (goto (reg continue)) 명령을 생성해야 한다. 이런 일에는 continue 레지스터가 필요하고 다른 레지스터 값은 변경하지 않는다. 만약 연결이 next인 경우, 부가적인 명령이 필요하지 않다. 그 나머지 경우에는 연결이 라벨이고 그 라벨로 가는 goto를 생성한다. 이 명령은 레지스터를 요구하거나 변경하지 않는다.[36]

---

36) 이 프로시저는 backquote(혹은 quasiquote)라고 하는 Lisp의 특징을 쓴다. backquote는 리스트를 만드는 편리한 방법이다. backquote 기호를 리스트 앞에 둔 것은 리스트의 인용(quoting)과 같으나, 콤마로 표시한 부분은 계산(evaluation)이 일어난다.

예를 들어, linkage 값이 기호 branch25라면, 식 '((goto (label ,linkage)))는 리스트 ((goto (label branch25))로 계산한다. 비슷하게, 만약 x 값이 리스트 (a b c)라면, '(1 2 ,(car x))는 리스트 (1 2 a)로 계산한다.

(역주: backquoute와 쉼표로도 이 장의 내용을 이해하는 데에는 어려움이 없을 것이나 Lisp에서 backquote는 매우 중요한 주제라고 볼 수 있다. 특히 매크로에서 그렇다. 이 부분에 관심이 있는 독자는 피터 시벨(Peter Siebel)의 『Practical Common LISP』의 매크로, 특히 defmacro 부분을 읽어 보기 바란다. 이 책은 온라인(http://www.gigamonkeys.com/book/)에서도 읽어 볼 수 있다.)

```
(define (compile-linkage linkage)
  (cond ((eq? linkage 'return)
         (make-instruction-sequence '(continue) '()
          '((goto (reg continue)))))
        ((eq? linkage 'next)
         (empty-instruction-sequence))
        (else
         (make-instruction-sequence '() '()
          '((goto (label ,linkage)))))))
```

연결 코드는 continue 레지스터를 preserving하면서 명령줄에 덧붙여진다.
return 연결에는 continue 레지스터가 필요하기 때문이다. 주어진 명령줄이
continue를 바꾸고 연결 코드가 나중에 그 continue를 요구한다면, continue
값은 저장되고 다시 꺼내어질 것이다.

```
(define (end-with-linkage linkage instruction-sequence)
  (preserving '(continue)
    instruction-sequence
    (compile-linkage linkage)))
```

간단한 식의 번역

자기 스스로 계산되는 식, 인용, 변수를 만드는 코드 생성기[code generator]는 타깃 레
지스터에 필요한 값을 지정하고 그 다음에 연결 설명자에 지정된 내용대로 일을
계속하는 명령줄을 만든다.

```
(define (compile-self-evaluating exp target linkage)
  (end-with-linkage linkage
    (make-instruction-sequence '() (list target)
     '((assign ,target (const ,exp))))))

(define (compile-quoted exp target linkage)
  (end-with-linkage linkage
    (make-instruction-sequence '() (list target)
     '((assign ,target (const ,(text-of-quotation exp)))))))
```

```
(define (compile-variable exp target linkage)
  (end-with-linkage linkage
   (make-instruction-sequence '(env) (list target)
    '((assign ,target
              (op lookup-variable-value)
              (const ,exp)
              (reg env))))))
```

위의 모든 덮어쓰기^{assignment} 명령은 모두 타깃 레지스터를 고치고, 변수를 참조하는 명령은 env 레지스터를 요구한다.

덮어쓰기와 정의^{definition}는 실행기^{interpreter}에서 처리되는 것과 아주 비슷하게 처리된다. 변수에 덮어쓸 값을 계산하는 코드를 재귀적으로^{되돌이 방식으로, recursively} 만든다. 그리고 이 변수에 두 명령줄을 연결한다. 이 명령줄은 실제로 변수 값을 설정하거나 변수를 정의하고 타깃 레지스터에 전체 식 값을 (기호 ok)로 덮어쓴다. 재귀적으로 번역된 코드는 결과를 val에 집어넣고 그 다음에 계속되는 코드로 진행되도록 타깃 val과 연결 next를 가진다. 연결할 때 env 값은 보존된다. 왜냐하면 환경은 변수에 값을 지정하거나 변수를 정의하는 데 필요하고, 변수 값을 위한 코드가 복잡한 프로그램 식을 재귀적으로 번역하면 여기저기서 레지스터들이 변경되는 코드가 만들어질 수 있기 때문이다.

```
(define (compile-assignment exp target linkage)
  (let ((var (assignment-variable exp))
        (get-value-code
         (compile (assignment-value exp) 'val 'next)))
    (end-with-linkage linkage
     (preserving '(env)
      get-value-code
      (make-instruction-sequence '(env val) (list target)
       '((perform (op set-variable-value!)
                  (const ,var)
                  (reg val)
                  (reg env))
         (assign ,target (const ok))))))))
```

```
(define (compile-definition exp target linkage)
  (let ((var (definition-variable exp))
        (get-value-code
         (compile (definition-value exp) 'val 'next)))
    (end-with-linkage linkage
     (preserving '(env)
      get-value-code
      (make-instruction-sequence '(env val) (list target)
       '((perform (op define-variable!)
                  (const ,var)
                  (reg val)
                  (reg env))
         (assign ,target (const ok)))))))))
```

연결된 두 명령줄은 env와 val을 요구하고 타깃을 고친다. 이 명령줄을 위해 env 값을 보존하더라도 val 값은 보존하지 않음에 주의하자. get-value-code는 분명히 명령줄에서 사용할 val에 결과를 두도록 만들어졌기 때문이다(사실 val을 보존한다면, 버그가 생길 것이다. 이 일은 get-value-code가 돌아가자마자 이전 val 값을 다시 가져올 것이기 때문이다).

조건 식 번역하기

주어진 타깃과 연결로 if 식을 번역한 코드는 다음과 같은 형태다.

```
〈술어를 번역한다. 타깃은 val, 연결은 next다.〉
(test (op false?) (reg val))
(branch (label false-branch))
true-branch
〈지정된 타깃과 연결 또는 after-if를 가지고 결과 식을 번역한다.〉
false-branch
〈지정된 타깃과 연결로 다른 결과 식을 번역한다.〉
after-if
```

이 코드를 만들려면 술어^{predicate}, 결과 식^{consequent}, 다른 결과 식^{alternative}을 번역하고 나서 술어의 결과를 검사하는 명령과 새로 만든 라벨을 가지고 결과 코드를 한데 합친다. 여기서 새로 만든 라벨은 참과 거짓을 나타내는 브랜치와 조건식의 끝을 표시^{mark}한다.[37] 이렇게 준비된 코드에서 검사 결과가 거짓이라면 참일 때의 브랜치를 넘어서 분기해야 한다. 작은 부작용 가운데 하나는 참일 때 브랜치를 위한 연결을 어떻게 다뤄야 하느냐 하는 것이다. 조건을 위한 연결이 return이나 라벨이라면 참과 거짓의 브랜치는 모두 같은 연결을 쓸 것이다. 연결이 next라면, 참일 때 브랜치는 조건의 끝을 나타내는 라벨을 붙여 거짓일 때 브랜치를 위한 코드를 건너뛰도록 끝날 것이다.

```
(define (compile-if exp target linkage)
  (let ((t-branch (make-label 'true-branch))
        (f-branch (make-label 'false-branch))
        (after-if (make-label 'after-if)))
    (let ((consequent-linkage
            (if (eq? linkage 'next) after-if linkage)))
      (let ((p-code (compile (if-predicate exp) 'val 'next))
            (c-code
              (compile
                (if-consequent exp) target consequent-linkage))
            (a-code
              (compile (if-alternative exp) target linkage)))
        (preserving '(env continue)
          p-code
          (append-instruction-sequences
            (make-instruction-sequence '(val) '()
              `((test (op false?) (reg val))
                (branch (label ,f-branch))))
            (parallel-instruction-sequences
              (append-instruction-sequences t-branch c-code)
              (append-instruction-sequences f-branch a-code))
            after-if))))))
```

---

37) 위에서 나타낸 것처럼 true-branch, false-branch, after-if 라벨을 바로 쓰지 못한다. 프로그램 안에서 if 식이 여러 번 나올지도 모르기 때문이다. 번역기는 라벨을 만들어 내는 make-label 프로시저를 쓴다. make-label은 인자를 기호(심벌)로 받아 주어진 기호로 시작하는 새 기호를 돌려준다. 예를 들어, (make-label 'a)를 연속해서 부르면 a1, a2, 이런 식으로 결과를 돌려줄 것이다. make-label은

env는 술어 코드 주변에서 보존된다. 참일 때 브랜치와 거짓일 때 브랜치에서 요구할 수 있기 때문이다. 그리고 continue는 보존된다. 이 브랜치들의 연결 코드에서 필요할 수 있기 때문이다. 참일 때 브랜치와 거짓일 때 브랜치(이것들은 순차적으로 처리되지 않는다)를 위한 코드는 5.5.4절에서 설명할 parallel-instruction-sequences를 써서 연결된다.

cond는 파생된 식이다. 따라서 번역기는 4.1.2절에서 본 cond->if 변환기로 cond를 바꾸고 if 식 결과를 번역해야 한다.

순차식^{sequence}의 번역

프로시저의 몸이나 명백히 begin 식으로 시작하는 순차식^{시퀀스, sequence}을 번역하는 과정은 순차식을 계산하는 과정과 일치한다. 순차식 내의 식들이 따로따로 번역되고 명령줄 하나로 붙여진다. 각 명령줄은 next로 연결되고 맨 마지막 명령줄의 연결은 순차식 자체의 연결과 같아진다.

```
(define (compile-sequence seq target linkage)
  (if (last-exp? seq)
      (compile (first-exp seq) target linkage)
      (preserving '(env continue)
       (compile (first-exp seq) target 'next)
       (compile-sequence (rest-exps seq) target linkage))))
```

질의(query) 언어에서 유일한 변수 이름을 만들어 내는 것과 비슷하게 구현될 수 있는데, 다음과 같다.

```
(define label-counter 0)

(define (new-label-number)
  (set! label-counter (+ 1 label-counter))
  label-counter)

(define (make-label name)
  (string->symbol
    (string-append (symbol->string name)
                   (number->string (new-label-number)))))
```

lambda 식 번역

lambda 식은 프로시저를 만든다. lambda 식을 위한 오브젝트 코드는 다음과 같은 형태로 만들어야 한다.

〈*프로시저 물체를 만들고 타깃 레지스터에 덮어쓴다*〉
〈*연결*〉

lambda 식을 번역할 때 프로시저 몸을 위한 코드도 만들어야 한다. 프로시저를 만드는 동안에 몸이 돌아가지 않더라도 lambda 코드 다음 오브젝트 코드에 그것을 끼워 넣는 편이 편할 것이다. lambda 식의 연결이 라벨이거나 return이라면 별 문제 없다. 하지만 연결이 next라면, 몸 뒤에 삽입된 라벨로 건너뛰는 연결을 사용해 프로시저 몸 주변 코드를 건너뛰어야 한다. 따라서 오브젝트 코드는 다음과 같은 형태로 나타낸다.

〈*프로시저 물체를 만들고 타깃 레지스터에 덮어쓴다*〉
〈*지정된 연결을 위한 코드*〉 or   (goto (label after-lambda))
〈*프로시저 물체의 번역*〉
after-lambda

compile-lambda는 프로시저 물체를 만드는 코드를 생성하며, 그 다음에 프로시저 몸 코드가 따라간다. 프로시저 물체는 현재 환경(정의된 시점의 환경)과 번역된 프로시저 몸의 진입 지점(새로 만들어진 라벨)을 한데 합쳐 실행 시간에 만들어질 것이다.[38]

---

38) 4.1.3절에서 설명한 복합 식의 프로시저 구조와 비슷하게, 번역된 프로시저의 데이터 구조를 구현할 기계 연산이 필요하다.

```
(define (make-compiled-procedure entry env)
  (list 'compiled-procedure entry env))

(define (compiled-procedure? proc)
  (tagged-list? proc 'compiled-procedure))

(define (compiled-procedure-entry c-proc) (cadr c-proc))

(define (compiled-procedure-env c-proc) (caddr c-proc))
```

```
(define (compile-lambda exp target linkage)
  (let ((proc-entry (make-label 'entry))
        (after-lambda (make-label 'after-lambda)))
    (let ((lambda-linkage
           (if (eq? linkage 'next) after-lambda linkage)))
      (append-instruction-sequences
       (tack-on-instruction-sequence
        (end-with-linkage lambda-linkage
         (make-instruction-sequence '(env) (list target)
          '((assign ,target
                    (op make-compiled-procedure)
                    (label ,proc-entry)
                    (reg env)))))
        (compile-lambda-body exp proc-entry))
       after-lambda))))
```

compile-lambda는 프로시저 몸을 lambda 식 코드로 연결하기 위해 append-instruction-sequence 대신 특별한 조합기 tack-on-instruction-sequence를 쓴다(이 특별한 조합기는 5.5.4절에서 살펴본다). 몸은 명령줄의 일부분이 아니기 때문이다.

compile-lambda-body는 프로시저 몸 코드를 만든다. 이 코드는 진입 지점을 가리키는 라벨로 시작한다. 그 다음에는 실행 시간의 계산이 일어나는 환경을 프로시저 몸을 계산하는 정확한 환경으로 바꾸는 명령어가 온다. 즉, 프로시저의 정의 환경으로 프로시저 호출 시 인자를 바인드할^{묶을, bind} 수 있도록 해준다. 이 것 다음에 프로시저 몸에 해당하는 코드가 온다. 그 다음에는 코드 시퀀스가 프로시저 결과 값을 val에 넣고 프로시저에서 되돌아오도록 연결 return과 타깃 val을 가지고 번역된다.

```
(define (compile-lambda-body exp proc-entry)
  (let ((formals (lambda-parameters exp)))
    (append-instruction-sequences
     (make-instruction-sequence '(env proc argl) '(env)
      '(,proc-entry
        (assign env (op compiled-procedure-env) (reg proc))
        (assign env
                (op extend-environment)
                (const ,formals)
                (reg argl)
                (reg env))))
     (compile-sequence (lambda-body exp) 'val 'return))))
```

5.5.3 조합 식 번역하기

번역 과정의 핵심은 프로시저 호출을 번역하는 것이다. 주어진 타깃과 연결을 가지고 조합 식을 번역한 것은 다음과 같은 형식의 코드다.

〈연산자를 반복한다. 타깃은 proc이고 연결은 next 이다.〉
〈피연산자를 계산(eval)하고 argl에 피연산자의 리스트를 만든다.〉
〈지정된 타깃과 연결로 프로시저 호출을 번역한다.〉

레지스터 env, proc, argl은 연산자와 피연산자를 계산하는 동안 값을 저장해 두고 그 값을 복구해야 할지 모른다. 이곳이 번역기에서 val이 아닌 타깃이 지정되는 유일한 곳이다.

compile-application으로 필요한 코드를 만든다. 이것은 재귀적으로 연산자를 번역해 proc에 적용할 프로시저를 넘겨주는 코드를 만들고, 피연산자를 번역해서 적용application의 각 피연산자를 계산하는 코드를 만든다. 피연산자의 명령줄은 argl에 넣을 인자 리스트를 구성하는 코드와 (construct-arglist에 의해) 합쳐지고, 그 결과로 나온 인자 리스트 코드는 프로시저 코드 및 프로시저 호출을 실행하는 코드(이 코드는compile-procedure-call에 의해 만들어진다)와 한데 합쳐진다. 코드 시퀀스를 연결하기 위해 env 레지스터는 연산자 계산 앞·뒤에서 보존되어야 한다(연산자를 계산하면서 env를 고치는데, 그것은 피연산자를 계산할 때 필요하기 때문이다). 그리고 proc 레지스터는 인자 리스트를 만드는 일 앞·뒤에서 보존되어야 한다(피연산자를 계산하면서 proc를 고치는데, 그것은 실제 프로시저 계산에서 필요하기 때문이다). continue는 호출의 연결에서 필요하기 때문에 번역 과정 내내 보존되어야 한다.

```
(define (compile-application exp target linkage)
  (let ((proc-code (compile (operator exp) 'proc 'next))
        (operand-codes
         (map (lambda (operand) (compile operand 'val 'next))
              (operands exp)))))
    (preserving '(env continue)
     proc-code
     (preserving '(proc continue)
       (construct-arglist operand-codes)
       (compile-procedure-call target linkage)))))
```

인자 리스트를 만드는 코드는 각 피연산자를 계산하여 val에 넣어두고, 그 다음 이 값을 argl에 쌓아두는 인자 리스트 값에 cons한다. 명령줄에서 argl에 있는 인자를 cons할 것이기 때문에 마지막 인자에서 시작해 처음 인자로 끝나야 한다. 그래야 결과 리스트에서 처음부터 마지막의 순서로 인자를 나타낼 것이다. 이런 명령줄을 만들기 위해 argl에 빈 리스트를 초기값으로 만들어 명령을 낭비하기 보다는 초기 argl을 만드는 코드 시퀀스를 먼저 만든다. 인자 리스트를 만들면 대개 다음과 같은 형태로 나온다.

⟨*마지막 피연산자를 번역하여 val 에 저장한다.*⟩
```
(assign argl (op list) (reg val))
```
⟨*그 앞의 피연산자를 번역하여 val 에 저장한다.*⟩
```
(assign argl (op cons) (reg val) (reg argl))
...
```
⟨*마지막 피연산자를 번역하여 val 에 저장한다.*⟩
```
(assign argl (op cons) (reg val) (reg argl))
```

argl은 (지금까지 쌓아온 인자를 잃어버리지 않기 위해) 처음 인자를 뺀 나머지 피연산자의 계산 전·후에서 보존되어야 하고, env는 (차후의 피연산자를 계산하는 데 쓰기 위해) 마지막 인자를 뺀 나머지 피연산자 계산 전·후에서 보존되어야 한다.

이러한 인자 코드^{argument code}를 번역하기는 좀 까다롭다. 계산할 첫 피연산자를 특별하게 다루어야 하고 다른 곳에 arg1과 env를 보존해야 하기 때문이다. construct-arglist 프로시저는 각 피연산자를 계산하는 코드를 인자로 받는다. 피연산자가 전혀 없다면, 명령은 다음과 같이 간단히 나타낸다.

```
(assign arg1 (const ()))
```

그렇지 않다면 construct-arglist는 마지막 인자로 arg1을 초기화하는 코드를 만들고, 나머지 인자를 계산하는 코드를 추가하고, 차례로 arg1에 결합시킨다. 마지막 인자에서 첫 인자까지 처리하기 위해, compile-application이 제공하는 순서에 따라 피연산자 명령줄 리스트를 뒤집어야 한다.

```
(define (construct-arglist operand-codes)
  (let ((operand-codes (reverse operand-codes)))
    (if (null? operand-codes)
        (make-instruction-sequence '() '(arg1)
         '((assign arg1 (const ()))))
        (let ((code-to-get-last-arg
               (append-instruction-sequences
                (car operand-codes)
                (make-instruction-sequence '(val) '(arg1)
                 '((assign arg1 (op list) (reg val)))))))
          (if (null? (cdr operand-codes))
              code-to-get-last-arg
              (preserving '(env)
                  code-to-get-last-arg
                  (code-to-get-rest-args
                   (cdr operand-codes))))))))
```

```
(define (code-to-get-rest-args operand-codes)
  (let ((code-for-next-arg
          (preserving '(argl)
            (car operand-codes)
            (make-instruction-sequence '(val argl) '(argl)
              '((assign argl
                  (op cons) (reg val) (reg argl)))))))
    (if (null? (cdr operand-codes))
        code-for-next-arg
        (preserving '(env)
          code-for-next-arg
          (code-to-get-rest-args (cdr operand-codes))))))
```

프로시저 호출하기

조합 식^{combination}의 요소를 계산한 후 proc에 있는 프로시저를 argl에 있는 인자에 적용하여^{apply} 계산해야 한다. 코드는 4.1.1절에서 본 메타서큘러 실행기의 apply 프로시저나, 5.1.4절에서 본 제어가 다 보이는 실행기의 진입 지점 apply-dispatch와 본질적으로 같은 분기를 한다. 적용할 프로시저가 기본 프로시저인지 번역된 프로시저인지 검사하는 것이다. 기본 프로시저에는 apply-primitive-procedure를 쓴다. 이제부터 번역된 프로시저는 어떻게 다루는지 간단하게 살펴볼 것이다. 프로시저 계산 코드의 형식은 다음과 같다.

```
(test (op primitive-procedure?) (reg proc))
(branch (label primitive-branch))
compiled-branch
  〈번역된 프로시저를 지정된 타깃과 알맞는 연결로 적용할 코드〉
primitive-branch
  (assign 〈target〉
          (op apply-primitive-procedure)
          (reg proc)
          (reg argl))
  〈linkage〉
after-call
```

번역된 브랜치가 기본 브랜치 주변을 건너뛰어야 하는 것을 발견할 수 있다. 그 결과, 원래 프로시저 호출의 연결이 next였다면, 복합^{compound} 브랜치는 기본 브랜치 다음에 끼울 라벨로 건너뛰는 연결을 사용해야 한다(이것은 compile-if에서 참의 브랜치를 나타낼 때 쓰던 연결과 비슷하다).

```
(define (compile-procedure-call target linkage)
  (let ((primitive-branch (make-label 'primitive-branch))
        (compiled-branch (make-label 'compiled-branch))
        (after-call (make-label 'after-call)))
    (let ((compiled-linkage
           (if (eq? linkage 'next) after-call linkage)))
      (append-instruction-sequences
       (make-instruction-sequence '(proc) '()
        '((test (op primitive-procedure?) (reg proc))
          (branch (label ,primitive-branch))))
       (parallel-instruction-sequences
        (append-instruction-sequences
         compiled-branch
         (compile-proc-appl target compiled-linkage))
        (append-instruction-sequences
         primitive-branch
         (end-with-linkage linkage
          (make-instruction-sequence '(proc arg1)
                                     (list target)
           '((assign ,target
                     (op apply-primitive-procedure)
                     (reg proc)
                     (reg arg1)))))))
       after-call))))
```

compile-if에서 참 경우 브랜치와 거짓 경우 브랜치가 그랬듯이 기본 브랜치와 복합 브랜치는 원래 append-instruction-sequence를 쓰지 않고 parallel-instruction-sequence를 써서 연결한다. 이것들이 순차적으로 실행되지 않기 때문이다.

번역된 프로시저 적용하기

프로시저 적용을 다루는 코드는 짧지만 번역에서 가장 다루기 힘든 부분이다.
compile-lambda로 만든 프로시저처럼 번역된 프로시저에는 진입 지점이 있는
데, 그것은 프로시저 코드가 시작하는 곳을 지정하는 라벨이다. 이 진입 지점에
서 코드는 val에 계산 결과를 저장하고 (goto (reg continue)) 명령을 실행하
면서 리턴한다. 따라서 연결이 라벨이라면 주어진 타깃과 연결로 compile-
proc-appl에 의해 만들어진, 다음과 같은 번역된 프로시저 적용 코드를 기대할
수 있다.

```
(assign continue (label proc-return))
(assign val (op compiled-procedure-entry) (reg proc))
(goto (reg val))
proc-return
(assign ⟨target⟩ (reg val))      ; 타깃이 val이 아니라면 이 부분이 포함되어야 한다
(goto (label ⟨linkage⟩))         ; 연결 코드
```

또는 연결이 return이라면 아래와 같다.

```
(save continue)
(assign continue (label proc-return))
(assign val (op compiled-procedure-entry) (reg proc))
(goto (reg val))
proc-return
(assign ⟨target⟩ (reg val))      ; 타깃이 val이 아니라면 이 부분이 포함되어야 한다
(restore continue)
(goto (reg continue))            ; 연결 코드
```

이 코드는 프로시저가 라벨 proc-return으로 돌아가 프로시저의 진입 지점으로
점프하도록 continue를 설정한다. proc-return의 코드는 필요하다면 val에서
타깃 레지스터로 프로시저의 결과를 전달하고 연결에서 지정된 장소로 점프한다
(연결은 항상 return이거나 라벨이다. compile-procedure-call이 next 연결
을 복합 프로시저 브랜치인 after-call 라벨로 대체하기 때문이다).

사실 타깃이 **val**이 아니라면 번역된 코드는 설명한 것과 정확히 같을 것이다.[39] 그렇지만 보통 타깃은 **val**이다(번역기가 다른 레지스터를 지정하는 유일한 경우는 타깃이 **proc**일 때뿐이다). 따라서 프로시저 결과는 타깃 레지스터에 바로 들어가며 그 내용을 복사해 놓은 특정한 위치로 돌아갈 필요가 없다. 그 대신 프로시저가 호출자의 연결^caller's linkage로 바로 '돌아가도록' **continue**를 설정하는 것으로 코드를 간단하게 만든다. 아래 코드를 보자.

⟨연결하도록 continue를 설정한다⟩
```
(assign val (op compiled-procedure-entry) (reg proc))
(goto (reg val))
```

연결이 라벨이라면, 프로시저가 그 라벨로 돌아가도록 **continue**를 설정해야 한다(즉, `(goto (reg continue))`, 위에서 본 proc-return의 `(goto (label ⟨linkage⟩))`와 같아지는 것으로 프로시저가 끝난다).

```
(assign continue (label ⟨linkage⟩))
(assign val (op compiled-procedure-entry) (reg proc))
(goto (reg val))
```

연결이 **return**이라면 전혀 **continue**를 둘 필요가 없다. 이미 지정한 번지를 갖고 있기 때문이다(즉, `(goto (reg continue))`, proc-return에서 `(goto (reg continue))`로 가는 것으로 프로시저가 끝난다).

```
(assign val (op compiled-procedure-entry) (reg proc))
(goto (reg val))
```

return 연결을 이렇게 구현하면, 번역기는 꼬리에서만 되돌이^tail-recursive하는 코드를 만든다. 프로시저 몸의 마지막 단계가 프로시저를 부르는 경우 스택에 어떤

---

39) 실제로 타깃이 **val**이 아니면서 연결이 **return**이면 에러가 생긴다. **return** 연결을 요구하는 유일한 위치는 번역된 프로시저이고, 우리의 관례는 프로시저가 **val**에 있는 값을 리턴하는 것이기 때문이다.

정보도 저장하지 않고 진행된다.

이제는 return 연결과 val 타깃을 가지고 프로시저를 부르는 것을 살펴보자. 이것은 꼬리에서만 되돌이하는 형태를 깰 것이다. 하지만, 여전히 같은 값을 계산하는 코드가 된다. 그러나 프로시저를 부르는 때마다 continue를 저장할 것이고, 저장한 것은 쓰지 않고 되돌린 다음에 값을 돌려줄 것이다. 이러한 쓸데없는 저장은 프로시저가 중첩되는 동안 쌓일 것이다.[40]

compile-proc-appl은 부르는 타깃이 val인지 아닌지, 연결이 return인지 아닌지 등 네 가지 경우를 고려해 위에서 살펴본 프로시저 계산 코드를 나타낸다. 명령줄이 모든 레지스터를 고칠 수 있다고 선언된다. 프로시저 실행 중에 임의의 레지스터를 변경할 수 있기 때문이다.[41] 또한 타깃 val과 연결 return을 가지는 경우에 명령줄은 continue가 필요하도록 만들어졌다는 것을 알아두라. 비록 continue가 두 명령줄을 드러내 쓰지 않더라도 continue가 바른 값을 가질 것임을 확실히 해야 한다.

---

40) 번역기가 꼬리에서만 되돌이하는 코드를 만드는 것은 간단한 생각인 양 보일지도 모른다. 그러나 (C와 파스칼 등) 보통 언어를 위한 대부분의 번역기는 이렇게 하지 않는다. 그 결과, 이런 언어들은 프로시저를 부르는 것만으로는 일정량의 메모리만 소모하는 반복(iterative) 프로세스를 나타내지 못한다. 이런 언어에서 꼬리에서만 되돌이하는 것이 어려운 까닭은 그 언어의 구현에서 프로시저 인자, 내부 변수뿐 아니라 리턴 주소를 저장하는 데에로 스택을 쓰기 때문이다. 이 책에서 설명하는 Scheme 구현은 메모리 재활용을 위해 메모리에 변수와 인자를 저장한다. 변수와 인자를 위해 스택을 쓰는 이유는 메모리 재활용의 필요성을 피하기 위해서다. 그리고 이것이 일반적으로 더 효율적일 거라 믿는다. 실제로 정교한 Lisp 번역기는 꼬리에서만 되돌이하는 일을 무너뜨리지 않고 인자를 위해 스택을 사용할 수 있다(Hanson 1990을 보라). 또한 스택만 쓰는 것이 메모리 재활용보다 효율적인지 아닌지에 대해 논쟁도 있다. 하지만 세부 사항은 컴퓨터 구조의 세세한 점에 따라 달라지는 듯싶다(Appel 1987, Miller and Rozas 1994가 이 논의에 반대되는 주장을 펼쳤다).

41) 변수 all-regs는 모든 레지스터의 이름 리스트를 의미한다.

```
(define all-regs '(env proc val argl continue))
```

```
(define (compile-proc-appl target linkage)
  (cond ((and (eq? target 'val) (not (eq? linkage 'return)))
         (make-instruction-sequence '(proc) all-regs
           '((assign continue (label ,linkage))
             (assign val (op compiled-procedure-entry)
                         (reg proc))
             (goto (reg val)))))
        ((and (not (eq? target 'val))
              (not (eq? linkage 'return)))
         (let ((proc-return (make-label 'proc-return)))
           (make-instruction-sequence '(proc) all-regs
             '((assign continue (label ,proc-return))
               (assign val (op compiled-procedure-entry)
                           (reg proc))
               (goto (reg val))
               ,proc-return
               (assign ,target (reg val))
               (goto (label ,linkage))))))
        ((and (eq? target 'val) (eq? linkage 'return))
         (make-instruction-sequence '(proc continue) all-regs
           '((assign val (op compiled-procedure-entry)
                         (reg proc))
             (goto (reg val)))))
        ((and (not (eq? target 'val)) (eq? linkage 'return))
         (error "return linkage, target not val -- COMPILE"
                target))))
```

5.5.4 명령줄 한데 합치기

이 절에서는 명령줄을 나타내고 한데 합치는 방법을 자세히 설명한다. 5.5.1절에서 명령줄을 필요한 레지스터들, 고친 레지스터들, 실제 명령들로 나타낸 것을 떠올려 보라. 라벨(symbol)은 퇴화된^{degenerate} 명령줄로 볼 수 있으며 라벨은 레지스터를 요구하거나 고치지 않는다. 따라서 명령줄에 의해 레지스터가 필요하거나 변경되는 것을 결정하기 위해 다음과 같은 선택자를 쓴다.

```
(define (registers-needed s)
  (if (symbol? s) '() (car s)))
```

```
(define (registers-modified s)
  (if (symbol? s) '() (cadr s)))

(define (statements s)
  (if (symbol? s) (list s) (caddr s)))
```

그리고 주어진 명령줄이 주어진 레지스터를 요구하는지, 혹은 고치는지 알아보려고 다음 술어^{predicate}들을 쓴다.

```
(define (needs-register? seq reg)
  (memq reg (registers-needed seq)))

(define (modifies-register? seq reg)
  (memq reg (registers-modified seq)))
```

이 술어들을 번역기 전체에서 쓸 수 있는 다양한 조합기^{combiner}를 구현할 수 있다.

기본적인 조합기는 append-instruction-sequences다. 이것은 순차적으로 수행될 명령줄들을 인자로 받고 그것들을 한데 연결해 놓은 하나의 명령줄을 만들어 낸다. 여기서 어려운 점은 결과 명령줄에서 필요로 하고 고쳐지는 레지스터를 파악하는 일이다. 전체 명령줄에서 고쳐지는 레지스터는 각 명령줄에서 고쳐지는 레지스터의 모음이고, 필요한 레지스터는 첫 명령줄에서 초기화하는 레지스터와 그 이후 명령줄에서 요구하고 이전 명령줄에서 초기화하지 않은 레지스터들의 모음이다.

명령줄은 append-2-sequences에 의해 한 번에 두 개씩 연결된다. 명령줄 seq1과 seq2를 받아 명령줄 하나로 돌려준다. 고쳐지는 레지스터는 seq1이나 seq2가 고친 레지스터들이고, 필요한 레지스터는 seq1에서 필요한 레지스터들과, seq1이 고치지 않았으며 seq2에서 필요한 레지스터들이다(집합 연산에 따라서, 필요한 레지스터의 새 집합은 합집합으로 나타낼 수 있다. 이 합집합의 요소는 seq1에서 필요한 레지스터 집합, 그리고 seq2에서 필요한 레지스터의 집합에서 seq1이 고친 레지스터 집합을 뺀 차집합이다). 따라서 append-instruction-sequences는 다음과 같이 구현된다.

```
(define (append-instruction-sequences . seqs)
  (define (append-2-sequences seq1 seq2)
    (make-instruction-sequence
     (list-union (registers-needed seq1)
                 (list-difference (registers-needed seq2)
                                  (registers-modified seq1)))
     (list-union (registers-modified seq1)
                 (registers-modified seq2))
     (append (statements seq1) (statements seq2))))
  (define (append-seq-list seqs)
    (if (null? seqs)
        (empty-instruction-sequence)
        (append-2-sequences (car seqs)
                            (append-seq-list (cdr seqs)))))
  (append-seq-list seqs))
```

이 프로시저는 리스트로 나타낸 집합을 다루기 위해 몇 가지 간단한 연산을 쓴다. 이것은 2.3.3절에서 설명한 (순서가 없는) 집합 표현과 비슷하다.

```
(define (list-union s1 s2)
  (cond ((null? s1) s2)
        ((memq (car s1) s2) (list-union (cdr s1) s2))
        (else (cons (car s1) (list-union (cdr s1) s2)))))

(define (list-difference s1 s2)
  (cond ((null? s1) '())
        ((memq (car s1) s2) (list-difference (cdr s1) s2))
        (else (cons (car s1)
                    (list-difference (cdr s1) s2)))))
```

preserving은 두 번째로 중요한 조합기다. preserving은 레지스터 리스트 regs와, 명령줄 seq1과 seq2를 인자로 받아 하나의 명령줄을 결과로 돌려주는데, seq1 앞·뒤에서 seq1이 고쳤지만 seq2에서 필요한 regs 레지스터를 save와 restore 명령을 사용해 보호한다. 이렇게 만들기 위해 preserving은 가장 먼저 seq1의 명령 앞에 필요한 save 명령을 넣고 뒤에는 나중에 필요한 restore 명령을 넣는다. 이렇게 확장된 seq1 명령줄에서 필요한 레지스터는 그렇게 보존되고 복구되는 레지스터와 seq1에서 필요한 레지스터들을 합한 것이 되고, 변경하는 레지스터들은 seq1에서 변경하는 레지스터에서 보존되고 복구되는 레지스터를 뺀 것이 된다. 아무튼 확장된 seq1 명령줄은 seq2와 일반적인 방식으로 연결된다. 다음 프로시저는 보존될 레지스터 리스트를 따라 내려가면서 이 전략을 반복해서 구현한다.[42]

```scheme
(define (preserving regs seq1 seq2)
  (if (null? regs)
      (append-instruction-sequences seq1 seq2)
      (let ((first-reg (car regs)))
        (if (and (needs-register? seq2 first-reg)
                 (modifies-register? seq1 first-reg))
            (preserving (cdr regs)
             (make-instruction-sequence
              (list-union (list first-reg)
                          (registers-needed seq1))
              (list-difference (registers-modified seq1)
                               (list first-reg))
              (append '((save ,first-reg))
                      (statements seq1)
                      '((restore ,first-reg))))
             seq2)
            (preserving (cdr regs) seq1 seq2)))))
```

또 다른 명령줄 조합기 tack-on-instruction-sequence는 compile-lambda에 의해 사용되어 프로시저 몸에 해당하는 명령줄을 다른 명령줄에 덧붙인다. 프로시저 몸의 명령들은 다른 명령들로 끼어들어가 실행되는 것이 아니므로 다른 명령줄의 레지스터 사용에 영향을 주지 않는다. 따라서 프로시저 몸 명령들을 다른 명령줄과 같이 모을 때에는 몸 명령들이 요구하거나 변경하는 레지스터에 신경쓸 것이 없다.

---

42) preserving이 세 인자를 받아서 append를 호출한다는 것에 유념하라. 이 책에서는 append가 두 인자만 받아 처리하도록 만들어져 있지만, Scheme은 임의의 인자를 받는 append 프로시저를 표준으로 제공한다.

```
(define (tack-on-instruction-sequence seq body-seq)
  (make-instruction-sequence
   (registers-needed seq)
   (registers-modified seq)
   (append (statements seq) (statements body-seq))))
```

compile-if와 compile-procedure-call에서는 parallel-instruction-sequences라는 특별한 조합기를 쓴다. 이 조합기는 검사^{test} 명령 다음으로 서로 다른 갈래의 두 명령줄을 연결한다. 이 두 명령줄은 순차적으로 실행되는 것이 아니다. 둘 중 하나만 실행된다. 이 때문에 두 번째 명령줄에서 필요한 레지스터는 비록 첫 번째 명령줄에서 고쳐졌더라도 조합한 명령줄에서 여전히 필요하다.

```
(define (parallel-instruction-sequences seq1 seq2)
  (make-instruction-sequence
   (list-union (registers-needed seq1)
               (registers-needed seq2))
   (list-union (registers-modified seq1)
               (registers-modified seq2))
   (append (statements seq1) (statements seq2))))
```

5.5.5 번역된 코드의 예

번역기를 이루는 구성 요소를 모두 살펴봤으므로 전체가 어떻게 돌아가는지 보기 위해 번역된 코드의 예를 하나 살펴보자. compile을 호출해서 다음 factorial 프로시저 정의를 기계어로 바꾸어 보자.

```
(compile
 '(define (factorial n)
    (if (= n 1)
        1
        (* (factorial (- n 1)) n)))
 'val
 'next)
```

define 식의 값은 val 레지스터에 두기로 한 것이고 define을 번역한 코드가 어떤 일을 하는지는 우리 관심이 아니므로 임의로 연결 설명자를 next로 선택하였다.

compile은 식이 정의definition라고 판정한다. 따라서 타깃 val에 덮어쓸 값을 계산하는 코드를 번역하는 compile-definition을 부르고 나면, 정의를 설치할 코드가 뒤따르고, 대상 레지스터에 define 값(기호 ok로 나타난다)을 두는 코드가 오며, 마지막으로 연결 코드가 따라온다. env는 보존된다. 정의를 설치하기 위해 필요하기 때문이다. 연결이 next이기 때문에 이 경우에는 연결 코드가 없다. 따라서 번역된 코드의 골자는 다음과 같다.

```
〈코드에서 env가 값을 계산하다 변하는 경우라면 저장한다.〉
〈정의 값을 계산한다. 타깃은 val이고 연결은 next이다.〉
〈앞에서 env가 저장되었다면 되살린다.〉
 (perform (op define-variable!)
          (const factorial)
          (reg val)
          (reg env))
 (assign val (const ok))
```

변수 factorial 값을 만들기 위해 번역되는 식은 lambda 식이고 그 값은 팩토리얼을 계산하는 프로시저다. compile은 compile-lambda를 불러 번역을 시작한다. 먼저 프로시저 몸을 번역하고 새 시작 지점entry point의 라벨을 붙인 후, 프로시저가 호출되는 실행시간의 환경과 프로시저 몸을 연계시키고 val에 결과를 저장하는 명령들을 만든다. 이때, 명령줄에서는 새로 삽입되는 번역된 프로시저 코드 주위를 건너뛴다. 프로시저 코드 자체는 형식 인자인자 이름, formal parameter인 n을 실제 인자 값으로 묶은 것을 가지고 프로시저 정의 환경을 확장하는 것부터 시작한다. 그 다음에 실제 프로시저 몸이 온다. 인자 값을 계산하는 코드는 env 레지스터를 고치지 않기 때문에, 앞에서 살펴본 save와 restore는 필요치 않다. (entry2에 나타낸 프로시저 코드는 현 시점에서 실행되는 것이 아니다. 따라서 env의 사용은 아무런 관계가 없다.) 그러므로 번역된 코드의 얼개는 다음과 같을 것이다.

```
    (assign val (op make-compiled-procedure)
                (label entry2)
                (reg env))
    (goto (label after-lambda1))
entry2
    (assign env (op compiled-procedure-env) (reg proc))
    (assign env (op extend-environment)
                (const (n))
                (reg argl)
                (reg env))
```
〈프로시저 몸의 번역〉
```
after-lambda1
    (perform (op define-variable!)
            (const factorial)
            (reg val)
            (reg env))
    (assign val (const ok))
```

프로시저 몸은 언제나 (compile-lambda-body에 의해) 타깃 val과 연결 return 을 가지는 명령줄로 번역된다. 이 경우, if 식 하나가 된다.

```
(if (= n 1)
    1
    (* (factorial (- n 1)) n))
```

compile-if는 먼저 술어를 계산하는 코드를 만들고, 그 다음에 결과를 검사하고 그 결과가 거짓일 때 참의 브랜치를 건너뛴다. env와 continue는 술어 코드 앞·뒤 에서 보존된다. 이것들이 if 식의 나머지에서 필요할지도 모르기 때문이다. if 식이 프로시저 몸을 이루는 마지막 식(그리고 유일한 식)이기 때문에 그 타깃은 val이고 그 연결은 return이다. 그래서 참과 거짓일 때의 식들은 둘 다 타깃 val 과 연결 return을 갖는 명령줄로 바뀐다(즉, 브랜치의 어느 쪽에서 계산되는 값이 프로시저의 값이다).

⟨continue, env가 술어에서 변경되고 브랜치에서 필요하다면 저장한다.⟩
⟨술어부를 번역한다. 타깃은 val이며 연결은 next다.⟩
⟨앞에서 저장되었다면 continue와 env를 되살린다.⟩
```
  (test (op false?) (reg val))
  (branch (label false-branch4))
true-branch5
```
⟨참인 브랜치를 번역한다. 타깃은 val이며 연결은 return이다.⟩
```
false-branch4
```
⟨거짓인 브랜치를 번역한다. 타깃은 val이며 연결은 return이다.⟩
```
after-if3
```

술어 (= n 1)은 프로시저 호출이다. 이것은 연산자(기호 =)를 찾고 proc에 이 값을 둔다. 그리고 나서 인자 1과 n 값을 arg1에 넣는다. 그 다음 proc이 기본 프로시저나 복합 프로시저를 담고 있는지 검사해 그에 맞게 기본 브랜치로 가거나 복합 브랜치로 간다. 두 브랜치 모두 끝나면 after-call 라벨에서 다시 모인다. 연산자와 인자들을 계산하는 일 앞·뒤에서 레지스터를 보존해야 하지만 이 경우에는 레지스터를 보존할 일은 없다. 레지스터를 고치지 않기 때문이다.

```
  (assign proc
          (op lookup-variable-value) (const =) (reg env))
  (assign val (const 1))
  (assign arg1 (op list) (reg val))
  (assign val (op lookup-variable-value) (const n) (reg env))
  (assign arg1 (op cons) (reg val) (reg arg1))
  (test (op primitive-procedure?) (reg proc))
  (branch (label primitive-branch17))
compiled-branch16
  (assign continue (label after-call15))
  (assign val (op compiled-procedure-entry) (reg proc))
  (goto (reg val))
primitive-branch17
  (assign val (op apply-primitive-procedure)
              (reg proc)
              (reg arg1))
after-call15
```

조건식이 참일 때(인자 값이 1일 때) 브랜치는 다음과 같은 타깃 val과 연결 return으로 번역된다.

```
(assign val (const 1))
(goto (reg continue))
```

거짓일 때 브랜치 코드는 다른 프로시저 호출이다. 거기서 프로시저는 기호 *의 값이고 인자는 n과 다른 프로시저를 부른 결과(factorial을 부름)를 받는다. 이렇게 부를 때마다 proc과 arg1, 그것 자체의 기본 연산, 복합 브랜치를 설정한다. 그림 5.17(772쪽)은 factorial 프로시저 정의를 완전히 번역한 것을 보여준다. 위에서 본 것처럼 조건식 코드 앞·뒤에서 continue와 env는 저장되고 보존된다. 이 레지스터들은 술어에서 프로시저를 부를 때 변경되고 브랜치에서 프로시저 호출과 return 연결을 위해 필요하기 때문이다.

● **연습문제** 5.33
다음 팩토리얼 프로시저 정의를 살펴보자. 위에서 나온 것과 한 부분이 약간 다를 것이다.

```
(define (factorial-alt n)
  (if (= n 1)
      1
      (* n (factorial-alt (- n 1)))))
```

이 프로시저를 기계어로 바꾸고 factorial을 만드는 결과 코드와 비교하라. 그리고 어떤 점에서 차이가 나는지 설명하라. 어떤 것에서 프로그램이 더 효율적으로 돌아가는가?

```
;; 프로시저 몸의 프로시저와 건너뛰기 코드를 만든다.
  (assign val
          (op make-compiled-procedure) (label entry2) (reg env))
  (goto (label after-lambda1))

entry2        ; 팩토리얼을 호출하면 이곳으로 진입한다.
  (assign env (op compiled-procedure-env) (reg proc))
  (assign env
          (op extend-environment) (const (n)) (reg argl) (reg env))
;; 실제 프로시저 몸의 시작
  (save continue)
  (save env)

;; (= n 1)을 계산
  (assign proc (op lookup-variable-value) (const =) (reg env))
  (assign val (const 1))
  (assign argl (op list) (reg val))
  (assign val (op lookup-variable-value) (const n) (reg env))
  (assign argl (op cons) (reg val) (reg argl))
  (test (op primitive-procedure?) (reg proc))
  (branch (label primitive-branch17))
compiled-branch16
  (assign continue (label after-call15))
  (assign val (op compiled-procedure-entry) (reg proc))
  (goto (reg val))
primitive-branch17
  (assign val (op apply-primitive-procedure) (reg proc) (reg argl))

after-call15    ; val은 이제 (= n 1)의 결과를 담는다.
  (restore env)
  (restore continue)
  (test (op false?) (reg val))
  (branch (label false-branch4))
true-branch5   ; 1을 리턴한다.
  (assign val (const 1))
  (goto (reg continue))

false-branch4
;; (* (factorial (- n 1)) n)을 계산하고 리턴한다.
  (assign proc (op lookup-variable-value) (const *) (reg env))
  (save continue)
  (save proc)    ; *프로시저를 저장
  (assign val (op lookup-variable-value) (const n) (reg env))
  (assign argl (op list) (reg val))
  (save argl)    ; *의 부분 인자 리스트를 저장

;; (factorial (- n 1))을 계산한다. 그런데 이것은 *의 다른 인자다.
  (assign proc
          (op lookup-variable-value) (const factorial) (reg env))
  (save proc)    ; factorial 프로시저를 저장
```

그림 5.17 factorial 프로시저 정의를 번역하기(다음 쪽에서 계속 이어진다.)

```
;; (- n 1)을 계산한다. 팩토리얼의 인자다.
  (assign proc (op lookup-variable-value) (const -) (reg env))
  (assign val (const 1))
  (assign argl (op list) (reg val))
  (assign val (op lookup-variable-value) (const n) (reg env))
  (assign argl (op cons) (reg val) (reg argl))
  (test (op primitive-procedure?) (reg proc))
  (branch (label primitive-branch8))
compiled-branch7
  (assign continue (label after-call6))
  (assign val (op compiled-procedure-entry) (reg proc))
  (goto (reg val))
primitive-branch8
  (assign val (op apply-primitive-procedure) (reg proc) (reg argl))

after-call6    ; val은 이제 (- n 1)의 결과를 담는다.
  (assign argl (op list) (reg val))
  (restore proc) ; *를 되살린다.
;; 팩토리얼을 적용한다.
  (test (op primitive-procedure?) (reg proc))
  (branch (label primitive-branch11))
compiled-branch10
  (assign continue (label after-call9))
  (assign val (op compiled-procedure-entry) (reg proc))
  (goto (reg val))
primitive-branch11
  (assign val (op apply-primitive-procedure) (reg proc) (reg argl))

after-call9       ;; val은 이제 (factorial (- n 1))의 결과를 담는다.
  (restore argl) ; *에 대한 인자 목록 일부를 복구한다.
  (assign argl (op cons) (reg val) (reg argl))
  (restore proc)   ; *를 되살린다.
  (restore continue)
;; *를 적용하고 결과값을 되돌린다.
  (test (op primitive-procedure?) (reg proc))
  (branch (label primitive-branch14))
compiled-branch13
;; 복합식은 꼬리 되돌이 방식으로 호출되는 것을 주목하라.
  (assign val (op compiled-procedure-entry) (reg proc))
  (goto (reg val))
primitive-branch14
  (assign val (op apply-primitive-procedure) (reg proc) (reg argl))
  (goto (reg continue))
after-call12
after-if3
after-lambda1
;; 프로시저를 factorial 변수로 덮어쓴다.
  (perform
   (op define-variable!) (const factorial) (reg val) (reg env))
  (assign val (const ok))
```

그림 5.17 factorial 프로시저 정의를 번역하기

● **연습문제** 5.34

반복^{iterative} 팩토리얼 프로시저를 기계어로 바꾸라.

```
(define (factorial n)
  (define (iter product counter)
    (if (> counter n)
        product
        (iter (* counter product)
              (+ counter 1)))))
  (iter 1 1))
```

factorial의 반복^{iterative} 판과 되돌이^{recursive} 판 코드 사이에서 가장 중요한 차이를 나타낼 수 있도록 결과 코드에 주석을 달아라. 한 프로세스는 스택 공간을 만들어 낼 것이고 다른 프로시저는 일정한 스택 공간에서 돌아갈 것이다.

● **연습문제** 5.35

어떤 식을 번역하면 그림 5.18(776쪽)에 나타낸 코드처럼 나타나겠는가?

● **연습문제** 5.36

조합한 식에서 피연산자를 만드는 번역기는 어떤 순서로 계산하는가? 왼쪽에서 오른쪽인가? 오른쪽에서 왼쪽인가? 아니면 다른 순서인가? 번역기에서 이 순서는 어디에서 결정되는가? 다른 순서로 계산하도록 번역기를 고쳐 보아라(5.4.1절에서 제어가 다 보이는 실행기^{explicit-control evaluator}에서 계산 순서에 대해 논의한 것을 살펴보라). 피연산자 계산 순서를 바꿨을 때 인자 리스트를 만드는 코드의 효율성에 어떤 영향을 미치는가?

● **연습문제** 5.37

최적화된 스택 사용을 위한 번역기의 **preserving** 메커니즘을 이해하는 방법 중 하나는 이 메커니즘을 쓰지 않았을 때 어떤 쓸데없는 연산을 만들어 내는지 살펴보는 것이다. 항상 **save**와 **restore** 연산을 만들어 내도록 **preserving**을 고쳐라. 간단한 식을 기계어로 바꿔보고 쓸데없는 스택 연산을 만들지 않았는지 확인하라. 손대지 않은^{intact} **preserving** 방법으로 만든 코드와 비교하라.

● 연습문제 5.38

지금까지 만든 번역기는 쓸데없는 스택 연산을 피하는 것에는 쓸 만하지만 기계에서 제공하는 기본 연산으로 만든 언어의 기본 프로시저를 기계어로 바꿀 때에는 전혀 쓸 만하지 않다. 예를 들어, (+ a 1)을 계산하는 데 얼마나 많은 코드가 기계어로 바뀌는지 따져보자. 코드는 arg1에 인자 리스트를 두고, proc에 기본 덧셈 연산자를 넣는다(환경에서는 기호 +로 찾을 수 있다). 그러고 나서 프로시저가 기본 프로시저인지 복합 프로시저인지 검사한다. 번역기는 항상 검사 코드뿐 아니라 기본과 복합 브랜치 코드를 만들 것이다(그 코드 중 하나만 실행될 것이다). 우리가 기본 연산을 구현하는 제어기를 살펴보진 않았지만, 이런 명령들은 기계의 데이터 패스에서 기본 산술 연산을 사용해 만든 것이라고 간주한다. 번역기가 오픈 코드^{open-code} 기본 연산을 쓴다면 얼마나 더 적은 코드를 만들어 내는지 따져보라. 즉, 이런 기본 기계 연산을 바로 쓰는 코드를 만들 수 있다는 것이다. 식 (+ a 1)을 다음과 같이 간단하게 기계어로 바꿀 수도 있다.[43]

```
(assign val (op lookup-variable-value) (const a) (reg env))
(assign val (op +) (reg val) (const 1))
```

이 연습문제에서는 번역기가 골라낸 기본 연산의 오픈 코드를 지원하도록 확장한다. 특수 목적의 코드는 널리 쓰는 프로시저 계산 코드 대신에 이런 기본 프로시저를 불러서 만들 것이다. 이 일을 위해 특별한 인자 레지스터 arg1과 arg2를 기계에 추가할 것이다. 기계의 기본 산술 연산은 arg1과 arg2를 인자로 받을 것이다. 그 결과는 val, arg1 혹은 arg2에 넣을 수도 있다.

---

43) 여기서 소스 언어 프로시저와 기계 연산을 나타내는 일에 둘 다 같은 기호 +를 썼다. 보통은 소스 언어의 기본 연산과 기계의 기본 연산이 일대일로 일치하지는 않을 것이다.

```
  (assign val (op make-compiled-procedure) (label entry16)
                                           (reg env))
  (goto (label after-lambda15))
entry16
  (assign env (op compiled-procedure-env) (reg proc))
  (assign env
          (op extend-environment) (const (x)) (reg argl) (reg env))
  (assign proc (op lookup-variable-value) (const +) (reg env))
  (save continue)
  (save proc)
  (save env)
  (assign proc (op lookup-variable-value) (const g) (reg env))
  (save proc)
  (assign proc (op lookup-variable-value) (const +) (reg env))
  (assign val (const 2))
  (assign argl (op list) (reg val))
  (assign val (op lookup-variable-value) (const x) (reg env))
  (assign argl (op cons) (reg val) (reg argl))
  (test (op primitive-procedure?) (reg proc))
  (branch (label primitive-branch19))
compiled-branch18
  (assign continue (label after-call17))
  (assign val (op compiled-procedure-entry) (reg proc))
  (goto (reg val))
primitive-branch19
  (assign val (op apply-primitive-procedure) (reg proc) (reg argl))
after-call17
  (assign argl (op list) (reg val))
  (restore proc)
  (test (op primitive-procedure?) (reg proc))
  (branch (label primitive-branch22))
compiled-branch21
  (assign continue (label after-call20))
  (assign val (op compiled-procedure-entry) (reg proc))
  (goto (reg val))
primitive-branch22
  (assign val (op apply-primitive-procedure) (reg proc) (reg argl))
```

그림 5.18 번역 결과의 한 예(다음 쪽으로 이어진다.) 연습문제 5.35를 보라.

번역기는 소스 프로그램에서 오픈 코드로 만든 기본 계산을 알아낼 수 있어야 한다. 현재 번역기가 아는 예약어(특별한 형태^{special form}) 외에 또 이런 기본 이름을 알아내도록 compile 프로시저를 만들 것이다.[44] 지금 만드는 번역기에서 쓰는 특별한 형태는 저마다 코드 생성기를 가지고 있다. 이 연습문제에서는 오픈 코드로 만든 기본 연산을 위한 코드 생성기 군^{family}을 만들 것이다.

```
after-call20
  (assign argl (op list) (reg val))
  (restore env)
  (assign val (op lookup-variable-value) (const x) (reg env))
  (assign argl (op cons) (reg val) (reg argl))
  (restore proc)
  (restore continue)
  (test (op primitive-procedure?) (reg proc))
  (branch (label primitive-branch25))
compiled-branch24
  (assign val (op compiled-procedure-entry) (reg proc))
  (goto (reg val))
primitive-branch25
  (assign val (op apply-primitive-procedure) (reg proc) (reg argl))
  (goto (reg continue))
after-call23
after-lambda15
  (perform (op define-variable!) (const f) (reg val) (reg env))
  (assign val (const ok))
```

그림 5.18 번역 결과의 한 예

a. 특별한 형태와 달리 모든 오픈 코드 기본 연산은 계산할 피연산자를 요구한다. 오픈 코드 생성기 전체를 사용하기 위한 코드 생성기 spread-arguments를 만들어라. spread-arguments는 피연산자 리스트를 받고, 주어진 피연산자를 연속적인 인자 레지스터 타깃으로 번역한다. 피연산자가 오픈 코드로 만든 기본 연산을 담았을 수도 있기 때문에 인자 레지스터는 피연산자를 계산하는 동안 보존되어야 한다는 것에 주의하라.

b. 기본 프로시저 =, *, -, +마다 코드 생성기를 만들라. 이 코드 생성기는 연산자, 타깃과 연결 설명자의 조합을 취해 레지스터로 인자들을 펼치는 코드를

---

44) 기본 연산을 예약어(reserved words)로 만드는 방법은 보통 잘못된 것이라고 할 수 있다. 사용자가 다른 프로시저에서 이런 이름들을 다시 묶지(바인드할, bind) 못하기 때문이다. 게다가, 사용 중인 번역기에 예약어를 추가한다면, 현재 이런 이름들을 가지고 프로시저를 만드는 프로그램은 동작을 멈출 것이다. 이런 문제를 어떻게 피할 수 있는지는 연습문제 5.44에 나타냈다.

만든다. 이 코드는 지정된 연결과 타깃을 염두에 둔 연산을 수행한다. 이제 두 피연산자를 가지는 식만 다룰 수 있다고 하자. 이런 코드 생성기에 대해 분기하는 compile을 만들라.

c. factorial 예제에 새로 만든 번역기를 써보라. 오픈 코드로 만들지 않은 번역기 결과와 비교하라.

d. 임의의 수의 피연산자를 갖는 식을 다룰 수 있도록 +와 *를 확장해 코드 생성기에 추가하라. 피연산자를 세 개 이상 가지는 식은 두 입력만 갖는 연산 시퀀스로 번역되어야 한다.

5.5.6 텍스트에서 변수의 정의를 파악하기^{lexical addressing}

번역기에서 행해지는 무척 일반적인 최적화 중 하나가 변수 찾기 최적화다. 지금까지 구현한 번역기는 기계의 lookup-variable-value연산을 사용하는 코드를 만든다. 이것은 찾고자 하는 변수의 정의^{binding}을 현재 실행 환경의 바깥부터 하나하나 변수 이름이 일치되는 엔트리가 있을 때까지 찾아간다. 실행 환경(변수와 그 정의 값 쌍들의 일람표)이 깊이 중첩되었거나 많은 변수를 가진다면 이렇게 조사하는 일에 비용이 많이 들 수도 있다. 예를 들어, 다음과 같이 나타낸 프로시저 계산 안에서 식 (* x y z)를 계산하는 동안 x 값을 찾는 문제를 생각해 보자.

```
(let ((x 3) (y 4))
  (lambda (a b c d e)
    (let ((y (* a b x))
          (z (+ c d x)))
      (* x y z))))
```

let 식은 단지 lambda 조합 식을 문법적으로 보기 좋게 나타낸 것이므로, 이 식은 아래 식과 같다.

```
((lambda (x y)
  (lambda (a b c d e)
    ((lambda (y z) (* x y z))
     (* a b x)
     (+ c d x)))) 
 3
 4)
```

lookup-variable-value로 x 값을 찾을 때마다, 기호 x가 y나 z와 eq?하지 않고 또한 a, b, c, d, e와 같지 않다고 판단해야 한다. 당분간 우리 프로그램에서 define을 쓰지 않는다고 가정한다. lambda만 가지고 변수의 값이 정의될 것이다. 우리의 언어에서는 실행 전에 변수 정의가 프로그램 텍스트에서 모두 파악되기 때문에^{lexically scoped} 어떤 식의 실행 환경은 그 식이 전체 프로그램 텍스트에서 어느 위치에 있느냐에 따라 결정된다.[45] 따라서 위 식을 분석할 때, 번역기는 프로시저가 (* x y z)에서 변수 x의 값을 찾을 때 두 단계 위의 변수 일람표에서 첫 번째 변수임을 알 수 있다.

새로운 방법으로 변수를 찾는 연산 lexical-address-lookup을 만들어 이런 사실을 이용할 수 있는데, 이 연산은 인자로 환경과 위치 주소^{lexical address}를 받는다. 여기서 위치 주소는 두 수로 구성되며, 그 수는 동 번호^{frame number}와 번지수^{displacement number}다. 동 번호는 변수 일람표 몇 개를 건너가야 하는지 지정하고 번지수는 그 변수 일람표 안에서 변수 몇 개를 지나야 하는지 표현한다. lexical-address-lookup은 현재 환경에서 그렇게 찾아진 변수 값을 만들 것이다. 우리가 만들어낸 기계에 lexical-address-lookup 연산을 넣는다면 lookup-variable-value 대신 이 연산을 사용해 변수를 참조하는 코드를 만드는 번역기를 만들 수 있다. 또 set-variable-value! 대신 새 lexical-address-set! 연산을 쓰게 된다.

---

45) 만약 프로그램 안에 감춰둔 정의를 쓴다면, 감춰둔 정의를 스캔해 끄집어 내지 않는 한 이 말은 참이 아니다. 연습문제 5.43을 보라.

이런 코드를 만들기 위해서는 참조할 변수의 위치 주소를 번역 시점에서 결정할 수 있어야 한다. 프로그램 안에서 변수의 위치 주소는 코드 안에서 그 변수가 어디에 자리잡는지에 달려 있다. 예를 들어, 다음과 같은 프로그램에서, 식 $\langle e1 \rangle$에서 x의 주소는 (2, 0)이다. 이것은 두 번째 변수 일람표 뒤에, 그 변수 일람표에서는 첫 번째 변수라는 것을 나타낸다. 그 위치에서 y는 (0, 0) 주소에, c는 (1, 2) 주소에 있다. 식 $\langle e2 \rangle$에서 x는 (1, 0)에, y는 (1, 1)에, c는 (0, 2)에 있다.

```
((lambda (x y)
   (lambda (a b c d e)
     ((lambda (y z) ⟨e1⟩)
      ⟨e2⟩
      (+ c d x))))
 3
 4)
```

번역기가 프로그램 텍스트를 기준으로 변수의 위치 주소를 이용하는 코드를 만드는 한 가지 방법은 **번역 시간 환경**^{compile-time environment}이라는 데이터 구조를 사용하는 것이다. 이것은 실행시간 환경에서 변수의 정의가 어떤 변수 일람표의 어떤 위치에 있는지 추적한다. 번역 시간 환경은 변수 일람표 리스트이고 변수 일람표마다 변수 리스트를 담는다. (변수 값은 번역 시간에 계산되지 않기 때문에 값이 들어 있는 변수는 없을 것이다.) 번역 시간 환경은 compile에 추가되는 인자가 될 것이며, 각 코드 생성기에 전달될 것이다. compile을 맨 처음 부를 때에는 빈 번역 시간 환경을 사용한다. lambda 몸을 기계어로 바꿀 때, compile-lambda-body는 프로시저 매개변수를 담는 변수 일람표로 번역 시간 환경을 확장한다. lambda 몸이 확장된 환경을 가지고 번역되게 하기 위해서다. compile-variable과 compile-assignment는 알맞은 위치 주소를 만들기 위해 번역 시간 환경을 사용한다.

연습문제 5.39부터 5.43까지는 문법 구조를 살펴보는 방법을 번역기에 넣을 수 있도록 하는 방법을 설명한다. 연습문제 5.44는 번역 시간 환경의 다른 쓰임새를 설명한다.

● 연습문제 5.39

새로운 찾아보기^{lookup} 연산을 구현하는 프로시저 lexical-address-lookup 을 만들어라. 이 프로시저는 위치 주소와 실행시간 환경을 인자로 받아, 지정된 위치 주소에 저장한 변수 값을 돌려준다. 이 프로시저는 변수 값이 기호 *unassigned*로 들어오면 잘못된 것이라고 나타내야 한다.[46] 또한 특별한 위치 주소에서 변수 값을 바꾸는 연산을 구현하는 lexical-address-set! 프로시저를 만들어라.

● 연습문제 5.40

위에서 설명한 대로 그 번역기가 번역 시간 환경을 유지하도록 고쳐라. 즉, compile과 여러 코드 생성기에 번역 시간 환경 인자를 추가하고 compile-lambda-body에서 그것을 확장하라.

● 연습문제 5.41

변수와 번역 시간 환경을 인자로 받아 그 환경과 관련 있는 변수의 위치 주소를 돌려주는 프로시저 find-variable을 만들라. 예를 들어, 위에서 살펴본 프로그램 부분에서 식 ⟨e1⟩을 번역하는 동안 번역 시간 환경은 ((y z) (a b c d e) (x y))가 된다. 그러면 find-variable은 다음 결과를 만들어 내야 한다.

```
(find-variable 'c '((y z) (a b c d e) (x y)))
(1 2)

(find-variable 'x '((y z) (a b c d e) (x y)))
(2 0)

(find-variable 'w '((y z) (a b c d e) (x y)))
not-found
```

---

46) 만약 감춰둔 정의(연습문제 5.43)를 없애기 위해 스캔하는 방법을 구현한다면, 이것은 필요로 하는 변수 찾기를 변경하는 것이다. 텍스트에서 변수의 정의를 파악하기(lexical addressing)를 하려면 이런 정의는 없애야 한다.

● 연습문제 5.42

연습문제 5.41에서 만든 find-variable을 이용해 위치 주소 명령을 결과로 내는 compile-variable과 compile-assignment를 다시 만들어라. find-variable이 not-found라는 결과를 돌려주는 경우에(즉, 변수가 번역 시간 환경 안에 없는 경우), 전에 하던 대로 변수에 값을 넣은 것^{binding}을 찾기 위해 실행기 연산을 사용하는 코드 생성기가 있어야 한다(번역 시간에 찾지 못한 변수의 유일한 위치는 바깥 환경^{global environment}에서 찾을 수 있는데, 바깥 환경은 실행시간 환경의 부분이고 번역 시간 환경의 부분이 아니다.[47] 따라서 그 변수의 위치를 찾고 싶다면 바깥 환경에서 바로 보이는 실행기 연산이 있어야 할지도 모르며, 그런 실행기 연산은 env에서 전체 실행시간 환경을 찾는 대신에 연산 (op get-global-environment)에서 얻을 수 있다). 이 절을 시작하는 부분에서 lambda 식을 여러 개 묶어 조합한 식과 같은, 간단한 몇 가지 경우에서 고쳐진 번역기를 시험하라.

● 연습문제 5.43

4.1.6절에서 블록 구조를 위해 감춰둔 정의는 '실제' define으로 여기지 않는다고 이야기했다. 그 대신 프로시저 몸은 마치 만들고 있는 내부 변수를 lambda 변수로 두는 것처럼(lambda 변수는 set!을 써서 특정한 값으로 초기화한다) 해석되어야 한다. 4.1.6절과 연습문제 4.16에서는 감춰둔 정의를 스캔함으로써 이런 일을 하는 메타서큘러 실행기^{interpreter}를 고치는 방법을 살펴봤다. 번역기가 프로시저 몸을 번역하기 전에 이런 일을 할 수 있도록 고쳐라.

● 연습문제 5.44

이 절에서 위치 주소를 만드는 데 번역 시간 환경을 어떻게 쓰느냐에 초점을 맞

---

47) 위치 주소는 바깥 환경에 있는 변수 값에 접근하는 데 사용하지 못한다. 이런 이름들이 언제라도 대화형으로 정의되거나 재정의될 수 있기 때문이다. 연습문제 5.43처럼, 감춰둔 정의를 스캔하면서 번역기가 살펴보는 유일한 정의는 최상위 수준의 것들로, 그 정의는 바깥 환경에서 돌아간다. 어떤 정의(definition)를 번역한다고 해도 번역시간 환경에 새로 정의된 이름이 올라가게 되지는 않는다.

췄다. 그러나 번역 시간 환경에는 다른 사용법도 있다. 예를 들어 연습문제 5.38에서는 오픈 코드로 만든 기본 프로시저를 이용해서 번역된 코드의 효율성을 높였다. 이를 구현하려고 오픈 코드로 만든 프로시저 이름을 예약어처럼 다루었다. 프로그램이 같은 이름으로 다시 바인드하면 연습문제 5.38에서 설명한 메커니즘은 새로 인자에 값을 넣는 일은 신경 쓰지 않고 여전히 기본 오픈 코드로 만들 것이다. 예를 들어 다음 프로시저를 생각해 보자.

```
(lambda (+ * a b x y)
  (+ (* a x) (* b y)))
```

여기에서는 선형방정식으로 x와 y를 조합한 식을 계산한다. 이 프로시저는 인자로 + matrix, * matrix, 행렬 네 개를 받을 수도 있다. 하지만 오픈 코드로 만든 번역기는 여전히 기본 연산 +와 *처럼 (+ (* a x) (* b y))에서 +와 *를 오픈 코드로 나타내려 할 것이다. 이 번역기를, 기본 프로시저의 이름을 가진 식의 정확한 코드를 번역하기 위해 번역 시간 환경을 참조하는 오픈 코드 번역기로 고쳐라(그 코드는 프로그램이 define하거나 이런 이름을 set!하지 않는 한 정확하게 돌아갈 것이다).

5.5.7 번역된 코드를 실행기에 연결하기

번역된 코드를 실행 기계에서 어떻게 읽어 들일지, 또는 그 코드를 어떻게 돌릴지는 아직 설명하지 않았다. 이를 설명하기 위해, 5.4.4절에서 만든 제어가 다 보이는 실행기^{explicit-control evaluator} 기계에 주 38에서 설명한 연산을 추가했다고 해보자. 이제 compile-and-go 프로시저를 만들 것이다. 이 프로시저는 Scheme 식을 번역하고, 그 결과로 나온 코드를 실행기로 읽어 들인 후 실행기 맨 바깥 환경을 사용해 코드가 기계에서 돌아가도록 하고 결과를 찍으며 드라이버 루프로 들어가게 한다. 또 실행되는 프로그램 식^{interpreted expression}이 번역 없이 실행되기로 한 프로시저뿐 아니라 번역된 프로시저를 부를 수 있도록 실행기를 약간 고칠 것이다. 그러면 번역된 프로시저를 기계에 넣을 수 있고 실행기를 사용해 그 프로시저를 호출할 수 있다.

```
(compile-and-go
 '(define (factorial n)
    (if (= n 1)
        1
        (* (factorial (- n 1)) n))))
;;; EC-Eval 값:
ok

 ;;; EC-Eval 입력:
(factorial 5)
;;; EC-Eval 값:
120
```

실행기가 번역된 프로시저(예를 들어 앞에서 본 factorial을 불러 계산하는 프로시저)를 다룰 수 있게 하려면 5.4.1절에서 본 apply-dispatch 코드를 바꿔야 한다. (복합 프로시저나 기본 프로시저가 아니라) 번역된 프로시저를 인식하고 번역된 코드의 진입 지점으로 바로 옮겨갈 수 있게끔 말이다.[48]

```
apply-dispatch
   (test (op primitive-procedure?) (reg proc))
   (branch (label primitive-apply))
   (test (op compound-procedure?) (reg proc))
   (branch (label compound-apply))
   (test (op compiled-procedure?) (reg proc))
   (branch (label compiled-apply))
   (goto (label unknown-procedure-type))

compiled-apply
   (restore continue)
   (assign val (op compiled-procedure-entry) (reg proc))
   (goto (reg val))
```

---

48) 물론, 번역 없이 실행되기로 한 프로시저뿐 아니라 번역된 프로시저도 기본 프로시저가 아닌 복합 프로시저다. 제어가 다 보이는 실행기에서 쓴 용어와의 호환성을 위해 이 절에서는 번역 없이 실행되기로 함을 뜻하는 것으로 '복합적(compound)'이라는 말을 쓰겠다.

compiled-apply에서는 continue의 되돌려놓기^{restore}가 중요하다. apply-dispatch에서 호출이 끝나고 앞으로 할 일^{continuation}은 스택의 맨 위에 있다는 것을 떠올려라. 번역된 코드 진입 지점에서 앞으로 할 일은 continue에 있다고 기대할 것이다. 따라서 continue는 번역된 코드를 돌리기 전에 반드시 되돌려놔야 한다.

실행기 기계가 시작할 때 번역된 코드를 돌릴 수 있게 하려면, 실행기 기계가 돌아가기 시작하는 곳에 branch 명령을 넣어줘야 한다. flag 레지스터에 값이 지정되면 새로운 진입 지점으로 들어가도록 해준다.[49]

```
(branch (label external-entry))      ; flag이 설정되어 있으면 branch한다.
read-eval-print-loop
  (perform (op initialize-stack))
  ...
```

external-entry는 기계가 명령줄의 위치를 담은 val을 가지고 시작한다고 가정하며 그 명령줄은 val에 결과를 넣고 (goto (reg continue))로 끝난다. 이 진입 지점에서 기계를 돌리기 시작하면 val에서 정한 위치로 건너뛰지만, 우선 끝나고 할 일이 print-result로 돌아오는 것이 되도록 continue를 지정해 놔야 한다. print-result는 val에 있는 값을 찍고, 실행기가 새롭게 값을 읽어 계산하고 찍는 루프에서 시작하도록 한다.[50]

---

49) 이제 실행기가 branch로 시작하면, 실행기 기계가 돌아가기 전에 항상 flag 레지스터를 초기화해야 한다. 흔히 쓰는 값을 읽고 계산하고 찍는 루프에서 기계를 돌리려 한다면, 다음과 같은 것을 쓸 수 있다.

```
(define (start-eceval)
  (set! the-global-environment (setup-environment))
  (set-register-contents! eceval 'flag false)
  (start eceval))
```

50) 번역된 프로시저는 시스템이 혹시 찍어내려 하는 대상이 될 수도 있기 때문에, 번역된 프로시저의 구성요소를 찍지 않도록 4.1.4절에서 본 시스템 출력 연산 user-print를 변경할 것이다.

```
(define (user-print object)
  (cond ((compound-procedure? object)
         (display (list 'compound-procedure
                        (procedure-parameters object)
                        (procedure-body object)
                        '<procedure-env>)))
        ((compiled-procedure? object)
         (display '<compiled-procedure>))
        (else (display object)))))
```

```
external-entry
  (perform (op initialize-stack))
  (assign env (op get-global-environment))
  (assign continue (label print-result))
  (goto (reg val))
```

이제 프로시저 정의를 번역하고, 그 코드를 돌린 다음에, 값을 읽고 계산하고 찍는
루프로 돌아가도록 만드는 다음과 같은 프로시저를 쓸 수 있다. 번역된 코드가 val
에 있는 결과를 가지고 continue에 있는 위치로 돌아가게끔 만들고 싶기 때문에,
타깃 val과 연결 return을 가지고 프로그램 식을 번역할 것이다. 번역기로 만든 코
드를 실행기 레지스터 기계에서 돌릴 수 있는 명령으로 바꾸기 위해 5.2.2절에서
살펴본 레지스터 기계 시뮬레이터의 assemble 프로시저를 쓴다. 그리고 나서 명령
리스트의 위치를 가리키도록 val 레지스터를 초기화하고, 실행기가 external-
entry로 가도록 flag 레지스터를 켜고 실행을 시작할 것이다.

```
(define (compile-and-go expression)
  (let ((instructions
         (assemble (statements
                     (compile expression 'val 'return))
                   eceval)))
    (set! the-global-environment (setup-environment))
    (set-register-contents! eceval 'val instructions)
    (set-register-contents! eceval 'flag true)
    (start eceval)))
```

5.4.4 절 끝 부분에서 살펴본 것처럼 스택을 지켜보려 한다면, 다음과 같이 번역
된 코드의 스택 사용을 살펴볼 수 있다.

```
(compile-and-go
 '(define (factorial n)
    (if (= n 1)
        1
        (* (factorial (- n 1)) n))))
```

```
(total-pushes = 0 maximum-depth = 0)
 ;;; EC-Eval 값:
ok

 ;;; EC-Eval 입력:
(factorial 5)
(total-pushes = 31 maximum-depth = 14)
;;; EC-Eval 값:
120
```

같은 프로시저인데 번역하지 않고 곧바로 실행하는 경우(5.5.4절의 끝 부분)와 번역한 것을 실행하는 경우를 비교해 보자. 예를 들어 `(factorial 5)`의 경우, 곧바로 실행하면 스택에 144번 밀어넣는 일이 발생하고 최대 스택 깊이는 28로 나온다. 그 반면에 번역된 것을 실행하면 훨씬 적은 수의 최적화된 스택 연산이 사용된다.

곧바로 실행하는 것^{interpretation}과 번역하는 것^{compilation}

이 절에서 살펴본 프로그램을 가지고, 실행과 번역의 또 다른 실행 전략을 실험해 볼 수 있다.[51] 실행기^{interpreter}는 사용자 프로그램 수준으로 기계를 끌어올린다. 하지만 번역기는 사용자 프로그램을 기계어 수준으로 낮춘다. Scheme 언어(혹은 다른 프로그래밍 언어)는 기계어 위에 조립된 요약^{abstraction} 덩어리로 볼 수 있다. 실행기는 프로그램을 돌리고 잘못을 바로잡아 즉각 다시 돌려보고 하는, 대화형으로 프로그램을 개발하는 데 알맞다. 프로그램의 실행이 조립된 요약의 구조를 그대로 따르기 때문에 프로그래머가 쉽게 그 실행 과정을 이해할 수 있기 때문이다. 하지만 번역된 코드는 이보다 빨리 돌아갈 수 있다. 번역기는 프로그램이 돌아가는 단계를 기계어로 짜 맞춘 것이라 높은 수준의 요약을 가로지르는 최적화

---

51) 번역된 코드가 번역 없이 실행될 프로시저를 부르도록 번역기를 확장할 수도 있다. 연습문제 5.47에서 이를 다룰 것이다.

를 만들어 내기에 자유롭기 때문이다.[52]

실행기 방식을 선택하느냐, 번역기 방식을 선택하느냐에 따라 프로그래밍 언어를 새로운 컴퓨터로 이식[port]할 때 다른 전략을 쓰게 된다. 새 기계를 위한 Lisp를 만든다고 하자. 한 가지 방법은 5.4절에서 본, 숨김없이 제어구조를 드러낸 실행기[explicit-control evaluator]를 가지고 그 실행기에서 쓰는 명령을 새 기계에서 돌아갈 명령으로 변환하는 것이다. 다른 방법은 번역기를 가지고 새 기계에서 돌아갈 코드를 만들도록 코드 생성기를 만드는 것이다. 두 번째 방법은 원래 Lisp 시스템에서 번역기를 돌려서 프로그램을 새 기계의 명령어로 번역한 후 새 기계에서 돌리는 것이다.[53] 아니면 차라리, 번역기 자체를 새 기계의 명령들로 번역해서 새 기계에서 번역기를 돌릴 수도 있다.[54] 아니면 새 기계에서 돌아가도록 4.1절에서 나오는 실행기 하나를 번역할 수 있다.

---

52) 어떤 실행 전략을 선택하느냐와 관계없이, 사용자 프로그램을 돌리면서 오류가 발견되고(detect) 알려져야(signaled) 한다고 고집할 때 상당한 실행 비용이 든다. 예를 들어, 정해놓은 배열 범위를 넘어서서 (out-of-bound) 참조하는 오류는 참조가 일어나기 전에 참조할 수 있는 범위인지 매번 조사하도록 할 수 있다. 그렇지만 조사 비용이 배열 참조 자체보다 몇 배가 될 수 있다. 그리고 프로그래머는 그러한 검사가 바람직한지 판정하는 일에서 프로그램의 속도와 안전성을 저울질해 보아야 한다. 제대로 만든 번역기는 그러한 검사를 하는 코드를 만들 수 있어야 하고, 쓸데없는 검사가 있다면 그런 검사를 없앨 수 있어야 하며, 프로그래머가 실행 중 검사하는 오류의 종류와 검사 기간을 결정할 수 있도록 해야 한다.

　C와 C++ 같은 널리 쓰는 언어의 번역기는 될 수 있으면 프로그램을 빠르게 돌리기 위해 오류를 검사하는 코드를 거의 넣지 않는다. 프로그래머가 명시적으로 오류 검사를 프로그램에 넣도록 한다. 불행하게도 속도가 제약 사항이 아닌 중요한 프로그램에서 프로그래머는 가끔 이 일을 빼먹고 넘어간다. 그러면 프로그램은 빠르면서 위험해진다. 예를 들어, 1988년에 인터넷을 마비시킨 것으로 유명해진 '웜(worm)' 은 핑거(finger) 데몬의 입력 버퍼(buffer)를 넘어서서 접근하는 오류 검사에 관한 유닉스 운영체제의 결함을 악용한 것이다(1989 Spafford를 찾아보라).

53) 물론 실행기를 사용하든 번역기를 사용하든 우리가 '기본 연산'으로 받아들인 메모리 할당, 입력, 출력, 그 밖에 다른 여러 기초 연산이 새 기계에서 돌아가게끔 만들어 놓아야 한다. 이런 일을 아주 적게 줄이는 방법을 하나 설명하면 이렇다. 될 수 있으면 Lisp로 이런 여러 연산을 정의하는 것이다. 최종적으로 새 기계를 위해 손수 짜야 하는 것은 (메모리 재활용과, 실제 기계의 기본 연산을 적용하는 메커니즘 같은) 작은 커널로 줄어든다.

54) 이 방법은 번역기가 올바른지 재미있게 검사할 수 있도록 해준다. 이를테면, 번역된 번역기를 사용해 새 기계에서 번역한 프로그램이 원래 Lisp 시스템에서 그 프로그램을 번역한 것과 같은지 확인해 보는 것이다. 차이가 나는 원인을 하나씩 따라가는 것은 재미있는 일이지만 이따금 오리무중으로 빠지기도 한다. 번역 결과물은 아주 작은 세부 사항에 민감하게 달라질 수 있기 때문이다.

● 연습문제 5.45

스택 연산에 번역된 코드를 써서 스택 연산을 하는 것과 실행기를 써서 같은 계산을 하는 것을 비교하면서, 번역기가 속도(스택 연산의 전체 개수를 줄이는 것)와 공간(스택의 최대 깊이를 줄이는 것) 면에서 스택의 사용을 어느 정도 최적화해야 하는지 결정할 수 있다. 같은 계산을 하는 특수용도$^{special\ purpose}$ 기계의 성능과 최적화된 스택을 사용하는 것의 성능을 비교하면, 번역기 품질에 대한 어떤 지표^{indication}가 제시될 것이다.

a. 연습문제 5.27에서는 되돌이^{recursive} 팩토리얼 프로시저를 사용하는 실행기에서 n!을 계산하는 데 필요한 밀어 넣는 개수와 최대 스택 깊이를 n의 함수로 나타내라고 하였다. 연습문제 5.14에서는 그림 5.11에 나타낸 특수용도 팩토리얼 기계에 대해 동일한 치수를 재라고 하였다. 이제 번역된 factorial 프로시저를 써서 같은 분석을 하라.

번역기 판의 밀어 넣기 개수와 실행기 판의 밀어 넣기 개수의 비율을 나타내고, 최대 스택 깊이를 나타내는 때에도 같은 작업을 한다. n!을 계산하는 데 쓰는 연산의 개수와 스택 깊이는 n에 선형으로 비례하기 때문에, 이런 비율은 n이 커지면 어떤 상수 값에 접근해야 한다. 이 상수 값은 무엇인가? 비슷한 방법으로 특수용도 기계의 스택 사용과 실행기 판의 사용 비율을 찾으라.

특수용도 기계 판 대 실행기 판의 비율을 번역기 판 대 실행기 판의 비율과 견줘 보라. 특수용도 기계는 번역된 것보다 훨씬 우수해야 한다. 손으로 만든 제어기 코드가 우리의 기초적인 범용 번역기가 생산한 코드보다 훨씬 좋기 때문이다.

b. 번역기가 손으로 만드는 기계 판의 성능에 가깝게 코드를 만들어 내도록 개선할 수 있는가?

● 연습문제 5.46

그림 5.12에 나타낸 특수용도 피보나치 기계를 사용하는 것의 효율성과, 다음과 같이 여러 갈래 되돌기트리 재귀, tree-recursive 피보나치 프로시저를 번역한 것의 효율성을 비교하도록 분석을 수행하라. 이 방법은 연습문제 5.45에서 살펴보았다. (실행기 판 성능을 보려면, 연습문제 5.29를 살펴보라.)

```
(define (fib n)
  (if (< n 2)
      n
      (+ (fib (- n 1)) (fib (- n 2)))))
```

피보나치를 계산하는 동안 걸리는 시간은 n에 선형으로 비례하지 않는다. 따라서 스택 연산의 비율은 n과 상관없이 제한적인 값에 가까워지지 않을 것이다.

● 연습문제 5.47

이 절에서는 실행기 코드가 번역된 프로시저를 부를 수 있도록 제어가 다 보이는 실행기를 고치는 방법에 대해 설명했다. 이제 번역된 프로시저가 기본 프로시저뿐 아니라 번역 없이 실행하기로 한 프로시저까지 부를 수 있게 하려면 번역기를 어떻게 고쳐야 하는지 설명하라. 이렇게 하려면 해석한 프로시저를 다루기 위해 compile-procedure-call을 고쳐야 한다. 반드시 compile-proc-appl처럼 동일한 target과 linkage 전부를 조합한 식을 다루게 하라. 실제 프로시저 적용을 위해 코드는 실행기의 compound-apply 진입 지점으로 건너뛰어야 한다. 이 라벨은 오브젝트 코드에서 바로 참조하지 못한다(어셈블러에서, 어셈블하는 코드에 의해 참조되는 모든 라벨은 정의되어야 하기 때문이다). 따라서 이 진입 지점을 가지는 실행기 기계에 compapp라는 레지스터를 추가할 것이고, 그것을 초기화하는 명령을 추가할 것이다.

```
  (assign compapp (label compound-apply))
  (branch (label external-entry))   ; flag이 설정되어 있으면 branch한다.
read-eval-print-loop
    ...
```

코드를 검사하기 위해 프로시저 g를 부르는 프로시저 f를 정의하는 것부터 시작하라. compile-and-go를 사용해 f의 정의를 번역하고 실행기를 돌려라. 이제 실행기에서 타이핑하여 g를 정의하고 f를 호출하라.

● **연습문제** 5.48

이 절에서 만든 compile-and-go 인터페이스는 (실행기 기계가 돌아가기 시작할 때) 번역기를 한 번만 부를 수 있기 때문에 다루기 힘들다. compile-and-run 기본 연산을 써서 번역기-실행기 인터페이스를 늘려라. compile-and-run은 다음과 같이 제어가 다 보이는 실행기 안에서 호출될 수 있다.

```
;;; EC-Eval 입력:
(compile-and-run
 '(define (factorial n)
    (if (= n 1)
        1
        (* (factorial (- n 1)) n))))
;;; EC-Eval 값:
ok

;;; EC-Eval 입력:
(factorial 5)
;;; EC-Eval 값:
120
```

● **연습문제** 5.49

제어가 다 보이는 실행기의 값을 읽고 계산하고 찍는 루프 사용에 대한 대안으로, 읽고 번역하고 돌리고 찍는 루프를 수행하는 레지스터 기계를 설계하라. 즉이 기계는 식을 읽고, 읽은 식을 번역하고, 번역된 코드를 어셈블하고 돌린 결과를 찍는 루프를 돌려야 한다. 이것은 '레지스터 기계 연산'으로 compile과 assemble 프로시저를 불러 처리할 수 있기 때문에, 시뮬레이션 장치로 쉽게 돌려볼 수 있다.

● 연습문제 5.50

번역기를 사용해 4.1절에서 본 메타서큘러 실행기를 번역하고 레지스터 기계 시뮬레이터를 이용해 이 프로그램을 돌려라(한 번에 정의를 하나 이상 번역하기 위해 begin으로 정의 꾸러미를 만들 수 있다). 결과로 생기는 실행기는 여러 단계로 해석하기 때문에 아주 느리게 돌아갈 것이다. 하지만 모든 일을 다루기 때문에 배움에 도움이 된다고 할 수 있다.

● 연습문제 5.51

5.4절에서 만든 제어가 다 보이는 실행기를 C로 바꾸면서, 기본 Scheme 구현을 C 언어(또는 낮은 수준low-level의 다른 언어를 골라서)로 개발하라. 이 코드를 돌리기 위해 알맞은 메모리 할당 루틴routine과 다른 실행시간 지원을 제공해야 할 것이다.

● 연습문제 5.52

연습문제 5.51에 대한 맞대응으로 Scheme 프로시저를 C 명령 시퀀스로 바꿀 수 있도록 번역기를 고쳐라. 4.1절에서 본 메타서큘러 실행기를 번역해 C로 작성된 Scheme 실행기를 만들어라.

용어 대역표

abstraction : 요약(간추림), 요약하기(간추리기), 속 내용 감추기
    abstraction barrier : 요약의(간추림) 경계
    abstract data : 요약된(간추린) 데이터
    abstraction syntax : 요약된(간추린) 문법
    data abstraction : 데이터 요약하기(간추리기), 요약된(간추린) 데이터
    procedural abstraction : 프로시저 요약하기(간추리기)
    accumulator : 어큐뮬레이터
address : 주소
    address arithmetic : 주소 계산
aggregate data : 모둠 데이터, 데이터들의 모음
algebraic expression : 대수식(代數式)
aliasing : 별명 붙이기, 별명 짓기
amplifier : 증폭기, 앰프
analyzing evaluator : 문법을 분석하는 해석기
and-gate : 논리곱 소자
applicative order : 인자 먼저 계산법
argument : 인수, 인자(값), 실인자(actual parameter)라고도 한다.
argument passing : 인자 전달
arithmetic constraints : 산술 관계
assembler : 어셈블러
assertion : 참말
assignment (operator) : (변수 값) 덮어쓰기. (logic programming에서는 '논리 변수를 어떤 값에 끼워 맞
    추기 또는 논리 변수에 어떤 값을 집어넣기'. 이를 logical assignment라고 하여 따로 구분하였다).

backtracking : 되밟기, 백트래킹
barrier synchronization : 동기점 맞추기
base address : 바닥 주소
binding : 정의, (변수와 값을 한데) 묶기
    bound variable : 매인 변수
block structure : 블록구조
branch instruction : 가지치기 명령, 갈림길 명령
breakpoint : 중단점
breath-first : 넓이부터 살펴보는 방식
bug : 오류
building block : 빌딩블록
built-in operator : 붙박이 연산자
built-in procedure : 붙박이 프로시저
busy-waiting : 바쁘게 기다리기. 일반적인 번역어는 실행 대기 또는 순환 반복 대기.

cache-coherence : 캐쉬 결맞음

call-by-name(pass-by-name) : 제때 계산법

call-by-need : 제때 계산법(lazy evaluation)과 같은 말. (이 책에서는 memoized lazy evaluation과 같은
　　　말이라고 본다.)

case analysis : 갈래 나눔, 갈래 나누기

chronological ordering : 시간 차례 (맞춤)

circuit : 회로

code : 코드

　　　fixed-length code : 길이가 정해진 코드

　　　prefix code : 앞가지 코드

　　　separator code : 나눔 코드

　　　variable-length code : 길이가 바뀌는 코드

code generator : 코드 생성기

coercion : 타입 바꿈, 타입 바꾸기

combination : (엮은)식

　　　means of combination : (더 복잡한 것을) 엮어내는 수단 또는 방법

command language : 명령 언어

communication : 정보 주고받기

compile : (기계어로) 번역하다.

compile-time environment : 번역 시간 환경

composition function : 합성함수

compound data : 합친 데이터, 묶음 데이터

compound entity{object} : 복잡한 물체{합친 물체}

compound expression : (합친) 식, (복잡한) 식

compound operation : (합친) 연산, (복잡한) 연산

compound procedure : (합친, 묶은, 묶음) 프로시저, 복잡한 프로시저

computability : 계산 가능성

computational model : 계산 모형, 계산 방식

computational object : 계산 물체

computational process : 계산 프로세스

concurrency : 병행성(竝行性)

　　　concurrent execution : 병행 처리

conjuncts : 논리곱. 논리곱 연산으로 엮인, 마디 식 하나하나를 모두 일컫는 말.

consistency : 꼭 맞음, 꼭 맞아 떨어짐, 한결같음

constraint networks : 그물처럼 얽힌 관계, 그물 관계

　　　constraint-based system : 관계 중심 시스템

　　　constraint propagation : 관계 알림, 관계 알리기

　　　constraint propagator : 관계 알리개

constructor : 짜맞추는 {연산, 프로시저, 함수}, 짜맞추개, 구성자

continuation : 뒤이어 할 일, 뒤에 할 일, 다음 할 일, 계속 이어(서) 할 일

　　　continuation procedure : 이어 할 일의 프로시저, 이음 프로시저

　　　failure continuation : 실패한 다음 할 일, 실패에 이어 할 일

　　　success continuation : 성공한 다음 할 일, 성공에 이어 할 일

control : 제어

　　　control object : 제어 물체

　　　control statement : 제어 글월, 제어문

control structure : 제어 얼개(구조)

data path : 데이터 경로, 데이터 패스
data structure : 데이터 구조
database management system : 데이터베이스 관리 시스템
data-directed programming : 데이터 중심 프로그래밍
data-directed technique : 데이터 중심 기법
deadlock : 엇걸림 (상태). 교착 상태라고도 한다.
    deadlock-avoidance : 엇걸림을 피하기 또는 그런 기법이나 방식
    deadlock-recovery : 엇걸림 벗어나기
debug : 오류 잡기
deduction : 연역(법)
definition : 정의, 뜻(을) 밝히기, 뜻(을) 정하기
    internal definition : 안쪽 정의, 갇힌 정의
delayed evaluation : 셈미룸 계산(법)
    delayed argument : 셈미룬 인자값, 셈미룬 인자
    delayed expression : 셈미룬식
    delayed list : 셈미룬 리스트
    delayed object : 셈미룬 물체
demand-driven : 바람에 맞추어, 바라는 대로, 맞춤
depth-first search : 깊이 먼저 찾기, 깊이부터 찾기
derived expression : 이끌어낸 식, 파생된 식
distributed system : 분산 시스템
domain-specific language : DSL(Domain-Specific Language)
driver loop : 드라이버 루프, 구동 루프

editor : 글 편집기
enclosing environment : 둘러싸는 환경
encapsulated : 캡슐화하다/요약하다
environment model of evaluation : 환경(을 보고) 계산(하는) 법, 환경 계산법
error : 실수, 잘못, 고장
error tolerance : 허용 오차
evaluation : (식의 값을) 계산, 식의 값 매기기, 식의 값 구하기, 식의 값 셈하기
    evaluator : 실행기
eval-apply cycle : 계산-적용 과정
exceptional-value : 예외 값
execution : 실행
    execution path : 실행 경로, 실행 길
    execution procedure : 실행 프로시저
explicit-control evaluator : 숨김없이 제어구조를 드러낸 처리기, 숨김없이 드러낸 제어 실행기, 제어가 다
      보이는 실행기
expression : 식

feedback loop : 피드백 루프, 되먹임 루프
first-class procedure : 으뜸 프로시저
fixed point : 붙박이점(고정점)

formal parameter : 인자 (이름), 매개변수 이름

frame : (보통) 뼈대, (environment에서의 frame은) 변수 일람표

free variable : 자유 변수

functional programming : 함수형 프로그램 짜기

    functional programming language : 함수형 프로그램 짜는 언어

garbage collection : 메모리 재활용

    garbage collector : 메모리 재활용기

global environment : 맨 바깥쪽 환경, 바탕 환경

grammar : 문법

higher-order procedure : 차수 높은 프로시저

    higher-order transformation : 차수 높은 변환

imperative programming : 명령 중심 프로그래밍(명령을 내려서 프로그램 짜는 방식), 기계 중심 프로그래밍

inference : 추론

infinite series : 무한 수열, 끝없는 수열

infinite stream : 무한 스트림, 끝없는 스트림

information-retrieval systems : 정보 찾기 시스템

instruction : 기계 명령

    instruction execution procedure : 명령 실행 프로시저

interface : 인터페이스

interactive system : 대화형 시스템

interleaving : 번갈아 끼워넣기

    interleaving process : 원소를 번갈아 끼워넣는 프로세스

interpreter : 실행기, 언어 실행기

    interpretation : 실행기(인터프리터)가 하는 일을 가리킬 때는 '실행'.

iterative : 반복하는

    iterative improvement : 반복하여 고치기

    iterative process : 반복하는 프로세스, 반복 프로세스

    linear iterative process : 선형 반복 프로세스

lambda calculus : 람다 계산법

lazy evaluation : 제때 계산법, 셈미룸 계산법

    lazy evaluator : 제때 계산기

    lazy list : 제때셈 리스트

    lazy object : 제때셈 물체

    lazy order : 제때 계산법

lexical addressing : 텍스트에서 변수의 정의를 파악하기

lexical scoping : 문법에 따라 (변수가 보이는) 넓이가 정해지는 이름

list : 리스트

list-structured data : 리스트 구조를 갖춘 데이터

local state variable : 갇힌 상태 변수

    local definition : 갇힌 정의

    local procedure : 갇힌 프로시저

local variable : 갇힌 변수
local name : 갇힌 이름
logic and theorem proving : 논리학과 정리를 증명하는 분야
logic programming : 논리 프로그래밍
logic-manipulation system : 논리를 다루는 시스템
logical deduction : 논리에 따라 연역식 추론

machine language : 기계어
memory : (기억 장치를 뜻할 때만) 메모리
　　cache memory : 캐쉬 메모리
　　free memory : 비워둔 메모리
　　working memory : 작업 메모리
memory allocation : 메모리 할당
memory operation : 메모리 연산
message-passing : 메시지 패싱(말 건네기)
meta-circular evaluator : 메타서큘러 실행기
metalinguistic abstraction : 언어를 처리하는 기법
modular (manner) : 모듈 방식
　　modularity : 모듈 방식, 맞춤식(조립식)
mutability : 변형 가능성
mutable data (object) : 변형 가능한 데이터 (물체)
mutator : (상태를) 바꾸는 연산, 바꾸개
multiprocessing : 멀티프로세싱
multiprogramming : 멀티프로그래밍

nondeterministic : 비결정적
normal-order evaluation : 정의대로 계산법

operand : 피연산자
operator : 연산자
or-gate : 논리합 소자

parameter : 매개변수, 인자, 인수
parameter-passing method : 인자를 건네는 방식
parallel execution : 병렬 실행, 병렬 처리 과정
parse : 문법을 분석하다.
parser : 문법 분석기
pattern matching : 패턴 매칭
pattern variable : 패턴 변수
pipelining : 파이프라이닝
polymorphic data type : 여러 모양 데이터 타입
predicate : 술어
prefix notation : 앞가지 쓰기
pretty printing : 가지런히 쓰기, 예쁘게 쓰기
primitive : 기본, 기본적인
　　primitive constraint : 기본 관계

sequence accelerator : 차례열 가속기

    sequence of expressions : 잇단식

sequential : 순차 .. (순차 기계를 나타낼 때)

    sequential computer : 순차 처리 컴퓨터, 식을 차례대로 계산하는 컴퓨터

    sequential machine : 순차 기계

    sequential processing : 순차 처리

    sequential processor : 순차 프로세서

serialized procedure : 줄 세운 프로시저

serializer : 줄세우개(시리얼라이저)

    serialization : 줄 세우기

shared state : (여럿이) 함께 쓰는 상태

side-effect (bugs) : 곁가지 효과(로 생긴 오류)

signal : 신호

    signal-processing module : 신호 처리 모듈

    signal-processing system : 신호 처리 시스템

simulate : 흉내내다

    simulation/ simulator : 시뮬레이션/시뮬레이터

    event-driven simulation : 사건 중심 시뮬레이션

    Monte Carlo simulation : 몬테 카를로 시뮬레이션

single-valued function : 값이 하나인 함수(일가함수)

sort : 정렬

source language : 소스 언어

source program : 소스 프로그램

special form : 특별한 형태

special-purpose language : 전문 언어. DSL과 같은 말.

stream : 스트림

    stream processing : 스트림 처리

strong-typed language : 타입을 엄격히 따지는 언어

structure : 얼개, 구조(構造)

subexpression : 마디 식, 부분 식, 하위 식

subprocedure : 하위 프로시저

subroutine : 서브루틴

substitution model of evaluation : 맞바꿈 계산(방)법

subtype : 아래 타입, 하위 타입

supertype : 위 타입, 상위 타입

symbol : 기호, 심벌, 글자

synchronization : 동기 맞춤

syntactic sugar : 쓰기 쉬운 문법, 달콤한 문법

syntax : 문법

tabulation : 표로 정리하기, 표로 만들기

tag : 이름표

tail recursion : 꼬리 되돌기

tree : 나무(꼴)

    binary tree : 두 갈래 나무

turing machine : 튜링 기계

church-turing thesis : 처치-튜링 이론
type : 타입
    type-inferencing mechanism : 타입 밝힘 기능이나 방식(타입 인퍼런스 기능)
typed pointer : 타입을 갖춘 포인터

unbound variable : 정의하지 않은 변수(묶여 있지 않은 변수, 매이지 않은 변수)
unification : 동일화
unifier : 동일화 함수
universal machine : 만능 기계(유니버설 머신)

value : 값
variable : 변수
    bound variable : 묶인(매인) 변수
    free variable : 풀린 변수, 자유 변수

연습문제 차례

Abelson, Harold, Andrew Berlin, Jacob Katzenelson, William McAllister, Guillermo Rozas, Gerald Jay Sussman, and Jack Wisdom. 1992. The Supercomputer Toolkit: A general framework for special-purpose computing. *International Journal of High-Speed Electronics* 3(3):337-361.

Allen, John. 1978. *Anatomy of Lisp.* New York: McGraw-Hill.

ANSI X3.226-1994. *American National Standard for Information Systems -- Programming Language – Common Lisp.*

Appel, Andrew W. 1987. Garbage collection can be faster than stack allocation. *Information Processing Letters* 25(4):275-279.

Backus, John. 1978. Can programming be liberated from the von Neumann style? *Communications of the ACM* 21(8):613-641.

Baker, Henry G., Jr. 1978. List processing in real time on a serial computer. *Communications of the ACM* 21(4):280-293.

Batali, John, Neil Mayle, Howard Shrobe, Gerald Jay Sussman, and Daniel Weise. 1982. The Scheme-81 architecture – System and chip. In *Proceedings of the MIT Conference on Advanced Research in VLSI,* edited by Paul Penfield, Jr. Dedham, MA: Artech House.

Borning, Alan. 1977. ThingLab – An object-oriented system for building simulations using constraints. In *Proceedings of the 5th International Joint Conference on Artificial Intelligence.*

Borodin, Alan, and Ian Munro. 1975. *The Computational Complexity of Algebraic and Numeric Problems.* New York: American Elsevier.

Chaitin, Gregory J. 1975. Randomness and mathematical proof. *Scientific American* 232(5):47-52.

Church, Alonzo. 1941. *The Calculi of Lambda-Conversion*. Princeton, N.J.: Princeton University Press.

Clark, Keith L. 1978. Negation as failure. In *Logic and Data Bases*. New York: Plenum Press, pp. 293-322.

Clinger, William. 1982. Nondeterministic call by need is neither lazy nor by name. In *Proceedings of the ACM Symposium on Lisp and Functional Programming*, pp. 226-234.

Clinger, William, and Jonathan Rees. 1991. Macros that work. In *Proceedings of the 1991 ACM Conference on Principles of Programming Languages*, pp. 155-162.

Colmerauer A., H. Kanoui, R. Pasero, and P. Roussel. 1973. Un système de communication homme-machine en français. Technical report, Groupe Intelligence Artificielle, Université d' Aix Marseille, Luminy.

Cormen, Thomas, Charles Leiserson, and Ronald Rivest. 1990. *Introduction to Algorithms*. Cambridge, MA: MIT Press.

Darlington, John, Peter Henderson, and David Turner. 1982. *Functional Programming and Its Applications*. New York: Cambridge University Press.

Dijkstra, Edsger W. 1968a. The structure of the "THE" multiprogramming system. *Communications of the ACM* 11(5):341-346.

Dijkstra, Edsger W. 1968b. Cooperating sequential processes. In *Programming Languages*, edited by F. Genuys. New York: Academic Press, pp. 43-112.

Dinesman, Howard P. 1968. *Superior Mathematical Puzzles*. New York: Simon and Schuster.

deKleer, Johan, Jon Doyle, Guy Steele, and Gerald J. Sussman. 1977. AMORD: Explicit control of reasoning. In *Proceedings of the ACM Symposium on Artificial Intelligence and Programming Languages*, pp. 116-125.

Doyle, Jon. 1979. A truth maintenance system. *Artificial Intelligence* 12:231-272.

Feigenbaum, Edward, and Howard Shrobe. 1993. The Japanese National Fifth Generation Project: Introduction, survey, and evaluation. In *Future Generation*

Computer Systems, vol. 9, pp. 105-117.

Feeley, Marc. 1986. Deux approches à l'implantation du language Scheme. Masters thesis, Université de Montréal.

Feeley, Marc and Guy Lapalme. 1987. Using closures for code generation. *Journal of Computer Languages* 12(1):47-66.

Feller, William. 1957. *An Introduction to Probability Theory and Its Applications,* volume 1. New York: John Wiley & Sons.

Fenichel, R., and J. Yochelson. 1969. A Lisp garbage collector for virtual memory computer systems. *Communications of the ACM* 12(11):611-612.

Floyd, Robert. 1967. Nondeterministic algorithms. *JACM,* 14(4):636-644.

Forbus, Kenneth D., and Johan deKleer. 1993. *Building Problem Solvers.* Cambridge, MA: MIT Press.

Friedman, Daniel P., and David S. Wise. 1976. CONS should not evaluate its arguments. In *Automata, Languages, and Programming: Third International Colloquium,* edited by S. Michaelson and R. Milner, pp. 257-284.

Friedman, Daniel P., Mitchell Wand, and Christopher T. Haynes. 1992. *Essentials of Programming Languages.* Cambridge, MA: MIT Press/McGraw-Hill.

Gabriel, Richard P. 1988. The Why of Y. *Lisp Pointers* 2(2):15-25.

Goldberg, Adele, and David Robson. 1983. *Smalltalk-80: The Language and Its Implementation.* Reading, MA: Addison-Wesley.

Gordon, Michael, Robin Milner, and Christopher Wadsworth. 1979. *Edinburgh LCF.* Lecture Notes in Computer Science, volume 78. New York: Springer-Verlag.

Gray, Jim, and Andreas Reuter. 1993. *Transaction Processing: Concepts and Models.* San Mateo, CA: Morgan-Kaufman.

Green, Cordell. 1969. Application of theorem proving to problem solving. In *Proceedings of the International Joint Conference on Artificial Intelligence,* pp. 219-240.

Green, Cordell, and Bertram Raphael. 1968. The use of theorem-proving techniques in question-answering systems. In *Proceedings of the ACM National Conference,* pp. 169-181.

Griss, Martin L. 1981. Portable Standard Lisp, a brief overview. Utah Symbolic Computation Group Operating Note 58, University of Utah.

Guttag, John V. 1977. Abstract data types and the development of data structures. *Communications of the ACM* 20(6):397-404.

Hamming, Richard W. 1980. *Coding and Information Theory.* Englewood Cliffs, N.J.: Prentice-Hall.

Hanson, Christopher P. 1990. Efficient stack allocation for tail-recursive languages. In *Proceedings of ACM Conference on Lisp and Functional Programming,* pp. 106-118.

Hanson, Christopher P. 1991. A syntactic closures macro facility. *Lisp Pointers,* 4(3).

Hardy, Godfrey H. 1921. Srinivasa Ramanujan. *Proceedings of the London Mathematical Society* XIX(2).

Hardy, Godfrey H., and E. M. Wright. 1960. *An Introduction to the Theory of Numbers.* 4th edition. New York: Oxford University Press.

Havender, J. 1968. Avoiding deadlocks in multi-tasking systems. *IBM Systems Journal* 7(2):74-84.

Hearn, Anthony C. 1969. Standard Lisp. Technical report AIM-90, Artificial Intelligence Project, Stanford University.

Henderson, Peter. 1980. *Functional Programming: Application and Implementation.* Englewood Cliffs, N.J.: Prentice-Hall.

Henderson. Peter. 1982. Functional Geometry. In *Conference Record of the 1982 ACM Symposium on Lisp and Functional Programming,* pp. 179-187.

Hewitt, Carl E. 1969. PLANNER: A language for proving theorems in robots. In *Proceedings of the International Joint Conference on Artificial Intelligence,* pp. 295-301.

Hewitt, Carl E. 1977. Viewing control structures as patterns of passing messages. *Journal of Artificial Intelligence* 8(3):323-364.

Hoare, C. A. R. 1972. Proof of correctness of data representations. *Acta Informatica* 1(1).

Hodges, Andrew. 1983. *Alan Turing: The Enigma*. New York: Simon and Schuster.

Hofstadter, Douglas R. 1979. *Gödel, Escher, Bach: An Eternal Golden Braid*. New York: Basic Books.

Hughes, R. J. M. 1990. Why functional programming matters. In *Research Topics in Functional Programming*, edited by David Turner. Reading, MA: Addison-Wesley, pp. 17-42.

IEEE Std 1178-1990. 1990. *IEEE Standard for the Scheme Programming Language*.

Ingerman, Peter, Edgar Irons, Kirk Sattley, and Wallace Feurzeig; assisted by M. Lind, Herbert Kanner, and Robert Floyd. 1960. THUNKS: A way of compiling procedure statements, with some comments on procedure declarations. Unpublished manuscript. (Also, private communication from Wallace Feurzeig.)

Kaldewaij, Anne. 1990. *Programming: The Derivation of Algorithms*. New York: Prentice-Hall.

Knuth, Donald E. 1973. *Fundamental Algorithms*. Volume 1 of *The Art of Computer Programming*. 2nd edition. Reading, MA: Addison-Wesley.

Knuth, Donald E. 1981. *Seminumerical Algorithms*. Volume 2 of *The Art of Computer Programming*. 2nd edition. Reading, MA: Addison-Wesley.

Kohlbecker, Eugene Edmund, Jr. 1986. Syntactic extensions in the programming language Lisp. Ph.D. thesis, Indiana University.

Konopasek, Milos, and Sundaresan Jayaraman. 1984. *The TK!Solver Book: A Guide to Problem-Solving in Science, Engineering, Business, and Education*. Berkeley, CA: Osborne/McGraw-Hill.

Kowalski, Robert. 1973. Predicate logic as a programming language. Technical report 70, Department of Computational Logic, School of Artificial Intelligence, University of Edinburgh.

Kowalski, Robert. 1979. *Logic for Problem Solving*. New York: North-Holland.

Lamport, Leslie. 1978. Time, clocks, and the ordering of events in a distributed system. *Communications of the ACM* 21(7):558-565.

Lampson, Butler, J. J. Horning, R. London, J. G. Mitchell, and G. K. Popek. 1981. Report on the programming language Euclid. Technical report, Computer Systems Research Group, University of Toronto.

Landin, Peter. 1965. A correspondence between Algol 60 and Church's lambda notation: Part I. *Communications of the ACM* 8(2):89-101.

Lieberman, Henry, and Carl E. Hewitt. 1983. A real-time garbage collector based on the lifetimes of objects. *Communications of the ACM* 26(6):419-429.

Liskov, Barbara H., and Stephen N. Zilles. 1975. Specification techniques for data abstractions. *IEEE Transactions on Software Engineering* 1(1):7-19.

McAllester, David Allen. 1978. A three-valued truth-maintenance system. Memo 473, MIT Artificial Intelligence Laboratory.

McAllester, David Allen. 1980. An outlook on truth maintenance. Memo 551, MIT Artificial Intelligence Laboratory.

McCarthy, John. 1960. Recursive functions of symbolic expressions and their computation by machine. *Communications of the ACM* 3(4):184-195.

McCarthy, John. 1967. A basis for a mathematical theory of computation. In *Computer Programing and Formal Systems,* edited by P. Braffort and D. Hirschberg. North-Holland.

McCarthy, John. 1978. The history of Lisp. In *Proceedings of the ACM SIGPLAN Conference on the History of Programming Languages.*

McCarthy, John, P. W. Abrahams, D. J. Edwards, T. P. Hart, and M. I. Levin. 1965. *Lisp 1.5 Programmer's Manual.* 2nd edition. Cambridge, MA: MIT Press.

McDermott, Drew, and Gerald Jay Sussman. 1972. Conniver reference manual. Memo 259, MIT Artificial Intelligence Laboratory.

Miller, Gary L. 1976. Riemann's Hypothesis and tests for primality. *Journal of Computer and System Sciences* 13(3):300-317.

Miller, James S., and Guillermo J. Rozas. 1994. Garbage collection is fast, but a stack is faster. Memo 1462, MIT Artificial Intelligence Laboratory.

Moon, David. 1978. MacLisp reference manual, Version 0. Technical report, MIT Laboratory for Computer Science.

Moon, David, and Daniel Weinreb. 1981. Lisp machine manual. Technical report, MIT Artificial Intelligence Laboratory.

Morris, J. H., Eric Schmidt, and Philip Wadler. 1980. Experience with an applicative string processing language. In *Proceedings of the 7th Annual ACM SIGACT/SIG-PLAN Symposium on the Principles of Programming Languages.*

Phillips, Hubert. 1934. *The Sphinx Problem Book.* London: Faber and Faber.

Pitman, Kent. 1983. The revised MacLisp Manual (Saturday evening edition). Technical report 295, MIT Laboratory for Computer Science.

Rabin, Michael O. 1980. Probabilistic algorithm for testing primality. *Journal of Number Theory* 12:128-138.

Raymond, Eric. 1993. *The New Hacker's Dictionary.* 2nd edition. Cambridge, MA: MIT Press.

Raynal, Michel. 1986. *Algorithms for Mutual Exclusion.* Cambridge, MA: MIT Press.

Rees, Jonathan A., and Norman I. Adams IV. 1982. T: A dialect of Lisp or, lambda: The ultimate software tool. In *Conference Record of the 1982 ACM Symposium on Lisp and Functional Programming,* pp. 114-122.

Rees, Jonathan, and William Clinger (eds). 1991. The revised4 report on the algorithmic language Scheme. *Lisp Pointers,* 4(3).

Rivest, Ronald, Adi Shamir, and Leonard Adleman. 1977. A method for obtaining digital signatures and public-key cryptosystems. Technical memo LCS/TM82, MIT Laboratory for Computer Science.

Robinson, J. A. 1965. A machine-oriented logic based on the resolution principle. *Journal of the ACM* 12(1):23.

Robinson, J. A. 1983. Logic programming -- Past, present, and future. *New Generation Computing* 1:107-124.

Spafford, Eugene H. 1989. The Internet Worm: Crisis and aftermath. *Communications of the ACM* 32(6):678-688.

Steele, Guy Lewis, Jr. 1977. Debunking the "expensive procedure call" myth. In *Proceedings of the National Conference of the ACM,* pp. 153-62.

Steele, Guy Lewis, Jr. 1982. An overview of Common Lisp. In *Proceedings of the ACM Symposium on Lisp and Functional Programming,* pp. 98-107.

Steele, Guy Lewis, Jr. 1990. *Common Lisp: The Language.* 2nd edition. Digital Press.

Steele, Guy Lewis, Jr., and Gerald Jay Sussman. 1975. Scheme: An interpreter for the extended lambda calculus. Memo 349, MIT Artificial Intelligence Laboratory.

Steele, Guy Lewis, Jr., Donald R. Woods, Raphael A. Finkel, Mark R. Crispin, Richard M. Stallman, and Geoffrey S. Goodfellow. 1983. *The Hacker's Dictionary.* New York: Harper & Row.

Stoy, Joseph E. 1977. *Denotational Semantics.* Cambridge, MA: MIT Press.

Sussman, Gerald Jay, and Richard M. Stallman. 1975. Heuristic techniques in computer-aided circuit analysis. *IEEE Transactions on Circuits and Systems* CAS-22(11):857-865.

Sussman, Gerald Jay, and Guy Lewis Steele Jr. 1980. Constraints – A language for expressing almost-hierachical descriptions. *AI Journal* 14:1-39.

Sussman, Gerald Jay, and Jack Wisdom. 1992. Chaotic evolution of the solar system. *Science* 257:256-262.

Sussman, Gerald Jay, Terry Winograd, and Eugene Charniak. 1971. Microplanner reference manual. Memo 203A, MIT Artificial Intelligence Laboratory.

Sutherland, Ivan E. 1963. SKETCHPAD: A man-machine graphical communication system. Technical report 296, MIT Lincoln Laboratory.

Teitelman, Warren. 1974. Interlisp reference manual. Technical report, Xerox Palo Alto Research Center.

Thatcher, James W., Eric G. Wagner, and Jesse B. Wright. 1978. Data type specification: Parameterization and the power of specification techniques. In *Conference Record of the Tenth Annual ACM Symposium on Theory of Computing,* pp. 119-132.

Turner, David. 1981. The future of applicative languages. In *Proceedings of the 3rd European Conference on Informatics,* Lecture Notes in Computer Science, volume 123. New York: Springer-Verlag, pp. 334-348.

Wand, Mitchell. 1980. Continuation-based program transformation strategies. *Journal of the ACM* 27(1):164-180.

Waters, Richard C. 1979. A method for analyzing loop programs. *IEEE Transactions on Software Engineering* 5(3):237-247.

Winograd, Terry. 1971. Procedures as a representation for data in a computer program for understanding natural language. Technical report AI TR-17, MIT Artificial Intelligence Laboratory.

Winston, Patrick. 1992. *Artificial Intelligence.* 3rd edition. Reading, MA: Addison-Wesley.

Zabih, Ramin, David McAllester, and David Chapman. 1987. Non-deterministic Lisp with dependency-directed backtracking. *AAAI-87,* pp. 59-64.

Zippel, Richard. 1979. Probabilistic algorithms for sparse polynomials. Ph.D. dissertation, Department of Electrical Engineering and Computer Science, MIT.

Zippel, Richard. 1993. *Effective Polynomial Computation.* Boston, MA: Kluwer Academic Publishers.

찾아보기

일러두기 — 기본 프로시저와 특별한 형태에서 (ns)로 적어둔 것은 IEEE Scheme 표준이 아니다.
— n이 덧붙은 쪽 번호는 그 쪽에 있는 주석을 가리킨다.
— (연 1.1)은 연습문제 1.1을 가리킨다.

X

Y

Z

ㄴ

ㄷ

ㅂ

ㅇ

---   ㅌ

---   ㅍ